山东大学中文专刊

钱曾怡文集

第三卷

社会科学文献出版社
SOCIAL SCIENCES ACADEMIC PRESS (CHINA)

山东方言研究

本书为山东大学"211 工程"项目成果

撰　稿　人

（按卷次排序）

钱曾怡　　第一卷　第二卷第一章附录制图　通读全稿

罗福腾　　第二卷第一章第一节、第二节

吴永焕　　第二卷第一章第三节、附录电脑录入

傅根清　　第二卷第二章

岳立静　　第二卷第三章

张树铮　　第三卷第一章　第二章　第三章第一节（审定）、第二节、附录

孙韵珩　　第三卷第三章第一节

目　录

第一卷　　概论编

第一章　　山东方言及山东方言的产生

第一节　　山东方言

一　山东省的地理人口简况

山东省简称鲁，省会济南。位于我国太行山以东，黄河下游。西部内陆地区与河北、河南、安徽、江苏为邻，东部半岛伸入渤海与黄海之间，跟辽东半岛和朝鲜半岛隔海相望。东经114°47′～122°43′，北纬34°23′～38°24′，全境南北长约420公里，东西长约700公里，总面积15.67万平方公里。全省地形中部突起，东部丘陵起伏，西南和西北低洼平坦。著名的山脉，中部有泰山、鲁山、沂山、蒙山、徂徕山、尼山，东部有昆嵛山、大泽山、崂山、五莲山等。黄河自西南向东北方向流经山东西北全境，汇入渤海，大运河纵贯鲁西，在东平湖西北跟黄河相交，其他重要河流有马颊河、徒骇河、小清河、大汶河、沂河、沭河、潍河、胶莱河、大沽河、五龙河等。主要湖泊有以微山湖、昭阳湖、独山湖、南阳湖合成的南四湖和东平湖。

山东历来是我国的人口大省，人口密度仅次于河南、江苏。据1998年的统计资料，山东人口8871万，约占全国总人口的7%强。境内居民有汉、回、满、蒙古、壮、朝鲜、苗、佤、藏等54个民族。其中汉族人口最多，占全省人口99.4%以上。少数民族人数接近0.6%，其中以回族的人数最多，其次满族，其他在2000人以上的依次是壮族、蒙古族、朝鲜族和苗族。各民族都用汉语进行交际。

二　本课题研究的"山东方言"界说

山东方言是指山东境内各民族土著居民所说的汉语方言。

有些地区的某个少数民族在内部日常生活的语言交际中还存在本民族的一些特点，例如济南的回族和德州的满族：

由于民族礼仪、宗教信仰、生活习惯等多方面的原因，济南市回民有一些特有的语词，或某些常用语词跟汉族说法有所不同。特有的语词如"笃瓦"（回民住宅、店铺门上挂的横匾，作为回民标志，并有祝福的含义）、"伊玛目"（伊斯兰教主持礼拜的人，在清真寺的地位仅次于阿訇）、"伊扎布"（旧时回民的结婚仪式）、"归主"或"归真"（回民指人死。伊斯兰教认为，人死就是回到真主那儿去了）、"克凡"（回民用以包裹亡人的白色棉布）；常用词如"黑牲口"（猪）、"属黑的"（讳称属猪的人）、"找乜台的"（要饭的）、"多灾海"（地狱）、"无常"（人死）。

德州市内的满族老人保留着满族的特殊亲属称谓，以下据曹延杰对世居德州的正黄旗后裔唐树人（男，70岁）的调查："太祖"（曾祖父）、"太祖婆"（曾祖母）、"世祖"（祖父）、"祖婆"（祖母）、"阿妈阳平"或"妈妈前字阳平，后字轻声"（父亲）、"娘"（母亲）、"大妈妈"（大伯父）、"大大"（大伯母）、"二妈妈"（二伯父）、"二大大"（二伯母）、"伯"（叔叔）、"婶母"（婶婶）、"爸爸"（姑姑）、"姑爷"（姑父）、"福晋"（姨母）、"姨极"（母亲的姨表姐妹）、"阿哥"（儿子）、"格格"（女儿）。

以上济南回族和德州满族的口语跟一般汉族有所不同，但这并不是说济南的回族和德州的满族不是说的汉语，因为无论济南的回族还是德州的满族，虽然都有一些特有的语词，但表现这些语词的语音基础仍然是山东当地的方言音系，从基本词汇和语法系统来说，也没有超出当地方言语言结构的总体特征。所谓某些地区少数民族日常生活用语中的一些特点主要表现在少量词语的不同，这些词语的"物质外壳"是当地音系，除少量音译的外来词以外，绝大多数都符合当地汉语方言构词法的特点。

本书研究的"山东方言"，是山东境内各地各民族共同使用的汉语方言，既不包括移居于外地的山东人所说的家乡话，也不包括外来居民所说的不纯正的山东话。

第二节　山东方言的产生

一　史前时期的山东人

语言与人类共生，要了解语言的起源，必须研究人类产生的初始。探索山东方言的由来，需要从认识原始的山东人开始。

山东历史悠久。1981年9月，沂源县土门乡骑子鞍山东麓猿人化石的发现，说明远在四五十万年以前的旧石器时代早期，就有古人类在山东大地上生存。历史学家根据猿人化石的体质特征断定，"沂源猿人"跟我国在20年代周口店发现的著名"北京人"是同时代的人，是迄今为止山东境内发现的最早的原始居民。"沂源猿人"的存在并不是孤立的，跟"沂源猿人"大体同时代的旧石器文化，在山东还有两处发现，一处是1983年沂水范家旺村西南山顶南洼洞出土的石器和动物化石，另一处是1983年日照竹溪村和秦家官庄的石片、刮削器和砍砸器等，说明旧石器时代早期，山东已有多处远古人类的存在。

山东境内所发现的旧石器时代中晚期的遗存比旧石器早期的发现丰富得多，其中具有划时代意义的是1966年4月在新泰乌珠台村一个石灰岩溶洞中发现的"新泰人"，出土了一枚人类牙齿化石及一批哺乳动物化石。"新泰人"距今约2～5万年，属于晚期智人。这时人的体质已具备了现代人的特征，代表了旧石器文化晚期阶段。"新泰人"是山东境内发现的最早的现代人。在这之前，1965年6月山东沂源骑子鞍山千人洞中还发现了另一距今约2～3

万年的旧石器晚期遗址的灰烬、烧土和打制石器石片、刮削器以及部分动物化石等。这些遗物说明，旧石器时代晚期的山东人，大脑更为发达，双手更为灵巧，已经知道生肉熟食，制造复合工具，开始进入了"比较稳定的穴居生活"。(见安作璋主编《山东通史·先秦卷》，山东人民出版社 1993 年版)

　　最晚在距今 7000 多年以前，山东地区已经有了相当发达的新石器文化，相继是后李文化、北辛文化、大汶口文化、龙山文化和岳石文化。家畜饲养、农耕、制陶及磨光石器是史学界公认的新石器时代的四大特征。从山东境内发掘的距今约 3600～8000 年间的房址、墓穴、器械等遗址遗物来看，新石器时代的山东人，社会经济有了很大的发展，农业、饲养业、渔业、狩猎业、纺织业兴起，手工业的显著进步是陶器制作从手工制作发展到了轮制。生产有了剩余，贫富差异形成，出现了城堡。社会生活逐渐丰富，有了原始的宗教信仰，占卜之风兴起，饰物品类繁多，并且在莒县陵阳河出土的大汶河晚期墓葬中还有一种细柄陶杯笛，说明当时已有乐器的产生。新石器文化在龙山文化时期达到鼎盛的阶段。龙山文化自 1928 年在龙山镇的城子崖发现以后，受到了史学界的极大关注，70 年来的发掘和研究取得了丰硕的成果。龙山文化距今约 4000～4600 年，属于新石器时代晚期的一种遗存，是中国文明史前时期晚期的代表，史学界称之为"龙山时代"。龙山文化处于我国进入文明时代的前夜，其丰富的遗存和显著特点对研究中国文明的起源具有极为重要的价值。

　　创造上述文化的主人是山东的原始土著居民，也就是东夷人。我国古代文献将山东一带的东方各部族统称为"东夷"。"夷"，《礼记·王制》："东方曰夷。"《说文·大部》："东方之人也，从大从弓。"在长江、黄河流域地区，东夷族跟华夏、苗蛮等部族并立而存在，在漫长的历史中始终在本地区不断地发展进步，当然也跟周围华夏等族有着千丝万缕的联系。

二　山东方言随山东人的定居而开始形成

　　人不能脱离社会而生存，社会离不开语言。语言是随着人类的形成而形成的，语言与人类共生。只要有了人，就有语言的存在。语言是人类进行思维、相互交流思想、组织社会生产和斗争的工具。没有语言，人类物质文明和精神文明的建设全都不可想象。可以设想，人类在从猿到人的发展过程中，语言也随之由简单的原始状态逐渐地发展丰富起来。由于考古科学的发展，人类学家可以根据头骨将古人类的面貌复原，认为复原时除根据已发现的完整的头骨以外，还应该加进地域性的原则，"因为人类学上的研究确定了在一定地域居住了长期之后，人类体质便大大地固定了"(见翦伯赞、郑天挺主编《中国通史参考资料》古代部分第一册，中华书局 1962 年版)，这正是所谓的"一方水土养一方人"。考古的遗物提供不了文字产生之前具体的语言信息，我们今天还不可能复原史前时期的语言面貌，无法了解山东"沂源猿人"和"新泰智人"的语言在当时是什么情况，但是按照上述古人类复原的地域性原则，至少可以推测不同时期的语言也存在地域性的特征。

　　方言是一种语言在某一局部地区的实际存在形式，是语言发展到一定历史时期的产物。

方言的产生跟人类开始定居生活密切相关，恩格斯说："部落和方言本质上是一致的。"（恩格斯《家庭私有制和国家的起源》，见《马克思恩格斯选集》第4卷，人民出版社1972年版）方言的形成，要经历漫长的历史过程，《礼记·王制》所记"五方之民，言语不通"的情况，是语言长期在不同地域发展的结果。笔者目前还判断不了山东旧石器时代初期的"沂源猿人"是否已经进入定居的时代，现在暂时把这个时期的人所说的话归属于原始的氏族语言，而把山东方言的产生溯源到山东的旧石器时代的晚期，也就是作为"现代人"的"新泰智人"时代，因为在这个时候，人类定居的历史已经开始，这是方言产生的前提。山东方言发展到新石器时代，其大体格局已经定型，这从考古学家对山东龙山文化的分区和现代山东方言的分区比较中可以看得十分清楚。（参见蔡凤书、钱曾怡《山东地区的原始文化与现代方言》，2000年打印稿）

　　山东方言是山东土著居民远古以来长期使用的交际工具。山东方言既属于山东的地域文化，也是山东地域文化不可或缺的载体。山东方言从形成到不断发展成为今天的面貌，始终跟山东人民的社会文化生活紧密相连。山东方言跟山东的地域文化存在着与生俱来的一致性关系。这种一致性关系，就是山东的本地特色。

第二章　山东方言的地位和影响

第一节　史前时期的山东龙山方言

对于史前时期，由于没有文字记载，历史的建立主要依靠考古发掘的实物和文献记录的有关传说。长期以来，由于受到夏王朝正统思想的影响，黄河流域中游地区是中华文明的摇篮得到广泛的认同，随着考古所得的资料日益丰富和研究工作的不断深入，不少史学家对我国这种史前文化起源的认识开始由一元论转变为多元论。其中如，夏鼐："黄河流域是早期文化发展的一个中心，长江下游是另一个中心，山东地区史前文化的发展自有系列，是与黄河中游相对的另一文化圈。这三个地区的晚期新石器文化与中国文明起源关系最密切。"苏秉琦："把黄河中游称为中华民族的摇篮并不确切，如果把它称作在中华民族形成过程中起到最重要凝聚作用的一个熔炉，可能更符合历史的真实。"安志敏认为，在中国史前文化发展的整个过程中，"始终以中原为核心，特别是进入阶级国家之后，则表现得特别突出"，但是"把黄河流域作为中国古代文化的中心并不排斥其他地区也有古老的遗存和悠久的文化传统，以及他们在之后民族共同体形成过程中的积极贡献"。(夏鼐《中国文明的起源》、苏秉琦《苏秉琦考古学论述选集》、安志敏《略论三十年来我国新石器时代考古》，皆转引自蔡凤书、栾丰实主编《山东龙山文化研究文集》高广仁、邵望平文《海岱文化对中华古代文明形成的贡献》，齐鲁书社 1992 年版)

我国古代各部族的发展自然是不平衡的。从大汶口——龙山文化来看，新石器时期东夷的力量很强，经济文化的发展水平是相当高的，跟中原文化相比并不逊色，只不过因为华夏族首先建立了我国历史上第一个夏代王朝，使之在以后的发展中处于更为有利的地位。但是从另一方面来说，夏王朝的建立，也促进了中原文化和东夷文化的交融，使之共同成为汉民族的前身——华夏族形成的重要一员。当然，东夷族在以后的发展中也仍然保存着自己的文化特色。

我们无法具体描摹史前时期东夷人的语言，但是考古发掘的东夷人丰富的生产、生活资料告诉我们，当时的东夷方言已经达到了相当丰富的阶段。就拿典型龙山文化的代表性器物"蛋壳陶"来说，这种磨光黑陶薄如蛋壳，种类繁多，主要是器皿，有鼎、鬶、鬲、甗、盘、豆、盉、盆、杯、罐等，也有纺轮、矢镞等非容器类制品。质地精细轻巧，造型秀雅规整，形状各异，每种器物往往不只是一种形式。制作方法多种多样，有手制、模制和轮制，除去少量大型或特殊器物，或陶器附件如耳、鼻、器足等以外，绝大多数都是轮制的，说明当时的陶器制作的轮制技术已经相当成熟。龙山时代陶器制作的技艺代表了史前时代制陶业的顶峰，即使在近代，一般也难以做到。(参见刘敦愿《论山东龙山文化的技术与艺术》，见《山东龙山文化研究文集》，齐鲁书社1992年版）制陶业的发展，是生产、生活的需要，也是当时社会经济文化发展的体现。龙山时代丰富的陶制品遗存，不仅是研究当时社会生产、物质和精神生活的依据，也为山东方言的由来提供了重要的信息。《荀子·正名》："名也者，所以期累实也。""名闻而实喻，名之用也。"（见《荀子新注》，中华书局1979年版）是说语言的名称概念是用来表达客观事物的，听到名，就会知道它所代表的实际事物，这是名的用处。名由实而生，多种多样的黑陶器皿，肯定有相应的多种多样的名称，还有对用以制作的不同工具、不同工序的说法等等，没有语言，不可能协调其操作过程，也无法传授技艺经验，制陶业就没有可能发展。多年以来，有关经济发达地区的方言对其他方言具有明显影响已经成为方言学界的共识，那么，创造了以蛋壳陶为代表的龙山文化的东夷人的方言在当时的地位和影响也是可想而知的。

　　上文说到，龙山文化时期已经处于中国文明的前夜。文字的产生是文明时代开始的一大标志。东夷人在山东创造的原始文字，就是史学家援"金文"、"甲骨文"之例命名的"陶文"。在山东发现的"陶文"，属于大汶口晚期文化的，有在莒县陵阳河、大朱村及诸城前寨出土的一种刻在陶尊上的图象文字。属于龙山文化的，是1991～1992年山东大学历史系考古实习队在邹平丁公遗址灰坑中发现的刻有11个文字的陶盘残片。对于"陶文"的性质和解释，各家的看法还没有完全取得一致，唐兰《再论大汶口文化的社会性质和大汶口陶器文字》：陶器文字"既不是符号，更不是图画，而是很进步的文字，是商周时代文字的远祖"，"是属于远古时期的义符字"。（转引自《山东史前文化论文集》黎家芳文《山东史前文化在中华远古文明形成中的地位》，齐鲁书社1986年版）裘锡圭《笔谈丁公遗址出土陶文》："这些符号不是图绘，也不是无目的的任意刻划的产物。它们大概也不会是跟语言毫无关系的一种表意符号，不然为什么会有11个符号排列有序地刻在一起呢？另一方面，从遗物的时代和符号的形式来看，它们也不可能是成熟的文字。所以它们大概是一种原始文字。不过我认为这并不是一种处于向成熟的文字发展的正常过程中的文字，而是一种走入歧途的原始文字。"（见《裘锡圭学术文化随笔》，中国青年出版社1999年版）做出这样的结论，缘于丁公遗址的文字跟通常见到的甲骨文差别较大。但是，不论对陶器文字的性质有何不同的认识，承认"陶文"是我国原始文字已被越来越多的人所认同。文字是记录语言的工具，山东陶器文字的发现，进一步证明山东方言已经到了相当发达的程度。

第二节　历史上的齐鲁方言

　　文明时期是有文字记载的时代，也是有了国家的时代。华夏族首先在我国建立了第一个奴隶制王朝——夏朝，标志着原始社会的终结。夏朝的统治地区主要在于黄河中游，但是华夏族自古以来就跟东夷族有着密切的关系，夏朝建立以后，政治文化的交往更为密切，《后汉书·东夷列传第七十五》（中华书局1965年版）："夏后氏太康失德，夷人始畔。自少康已后，世服王化，遂宾于王门，献其乐舞。桀为暴虐，诸夷内侵，殷汤革命，伐而定之。至于仲丁，蓝夷作寇。自是或服或畔，三百余年。"这种关系有争战，有亲和。战争固然给人民带来巨大的灾难，但从语言的角度说，却是促进了语言的交融，而文化的交往对于语言融合的作用自然是更不在话下的了。正是这种长期的交往关系，使东夷语言跟华夏语言有所融合，使之共同成为汉民族共同语的基础方言。

周定天下，实行大分封。周武王封功臣谋士，《史记·周本纪》(中华书局 1959 年版)："封尚父于营丘，曰齐。封弟周公旦于曲阜，曰鲁。"周公留佐武王，其子伯禽受封，为鲁公。齐鲁在山东立国从此开始，山东地区遂有齐鲁之称。齐国和鲁国都是我国先秦时期的两大诸侯国，虽然都以周文化为官方文化，都是我国的礼仪之邦，但是由于政治文化等多种原因，他们政治上走的是两条不同的发展道路，文化特色也就有所不同。

齐国通达权变，自建国开始就采取了一系列开明的政策。《史记·齐太公世家》："太公至国，修政，因其俗，简其礼，通商工之业，便鱼盐之利，而人民多归齐，齐为大国。"以后齐桓公在管仲的辅佐下，对内改革政治，"设轻重鱼盐之利，以赡贫穷，禄贤能，齐人皆说"，对外实行"尊王攘夷"，在大征伐大吞并的基础上，"九合诸侯，一匡天下"，确立了中原霸主的地位。到了威王和宣王时期，国力达到鼎盛。在文化建设方面，设"稷下学宫"，招揽天下贤士，广开言路，《汉书·艺文志》所称"九流十家"的儒家、道家、名家、法家、阴阳家、兵家、墨家等都在这里留下足迹，各著书立说，讨论天下大事，开创了解放思想、百家争鸣的风气，临淄成了当时学术交流的中心。齐国的强大和开放的学术风气，扩大了齐语在汉语方言中的影响。西汉扬雄《方言》收入当时全国方言对照的词语共 675 条，其中出现"齐"地方言的竟有 30 条之多。《孟子》中记载孟子跟戴不胜的一段对话，虽然是用语言环境对于学习语言的重要性来说明环境对于培养人的作用，但也说明了齐语在当时士大夫心目中的地位："孟子谓戴不胜曰：'子欲子之王之善与？我明告子。有楚大夫于此，欲其子之齐语也，则使齐人傅诸？使楚人傅诸？'曰：'使齐人傅之。'曰：'一齐人傅之，众楚人咻之，虽日挞而求其齐也，不可得矣；引而置之庄岳之间数年，虽日挞而求其楚，亦不可得矣。'"(《孟子译注》，中华书局 1966 年版)

鲁国封于少昊之墟，商奄故地，地理环境优越，又受到周王朝的种种特殊待遇，在诸侯王国中居于首屈一指的地位，后来因为拘守传统，政治经济上缺少改革措施，以致发展迟缓，国力日趋衰弱。但是从另一方面来说，鲁国对于保存和发展传统文化又有其独特的贡献。鲁国原是东方各国的文化中心，后来成为著名的礼乐之邦。西周经犬戎之乱，大量典籍文物遭损，周公所制的礼乐及法器史册只有鲁国得以保存。鲁人尊崇周公，笃守礼乐传统，"其民有圣人之教化"(《汉书·地理志》，中华书局 1962 年版)。鲁国尊师重教，孔子正是应时而生的教育家，他开创了私人办学的先河，《史记·孔子世家》："孔子以诗书礼乐教，弟子盖三千焉，身通六艺者七十有二人。"足见其规模之大。孔子创立的儒家学说，影响了我国传统文化几千年，他整理的儒家经典《易》、《诗》、《书》、《礼》、《乐》、《春秋》，为继承、传播古代文化做出了杰出的贡献。这些著作以及由孔门弟子和再传弟子编纂的孔子言行录《论语》，代表了汉语发展史上的重要阶段。据《论语·述而》记："子所雅言，诗、书、执礼，皆雅言也。"说明雅言是孔子的教学语言，"六经"应该基本上也是用雅言整理的。从现代汉语方言的分区看，鲁地曲阜跟周都西安一带方言都是属于官话方言的中原官话区，可以推测雅言跟当时的鲁语相差不会很大。另外，孟子讥笑许行"南蛮鴃舌之人"，批评"盛德之士，君不得而臣，父不得而子"的俗话是"齐东野人之语"（《孟子译注》，中华书局1966年版），也可从侧面看出鲁语的地位，至少孟子认为自己的母语鲁语是比较高雅的。

我们在了解齐鲁两国不同发展道路的同时，也不可忽略了两者之间特殊的关系。两国地域毗连，历史上交往频繁，早在公元前4世纪左右，人们就已经开始习惯于把"齐鲁"作为这片较大地区的通名。齐鲁之邦是东夷文化的直接继承，原本就有深厚的基础，以后经过长期发展，成为中华文化辉煌的代表。春秋战国时期的重要学派儒家、墨家、兵家、阴阳家等都在这里孕育产生，我国历史上最有影响的文武圣人孔子和孙子也是齐人和鲁人。从语言的角度来看，齐鲁学者的著述，不仅是汉语书面语较早的记录形式和大量成语典故的源头，也是历史上相当长时期内的必读教材，其在汉语发展中举足轻重的地位是不言而喻的。直到今天，"学而不厌，诲人不倦"，"知之为知之，不知为不知"，"学而时习之"，"知己知彼，百战不殆"等等，都仍是众所公认的至理名言。

第三节 胶东方言跟胶辽官话的形成

在汉语官话方言中，胶东方言是学术界公认的比较特殊的一支。胶东方言有狭义、广义之别，狭义的胶东方言指胶莱河以东胶东半岛地区的方言，广义的胶东方言则指山东半岛地区的方言。从山东境内的地域分布来说，广义的胶东方言区跟上文的齐鲁方言区形成互补。胶东方言跟齐鲁地区方言存在明显的不同，这跟两地原始文化的不同正相对应。

从蓬莱、长岛发现的旧石器晚期的打制石器来看，胶东人的历史至晚在旧石器时代晚期就已开始。考古研究工作者公认胶东地区的原始文化跟山东西部地区存在不同。韩榕《胶东史前文化初探》："山东地区的史前文化存在着两大分支系统，一支是以泰山周围一带为其主要分布区的大汶河文化，它的前身是'北辛文化'；另一支则以胶东地区为其主要活动范围，其相当于大汶口文化的阶段，我们称之为'丘家庄类型'和'北庄类型'。"（韩榕《胶东史前文化初探》，见《山东史前文化论文集》，齐鲁书社1986年版）严文明也说："胶东地区在我国东方新石器文化发展的总进程中并不是一开始就处在派生的次级文化区的地位，而是自有起源和自己的发展谱系，只是后来同鲁中南等地的文化联系越来越密切，相互影响越来越深，才融合为一个较大的大汶口－龙山文化体系。即使到那时，胶东地区原始文化的若干地方体系仍是不应当忽视的。"（严文明《胶东原始文化初论》，见《山东史前文化论文集》，齐鲁书社1986年版）

李荣主编的《中国语言地图集》将上述广义的胶东地区跟辽东半岛的辽宁、黑龙江一些县市的方言划为官话方言的胶辽官话区。胶辽官话区的划分，是缘于这些地区的方言所存在的共同特点，这些特点详见下文山东方言的分区，此处略去。下面主要从胶辽官话的形成看山东方言的影响。

　　胶东的史前文化主要是在沿海一带发展起来的，活动的地区多在海边河岸。从遗址的"贝丘"堆积及石锚、网坠等遗物，说明了渔业和航海业的发展。史前时期胶东半岛的文化跟辽东半岛的关系已很密切，但是只局限于互相接近的地区，具体说就是辽宁省南端的大连、长海等地，中间海域中今长岛县所属的庙岛列岛大体属于胶东文化区，位于南部大黑岛的北庄文化是胶东新石器文化的重要代表。就现代方言的特点说，辽宁的大连、长海、庄河等地的方言跟胶东方言同是一个体系，都是属于胶辽官话三个次方言中的登莱片。虽然主要特点相同，但是也存在某些不同，其间的庙岛列岛处于一个过渡的地位。庙岛列岛有大小不等的 30 多个岛屿，有居民的是 10 个岛。这 10 个岛的方言，大体以砣矶岛为界，砣矶岛以南的南北长山岛、大小黑山岛、庙岛等（当地人称"下岛"或"南五岛"）跟胶东的蓬莱话相同，以北的大小钦岛、南北隍城岛等（当地人称"上岛"或"北五岛"）比较接近辽东的大连话，砣矶岛则有的特点跟大连相同，有的特点跟蓬莱相同。例如："梨李力"等一类字跟"雷累积累累"一类字，蓬莱和下岛不同音（li≠lei），大连和上岛同音（li = li）；"月越"等字跟"药悦"等字，蓬莱和下岛不同音（ye≠yo），大连和上岛同音（ye = ye）。砣矶岛则前项跟大连相同，后项跟蓬莱相同。（参见钱曾怡、罗福腾《长岛方言音系》，〔日本〕《内陆アジア言语の研究》Ⅵ，1990 年）

　　胶东方言是胶辽官话形成的最早发生地。如果说辽东半岛南端的方言从远古就是属于同一体系，所存在的某些不同是由于在以后的发展中受到东北官话的影响，那么胶辽官话在辽宁其他地区及黑龙江乃至吉林的分布，则是明清以后山东人口大量往东北移民的结果。罗福腾根据正史、地方史志、民间的家谱和流传的歌谣，考察山东人口大量迁移东北的社会背景有三："清朝满族入主中原后，造成东北人口锐减"；"山东半岛地区人多地少，生存环境狭窄，天灾频仍，导致胶东人北上辽东半岛谋生"；"山东半岛与辽东半岛一衣带水的地理优势，为山东人下关东提供了便利"。胶辽官话在东北地区的分布，除了上述辽东半岛南端的登莱片以外，北部地区都是属于盖桓片。盖桓片虽然基本上具有胶辽官话的特点，但是跟胶东方言差异扩大，增加了东北官话的色彩。罗福腾分析胶辽官话的特点在东北地区由南部的"浓重"向北部的"浅淡"逐渐变化的原因"与当地移民的祖籍来源、时间先后有关"。"总体上说，清代前期和中期，山东的胶东人首先迁移到辽东半岛，把胶东话带到了大连至丹东沿海一带；清代后期至民国年间，山东人（包括胶东和其他地区的山东人）、先期由胶东到达辽东后再次搬迁的新辽宁人、部分河北省的人，开始流向辽东半岛以北和吉林通化、长白山区，这一带的方言便出现了以胶东话为基础、同时掺杂有其他方言成分的方言。"（参见罗福腾《胶辽官话研究》，博士论文 1998 年打印稿）

　　以上说明胶东方言在胶辽官话形成中的基础地位。实际上，胶东方言在汉语官话方言中的影响并不限于胶辽官话，胶辽官话的有些特点也一直延伸到东北官话，例如中古日母的多数字读零声母等，这里不细述。

第三章　山东方言的特点和分区

第一节　山东方言的特点

　　山东方言是汉民族共同语的基础方言，具有官话方言的基本特点，这些特点包括：古全浊声母今读清音，绝大部分地区是平声送气、仄声不送气；古咸深摄跟山臻摄韵母合并，读 n 韵尾或鼻化元音韵母；全浊上声归去声，绝大多数地区没有入声。但是山东方言的区域特点也很显著，有些现象纵然在整个汉语方言中也是独一无二的。以下从三个角度分析山东方言的语音特点。因为特点只有通过比较才能看出，本节用以说明山东方言特点的比较项主要是北京语音。

一　跟中古音的对应关系

　　从跟中古音的对应关系看，山东方言语音比起北京语音相对来说规律比较整齐。这里所说的规律整齐并非指没有分化，例如中古日母字在济南按韵母开口和合口的不同分化为 z、l 两个声母，但是因为分化是有规律的，也就不能作为不整齐看待。下面从声母、韵母、声调各举一例说明。

1. 声母

　　中古庄组字，北京主要读舌尖后 tʂ、tʂ'、ʂ 声母，但有不少字读 ts、ts'、s 声母，据《方言调查字表》所收的 171 个庄组字的统计，北京除了多数读 tʂ、tʂ'、ʂ 声母以外，另有 32 字读 ts、ts'、s 声母，占 18.7%，分化没有明显规律。庄组字在山东不同地区读 tʂ、tʂ'、ʂ 或 ts、ts'、s。读 ts、ts'、s 的地区大体不存在分化问题，读 tʂ、tʂ'、ʂ 的地区，虽然也存在部分字读 ts、ts'、s 的现象，但字数明显比北京要少。下表是北京读 tʂ、tʂ'、ʂ 的 32 个庄组字在山东西部济南和东部平度的老派口语语音（表中空白缺查）。

　　表中在北京庄组读 ts、ts'、s 的 32 字中，济南除 1 字缺查以外，读 ts、ts'、s 的为 11 字，平度则除 4 字缺查以外，读 tθ、tθ'、θ 的仅 5 字。

	淄	辎	缁	淬	差参~	侔	洒	阻
济南	₍tʂʅ	₍tsʅ		₍tsʅ	₍tʂʅ	sʅ°	₍sa	₍tsu
平度	₍tʂʅ	₍tʂʅ			₍tʂʅ		₍θa	₍tθu

	责	仄	侧	测	恻	策	册	厕
济南	ʿtʂei	₍tʂei	₍tʂei	₍tʂʻei	₍tʂʻei	₍tʂʻei	₍tʂʻei	₍tʂʻei
平度	ʿtʂei	₍tʂei	₍tʂei	ʿtθʻei	₍tʂʻei	₍tʂʻei	₍tʂʻei	₍tθʻʅ

	涩	瑟	色	啬	所	缩	邹	搜
济南	₍ʂei	₍ʂei	₍ʂei	₍ʂei	ʿʂuə	ʂuə	₍tʂou	₍sou
平度	ʿʂei	₍ʂei	₍ʂei	₍ʂei	₍ʂuə	ʂuə		₍ʂou

	飕	馊	蒐	簪	篡	岑	参~差	森
济南	₍sou	₍sou	₍sou	₍tsã	tsʻuã	₍tʂʻẽ	₍tʂʻẽ	₍sẽ
平度	₍ʂou	₍ʂou	₍ʂou	₍tθã	tθʻuã	₍tʂʻə	₍tʂʻə	₍ʂə

2. 韵母

中古曾摄一等开口入声德韵字和梗摄开口二等入声陌、麦三韵字北京主要分读为 ei、o、ɤ、ai 四个韵母，下面是德、陌、麦三韵的 49 个常用字在北京的韵母读音：

读 ei 韵母 5：北肋勒贼黑 (全部德韵)

读 o 韵母 8：墨默 (德韵)　　柏伯迫魄帛陌 (陌韵)

读 ɤ 韵母 24：得德特则刻克 (德韵)　　泽择格客咳额吓恐~赫 (陌韵)　　责策册革隔核果~核 (麦韵)
对扼轭厄 (麦韵)

读 ai 韵母 10：塞 (德韵)　　百拍白拆宅窄 (陌韵)　　麦脉摘 (麦韵)

例外：读 uei 韵母：忒 (德韵)

　　　　读 a 韵母：栅 (麦韵)

以上三韵字在山东的韵母读音比较整齐，大多读 ei 韵母，下表是 49 个常用字在北京跟山东韵母读音数量统计。山东东西部各以平度和曲阜为代表。表中凡列出具体字的为例外字，每点"数字＋例外字＋缺查字＝49"，可以看出曾梗摄开口一二等字在北京跟山东的不同。

	ɤ	ai	o	ei	uei	a	əu	ia	ɛ	u	缺查字
北京	24	10	8	5	忒	栅					
平度				42			咳	吓	核~对	核果~	栅轭厄
曲阜	咳			39	忒			吓	核~对		栅帛宅赫核果~轭

下面再看中古曾梗摄开口一二等入声的具体例字山东代表点跟北京读音比较表 (表中德、陌、麦各举三字)：

	墨	则	黑	伯	白	格	麦	责	革
北京	moˀ	꜄tsɤ	꜄xei	꜄po	꜄pai	꜄kɤ	maiˀ	꜄tsɤ	꜄kɤ
平度	꜄mei	꜄tθei	꜄xei	꜀pei	꜀pei	꜀kei	꜄mei	꜀tʂei	꜀kei
曲阜	꜄mei	꜀tsei	꜀xei	꜀pei	꜀pei	꜀kei	꜄mei	꜀tsei	꜀kei

3. 声调

中古清声母入声字，北京分归阴平、阳平、上声、去声四个调类。古清入字在山东的调类，除靠西北的少数地区老派多数字为独立的入声调以外，其余地区一般是东部归上声，西部归阴平。下面选东西部各两点以 16 字为例（按北京平、上、去、入各四字的顺序排列）跟北京音进行比较：

例字	发	割	接	桌	质	责	吉	福
北京	꜀fa	꜀kɤ	꜀tɕie	꜀tʂou	꜄tʂʅ	꜄tsɤ	꜀tɕi	꜀fu
荣成	꜆fa	꜆ka	꜆tsiɛ	꜆tʂuɔ	꜆tʃ1	꜆tʂɛ	꜆ci	꜆fu
诸城	꜆fɑ	꜆kɑ	꜆ɬiə	꜆tʂuə	꜆tʃ1	꜆tʂei	꜆tʃ1	꜆fu
德州	꜀fa	꜀kə	꜀tɕiə	꜀tʂuə	꜀tʂʅ	꜀tʂai	꜀tɕi	꜀fu
曲阜	꜀fa	꜀kɤ	꜀tɕie	꜀tsuə	꜀tsʅ	꜀tsei	꜀tɕi	꜀fu
例字	法	甲	笔	脚	质	策	各	作
北京	꜆fa	꜆tɕia	꜆pi	꜆tɕiau	tʂʅˀ	tsʼɤˀ	kɤˀ	tsuoˀ
荣成	꜆fa	꜆cia	꜆pi	꜆cyɔ	꜆tʃ1	꜆tsʼɛ	꜆kɔ	tsɔˀ
诸城	꜆fa	꜆tʃia	꜆pi	꜆tʃuə	꜆tʃ1	꜆tʂei	꜆kuə	꜆tθuə
德州	꜀fa	꜀tɕia	꜀pei	꜀tɕiɔ	꜀tʂʅ	꜀tsʼɛ	꜀kə	tsuoˀ tsuoʼ
曲阜	꜀fa	꜀tɕia	꜀pei	꜀tɕye	꜀tsʅ	꜀tsʼei	꜀kɤ	꜀tsuo

以上从声韵调三方面用字例举出了山东方言古今对应关系比较整齐的情况，这些情况并不限于上述三项，此处不再一一罗列。另外也须说明，山东方言中也并非不存在古今对应关系不规则的现象，如烟台等地中古次浊平声字今调类分归平声和去声（或阴平、阳平）两类，莱州、平度等地古全浊上声、全部去声、次浊入声今分归阴平和阳平等，都是无条件的分化。但是从总体来看，山东方言跟古音的对应还是比北京较为整齐的。

二　单字音系

从单字音系看，山东方言的特点可以归纳为：声母丰富，韵母、声调呈简化趋势。以下逐项说明。

1．声母丰富

作为一个音节开头的辅音声母，对于突出该音节的区别性特征具有首当其冲的作用。山东各地方言的声母并不一致，主要是东部和西部有较大差异，这些差异正构成山东方言声母的复杂情况。所谓声母丰富，从音值说，主要指山东境内作为声母的辅音音素有一些是其他方言所没有的；从音类说，主要是跟古音、共同语或其他方言存在复杂的对应关系。山东方言声母数量最多的地区在东部，如平度 27 个、诸城 28 个。下面举五莲县县城洪凝镇为例，说明山东方言声母数量和特有音素之多，以及跟普通话、中古音系复杂的对应关系。

五莲洪凝镇声母：

p	布	pʻ	怕	m	门泥	f	飞	v	碗
t	到	tʻ	太	n	南奴			l	来路
tθ	增租	tθʻ	曹粗			θ	三苏		
ȶ	精丁	ȶʻ	清听	ȵ	年女	ɕ	箱徐		
tʃ	交招	tʃʻ	轻称			ʃ	乡烧		
tʂ	争	tʂʻ	虫			ʂ	生	ɭ	耳二
k	贵	kʻ	开	ŋ	俺岸	x	海		
ø	延元然软武								

以上五莲方言 28 个声母跟普通话对应关系可以分为三类，如 14 页上表。

山东东部及西北、西南边沿地区，中古知庄章三组字分为两套，大体规律是：庄组全部、知组开口二等、章组开口止摄、知章组遇摄以外的合口为一组，上表称为甲组；知组开口三等、章组止摄以外的开口、知章组遇摄以外的合口为另一组，上表称为乙组。中古知庄章三组字的分合以及跟精、见组的交叉关系是山东方言声母丰富的重要内容。

山东方言的特殊声母除五莲等地的 tθ tθʻ θ、ȶ ȵ、tʃ tʃʻ ʃ、ɭ、ŋ、v 等以外，还有胶东地区的舌面中音 c cʻ ç、西南部的齿唇塞擦音 pf pfʻ、西部地区的舌根浊擦音 ɣ，例如威海的"经₌ciŋ、轻₌cʻiŋ、兴₌çiŋ"，滕县的"猪₌pfu、穿₌pfã"，济宁的"爱 ɣɛ°"，等等。

2．韵母简化趋势

跟北京语音比较而言，山东方言韵母简化趋势表现在四个方面：一是复合元音单元音化，二是某些韵母合并，三是介音失落，四是鼻辅韵尾韵母弱化为鼻化元音韵母。

复合元音单元音化，北京 ai、uai 和 au、iau 两对动程较大的复合元音韵母，山东各地方言除烟台、荣成等胶东地区以外，其余大多读单元音韵母，见 14 页下表山东东西部各两个代表点跟北京的比较。

	五莲	北京	例字	古音类
1. 一对一的关系	p p' m f	p p' m f	布怕门飞	帮非组
	t t' l	t t' l	到太来	端透来
	k k' x	k k' x	贵开海	见晓组
	tθ tθ' θ	ts ts' s	早粗三	精组细
2. 二对一的关系	n	n	南	泥洪
	ȵ		女	泥细
3. 复杂关系	tɕ tɕ' ɕ	t t'	丁听	端细透细
		tɕ tɕ' ɕ	精清星	精组细
			经轻兴	见晓组细
	tʃ tʃ' ʃ	tʂ tʂ' ʂ	战缠声	知庄章乙组
	tʂ tʂ' ʂ		站产生	知庄章甲组
	l		二	日止摄
	ŋ	ø	岸开口呼	疑影
	v		问碗合口呼	微疑影组
	ø		言冤齐齿撮口呼	疑影组
		ʐ	人软	日止摄以外

	灾	该	帅	歪	刀	高	交	妖
北京	₍tsai	₍kai	ʂuai°	₍uai	₍tɑu	₍kɑu	₍tɕiɑu	₍iɑu
莱州	₍tsɛ	₍kɛ	₍suɛ	₍ɜu	₍tɔ	₍kɔ	₍tɕiɔ	₍iɔ
莒南	₍tθɛ	₍kɛ	ʂuɛ°	₍ɜu	₍tɔ	₍kɔ	₍tɕiɔ	₍iɔ
利津	₍tsɛ	₍kɛ	ʂuɜ°	₍vɜ	₍tɔ	₍kɔ	₍tɕiɔ	₍iɔ
金乡	₍tsɛ	₍kɛ	₍suɛ°	₍uɜ	₍tɔ	₍kɔ	₍tɕiɔ	₍iɔ

　　韵母合并是指北京读为两个不同的韵母，山东一些地方合成为一个，例如青岛人说"东方红"跟"登方恒"同音、"英影"跟"拥永"同音，这是因为北京的əŋ、uŋ和iŋ、yŋ两组四个韵母在青岛一带分别合并而为两个。这种现象成为青岛一带方言的重要特色，主要分布于胶莱河流域及以南直到日照的十余县市。见下表两个代表点跟北京的比较：

	登	东	争	忠	兴	兄	英	拥
北京	₌təŋ	₌tuŋ	₌tʂəŋ	₌tʂuŋ	₌ɕiŋ	₌ɕyŋ	₌iŋ	₌yŋ
即墨	₌toŋ		₌tʂoŋ		₌ɕioŋ		₌ioŋ	
胶县	₌təŋ		₌tʂəŋ		₌ɕiŋ		₌iŋ	

介音失落主要指胶莱河以东及以西的沿河地区，凡中古端系（端泥精组）字逢蟹止山臻合口字，北京读合口呼的，当地为开口呼。见下表两个代表点跟北京的比较：

	堆	嘴	岁	端	暖	酸	蹲	论	孙
北京	₌tuei	ꜛtsuei	sueiꜜ	₌tuan	ꜛnuan	₌suan	₌tuən	luənꜜ	₌suən
牟平	₌tei	ꜛtsei	seiꜜ	₌tan	₌nan	₌san	₌tən	lənꜜ	₌sən
长岛	₌tei	ꜛtsei	seiꜜ	₌tan	₌nan	₌san	₌tən	lənꜜ	₌sən

由于 u 介音失落，使有些相关的音节合并，造成了这些地方部分字音混同，如牟平"端=单"、"团=谈"、"卵=懒"、"酸=三"、"村=参参差"、"孙=森"，等等。

鼻辅韵尾韵母弱化为鼻化元音韵母，主要指舌尖中鼻音韵尾 n 失落，韵母中的主要元音为鼻化元音。这种现象广泛存在于除荣成、烟台等胶东地区以外的山东各地方言。下面将北京 8 个前鼻音韵母跟山东东西各两个代表点的读音进行比较：

	安	烟	弯	冤	恩	音	温	晕
北京	₌an	₌ian	₌uan	₌yan	₌ən	₌in	₌uən	₌yn
莱州	₌ã	₌iã	₌uã	₌yã	₌ẽ	₌iẽ	₌uẽ	₌yẽ
诸城	₌ŋ̃ã	₌iã	₌vã	₌yã	₌əŋ̃	₌iə̃	₌və̃	₌yə̃
利津	₌ŋ̃ã	₌iã	₌vã	₌yã	₌ŋ̃ẽ	₌iẽ	₌vẽ	₌yẽ
金乡	₌ɣã	₌iã	₌uã	₌yã	₌ɣẽ	₌iẽ	₌uẽ	₌yẽ

山东方言中鼻辅韵尾韵母弱化为鼻化元音韵母的情况还有继续发展的趋势。从目前鲁南沂水、临沂等地的方言调查了解到，这些地区的方言除去北京的前鼻辅韵尾 n 丢失以外，古宕江摄的后鼻辅韵尾 ŋ 也读得并不到位，就是说在发完前面元音之后，发鼻辅音的舌根并没有跟上腭闭合成阻，而只是舌根略为向软腭的方向动了动，而且前面的元音也带鼻化，如"昂"字发成ãᵖ，元音后的鼻音不很明显。宽式记音的话，可记为ã或αŋ，如果都记鼻化元音，那么北京前后鼻辅韵尾的差异在这些方言中只有依靠前后元音的不同来区别了，但因为后鼻辅韵尾的丢失没有前鼻辅韵尾那么彻底，也为了显示两者实际存在的不同，所以目前还是记作αŋ。

3．声调简化

在汉语的音节构成中，声调的作用趋于弱化，这在官话方言的发展中尤其明显。具体表现在单字调类减少，连读变调中不同组合的类型归并，以及轻声和多字组格式调型的固定。

山东方言的这些特点在一定程度上代表了汉语声调发展的方向。

单字调调类减少的内容是调类合并，包括入声转化为舒声，某些舒声调类归并。就山东西部利津、章丘等少数地区老派还保留独立的入声调来说，山东方言声调的发展有滞后的一面，但是从总体看，山东方言调类减少在汉语方言发展中仍然处于领先的地位。一方面，山东方言有入声的方言，入声调只存在于老派之中。读入声调的字，韵母一律不带塞音韵尾，而且限于中古清声母入声字，各地大致占古清声母入声字的 $60\sim80\%$ 左右，数量也正在逐渐减少。另一方面，目前汉语中调类最少的方言是三个声调，在整个汉语方言三个声调的180 个左右的方言点中，山东方言有 21 个之多，而且三调类方言的数量正在增多，如章丘老派四个声调，其中的清声母入声字是独立的入声，但是新派入声已经归入上声，那么，章丘方言由四调合为三调只是时间的问题了。

比起北京，连读变调中不同组合的类型归并现象，山东方言更为普遍。连读变调的组合类型，是指语流变调中，各单字调类的相互组合，如北京四个单字调，其两字调的组合关系有 16 种，语流变调时 16 种组合的"上＋上"跟"阳＋上"两种类型合并了。这种变调类型的归并在山东各地方言中更为突出，"上＋上＝阳＋上"的现象几乎遍布全省各地，其他组合的合并虽然各地有所不同，但合并的类型比北京要多得多。如：有四个单字调的龙口、诸城、德州、郓城等地都有三对类型合并，只有三个单字调的烟台、博山也有三对类型合并。再如：烟台的三字连调27种组合，变调的结果可以归纳为"X＝X＝平"(31+35+31)、"X＋X＝上"(55+55+214)、"X＝X＝去"(33+21+55) 三种类型，"X"表示烟台的平上去任何一个声调。变调类型的减少，使某些原来单字调不同的组合连读时读音相同了，如北京"起码＝骑马"，说明上声和阳平在上声前已经合二为一。

轻声和多字组格式的固定，主要是从语流中来看声调情况的，一般对多音节词语而言，具体指山东方言轻声的丰富，以及一些多字组变调不论本调如何，变调都有固定的调形。轻声的音高决定于前字的声调，这时轻声音节已经失去原来单字调的作用。在山东境内的一些方言中，多音节词语中带轻声的词语数量较大，据对东西两个点《即墨方言志》和《金乡方言志》"时令"类词语含轻声音节的数字统计：即墨收词语 113 条（有读轻声或不读轻声两读的按两条计算，下同），其中有单音节词语 0、双音节 59、三音节 44、四音节 7、五音节 3；金乡收词语 91 条，其中单音节词语 1、双音节 46、三音节 29、四音节 14、五音节 1。

下表是两地"时令"类词语读轻声的数量统计：

	收入词语总数	两音节以上的词语总数	两音节以上词语中含有轻声音节的词语数，跟两音节总数的比例		三音节以上词语中含两个轻声音节的词语数	四音节以上词语中含三个轻声音节的词语数
即墨	113	113	79	69.7%	17	3
金乡	91	90	64	71.1%	4	0

一个词语有两个以上的轻声音节，如："下半年"、"五黄六月"、"十好几年"（即墨），"白子里白天"、"老大崩子"（金乡）等，足见轻声在多音节词语中所占的比例之高。跟轻声音节类似的多音节词语的固定调形，同样显示了单字调区别性作用的减弱，如：博山方言形容词生动形式四字组"ABBə"、"ABCDə"和五字组"ABABə"、"AABBə"、"ABCDə"词语，不论四字或五字的本调属于什么类别，一般四字组读"31＋24＋31＋23"（香喷喷的、木嘎支的），五字组读"31＋23＋31＋23＋4"（蹀躞蹀躞的、旮旯旯旮的、血糊淋拉的）。博山的这种多字组连读不论本调而为固定格式的情况在莱州、郓城等地也多有发现。

三　音变特点

此处所说的音变限于语流音变，不包括历时音变。研究方言中的语流音变现象是一个十分有趣的课题，例如"蝼蛄"这个词，东部的牟平、平度等地说成"炉蛄"，西部的博山、利津等地说成"蝼狗"（博山人写作"蝼狗"）。从音变的角度分析，山东东、西部方言"蝼蛄"的音变都是属于语音同化，造成两者不同的原因是逆同化跟顺同化的不同，即前者是前字韵母受后字同化（逆同化），而后者则是后字韵母受前字同化（顺同化）。再如："恐怕"说成"捧怕"，在山东相当普遍，也是声母逆同化的结果；"脑瞧"在胶东一带说成"脑片"，则是由于声母发音部位的顺同化。

音变现象涉及的范围很广，"现代汉语"教材的音变内容一般包括变调、轻声、儿化三项。关于变调和轻声音节的调值变化两项内容，将在下文从声调发展的角度进行讨论，本节只是将山东方言很有特色的轻声音节声母、韵母的变化和儿化音变两项做简要介绍。

1. 轻声

轻声音节不但失去固有的调值，还往往产生声母和韵母的变化，在山东方言中，因轻声而发生声韵母变化的现象跟普通话相比更为丰富。例如：济南人将"蜻蜓"说成"蜓蜓"，宁津人叫"姥娘"为"狼娘"，德州郊区等地的人说"棉花"为"娘花"，等等，都是因为读轻声引起的声母、韵母的变化。上述"蜻蜓"读"蜓蜓"是前字声母受后字声母的同化，"姥娘"叫成"狼娘"是前字韵母受后字鼻音声母和韵尾的影响而增加了一个鼻音韵尾。"棉花"说成"娘花"的音变情况复杂一些，首先，"棉"字声母受"花"字舌根声母发音部位的影响后移，"棉"的声母并没有变为跟"花"同部位的舌根鼻音，缘于当地方言的声母、韵母拼合关系中舌根辅音不拼舌根韵尾的韵母，造成了舌位前移为舌面前鼻音声母的结果。这个音变过程如果解释为，"棉"字受"花"的舌根声母影响，声母由原来的双唇鼻音向后移动到舌面前为止，也可成立。

轻声音节声母、韵母的变化以韵母音变居多，以下举龙口方言为例，说明轻声音节韵母音变的复杂情况。（参见一杉刚弘硕士论文《龙口方言研究报告》，1999年打印稿）龙口方言多音节词语中带轻声音节的频率很高，轻声音节的韵母变化十分丰富，其中系统性强且数量较大的有四方面的内容：韵母的主要元音高元音化、央元音化，复合元音单元音化，鼻韵尾韵母口元音化，等等。以下分项举例：

主要元音高元音化　蚱 tsaˀ　蚂蚱 maˀtsɿ˙　插 ˳tsʻa　安插 ˳an tsʻɿ˙

发 ˳fa　头发 ˳tʻou fu˙　沫 məˀ　吐沫 tʻuˀ mə˙

主要元音央元音化　壁 piˀ　照壁 tʃiauˀ pəˀ　达 ta　溜达 liou tə˙

稼 ˳cia　庄稼 ˳tsuang ciə˙　下 çiaˀ　蹲下 ˳tən çiə˙

卖 maiˀ　买卖 ˳mai mei˙　来 ˳lai　夜来 iəˀ lei˙

捣 ˳tau　鼓捣 ˳ku tou˙　诏 tʃauˀ　代诏 taiˀ tʃou˙

担 ˳tan　扁担 pian tən˙　欢 ˳xuan　喜欢 ˳çi xuən˙

方 ˳faŋ　地方 tiˀ fəŋ˙　晃 xuaŋˀ　摇晃 ˳iau xuəŋ˙

复合元音单元音化　瓜 ˳kua　南瓜 nan ku˙　舍 ˳ʃiə　割舍 ˳ka ʃi˙

嗦 ˳suə　哆嗦 tuə su˙　裹 kuaˀ　扎裹 ˳tsa ku˙

少 ˳ʃiau　多少 tuə ʃyo˙　帚 ˳tʃiou　扫帚 sauˀ tʃʮ˙

扇 ʃianˀ　蒲扇 pʻuˀ ʃin˙　仗 tʃiaŋˀ　爆仗 pauˀ tʃiŋ˙

娘 ˳ȵiaŋ　大娘 taˀ ȵiŋ˙　亮 liaŋˀ　月亮 yəˀ liŋ˙

上 ʃiaŋˀ　街上 ˳ciai ʃi˙　蛏 ˳iaŋ　蛎蛏 ˳ci iŋ˙

鼻韵尾韵母口元音化　兰 ˳lan　荃兰 pʻi la˙　便 pianˀ　近便 cinˀ pi˙

面 mianˀ　照面 tʃiauˀ mi˙　年 ˳ȵian　今年 ˳cin ȵi˙

心 ˳ʃin　点心 tian ʃi˙　人 ˳in　丈人 tʃiaŋˀ i˙

2．儿化

儿化是汉语发展到一定的历史时期在一定地区产生的新形态，是一种特定的音义结合体。汉语方言中的儿化音变形式多种多样，并不限于一般教科书上所说的"元音卷舌"。（参见钱曾怡《论儿化》，《中国语言学报》第五期，商务印书馆 1995 年）山东方言的儿化音变形式丰富，除了跟北京相同的元音卷舌以外，还有平舌元音、增加闪音、声母发音部位转移、介音失落等多种形式。下面分项举例说明。

用平舌元音表示儿化作用的方言分布于鲁中和鲁西南一带，如博山、平邑、定陶等地。这些地方产生以平舌元音表示儿化的原韵母范围为来自古咸深山臻和遇止蟹三摄的单韵母，大体有 11 个到 13 个韵母。下表是平邑仲村方言的小称变韵（表中儿化韵变材料来自孟子敏《仲村方言的语流音变》，1984 年手稿）：

本韵	变韵	例字	单字音	变韵音	例词及读音
ã	ɛ	班	₌pã°	₌pɛ°	上班 ʃã° ₌pɛ°
iã	iɛ	辫	piã°	piɛ°	小辫 ᶜɕiɔ piɛ°
uã	uɛ	管	ᶜkuã	ᶜkuɛ	水管 ᶜfei ᶜkuɛ
yã	yɛ	圈	tɕyã°	tɕyɛ°	猪圈 ₌pfu tɕyɛ°
ə	ei	根	₌kə	₌kei	树根 fu° ₌kei
iə	iei	劲	tɕiə°	tɕiei°	带劲 te° tɕiei°
uə	uei	轮	₌luə	₌luei	三轮 ₌θã ₌luei
yə	yei	群	₌ₛtɕyə	₌ₛtɕyei	合群 ₌xə ₌ₛtɕyei
ɿ	ei	枝	₌tʃɿ	₌tʃei	树枝 fu° ₌tʃei
i	iei	理	ᶜli	ᶜliei	讲理 ᶜtɕiã ᶜliei
u	uei	猪	₌pfu	₌pfei	小猪 ᶜɕiɔ ₌pfei
y	yei	趣	tɕy°	tɕyei°	兴趣 ɕiəŋ° tɕyei°

山东方言中儿化音变增加舌尖闪音 ɾ、声母发音部位转移、细音变洪音等形式一般伴随主要元音卷舌而产生，这种现象在山东有普遍分布，如东部的即墨、莱州、诸城，西部的金乡等地。以下举即墨为例：

即墨话儿化时音节中增加闪音 ɾ 的条件有二：一是声母为 t、t'、n，tθ、tθ'、θ，二是韵母为齐齿呼和撮口呼，例如：

t 后加 ɾ	犊 ₌tu	牛犊儿 niou ₌t'ur
t' 后加 ɾ	天 ₌t'iã	伏天儿 ₌fu ₌t'ʳer
n 后加 ɾ	脑 ᶜnɔ	豆腐脑儿 tou° fu° ᶜnʳɔr
tθ 后加 ɾ	字 tθ1°	白字儿 ₌pei tθʳer°
tθ' 后加 ɾ	刺 tθ'1°	刺儿 tθ'ʳer°
θ 后加 ɾ	丝 ₌θ1	肉丝儿 iou° ₌θʳer
i 后加 ɾ	影 ᶜiɔŋ	影儿 i'ʳɔr
y 后加 ɾ	鱼 ₌y	小鱼儿 ᶜɕiɔ ₌yʳer

儿化时声母发音部位的转移主要有 tʃ、tʃ'、ʃ、ts、ts'、s、l，共 7 个声母，例如：

tʃ→tʂ	侄 ₌tʃ1	侄儿 ₌tʂer
tʃ'→tʂ'	尺 ᶜtʃ1	尺儿 ᶜtʂer
ʃ→ʂ	叔 ᶜʃu	小叔儿 ᶜɕiɔ ᶜʂur
ts→tθ	节 ₌tsiə	节儿 ₌tθ'ʳər

ts'→tɕ'	雀 ᵓts'yə	家雀儿 ᵓtɕia ᵓtɕθᵘuɚr
s→θ	小 ᵓsiɔ	小小儿 ᵓsiɔ ᵓθᵘɚr
l→z̩	凉 ᵓliaŋ	阴凉儿 iə ᵓz̩ɑ̃r

细音变洪音，指 t、tɕ 两组声母在儿化加闪音时，韵母由细音转为洪音，即齐齿呼转为开口呼、撮口呼转为合口呼，例如："点"为齐齿呼 ᵓtiã，"一点儿"为 ᵓi ᵓt'ɚr，变开口呼；撮口呼的例子见上文的"家雀儿"，此不赘举。

第二节　山东方言的分区

山东省地处汉语官话方言区的东部居中。按照李荣主编的《中国语言地图集》，山东境内的方言分属于汉语官话方言的胶辽官话、冀鲁官话和中原官话三个次方言。

山东方言，这个名称所指的山东方言区域界限是按照山东省的行政区属而确定的。从语言学的角度来说，方言分区的标准应该是语言条件，行政区属只能作为方言分区的参考。行政区属所以能够作为方言分区的参考，是因为同一政区的人们有着自古以来长期来往交流的机会，使之具有共同的特点。

我们根据山东全省 110 余点的方言资料，经过对多项特点分布的地域比较，并参考山东的人文历史，将山东方言的分区划为两个层次：首先将山东方言分为东西两大区，其次东西区又各分为两片。

东西区的地域划分为：东部山东半岛，即广义的胶东地区为东区，跟西部的分界大致可从北部莱州湾南岸向南画一弧线。具体说，从寿光、青州、临朐、沂源、蒙阴、沂南直至海州湾的沿岸莒南，这些地区及其以东属于东区，其余为西区。从地域分布来说，东区跟胶东方言相应，西区跟齐鲁方言相应。下表是东西两区方言的主要语音特点比较：

分区标准	东　区	西　区
1．古知庄章三组声母字的分合	分为两套： 支≠知　巢≠潮　生≠声	大多合为一套： 支＝知　巢＝潮　生＝声
2．古日母字的读音	今读零声母（前字为日母）： 人＝银　让＝样　软＝远	今不读零声母： 人≠银　让≠样　软≠远
3．尖团分不分，古精见组声母在细音韵母前是否相分	分尖团： 精≠经　清≠轻　星≠兴	大多不分尖团： 精＝经　清＝轻　星＝兴
4．古果摄一等开合口字的今韵母是否相混	多相混，韵母读合口呼： 歌＝锅　贺＝货　饿＝卧	多不混： 歌≠锅　贺≠货　饿≠卧
5．古清声母入声字的调类	今归上声（中间例字为古清入）： 西≠昔＝洗　书＝叔≠暑	大多数今归阴平： 西＝昔≠洗　书＝叔≠暑
6．三个单字调的类型	阳平、去声合并型； 去声（包括全浊上）分归阴平、阳平型	阳平、上声合并型

东区又分为东莱片和东潍片。两片大体以胶莱河为界，不过其中河东面的莱州虽属东潍片，但也有东莱片的一些特点。下表比较东莱和东潍两片方言的主要语音特点：

东区分片标准	东莱片	东潍片
1.古山臻摄合口字在知庄章甲、乙分类中的声母归类	归入甲类： 争抄生＝准船顺≠蒸超声	归入乙类： 争抄生≠准船顺＝蒸超声
2.团音字的声母读音	多为舌面中音： "经轻兴"的声母 c c̓ ç	多为舌面前音： "经轻兴"的声母 tɕ tɕ̓ ɕ
3.古精组字洪音的声母读音	舌尖前音： "资次四"的声母 ts ts̓ s	齿间音： "资次四"的声母 tθ tθ̓ θ
4.古日母止摄字的读音	ər	lə
5.古影疑母一二等字的今声母读音	零声母： "安袄"读 an、au	舌根鼻辅音： "安袄"读 ŋan、ŋau
6.蟹山臻合口一三等字 u 介音的有无	没有 u 介音，读开口呼： 嘴＝贼、端＝单、尊：怎	有 u 介音，读合口呼： 嘴≠贼、端≠单、尊≠怎
7.古曾梗摄舒声字和通摄舒声韵母的分混	不混： 登≠东　争≠忠　庚≠公 形≠雄　影≠永　硬＝用	局部地区相混： 登＝东　争＝忠　庚＝公 形＝雄　影＝永　硬＝用
8.古次浊平声字的调类分化	分两类：南≠男　人≠仁	无分化：南＝男　人＝仁
9.阴平调值	多为降调型	低降升型
10.上声调值	降升型	高平型

　　西区分为西齐片和西鲁片，两片的地域基本是南北分：济南、德州、淄博、泰安等县市为西齐片，曲阜、济宁、荷泽、枣庄等县市为西鲁片。下表比较西齐和西鲁两片方言的主要语音特点：

西区分片标准	西齐片	西鲁片
1.古影疑母一二等字的今声母读音	读舌根鼻辅音 ŋ："安袄"读 ŋã、ŋau	读舌根浊擦音 ɣ："安袄"读 ɣã、ɣau
2.古止摄以外的日母字读音	多读 ʐ 或 l；或按开合口分化为 ʐ 和 l	多读 z 或 ʐ；或按开合口分化为 z 和 v
3.古生书禅三母的合口字声母是否读 f	不读 f 声母：刷≠发　树≠富　双≠方	多数地区读 f 声母：刷＝发　树＝富　双＝方
4.有无 fi 音节	无："飞肥匪费"读 fei	有："飞肥匪费"读 fi
5.精组合口洪音读不读撮口呼	不读撮口呼：坐 tsuo、最 tsuei、孙 suē	读撮口呼：坐 tøyo、最 tøyei、孙 øyē
6.古次浊入声字的今调类	归去声："麦业木律"等字读去声	大多数地区归阴平："麦业木律"等字读阴平
7.去声调型	低降型	多为中降升型

　　以上山东方言的分区跟《中国语言地图集》对照，山东东区属于地图集的胶辽官话，西区西齐片属于冀鲁官话，西鲁片属于中原官话。

　　西区西齐片的济南市是山东省会，以济南为中心的方言是山东方言的代表，在山东方言中跟我国汉民族共同语普通话最为接近。西齐片方言除了跟西鲁片属于同一大区有相同特点以外，由于济南、淄博等地跟东潍片的青州、潍坊一带同处山东腹地，两片人民之间交往较多，两片方言也有某些共同之处，如古影疑母开口一二等字，两片今音都读舌根鼻辅音声母，四个声调的调值类型基本相同（阴平低降升、阳平高降、上声高平、去声低降等）。从山东方言东西两区的发展来看，西区方言的分布地历来是山东政治文化的中心，比较开放，齐鲁之邦的文化在我国传统文化中的地位，以及我国古代齐鲁学者的著述在汉语发展中都具有深远的影响，西区方言对周围方言的影响自然不可避免。东区则相对闭塞，在长期的发展中，西区方言有向东区方言逐步扩展、蚕食的趋势。

　　以下从考古研究所划分的山东龙山文化的分布类型和西汉扬雄《方言》一书所出现的地名组合两方面来对山东方言的分区结果进行验证。

　　根据钱曾怡、蔡凤书的研究，山东方言两个层次、两区四片的分区结果跟山东地区龙山文化的类型分布基本符合（蔡凤书、钱曾怡《山东龙山文化和现代山东方言》，2000 年打印稿）。目前，按多数学者的说法，山东的龙山文化可以分为六种类型，这六种类型跟山东方言两区四片的关系如下表：

东　　　区			西　　　区		
东莱片	东潍片		西齐片	西鲁片	
杨家圈类型	姚官庄类型	两城镇类型	城子崖类型	尹家城类型	鲁西南类型

以上龙山文化的"杨家圈类型"、"姚官庄类型"、"城子崖类型"、"尹家城类型"四种都是处于山东东西四片方言的中心位置。"两城镇类型"处于山东、江苏之交的日照、赣榆等地，"鲁西南类型"则处于山东、河南、安徽之交的曹县、商丘、宿县等地。这两个类型在山东地区的分布范围较小，其文化也带有过渡性的特点，如日照的尧王城遗址就发现过人工栽培的稻米，"鲁西南类型"的文物则跟河南省的龙山文化比较一致，而跟山东东部地区差别很大。

我国历史上第一部方言专著，西汉扬雄《輶轩使者绝代语释别国方言》(简称《方言》)，总共收录词语 675 条，其中有方言词语内容的约 340 条。《方言》对山东地区方言记录的地名组合统计如下表 (参见吴永焕《从〈方言〉所记地名看山东方言的分区》，《文史哲》2000 年第 6 期)：

地名	出现次数	单列次数	并列次数	并列中出现最多的地名、次数、百分比
东齐	62	29	33	海岱　24　72.7%
海岱	29	1	28	东齐　24　85.7%
齐	60	13	47	鲁　13　27.7%
鲁	27	1	26	齐　13　50%

从以上《方言》出现的地名组合数字来看，东齐、海岱方言一致性很强，齐、鲁方言也有许多共同特点，说明秦汉时期山东方言东西两区的分别十分明显。再从各地出现的总数字来说，四地方言各有特色：东齐方言自古就有独立的文化，单列次数达到 29 次之多，方言自成系统不在话下。海岱方言独立的特点不多，除了跟东齐有较强的一致性以外，也跟"青徐"、"大野"、"齐"等地并举，这个方言有一定的过渡性特点。齐方言因齐国的强国地位而在当时有重要影响，与齐并举的地名较杂，除了鲁以外，还有卫、宋、陈、燕、赵、晋、楚等。齐方言所具有的这种开放性，是齐国长期实行开放政策的结果。鲁方言单独列举一次，在 26 次并举的次数中，除了跟齐并举以外，其他大多是宋、卫、陈，其中宋有 9 次之多，鲁方言也是属于过渡性的方言。

以上用西汉扬雄《方言》的地名组合关系，来跟今天山东方言两大区四小片的分区结果进行对照，也是大体一致的。

第四章　山东方言研究概述

本章介绍新中国成立后山东方言的研究情况，基本上以文化大革命的前后分为两个阶段。因为后面附有"建国后山东方言研究成果目录"，"概述"中的具体成果一般不再一一列出。

第一节　五六十年代的语音普查

方言调查在我国有悠久的历史。东汉应劭《风俗通义序》："传曰：千里不同风，百里不同俗，户异政人殊服。由此言之，为政之要，辩风正俗最其上也。周秦常以岁八月遣轺轩之使求异代方言，还奏籍之，藏于密室。及嬴氏之亡，遗脱漏弃，无见之者。蜀人严均平有千余言，林闾翁孺才有梗概之法。扬雄好之，天下孝廉卫卒交会，周章质文，以次注续，二十七年尔乃治正，凡九千字。"我们从这段话中可以了解到：第一，在当时官方人氏看来，收集方言资料是"辩风正俗"的重要内容，而"辩风正俗"属于"为政之要"，所以周秦时期的方言调查是一种政府行为。第二，当时方言调查的方法，以及周秦到西汉扬雄《方言》问世的简略历史。

如果说周秦时期政府进行的方言调查还只是限于当时周秦各地词语初步记录的话，那么，新中国建立后的汉语方言普查则是达到了全国性的范围。其规模之大、组织人力之多，是至今为止古今中外绝无仅有的。新中国刚刚成立，汉语规范化的工作马上就提到了议事日程。1949 年 10 月 10 日，"中国文字改革协会"成立，吴玉章在开幕词中指出，文字改革协会当时的主要工作之一是"汉语和汉语统一问题的研究"。1951 年 6 月 6 日，《人民日报》发表社论《正确使用祖国的语言，为语言的纯洁和健康而斗争》。1955 年 10 月，中国科学院在北京召开"现代汉语规范问题学术会议"，会议决定提出有关加强汉语规范化的六项建议，其中第三项主要是关于汉语方言调查的问题："建议中国科学院、高等教育部、教育部迅速拟订在两年内完成汉语方言初步调查的计划，分区进行，如何训练调查人员，并且应该考虑到此次普查以帮助推广普通话为目的，调查方法务求简便易行。"1956 年 2 月 6 日，国务院发出"关于推广普通话"的指示，要求各省教育厅"根据各省方言的特点，编出指导本省人学习普通话的小册子"。同年 3 月，高等教育部和教育部联合发出"关于汉语方言普查的联合指示"，要求"在 1956、1957 两年内把全国各地的汉语方言普查完毕"。这个指示还明确规定了这次方言普查的目的、内容、组织分工，等等。为了确保全国汉语方言普查任务的完成，教育部和中国科学院联合于 1956 年 2 月开始举办的普通话语音研究班连续三届单独设置培养方言调查专业人员的班级。1956 年 8 月，中国科学院语言研究所出版了丁声树、李荣编制的《汉语方言调查简表》。该表收入 2136 个单字，按普通话语音系统排列，后面附有少量数量词、干支、儿化例词及 172 个语词、37 个例句。《简表》之外，还附有《汉语方言调查整理卡片》一套，共 2136 张卡片，跟简表 2136 个单字对应，将简表的每一字都注出汉语拼音方案和国际音标读音，便于方言跟普通话声母、韵母、声调的对照，总结出语音对应规律。

　　1957 年 1 月，山东省教育厅召开了方言调查工作会议，通过了"山东省汉语普查实施方案"和"调查具体办法"，成立了方言调查指导组。1957~1958 年，以山东大学、山东师范学院、曲阜师范学院、三校以外中央普通话语音研究班毕业的教师等四方面的人员为骨干，对山东省的汉语方言展开了调查，截至 1959 年，完成了当时山东省 110 个县市的 103 点的调查。1960 年，省教育厅从山东大学、山东师范学院、山东曲阜师范学院各抽一名参加普查的教师对山东方言普查进行总结，写出了《山东方言语音概况》。这是历史上对山东方言的第一次全面描写记录，当时把山东方言分为东西两区，全部内容包括四编：

　　第一编　山东方言的声韵调（附：古今声字表）

　　第二编　东区（声韵调特点并举莱阳音系为例）

　　第三编　西区（声韵调特点并举济南音系为例）

　　第四编　山东方言中一些零散的语音特点（附：例外字表）

　　[附录]　山东省方言图 18 幅

　　这份材料虽然由于当时面临全国性的政治运动，没有按计划正式出版，但是初稿油印本送交有关研究部门以后，一直是研究山东方言的必要参考资料，其中如 1987 年的《中国语言地图集》的有关山东方言部分，就有许多内容是根据《概况》而写成的。《山东方言语音概况》存在的问题是：由于调查人员严重不足，短时期内不可能跑遍全省范围，有的点往往在地区找发音人，有的发音人虽然原籍是某个县但未必是县城人，所以有的点未能够反映县城方言的特点；又由于少数点的调查人员并未受过专业训练，影响了记音的正确性，材料也过于粗疏。当然，这都是局部的问题。

　　与此同时，在收集整理山东方言原始资料的基础上，山东大学和曲阜师范学院又组织调查人员按照方言特点分片编写了胶东、昌潍、泗水滕县人学习普通话的手册三种。手册内容大体为：普通话语音的介绍，当地方言跟普通话的比较，当地人怎样发好普通话的声韵调，当地人学习普通话的难点和克服办法，如何掌握普通话的变调、轻声、儿化，进一步说好普通话，说话和朗读的材料等。这些手册，以及在这之前的《鲁西南人怎样学习普通话》，都在当时的推普工作中发挥了积极的作用，并且为以后同类著作的编写提供了参考。

　　总之，五六十年代的山东方言普查，为推广普通话的目的十分明确，调查的内容主要是单字音，成果主要是方言音系或方言与普通话的对照两个方面。

第二节　改革开放以来的山东方言研究

　　1978 年，"实践是检验真理的唯一标准"的讨论，带来了中华文化复苏的转机。在汉语方言的调查研究方面，1979 年，《方言》杂志创刊，全国的方言调查研究事业蒸蒸日上，山东方言的调查研究也迅速进入了一个崭新的历史时期，研究的广度和深度都是空前的。研究工作者遵循客观存在的方言事实是研究、分析、探讨各种方言现象、总结发展规律、建立理论体系的唯一依据这一原则，在具体的调查实践中不断有新的发现，扩大了视野，提高了对山东方言乃至整个汉语方言的认识，从而拓宽了研究的内容，并且在研究的方法和理论上都有一些创新。

一　由以语音为主到语音、词汇、语法的全面铺开

　　方言的特点存在于语言要素的各个方面，但是因为语音是语言的物质外壳，方言语音的分歧在方言差异中是最为明显、最先为人们所感知的，方言调查从语音开始合乎认识事物的客观规律。早在 1955 年"现代汉语规范问题学术会议"上，丁声树、李荣在《汉语方言调查》报告中就指出，今后的方言调查"不仅要调查语音情况，还要重视方言词汇和方言语法的调查"。只不过由于当时推广普通话的任务，词汇、语法的调查才暂时没有全面开展。文革之后，在山东方言调查研究的范围方面，很快就注意到重视语音的同时也必须加强词汇和语法的调查，这表现在，一些方言重点研究、方言志和指导全省或某地区人学习普通话的手册，多数都具有语音、词汇、语法等包括语言要素的全部内容。如《博山方言研究》、《山东省志·方言志》、《山东人学习普通话指南》等。词汇的专题研究，除了多种方言词典和某某点的方言词汇报告以外，有的论文能注意到分析方言词汇的特点、比较方言词语的地域差别、探讨方言词语产生的原由，如《曲阜方言词汇管窥》、《山东方言词汇东西比较》、《从山东新泰方言看方言词语的产生》等。方言语法研究在山东起步较早，1981 年《牟平方言的比较句和反复问句》发表以来，全面描写一个点语法特点或某一点部分特点的文章相继发表，如《枣庄方言的语法特点》、《山东肥城方言的语法特点》、《寿光方言的形容词》、《庆云方言里的"着"》等，其中《山东方言比较句的类型及其分布》、《山东方言里的反复问句》分别探讨了山东全省的比较句类型和反复问句的各种方法，在汉语方言语法研究中有较大影响。

二　从单字音调查向语流研究的发展

　　方言普查时期的山东方言调查以记录单字音和总结方言与普通话的对应规律为主，专文讨论语流音变的内容不多。语流音变指共时音变现象，在"山东方言的特点"一节中已经介绍过轻声音节声母、韵母的变化和儿化音变的特点，以下仅就变调的研究情况和轻声音节的

调值变化做补充说明。

1963 年,《济南话的变调和轻声》发表,这是初次对济南方言两字组、三字组和轻声音变调查的摸索和总结,在当时的全国方言研究中还很少见。改革开放以后,中国社会科学院《方言》杂志于 1979 年创刊之始,连续发表了多篇有关变调的文章,将五六十年代静态的单字音系引向动态的语流研究(参见钱曾怡《世纪之交汉语方言学的回顾与展望》,《方言》1998 年第 4 期)。山东方言调查跟全国的汉语方言研究步调一致,虽然关于变调的专题论文不多,但是只要其内容是对一个点的全面调查,几乎都安排了变调的内容在内。从目前山东方言的变调情况来看,山东方言两字组连读中"上上相连前上变阳平"是一种普遍现象,由此可以否定以往认为北京两个上声相连前面上声变阳平是因为两个曲折调的调值异化的论断,因为山东方言中的上声大多是高平而非降升。另外,山东方言中上声和阳平作为前字时合并的也并不限于上上和阳上,例如德州还有上声在阴平、去声前跟阳平的合并,结合官话方言三个调类的方言中有一种情况是上声、阳平合为一类的情况来看,可以推断官话许多方言上上变阳上不是调值异化而是一种调类归并的趋向。由此可见,山东方言的变调研究对山东方言声调的发展演变研究具有单字调研究起不到的特殊的作用。

轻声一般要读得轻而短,但是山东方言中有的轻声并不都是轻短。如博山古清声母入声今读阴平的字,后面的轻声读长调 33;有的轻声调还是曲折调形,例如临沂一些轻声在阴平后面时读为长音 213。那么如何判断轻声?除了语义以外,语音上就不能绝对以轻短为条件,例如临沂话"张家"、"脊梁"、"刀子"、"生气"后字阴平、阳平、上声、去声,在前字阴平后都读 213(据张志静、丁振芳《山东方言调查提纲》记录稿),"家"、"梁"、"子"、"气"的本调已经没有了区别性的功能,可以作为轻声处理。轻声不轻短的现象在新疆的巴里坤也有发现(据曹德和《巴里坤话的轻音词》,硕士学位论文,1987 年油印本),此不引述。另外,轻声在山东的一些地方还有另一情况很值得注意,就是轻声进一步弱化而成为零音节。"零音节"首先于 1984 年8 月山东方言志部分编委在德州进行的试点调查中发现,后来在《临清方言志》中有详细描写。零音节因为没有元音和辅音,识别零音节的存在主要是前一音节按轻声前的音变规律发生调值变化,而且字音略为拉长。零音节也有进一步扩展的势头,博山方言中特殊的轻声音节"ə",有时几乎已跟前一音节合为一体,博山的"ə"音节,可说是轻声向零音节的过渡。

山东方言音变调查的许多发现,引起了学界对于语音学理论的一些思考,在不少地方至少是动摇了某些定论,如上文所说的北京两个上声相连前上变阳平的解释、轻声是"读得又轻又短的调子"。又如,儿化是"韵母带上卷舌色彩的特殊音变现象",用这个定义来说明北京的儿化未尝不可,但是概括不了山东方言的多种儿化方式。正如汉语分不分尖团,用尖音读舌尖前、团音读舌面前的解释一样,受到了音值的限制,山东方言中尖团的分混在音值上有多种配搭,只有从古今音类的角度才能概括全面。儿化音变的定义则除去要考虑"儿"字的本音以外,还需结合儿化词的意义在内。

三 从单点调查到成片的特点比较 —— 方言地理学的运用

方言地理学的运用，跟探讨方言的历史发展、语流音变一样，都是属于方言的动态研究，是将方言跟方言、方言跟共同语进行比较。山东方言的地域比较研究在普查时期做了许多工作，主要是寻求方言与普通话的对应关系以指导方言区的人们学习普通话，另外在"山东方言语音概况"中用五项语音条件将山东方言分为东、西两区已见上文。80 年代开始，为搞清楚山东方言某些特点的地域分布范围，对一些县市的特点进行了数十点的密集调查。例如《潍坊方言志》就潍坊市 12 县市的尖团问题、古日母字读音问题、"登东"和"硬用"分混问题、清入调类问题、"饺子"和"玉米"的说法问题、程度副词"蓁"的分布问题等作了 70 点的调查，绘制了方言地图，可以十分清楚地看清潍坊市方言的内部异同。潍坊市西部处于山东方言东西区的交界，对潍坊市各地方言特点进行密集调查，为方言分区的研究提供了充足的依据。像这样的调查在山东还有荣成、平度、长岛、莒南、临沂等地市，但是毕竟还只是在局部的县市中进行，如果能够推广到全省乃至整个的汉语方言调查，必将大大地推进汉语方言地理学的发展。

四 从方言研究中探索汉语发展的历史

语言研究的重要目的之一，是构建语言发展的历史。目前汉语史的研究，主要的资料来源是历史文献，大多是各个历史时期的书面语记录。不同时期的书面语，一般是当时共同语的记录，并不包括更大范围的方言情况在内，而各个历史时期的方言情况，又没有及时记录下来，这对勾勒汉语发展的历史自然是很不利的。但是，许多学者早就注意到，现代汉语是古代汉语历史演变的积存，现代汉语方言中蕴含的许多语言资料虽然是属于现代汉语，却往往可以为研究汉语发展的历史提供某些依据。在山东方言的调查中，不少学者已经着意于从所调查到的方言材料探讨汉语发展的历史。例如有关古入声消失的问题，从山东目前还保留古入声调的方言利津、章丘、桓台等地入声字的情况来看，这些地方的入声字都没有塞音韵尾，而且基本属于古入声的清声母字，由此可以推知汉语入声转入舒声的条件和途径是：以塞音韵尾的丢失为前提，由浊音声母字开始，最后才是清声母字。根据这些地方的入声只保留在老派读音之中，也就可以预测山东方言中独立的入声调必将最终消失。在一个地区或单点方言历史来说，如东莱片烟台、文登等地中古次浊平声字不规则分化为阴平、阳平两个调类，《荣成方言志》附录二"中古次浊平声字的演化"对这一分化现象做出了解释：荣成等地的方言中古次浊平声字原来是跟清声母一起读阴平的，后来这一部分字由于受到共同语和周围方言的影响而逐步转化为阳平，这种变化到目前为止还没有完成。得出这一结论的根据是对这部分字所存在的异读音的分析，一般读阳平音是书面语或新词，而口语、人名、地名则多读阴平音。如"鸣"，在"鸣枪"、"鸡鸣狗盗"中读阳平，在"鸡打鸣"中读阴平；又如，"洋"，在"海洋"、"大西洋"、"汪洋大盗"等词中读阳平，在"前洋"、"后洋"（分别指岛前和岛后的海湾)、"船在洋（海）里"中读阴平。其他如《山东西南方言的变调及成因》、《山东桓台方音 180 年来的演变》、《寿光方言古调值内部构拟的尝试》、《山东淄博方言"看他看"结构三百年间的发展与变化》等，都对山东方言发展历史的探讨做出了有益的尝试。

五　山东方言研究跟地域文化等多学科的结合

地域文化是一个地区的居民在当地长期生活中创造的具有稳定地域性特征的物质财富和精神财富的总和，体现了当地人们的生活方式和思维模式。方言既属于地域文化本身，也是地域文化的重要载体。地域文化的各种命名，都是由方言来表示的。山东方言的调查必然要接触到山东的地域文化，山东方言跟山东地域文化的研究课题也就必然会引起人们的关注。

通过某些文学作品所运用的语言来分析作品所属的方言，从而探讨作者问题，30 年代就已开始有学者注意，跟山东方言有关的主要是《金瓶梅词话》和《醒世姻缘传》等。进入 70 年代末以后，学术界围绕《金瓶梅词话》作者问题展开了热烈的争论，《中国语文》就此问题连续发表了不少文章，不同意见针锋相对，例如《〈金瓶梅〉的作者究竟是谁?》(朱星)、《〈金瓶梅〉是山东话吗?》(张惠英)、《〈金瓶梅是山东话吗?〉质疑》(刘钧杰) 等。值得注意的是，以往讨论《金瓶梅》的语言，主要以词汇为据，1987 年《〈金瓶梅〉的方音特点》的发表，标志着《金瓶梅》语言研究的全面和深入，在学术界引起较大反响。关于山东方言跟山东地方作家作品的研究，山东学者的重要著作有《金瓶梅语音研究》、《醒世姻缘传作者和语言考论》等。

在山东方言研究中，较早注意到方言跟地域文化关系的，有《山东方言与社会文化二题》，是一篇方言跟社会因素联系起来进行研究的专文。这方面的论述尤其在方言跟民俗的关系方面更是引人关注，主要成果如《山东方言与山东民俗探微》、《从山东谚语看民间居住习俗》等，其他如《语言崇拜与风俗习惯》、《试论民间的"四最"谚语》也是根据山东的方言和习俗而写成的。

近几年来，山东的方言研究工作者又跟考古学家联系，尝试着利用考古总结的山东龙山文化类型来验证现代山东方言的分区，其一致性的结果使方言、考古人员进一步确信：方言跟地域文化同样都有悠久的历史，虽然都处于不断发展的过程之中，却同样牢固地保存着地区性的特点而跟其他地区有所区别。这项研究在全国也还是刚刚开始，但其学术价值显而易见，相信会有进一步的深入发展。

六　山东方言研究中现代化手段的运用

方言研究现代化手段的运用，主要指方言语音的实验研究、运用数量统计的方法总结古今语音演变的规律和方言分区中比较各种特点的分布范围、方言地图的计算机绘制等。总的来说，在山东方言研究中，现代化手段的运用还是处于初始的阶段，其中方言语音的实验研究取得了初步的成绩。

80 年代中期，山东大学在教育部的支持下建立了语音实验室。1990 年以来，先后将方言语音的实验运用于测算方言单字调和变调的音值，主要论文有《山东方言声调的声学测算》、《牟平方言上上相连的变调分析》、《济南方言上上相连前字变调的实验分析》、《枣庄方言上上相连前字变调的实验分析》等。至于本课题研究成果中所绘制的 24 幅山东方言地图，正是计算机绘制方言地图的初步尝试。

目前方言语音的实验研究在国内还不普遍，跟兄弟省市相比，山东应该算是处于领先的地位，但就学科发展的要求来说并不理想。主要是内容还只是局限于对某些点的声调研究，实际上山东方言中的不少问题如元辅音的音值、语调等等，很需要运用实验研究的手段才能更好地解决。特别是语调问题，目前即使在全国的方言研究中也还十分薄弱，而据已经了解到的情况说，山东一些地方的语调很有特点，例如莱州话有人把叙述句说成为上扬的语调，可惜至今尚未有人专门进行研究。语调研究涉及语流、句型、语气等多个方面，过去也没有经验可以借鉴，项目本身难度大，再加人力、实验经费等多种原因，要想发展并不顺利。

半个世纪以来，山东方言研究取得了令人瞩目的成果。实践出真知，同志们在创造辉煌的同时，也应看到存在的不足。山东方言具有十分丰富的内涵，一方面是方言资源充裕，另一方面又在一定程度上代表着汉语发展的方向。对山东方言的开发，不仅可以补充普通语言学的理论，也可为总结汉语的历史、探索汉语发展的方向提供一定的依据。山东方言还有许多问题有待进一步了解讨论。其中如：山东方言不同特点的分布，从地域来看，两个特点的交接地带是什么情况？就像山东西区西齐片和西鲁片去声调型是低降和中高降升的不同，两片的交接地带有些点存在一调两值的现象，这类问题必须通过一定范围的成片调查才有可能找到答案，我们需要更多的调查来充实方言地理学的内容。又如：山东方言在汉语分布区是单字调明显减少的省份之一，连读调又存在较多合并的现象。汉语的将来，字调的辨义功能究竟会弱化到什么程度？最终有无丢失的可能？方言的变调、轻声跟语调又是什么关系？相信对山东方言的调查研究，必将有利于诸如上述问题的探索。

历史从不停歇前进的步伐，学术研究永无止境，过去虽成历史，但也为未来奠定了基础。新世纪的山东方言研究，必将进一步开拓前进，更上一层楼。

附录：建国后山东方言研究成果目录

说明：

1. 本目录只限于编辑者所收集到的资料，难免有所遗漏。

2. 分专著和论文两项，按发表时间前后排列，有关评介文章及译文直接附在原作之后。

专著

《济南话和普通话有哪些不同的地方》　吴朗　山东人民出版社 1957 年（1～37 页）

《鲁西南人怎样学习普通话》　鲍明炜　山东人民出版社 1957 年（1～52 页）

《胶东人怎样学习普通话》　山东省方言调查指导组主编　山东人民出版社 1960 年（1～100 页）

《泗水滕县人怎样学习普通话》　山东省方言调查指导组主编　山东人民出版社 1960 年（1～118 页）

《昌潍人怎样学习普通话》　山东省方言调查指导组主编　山东人民出版社 1960 年（1～108 页）

《荣成方言音系》　陈舜政　（台湾）三人行出版社 1974 年（1～66 页）

《烟台方言报告》　钱曾怡等　齐鲁书社 1982 年（1～287 页）

《元明清白话著作中山东方言例释》　董遵章　山东教育出版社 1985 年（1～601 页）

　　《方言学上的可喜成果——〈元明清白话著作中山东方言例释〉》　吴庆峰　《山东大学学报》（人文版）1989．3 期（94～96 页）

　　《方言研究的重要成果——董遵章同志〈元明清白话著作中山东方言例释〉序》　朱一玄　《山东师大学报》（社科版）1984.3 期（79～80 页）

《枣庄方言志》　王希文　山东省出版管理处枣庄出版管理办公室 1986 年（1～173 页）

《青岛人怎样学说普通话》　青岛市推广普通话教材编写组　青岛出版社 1987 年（1～127 页）

《郯城方言志》　王希文　山东省出版管理处枣庄出版管理办公室 1987 年（1～195 页）

《平邑方言志》　李洪廷编写　王希文审定　平邑县志编纂委员会 1987 年（1～171 页）

《山东人学习普通话指南》　钱曾怡、罗福腾、曹志耘、武传涛　山东大学出版社 1988 年（1～293 页）

《山东方言基础语汇集》　中岛干起　〔日本〕东京外国语大学アジア·アフリカ言语文化研究所 1989．3（1～596 页）

《潍坊方言与普通话》　潍坊市师范院校协编　山东大学出版社 1990 年（1～342 页）

《临清方言志》　张鸿魁　中国展望出版社 1990 年（1～229 页）

《山东方言词例释》　　董遵章　青岛海洋大学出版社 1991 年（1~195 页）

《山东省莒县方言》　　石明远　〔日本〕东京外国语大学アジア·アフリカ言语文化研究所
　　　1992．2（1~435 页）

《济南方言志》　　高文达　《山东史志丛刊》1992 增刊（1~87 页）

《长岛方言志》　　钱曾怡、罗福腾　《山东史志丛刊》1992 增刊（1~119 页）

《曲阜方言志》　　张志静、丁振芳　《山东史志丛刊》1992 增刊（1~138 页）

《博山方言研究》　　钱曾怡　社会科学文献出版社 1993 年（1~194 页）

　　《钱曾怡〈博山方言研究〉》　　太田斋　〔日本〕《中国の方言と地域文化》（3）京都大
　　　学文学部 1995．4（17~33 页）

　　《钱曾怡的〈博山方言研究〉》　　〔日本〕太田斋著　刘淑学、傅根清译　淄博师专学报
　　　1996．4（63~70 页）

《醒世姻缘传作者和语言考论》　　徐复岭　齐鲁书社 1993 年（1~393 页）

《山东省志·方言志》　　山东地方史志编纂委员会　山东人民出版社 1993 年（1~641 页）

《莒县方言志》　　石明远　语文出版社 1995 年（1~258 页）

《金瓶梅语音研究》　　张鸿魁　齐鲁书社 1996 年（1~339 页）

《威海人学习普通话》　　李创业主编　中国社会出版社 1995 年（1~309 页）

《从胶东话走向普通话》　　罗福腾　山东大学出版社 1996 年（1~298 页）

《山东方言词典》　　董绍克、张家芝主编　语文出版社 1997 年（1~663 页）

《荣成话》　　张覆贤　荣成市档案馆、荣成市文物馆编（内部资料）　1997 年（1~114 页）

《青岛市志·方言志》　　青岛史志办公室主编　新华出版社 1997 年（1~257 页）

　　《读〈青岛市志·方言志〉》　　张鸿魁　《方言》1999．1（70~71 页）

《威海方言志》　　徐明轩、朴炯春　韩国学古房 1997 年（1~304 页）

《普通话与临沂方言》　　马静、赵恩芳　山东友谊出版社 1997 年（1~292 页）

《济南方言词典》　　钱曾怡　江苏教育出版社　1998 年（1~403 页）

　　《〈济南方言词典〉出版》　　《方言》1998．4（271 页）

　　《读〈济南方言词典〉》　　刘晓东　《方言》1998．4（271~273 页）

　　《〈济南方言词典〉词语的释义和考订》　　傅根清　《方言》1998．4（273~275 页）

　　《方言研究的新思路》　　岳立静　《方言》1998．4（275~276 页）

　　《喜读〈济南方言词典〉》　　荣斌　《方言》1998．4（276~277 页）

《牟平方言词典》　　罗福腾　江苏教育出版社 1997 年（1~428 页）

　　《〈牟平方言词典〉出版》　　《方言》1998．4（278 页）

　　《一缕乡音，千缕乡情》　　罗敬之　《方言》1998．4（278~280 页）

　　《〈牟平方言词典〉的特点》　　张宗正、张晓曼　《方言》1998．4（280~281 页）

　　《从几组统计数字看〈牟平方言词典〉的特点》　　林开甲　《方言》1998．4（282 页）

《济南话音档》　钱曾怡、朱广祁　上海教育出版社 1998 年（1～157 页）

《德州话与普通话》　李景生　内蒙古人民出版社 1999 年（1～300 页）

《德州方言与普通话》　曹延杰　华艺出版社 2000 年（1～186 页）

《山东方言志丛书》（十三种）　钱曾怡主编

　　《利津方言志》　杨秋泽　语文出版社 1990 年（1～184 页）

　　《即墨方言志》　赵日新、沈明、崔长举　语文出版社 1991 年（1～159 页）

　　《德州方言志》　曹延杰　语文出版社 1991 年（1～241 页）

　　《平度方言志》　于克仁　语文出版社 1992 年（1～268 页）

　　《牟平方言志》　罗福腾　语文出版社 1992 年（1～203 页）

　　《潍坊方言志》　潍坊史志办公室、钱曾怡、罗福腾　潍坊新闻出版局 1992 年（1～121 页）

　　《淄川方言志》　孟庆泰、罗福腾　语文出版社 1994 年（1～257 页）

　　《寿光方言志》　张树铮　语文出版社 1995 年（1～230 页）

　　《荣成方言志》　王淑霞　语文出版社 1995 年（1～247 页）

　　《聊城方言志》　张鹤泉　语文出版社 1995 年（1～198 页）

　　《新泰方言志》　高慎贵　语文出版社 1996 年（1～236 页）

　　《沂水方言志》　张廷兴　语文出版社 1999 年（1～250 页）

　　《金乡方言志》　马凤如　齐鲁书社 2000 年（1～219 页）

　　《山东方言志丛书序》　李荣　《方言》1991.2（81～82 页）

　　《〈山东方言志丛书〉の出版始まる——〈利津方言志〉》　太田斋　〔日本〕《东方》
　　　　134 号，1992．5（31～33 页）

　　《读〈山东方言志丛书〉六种》　岩田礼　《中国语文》1996．3（236～240 页）

　　《〈山东方言志丛书〉读后》　田希诚　《语文研究》1997.4（7～12 页）

论文

《诸城话与标准语语音的系统比较》　丁志坤　《山东大学学生科学论文集刊》（人文版）1
　　卷 4 期　1956 年（1～30 页）

《山东寿光方言里的一些语音、语法现象》　董遵章　《中国语文》1957．5 期（封 4）

《山东系の一方音について》　有坂秀世　〔日本〕《国语音韵の研究》1957 年（375～390 页）

《济南音和北京音的比较》　张兆钰、高文达　《方言和普通话丛刊》（第一本）1958 年
　　（103～139 页）

《平度方言与普通话语音的异同及其对应规律》　戴磊　《方言和普通话集刊》（第二本）
　　1958 年（22～29 页）

《鲁南方音的特点》　若冰　《方言和普通话集刊》（第二本）1958 年（29～30 页）

《鲁西南声调与北京声调的对应情况》　杨峰　《方言和普通话集刊》（第二本）1958 年

　　（30～33 页）

《山东各地方言与北京语音在声母、韵母方面的一些比较》　高文达　《方言和普通话集刊》
　　（第三本）1958 年（30～32 页）

《山东宁阳音与北京语音对应》　高文达　《方言和普通话集刊》（第三本）1958 年（32～35 页）

《鲁西南方言词汇》　任均泽　《方言和普通话集刊》（第三本）1958 年（35～46 页）

《鲁西南方言词汇》（续）　任均泽　《方言和普通话集刊》（第六本）1959 年（22～46 页）

《山东方言辩正举例》　杨峰　《方言和普通话集刊》（第六本）1959 年（1～13 页）

《莒南方言》　莫陆　《方言和普通话集刊》（第六本）1959 年（14～21 页）

《胶东方言概况》　钱曾怡　《山东大学学报》（语文版）1959．4（110～129 页）

《山东黄县方言与北京语音的对应》　高文达　《方言和普通话集刊》（第八本）1961 年
　　（33～39 页）

《山东安丘方言和北京音》　曹正一　《方言和普通话集刊》（第八本）1961 年（39～54 页）

《安丘方言词汇》　曹正一　《方言和普通话集刊》（第八本）1961 年（54～63 页）

《山东安丘方言在词汇语法上的一些特点》　曹正一　《方言和普通话集刊》（第八本）1961
　　年（64～72 页）

《济南话的变调和轻声》　钱曾怡　《山东大学学报》（语文版）1963．1（86～97 页）

《烟台方言报告》　中文系社会实践方言调查小组　《山东大学学报》（语文版）1963．3
　　（21～51 页）

《单音节语と二音节语の数量调查（序论）——鲁方言と现代语の场合》　长尾光之　〔日
　　本〕《集刊东洋学》29 卷 1973 年（227～240 页）

《闲话鲁南方音》　谢秀文　〔台湾〕《山东文献》2 卷 3 期（120～122 页）1976 年

《关于山东方言词注释的异议》　董遵章　《山东师院学报》1981．2（32～34 页）

《元代山东人剧曲用韵析略》　曹正义　《山东大学文科论文集刊》1981．2（64～73 页）

《文登、荣成方言中古全浊平声字的读音》　钱曾怡　《中国语文》1981．4（294～296 页）

《牟平方言的比较句和反复问句》　罗福腾　《方言》1981．4（284～286 页）

《家乡话集释》（六）　曹继曾　〔台湾〕《山东文献》1981 年 7 卷 3 期（102～109 页）

《家乡话集释》（七）　曹继曾　〔台湾〕《山东文献》1981 年 7 卷 4 期（111～121 页）

《博山方音记》　钱曾怡、刘聿鑫、太田斋　《山东大学文科论文集刊》1982.1（1～43 页）

《〈铸雪斋抄本·聊斋志异〉中的山东方言词选释》　董遵章　《山东师大学报》（社科版）
　　1982·1（74～76 页）

《新泰方言本字考举例》　高慎贵　《山东大学文科论文集刊》1982．2（184～187 页）

《对编写山东方言志的认识和初步设想》（摘要）　钱曾怡　《山东史志通讯》1982．2（28
　　～30 页）

《对编写山东方言志的认识和初步设想》（全文）　钱曾怡　《文史哲》1983.2（56～62 页）

《山东西南方言的变调及成因》 平山久雄 〔日本〕《アジア·アフリカ语の计数研究》
　　1983. 21（59～81 页）

《利津方言的阴入调》 杨秋泽 《山东大学文科论文集刊》1984. 1（143～149 页）

《山东诸城、五莲方言的声韵特点》 钱曾怡、罗福腾、曹志耘 《中国语文》1984. 3
　　（186～191 页）

《近代文献与方言研究》 曹正义 《文史哲》1984. 3（43～48 页）

《临沂地区人怎样学习普通话语音》 刘茂辰 《临沂师专学报》(社科版)1984.3(50～63 页)

《山东金乡话儿化对声母的影响》 马凤如 《中国语文》1984. 4（278 页）

《现代中国语におけるTone Sandhiの样相——山东博山方言について》 山下辉彦 〔日本〕
　　庆应义塾大学《言语文化研究所纪要》1984 年 16 期（243～259 页）

《山东方言における“儿化”》 太田斋 〔日本〕《人文学报》1984 年 166 期（23～51 页）
　　《山东方言的“儿化”》 〔日本〕太田斋著 傅根清译 《烟台师院学报》（哲社版）
　　　　1991. 1（67～78 页）

《山东方言における“儿化”》(补) 太田斋 〔日本〕《人文学报》1986 年 180 期(35～60 页)

《河南山东皖北苏北的官话（稿）》 贺巍 《方言》1985. 3（163～170 页）

《山东平度方言内部的语音差别》 钱曾怡、曹志耘、罗福腾 《方言》1985.3(214～222 页)

《山东方言的分区》 钱曾怡、高文达、张志静 《方言》1985. 4（243～256 页）

《阳谷方言的儿化》 董绍克 《中国语文》1985. 4（273～276 页）

《“五四”以来文学作品中的山东方言例释》 董遵章 《山东师大学报》（社科版）1985. 5
　　（75～78 页）

《牟淄地区方言举隅》 罗敬之 〔台湾〕《珠海学报》1985. 14（311～333 页）

《冀鲁豫三省毗连地区的方言分界》 贺巍 《方言》1986. 1（46～49 页）

《山东阳谷梁山两县方言的归属》 董绍克 《方言》1986. 1（50～51 页）

《鲁西、河南方言词汇补》 任均泽 《语言研究》1986. 1（29～41 页）

《牟平方言的音群韵脚》 孔昭琪 《泰安师专学报》（社科版）1986. 2（100～111 页）

《金乡方言的连读音变》 马凤如 《山东师大学报》（社科版）1986. 2（81～85 页）

《掖县方言调查报告（Ⅰ）》 太田斋 〔日本〕《神户外大论丛》37 卷 1986 年(81～106 页)

《掖县方言调查报告（Ⅱ）》 太田斋 〔日本〕《神户外大论丛》38 卷 1987 年(55～74 页)

《掖县方言调查报告（Ⅲ）》 太田斋 〔日本〕《神户外大论丛》39 卷 1988 年(63～80 页)

《掖县方言调查报告（Ⅳ）》 太田斋 〔日本〕《神户外大论丛》49 卷 1989 年(81～106 页)

《博山方言语汇调查稿（附）淄川方言杂记》 太田斋 〔日本〕《内陆アジア言语の研究》
　　Ⅳ 1988 年（103～145 页）

《山东临淄方言单音形容词的重叠用法》 史冠新 《中国语文》1986. 2（128～129 页）

《〈金瓶梅〉的方音特点》 张鸿魁 《中国语文》1987. 3（125～130 页） 又：收入

《〈金瓶梅〉作者之谜》　宁夏人民出版社　1988 年（308～321 页）

《曲阜方言记略》　丁振芳　《齐鲁学刊》1987．2（95～100 页）

《山东方言东西区语法比较》（一）　孔昭琪　《泰安师专学报》(社科版)1987.2(131～138 页)

《山东方言东西区语法比较》（二）　孔昭琪　《泰安师专学报》(社科版)1987.3(61～67 页)

《山东省莒县方言音系》　石明远　《方言》1987．3（179～189 页）

《牟平方言的介词"起"》　孔昭琪　《泰安师专学报》1988．1（100～110 页）

《山东方言与山东民俗探微》　罗福腾　《民俗研究》1988．2（37～39 页）

《曲阜方言词汇管窥》　张志静、丁振芳　《齐鲁学刊》1988．2（89～92 页）

《烟台方言音系（上）——烟台方言调查研究之一》　陈洪昕、陈甲善　《烟台师范学院学报》（哲社版）1988．1（50～57 页）

《烟台方言音系（下）——烟台方言调查研究之一》　陈洪昕、陈甲善　《烟台师范学院学报》（哲社版）1988．2（52～79 页）

《金乡话破读字例释》　殷作炎　《杭州师范学院学报》（社科版）1988．4（95～100 页）

《从现山东临清语看〈金瓶梅〉方言——〈金瓶梅〉方言考辨》　王莹　《〈金瓶梅〉作者之谜》　宁夏人民出版社 1988 年（322～336 页）

《〈金瓶梅〉所用方言的性质及考证》　董绍克　《〈金瓶梅〉作者之谜》　宁夏人民出版社 1988 年（337～344 页）

《〈金瓶梅〉异体词音证》　张鸿魁　《〈金瓶梅〉作者之谜》　宁夏人民出版社 1988 年（345～354 页）

《试谈〈金瓶梅〉中的动词后缀"子"》　张鹤泉　《〈金瓶梅〉作者之谜》　宁夏人民出版社 1988 年（355～365 页）

《〈金瓶梅词话〉二十词质疑》　董绍克　《〈金瓶梅〉作者之谜》　宁夏人民出版社 1988 年（366～378 页）

《〈金瓶梅〉方言语释十四则》　郝明朝　《〈金瓶梅〉作者之谜》　宁夏人民出版社 1988 年（379～385 页）

《临淄方言中的语气词"吧"》　史冠新　《中国语文》1989．1（44 页）

《枣庄方言的语法特点》　王希文　《枣庄师专学报》（社科版）1989．1（64～69 页）

《山东方言词汇东西比较》　孔昭琪　《泰安师专学报》1989．2（107～115 页）

《寿光方言的指示代词》　张树铮　《中国语文》1989．2（156 页）

《费县方言记略》　曹志耘、王瑛、刘娟　《临沂师专学报》（社会科学版）1989．4（93～101 页）

《济菏方言语法特点掇例》　徐复岭　《济宁师专学报》（社科版）1989．4（63～68 页）

《山东方言声调的声学测算》　姜宝昌等　《山东大学学报》(哲社版)1990.1(27～42 页)

《古知庄章三组声母在莒县方言的演变》　石明远　《方言》1990．2（81～86 页）

《山东寿光方言的形容词》 张树铮 《方言》1990.3（204～212 页）

《昌潍地区方言土语语义探源》 赵雷 《民俗研究》1990.3（109～113 页）

《山东安丘方言里可用"的的"》 赵光智 《中国语文》1990.4（263 页）

《胶南方言调查报告（稿）》 太田斋 〔日本〕《神户外大论丛》41 卷 1990.9（33～52 页）

《山东方言与社会文化二题》 曹志耘 《山东大学学报》(哲学社会科学版)1991.1(6～10 页)

《山东临朐方言话的时间助词"着"》 王晖 《中国语文》1991.2（103 页）

《济南方言若干声母的分布和演变——济南方言定量研究之一》 曹志耘 《语言研究》
1991.2（36～44 页）

《多音节词的语音换位一例》 张树铮 《中国语文》1991.3（221 页）

《山东肥城方言的语法特点》 钱曾怡、曹志耘、罗福腾 《方言》1991.3（182～187 页）

《长岛方言音系》 钱曾怡、罗福腾 〔日本〕《内陆アジア言语の研究》Ⅵ 1991.3（85
～132 页）

《广饶音系》 杨秋泽 〔日本〕《内陆アジア言语の研究》Ⅵ 1991.3（133～140 页）

《元明清白话著作中的枣庄方言词汇》 王希文 《方言》1991.4（278～282 页）

《"齐人言殷声如衣"补释》 张树铮 《语言研究》1991 年增刊（59～61 页） 又：收入
张树铮《方言历史探索》 内蒙古人民出版社 1999 年（109～118 页）

《从寿光方言看〈中原音韵〉的知庄章》 张树铮 《中原音韵新论》 北京大学出版社
1991 年（211～225 页） 又：收入张树铮《方言历史探索》 内蒙古人民出版社 1999
年（141～152 页）

《语言崇拜与风俗习惯》 罗福腾 《民俗研究》1991.4（24～26 页） 又：收入罗福腾
《汉语方言与民间文化新观察》 新华文化事业（新）有限公司 1998 年（77～82 页）

《山东方言比较句的类型及其分布》 罗福腾 《中国语文》1992.3（201～205 页） 又：
收入罗福腾《汉语方言与民间文化新观察》 新华文化事业（新）有限公司 1998 年
（17～25 页）

《菏泽方言辩正》 曹为公 《菏泽师专学报》1992.3（64～73 页）

《汉语方言调查中的几个问题——从山东方言调查所想到的》 钱曾怡 《中国语文研究四
十年纪念文集》 北京语言文化出版社 1993 年（148～154 页）

《济南话的虚词"可"》 岳立静 《东岳论丛》1994.5（封三）

《牟平方言上上相连的变调分析》 刘娟 《山东大学学报》（哲学社会科学版）1994.1（8
～16 页）

《济南方言上上相连前字变调的实验分析》 刘娟 《语言研究》1994.2（76～84 页）

《枣庄方言上上相连前字变调的实验分析》 刘娟 《语言研究》1994 年增刊（522～528 页）

《试论民间的"四最"谚语》 罗福腾 《民间文学论坛》1994.4（7～11 页） 又：收入罗福腾《汉
语方言与民间文化新观察》 新华文化事业(新)有限公司 1998 年（55～65 页）

《山东方言"日"母字研究》　张树铮　《语言研究》1994 年增刊（370～374 页）　又：收
　　入张树铮《方言历史探索》　内蒙古人民出版社 1999 年（109～118 页）

《山东青州北城满族所保留的北京官话方言岛记略》　张树铮　《中国语文》1995．1（30～
　　35 页）　又：收入张树铮《方言历史探索》　内蒙古人民出版社 1999 年（97～108 页）

《山东省寿光方言的助词》　张树铮　《方言》1995．1（49～50 页）

《民间颠倒歌的特征》　罗福腾　《民间文学论坛》1995.4（62～64 页）　又：收入罗福腾《汉语
　　方言与民间文化新观察》　新华文化事业(新)有限公司 1998 年(83～86 页)

《从山东谚语看民间居住习俗》　罗福腾　《民俗研究》1995.4（52～53 页）　又：收入罗福腾
　　《汉语方言与民间文化新观察》　新华文化事业(新)有限公司 1998 年(83～86 页)

《山东方言历史鸟瞰（上）》　张树铮　《古汉语研究》1996．2（72～77 页）

《山东方言历史鸟瞰（下）》　张树铮　《古汉语研究》1996．3（86～90 页）　又：以上两
　　文收入张树铮《方言历史探索》　内蒙古人民出版社 1999 年（37～62 页）

《关于"泰山"的成语和谚语》　罗福腾　〔香港〕《普通话》1996．2（33～35 页）　又：
　　收入罗福腾《汉语方言与民间文化新观察》　新华文化事业（新）有限公司 1998 年
　　（87～90 页）

《山东方言里的反复问句》　罗福腾　《方言》1996．3（229～234）　又：收入罗福腾《汉
　　语方言与民间文化新观察》　新华文化事业（新）有限公司 1998 年（26～37 页）

《寒亭呼语规则试说》　郭展　《民俗研究》1996．3（74～77 页）

《山东潍坊方言的比较句》　冯荣昌　《中国语文》1996．4（259 页）

《山东寿光北部方言的儿化》　张树铮　《方言》1996．4（298～301 页）

《明清时期山东方言"V 他 V"结构的统计分析》　罗福腾　《人文述林》第一辑　山东大
　　学出版社 1997 年（331～341 页）

《山东峄城方言民俗词汇——婚育、丧葬、称谓》　曹志耘　〔日本〕中国语学研究《开篇》
　　17　好文出版 1997 年（10～22 页）

《山东单县方言的亲属称谓系统》　张世芳　〔日本〕中国语学研究《开篇》17　好文出版
　　1997 年（23～33 页）

《博兴方言音系》　杨秋泽　〔日本〕中国语学研究《开篇》17　好文出版 1997 年（34～54 页）

《章丘方言三点谈》　王传德　《人文述林》第一辑　山东大学出版社 1997 年（342～350 页）

《山东方言"V 他 V"结构的历史和现状》　罗福腾　《语言研究》1998．1（118～126 页）
　　又：收入罗福腾《汉语方言与民间文化新观察》　新华文化事业（新）有限公司 1998
　　年（38～54 页）

《胶辽官话概论》　罗福腾　《汉语方言与民间文化新观察》　新华文化事业（新）有限公
　　司 1998 年（1～16 页）　又：发表于〔日本〕中国语学研究《开篇》18　好文出版
　　1999 年（30～39 页）

《试谈济南地区几个词语的特色》　骆宝臻　《山东社会科学》1998．3（73～74 页）

《山东桓台方音 180 年来的演变》　张树铮　《语言研究》1998 年增刊（348～353 页）

《180 年前的山东桓台方言韵母》　张树铮　《人文述林》第二辑　山东大学出版社 1999 年
（313～322 页）

《从〈金瓶梅词话〉"VOV"结构看方言特征对版本鉴别的作用》　罗福腾　《金瓶梅文化研
究》　中国文联出版社　1999 年（221～227 页）

《〈金瓶梅〉值得注意的语言现象》　张廷兴　《金瓶梅文化研究》　中国文联出版社 1999
年（228～240 页）

《〈金瓶梅〉民俗语言小考三则》　文庆珍　《金瓶梅文化研究》　中国文联出版社 1999 年
（241～243 页）

《〈金瓶梅〉是山东临清一带的方言》　殷黎明　《金瓶梅文化研究》　中国文联出版社
1999 年（244～249 页）

《寿光方言古调值内部构拟的尝试》　张树铮　《方言历史探索》　内蒙古人民出版社 1999
年（127～140 页）

《淄博等地方言的儿化变韵与幼儿型儿化》　张树铮　《方言历史探索》　内蒙古人民出版
社 1999 年（172～183 页）

《山东方言比较句式的类型学意义》　刘娟　《人文述林》第三辑　山东大学出版社 1999 年
（299～314 页）

《掖城音系——掖县方言调查研究之一》　钱曾怡、太田斋、陈洪昕、杨秋泽　〔日本〕《ア
ジア言语论丛》2　1998．3（1～68 页）

《掖城词汇——掖县方言调查研究之二》　钱曾怡、太田斋、陈洪昕、杨秋泽　〔日本〕《ア
ジア言语论丛》3　2000．3（49～111 页）

《莱西店埠方音四题》　李行杰　《首届官话方言国际学术讨论会论文集》　青岛出版社
2000 年（1～66 页）

《冠县方音说略》　张鹤泉　《首届官话方言国际学术讨论会论文集》　青岛出版社 2000 年
（67～72 页）

《曹县方言说略》　刘现强、张晓曼　《首届官话方言国际学术讨论会论文集》　青岛出版
社 2000 年（79～82 页）

《韩国春川华侨的荣成、日照方言语音特点》　〔韩国〕严翼相　《首届官话方言国际学术
讨论会论文集》　青岛出版社 2000 年（83～88 页）

《德州方言里的零音节》　曹延杰　《首届官话方言国际学术讨论会论文集》　青岛出版社
2000 年（89～97 页）

《山东荣成方言古全浊声母平声字的今读与闽方言古全浊声母的不规则分化》　冯爱珍
《首届官话方言国际学术讨论会论文集》　青岛出版社 2000 年（127～133 页）

《180 年前山东桓台方言的声调》　张树铮　《首届官话方言国际学术讨论会论文集》　青岛出版社 2000 年（134～140 页）

《胶东话四声变三调的现状和趋势》　刘俊一　《首届官话方言国际学术讨论会论文集》青岛出版社 2000 年（141～145 页）

《平邑话的功能变调》　孟子敏　《首届官话方言国际学术讨论会论文集》　青岛出版社 2000 年（164～172 页）

《山东郓城方言里的两字组连调》　吴永焕　《首届官话方言国际学术讨论会论文集》　青岛出版社 2000 年（173～180 页）

《鲁西方言中的儿化韵两读现象》　张鸿魁　《首届官话方言国际学术讨论会论文集》　青岛出版社 2000 年（181～185 页）

《牟平方言二题》　罗敬之　《首届官话方言国际学术讨论会论文集》　青岛出版社 2000 年（207～210 页）

《山东方言词区域特征例释》　董绍克　《首届官话方言国际学术讨论会论文集》　青岛出版社 2000 年（211～215 页）

《从山东新泰方言看方言词的产生》　高慎贵　《首届官话方言国际学术讨论会论文集》青岛出版社 2000 年（216～221 页）

《黄河口方言词语与地域文化摭谈》　杨秋泽　《首届官话方言国际学术讨论会论文集》青岛出版社 2000 年（222～227 页）

《济南方言"从"及其相关词的特点和分布》　岳立静　《首届官话方言国际学术讨论会论文集》　青岛出版社 2000 年（298～303 页）

《庆云方言里的"着"》　师静　《首届官话方言国际学术讨论会论文集》　青岛出版社 2000 年（304～309 页）

《山东方言可能补语类型》　〔日本〕一杉刚弘　《首届官话方言国际学术讨论会论文集》青岛出版社 2000 年（310～314 页）

《山东淄博方言"看他看"结构三百年间的发展与变化》　孟庆泰　《首届官话方言国际学术讨论会论文集》　青岛出版社 2000 年（340～344 页）

《平邑话的变调——兼论变调的类型》　孟子敏　〔日本〕中国语学研究《开篇》20　好文出版 2000 年（189～200 页）

《山东方言的声调类型》　吴永焕　〔日本〕中国语学研究《开篇》20　好文出版 2000 年（201～210 页）

《山东方言特殊词语的分析研究》　傅根清　《山东大学学报》（哲社版）2001.1（115～120 页）

《淄博话的形比句》　孟淑娟　《语文研究》　2001.1（49～52 页）

第二卷　现代编

第一章　语　音

第一节　山东方言的声母

一　声母综述

本书第一卷"概论编"在阐述山东方言特点时描述到，无论是从音值还是从音类的古今分合关系来看，都可见到山东方言的声母比较丰富。

从每个具体声母的分布情况来看，有的声母是各地都有的，有的则只存在于较小的范围之内。根据目前掌握的资料统计，全省各地都有的声母共 18 个：p pʻ m f，t tʻ n l，ts tsʻ s，tɕ tɕʻ ɕ，k kʻ x，ø。只见于部分县市的声母约 24 个：pf pfʻ v，tʂ tʂʻ ʂ ʐ l̩，tʃ tʃʻ ʃ，tθ tθʻ θ ð，z，ȶ ȶʻ ȵ，c cʻ ç，ŋ ɣ。

从内部差异来看，东区各点的声母比较复杂。一是声母数量较多，最多的像诸城方言，有 28 个之多。数量多具体体现为声母音值分类较细，有的点塞擦音和擦音的种类达三至四套，如荣成、文登、威海等地有舌面前、舌面中、舌叶、舌尖后四套塞擦音。如潍坊老派 tʂ tʂʻ ʂ 就有 tʂ₁、tʂ₂ 之分，两者的接近，外地人几乎难以分清。二是音值特殊、在其它汉语方言比较罕见的声母较多，如青岛、潍坊地区广泛存在的齿间音 tθ tθʻ θ，诸城、胶南和五莲的舌面前塞音 ȶ ȶʻ，分布广泛的舌面中音 c cʻ ç 等等。相比而言，西部地区各点的声母系统，一般比较简单，数量多在 22 个左右，塞擦音除了新泰一点有四套外，一般是二至三套，较为特殊的声母除了枣庄等地的 pf pfʻ 外，其余都比较常见。

以下按方言小区归纳声母特点。

1. 东区东莱片

①各地声母一般在 22 ～ 25 个，如牟平话 22 个，荣成话 25 个。

②分尖团音，古见组细音字全部读舌面中音 c cʻ ç，与精组细音字不同音。

③知庄章三组按等、呼、摄的不同，分为两套声母，争 ≠ 蒸，锄 ≠ 除，升 ≠ 生。

④止摄外日母字绝大多数读零声母，韵母为齐齿呼和撮口呼。

⑤日母止摄"儿耳二"等字读零声母 ər。

⑥东部的荣成、文登、威海、乳山、牟平等，部分古全浊声母平声字"爬婆墙缠"等白读不送气声母，迥异于北方方言古全浊声母塞音塞擦音平读送气声母。

⑦有几个常用字的声母读音保留较古老的读法，如"望忘"（古微母）读 m，"产"（《广韵》"所简"切）字读 s 或者 ʂ。

2．东区东潍片

①各地声母一般在 22～28 个之间，多的如诸城话 28 个，平度话 27 个。

②除了蒙阴、临朐、潍坊、寿光等少量县市外，大多数方言分尖团音。

③知庄章声母按等、呼、摄的不同分为两套声母，多数情况是一套为舌尖后音，另一套为舌叶音，归类情况大致跟东莱片相同，但山臻合口"准船顺"等字东莱片除威海外归甲类，东潍片和威海归乙类。

④除了临朐、青州外，日母字都读零声母。

⑤精组洪音字，环胶州湾地区的青岛、平度、胶南、诸城等地一般读齿间音 tθ tθʻ θ。

⑥北京话开口呼零声母字，约有一半的县市读舌根鼻音 ŋ，青岛话读不太明显的舌根浊擦音 ɣ，另一部分地区则同北京话，读零声母。

⑦北京话的"儿耳二"等字，多数县市读 l 声母，与北京话差别较大。

3．西区西齐片

①声母的数量一般是 22～26 个，如新泰话声母有 26 个。

②除了利津、广饶、冠县外，绝大多数县市不分尖团音。

③知庄章三组声母，多数地点读卷舌声母 tʂ tʂʻ ʂ，不跟精组读音相混。

④北京话开口呼零声母字，如"爱癌安岸案恩欧藕昂"，多数县市读舌根浊鼻音 ŋ，聊城等少数县市读舌根浊擦音 ɣ。

⑤日母字读音比较复杂。德州、滨州读音跟北京话相同；济南、泰安等地开口呼韵母前读 ʐ̩，合口呼韵母前读舌尖中音 l；淄博、章丘一带则一律读 l。

⑥北京话的"儿耳二"等字读 l 声母。

⑦新泰及肥城南部等靠近西鲁片泗水的一些地区中古知庄章今合口呼的字读 pf pfʻ f 声母。

⑧肥城南部到梁山一带，北京 f 声母拼 ei 的字，口语读 ɕ 声母，韵母为 y，如肥城贺庄新村：飞₌ɕøy、肥₌ɕøy、肺øyˀ。

4．西区西鲁片

①该区声母系统比较简单，各点的声母数量多在 20 个左右。

②多数县份不分尖团音，菏泽、郓城、巨野、曹县等少数县市分尖团。

③枣庄、滕州、苍山、泗水等县市有唇齿塞擦音 pf pfʻ，主要来源于知庄章三组声母拼合口呼的字，除曲阜、济宁、金乡等少数县市外，大多数县市古知庄章三组声母的擦音读 f，如枣庄话：书＝夫、双＝方。北京话 tʂ tʂʻ ʂ 拼合口呼韵母的字，西鲁片 tʂ tʂʻ 读 pf pfʻ 的范围比 ʂ 读 f 的范围小。

④知庄章三组声母拼开口呼的字，多数县市合并为一套舌尖前塞擦音，而东明、曹县、

成武分化为两类，分类情况跟胶东地区相类似。

⑤古日母字读音复杂。临沂、苍山、菏泽、巨野、成武、费县不论开口呼还是合口呼都读ʐ；济宁、汶上、宁阳、兖州等县市都读z；枣庄、滕州、泗水开口呼韵母前读z，合口呼韵母前读v。

⑥北京话开口呼零声母字，如"爱藕案恩"几乎全部读舌根浊擦音ɣ，但是新派有弱化的趋势。

⑦北京ts tsʻ s拼合口呼的字，枣庄、滕州、平邑、邹城、泗水、梁山等地读tɕ tɕʻ ɕ，拼撮口呼，跟精组、见组在细音前的读音合流。

⑧北京话的"儿耳二"等字，部分县市读ɭ声母。

⑨曲阜城西部时庄、马厂等十余个村庄泥来母洪音前不分，读l声母。如时庄话：拿 = 拉 ₌la、恼 = 老 ᶜlɔ。

二　声母专题分析

1．中古知庄章三组声母的今读

中古时期的知彻澄、庄初崇生、章昌船书禅三组声母（以下简称"知庄章"）在今山东方言中的读音情况复杂。笼统地说，东区分为两套声母，西区多数合并为一套声母。以下分别讨论三个问题：知庄章声母的读音现状；知庄章声母的读音与其他组声母的交叉关系；知庄章声母的读音与《中原音韵》之间的对应关系。

（1）知庄章声母的读音现状

山东方言东区和西区的划分主要是根据中古知庄章三组声母今读分合关系的异同。

第一，西齐片的济南、德州、淄博、泰安、莱芜等地西区多数方言点不论声母、等呼、摄等条件，一般读一套声母。例如，济南、淄博、德州、泰安，不论开口呼还是合口呼，都读卷舌音；一些在北京话读ts tsʻ s的字，如"邹责泽"，也按照当地方言古今演变规律读成了卷舌音声母。以下分地点举例：

	支章	知知	专章	追知	邹庄	巢崇	潮澄	梳生	书书	生生	声书
济南	₌tʂɿ	₌tʂɿ	₌tʂuᴀ	₌tʂuei	₌tʂou	₃tʂɔ	₃tʂɔ	₌ʂu	ᵛʂu	₌ʂəŋ	₃ʂəŋ
章丘	₌tʂɿ	₌tʂɿ	₌tʂuᴀ	₌tʂuei	₌tʂou	₃tʂɔ	₃tʂɔ	₌ʂu	₌ʂu	₌ʂəŋ	₃ʂəŋ
淄川	₌tʂɿ	₌tʂɿ	₌tʂuᴀ	₌tʂuei	₌tʂou	ᶜtʂɔ	ᵖtʂɔ	₌ʂu	₌ʂu	₌ʂəŋ	₃ʂəŋ
寿光	₌tʂɿ	₌tʂɿ	₌tʂuᴀ	₌tʂuei	₌tʂou	₃tʂɔ	₃tʂɔ	₌ʂu	₌ʂu	₌ʂəŋ	₃ʂəŋ
德州	₌tʂɿ	₌tʂɿ	₌tʂuᴀ	₌tʂuei	₌tʂou	₃tʂɔ	₃tʂɔ	₌ʂu	₌ʂu	₌ʂəŋ	₃ʂəŋ
泰安	₌tʂɿ	₌tʂɿ	₌tʂuᴀ	₌tʂuei	₌tʂou	₃tʂɔ	₃tʂɔ	₌ʂu	₌ʂu	₌ʂəŋ	₃ʂəŋ
东平	₌tʂɿ	₌tʂɿ	₌tʂuᴀ	₌tʂuei	₌tʂou	₃tʂɔ	₃tʂɔ	₌ʂu	₌ʂu	₌ʂəŋ	₃ʂəŋ
新泰	₌tʃɿ	₌tʃɿ	₌tʃuᴀ	₌tʃuei	₌tʃou	₃tʃɔ	₃tʃɔ	₌fu	₌fu	₌ʃəŋ	₃ʃəŋ

| 临沂 | ꜀tʂʅ | ꜀tʂʅ | ꜀tʂuã | ꜀tʂuei | ꜀tʂou | ꜀tʂɔ | ꜀tʂʰɔ | ꜀ʂʅ | ꜀ʂu | ꜀ʂəɲ | ꜀ʂəɲ |
| 郯城 | ꜀tʂʅ | ꜀tʂʅ | ꜀tʂuã | ꜀tʂuei | ꜀tʂou | ꜀tʂɔ | ꜀tʂʰɔ | ꜀ʂʅ | ꜀ʂu | ꜀ʂəɲ | ꜀ʂəɲ |

第二，西鲁片的枣庄、济宁和西齐片的聊城、临清等地读舌尖前音，跟精组洪音前的声母合并（枣庄拼合口呼时擦音读齿唇音 f）。例如：

	支章	知知	资精	争庄	蒸章	增精	巢崇	潮澄	曹从	梳生	书书	苏心
枣庄	꜀tsʅ	꜀tsʅ	꜀tsʅ	꜀tsəɲ	꜀tsəɲ	꜀tsəɲ	꜀tsʰɔ	꜀tsʰɔ	꜀tsʰɔ	꜀fu	꜀fu	꜀su
济宁	꜀tsʅ	꜀tsʅ	꜀tsʅ	꜀tsəɲ	꜀tsəɲ	꜀tsəɲ	꜀tsʰɔ	꜀tsʰɔ	꜀tsʰɔ	꜀su	꜀su	꜀su
金乡	꜀tsʅ	꜀tsʅ	꜀tsʅ	꜀tsəɲ	꜀tsəɲ	꜀tsəɲ	꜀tsʰɔ	꜀tsʰɔ	꜀tsʰɔ	꜀su	꜀su	꜀su
菏泽	꜀tsʅ	꜀tsʅ	꜀tsʅ	꜀tsəɲ	꜀tsəɲ	꜀tsəɲ	꜀tsʰɔ	꜀tsʰɔ	꜀tsʰɔ	꜀su	꜀su	꜀su
单县	꜀tsʅ	꜀tsʅ	꜀tsʅ	꜀tsəɲ	꜀tsəɲ	꜀tsəɲ	꜀tsʰɔ	꜀tsʰɔ	꜀tsʰɔ	꜀fu	꜀fu	꜀su
聊城	꜀tsʅ	꜀tsʅ	꜀tsʅ	꜀tsəɲ	꜀tsəɲ	꜀tsəɲ	꜀tsʰɔ	꜀tsʰɔ	꜀tsʰɔ	꜀su	꜀su	꜀su
临清	꜀tsʅ	꜀tsʅ	꜀tsʅ	꜀tsəɲ	꜀tsəɲ	꜀tsəɲ	꜀tsʰɔ	꜀tsʰɔ	꜀tsʰɔ	꜀su	꜀su	꜀su

第三，西鲁片滕州、泗水、新泰、蒙阴、平邑、费县、苍山等地，知庄章三组拼合口呼的字读齿唇塞擦音和擦音，擦音读 f 的分布范围较宽。例如：

	猪知	砖章	庄庄	初初	窗初	书书	刷生	双生	水禅
滕州	꜀pfu	꜀pfã	꜀pfaɲ	꜀pfʰu	꜀pfʰaɲ	꜀fu	꜀fa	꜀faɲ	ᶜfei
泗水	꜀pfu	꜀pfã	꜀pfaɲ	꜀pfʰu	꜀pfʰaɲ	꜀fu	꜀fa	꜀faɲ	ᶜfei
新泰	꜀pfu	꜀pfã	꜀pfaɲ	꜀pfʰu	꜀pfʰaɲ	꜀fu	꜀fa	꜀faɲ	ᶜfei
平邑	꜀pfu	꜀pfã	꜀pfaɲ	꜀pfʰu	꜀pfʰaɲ	꜀fu	꜀fa	꜀fa	ᶜfei
费县	꜀tʃu	꜀tʃuã	꜀tʃuaɲ	꜀tʃʰu	꜀tʃʰuaɲ	꜀fu	꜀fa	꜀faɲ	ᶜfei
郯城	꜀tʂu	꜀tʂuã	꜀tʂuaɲ	꜀tʂʰu	꜀tʂʰuaɲ	꜀fu	꜀fa	꜀faɲ	ᶜfei

山东方言的 pf pfʰ 是一组比较特殊的声母，但是在其他省份也有分布。据张成材先生统计（见《语文研究》2000 年第 2 期《汉语方言中［pf］［pfʰ］的分布范围》），除了山东省上述县市外，其它省份具有这组声母的地方有：

陕西省 11 处：西安　长安　周至　韩城　合阳　大荔　华阴　潼关　安康　西乡　略阳

山西省 22 处：临汾　洪洞　浮山　安泽　襄汾　翼城　曲沃　侯马　吉县　运城　新绛　稷山　河津　万荣　临猗　永济　绛县　闻喜　夏县　平陆　芮城　娄烦

甘肃省 6 处：兰州　皋兰　白银　永登　山丹　康县

第四，东区知庄章的读音。除了山、臻两摄合口以及通摄合口入声的知章组外，这三组字的今声母东区都分为甲乙两类读音。读甲类声母的字，包括来自庄组全部字、知组开口二等字、章组止摄开口字和知章两组遇摄以外的合口字；读乙类声母的字，包括知组开口三等字、章组止摄以外的开口字和知章两组遇摄的合口字。分组情况见下表：

声母分类 中古声韵		甲　类	乙　类
知组	开口二等	茶罩站绽撞桌撑宅	
	开口三等		滞池超抽沾沉缠珍张贞掷
	合口三等	缀蟹摄追止摄忠通摄舒声	猪遇摄
庄组	开口二等	沙斋巢斩山窗生	
	开口三等	师愁渗衬庄	
	开口二等	闩刷	
	开口三等	初衰崇	
章组	开　口	支止摄	遮制烧周占针十善真章升织正石
	合　口	税蟹摄吹止摄众通摄舒声	

根据东区这两类字的声母读音部位，可以分成六种类型：

	甲 支章	甲 愁崇	甲 生生	乙 知知	乙 仇禅	乙 声书
牟平型	₌tsʅ	₌tsʻou	₌səŋ	₌tɕi	₌tɕʻiou	₌ɕiŋ
威海型	₌tsʅ	₌tsʻou	₌səŋ	₌tʃi	₌tʃʻiou	₌ʃiŋ
荣成型	₌ʅʅ	₌ʻou	₌səŋ	₌tʃi	₌oiou	₌ʃiŋ
沂水型	₌tsʅ	₌tsʻou	₌səŋ	₌zʅ	₌tsʻou	₌səŋ
莱州型	₌tsʅ	₌tsʻou	₌səŋ	₌tsʅ	₌tsʻou	₌səŋ
潍坊型	₌ʅʅ	₌tʂʻou	₌ʂəŋ	₌tʂʅʅ	₌tʂʻou	₌ʂəŋ

牟平型的读音主要见于东莱片的烟台、福山、莱阳。

威海型的读音见于龙口（黄县）、蓬莱、长岛。

荣成型的读音分布比较广泛，包括荣成、文登、海阳、青岛、平度、胶南、胶州、日照、诸城、临朐、五莲等地。

沂水型的读音比较特殊。上述乙类各地读不送气塞擦音的字当地读浊擦音 z，这在山东方言中是十分罕见的现象，其分布地域比较狭小，根据目前的资料主要限于沂水及周边县市的个别乡镇。至于塞擦音读浊擦音的分布范围到底有多大，还需要进一步调查。

莱州型的读音在东区的分布范围比较小，跟西区的无棣、宁津等地的演变规律相同。

潍坊的读法主要见于老派读音，年轻人已经无法分辨。1986 年春天，钱曾怡、罗福腾等调查潍坊市潍城区的方言，找的发音人都是 70 岁以上的老人，甲乙两类的分别已经微乎其微，而年轻人已经没有分别。

　　知庄章分为两类的地区除了东区以外，在西区也有分布，主要是西齐片滨州地区的无棣、沾化，德州市的宁津、乐陵、庆云等地，西鲁片的东明县，这些地区知庄章的分化规律跟东区的情况相似。正是由于这些特点跟山东东区方言的情况相仿，所以，《中国语言地图集》(1989年) 把东明看成是具有胶辽官话特点的中原官话区，而把无棣、庆云、宁津以及周边县市的方言看成具有胶辽官话特点的冀鲁官话区。以下举例对照：

	争	蒸	准	春	谗	梳	书	顺
东明	꜀tsəŋ	꜀tɕiŋ	꜂tsuə	꜀tsʼuə	꜁tsʼa	꜀su	꜀ɕy	꜄suə
无棣	꜀tʂəŋ	꜀tʂəŋ	꜂tʂuə	꜀tsʼuə	꜁tsʼa	꜀ʂu	꜀ʂu	꜄ʂuə
庆云	꜀tsəŋ	꜀tʂəŋ	꜂tʂuə	꜀tsʼuə	꜁tsʼa	꜀ʂu	꜀ʂu	꜄ʂuə
宁津	꜀tsəŋ	꜀tʂəŋ	꜂tʂuə	꜀tʂʼuə	꜁tʂʼa	꜀ʂu	꜀ʂu	꜄ʂuə

　　（2）知庄章声母的读音与其他声母的交叉关系

　　知庄章声母与其他组声母的分混问题，主要有这样几种情况。首先是，东区及鲁西北的无棣、宁津等地知庄分两类的地区，知庄与其他声组相混的有三类：烟台、牟平、莱阳等地，甲乙两类字分别跟精组洪、细音相混，支＝资、迟＝齐；莱州、无棣等地，乙类字跟精组洪音相混，支＝资；诸城、五莲、日照等地则是乙类字见组细音相混。其次是，知庄章读一类，又有两种情况，一种是鲁中如济南、泰安、德州、淄博等地，知庄章独立，读为 tʂ tʂʼ ʂ；另一种是西鲁片枣庄、济宁等地，知庄章读 ts tsʼ s，混同于精组洪音。

　　下面列表说明知庄章三组字在全省方言中的分混情况：

	争 知甲		增 精洪		蒸 知乙		晶 精细		京 见细		霜 知甲		方 非
荣成	꜀tʂəŋ	≠	꜀tsəŋ	≠	꜀tʃin	≠	꜀tsin	≠	꜀ɕiŋ		꜀ʂuaŋ	≠	꜀faŋ
牟平	꜀tʂəŋ	＝	꜀tsəŋ	≠	꜀tɕiŋ	＝	꜀tɕiŋ	≠	꜀ɕiŋ		꜀suaŋ	≠	꜀faŋ
潍坊	꜀tʂəŋ	≠	꜀tsəŋ	≠	꜀tʂ₂ʅə	≠	꜀tɕiŋ	＝	꜀ɕiŋ		꜀ʂuaŋ	≠	꜀faŋ
诸城	꜀tʂəŋ	≠	꜀tθəŋ	≠	꜀tʃi	≠	꜀tθi	≠	꜀tʃiŋ		꜀ʂuaŋ	≠	꜀faŋ
日照	꜀tʂəŋ	≠	꜀tθəŋ	≠	꜀tʃiŋ	≠	꜀tθiŋ	≠	꜀tʃiŋ		꜀ʂuaŋ	≠	꜀faŋ
莱州	꜀tsəŋ	＝	꜀tsəŋ	≠	꜀tɕiŋ	≠	꜀tɕiŋ	＝	꜀ɕiŋ		꜀suaŋ	≠	꜀faŋ
无棣	꜀tʂəŋ	≠	꜀tsəŋ	≠	꜀tʂəŋ	≠	꜀tɕiŋ	≠	꜀tɕiŋ		꜀ʂuaŋ	≠	꜀faŋ
济南	꜀tʂəŋ	≠	꜀tsəŋ	≠	꜀tʂəŋ	≠	꜀tɕiŋ	≠	꜀tɕiŋ		꜀ʂuaŋ	≠	꜀faŋ
菏泽	꜀tsəŋ	＝	꜀tsəŋ	≠	꜀tsəŋ	≠	꜀tsiŋ	≠	꜀tɕiŋ		꜀suaŋ	≠	꜀faŋ
枣庄	꜀tsəŋ	＝	꜀tsəŋ	≠	꜀tsəŋ	≠	꜀tɕiŋ	≠	꜀tɕiŋ		꜀faŋ	＝	꜀faŋ

　　（3）知庄章声母的读音与《中原音韵》之间的对应关系

　　《广韵》时代的知庄章声母，到了《中原音韵》里是合并为一套声母还是分为两套，目前学者们的意见还有分歧。罗常培、赵荫堂、邵荣芬、杨耐思、宁继福、李新魁等学者认为是一类声母，陆志韦、蒋希文等学者认为应该分为两类声母。持知庄章合为一类观点的主要论据是：《中原音韵》的一部分知庄章在同一小韵内出现；现代北方方言知庄章多合为一类；凡知庄章在同一小韵内分化为两类的，是由于介音的不同，而非声母不同。持知庄章分为两类观点的论据是：多数知庄章字在同一小韵内分为两类，排列在不同小韵内的字，不仅介音不同，声母也不同；现代方言也有知庄章二分的方言；与《中原音韵》稍前或稍后的材料一般也是支持知庄章分两类的。

　　讨论古代韵书的音系，最重要的根据当然是韵书的内部证据和与之时代相近的材料。可是，由于韵书只是类的分合而没有音值的记录，所以，还需要扩大引证资料的范围来推断某些语音的读音。实际上，活的方言资料应该是有益的佐证。罗福腾《胶辽官话研究》(博士论文，1998年) 参照前贤的方法和结果，从胶辽官话的实际出发，比较了《中原音韵》里知庄章的读音和胶辽官话某些方言点的一致性和差异性。以下引用其部分成果 (文中A类B类相当于本书的甲类乙类)。

　　据衲庵本统计，《中原音韵》共收单字5866个，其中知庄章声母的字有891个。十九个韵部中除了桓欢外，其他十八个韵部都有知庄章声母的字。其中，寒山、皆来、家麻、车遮、齐微、真文、先天七个韵部又各分开合口。

　　这里选取青岛方言作为个案来比较分析。采取的办法是：把十八个韵部按照原书中的小空 (每空内的字，当时声韵调皆相同；不同音的字用圆圈隔开)，把常用字 (约567个) 归纳为两类声母。这两类声母字，以中古声类的摄、等、呼为条件分化。今青岛方言正好也完全分甲乙两类声母，几乎所有的常用字也都与《中原音韵》吻合 (个别不一致的随文注出)。为了方便比较，把十八个韵部分为六个组，每组分韵部逐个将原书中的常用字列举在所属的声母之下。表头是今天青岛话的声母。

　　第一组：东锺部，《中原音韵》知庄章不分。青岛话不分，都读A类声母。

青岛	tʂ	tʂʻ	ʂ
东锺	○锺钟中忠衷终○肿踵冢○众中仲重种	○冲充春忡○重虫崇○宠	

　　第二组：《中原音韵》支思部只收庄章两组的字，并为一类；知组的字都归到齐微韵。这些字在青岛话也是合并为一类，只读A类声母。

青岛	tʂ	tʂʻ	ʂ
支思	○支枝肢之芝脂○纸旨指止趾址咫○志至志	○眵差○齿○翅	○施诗师狮尸○史驶使始屎矢○是氏柿士仕示谥事嗜试视

　　第三组：《中原音韵》齐微部，开口字属于一类声母，合口字属于另一类声母。今青岛

话的情况是，开口字读B类声母，合口字读A类声母。

青岛	tʃ	tʃ'	ʃ	tʂ	tʂ'	ʂ
齐微	○知蚰○直值侄秩掷○质只织汁○制置滞稚致治智	○池驰迟持○耻侈○尺赤	○实十石食拾蚀○室失识适轼饰释湿○世势逝誓	○追锥○坠赘缀缒	○吹炊○锤垂陲	○谁○水睡税瑞

　　第四组：江阳、鱼模、真文、庚青、尤侯、萧豪、歌戈、侵寻八个韵部知组三等和章组合并一类，庄组自成一类或者与知组二等合并一类。青岛话前者读B类声母，后者读A类声母。

青岛	tʂ	tʂ'	ʂ	tʃ	tʃ'	ʃ
江阳	○庄妆装○状壮撞	○窗疮○床幢○创	○双霜孀○爽	○章漳獐樟彰璋张○掌长○帐胀涨文仗杖障幛	○昌猖娼○长肠场常尝偿○敞氅昶○唱倡畅怅	○商伤殇○赏晌○上尚饷
鱼模	○逐○阻助	○初○楚础憷○触束（方言音su）	○梳蔬疏淑蜀熟○数所○数疏	○诸猪朱株蛛诛珠侏主煮拄○筑烛竹○注住著柱铸驻伫○殊（方言音ʃu）	○除厨储处○出畜枢（方言音ʃu）橱	○书舒输○赎属述秫○鼠黍暑叔○恕庶树竖署曙
真文	○臻榛	○衬		○真珍振甄○诊疹○震阵振赈镇谆○准	○陈臣尘辰晨○春椿○纯唇淳醇鹑○蠢	○身申伸绅○神肾（方言音sen）慎○顺舜○瞬
庚青	○争等○挣净	○撑	○生甥笙牲○省	○征正贞徵蒸○整拯正政郑证	○称秤蛏呈程成城诚盛承丞惩乘○骋逞○称秤	○声升胜绳○圣胜剩盛

（续表）

青岛	tʂ	tʂʻ	ʂ	tʃ	tʃʻ	ʃ
尤侯	○邹○皱骤	○愁	○馊溲○瘦	○周洲州舟○轴○肘昼宙籀○竹烛（二字方言音tʃu）粥	○抽○丑○臭	○收○熟首手守○受授寿兽售狩
萧豪	○抓○浊镯濯○爪○捉卓琢○罩笊	○抄○巢○炒○戳○钞	○稍捎筲稍○哨	○招昭朝沼赵兆照诏召肇	○超○潮朝韶（方言音ʃao）	○芍杓○少○烁○少绍邵
歌戈	○浊濯镯			○着		○杓
侵寻	○枕	○碜	○森参○渗	○针斟○枕○朕枕沈（方言音ʃe）	○沉	○深○审婶沈○甚椹

　　第五组：皆来、寒山、家麻、监咸四个韵部，中古的庄组开合口和知组的二等合并为一类。今青岛只有山摄合口读舌叶音 tʃ tʃʻ ʃ，其余读 ts tsʻ s 一类声母。

青岛	tʂ	tʂʻ	ʂ	tʃ	tʃʻ	ʃ
皆来	○斋○宅择泽○责摘侧（方言音tsʻei）窄仄○寨债	○差钗○柴豺○策册测	○筛○色稽索○晒洒煞○帅率			
寒山	○盏○栈绽	○潺○铲	○山删潸○汕疝	○馔撰	○篡	○拴
家麻	○楂○闸○扎札○诈乍榨○抓	○叉杈差○茶搽○察插○汊姹	○耍○刷			
监咸	○斩○站蘸湛	○搀○馋僝	○杉衫			

　　第六组：先天、车遮、廉纤三韵部，中古章组的开合口字和知组三等读一类声母，今青岛话只读舌叶音 tʃ tʃʻ ʃ 一类声母。

青岛	tʃ	tʃʻ	ʃ
先天	○毡○展○战颤缠（后二字方言音 tʃʻan）○专砖○转○传转篆	○川穿○喘舛○钏穿串○缠蝉禅○阐	○膻扇煽○扇煽善鳝膳擅单
车遮	○遮○者○哲折摺褶浙○抽	○车○撤澈掣辙（方言音 tʃe）	○奢赊○蛇佘○折舌涉舍○设摄○舍社射麝赦○说
廉纤	○瞻詹占沾粘	○蟾	○苫○闪陕○赡苦

2．尖团音

尖团音是山东方言比较复杂的问题之一。以下讨论三项内容：各方言点的声母读音类型；尖团音与其他声母的分合关系；团音字的文白异读。

（1）各方言点的声母读音类型

中古汉语"精清从心邪"五母和"见溪群晓匣"五母在细音韵母前的读音，北京话合并为 tɕ tɕʻ ɕ，即通常所说的不分尖团。山东方言约有半数县市分尖团，各地的读音有分歧。山东境内方言读音种类之多，是汉语其他省市不能相比的。从东到西大致可以分为以下六种类型：

	尖　音	团　音
荣成型	ts tsʻ s	c cʻ ç
烟台型	tɕ tɕʻ ɕ	c cʻ ç
龙口型	tʃ tʃʻ ʃ	c cʻ ç
菏泽型	ts tsʻ s	tɕ tɕʻ ɕ
日照型	tθ tθʻ θ	tʃ tʃʻ ʃ
诸城型	ȶ ȶʻ θ	tʃ tʃʻ ʃ

全国分尖团音的方言，大多数情况是，尖音读 ts tsʻ s，团音读 tɕ tɕʻ ɕ，读音情况远比山东简单。以下是代表点常用字音的对照：

	精精	经见	尖精	肩见	取清	曲溪	修心	休晓
荣成	₌tsiŋ	₌ciŋ	₌tsian	₌cian	ᶜtsʻy	ᶜcʻy	₌siou	₌çiou
牟平	₌tɕiŋ	₌ciŋ	₌tɕian	₌cian	ᶜtɕʻy	ᶜcʻy	₌ɕiou	₌çiou
烟台	₌tɕiŋ	₌ciŋ	₌tɕian	₌cian	ᶜtɕʻy	ᶜcʻy	₌ɕiou	₌çiou
莱阳	₌tɕiŋ	₌ciŋ	₌tɕian	₌cian	ᶜtɕʻy	ᶜcʻy	₌ɕiou	₌çiou
龙口	₌tʃeŋ	₌ciŋ	₌tʃan	₌cian	ᶜtʃʻu	ᶜcʻy	₌ʃou	₌çiou
长岛	₌tʃeŋ	₌ciŋ	₌tʃan	₌cian	ᶜtʃʻu	ᶜcʻy	₌ʃou	₌çiou
平度	₌tsiŋ	₌ciŋ	₌tsiã	₌ciã	ᶜtsʻy	ᶜcʻy	₌siou	₌çiou

沂水	₌ziŋ	₌tɕiŋ	₌ziã	₌tɕiã	ᶜtsʻy	ᶜtɕʻy	₌siou	₌ɕiou
日照	₌tθeŋ	₌tɕiŋ	₌tθiã	₌tɕiã	ᶜtθʻy	ᶜtɕʻy	₌θiou	₌ɕiou
诸城	₌ʨiŋ	₌tʃeŋ	₌ʨiã	₌tʃã	ᶜʨʻy	ᶜtʃʻy	₌θiou	₌ʃou
五莲	₌ʨiŋ	₌tʃeŋ	₌ʨiã	₌tʃã	ᶜʨʻy	ᶜtʃʻy	₌ɕiou	₌ʃou
菏泽	₌tsiŋ	₌tɕiŋ	₌tsiã	₌tɕiã	ᶜtsʻy	ᶜtɕʻy	₌siou	₌ɕiou
东明	₌tsiŋ	₌tɕiŋ	₌tsiã	₌tɕiã	ᶜtsʻy	ᶜtɕʻy	₌siou	₌ɕiou

根据目前汉语语音史的研究成果来看，假如跟中古时代的语音比较，上述六种类型的声母读音，荣成型可以被看作是最古老的读音类型，代表着发展速度比较缓慢的方言。它的特征是古代精组细音字的声母没有颚化，跟精组洪音字声母没有区分，都是 ts tsʻ s；古代见组细音字的声母 c cʻ ç，发音部位为舌面中，好像刚刚从舌根音 k kʻ x 往前移动了一点，但发音方法已经不是塞音。在胶东有 c cʻ ç 声母的方言里，荣成话和附近的文登话、牟平话，是山东团音中舌位最靠后的一种。跟荣成的读音相同的地点还有东潍片的平度等。

与牟平型的尖团音读音相同的县市还有：福山、栖霞等。

与长岛型相同的县市还有蓬莱、龙口、招远、莱西等。

菏泽型的尖团音是汉语方言中尖团音读音最普遍的一种，除了菏泽外，附近还有曹县、单县、东明等几个县市。青岛和潍坊附近如即墨、城阳、胶州、沂南、沂水、安丘、昌邑等，也都与之相同。

诸城型的读音比较罕见，尖音读齿间声母，团音读舌叶声母。附近的胶南、五莲及日照的一些地方跟诸城相似。

全省其他各县市，已经完全不分尖团音。胶东地区的年轻一代，已经开始趋向于不分尖团，如烟台市区、牟平农村等地，青年人尖团音已经合并，都读舌面前音声母 tɕ tɕʻ ɕ。可以预料，在不久的将来，全省分尖团音的方言也会像其他地区一样，从分尖团走向不分尖团。

(2) 尖团音与其他组声母的分合关系

从古代的声纽在今天的发展来看，东莱片的尖团音跟其它组的声母有纠缠。牟平、烟台、莱阳、长岛、龙口等地，尖音字的声母，跟古知庄章的乙类字声母相同。下面举牟平、龙口为例：

牟平话　尖精＝沾知开三 ₌tɕian　　精精＝蒸章开三 ₌tɕiŋ

秋清＝抽彻开三 ₌tɕʻiou　　枪清＝昌昌开三 ₌tɕʻiaŋ

情从＝程澄开三 ₌tɕiŋ　　须清＝书书合三 ɕy

龙口话　焦精＝朝知开三 ₌tʃao　　箭精＝战章开三 tʃanᵃ

七清＝耻彻开三 ᶜtʃʻi　　切清＝扯昌开三 ᶜtʃʻe

济精＝治澄开三 tʃiˀ　　昔从＝湿书开三 ᶜʃi

与上述情况不同的是，诸城、五莲、胶南等地，则是团音字跟古知庄章组乙类同声母。

例如诸城话：

饥见＝知知开三 ₌tʃi	交见＝招章开三 ₌tʃɔ
丘溪＝抽彻开三 ₌tʃʻou	腔溪＝昌昌开三 ₌tʃʻaŋ
勤群＝陈澄开三 ₌tʃʻe	球群＝仇禅开三 ₌tʃʻou
	虚晓＝输书合三 ₌ʃu

（3）团音字的文白异读

东区的荣成、文登、威海、乳山、牟平及莱州、莱西等地，读团音的字有一个较为罕见的文白异读现象，即见组细音部分字的声母，口语音是 ts tsʻ s 或者 tɕ tɕʻ ɕ 声母，跟精组细音字的声母相同，而读书音是 c cʻ ç。据笔者调查，并参考张卫东 1984 年、王淑霞 1995 年的记录，有这种文白异读的字，大部分属于"见、溪、群、晓、匣"五纽的二等、四等字，少量属于开口三等字和合口三等、四等字。下面先罗列荣成话、文登话这些字的文白异读情况，而后分析它们的使用情况。

荣成、文登一带这类文白两读的常见字最多 (每个字头后的两个字音，前面的是口语音，后面的是读书音)。

见母	家 ₌tsia　₌cia	嫁 tsiaᵓ　ciaᵓ	稼 tsiaᵓ　ciaᵓ	秸 ₌tsei　₌ciai
	街 ₌tsei　₌ciai	解 ᶜtsiai　ᶜciai	疥 tsiaiᵓ　ciaiᵓ	蚧 tseiᵓ　ciaiᵓ
	交 ₌tsiao　₌ciao	跤 ₌tsiao　₌ciao	胶 ₌tsiao　₌ciao	教 tsiaoᵓ　₌ciao
	绞 ᶜtsiao　ᶜciao	铰 ᶜtsiao　ᶜciao	窖 tsiaoᵓ　ciaoᵓ	觉 tsiaoᵓ　ciaoᵓ
	碱 ᶜtsian　ᶜcian	夹 ᶜtsia　ᶜcia	荚 ᶜtsia　ᶜcia	间 ₌tsian　₌cian
	瓨 ₌tsiaŋ　₌ciaŋ	港 ᶜtsiaŋ　ᶜkaŋ	構 ₌tsiaŋ　₌ciaŋ	虹 tsiaŋᵓ　xoŋᵓ
	鸡 ₌tsi 鸡巴　₌ci	浇 ₌tsiao　₌ciao	叫 tsiaoᵓ　ciaoᵓ	肩 ₌tsian　₌cian
	茧 ᶜtsian　ᶜcian	趼 ᶜtsian　ᶜcian	见 tsianᵓ　cianᵓ	结 ᶜtsie　ᶜcie
	耕 ₌tsiŋ　₌ciŋ	经 ₌tsiŋ　₌ciŋ		
溪母	掐 ₌tsʻia　₌cʻia	敲 ₌tsʻiao　₌cʻiao	牵 ₌tsʻian　₌cʻian	蚬 ᶜsian　ᶜxian
	跷 ₌tsʻiao　₌cʻiao	苘 ᶜtsʻiŋ　ᶜcʻiŋ		
群母	翘 tsʻiaoᵓ　cʻiaoᵓ	穷 ₌tsioŋ　₌cioŋ		
晓母	吓 siaᵓ　çiaᵓ	馅 sianᵓ　çianᵓ	瞎 ₌sia　₌çia	希 ₌si　₌çi
	血 ᶜsie　ᶜçie			
匣母	下 siaᵓ　çiaᵓ	咸 ₌sian　₌çian	畦 ₌si　₌çi	

上述字的白读音和文读音的主要区别，多数表现为声母的不同。在具体使用中，文白两读依据不同的场合而有分工，可以看出这类字音演变的不同时代层次。

首先，一些字在新词里用文读音，在旧词旧语里用白读音。例如：

家　"国家、家庭"等念文读音，"他家、咱家"说白读音。

解　"解放、解释、解决"念文读音，"解开"说白读音。

下　"下届、下级、部下"念文读音，"底下、下蛋"说白读音。

第二，有些字白读音只用于个别词语，多数情况下用文读音。例如：

鸡　平时念文读音，但"鸡子、驴鸡子"等说白读音。

结　平时念文读音，"开花结果"说白读音。

跷　平时念文读音，"高跷"说白读音。

牟平方言有些团音字也混读尖音。有的字，单念和在句子里都读尖音。而大多数字，单念仍然符合团音的读音规律，念 c ɕ ć 声母。可在一些特殊词语里会把团音字读成尖音字的声母，只不过还没有像荣成、文登那样形成系统。例如，只有尖音一种读法的字有：

铰 tɕiao　　缸 ˌtɕiaŋ：缸豆　　蚬 ɕian°：蚬蛤　　陷 ɕian°：陷进去了

□ ˌtɕ'ian：鸡～了一口　　虹 tɕiaŋ°（文读音 xoŋ）

有的字单念读团音，只在个别词语里读尖音：

绞 ˈtɕiao：绞拉｜蛆呀绞呀地　　间 tɕian°：间苗

港 ˈtɕiaŋ：金山港｜港崖｜港套子　　鸡 ˌtɕi：鸡子｜驴鸡子｜鸡巴

敲 ˌtɕiao：敲打　　希 ɕi：图希

实际上，东潍片和东莱片的见系文白异读现象在当地一些史志资料中已有一定的反映，选录如下：

《牟平县志》(1936 年修) 卷一《地理志》和卷十《文献志》的部分内容，对这个问题有所记录。如：

山南麓距县约百里，有地名曰大金清、小金清 (土人谓金坑为清)，即古之黄银坑也。(《地理志》)

虹，土音读若匠，虹有红绛二音，绛音近匠。(《文献志》，下同)

山口通路曰岘，音现，土音读若线。(按：今未见有人这样读，地名南蚬村、北蚬村、紫蚬口均读团音 ɕian)

海汉退滩处曰港套，港土音读若蒋。

金石矿坑皆曰清。

土砖曰墼，音即积，亦作即。

铁锸曰锹，七遥切。

丛苗待分曰畦，畦字名词变为动词，土音读若席。

敲，读七遥切。

《莱阳县志》(1935 年修) 也有零星记录。如：

耕（更）读如京，又如精。　　敲如锹。　　虹如酱。

虹弓形曰虹，音如酱。　　无理强舌曰搅，音照。(按：莱阳照音与尖音同声类)

《胶州志》(道光 25 年修，公元 1845 年)：

近海曰港沟，港音蒋。虹曰酱。

港曰蒋。谢降曰谢酱。

胶河曰焦河。

后来的《胶澳志》(1928年)和《增修胶澳志》(1931年)基本与此相同。

把这几份材料所记录的事实跟现代胶东话的现状结合起来看，见系字读尖音的现象可能是早就存在的了。从分布地域看，这种读音自西边的东潍片向东边的东莱片逐渐增多。

3．中古精组洪音字的今读

(1) 精组洪音开口字，相当于今北京 ts ts' s 拼开口呼的字，山东各地的读音大多为 ts ts' s 和 tθ tθ' θ，个别地方读 t t' θ 或 tʂ tʂ' ʂ。分述如下：

读 ts ts' s，按照与其他声母的关系，有以下两种情况（下列例字，资、支、知分别代表精组、知甲、知乙）：

精洪≠知庄章　　　　济南：资 $_c$ts1≠知支 $_c$tʂ1

　　　　　　　　　　荣成：资 $_c$ts1≠知 $_c$tʃ1≠支 $_c$tʂ1

精洪＝知庄章甲　　　烟台：资＝支 $_c$ts1≠知 $_c$tɕi

读 tθ tθ' θ，精组洪音字读齿间音主要分布在东潍片，如青岛、临朐、日照、沂水、莒南等地，在分类上，除去部分点跟细音合流以外（见上文尖团音，此不赘述），洪音一般是独立的。从多年的调查情况看，这套声母在山东有扩展之势，表现在两方面：年龄层次上，如诸城，老派读 ts ts' s，新派读 tθ tθ' θ；地域分布上，目前长岛、鲁中乃至济南市郊的一些县市都有古精组洪音读 tθ tθ' θ 的发现。

读 t t' θ，山东方言精组细音读 t t' ɕ 的情况见上文尖团音，这里有必要全面说明诸城、五莲一带精组字跟端组字的分合关系。在诸城、五莲的交界地区及两县周围县市，古精组字跟端组字各按韵母洪细合并，其中洪音合并限于诸城、五莲的交界地区，细音合并的范围则分布在诸城、五莲全境及周围胶南、日照等较大范围，见下面的比较：

	洪　音						细　音				
	走精	斗端	菜清	太透	才从	抬定	精精	丁端	千清	天透	前从	田定
诸城皇华	$_c$tou		t'ɛ°		$_\varsigma$t'ɛ		$_c$tiŋ		$_c$t'iã		$_c$t'iã
五莲洪凝镇	$_c$tou		t'ɛ°		$_\varsigma$t'ɛ		$_c$tiŋ		$_c$t'iã		$_c$t'iã
胶南	$_c$tθou	$_c$tou	tθɛ°	t'ɛ°	$_\varsigma$tθɛ	$_\varsigma$t'ɛ	$_c$tiŋ		$_c$t'iã		$_c$t'iã

读 tʂ tʂ' ʂ，精组洪音（包括开口和合口）读 tʂ tʂ' ʂ 的地域在平度西北角跟莱西县交界之处，虽然分布范围很小，但在山东方言中是很特殊的。例如平度两目村，精洪＝知庄章甲：

紫＝纸 $_c$tʂ1　　　蚕＝馋 $_c$tʂã　　　三＝山 $_c$ʂã

租＝助又 $_c$tʂu　　粗＝初 $_c$tʂ'u　　苏＝梳 $_c$ʂu

（2）精组洪音合口字，山东境内主要有以下两种情况：

一是声母读音与开口呼韵母前的读音相同，济南、烟台、泰安、德州、聊城、淄博、滨州、东营、济宁、临沂、菏泽等广大地区都读舌尖前音 ts tsʻ s，环胶州湾的青岛各县市区、潍坊市南部的诸城、安丘、日照市的五莲、莒南、临沂市的沂南、沂水、蒙阴、淄博市的沂源、莱芜市、新泰等鲁中地区，一般读齿间音 tθ tθʻ θ（沂水读 ð tθ θ）。例如：

	搓果开一	坐果合一	租遇合一	催蟹合一	岁蟹合三	酸山合一	村臻合一	葱通合一	从通合三
烟台	₌tsʻuə	tsuəˀ	₌tsu	₌tsʻui	seiˀ	₌san	₌tsʻən	₌tsʻoŋ	₌tsʻoŋ
五莲	₌tθʻuə	tθuəˀ	₌tθu	₌tθʻuei	θueiˀ	₌θuã	₌tθʻuɜ	₌tθʻoŋ	₌tθʻoŋ
沂水	₌tθʻuə	ðuəˀ	₌ðu	₌tθʻuei	θueiˀ	₌θuã	₌tθʻuɜ	₌tθʻoŋ	₌tθʻoŋ
滨州	₌tsʻuə	tsuəˀ	₌tsu	₌tsʻuei	sueiˀ	₌suã	₌tsʻuɜ	₌tsʻoŋ	₌tsʻoŋ
曲阜	₌tsʻuə	tsuəˀ	₌tsu	₌tsʻuei	sueiˀ	₌suã	₌tsʻuɜ	₌tsʻuŋ	₌tsʻuŋ

二是声母读音，不论一、二、三等，一律读 tɕ tɕʻ ɕ 拼撮口呼，主要分布于西鲁片的枣庄、滕州、平邑、梁山等地。其中增加的韵母 yei 与 ei uei 配套，这是山东其它方言中所没有的。从声韵拼合关系的角度来说，这些方言中没有 ts tsʻ s 拼合口呼的音节。以下分地点比字：

	左	脚	搓	雀	酸	宣	尊	军	从	穷	催	岁
枣庄	ᶜtɕyə=ᶜtɕyə	₌tɕʻyə=₌tɕʻyə	₌ɕyã=₌ɕyã	₌tɕyẽ=₌tɕyẽ	₌tɕʻyŋ=₌tɕʻyŋ	₌tɕʻyei	ɕyeiˀ
滕州	ᶜtɕyə=ᶜtɕyə	₌tɕʻyə=₌tɕʻyə	₌ɕyã=₌ɕyã	₌tɕyẽ=₌tɕyẽ	₌tɕʻyŋ=₌tɕʻyŋ	₌tɕʻyei	ɕyeiˀ
平邑	ᶜtɕyə=ᶜtɕyə	₌tɕʻyə=₌tɕʻyə	₌ɕyã=₌ɕyã	₌tɕyɜ=₌tɕyɜ	₌tɕʻyŋ=₌tɕʻyŋ	₌tɕʻyei	ɕyeiˀ
梁山	ᶜtɕyə=ᶜtɕyə	₌tɕʻyə=₌tɕʻyə	₌ɕyã=₌ɕyã	₌tɕyɜ=₌tɕyɜ	₌tɕʻyŋ=₌tɕʻyŋ	₌tɕʻyei	ɕyeiˀ

4．中古日母字的读音

中古日母字在山东方言各地的读音可以分两部分来谈。一是止摄开口的日母读音，二是止摄以外各摄日母字的读音。

（1）止摄开口日母字的今读音

止开三的日母字仅有以下几个：儿、尔、二、贰、而、耳、饵。全省分为两种情况：

第一，山东东区东潍片和西区的西齐片，包括青岛市区、胶南、胶州、即墨、崂山、寒亭、昌邑、高密、安丘、诸城、五莲、临朐、青州、沂水、日照、利津、章丘、博山、临沂、枣庄、阳谷等广大地区，止开三的字读成了舌尖后浊边擦音 ʅ，韵母读成了一个不很明显的央元音 ə。这种读音形式比较有特点，在全国各地并不多见。例如：

	青岛	诸城	青州	博山	阳谷	临沂
儿	₌ʅə	₌ʅə	₌ʅə	₌ʅə	₌ʅə	₌ʅə
耳	ᶜʅə	ᶜʅə	ᶜʅə	ᶜʅə	ᶜʅə	ᶜʅə
二	ʅəˀ	ʅəˀ	ʅəˀ	ʅəˀ	ʅəˀ	ʅəˀ

第二，除了上述县市外，其余各方言点都读零声母，韵母是卷舌的 ər，读音跟北京话相同。

（2）其他各摄日母字的今读音

止摄以外各摄日母字在山东各地的读音分歧较大，但是东区读零声母比较一致。下面按读音不同分别介绍。

第一，东区读零声母，韵母为齐齿呼或撮口呼。少数如"蕊扔辱"等字读 l 声母。例如：

	饶	肉	人	让	扔	如	弱	软	绒
荣成	₌iɔ	iou°	₌in	iɑŋ°	₌ŋ	₌y	₌yo	ˆyan	₌yoŋ
长岛	₌iɔ	iou°	₌in	iɑŋ°	₌ŋ	₌y	₌yo	ˆyan	₌yŋ
莱州	₌iɔ	₌iəu°	₌iē	iai°	₌ŋ	₌y	yɑ°	ˆyã	₌yŋ
沂水	₌iɔ	iou°	₌iē	iɑŋ°	₌ŋ	₌y	yə°	ˆyã	₌ioŋ
莒南	₌iɔ	iou°	₌iē	iɑŋ°	₌ŋ	₌y	yə°	ˆyã	₌yŋ

第二，西区东明一点，除去中古知庄章三组分为甲乙两类的情况跟东区大致相同以外，日母读音也有相似的情况，只不过东明只有合口呼读零声母，开口呼的字一般读 z 声母。

	饶	肉	人	让	扔	如	弱	软	绒
东明	₌zɔ	zou°	₌zən	zaŋ°	₌ŋ	₌y	yə°	ˆyã	₌yŋ

第三，跟北京相同读 ʐ 声母，主要分布于利津、无棣、德州、临清、梁山、菏泽、临沂等地。

	饶	肉	人	让	扔	如	弱	软	绒
德州	₌ʐɔ	ʐou°	₌ʐə̃	ʐaŋ°	₌ŋəŋ白/₌ŋ文	₌ʐu文/₌ʐə白	ʐ̩u°	₌ʐɔ/₌ʐuə白	ˆʐ̩u° ₌ʐuã文/ˆya白	₌ʐuŋ
郓城	₌ʐɔ	ʐou°	₌ʐə̃	ʐaŋ°	₌ŋ白/₌ŋəŋ文	₌ʐu	ʐ̩u°	₌ʐuə°	ˆʐuã文	₌yŋ
临沂	₌ʐɔ	ʐou°	₌ʐə̃	ʐaŋ°	₌ŋəŋ	ʐ̩u°	ʐ̩u°	₌ʐuə°	ˆʐuã文	₌ʐuŋ

第四，读 l 声母，主要分布于寿光、广饶、章丘、淄博等地。

	饶	肉	人	让	扔	如	弱	软	绒
淄川	ˆlɔ	ləu°	₌lē	laŋ°	₌ləŋ	lu°	luə°	ˆluã	₌luŋ
寿光	ˆlɔ	ləu°	₌lē	ldŋ°	₌ləŋ	lu°	luə°	ˆluã	₌luŋ

第五，按韵母开口呼和合口呼的不同，分别读 ʐ（或 ʒ）、l 两声母，分布济南及周围平阴、泰安、新泰、莱芜、桓台、齐河、禹城等地。例如：

	饶	肉	人	让	扔	如	弱	软	绒
济南	₌ʐɔ	ʐou°	₌ʐə̃	ʐaŋ°	₌ʐəŋ	₌lu	luə°	ˆluã	₌luŋ
新泰	₌ʒɔ	ʒou°	₌ʒə̃	ʒɑŋ°	₌ləŋ白/₌ʒəŋ文	₌lu	luə°	ˆluã	₌luŋ

第六，按韵母开口呼和合口呼的不同，分别读 ʐ、v 两声母，有平邑一点。

	饶	肉	人	让	扔	如	弱	软	绒
平邑	ᶜẓau	zoꜜ ou	ᶜẓən	ẓaŋꜜ	ᶜẓəŋ	vu	və	ᶜvan	ᶜẓəŋ

第七，读 z 声母，分布地跟知庄章读 ts tsʻ s 的地区大体相应，在西鲁片的曲阜、济宁、邹城、单县、定陶等地。

	饶	肉	人	让	扔	如	弱	软	绒
曲阜	ᶜzɔ	zouꜜ	ᶜzẽ	zaŋꜜ	ᶜzəŋ	zu	zuəꜜ	ᶜzuã	ᶜzuŋ
济宁	ᶜzɔ	zouꜜ	ᶜzẽ	zaŋꜜ	ᶜzʯ	zu	zuəꜜ	ᶜzuã	ᶜzuŋ
金乡	ᶜzɔ	zou	ᶜzẽ	zaŋꜜ	ᶜzʯ	zu	enəꜜ	ᶜzuã	ᶜyŋ

第八，按韵母开口呼和合口呼的不同，分别读 z、v 两声母，分布地大体跟知庄章合口字读 pf pfʻ f 的地域相应，在西鲁片的枣庄、滕州、泗水等地。

	饶	肉	人	让	扔	如	弱	软	绒
枣庄	ᶜzɔ	zoꜜ	ᶜzẽ	zaŋꜜ	ᶜzəŋ	vu	vəꜜ	ᶜvã	ᶜzəŋ
泗水	ᶜzao	zoꜜ	ᶜzen	zaŋꜜ	ᶜzəŋ	vu	veꜜ	ᶜvan	ᶜvəŋ

5. 古"微疑影云以"五母的读音

北京今读零声母的字，除上文提到的止摄日母以外，主要来自古"微疑影云以"五个声母。这五声母在山东方言中的读音可按北京音开齐合撮四呼分别说明。

今北京开口呼零声母字，主要来源于中古影、疑二母的开口一等，在山东方言中有三种读音：东莱片及与之相连的东潍片一些点读零声母，东潍片的大部分及西齐片读 ŋ 声母，西鲁片读 ɣ 声母。例如：

	爱影	袄影	安影	恩影	饿疑	熬疑	藕疑	岸疑
牟平	aiꜝ	ᶜɔ	ᶜan	ᶜne	uoꜝ	ᶜɔ	ᶜou	anꜝ
即墨	ᶜɛ	ᶜɔ	ᶜã	ᶜẽ	ᶜuə	ᶜɔ	ᶜou	ã
平度	ᶜɛ	ᶜɔ	ᶜã	ᶜẽ	ᶜuə	ᶜɔ	ᶜou	ᶜã ～ ᶜã
寿光	ŋɛꜝ	ᶜŋɔ	ᶜŋã	ᶜŋẽ	ᶜŋeu	ᶜŋɔ	ᶜŋou	ŋãꜝ
沂水	ŋɛꜝ	ᶜŋɔ	ᶜŋã	ᶜŋẽ	ᶜŋeu	ᶜŋɔ	ᶜŋou	ŋãꜝ
新泰	ŋɛꜝ	ᶜŋɔ	ᶜŋã	ᶜŋẽ	ᶜŋeu	ᶜŋɔ	ᶜŋou	ŋãꜝ
济南	ŋɛꜝ	ᶜŋɔ	ᶜŋã	ᶜŋẽ	ᶜŋeꜝ	ᶜŋɔ	ᶜŋou	ŋãꜝ
德州	ŋɛꜝ	ᶜŋɔ	ᶜŋã	ᶜŋẽ	ŋeꜝ文/veꜝ白	ᶜŋɔ	ᶜŋou	ŋãꜝ
聊城	ɣɛꜝ	ᶜɣɔ	ᶜɣã	ᶜɣẽ	ᶜɣeꜝ	ᶜɣɔ	ᶜɣou	ɣãꜝ
东明	ɣaiꜝ	ᶜɣɔ	ᶜɣan	ᶜɣeu	ᶜɣeꜝ	ᶜɣɔ	ᶜɣou	ɣanꜝ
金乡	ɣɛꜝ	ᶜɣɔ	ᶜɣã	ᶜɣeꜝ	ᶜɣeꜝ	ᶜɣɔ	ᶜɣou	ɣãꜝ
费县	ɣɛꜝ	ᶜɣɔ	ᶜɣã	ᶜɣẽ	ᶜɣeꜝ	ᶜɣɔ	ᶜɣou	ɣãꜝ

山东方言中 ŋ、ɣ 两个声母新派有消失的趋势，据曹志耘《济南方言若干声母的分布和演变》（《语言研究》1991 年）老、中、青、少儿四个年龄层次的 200 人调查，ŋ 声母的使用人数

分别按年龄层次由老到少逐渐减少。目前青岛等地北京开口呼零声母字有的人读为 ɣ 声母，实际上也是鼻音声母弱化的表现。在西鲁片的许多地方，新派 ɣ 声母弱化乃至消失的现象也较普遍。

今北京合口呼的零声母字，主要来自"微疑影云以"五个声母，山东大多数地区也读零声母，但鲁中一带部分县市读 v 声母，韵母除单元音以外为开口呼，但有的有 v 声母的地方如济南，单元音 u 前没有 v 声母。例如：

	晚微	瓦疑	乌影	碗影	王云	唯以
牟平	꜀uan	꜀uɑ	꜀u	꜀uan	꜁uɑŋ	꜁uei
平度	꜀uã	꜀ua	꜀u	꜀uã	꜁uaŋ	꜁uei
沂水	꜀uã	꜀uɑ	꜀u	꜀uã	꜁uɑŋ	꜁uei
寿光	꜀uã	꜀ua	꜀u	꜀uã	꜁uaŋ	꜁uei
济南	꜀vã	꜀va	꜀u	꜀vã	꜁vaŋ	꜁vei
博山	꜀vã	꜀va	꜀vu	꜀vã	꜁vɑŋ	꜁vei

张树铮《寿光方言志》"声母"说明："有的人在零声母 u 开头的时候，读得带有轻微的摩擦音近于 v。"

这里特别要说明的是：东莱片荣成、文登、牟平等半岛东端，古微母"忘望"二字今口语保留古重唇音 m 的读音，如荣成、牟平：忘 maŋ˚、望 maŋ˚。这在山东乃至整个官话方言中都是很特殊的现象。

今北京齐齿呼和撮口呼的字，大体来自中古"疑影云以"四母，在山东方言中大致也读零声母，此处不细述。需要说明的是，古疑母字北京除读开齐合撮四呼的零声母、个别字"阮"读 ʐ 以外，还有少量字读 n 声母，有"倪牛凝拟睨孽臬疟虐逆"等字，这些北京读 n 或个别读 ʐ 的字，在山东各地也不同程度地存在读零声母的现象，这些零声母的读音大多存在于老派、姓氏、地名之中。见下面的比较（以下记音凡小字标记"旧、白"等者，另有 n 声母一读。"牛子"即米象，粮食中黑色小虫）：

	牛	倪	逆	孽	疟	虐	阮
北京	꜁niou	꜀ni	ni˚	nie˚	nyɛ˚	nye˚	꜀ʐuan
荣成	꜀ou	꜀ni	꜀ni	꜀niɛ	꜀yɔ	꜀yɔ	꜁yã
即墨	꜁iou姓	꜀i老	꜀i旧	꜀iə	꜀yə	꜀yə	꜀yã
沂水	꜁iou旧	꜀ni	꜀i	iə˚	yə˚	yə˚	꜀yã
莒县	꜁iou旧	꜀i	꜀i	ie˚	ye˚	ye˚	꜀yã
利津	꜁niou	ni˚	i˚	niə˚	ɔi˚	iɔ˚	꜀yã
德州	꜁niou	i˚	i˚旧	iə˚	ɔi˚	ɔi˚	꜀yã
临清	꜁iəu~子	꜀i	꜀i	iə˚	ɔi˚	ɔi˚	yɛ˚
济南	꜁iou~子	꜀i	i˚	n̠iəi˚	꜀yə	yə˚	꜀yã
博山	꜁iou白	꜀i	i˚	iə˚	yə˚	yə˚	꜀yã

新泰	ᵢiou 姓	ₛn̩i	i⁷ᵢ 旧	iə⁵	yə⁵	yə⁵	ᶜluā
东明	ₛou 又	ₛi	ᵢi	nie⁵	yə⁵	yə⁵	ₛyā
枣庄	ₛnio	ₛni	ni⁵	iə⁵	yə⁵	yə⁵	ᶜvæ

"牛"读 ou,分布于东莱片荣成、文登、乳山、招远、海阳、栖霞及西鲁片的个别点东明、巨野等。

6. 中古全浊平声今塞音、塞擦音读不送气清音

中古全浊声母今读塞音、塞擦音声母,官话方言中平声送气、仄声不送气是比较普遍的规律,在山东东莱片的东端荣成、文登及威海、牟平的部分地区有老派口语平声读不送气的情况。钱曾怡 1979 年按《方言调查字表》280 个古全浊今读塞音、塞擦音平声字的统计,老派口语读不送气的字为 50 个,占调查字数的六分之一强:

驮 茄 婆 砣 癞 爬 搽 渠 瞿 台 裁 牌 蹄 脐 骑 瓷 槽
创 瓢 荞 条 头 钳 甜 沉 弹 钱 缠 填 前 盘 团 髻 频
陈 勤 盆 群 糖 墙 长 肠 场 澄 棚 晴 瓶 丛 虫 穷

这些字一般在口语或老派中读不送气,文读或新派读送气音,在词语中,一般旧词语读不送气,新词语读送气。见以下的比较:

不送气	团团的	锅台	老婆子、婆称祖母	裁衣裳
送 气	团员	讲台	婆妈	裁缝

当地有顺口溜描述这一语音特点:"墙角有个盆,盆里有个瓢,瓢里有钱,拿钱去买糖,糖甜不甜?"以上"墙、盆、瓢、钱、糖、甜"皆古全浊平声,当地读不送气清音。

三 声母个案报告

综述部分已经说过,山东方言的声母系统特点鲜明。这里,我们再选取 10 个方言点的声母系统进行介绍。选择的基本原则包括:地域分布、声母多少、声母是否特殊、历史上的影响等几个方面。例如,荣成方言的塞擦音有四种,c cʻ ç 的发音特殊;诸城方言也有四种塞擦音,有特殊的声母 tθ tθʻ θ、ʨ ʨʻ 等,声母数目是全省最多的,足以代表山东方言声母最多的类型。再如,济宁方言塞擦音只有两套,属于声母最少的类型;沂水方言非古擦音来源的浊擦音声母,在全省分布范围很小,等等。

1. 荣成方言声母系统

荣成位于山东省的最东端,荣成方言是东莱片的代表之一。其声母一共 24 个。本音系由王淑霞记录。

唇音	p 班别	pʻ 苦铺	m 埋迷	f 方奉	
舌尖中	t 到道	tʻ 太团	n 难女		l 兰扔
舌尖前	ts 精酒	tsʻ 清秋		s 心修	
舌面中	c 经久	cʻ 轻球		ç 欣休	

舌叶音	tʃ 招宙	tʃʻ 昌绸		ʃ 扇绳
舌尖后	tʂ 缀准	tʂʻ 初唇		ʂ 山刷
舌根音	k 该关	kʻ 开宽		x 海怀
零声母	ø 岸完言远　日儿			

荣成方言声母的特点：

①分尖团音。尖音读 ts tsʻ s，团音读 c cʻ ç，c cʻ 是塞擦音。口语中有若干团音字读成尖音。

②中古知庄章三组声母分化为两套声母，分别是 tʂ tʂʻ ʂ 和 tʃ tʃʻ ʃ。

③有四套塞擦音。它们是：舌尖前音 ts tsʻ、舌面中音 c cʻ、舌叶音 tʃ tʃʻ、舌尖后音 tʂ tʂʻ。

④日母字几乎全部念零声母，只有个别字"仍扔"读 l。

⑤部分中古平声全浊声母字读不送气清音，例如：钱墙头盆糖。

⑥"忘望"声母读 m，"产"（《广韵》所简切）老派读擦音 ʂ，"瑞禅"读 ʂ，保留较古老的读法。

2. 牟平方言声母系统

牟平位于胶东半岛东北部，其方言属于东莱片。共 21 个声母，其古今演变规律与荣成方言有一定差异。本音系由罗福腾记录。

唇　音	p 拨别	pʻ 盘铺	m 妈迷	f 方风	
舌尖中	t 到道	tʻ 太团	n 难女		l 兰扔
舌尖前	ts 增争	tsʻ 层初		s 苏三	
舌面前	tɕ 尖精	tɕʻ 前全		ɕ 先须	
舌面中	c 经举	cʻ 轻区		ç 希虚	
舌根音	k 该光	kʻ 开宽		x 海怀	
零声母	ø 安完言远　日儿				

牟平方言声母的特点：

①分尖团音，尖音字读 tɕ tɕʻ ɕ，团音字读 c cʻ ç。

②中古知庄章声母依据古代等呼摄的不同而分化为两类，其中一部分与精组洪音前的声母读音相同，如：支＝资、初＝粗、蔬＝苏。另一部分跟精组细音前的读音合并，如：蒸＝精、成＝情、书＝须。

③古日母字读零声母，个别字读 l 声母。

④跟荣成方言相似，"望忘"读 m，"产"字读 s，"瑞"读 s。

⑤县境东部靠文登等地部分中古平声全浊声母字读不送气清音，例如：钱墙头盆糖。

3. 诸城方言声母系统

诸城位于山东半岛的西部，其方言声母的特殊性在山东方言乃至全国都具有一定的代表性。该方言声母一共 28 个。本音系由钱曾怡、曹志耘、罗福腾记录。

唇　音	p 布步	pʻ 怕盘	m 门迷	f 飞翻	v 威湾
舌尖中	t 到道	tʻ 汤团	n 难怒		l 蓝连
齿间音	tθ 遭租	tθʻ 曹粗		θ 三苏	
舌面前	ȶ 店贱	ȶʻ 甜钱	ȵ 女你	ɕ 星雪	
舌叶音	tʃ 战见砖	tʃʻ 缠钳春		ʃ 声兴顺	
舌尖后	tʂ 站	tʂʻ 谗		ʂ 山	ɭ 儿
舌根音	k 该关	kʻ 开宽	ŋ 安恩	x 海怀	
零声母	ø 银雨				

诸城方言声母的特点：

①有四套塞音声母：p pʻ、t tʻ、ȶ ȶʻ、k kʻ。其中舌面塞音 ȶ ȶʻ 比较特殊，山东省主要见于诸城及其周边的五莲、胶南等地，分布地域比较狭小。

②读 tθ tθʻ θ 声母的字，主要来自中古“精清从心邪”五母拼洪音韵母（今开口呼和合口呼）的字。

③读 ȶ ȶʻ 声母的字有两个来源，一类是古代“端透定”拼细音韵母的字，二是古代“精清从”拼细音韵母的字。

④读 tʃ tʃʻ ʃ 声母的字也有两个来源，一部分来自古代“知庄章”三组声母的乙类字，另一部分则是来自“见溪群晓匣”五母拼细音韵母的字。

⑤读 tʂ tʂʻ ʂ 声母的字来源于庄组的全部字和“知章”二母的甲类字。

4．沂水方言声母系统

沂水位于山东半岛西部，尽管跟诸城等地毗邻，但方言特点突出，主要是某些其他方言为不送气清音的字，本方言读为浊擦音，这在山东方言乃至北方方言中都比较罕见。该方言声母一共 26 个。本音系由张廷兴记音。

唇　音	p 布帮	pʻ 怕撒	m 门米	f 飞浮	
舌尖中	t 到敌	tʻ 汤秃	n 难内		l 辣吕
齿间音	ð 子租	tθʻ 粗仓		θ 四苏	
舌尖前	z 酒战	tsʻ 秋船		s 修顺	
舌面音	tɕ 见鸡	tɕʻ 牵丘		ɕ 训兴	
舌尖后	tʂ 支抓	tʂ 齿锄		ʂ 晒生	ɭ 耳儿
舌根音	k 跪改	kʻ 开奎	ŋ 爱恩	x 海湖	
零声母	ø 延武雨热软荣				

沂水方言声母的特点：

①浊音 ð 和 z。ð 来源于中古“精”母、“从”母仄声的洪音；这种情况在周围方言也有所存在，如安丘市（钱曾怡《潍坊方言志》1992 年）、沂南县（罗福腾等记录）。

②分尖团音，精组细音读 z ts ʻs，见组细音读 tɕ tɕʻ ɕ。

③古代知庄章三组声母分化为两类读音，一类跟精组细音合流，另一类读卷舌音。

5．济南方言声母系统

济南位于山东中西部地区，其方言属于西齐片，是山东地方戏曲、曲艺等使用的基础方言，在全省具有代表性。声母系统比较接近北京话。该方言声母一共 25 个。本音系由钱曾怡记音。

唇　音	p 帮布	p' 派爬	m 明门	f 非夫	v 微晚
舌尖中	t 端大	t' 透太	n 拿暖		l 来乳
舌尖前	ts 增祖	ts' 仓粗		s 苏思	
舌尖后	tʂ 知章	tʂ' 彻昌		ʂ 书生	ʐ 日人
舌面音	tɕ 精见	tɕ' 清前	ȵ 年女	ɕ 细晓	
舌根音	k 贵根	k' 开康	ŋ 爱岸	x 灰胡	
零声母	ø 阿影屋云以				

济南方言声母的特点：

①不分尖团音，中古精见两组声母的字细音前都读舌面前音。

②中古知庄章三组声母都读一套声母，几乎没有例外。其古今演变规律比北京话较为严整，如庄组字"则策涩"等北京话读 ts ts' s，而济南话老派读 tʂ tʂ' ʂ。

③止摄以外的日母字读两套声母，开口呼韵母前读 ʐ，合口呼韵母前读 l。

④北京话开口呼零声母字，除了 a 韵母外，读舌根鼻音声母 ŋ。

6．利津方言声母系统

利津位于鲁北地区，黄河入海口附近，境内人口来源比较复杂，多为明代、清代以及民国年间和新中国成立后的移民。其方言属于西齐片兼有胶辽官话方言的特点。方言声母共 25 个。本声母音系由杨秋泽记录。

唇　音	p 播标	p' 泼飘	m 磨苗	f 佛福	v 窝弯
舌尖中	t 得都	t' 特突	n 拿暖		l 拉儿
舌尖前	ts 增精	ts' 次秋		s 思修	
舌尖后	tʂ 知张	tʂ' 吃昌		ʂ 诗商	ʐ 日让
舌面音	tɕ 见捐	tɕ' 旗缺	ȵ 捏	ɕ 希兄	
舌根音	k 哥工	k' 科空	ŋ 爱肮	x 河欢	
零声母	ø 衣屋玉				

利津方言声母的特点：

①区分尖团音，尖音读 ts ts' s，团音读 tɕ tɕ' ɕ。这一特征在鲁北地区并不多见。

②中古知庄章三组声母都读一套声母，几乎没有例外。

③止摄开口三等日母字读舌尖中音 l，但是舌位略靠后，跟来母来源的字有所不同。

④北京话开口呼零声母字，除了 a 韵母外，读舌根鼻音声母 ŋ。

7．新泰方言声母系统

新泰市位于鲁中腹地，其方言属于西齐片，声母数目是山东方言西区最多的方言点，一共 26 个。本音系由高慎贯记音。

双唇音	p 波部	pʻ 坡爬	m 麻迷		
齿唇音	pf 猪庄	pfʻ 春初		f 夫书	
舌尖中	t 多杜	tʻ 土头	n 拿弄		l 罗容
齿间音	tθ 租在	tθʻ 此才		θ 苏似	
舌叶音	tʃ 知争	tʃʻ 超查		ʃ 沙上	ʒ 日忍
舌面音	tɕ 家精	tɕʻ 去清	ȵ 泥牛	ɕ 虾心	
舌根音	k 歌共	kʻ 可狂	ŋ 岸恶	x 火何	
零声母	ø 儿尤王于				

新泰方言声母的特点：

①知庄章三组声母按今天韵母的开合口分化成两类读音。今开口呼韵母前读舌叶音 tʃ tʃʻ ʃ，合口呼前读齿唇音 pf pfʻ f。知庄章这种按韵母开合口分化为两类读音的特点，在枣庄、蒙阴等地也有分布。

②止摄以外的日母开口呼的字读 ʒ（新泰舌叶音，有人记作舌尖后），合口呼的字读 l。

③精组在洪音韵母前读齿唇音 tθ tθʻ θ。这一特征符合鲁中地区的方言特点。

④不分尖团音，精见两组声母在细音韵母前都读舌面前音 tɕ tɕʻ ɕ。

⑤北京话开口呼字读舌根鼻音 ŋ。

8．聊城方言声母系统

聊城位于鲁西的西端，方言属于西齐片，其声母共 21 个，在鲁西方言中有一定代表性。本音系由张鹤泉记音。

唇　音	p 巴步	pʻ 怕平	m 买木	f 发冯	
舌尖中	t 刀地	tʻ 台图	n 男奴		l 拉连
舌尖前	ts 资知	tsʻ 次吃		s 私失	z 人弱
舌面音	tɕ 尖居	tɕʻ 秋确	ȵ 年女	ɕ 希宣	
舌根音	k 干古	kʻ 开宽		x 喝化	ɣ 爱藕
零声母	ø 儿烟窝雨润				

聊城方言声母的特点：

①只有两套塞擦音声母，中古知庄章声母跟精组在洪音前的声母合流，都读舌尖前音声母。

②不分尖团音，古精见两组在细音前都读 tɕ tɕʻ ɕ。

③止摄以外的日母字读 z，极个别字读零声母。

④北京话开口呼拼零声母的字，聊城读舌根浊擦音 ɣ。

9．济宁方言声母系统

济宁位于山东南部，京杭大运河之滨。该方言属于西鲁片，其声母是山东方言比较简单的系统之一，也是声母数目最少的方言点之一。与之情况相同的还有曲阜、嘉祥、汶上、邹城、兖州等地。该方言声母一共 21 个。本音系由曹志耘、罗福腾记音。

唇　音	p 布边	p' 怕盘	m 门米		f 非福	
舌尖中	t 道到	t' 糖汤	n 难奴			l 狼略
舌尖前	ts 子战支	ts' 粗船锄		s 苏生顺	z 然乳雍	
舌面音	tɕ 见尖	tɕ' 牵前	ȵ 年女	ɕ 训星		
舌根音	k 跪贵	k' 看奎		x 杭湖	ɣ 岸袄	
零声母	ø 儿延王雨					

济宁方言声母的特点：

①只有两套塞擦音，中古知庄章三组声母与精组洪音前的声母合流，都读 ts ts' s：资精＝知知＝淄庄＝支章。

②不分尖团音，古精见两组声母在细音前都读 tɕ tɕ' ɕ。

③止摄以外的日母字读 z 声母。

④北京话开口呼读零声母的字，济宁话读舌根浊擦音 ɣ。

10．枣庄方言声母系统

枣庄位于山东南端，方言属于西鲁片，其音系较有特点。本音系由王希文记录。

唇　音	p 布步	p' 怕盘	m 门	f 飞冯书顺	v 乳软	
舌尖中	t 到	t' 太同	n 难怒			l 兰儿
舌尖前	ts 增争蒸	ts' 蚕馋缠春		s 三	z 日然	
舌面音	tɕ 精经坐	tɕ' 粗钱钳牵前	ȵ 年女	ɕ 需虚算		
舌根音	k 跪贵	k' 开葵		x 灰		
零声母	ø 岸袄言微远					

枣庄方言声母的特点：

①古知庄章三组声母与精组开口呼合流，都读 ts ts' s。

②不分尖团音，古精见两组声母在细音前都读 tɕ tɕ' ɕ。

③古精组声母在合口洪音韵母前（北京 ts ts' s 拼合口呼的字）读 tɕ tɕ' ɕ 拼撮口呼，如：最 tɕyei⁼、葱 ꭉtɕ'yŋ、算 ɕyan⁼。

④古生书禅三母在今合口呼韵母前跟非敷奉声母读音相同，读为 f。

⑤止摄以外的日母字在开口呼前读 z，在合口呼前读 v。

第二节　山东方言的韵母

一　韵母综述

从山东方言现状以及跟北京话、中古的《广韵》系统的比较来看，山东话的韵母有下列特点。

第一，从总体看，山东方言的元音尾韵母有简化为单元音韵母的趋势。山东多数地区在发元音尾韵母时舌位动程太小或干脆没有动程，致使北京的二合元音在山东是单元音而北京的三合元音在山东是二合元音。如：北京 ai、uai 和 au、iau，山东济南是 ɛ、uɛ 和 ɔ、iɔ。

第二，多数地区鼻辅韵尾弱化，读为鼻化元音韵母。例如，北京话的 an ian uan yan、en in uen yn 八个前鼻音韵母，山东自东部的莱阳、莱西以西的大多数县市读成鼻化元音，例如鲁中地区的济南和新泰、鲁北的德州、鲁南的枣庄等地都读 ã iã uã yã、ẽ iẽ uẽ yẽ。鲁西南的菏泽读 æ̃ iæ̃ uæ̃ yæ̃、ẽ iẽ uẽ yẽ。

第三，圆唇元音多。例如，北京话的 a ia ua、ɑŋ iɑŋ uɑŋ、au iau 八个韵母的主要元音，从胶莱河向西，包括胶州、安丘、潍坊、淄博、泰安、临沂等地在内，都读成 ɒ iɒ uɒ、ɒŋ iɒŋ uɒŋ、ɔu iɔu 或者接近圆唇元音。可以说，韵母的发音趋向圆唇化是鲁中地区的显著特征。

第四，中古某些摄的韵母演变规律比较整齐，例如果摄开口、合口一等字，东区的东潍片、东莱片都读合口呼韵母 uo 或者 uə，如"哥个可棵河贺"。再如，中古曾梗摄开口一二等入声字多数读 ei 韵母，如"德墨百泽摘"；咸山两摄开口一等入声字多数读 ɑ，如"答鸽割渴喝"，等等。

第五，除菏泽、金乡少数点以外，中古蟹摄开口二等见系字全省多读 iɛ（或 iai）韵母，跟 ɛ uɛ（或 ai uai）配套。

以下按照方言小区归纳韵母特点：

1．东莱片

①果摄开口、合口一等字多读合口 uo（或 uə）。

②中古"蟹止山臻"四摄合口端系字的韵母，如"嘴腿岁断顿内"，各地都读开口呼。

③"儿耳二"等字读 ər，不同于山东其他地区 lə 的读音。

④"泽册色"读 ə（或 ɛ）韵，"百白麦"读 o 韵，"割渴喝"读 ɑ 韵。

⑤长岛、牟平、荣成、文登等地，山摄薛月屑韵、臻摄物韵与宕摄药韵、江摄觉韵的字韵母有别：月ᵉye≠药ᵉyo、越 yeᵊ≠悦 yoᵊ。

2．东潍片

①古代曾梗通三摄的韵母合并，登＝东、争＝忠、恒＝红、形＝雄、英＝拥。这是本区韵母的重要特点之一。

②果摄开口、合口一等字多读合口呼 uo（或 uɑ）。

③"割渴喝"读 ɑ（或 ɒ）韵母。

④本小区东部部分县市如平度、即墨、胶州、高密等接近东莱片的地区，"嘴村蒜孙"等字读开口呼，西部的沂水、临朐、沂南等县市读合口呼。

⑤ei 韵母不拼 n、l 声母，"内类泪雷"等字读合口呼。

⑥平度、莒南、日照、沂南等地，中古通摄的部分字（不包括唇音声母），读 m 韵尾。以莒南话为例：东 ₑtom、同 ₑt'om、宗 ₑtsom、中 ₑtʂom、公 ₑkom、穷 ₑtɕ'iom、胸 ₑɕiom、用 iom°。

3. 西齐片

①有鼻化元音，中古的"咸深山臻"四摄的鼻辅韵尾不明显，多读为主要元音鼻化。利津等地，连"宕江曾梗通"五摄的字，也有读为鼻化元音韵母的现象。

②单元音韵母丰富，三合元音一般只有两个，即 uei iou。

③圆唇元音多，尤其以淄博、潍坊、泰安一带为甚。

④曾梗摄入声"责册涩、百白拍麦"等字的韵母，多数县市读 ei。

⑤"飞肥匪费"等字，泰安、肥城一带读 fi，个别地方读 ɵy。

⑥淄博、章丘一带有一种特殊的小称变韵现象，读 ᵋ iɛ uɛ yɛ 和 ei uei yei 两套韵母，其作用类似于北京话的儿化韵。

4. 西鲁片

①鼻化元音丰富，除"咸深山臻"以外，"宕江曾梗通"的韵母在平邑等地也读成鼻化元音。

②"飞肥匪"等字，多数县市读韵母 i，梁山等少数县市读 y（声母 ɕ）。

③枣庄一带有 yei 韵母，主要来自古代精组声母拼止摄、蟹摄合口呼的字，如"催罪岁蟹摄、嘴翠穗止摄"。

④曾梗摄入声"责册涩、百白拍麦"等字的韵母，几乎所有的县市都读 ei。

⑤古代部分合口字拼知庄章三组声母，除了单韵母 u 外，其余多数读为开口呼。如滕州"庄窗刷"（声母 pf pf' f）等字。

⑥平邑等地中古通摄的大部分字（不包括唇音声母）读 m 尾。这一特点跟古代的咸深两摄没有关系。例如平邑话：东 ₑtom、宗 ₑtsom、中 ₑtʂom、公 ₑkom、穷 ₑtɕiom、胸 ₑɕiom。

二　韵母专题分析

1. 中古果摄见系一等字的韵母今读

果摄见系开一歌韵、合一戈韵的常用字只有 40 个左右。属于歌韵的字有：歌哥可个蛾鹅俄我饿河何荷荷花荷薄荷贺；属于戈韵的字有：过锅戈果裹猓过科窠棵颗课讹卧火夥货和和气禾祸和和面倭窝。这些字，北京话歌韵字除"我"读合口韵母外，其余都读开口呼，如"哥可俄河"。而戈韵字多数读合口呼，如"锅卧火"，少量读开口呼，如"戈科讹"。

果摄见系开口一等歌韵、合口一等戈韵的字，山东东西部读音有较大的差异。

东部的东莱片和东潍片的全部县市，西齐小片的淄博一带，不论开口合口字，今天基本都读合口呼 uo、uə 或者圆唇的 ɔ (荣成)。而西齐片的滨州、东营和西鲁片的济宁等地，则基本跟北京话的读法相同。济南还把北京话也读合口呼的个别字 (如 "过") 读成了开口呼韵母。德州 "我饿" 的读音也比较特殊。列表对比如下 (斜线前的读音是口语音、旧音，斜线后面的读音是文读音和新读)：

	哥	锅	过	可	课	河	我	饿
荣成	₌kɔ	₌kuɔ	kɔ⁼旧	ꞌkꞌɔ	kꞌɔ⁼	₌xɔ	ꞌɔ 旧	ɔ꞊ 旧
牟平	₌kuə	₌kuə	kuə⁼	ꞌkꞌuə	kꞌuə⁼	₌xuə	ꞌuə	uə꞊
蓬莱	₌kuo	₌kuo	kuo⁼	ꞌkꞌuo	kꞌuo⁼	₌xuo	ꞌuo	uo꞊
平度	₌kuə	₌kuə	₌kuə	ꞌkꞌuə	₌kꞌuə	₌xuə	ꞌuə	₌uə
寿光	₌kuə	₌kuə	kuə⁼	ꞌkꞌuə	kꞌuə⁼	₌xuə	ꞌuə	uə꞊
沂水	₌kuə	₌kuə	kuə⁼	ꞌkꞌuə	kꞌuə⁼	₌xuə	ꞌuə	uə꞊
淄川	₌kuə/₌kə	₌kuə	kuə⁼	ꞌkꞌuə/ꞌkꞌə	kꞌuə⁼/kꞌə⁼	₌xuə/₌xə	ꞌuə	uə꞊
新泰	₌kə	₌kuə	kə⁼/kuə⁼	ꞌkꞌə	kꞌuə⁼/ kꞌə⁼	₌xə	ꞌuə	ŋə꞊
济南	₌kə	₌kuə	kə⁼	ꞌkꞌə	kꞌə⁼	₌xə	ꞌuə	ŋə꞊
德州	₌kə	₌kuə	kə⁼/ kuə⁼	ꞌkꞌə	kꞌə⁼	₌xə	ꞌŋə/ꞌvə	və⁼/ŋə꞊
临清	₌kə	₌kuə	kuə⁼	ꞌkꞌə	kꞌə⁼	₌xə	ꞌuə/ꞌŋə	ŋə꞊
金乡	ꞌkə	₌kuə	kuə⁼	ꞌkꞌə	kꞌə⁼	₌xə	ꞌuə/ꞌɤ	ɤə꞊

以上罗列的读音显示出这样的规律，果摄见系字的韵母从东部的合口呼到西部地区的开口呼，在地理上呈现逐渐过渡的态势，东部保存 uo (或 uə) 韵母读音的字多，而西部则读开口韵母 ə 的字较多。胶东几乎全读 uo (或 uə)，鲁中地区是过渡的中间地带，口语还读合口，文读则是开口。

2. 蟹摄开口二等见系字的韵母今读

中古蟹摄见系开口二等皆、佳两个小韵的常用字约有 28 个。皆韵字有：皆阶秸揩楷介界芥疥尬届戒骇械挨；佳韵字有：佳街解讲解懈崖涯挨鞋解㕔蟹矮隘。这些字，普通话主要读 iə 韵母 (如 "阶街界鞋")，跟假摄麻韵开口二三等的精组字同音，解＝姐、鞋＝斜。另有个别字读 ia (如 "崖涯") 和 ai (如 "楷矮挨隘") 两个韵母。《广韵》这两个小韵的字，到了《中原音韵》时代，都属于皆来韵，与 ai uai 韵母相配套，还没有跟车遮韵的字同音。

山东话除了菏泽一些地区以外，韵母的读音跟《中原音韵》完全一致，跟普通话的读音有差异。各县市蟹摄皆佳小韵的字，几乎都读 iai (iɛi、iɛ) 韵母，跟 ai (ɛ 或 ei)、uai (uɛ 或 uɛi) 相配套。但是，东莱小片的牟平有个别字读成 iei 韵母，荣成和文登有个别字读 ei 韵母。东潍片的诸城、五莲由于声母是舌叶音，韵母变成 ε，"矮挨崖"仍然跟周边其它县市一样。不管怎样读，都不跟假摄麻韵开口二三等的字同音。以下是从东到西各代表点的字音对照：

	街	秸	界	鞋	蟹	挨挨打	矮	崖
荣成	₌tsei/₌ciai	₌tsei/₌ciai	ciai⁼	₌çiei/₌ciai	çiai⁼	₌iai	ˬiai	₌iai
牟平	₌ciai/₌ciei	₌ciai/₌ciei	ciai⁼	₌çiei/₌çiai	çiai⁼	₌iai	ˬiai	₌iai
莱阳	₌ciɛ	₌ciɛ	ciɛ⁼	₌çiɛ	çiɛ⁼	₌iɛ	ˬiɛ	₌iɛ
青岛	₌tɕiɛ	₌tɕiɛ	tɕiɛ⁼	₌ɕiɛ	ɕiɛ⁼	₌iɛ	ˬiɛ	₌iɛ
诸城	₌tʃɛ	₌tʃɛ	tʃɛ⁼	₌ʃɛ	ʃɛ⁼	₌iɛ	ˬiɛ	₌iɛ
寿光	₌tɕiɛ	₌tɕiɛ	tɕiɛ⁼	₌ɕiɛ	ɕiɛ⁼	₌iɛ	ˬiɛ	
沂水	₌tɕiɛ	₌tɕiɛ	tɕiɛ⁼	₌ɕiɛ	ɕiɛ⁼	₌iɛ	ˬiɛ	
淄川	₌tɕiɛ	₌tɕiɛ	tɕiɛ⁼	ˬɕiɛ	ɕiɛ⁼	ˬiɛ	ˬiɛ	
济南	₌tɕiɛ	₌tɕiɛ	tɕiɛ⁼	₌ɕiɛ	ɕiɛ⁼	₌iɛ	ˬiɛ	
新泰	₌tɕiɛ	₌tɕiɛ	tɕiɛ⁼	₌ɕiɛ	ɕiɛ⁼	ˬiɛ	ˬiɛ	
聊城	₌tɕiɛ	₌tɕiɛ	tɕiɛ⁼	₌ɕiɛ	ɕiɛ⁼	₌ɣɛ	ˬiɛ	
德州	₌tɕiɛ	₌tɕiɛ	tɕiɛ⁼	₌ɕiɛ	ɕiɛ⁼	₌əɣ	ˬiɛ/ˬəɣ	₌iɛ
济宁	₌tɕiɛ	₌tɕiɛ	tɕiɛ⁼	₌ɕiɛ	ɕiɛ⁼	₌iɛ	ˬiɛ	
金乡	₌tɕiə	₌tɕiə	tɕiə⁼	₌ɕiə	ɕiə⁼	₌iə	ˬiə	₌iə

3．中古蟹止山臻四摄合口端系字韵母的今读

我们讨论的韵母读音包括下列四摄八个小韵的端系字：

①蟹摄合口一等灰韵、泰韵、三等祭韵 19 个：堆对推腿退队蜕兑内雷儡累劳累崔催罪碎、最、脆岁；

②止摄合口三等支、脂二韵 16 个：累积累累连累嘴随髓、垒类泪醉翠虽绥粹遂隧穗；

③山摄合口一等桓韵 26 个：端短瞳团断断绝、决断锻段缎椴掇掇起夺脱暖鸾卵乱钻动词攒纂籴酸钻名词审撮算蒜；

④臻摄合口一等魂韵 25 个、合口三等谆韵 4 个，共 29 字：敦墩吨顿褪屯豚饨囤沌盾钝遁嫩论论语仑论议论尊樽村存蹲寸孙损；伦沦轮、遵。

这些字，古代声母分别是"端透定、泥来、精清从心邪" 9 个声母，今天山东话的声母是 t tʻ n l、ts tsʻ s（诸城等地是 tθ tθʻ θ） 7 个。

上述字的读音，全省分歧较大。这些差异既表现在地理上，又反映在语音上。下面分类来说：

（1）东莱区全部县市不论声母都读开口呼，没有例外。例如：

	对蟹	内蟹	雷蟹	翠止	穗止	短山	团山	暖山	村臻	孙臻
威海	tei⁹	nei⁹	ₑlei	tsʻei⁹	sei⁹	ᶜtan	ₑtʻan	ᶜnan	ₑtsʻən̩	ₑsən
文登	tei⁹	nei⁹	ₑlei	tsʻei⁹	sei⁹	ᶜtan	ₑtʻan	ᶜnan	ₑtsʻən	ₑsən
乳山	tei⁹	nei⁹	ₑlei	tsʻei⁹	sei⁹	ᶜtan	ₑtʻan	ᶜnan	ₑtsʻən	ₑsən
荣成	tei⁹	nei⁹	ₑlei	tsʻei⁹	sei⁹	ᶜtan	ₑtʻan	ᶜnan	ₑtsʻən	ₑsən
烟台	tei⁹	nei⁹	ₑlei	tsʻei⁹	sei⁹	ᶜtan	tʻan⁹	ᶜnan	ₑtsʻən	ₑsən
牟平	tei⁹	nei⁹	ₑlei	tsʻei⁹	sei⁹	ᶜtan	ₑtʻan	ᶜnan	ₑtsʻən	ₑsən
长岛	tei⁹	nei⁹	ₑlei	tsʻei⁹	sei⁹	ᶜtan	ₑtʻan	ᶜnan	ₑtsʻən	ₑsən
龙口	tei⁹	nei⁹	ₑlei	tsʻei⁹	sei⁹	ᶜtan	ₑtʻan	ᶜnan	ₑtsʻən	ₑsən
栖霞	tei⁹	nei⁹	ₑlei	tsʻei⁹	sei⁹	ᶜtã	ₑtʻã	ᶜnã	ₑtsʻə̃	ₑsə̃
莱阳	tei⁹	nei⁹	ₑlei	tsʻei⁹	sei⁹	ᶜtã	ₑtʻã	ᶜnã	ₑtsʻə̃	ₑsə̃
海阳	tei⁹	nei⁹	ₑlei	tsʻei⁹	sei⁹	ᶜtan	tʻan⁹	ᶜnan	ₑtsʻən	ₑsən
招远	tei⁹	nei⁹	ₑlei	tsʻei⁹	sei⁹	ᶜtã	ₑtʻã	ᶜnã	ₑtsʻə̃	ₑsə̃

（2）东潍片的东部少数县市，处于东莱片全读开口呼与东潍片西部全读合口呼之间的过渡地带，存在部分字读合口呼，部分字读开口呼的情况，有的新旧读音还不统一，规律比较乱。比较如下：

	对	内	雷	罪	碎	短	暖	顿	吞
莱州	ₑtei	ₑnuei	ₑlei	ₑtsuei	suei⁹	ᶜtã	ᶜnuã/ᶜnɔ	tẽ⁹	ₑtʻẽ
即墨	ₑtuei	ₑnei/ₑnuei	ₑluei	ₑtθuei	θuei⁹	ᶜtuã	ᶜnuã	ₑtuẽ	ₑtʻuẽ
青岛	te⁹/tue⁹	ne⁹/nuei⁹	le⁹	tsue⁹	sue⁹	ᶜtã	ᶜnã/ᶜnuã	ₑtue	ₑtʻẽ/ₑtʻuẽ
平度	ₑtei	ₑnei	ₑlei	ₑtθuei	θuei⁹	ᶜtã	ᶜnuã/ᶜnɔ	tẽ⁹	ₑtʻẽ

（3）西齐片的东部一些县市区和东潍区西部的部分县市区，如淄川、泰安、青州、临朐、诸城、五莲、沂水、胶南、安丘、高密、寒亭、昌邑、日照等，一般完整保留 u 介音（除"攒"字外）。古今对应非常整齐，即使北京话在 n l 声母后丢掉 u 介音的字，如"内类雷"等字，方言中也都带有 u 介音。这一点跟北京话的读音不完全相同。例如：

	对	内	雷	罪	碎	短	暖	顿	吞
淄川	tuei⁹	nuei⁹	ᶜluei	tsuei⁹	suei⁹	ᶜtuã	ᶜnuã	tuẽ⁹	ₑtʻuẽ
泰安	tuei⁹	nuei⁹	ₑluei	tsuei⁹	suei⁹	ᶜtuã	ᶜnuã	tuẽ⁹	ₑtʻuẽ
青州	tuei⁹	nuei⁹	ₑluei	tθuei⁹	θuei⁹	ᶜtuã	ᶜnuã	tuẽ⁹	ₑtʻuẽ
临朐	tuei⁹	nuei⁹	ₑluei	tθuei⁹	θuei⁹	ᶜtuã	ᶜnuã	tuẽ⁹	ₑtʻuẽ
诸城	tuei⁹	nuei⁹	ₑluei	tθuei⁹	θuei⁹	ᶜtuã	ᶜnuã	tuẽ⁹	ₑtʻuẽ
沂水	tuei⁹	nuei⁹	ₑluei	tθuei⁹	θuei⁹	ᶜtuã	ᶜnuã	tuẽ⁹	ₑtʻuẽ

沂南	tueiˀ	nueiˀ	ˌluei	tθueiˀ	θueiˀ	ʿtuā	ʿnuā	tuē̌	ˌtʼuē
日照	tueiˀ	nueiˀ	ˌluei	tθueiˀ	θueiˀ	ʿtuā	ʿnuā	tuē̌	ˌtʼuē

（4）西齐和西鲁两片（除了泰安和淄川等地），读音跟北京相同。t tʼ ts tsʼ s 声母之后都是合口呼韵母，n l 声母之后有的是合口呼，有的为开口呼。枣庄的情况略为特殊，由于古代精组声母在古代合口呼前全变成 tɕ tɕʼ ɕ，所以韵母也就相应地变成撮口呼。以下分地举例：

	堆	催	岁	内	类	端	顿	村	乱
济南	ˌtsuei	ˌtsʼuei	sueiˀ	neiˀ	leiˀ	ˌtuā	tuē̌	ˌtsʼuē	luāˀ
德州	ˌtsuei	ˌtsʼuei	sueiˀ	neiˀ	leiˀ	ˌtuā	tuē̌	ˌtsʼuē	luāˀ
利津	ˌtsuei	ˌtsʼuei	sueiˀ	neiˀ	leiˀ	ˌtuā	tuē̌	ˌtsʼuē	luāˀ
聊城	ˌtsuei	ˌtsʼuei	sueiˀ	neiˀ	leiˀ	ˌtuē	tuē̌	ˌtsʼuē	luāˀ
临清	ˌtsuei	ˌtsʼuei	sueiˀ	neiˀ	leiˀ	ˌtuē	tuē̌	ˌtsʼuē	luē̌ˀ
济宁	ˌtsuei	ˌtsʼuei	sueiˀ	neiˀ	leiˀ	ˌtuā	tuē̌	ˌtsʼuē	luāˀ
枣庄	ˌtsuei	ˌtsʼuei	sueiˀ	neiˀ	leiˀ	ˌtuæ̃	tuē̌	ˌtsʼuē	luæ̃ˀ
临沂	ˌtsue	ˌtsʼue	sueˀ	neˀ	leˀ	ˌtuā	tuē̌	ˌtsʼuē	lā̌ˀ/luā̌ˀ

4. 古深臻摄开口三等字的韵母今读

今北京读 in 韵母的字，来自中古深臻摄的开口三等，在山东东区东潍片的方言中，有不同程度地读为开口呼的现象，如临朐：贫＝喷、民＝门。从跟声母的配合关系看，以 l 声母读开口呼的地域范围最宽。

下表录自钱曾怡、罗福腾《潍坊方言志》（1992 年，表中地名"潮海"属昌邑县）：

声母	n l	p pʼ m	tθ tθʼ θ	tɕ tɕʼ ɕ	ø
例字	恁林	宾贫民	进亲心	今芹欣	音银
潍城	iē	iē	iē	iē	iē
潮海	ē	iē	iē	iē	iē
彭家沟	ē	ē～iē	iē	iē	iē
临朐	ē	ē	iē	iē	iē
诸城	ē	ē	ē	iē	iē

深臻摄开口三等读开口呼的现象，从潍坊市向南，一直延伸到沂水、沂南、莒南等地。例如：

	林	淋	邻	宾	民	进	亲	心	今	音
沂水	ˌlə̃	ˌlə̃	ˌlə̃	ˌpə̃	ˌmə̃	zə̃ˀ	ˌtsʼə̃	ˌsə̃	ˌtɕiə̃	ˌiə̃
沂南	ˌlē	ˌlē	ˌlē	ˌpē	ˌmē	tʃē̌ˀ	ˌtʃʼē	ˌʃē	ˌtɕiē	ˌiē
莒南	ˌlə̃	ˌlə̃	ˌlə̃	ˌpiə̃	ˌmiə̃	tʃə̃ˀ	ˌtʃʼə̃	ˌʃə̃	ˌtɕiə̃	ˌiə̃

5．中古曾梗通三摄舒声韵母的今读音

中古"曾梗通"三摄的舒声字韵母，全省的读音基本可以分两种情况：

西齐片、西鲁片和东莱片的各点，韵母读音规律相同。曾梗二摄以读 əŋ iŋ 韵母为主，通摄以读 oŋ ioŋ（个别点还有 uəŋ）为主，共四个韵母。曾梗二摄与通摄的韵母主要元音开口度大小有区别，所以不存在混读的问题。北京话的 uəŋ 韵母，各地读法较多，有的读 uəŋ，有的读 əŋ（声母 v），还有的读 uŋ 或者 oŋ。

与此不同的是，东潍片的青岛、城阳、即墨、平度、胶州、胶南、诸城、安丘、高密、五莲等县市区将这三摄字的韵母按洪音、细音分别合并在一起，如：东＝灯、脓＝能、拥＝英。具体读法各地略有不同，如：青岛市区及安丘市等读 oŋ、ioŋ，"红灯"说成 ₃xoŋ ₃toŋ°，"性情"说成 sioŋ° tɕioŋ°；诸城、胶南、胶州等地读 əŋ、iəŋ，"公众"说成 ₃kəŋ tθəŋ°。平度的读音略有特殊，舌根音声母后，曾梗二摄的读音跟通摄有分别，其余声母后面一般混读。以下是各地字音对照：

	冬 通摄		登 曾摄	宗 通摄		增 曾摄	拥 通摄		婴 梗摄	翁 通摄
威海	₃tuŋ	≠	₃təŋ	₃tsuŋ	≠	₃tsəŋ	˳yŋ°	≠	˳iŋ°	₃uŋ°
蓬莱	₃toŋ	≠	₃təŋ	₃tsoŋ	≠	₃tsəŋ	˳ioŋ°	≠	˳iŋ°	₃oŋ°
平度	₃təŋ	＝	₃təŋ	₃tsəŋ	＝	₃tsəŋ	˳ieŋ°	＝	˳ieŋ°	₃uŋ°
即墨	₃toŋ	＝	₃toŋ	₃tθoŋ	＝	₃tθoŋ	˳ioŋ°	＝	˳ioŋ°	₃oŋ°
青岛	₃toŋ	＝	₃toŋ	₃tsoŋ	＝	₃tsoŋ	˳ioŋ°	＝	˳ioŋ°	₃oŋ°
诸城	₃təŋ	＝	₃təŋ	₃tθəŋ	＝	₃tθəŋ	˳iəŋ°	＝	˳iəŋ°	˳vəŋ°
胶南	₃təŋ	＝	₃təŋ	₃tθəŋ	＝	₃tθəŋ	˳iəŋ°	＝	˳iəŋ°	˳əŋ°
潍坊	₃tuŋ	≠	₃təŋ	₃tsuŋ	≠	₃tsəŋ	˳yŋ°	≠	˳iŋ°	˳vəŋ°
日照	₃tuŋ	≠	₃təŋ	₃tθuŋ	≠	₃tθəŋ	˳yŋ°	≠	˳iŋ°	˳vəŋ°
泰安	₃tuŋ	≠	₃təŋ	₃tsuŋ	≠	₃tsəŋ	˳yŋ°	≠	˳iŋ°	₃uəŋ°
菏泽	₃tuŋ	≠	₃təŋ	₃tsuŋ	≠	₃tsəŋ	˳yŋ°	≠	˳iŋ°	₃uŋ°

6．北京 yɛ 韵母的读音

北京读 yɛ 韵母的字主要有以下来源：

果合三戈　　瘸靴

山合三薛　　绝雪拙说悦阅

山合三月　　厥撅橛镢掘月哕越曰粤

山合四屑　　决诀缺穴

臻合三物　　倔掘

宕开三药　　略掠雀鹊嚼削若弱脚却虐疟约药钥

宕合三药　　矍

江开二觉　　觉角确乐音~岳学

这些字在山东多数地区大体跟北京相同，读为 yə(ye)，西区靠河北的德州等地部分字白读为 io 韵母，此处不细述。下面着重介绍上述字在东莱片荣成、长岛等地和西鲁片东明一点分为两套韵的情况。荣成等地上述所列例字：雪≠削、月≠药。两套的不同在音值上是"雪月"的主要元音舌位在前面而"削药"的主要元音相对靠后，在音类上则是果合三和山臻摄入声古－t尾字为一类，属于元音舌位靠前的一类，宕江摄入声古－k尾字为一类，属于元音舌位靠后的一类。其中个别例外，如长岛"镢"（宕合三）读°çyə 而"哕"（山合三月）读°yo。以下比字：

	靴果合三	雪山开三	月山合三	掘臻合三	削宕开三	脚宕开三	学江开二	岳江开二
荣成	₍çyɛ	ˬsiɛ	ˬyɛ	ˬçyɛ	₍syɔ	ˬçyɔ	₎çyɔ	ˬyɔ
牟平	₍çyə	ˬɕiə	ˬyə	ˬçyə	₍syuo	ˬçyuo	₎çyuo	ˬyuo
长岛	₍çye	ˬʃə	ˬyə	ˬçyə	₍ʃuo	ˬcyo	₎çyo	ˬyo
东明	₍ɕye	ˬɕyə	ˬye	tɕyə₎	₍suə	₍tɕyə	₎çyə	₍yə

7.部分韵摄入声韵的读音

（1）咸山摄开口一等的今读

咸摄开口一等包括：合韵端系的"答搭踏沓纳拉杂"、见系的"蛤蛤蜊鸽喝合盒"；盍韵端系的"塔塌溻榻腊蜡"、见系的"磕瞌"。山摄开口一等包括：曷韵端系的"獭达擦辣擦撒"、见系的"割葛渴"。这29个常用字，北京话依照声母的不同而读不同的韵母，端系字读高元音 a，见系字读半高元音 ɤ。

山东方言的读音大致分两种情况。第一，东潍片和东莱片的全部县市，西齐片的部分县市，读音不论声母，多数字读 a 或者 ɔ，"合盒"二字读 uo 或者 uə。第二，鲁北、鲁西、鲁南地区，读音规则跟北京话相近，端系字读 a，见系字多数读 ɤ，个别字读 a。

以下是全省部分县市的字音对照（斜线前为口语音，斜线后为书面语读音，空白表示字音缺查）：

	蛤咸合	喝咸合	盒咸合	塔咸盍	磕咸盍	瞌咸盍	割山曷	渴山曷
荣成	ˬka	ˬxa	₎xɔ	ˬt'a	ˬk'a	ˬk'a	ˬka/ˬkɔ	ˬk'a/ˬk'ə
牟平	ˬka	ˬxa	₎xuə	ˬt'a	ˬk'a	ˬk'a	ˬka	ˬk'a/ˬk'ə
烟台	ˬka	ˬxa	xuə₎	ˬt'a	ˬk'a	ˬk'a	ˬka	ˬk'a/ˬk'ə
莱阳	ˬka	ˬxa	ˬxuə	ˬt'a	ˬk'a	ˬk'a	ˬk'a	
龙口	ˬka	ˬxa	₎xuə	ˬt'a	ˬk'a	ˬk'a	ˬk'a	
长岛	ˬka	ˬxa	₎xuə	ˬt'a	ˬk'a	ˬk'a	ˬk'a	
青岛	ˬka	ˬxa	xuə₎	ˬt'a	ˬk'a	ˬk'a	ˬk'a	
即墨	ˬkɑ	ˬxɑ	xuə₎	ˬt'ɑ	ˬk'ɑ	ˬk'ɑ	ˬk'ɑ	
诸城	ˬka	ˬxa	₎xuə	ˬt'a	ˬk'a	ˬk'a	ˬk'a	
沂水	ˬkɑ	ˬxɑ	₎xuə	ˬt'ɑ	ˬk'ɑ	ˬk'ɑ	ˬk'ɑ	

潍坊	₅kɑ	₅xɑ	₅xuə	ᶜtʻɑ	₅kʻɑ	₅kʻɑ	₅kɑ	₅kʻɑ
临朐	₅kɑ	₅xɑ	₅xuə	ᶜtʻɑ	₅kʻɑ	₅kʻɑ	₅kɑ	₅kʻɑ
寿光	₅kA	₅xA	₅xuʌ	ᶜtʻA	₅kʻA	ᶜkʻA	₅kA	₅kʻA、
利津		xə。	₅xuə。/₅xɑ	tʻɑ。	kʻuə。		kɑ。	kʻuə。/ kʻə。
德州	₅ka	₅xə	₅xuə	ᶜtʻa	₅kʻə	ᶜkʻə	kə	₅kʻə
济南	₅ka	₅xə	₅xuə	ᶜtʻa	₅kʻa/₅kʻə	ᶜkʻə	₅ka/₅kə	₅kʻə
淄川	₅ka	₅xɑ/₅xə	₅xuə	ᶜtʻɑ	₅kʻa/₅kʻə	ᶜkʻɑ	₅kɑ/kə	₅kʻuə/₅kʻə
新泰	₅kə/ka	₅xə	₅xə	ᶜtʻa	₅kʻə	ᶜkʻə	₅ka/₅kə	₅kʻə
金乡		₅xə	₅xə	ᶜtʻa	₅kʻə	ᶜkʻə	kə	₅kʻə
聊城		₅xə	ᶜxə	ᶜtʻa	₅kʻə	ᶜkʻə	kə	₅kʻə
临清	₅kə	₅xə	ᶜxə	ᶜtʻa	₅kʻə	ᶜkʻə	kə	₅kʻə

（2）宕摄开口一等铎韵字的韵母

常用的宕摄铎韵字有下列30个：帮系"博泊薄莫膜幕寞摸"、端系"托铎诺落烙骆络乐作错凿昨柞索"、见系"各阁搁胳鄂郝鹤恶噩"。这些字的韵母，除了"幕"念 u、"胳"念 ə 韵母外，其余字各地的读音有分歧，帮系和端系的字跟北京话比较一致，见系的字常常有出入。大致分以下几种情况：

第一，整个东莱片和东潍片如烟台、威海、潍坊、青岛，帮系声母后一般读开口的 ə 或者 ɔ，端系和见系后一般读合口呼韵母 uo 或者 uə。例如威海话下列字的读音比较有代表性：

摸 ₅mo　落 ᶜluo　烙 ᶜluo　乐 luo°　凿 ₅tsuo

各 ᶜkuo　搁 ᶜkuo　郝 ᶜxuo　鹤 ₅xuo　恶 ᶜuo

荣成话的情况比较特殊，韵母不论声母的发音部位都读成圆唇的 ɔ。例如：

ᶜ 摸 ₅mɔ　诺 ₅nɔ　烙 ᶜlɔ　作 tsɔ°　凿 ₅tsɔ　昨 ᶜtsɔ　各 ᶜkɔ　鹤 xɔ° 　恶 ɔ

第二，山东西部的县市，帮系后读 ə、ɤ 或者 o，端系声母后的读音一般读 uo 或者 uə，而见系后面的读音则一般是 ə 或者 ɤ。鲁西北靠河北的德州等地，少量字读 ɔ。枣庄的情况特殊一些，精组后面的韵母是撮口呼。比较以下例字：

	摸	诺	烙	作	凿	昨	各	鹤	恶
济南	₅mə	nuə。	ᶜluə。	tsuə。	₅tsuə	ᶜtsuə	ᶜkə	ᶜxə。	ʌ。
章丘	₅mə	nuə。	ᶜluə	tsuə。	ᶜtsuə	ᶜtsuə	ᶜkuə	xə。	u。
德州	₅mə	ᶜnuə	lə。	tsuə。	₅tsuə	ᶜtsuə	ᶜkə	ᶜxɔ。	ʌ。
淄川	₅mə	₅nuə	luə。	ᶜtsuə	ᶜtsuə	ᶜtsuə	ᶜkuə	xuə。	ʌ。
泰安	₅mə	₅nuə	ᶜluə	ᶜtsuə	ᶜtsuə	tsuə。	ᶜkə	ᶜxə。	ə。
新泰	₅mə	ᶜnuə	ᶜluə	ᶜtsuə	₅tsuə	ᶜtsuə	ᶜkə	xə。	ʌ。

临沂	₌mʏ	˴nuʏ	₌luʏ	₌tsuʏ	ᶜtsuʏ	ᶜtsuʏ	₌kʏ	ᶜxʏ	ᶜʏʏ
枣庄	₌mə	nuə	₌luə	₌tɕyə	ᶜtɕyə	ᶜtɕyə	₌kə	ᶜxə	ə
济宁	₌mə	ᶜeun	₌luə	₌tsuə	ᶜtsuə	tsuə	₌kʏ	ᶜxʏ	ᶜʏʏ
菏泽	₌mə	ᶜnuə	₌luə	₌tsuə	ᶜtsuə	ᶜtsuə	₌kə	xə	ᶜʏə
聊城	₌mə	ᶜnuə	₌luə	₌tsuə	ᶜtsuə	ᶜtsuə	₌kə	ᶜxə	ᶜʏə

（3）中古曾梗摄开口一二等入声字的韵母

中古曾摄开口一等入声德韵和梗摄开口二等入声陌、麦韵，北京读为 o、ai、ʏ、ei 四个韵母，山东有三种情况：东莱片荣成等地读 ɛ 或 ʏ（唇音为 o）；西部地区德州、东明等地曾摄一般读 ei 韵母，梗摄多读 ɛ（e、ə）；其余地区两摄都读 ei（个别 e）。见以下的比较（下列八字"墨德贼刻"为曾开一，"白摘客隔"为梗开二）：

	墨	德	贼	刻		白	摘	客	隔
北京	moˀ	₌tʏ	tsei	kˈʏˀ		₌pai	₌tʂai	kˈʏˀ	₌kʏ
荣成	ᶜme	ᶜte	tsɛ	ᶜkˈɛ		₌pɛ	ᶜtʂɛ	ᶜkˈɛ	ᶜkɛ
烟台	ᶜmo	₌tʏ	tsʏ	kˈʏ		poˀ	₌tʂʏ	kˈʏ	kʏ
德州	meiˀ	₌tei	tsei	₌kˈei		₌pɛ	₌tʂɛ	₌tɕiə 白	₌tɕiə 白
东明	₌mei	₌tei	tsei	₌kˈe 白		₌pe	₌tse	₌kˈe	₌ke
即墨	₌mei	ᶜtei	₌tθei	ᶜkˈei		₌pei	ᶜtʂei	ᶜkˈei	ᶜkei
寿光	meiˀ	₌tei	₌tsei	ᶜkˈei		₌pei	ᶜtʂei	ᶜkˈei	ᶜkei
沂水	meiˀ	ᶜtei	₌ðei	ᶜkˈei		₌pei	ᶜtʂei	ᶜkˈei	ᶜkei
利津	meiˀ	tei˴	₌tsei	kˈei˴		₌pei	tʂei˴	kˈei˴	kei˴
济南	meiˀ	₌tei	₌tsei	kˈei		₌pei	₌tʂei	₌kˈei	₌kei
枣庄	₌me	₌te	₌tse	ᶜkˈe		₌pe	₌tse	ᶜkˈe	₌ke
临沂	₌mei	₌tei	₌tsei	kˈei		₌pei	₌tʂei	ᶜkˈei	₌kei

8．小称变韵

山东西区方言中有一种特殊的变韵现象，其作用相当于北京的儿化，含有小、喜爱或轻微、俏皮的意味，但是在发音上跟"儿"字的读音关系不明显，所涉及的韵母也不如北京的儿化韵普遍。这种小称变韵主要分布于西鲁片的定陶、平邑及西齐片的淄博全市、章丘等地。变韵涉及的韵母主要有 ā iā uā yā、ə iə uə yə、ɿ ʮ i u y 三套，变韵母为 ɛ、iɛ、uɛ、yɛ 和 ei、iei、uei、yei 八个，其中 iei 和 yei 是原韵母没有的。各分布地发生变韵的韵母略有不同，以定陶和平邑最为丰富。以下摘录孟子敏调查的平邑（仲村）方言小称变韵的部分内容。

平邑话的小称变韵韵母及其跟原韵母对照表：

原韵母	小称变韵韵母
ã iã uã yã	ɜ iɜ ɜu yɜ
ə̃ iə̃ uə̃ yə̃ ɿ ʅ u y	ei iei uei yei

平邑话小称变韵例词：

ã→ɜ　　上班　黑斑　小潘　菜盘　耐心烦　米饭　小商贩　小胆　小摊
　　　　小站　瓜干　发汗　小火铲

iã→iɜ　小鞭　旁边　小辫　一点　小字典　小店　好天　对联　洗脸　针尖
　　　　小剪　两件　抽签　小年　河沿　窟窿眼　小燕

uã→ɜu　长短　两小团　小官　水管　展览馆　撒欢　耳环　拐弯　药丸
　　　　小碗

yã→yɜ　两卷　猪圈　转圈　小蒜　社员　十元　不远　电影院

ə̃→ei　折本　洗脸盆　四分　月份　打针　一阵　大婶　小泥人　小仁
　　　　树根

iə̃→iei　小树林　围巾　半斤　抽筋　对襟　带劲　捎信　口音　脚印

uə̃→uei　半吨　两顿　三轮　小铁棍　作文　花纹　南屯地名　打盹

yə̃→yei　小军　合群　小花裙　一捆　三寸

ɿ→ei　　鱼子　真恣　写字　铁丝　拔刺　树枝　豆汁　大伯　初十　大事

i→iei　　树皮　小米　月亮地　干兄弟　出力　米粒　差不离　讲理　小鸡
　　　　下棋　消气　小姨

淄博市的小称变韵相对来说不及平邑完备，如博山没有 yei，产生变韵的词语也没有平邑多。

三　韵母个案报告

以下选取十个方言点的韵母系统进行介绍。选择的基本原则跟选择声母的代表点一样，即着重考虑地域分布、韵母多少、韵母是否特殊、历史上的影响等几个方面。

1. 荣成方言韵母系统

荣成方言韵母一共有 42 个，其分类之细、数目之多都居全省之首。本音系由王淑霞记录。

a　怕爬割　　　ia　牙家匣　　ua　瓦瓜抓

ɔ　波各割河　　　　　　　　　uɔ　火锅　　　yɔ　削约若

ər　二儿耳

ɿ　资知子

ʅ　支纸师　　　i　衣日移　　u　武不姑　　y　鱼绿如

ɛ	车百夺	iɛ	姐铁雪	uɛ	拙说国	yɛ	月缺靴
ai	盖败海	iai	挨界街	uai	怪坏歪	yai	愿
ei	梅罪街			uei	桂汇威		
au	祆饱烧	iau	条叫饶				
ou	斗够收	iou	秀油揉				
an	干看窜	ian	减连然	uan	完船还	yan	权元软
ən	根村孙	in	心音人	uən	文问棍	yn	君云囯
aŋ	党刚航	iaŋ	央良让	uaŋ	床网双		
əŋ	庚蒸生	iŋ	星经硬	uəŋ	翁瓮		
oŋ	红工龙					yoŋ	雄龙荣

荣成方言韵母的特点：

①有七个撮口呼韵母，多于北京话的四个和济南话的五个。

②从主要元音来看，开齐合撮四呼配套整齐的韵母有四组，分别是 ɛ iɛ uɛ yɛ、ai iai uai yai、an ian uan yan、ən in uən yn。

③果摄字多数读开口呼韵母 ɔ，如"多拖糯罗波朵坐"，见系字存在着文白异读现象，如"河"口语读 xuɤ，文读是 xɔ。

④中古蟹止山臻四摄合口端系字的韵母，如"嘴腿岁断顿内"，读开口呼韵母。

⑤由古代入声韵演化来的韵母相对或完全地保持着独立，如 ɛ iɛ uɛ yɛ 主要来自入声韵，例如"白北热国握月掘"，yɔ 韵则完全是来自入声韵，如"脚药"等。

2．即墨方言韵母系统

即墨方言声母 35 个，是山东方言声母较少的方言点之一。本音系由赵日新、沈明、扈长举等记录。

ɑ	大割	iɑ	家牙	uɑ	花袜		
ə	波车二白	iə	斜热	uə	多河	yə	靴若
ər	二文						
ɿ	资知						
ʅ	支诗	i	衣日	u	五书	y	居如
ɛ	盖太	iɛ	鞋矮崖	uɛ	帅外		
ei	梅默麦刻			uei	灰位		
ɔ	包高	iɔ	交绕				
ou	斗收	iou	刘柔				
ã	班单	iã	边然	uã	官弯	yã	捐软
ə̃	分跟	iə̃	今人	uə̃	魂问	yə̃	军囯
ɑŋ	航张	iɑŋ	江让	uɑŋ	光王		

oŋ 东登翁　　　ioŋ 影永荣

即墨方言韵母的特点：

①果摄见系开一歌韵、合一戈韵的常用字读 uə。

②中古蟹止山臻合口端系字，除南部少数点以外，多数地区读开口呼，跟东莱片的相同，如"酸＝三"ₔsā。

③止摄开口日母字，即墨地区呈胶东读 ər 向山东其他地区读 lə 的过渡状态，如"儿"，刘家庄读ₔ ər，即墨县城读ₔ lə 白、ₔ ʵer 文，牛齐埠读ₔ ʵer。

④儿化音变除韵尾和主要元音发生变化外，还会引起声母和介音后增加闪音，介音丢失和声母发音部位变化等。例如：天儿ₔt'iā→ₔt'ʵer、尺儿ˌtʃ'ʅ→ˌtʂʵer、(家)雀ts'yə→ˌtθ'ʵuər。

⑤曾梗通三摄合并为一套韵母 oŋ ioŋ。

3．沂水方言韵母系统

沂水方言韵母共 37 个，其韵母特征跟其声母特征同样显著。本音系由张廷兴记录。

a 爬割	ia 家下牙	au 抓花袜	
ə 波车儿	iə 姐结热	uə 果河窝	yə 月药虐弱
ʅ 资知吃		ʮ 猪出书	
ʅ 支翅使	i 习移日	u 铺股五	y 绿雨俗褥
ɛ 盖害爱	iɛ 解鞋矮	uɛ 怪帅外	
ei 倍白墨客		uei 桂奎会	
ɔ 包号袄	iɔ 条要绕		
ou 走厚沤	iou 流秋肉		
ã 胆奸安	iã 间烟染	uā 端酸专	yā 权远软
ə̃ 门林秦	iə̃ 紧琴人	uə̃ 抡滚温	yə̃ 云军闰
aŋ 党张昂	iɑŋ 讲样让	uɑŋ 光黄汪	
əŋ 登绷坑	iŋ 星英仍		
oŋ 公孔翁	ioŋ 穷松荣		

沂水方言韵母的特点：

①果摄见系开一歌韵、合一戈韵的常用字读 uə。

②有舌尖前元音韵母 ʮ。

③古深臻摄开口呼三等帮、泥、精三组声母的舒声字，北京话读齐齿呼 in，沂水读开口呼 ə 韵母，例如：彬＝奔、贫＝盆、民＝门、进＝阵、秦＝陈、心＝身。

4．济南方言韵母系统

济南方言韵母 37 个，在全省有代表性。本音系由钱曾怡记录。

a 八袜沙	ia 加恰虾	ua 瓦瓜抓	
ə 波窝哥	iə 灭铁茄	uə 多错桌	yə 决缺脚

ər	二儿耳						
ɿ	资刺丝						
ʅ	知翅诗	i	比低鸡	u	布土故	y	旅居雨
ɜ	牌歪斋	iɛ	阶鞋挨	uɜ	帅怪坏		
ei	白威贼			uei	推最追		
ɔ	包刀遭	iau	标刁交				
ou	兜走周	iou	丢流纠				
ã	班弯山	iã	边天烟	uã	端酸专	yã	捐权玄
ẽ	奔温真	iẽ	宾林音	uẽ	敦尊春	yẽ	军熏晕
aŋ	帮汪张	iaŋ	良将娘	uaŋ	庄双光		
əŋ	崩翁庚	iŋ	丁精英	uŋ	东宗公	yŋ	穷兄拥

济南方言韵母的特点：

①中古咸深山臻四摄的韵尾合并后，韵尾 n 弱化，读为鼻化元音。这在山东除东莱片以外的方言有代表性。

②通摄三等精组字老派读撮口呼，如"肃足从松~树诵俗"等，但是一等"粽"字却读 tɕyŋ'，为撮口呼。

③曾开一梗开二入声大多数字读 ei 韵母。

④山摄薛月屑韵、臻摄物韵与宕摄药韵、江摄觉韵的韵母读音相同，"月药"同音，"薛削"同音。

5. 利津方言韵母系统

利津方言韵母共有 36 个，在鲁北地区有代表性。本音系由杨秋泽记录。

ɑ	巴啊	iɑ	家呀	uɑ	瓜花		
ə	破哥儿	iə	姐结	uə	多货	yə	确月
ɿ	资刺						
ʅ	知支	i	基衣	u	书屋	y	居雨
ɜ	摆爱	iɛ	街矮	uɜ	快槐		
ei	飞百			uei	追会		
ɔ	高袄	iɔ	交腰				
ou	抽厚	iou	牛油				
ã	班安	iã	店烟	uã	短官	yã	卷元
ẽ	分人	iẽ	民音	uẽ	尊坤	yẽ	群云
ɑŋ	帮钢	iɑŋ	江央	uɑŋ	庄荒		
əŋ	赠生	iŋ	瓶应	uŋ	东工	yŋ	兄用

利津方言韵母的特点：

①ə iə yə 主要元音发音是舌面央元音，"儿耳二理"等字音中的 ˌə 中，ə 的发音较高，近于 ɯ，uə 的主要元音是舌面后半高不圆唇元音，可以记作 uɤ。

②ɑŋ iɑŋ uɑŋ、əŋ iŋ uŋ yŋ 的后鼻音韵尾较轻短，可以记作 ɑᵑ iɑᵑ uɑᵑ、əᵑ iᵑ uᵑ yᵑ。这说明利津话的后鼻音韵尾也跟前鼻音韵尾一样，正在趋向弱化。

③曾开一梗开二入声大多数读 ei 韵母。

④利津方言声调有入声，但是没有入声韵母。

6．聊城方言韵母系统

聊城方言韵母共 36 个。本音系由张鹤泉记录。

a 马杂哈	ia 压家瞎	ua 洼瓜刷	
ə 剥车恶	iə 别接爷	uə 作郭窝	yə 决缺约
ər 二儿耳			
ɿ 资支尺日	i 鸡西衣	u 猪谷屋	y 句区玉
ɛ 百责挨	iɛ 街鞋崖	uɛ 摔乖歪	
ei 笔培德		uei 追归畏	
ɔ 包烧袄	iɔ 交消腰		
əu 斗勾欧	iəu 牛纠优		
ã 潘单安	iã 边先烟	uã 端关弯	yã 捐劝冤
ən 本根恩	in 斤亲阴	uən 尊棍温	yn 均群云
ɑŋ 帮当昂	iɑŋ 江乡央	uɑŋ 庄光汪	
əŋ 崩争庚	iŋ 经兴英	uŋ 中工翁	yŋ 穷兄拥

聊城方言韵母的特点：

①中古咸山二摄的韵尾合并后，韵尾 n 弱化，变成鼻化元音韵母，但是深臻二摄的韵尾 n 并没有弱化，这样，该方言就只有四个鼻化韵母。

②曾开一入声和梗开二入声读音不同，曾开一入声多读 ei，如"北德黑"等，梗开二入声多读 ɛ，如"百麦策"等，但两摄有部分见系字多为 ə、ɛ 文白两读，如曾摄"克刻"、梗摄"格隔额"等，这跟北京、济南的情况都不相同。

7．新泰方言韵母系统

新泰方言韵母 37 个。本音系由高慎贵记录。

a 巴杀	ia 家牙	ua 瓜袜	
ə 波说	iə 且叶	uə 多窝	yə 决月
əl 儿耳			
ɿ 资			
ʅ 知支	i 衣击	u 五谷	y 玉女
ɛ 待帅	iɛ 崖街	uɛ 快外	

ei 百水		uei 累伟	
ɔ 保矛	ɔi 彪咬		
ou 斗肉	iou 牛油		
ã 凡山专	iã 先烟	uã 关湾	yã 捐元
ẽ 枕分顺	iẽ 贫银	uẽ 孙温	yẽ 群云
ɑŋ 当放庄	iɑŋ 江央	uɑŋ 光汪	
əŋ 朋生	iŋ 丁英	uŋ 公翁	yŋ 兄拥

新泰方言韵母的特点：

①止摄开口呼字读 əl，带有 l 尾。

②后鼻韵尾音 ŋ 发音不到位，出现弱化的迹象。

③古知庄章合口字，今新泰多读 pf、pfˈ、f 声母，韵母除 u 以外为相应的开口呼，如：庄 ˳pfaŋ、窗 ˳pfˈaŋ、双 ˳faŋ。

8．平邑方言韵母系统

平邑方言韵母共 37 个，特点十分显著。本音系由钱曾怡、孟子敏记录。

a 爬割	ia 架牙	ua 花抓	
ə 坡过捉	iə 别叶	uə 多窝	yə 坐月
ər 儿耳			
ɿ 资知日	i 米飞	u 故屋	y 居雨
ɜ 太爱	iɛ 街矮	uɜ 怪坏	
ei 陪百追		uei 对位	yei 碎罪
ɔ 保刀	ɔi 条敲		
ou 斗沟	iou 流有		
ã 胆船	iã 连烟	uã 短万	yã 捐酸怨
ə̃ 本梅内	iə̃ 林斤	uə̃ 蹲温	yə̃ 军云孙
ā 张庄	iā 亮羊	uā 光忘	
əŋ 冯虫	iŋ 灵京		
		ūm 东工翁	yūm 胸宗送

平邑方言韵母的特点：

①基本韵母中有 yei，与 ei、uei 配套。

②有 -m 韵尾，来自中古通摄舒声。

③鼻化元音韵母丰富，除古咸深山臻四摄今读两套鼻化元音韵母 ã iã uã yã 和 ə̃ iə̃ uə̃ yə̃ 以外，古宕江两摄的舒声也读鼻化元音韵母 ā iā uā，中古宕江摄跟咸山摄在平邑方言中都是鼻化元音韵母，其区别性特征主要表现在主要元音舌位前后的不同。如：班 ˳pã ≠ 帮 ˳pā、单 ˳tã ≠ 当 ˳tā。

④古精组合口字，平邑方言读为撮口呼，如"葱"音 tɕʻyūm。此项特点跟枣庄相同。

⑤古知庄章合口，平邑方言声母为 pf、pfʻ、f，韵母除 u 外为开口呼，此项特点跟新泰等地相同。

⑥北京的 ei 韵母字，在拼鼻音声母时读为-n 韵尾，如：妹 mə̃ʻ、内 nə̃ʻ。

⑦北京 l 声母拼 y 韵母的"吕驴律绿"等字，平邑读合口呼 u 韵母。

⑧有小称变韵 ɛ、iɛ、uɛ、yɛ 和 ei、iei、uei、yei 两套，其中 iei 韵母是单字音系韵母中没有的。

9．枣庄方言韵母系统

枣庄方言的韵母共 37 个，特点也较突出。本音系由王希文等记录。

a 爬	ia 架	ua 花	
ə 波各热	iə 姐	uə 过国	yə 月药座
ɿ 儿二			
l 资支知日	i 飞衣	u 姑如	y 雨组
ɛ 盖	iɛ 解	uɛ 怪	
e 革百妹飞		ue 对桂	ye 醉随
ɔ 饱饶	iɔ 条		
o 斗柔	io 流		
æ̃ 胆软	iæ̃ 连	uæ̃ 官短	yæ̃ 圆蒜
ẽ 根忍	iẽ 新民	uẽ 魂	yẽ 村闰云
aŋ 桑让	iaŋ 江	uaŋ 光	
əŋ 登荣	iŋ 形	uŋ 翁东	yŋ 雄葱从

枣庄方言韵母的特点：

①从韵尾的角度看，枣庄话的一个特点是没有元音尾，这一情况在山东方言以往的记录中尚未见到。

②枣庄话撮口呼韵母多，共六个，跟平邑相同，比北京话、山东多数地方多出一个 ye 韵母。凡是中古精组合口字，枣庄话除了止摄以外读为撮口呼。从声母韵母拼合的角度来看，枣庄话的 ts tsʻ s 声母不跟合口呼的韵母相拼。

③北京的 fei 音节，如"飞肥匪废"等字，枣庄话读 fi，齿唇音拼细音，这一情况跟平邑、泰安、金乡等地相同。

④曾开一梗开二入声"责册涩、百白拍麦"等字多读 ei。

10．金乡方言韵母系统

金乡方言韵母共 35 个，本音系由马凤如记录。

a 爬答蛇	ia 下家压	ua 瓜华瓦	
ə 合车阿	iə 接瘪叶	uə 郭多窝	yə 学角药

ər	耳儿二						
l	思支翅	i	第期飞	u	书鹿读	y	女虚鱼
ɛ	才该孩			uɛ	帅怪外		
ei	美贼麦墨德			uei	罪岁味		
ɔ	包烧袄	iɔ	标跳交				
ou	斗勾欧	iou	流秀友				
ā	干含山	iā	间检衔	uā	短酸穿	yā	全悬远
ē	本分真	iē	心邻音	uē	困春文	yē	俊勋允
aŋ	桑方当	iaŋ	乡良样	uaŋ	荒光王		
əŋ	争坑风	iŋ	青星英	uŋ	农中翁	yŋ	兄拥从

金乡方言韵母的特点：

①北京话的 fei 音节，如"飞肥匪废"等字，金乡话读 fi，齿唇音拼细音。

②曾开一梗开二入声"责册涩、百白拍麦"等字多读 ei。

③儿化音变不仅对韵尾和主要元音产生影响，而且会引起增加闪音、介音丢失、声母移位等影响。例如：点儿 $_c$tiā→$_c$tˀer、侄儿 $_c$tsʅ→$_c$tʂer。

第三节　山东方言的声调

　　山东方言的声调，区域特征明显。全省多数地区四个声调，也有不少方言点只有三个调类。无论是同汉语的大部分方言相比较，还是同普通话比较，山东方言声调呈现的总体特点是：调类较少，声调合并较为迅速。假如由此认为山东方言声调相对于普通话来说发展较快的话，那么，山东方言声调也有其滞后的一面，部分地区至今仍保留着一个清入调。山东方言声调简化的现象可以为人们预测汉语声调发展的趋势提供事实依据，入声渐趋消失的事实又可以为人们探究入声舒化直至消失的演变规律提供方便。本章主要从单字调、连读调两个层面考察山东方言的声调情况。

一　单 字 调

　　声调作为汉语音系中的重要组成成分，本身具有很强的系统性。声调系统由多个层面构成：单字调、连读调等。其中，单字调是联系其他层面的基础，是研究声调系统的关键。

（一）调类的区域分布及内部差异

　　山东方言大部分地区四个声调，部分方言点三个，少数方言点五个。本节将三个声调的方言称为三调型，四个声调的称为四调型。部分市县有入声，声调可能是四个调类，也可能是五个调类，为了便于集中讨论入声问题，本文将有入声的方言统称为入声型。五个调类的方言在山东方言中数量较少，且都是有入声方言，因此，本文将其并入入声型讨论，不再单列五调型。

1. 三调型

山东三个声调的方言主要分布在胶东 (烟台、平度)、鲁中 (淄博、莱芜)、鲁西北 (庆云、无棣) 一带。随着时间的发展，三个声调的方言在不断增多。如胶东地区招远、乳山等地，五六十年代方言普查时，还是四个声调，三十年后的今天再去调查，已是三个声调 (特别是新派读音)。三调型方言依古今调类分合情况的不同又可分为三种类型，列表如下 (表中只列出每种分合类型的一个代表点，为了便于同北京话比较，在各代表点之前列出北京话调类的分合情况，下文同)：

表一

	平			上			去			入		
	清	次浊	全浊	清	次浊	全浊	清	次浊	全浊	清	次浊	全浊
	刀天	南	男	爬盘	姐讲	马冷	坐象	破店	内让	字办	刮急北客	绿立	杂贼
北京	阴平	阳平		上声			去声			阴阳上去	去声	阳平
烟台	平声	去声		上声			去声			上声	去声上声	去声
平度	阴平	阳平		上声			分读阴平、阳平			上声	阴平阳平	阳平
博山	平声	上声					去声			平声	去声	上声

（1）烟台型三调类方言主要分布在东莱片，就目前资料看，属于这种类型的方言点有威海、烟台、福山、乳山、栖霞、海阳、招远、莱西等八个市县。烟台型方言古今调类分合的主要特点是中古全浊声母平声字与去声字今声调读音相同，如：

图＝兔　　肥＝费　　房＝放

烟台　　　t'u°　　　fei°　　　faŋ°

招远　　　t'u°　　　fei°　　　faŋ°

浊平与去声同音合并为一个调类，这里称为去声。

烟台型三调类方言古今调类分合还有两个特点，这也是东莱片其他方言具有的特点：

第一，中古次浊声母平声字今声调读音一分为二，部分字与去声字同调，另一部分字与中古清声母平声字今声调读音相同。如：

鱼　余　南　男　蚊　文

烟台　ₑy　yʰ　ₑnan　nanʰ　ₑun　unʰ

招远 ꜀y yꜗ ꜀nã nãꜗ ꜀uẽ uẽꜗ

《烟台方言报告》中收入中古次浊平声字219字，其中92字读平声（含又读，下同），9字读上声，129字读去声。具体情况如下：

平声 挪罗~锅箩蛾俄魔磨~刀摩麻~木妈拿牙芽模~子、~范炉梧驴鱼巫来呆挨泥犁黎媒离又儿宜移眉~豆梨徽围毛羽~捞熬猫苗描饶摇撩尧楼留揉牛尤邮悠南蓝黏盐拈淋颜绵棉延眠年研铅鳞人门轮~流匀纹蚊闻忙又芒狼又昂凉量~长短瓢羊又杨又扔蝇迎盈赢蒙又聋雄融浓

上声 而微违毛——~搂民寅仍蒙~古

去声 锣罗姓鹅骡麻~雀爷奴卢芦吴如余无愚虞娱于盂榆愉迷梅枚雷桅离又篱眉又尼夷狸疑危为维惟劳牢茅姚聊辽楼谋矛流刘榴硫琉柔游犹男篮廉帘炎阎檐严林临任兰拦蛮连联然燃言怜莲睛顽圆员缘元原源袁辕援邻仁仑伦轮又文云忙又囊郎廊狼又良粮梁梁羊又洋杨又阳亡王能楞陵凌菱凝鸣明盟名铭宁荣营茔笼隆戎绒龙茸容

第二，中古次浊声母入声字大部分今读去声，少部分今读上声，东莱片东部方言这一特点比较明显；靠近东潍片的西部方言则不太明显，西部方言中古次浊入声字今绝大部分读去声，极少数字读上声。如：

	纳	木	日	月	蜡	目	灭	律
烟台	ꜗna	ꜗmu	ꜗi	ꜗyø	laꜗ	muꜗ	ieꜗ	lyꜗ
招远	naꜗ	muꜗ	iꜗ	yøꜗ	laꜗ	muꜗ	niəꜗ	lyꜗ

同样以烟台方言为例，《烟台方言报告》中收入中古次浊入声字89字，其中4字读阴平（含又读，下同），32字读上声，59字读去声。烟台中古次浊声母入声字今声调读音具体情况如下：

平声 拉又捏又摸勒又

上声 纳拉又腊聂姓叶页立入辣裂热捏又抹捋袜月密日莫又落烙酪略又掠药墨勒又麦脉评~木鹿绿

去声 拉又蜡蹑猎业粒灭列烈劣悦阅越蜜末沫没律物勿莫又幕骆洛络乐快~略又若弱虐钥岳乐音~默肋力域额逆亦译易觅历厉疫役禄目牧六陆肉育辱褥玉狱欲

（2）平度型的三调类方言主要分布在东潍片的东部与东莱片交界的几个市县，如莱州、平度、即墨、青岛、崂山（城阳）等市县。这一类型方言的主要特点是中古全浊上声、去声、次浊入声今声调读音分为两类，一部分与中古清声母平声字今声调读音相同，一部分与中古浊声母平声字今声调读音相同，还有不少字阴平、阳平两读。如：

	尽	架	内	大	落
平度	꜀tsiə/꜊tsiə	꜀cia/꜊cia	꜊nei	꜊ta	꜊luə/꜊luə

即墨　　　₅tsiə̃　　　₅tɕiɑ　　　₅nei/₅nuei　　　₅ta/₅ta　　　₅luə

　　古去声字在今平度型方言中已不再是一个独立的调类，而是无规律地归入阴平、阳平两类，因此，这个类型方言中的三个声调分别命名为阴平、阳平、上声。中古全浊上声、去声、次浊入声在平度话中的今声调读音具体归类情况如下：

古全浊上

阴平　祸绪叙巨距拒父待又怠亥弟倍罪又汇婢技又妓似已祀士又仕恃皂又造又鲍兆后又妇纣受又诞限又践又善件又键又撰篆尽又盾愤又荡又仗又项幸靖並贡又幸动並

阳平　舵惰垛坐下夏厦~门社部簿肚杜户序绪叙釜又腐辅柱竖待又骇罢解蟹荠罪又被舐是氏技又痔士又柿市跪抱道稻皂又造又浩鳔赵绍后又厚负又阜受又淡范犯甚限又辨辩件又键又辫拌伴断皖圈尽又近又笨囤混愤又怂荡又象像橡丈仗又杖上晃又棒杏静艇动贡又重

上声　釜又陛负又渐践又缓尽又肾近又窘菌晃又项挺迥奉

轻声　沌

古清去

阴平　佐个文破又刹锉课霸把刀~儿坝怕又炸又~弹岔又架又驾又嫁又稼价又吓又亚又亚洲借又射又泻又卸又赦跨化又布佈铺又怖兔又做醋又措错素又诉塑故又固又雇库裤又絮疏处处所庶恕据去趣又数名词铸又输句戴态贷再载菜概又溉又爱沛带太泰蔡盖又丐拜介界疥届派又债又晒又懈又沛祭世又势帝又细计又继系~鞋带契又辈背配又对退碎又块又晦蜕最桧怪卦又挂又快又脆又岁税肺又秒圭闺桂又刺又赐智翅又寄戏又次又四肆至冬~视嗜器弃思志试记意又既气又醉又翠帅又愧季费又贵讳畏报到倒套糙告又靠奥豹爆炮泡罩稍浦教又校又靴票又漂俏又笑鞘又照诏少~年要又钓吊跳耀叫又透又奏凑够又构购勾扣寇沤又怄富秀又锈昼皱绉瘦又咒又臭又兽救又究又嗅幼探勘暗又站~立蘸监占厌欠店又歉泛荫旦炭叹赞灿又散干又看又汉按案又半又扮盼又间襻晏谏涧又变又骗又箭溅线战又建又堰荐又见燕半又绊又钻窜算蒜贯又灌罐又观冠纂涮又惯又串绢又贩又劝券楦动词怨殡又鬓又进又亲信又镇衅印奔又喷顿棍困俊又顺又粪奋训熨又烫又葬又抗炕酱将相又帐又畅又壮又障瘴唱倡桄又放又逛胖虹又双又镫证症秤胜兴应更进敬又庆聘净又性姓正政圣订听经径冻又鸡~送贡又控又瓮又综织布机上的~宋讽众噢纵种~树供~销社

阳平　个文荷籤~箕破又薄~荷刹唾座过课货把刀~儿爸怕又诈炸又岔又架又驾又嫁又价又吓又社借又泻又卸又谢蔗舍跨化又铺又妒兔又醋又素又嗓故又固又锢雇又裤又恶可~据字~付又赋傅趣又驻注又蛀铸又概又溉又贝盖又蔼又芥戒又派又债又晒又懈又隘蔽际世又闭算~子帝又砌婿计又契又缢配又碓碎又块又会~计划卦又挂又快又脆又缀赘废肺又奎桂又刺又翘又戏又次又冀伺置又痔意又气又醉又粹帅又斐费又慰又躁扫~帚告又犒好耗

笊教又校又票又俏又鞘又要又叫又斗争～透又够又沤又怄又副秀又锈又瘦又咒又臭又救又究又暗又担鑑店又歉又浸禁饮～马灿又干又看又案又半又盼又涧又变又骗又战又颤崩建又荐又芜宴半又绊又断锻贯又罐又唤焕腕涮又惯又转卷卷绢又贩又楦殡又馔又进又晋信又讯趁衬振又震奔又扪褪寸逊俊又迅顺又熨又谤当典～烫又丧～失葬又抗又炕又钢动词：～刀相又帐又胀畅又壮又枕又旷放又况降虹又双又凳蹭称相～胜又柄敬又镜庆又并净又钉～扣子横粽冻又，脚～了中射～贡又控又空～子瓮又供上～

上声　帕假亚～军吐傲又著处相～付又赋又注又赛慨蔼又戒又制剑新蒯臂致至置又慰又慎剑渗枕疝宪献振又创饷向访竟映统

古全浊去

阴平　大贺乍射又华又度又渡又助具又惧又载咳害寨又弊又誓系～鞋带佩溃兑又会绘拽又吠惠又慧又示又饲治侍又睡又瑞又坠暴号又召宙寿又旧暂又站但栈又汴伐膳单姓健腱又叛又段又患传～记县阵又劲又舜傍状又邓又赠兢净又定共凤又仲又颂诵共

阳平　驮～子薄～荷座和～面耙下～降夏畎裼谢射又麝华又桦度又渡又镀互护助附续住树具又惧又袋大～夫械败寨又敝弊又币毙鐾～刀布剂肖～诵焙队兑又拽又坏画话睡惠又慧又被避地自又稚又示又字狩寺事侍又忌睡又瑞又递隧穗柜盗号又铇邵轿掉调豆逗候复就袖寿又授售憾鳌赚陷又馅妗蛋汗焊翰瓣办绽苋栈又便贱健腱又现叛又段又缎椴换幻宦旋镇倦饭眩恨阵又劲又钝遁殉份藏脏状又尚上撞巷澄瞪剩行病净又盛横洞凤又仲又缝

上声　箸署暑载记滞逝携自又稚又复又暂又陷又羡慎邓又俸

古次浊去

阴平　那又暮慕墓募怒又误又悟又御又誊预雾又务又赖又蔡例内荔又利二又贰又为又类位未魏胃谓冒傲貌闹妙料尥茂贸又溜又右谬溢又验艳念又岸又雁面又谚练乱万愿客又闶又论又闰又问韵运又晕浪亮谅又让样又孕又孟令又另用又

阳平　那又俄磨糯摞卧骂夜瓦怒又路赂露鹜误又悟又虑滤雾又务又芋喻耐碍奈赖又癞艾卖迈厉励艺刘谜妹累外卫荔又离谊义议易媚寐腻痢二又贰又肄吏异毂累为又泪味帽涝鳌庙疗绕耀鹞尿戊贸又陋漏溜又馏廖柚釉溢又殓焰酽念又赁任纫难烂岸又慢面又栋砚漫幔玩恋院蔓吝刃认闶又嫩论又润闰又墨运又谅又辆量样又忘妄望旺凝孕又硬令又宁～可梦弄用又

上声　御又屡寓裕锐饵伪纬偶缆泳

古次浊入

阴平　纳拉～屎蜡又腊又聂蹑猎又叶又页又业又立又粒入辣又抹～桌子灭又列又烈又裂又热又蘖又捏又末沫劣又悦又月又曰密又蜜又日又没又物又勿又莫膜又幕摸落又略又掠又若药又钥又乐音～默勒力又麦又脉液～体腋历木又鹿又穆牧六陆又肉绿又褥又玉狱欲又

阳平　蜡～烛腊～月镊猎又叶又页又业又立又笠捺辣～子鸡澜抹～布灭又列又裂又热又蘖又捏又

悦又祎月又密又蜜又栗日又逸没又杌律率物又勿又膜又诺又落又烙骆洛络乐又略又掠又

疟又药又钥又岳又肋匿翼陌麦又逆亦译易觅溺厉疫役木又禄陆又育绿又辱褥又

上声　拉又烈又裂又抹淦~捋劣又阅越诺又略又掠又弱虐疟又岳又域额液输~鹿又目欲又浴

轻声　裛

（3）博山型的三调类方言主要分布在鲁中、鲁西北的几个市县，如莱芜、博山、博兴、高青、庆云、无棣等地。这一类型的主要特点是中古浊平、清上、次浊上与全浊入声字，今声调读音相同，合为一个调类，如：

	爬	来	马	草	拔	匣
博山	꜀pɑ	꜀lɤ	꜀mɑ	꜀tsʰɔ	꜀pɑ	꜀ɕiɑ
庆云	꜀pʰɑ	꜀lɤ	꜀mɑ	꜀tsʰɔ	꜀pɑ	꜀ɕiɑ

博山型方言阳平与上声调今读音相同，合为一个调类，这里称之为上声。

博山型三调类方言与上述两种类型的不同之处还表现在，博山型方言中古清声母入声字今归阴平，而烟台型与莱州型却是清入归上（见表一）。

2．四调型

四个声调的方言在山东范围最广，山东方言两区四片，每处都有四个声调的方言。四调型方言（有入声的四声调方言不在此讨论）调类分合的规律与北京话相比，差别不大，都是平分阴阳，浊上归去，全浊入声归阳平；不同之处是清入与次浊入声的归向。四调型方言古今调类分合情况大致如下表：

表二

	平			上			去			入		
	清平	次浊	全浊	清	次浊	全浊	清	次浊	全浊	清	次浊	全浊
	刀天	南	男 爬盘	姐讲	马冷	坐象	破店	内让	字办	刮急北客	力绿	杂宅
北京	阴平	阳平		上声			去声			阴阳上去	去声	阳平
荣成	阴平		阳平	上声			去声			上声	去声上声	阳平
济南	阴平	阳平		上声			去声			阴平	去声	阳平
郓城	阴平	阳平		上声			去声			阴平		阳平

（1）荣成型四调类方言现在只有胶东东部的荣成、文登、牟平、蓬莱、龙口等少数几个市县，阳平调没有与去声调合并。荣成型方言中古次浊声母平声字今读音分归阴平、阳平两类，清入归上，次浊入多数字归去、少数字归上，与山东其他地区的四调类方言相比，有明显差别，但这些特点与胶东地区的三调类方言相比，却基本一致。上文已有描述，这里不再讨论。

（2）济南型四调类方言中古清声母入声字今读阴平，古次浊声母入声字今读去声（见表二）。

（3）郓城型四调类方言中古清声母入声字与古次浊声母入声字今读音都归阴平 (见表二)。

表三　　　　　　荣成型、济南型、郓城型中古入声字归类比较表

	清入		次浊入		全浊入	方言区属
	百桌鸭雪		辣药	木力	杂镯席俗	
荣成	上声		去声		阳平	东区（胶辽官话）
济南	阴平		去声		阳平	西区西齐片（冀鲁官话）
郓城	阴平				阳平	西区西鲁片（中原官话）

中古入声字今读音比较如下：

	百	桌	鸭	雪	辣	木	力	药	杂	镯	席	俗
荣成	ꞈpe	ꞈtʂɔ	ꞈia	ꞈsiɛ	ꞈla	muˀ	liˀ	ꞈɣ	tsaˌ	tʂˌ	siˌ	ˌsu
济南	ꞈpei	ꞈtʂuə	ꞈia	ꞈɕye	laˀ	muˀ	liˀ	yeˀ	tsaˌ	tʂuəˌ	ɕiˌ	ˌɣy
郓城	ꞈpei	ꞈtʂuə	ꞈia	ꞈsuə	ꞈla	ꞈmu	ꞈli	ꞈyə	tsaˌ	tʂuaˌ	siˌ	ˌsy

3. 入声型

山东方言个别点有入声，如利津、桓台、邹平、章丘等地。某些有入声的方言有五个声调，如利津。某些有入声的方言四个声调，如章丘、邹平、桓台。入声型调类分合情况如下表：

表四

	平			上			去			入		
	清	次浊	全浊	清	次浊	全浊	清	次浊	全浊	清	次浊	全浊
	刀天	南男	爬盘	姐讲	马冷	坐象	破店	内让	字办	刮急北客	力绿	杂贼
北京	阴平	阳平		上声			去声			阴阳上去	去声	阳平
利津	阴平	阳平		上声			去声			入声	去声	阳平
章丘	阴平	上声					去声			入声	去声	上声

利津型、章丘型方言今只有老派仍保留入声调类。

（1）利津方言的入声调类主要是由古清声母入声字构成的。杨秋泽根据《方言调查字表》(中国科学院语言研究所编)调查了 302 个常用清入字，发现读入声调的有 240 个，约占总数的 80%。读入声调的中古清入字是：

咸摄　答搭踏~实蛤~蜊鸽喝塔榻塌磕眨插霎一~那儿袂恰掐甲鸭押压~岁钱皆折帖贴法

深摄　执汁涩湿急紧~缉侦~吸

山摄　撒~手萨割葛喝~彩渴擦八扎札紮杀瞎憋鳖薛哲折~断浙揭歇蝎谒撒~绳铁节结切
　　　嗑钵拨泼掇脱括阔豁撮刮雪拙辍说发厥阙哕血决诀缺

臻摄　笔毕必匹吉七柒悉膝窒质虱失室乙一迄讫乞不猝骨窟橘恤出拂佛仿~屈

宕摄　博作阁胳~曾讬托恶脚雀鹊削却绰约郭霍藿廓扩镢

江摄　剥~削驳~船剥~皮朴桌卓捉啄戳~立角牛~觉角一~钱饺确榷摧~蒜

曾摄　北得德则塞刻克黑棘鲫息熄媳织职识式饰装~色侧~楞测国

梗摄　百柏伯迫拍魄窄拆格客咳赫摘责革隔策册载陌积迹脊惜昔炙适释尺僻霹劈滴嫡剔
　　　踢戚吃击激绩锡析

通摄　卜~家庙扑秃谷哭屋福蝠幅复腹覆竹叔菊麴蓄畜~牧业夙宿足镞曲嘱触

古清声母入声字不读入声调的仅62个，分别读阴平、阳平、上声、去声。

阴平　踏级揖戌握壳戌束速旭粟淅隻沃烛

阳平　劫胁给察别区~洁卒爵琢酌逼亿赤斥即筑

上声　挖设各缩匹索促的目~酷朔

去声　抑压~迫轧妾怯摄泄彻撒率蜂错肃稷忆益碧壁壁祝栅~栏

利津方言读入声调的，除大部分古清入字外，也有少部分浊声母入声字和古非入声字。
列举如下：

古浊声母入声字今读入声调的：

　　跌突鹤植~树籍书~瀑域腋

古非入声字今读入声调的：

果摄　他可~以苛阿波播坡妥

假摄　且剐鸦

遇摄　捕初赴须必~需区驱瞿

蟹摄　际滞抵~角济~南，数~

止摄　牺示史己以希捽

效摄　巢搞抄~把~过来超马~（人名）

流摄　楼~在怀里怄否

（2）章丘方言的入声调也是主要由古清入字构成的。高晓虹根据《方言调查字表》调查
了明水方言318个常用清字，发现有211个读入声调，约占总数的66%。

读入声调的古清入字是：

咸摄　搭拓~本合十~一升喝~酒塔榻溻塌磕劄眨插夹恰掐鸭压押接摺褶跌帖贴法

深摄　缉~鞋口涩执汁湿吸

山摄　獭擦撒萨割葛渴八札紮杀撂用刀~瞎鳖薛哲蜇折浙揭歇蝎憋撒铁节切楔结洁嗑拨
　　　泼脱撮刮刷雪说发厥愿哕决诀缺血

臻摄　笔毕七漆悉膝瑟虱质失室吉乙一不猝骨窟黢恤出戍橘佛仿~屈

宕摄　博讬托作搁胳恶雀鹊削绰毂焯脚却郭霍藿约

江摄　剥驳桌卓捉戳角觉确榷~蒜壳

曾摄　北得德则塞刻克黑鲫息熄媳稙色嘁织职识

梗摄　百柏伯迫拍窄拆格掷摘责革隔策册积迹脊惜斥尺滴剔踢吃击激锡析

通摄　扑仆倒秃速谷哭屋沃福蝠幅褥腹覆竹粥叔菊掬麴蓄畜~牧宿足促粟烛锡曲嘱触

古清入字不读入声调的有 103 个，分别读阴平、上声调和去声调：

阴平　踏摄挟级揩屑钵挖匹忽泊粱山~剽饺饬昔只一~~戟炙赤劈绩戚笃督酷束

上声　答鸽袂甲胛劫胁给察别区~掇括阔豁拙必乞讫卒索各搁爵着酌廓扩~充朴啄琢涿
　　　朔忒逼抑国扼僻适释的目~嫡卜嗾畜~生缩

去声　妾屧怯泣喝~彩轧~花泄彻撤设率~领蟀错握捏即测式饰亿忆魄吓恐~栅碧壁璧益肃
　　　筑郁祝

另外，还有 4 个两读字：急 tɕei₂、ᶜtɕai，郝 xuə₂、xuə，客 kʻei₂、kʻə，侧 tʂei₂、tsʻə。

章丘方言读入声调的除了大部分古清入字以外，还有一小部分古浊声母入声字和古非入
声字。列举如下：

古浊声母入声字今读入声调的：

　　捷集~邮辑掘慨疾术镬植殖籍掷亦液腋寂復~原逐鹤袤

古非入声字今读入声调的：

果摄　他阿~胶颇坡玻

假摄　雅鸦桠且蔗剐

遇摄　堵肚猪~储~蓄褚渠肤脐甫付赴趋需区驱瞿

蟹摄　抵济婿稽滑~馨溪奚兮胚

止摄　玺徙牺丕脂冀置史驶始自己矣已以捽

流摄　戊浮负阜复宿星~

利津型方言与章丘型方言主要有两点不同：

（1）舒声调古今调类分合情况不同。利津型方言今有四个舒声调类：阴平、阳平、上
声、去声，与济南型方言相近。章丘型方言今只有三个舒声调类：平声、上声、去声，古今
调类分合情况与博山型类似（见表四）。

（2）利津型与章丘型方言新派已无入声，今不读入声调的这些清入字在两方言中的归向
不同：利津型方言新派多数归阴平，章丘型方言新派多数归上声。

（二）调值的区域分布及内部差异

1. 山东方言单字调的调值，内部差异不大。从地理分布上看，大致情况如下表：

表五

	东　　　区				西　　　区	
	东莱片			东潍片	西齐片	西鲁片
	东部	中部	西部			
阴平	降调			降升调(前低后高)		
阳平	高平或高升调			高降调		
上声	降升调(前低后高)			高平调		
去声	高平或高降调			低降调		降升调(前高后低)
入声	无入声				高平调	无入声

2. 就目前的调查资料看，山东方言的单字调有三至五个。具体读音情况如下：

	阴平	阳平	上声	去声	入声	材料来源
东区东莱片：						
荣成	42	35	214	44	－－	荣成方言志
威海	53	(33)	312	33	－－	威海方言志
文登	53	44	214	34	－－	自查
牟平	51	53	213	131	－－	牟平方言志
烟台	31	(55)	214	55	－－	烟台方言报告
福山	31	(55)	214	55	－－	山东方言语音概况
栖霞	52	(44)	314	44	－－	山东方言语音概况
乳山	53	(44)	214	44	－－	自查
海阳	53	(43)	213	43	－－	自查
莱阳	214	31	34	51	－－	胶东人怎样学习普通话
蓬莱	313	55	214	42	－－	山东省志（方言志）
长岛	313	55	213	42	－－	长岛方言音系
龙口	313	55	214	53	－－	龙口方言研究报告
招远	214	(42)	55	42	－－	自查
莱西	214	(42)	55	42	－－	青岛市志（方言志）
东区东潍片：						
莱州	213	42	55	(42)	－－	掖城音系
平度	214	53	55	(53)	－－	平度方言志
即墨	213	42	55	(42)	－－	即墨方言志
城阳	213	42	55	(42)	－－	青岛市志（方言志）
青岛	213	42	55	(42)	－－	青岛市志（方言志）
胶州	214	42	55	212	－－	青岛市志（方言志）

胶南	213	42	55	21	— —	青岛市志（方言志）
诸城	214	53	55	31	— —	潍坊方言志
高密	213	42	55	21	— —	潍坊方言志
昌邑	213	42	55	21	— —	潍坊方言志
潍城	214	53	55	31	— —	潍坊方言志
坊子	214	53	55	31	— —	潍坊方言志
寒亭	213	53	55	31	— —	潍坊方言志
五莲	214	53	55	31	— —	潍坊方言志
安丘	213	42	55	21	— —	潍坊方言志
昌乐	213	42	55	21	— —	潍坊方言志
临朐	213	42	55	21	— —	潍坊方言志
青州	213	42	55	21	— —	潍坊方言志
寿光	213	53	55	21	— —	寿光方言志
沂水	213	53	44	21	— —	沂水方言志
日照	213	42	55	21	— —	山东省志（方言志）
莒南	213	53	55	31	— —	自查
莒县	213	53	55	31	— —	山东方言语音概况
蒙阴	213	53	55	31	— —	山东方言语音概况
沂南	213	53	55	31	— —	自查
沂源	213	55	35	31	— —	自查
西区西齐片：						
新泰	213	42	55	31	— —	新泰方言志
莱芜	213	(55)	55	31	— —	自查
博山	214	(55)	55	31	— —	博山方言研究
淄川	214	(55)	55	31	— —	淄川方言志
章丘	213	(55)	55	21	44	章丘方言入声调的研究
邹平	213	(45)	45	31	33	邹平县志·方言
桓台	213	(55)	55	21	44	清中叶的桓台方音及演变
博兴	213	(54)	54	31	— —	山东方言语音概况
广饶	213	53	55	31	— —	广饶音系
利津	213	53	55	21	44	利津方言志
滨州	213	53	55	31	— —	山东方言语音概况
沾化	213	53	55	31	— —	山东方言语音概况
无棣	213	(55)	55	41	— —	山东省志（方言志）
阳信	213	43	55	31	— —	山东方言语音概况
庆云	213	(55)	55	31	— —	山东庆云方言音系
惠民	213	42	55	31	— —	山东方言语音概况

乐陵	213	42	55	31	－－	山东方言语音概况
商河	213	42	55	31	－－	山东方言语音概况
临邑	213	42	55	31	－－	山东方言语音概况
济阳	213	42	55	31	－－	山东方言语音概况
济南	213	42	55	21	－－	济南方言词典
齐河	213	42	55	31	－－	山东方言语音概况
禹城	213	42	55	31	－－	山东方言语音概况
平原	213	53	55	31	－－	山东方言语音概况
宁津	313	53	44	31	－－	山东方言语音概况
德州	213	42	55	21	－－	德州方言志
武城	214	42	55	312	－－	山东方言语音概况
夏津	214	53	55	312	－－	山东方言语音概况
临清	323	53	55	31	－－	临清方言志
高唐	214	42	55	413	－－	山东方言语音概况
茌平	214	42	55	312	－－	山东方言语音概况
东阿	214	53	55	314	－－	山东方言语音概况
平阴	214	42	55	312	－－	山东方言语音概况
长清	214	42	55	31	－－	山东方言语音概况
肥城	213	42	55	21	－－	山东方言语音概况
冠县	13	42	55	31	－－	山东方言语音概况
莘县	214	42	55	312	－－	山东方言语音概况
聊城	213	42	55	313	－－	山东方言语音概况
阳谷	213	42	55	312	－－	山东方言语音概况
西区西鲁片：						
临沭	213	53	55	312	－－	自查
郯城	213	55	24	41	－－	山东省志（方言志）
苍山	213	55	24	212	－－	山东方言语音概况
费县	213	53	55	312	－－	自查
平邑	214	53	55	412	－－	平邑话的功能变调
临沂	214	53	55	312	－－	自查
枣庄	213	55	24	42	－－	山东省志（方言志）
峄城	313	44	24	53	－－	山东峄城方言民俗语汇
薛城	212	55	35	51	－－	薛城音系
滕州	213	42	45	31	－－	山东方言语音概况
微山	213	54	35	41	－－	山东方言语音概况
邹城	213	42	55	412	－－	山东方言语音概况
泗水	213	42	55	412	－－	山东方言语音概况

曲阜	213	42	55	312	– –	山东省志（方言志）
济宁	213	42	55	312	– –	山东省志（方言志）
嘉祥	213	42	55	31		山东方言语音概况
汶上	213	42	55	312		山东方言语音概况
东平	214	53	55	312		山东省志（方言志）
梁山	213	53	55	312		山东方言语音概况
金乡	213	42	55	312		金乡方言志
单县	213	53	55	412	– –	山东单县方言的亲属称谓系统
成武	213	42	55	312		山东方言语音概况
巨野	213	42	55	312		山东方言语音概况
郓城	213	42	55	312	– –	自查
鄄城	213	53	44	412	– –	山东方言语音概况
菏泽	213	52	55	412	– –	山东省志（方言志）
东明	213	53	55	312	– –	自查
曹县	213	42	55	312	– –	自查
定陶	213	42	55	312	– –	山东方言语音概况

笔者依据近几十年来山东方言的研究成果,列举了山东方言上述 109 个点的单字调调值。由于所据材料前后时间跨度较大,如《山东方言语音概况》编于本世纪 60 年代,而有些材料调查于 90 年代末,前后相差 30 多年,笔者对此做了如下处理:对于《山东方言语音概况》中的早期记音,统一进行核对与复查。《山东方言语音概况》中的某些方言点,有最新研究成果发表的,取最新研究成果的记音;经由笔者详细调查的,取自查的记音;有些方言点,笔者经过复查,与《山东方言语音概况》中的记音相差不大的,取《山东方言语音概况》中的记音。对于《山东省志·方言志》里的部分方言点,笔者也做了复查。上文方言点下划短横线的均为作者复查过的方言点。

二　连读调

连读调,即语流中的声调。依照构成连读字组的汉字数量,连读调可分为两字组、三字组、多字组等。山东方言连读调的大致情况是:两字组连读调是基础,三字以及三字以上的多字组多是在两字组基础上的扩展。因此这里重点说明山东方言中两字组连读调的情况,将两字组连读调分为普通两字组、轻声两字组两类。所谓普通两字组连读调,指的是两个汉字组成一个重重式语音词时的连读调;轻声两字组指的是含有轻声的两字组连调。山东方言轻声两字组多为后字轻声,连读音变规律与普通两字组迥异。因此这里分别介绍两类连读调的读音情况。

（一）普通两字组连调

考察两字组连读调的读音情况,有两个着眼点:连读调的音值与连读组合格式的分合。

为了便于描写、认识山东方言各地连读调音值以及连读调组合格式分合的具体情况，下面依照山东方言的分区自东向西逐次介绍山东方言的连读调情况。连读调是在单字调的基础上产生的派生形式，研究连读调显然不能抛开单字调这个基础，在描写山东方言区、片内部方言的连读调情况时，这里仍然依照三调型、四调型、入声型的分类来叙述。

1. 基本情况

(1) 东莱片。东莱片 15 个方言点，威海、烟台、福山、栖霞、招远、乳山、海阳、莱西等 8 点三个声调，处于东莱片的中心地区；荣成、文登、牟平、长岛、蓬莱、龙口、莱阳等 7 处四个声调，分布在东部、北部沿海的几个县市。连读调读音情况如下表(限于篇幅及材料，表内只酌情列出部分代表点的读音。表中同音合并的连读组合格式，用黑体字标出，并且分别用①②③④等编号标明。连调或连调中两种读音自由变读的情况，中间用/隔开，后文同)：

表六　　　　　　　　　　　　**三调方言**

方言点	前字＼后字	平声	上声	去声
威海	平声 53	①**312 + 53** / 53 + 53	53 + 312	53 + 33
	上声 312	34 + 53 / ①**312 + 53**	②**34 + 312**	312 + 33
	去声 33	33 + 53	②**34 + 312**/33 + 312	34 + 33/33 + 33
烟台	平声 31	①**35 + 31**	31 + 214	②**31 + 55**
	上声 214	①**35 + 31**	③**55 + 214**	214 + 55
	去声 55	55 + 31	③**55 + 214**	②**31 + 55**
招远	平声 214	①**55 + 214**	214 + 55	②**55 + 53**
	上声 55	①**55 + 214**	③**53 + 55**	②**55 + 53**
			④**31 + 55**	
	去声 53	53 + 214	③**53 + 55**	53 + 53
			④**31 + 55**	31 + 53
莱西	平声 214	①**55 + 214**	214 + 55	214 + 42
	上声 55	①**55 + 214**	②**42 + 55**	55 + 42
			21 + 55	
	去声 42	42 + 214	②**42 + 55**	21 + 42
				42 + 42

表七　　　　　　　　　　　　　　四调方言

方言点	前字＼后字	阴平	阳平	上声	去声
荣成	阴平 42	42 + 42	42 + 354	42 + 213	42 + 44
	阳平 35	35 + 42	35 + 354	①35 + 213	35 + 44
	上声 213	213 + 42	213 + 354	①35 + 213	213 + 44
	去声 44	44 + 42	44 + 354	44 + 213	44 + 44
牟平	阴平 51	①55 + 51	51 + 53	②55 + 213	③51 + 131
		213 + 51	④213 + 53	52 + 213	⑤213 + 131
		51 + 51			
	阳平 53	①55 + 51	④213 + 53	②55 + 213	③51 + 131
		53 + 51	⑥53 + 53		⑦53 + 131
	上声 213	35 + 51	④213 + 53	②55 + 213	⑤213 + 131
		①55 + 51			
	去声 131	①55 + 51	④213 + 53	②55 + 213	③51 + 131
			⑥53 + 53		
			51 + 53		⑦53 + 131
龙口	阴平 313	①55 + 313	31 + 55	31 + 214	31 + 53
	阳平 55	①55 + 313	②53 + 55	③53 + 214	55 + 53
	上声 214	①55 + 313	214 + 55	③53 + 214	214 + 53
	去声 53	53 + 313	②53 + 55	③53 + 214	53 + 53

比较上表可以看出，各地方言的连读调差异较大。东莱片方言内部既有三调、四调的不同，又有东、西部单字调值的差别，再加上方言调查者在记音上的个体差异，各地连读调读音存在歧异自然是情理之中的事情。整体来看，东部威海、荣成等地连读调组合格式合并情况较少，中西部烟台、龙口等地区合并较多。

威海话三个单字调，9 种连读组合格式中只有"平＋平"与"上＋平"、"上＋上"与"去＋上"两组有合并现象，"平＋平"、"上＋平"、"去＋上"三种格式皆有两读，也就是说威海话以上几种组合格式有时读音合并，有时不同音 (见表六)。荣成话四个单字调，16 种组合格式中只有"阳平＋上声"与"上声＋上声"合并 (见表七)。

烟台话三个单字调，9 种连读组合格式中有"平＋平"与"上＋平"、"上＋上"与"去＋上"、"平＋去"与"去＋去"三组合并 (见表六)。龙口话四个声调，16 种组合格式中，

"阴平＋阴平"与"阳平＋阴平"、"上声＋阴平"合并，"阳平＋阳平"与"去声＋阳平"合并，"阳平＋上声"与"上声＋上声"、"去声＋上声"合并（见表七）。

　　比较分析各地方言连读调组合格式的分合，可以看出，东莱片各方言点连读调读音存在一致性。"平＋平"与"上＋平"、"上＋上"与"去＋上"、"平＋去"与"去＋去"的合并是东莱片三调方言普遍具有的特点，相同的特点在四调方言中则表现为"阴平＋阳平"与"上声＋阴平"的合并，"上声＋上声"与"阳平＋上声"、"去声＋上声"的合并，"阴平＋去声"与"去声＋去声"的合并，如山东龙口话（不排除个别例外）。西部招远话、莱西话和海阳话与烟台话相比，有相近的地方，如"平＋平"与"上＋平"合并；同时也存在不少不一致的情况，详见上表。招远话、莱西话和海阳话处于东莱与东潍片的交界地带，属于过渡型方言。连读调读音相对烟台话更为复杂，这是由于它们特殊的语言地理位置造成的。

　　（2）东潍片。东潍片25个方言点，东部莱州、平度、即墨、崂山、青岛等5个县市三个声调，西部胶州、胶南、五莲、诸城等20个县市四个声调，连读调读音情况选取部分代表点列表如下：

表八　　　　　　　　　　三调方言两字组连调读音比较表

方言点	前字＼后字	阴平	阳平	上声
莱州	阴平 213	45＋213	①213＋42	②213＋55
	阳平 42	42＋213	①213＋42	②213＋55
			42＋42	③42＋55
	上声 55	55＋213	①213＋42	②213＋55
			45＋42	③42＋55
平度	阴平 214	①55＋214	②214＋53	③214＋55
	阳平 53	53＋214	②214＋53	③214＋55
			53＋53	④53＋55
	上声 55	①55＋214	55＋53	③214＋55
				④53＋55

续表

方言点	后字 前字	阴平	阳平	上声
即墨	阴平 213	①55＋213	②213＋42	③213＋55
	阳平 42	42＋213	②213＋42	③213＋55
			42＋42	④42＋55
	上声 55	①55＋213	55＋42	③213＋55
				④42＋55
城阳	阴平 213	①55＋213	213＋42	213＋55
	阳平 42	42＋213	31＋42	②31＋55
	上声 55	①55＋213	55＋42	②31＋55
青岛	阴平 213	①55＋213	213＋42	213＋55
	阳平 42	42＋213	31＋42	②31＋55
	上声 55	①55＋213	55＋42	②31＋55

表九　　　　　　　　四调方言两字组连调读音比较表

方言点	后字 前字	阴平	阳平	上声	去声
胶南	阴平 213	①21＋213	213＋42	213＋55	②213＋21
	阳平 42	42＋213	42＋42	③42＋55	55＋21
	上声 55	42＋213	55＋42	③42＋55	55＋21
	去声 21	①21＋213	21＋42	21＋55	②213＋21
五莲	阴平 214	24＋214	214＋53	214＋55	①24＋31
	阳平 53	②53＋214	53＋53	③53＋55	53＋31
	上声 55	②53＋214	55＋53	③53＋55	①24＋31
	去声 31	31＋214	31＋53	31＋55	31＋31

续表

方言点	前字＼后字	阴平	阳平	上声	去声
诸城	阴平 214	24 + 214	214 + 53	214 + 55	①24 + 31
	阳平 53	②53 + 214	53 + 53	③53 + 55	53 + 31
	上声 55	②53 + 214	435 + 53	③53 + 55	①24 + 31
	去声 31	31 + 214	31 + 53	31 + 55	31 + 31
高密	阴平 214	24 + 214	214 + 53	214 + 55	①24 + 31
	阳平 53	②53 + 214	53 + 53	③53 + 55	53 + 31
	上声 55	②53 + 214	55 + 53	③53 + 55	①24 + 31
	去声 31	31 + 214	31 + 53	31 + 55	31 + 31
昌邑	阴平 213	24 + 213	213 + 42	213 + 55	①24 + 21
	阳平 42	42 + 213	42 + 42	②42 + 55	42 + 21
	上声 55	55 + 213	213 + 42	②42 + 55	①24 + 21
	去声 21	21 + 213	21 + 42	21 + 55	21 + 21
安丘	阴平 213	24 + 213	213 + 42	213 + 55	24 + 21
	阳平 42	42 + 213	42 + 42	①42 + 55	42 + 21
	上声 55	55 + 213	55 + 42	①42 + 55	55 + 21
	去声 21	21 + 213	21 + 42	21 + 55	21 + 21
昌乐	阴平 213	24 + 213	213 + 42	213 + 55	①24 + 21
	阳平 42	42 + 213	42 + 42	②42 + 55	42 + 21
	上声 55	55 + 213	55 + 42	②42 + 55	①24 + 21
	去声 21	21 + 213	21 + 42	21 + 55	21 + 21
潍城	阴平 214	①24 + 214	②214 + 53	214 + 55	③24 + 31
	阳平 53	53 + 214	53 + 53	④53 + 55	53 + 31
	上声 55	①24 + 214	②214 + 53	④53 + 55	③24 + 31
	去声 31	31 + 214	31 + 53	31 + 55	31 + 31

续表

方言点	前字＼后字	阴平	阳平	上声	去声
临朐	阴平 213	24＋213	①213＋42	213＋55	②24＋21
	阳平 42	42＋213	42＋42	③42＋55	42＋21
	上声 55	55＋213	①213＋42	③42＋55	②24＋21
	去声 21	21＋213	21＋42	21＋55	21＋21
青州	阴平 213	①24＋213	213＋42	213＋55	①24＋21
	阳平 42	42＋213	42＋42	②42＋55	42＋21
	上声 55	①24＋213	435＋42	②42＋55	①24＋21
	去声 21	21＋213	21＋42	21＋55	21＋21
寿光	阴平 213	24＋213	①213＋53	213＋55	②24＋21
	阳平 53	53＋213	53＋53	③53＋55	53＋21
	上声 55	55＋213	①213＋53	③53＋55	②24＋21
	去声 21	21＋213	21＋53	21＋55	21＋21
蒙阴	阴平 214	24＋214	①214＋53	214＋55	24＋21
	阳平 53	53＋214	53＋53	②53＋45	53＋21
	上声 45	45＋214	①214＋53	②53＋45	45＋21
	去声 21	21＋214	21＋53	21＋45	21＋21

　　东潍片根据单字调类可以大致分出三调方言与四调方言两种类型，连读调的读音情况较为复杂。

　　三调方言连读调的特点除了连读格式相对四调方言较少外，还表现在："阴平＋阴平"格式中前字阴平变读多为高平调（莱州阴平213，阴平前变读45，音值与55相近），这种连调音值与同一方言片的西部方言有别，却与相邻的东莱片方言相同或相近。三调方言连读调组合格式分合上的共同特点是"阴平＋阴平"与"上声＋阴平"合并。

　　三调方言内部也存在着内部差异。东部莱州、平度、即墨三点"阴平＋阳平"与"阳平＋阳平"合并，"阴平＋上声"与"上声＋上声"合并；崂山、青岛两点则只是"阳平＋上声"与"上声＋上声"合并。东部莱州、平度、即墨"阳平＋阳平"、"阳平＋上声"一般分两类，西部青岛、平阳则不这样。

　　西部四调方言在连读调调值上各地大体一致，但在连读组合格式的分合上各地却不尽相同。不少方言"阴平＋阴平"与"上声＋阴平"同音，"阴平＋去声"与"上声＋去声"合并，"阳平＋上声"与"上声＋上声"则全部合并。胶州、胶南有些例外。胶南是"阴平＋去声"与"去声＋去声"合并，胶州则是"阴平＋阴平"与"去声＋阴平"合并，"阴平＋去声"与"去声＋去声"合并。寿光、潍城、临朐、蒙阴等地"阴平＋阳平"与"上声＋阳平"合并，与东部昌邑、高密等几个县市不同。

（3）西齐片。西齐片内既有三调、四调方言，还有保存独立入声调的方言。

三调方言主要分布在鲁中的淄博、莱芜与鲁西北的庆云、无棣等地，博山与庆云两处地理不连接，连读调读音情况比较如下：

表十　　　　　　　　　　博山、庆云连调比较表

方言点	后字 前字		平声	上声		去声
				古浊平	古清上、次浊上	
博山	平声 214		①55 + 214	②214 + 55		③24 + 31
	上声 55	古浊平	①55 + 214	53 + 55		③24 + 31
		古清上，次浊上		②214 + 55		
	去声 31		31 + 214	31 + 55		31 + 31
庆云	平声 213		23 + 214	212 + 55		23 + 31
	上声 55	古浊平	54 + 214	54 + 55	①31 + 55	24 + 31
		古清上，次浊上		44 + 55		
	去声 31		31 + 213	①31 + 55		31 + 31

单字调中阳平与上声合并，但在两字组连调中，"上古浊平＋上古浊平"与"上古上声＋上古浊平"却不同音，这是博山话、庆云话共有的特点。两地同中有别：博山话连读调的典型特点主要表现为平声与上声连读中读音合并："平＋平"与"平＋上"合并，皆读55＋214格式；"平＋上"与"上古上声＋上古浊平"合并，皆读214＋55格式；"平＋去"与"上＋去"合并，皆读24＋31格式。庆云话两字组连调的典型特点是："上古清上、次浊上＋上古清上、次浊上"与"去＋上"合并，都读31＋55。

西齐片四调方言分布范围较广，覆盖的方言点较多，这里仅选取几个代表点的连读调对比如下：

表十一　　　　　　　　　　四调方言连调比较表

方言点	前字＼后字	阴平	阳平	上声	去声
济南	阴平 213	24 + 213	213 + 42	213 + 55	①24 + 21
	阳平 42	42 + 213	42 + 42	②42 + 55	42 + 21 / ③55 + 21
	上声 55	55 + 213	55 + 42	②42 + 55	③55 + 21
	去声 21	21 + 213	21 + 42	21 + 55	①24 + 21 / 21 + 21
新泰	阴平 213	23 + 213	①212 + 42	21 + 55	23 + 21
	阳平 42	42 + 213	42 + 42	②42 + 55	42 + 31
	上声 55	55 + 213	①212 + 42	②42 + 55	55 + 31
	去声 31	31 + 213	31 + 42	31 + 55	31 + 31
德州	阴平 213	23 + 213	213 + 42	213 + 55	23 + 21
	阳平 42	①42 + 213	42 + 42	②42 + 55	③55 + 21
	上声 55	①42 + 213	55 + 42	②42 + 55	③55 + 21
	去声 21	21 + 213	21 + 42	21 + 55	23 + 21
宁津	阴平 324	34 + 324	324 + 53	324 + 44	324 + 31
	阳平 53	①53 + 324	53 + 53	②53 + 44	③44 + 31
	上声 44	①53 + 324	44 + 53	②53 + 44	③44 + 31
	去声 31	31 + 324	31 + 53	31 + 44	324 + 31
聊城	阴平 213	23 + 213	213 + 42	213 + 55	①23 + 313
	阳平 42	42 + 213	42 + 42	②42 + 55	③55 + 313
	上声 55	55 + 213	55 + 42	②42 + 55	③55 + 313
	去声 313	31 + 213	31 + 42	31 + 55	①23 + 313

　　西齐片四调方言的连读调大致有以下三种情况：第一，连读格式"阴平＋阳平"与"上声＋阳平"同音，如西齐片东部的新泰。这一类型在西齐片中比较特殊。如果把眼光放得开阔些，就会发现，新泰话与西齐片诸多方言不同，却与相邻的东潍片中的寿光、潍城、临朐、蒙阴等地一致。第二，"阳平＋上声"与"上声＋上声"同音，"阴平＋去声"与"去声

+去声"同音，"阳平+去声"与"上声+去声"同音。济南、聊城等绝大多数方言属于这一类型。第三，"阳平+阴平"与"上声+阴平"同音，"阳平+上声"与"上声+上声"同音，"阳平+去声"与"上声+去声"同音，德州、宁津等地属于这一类型。

入声型方言的连读调。山东目前已知的利津、桓台、邹平、章丘等几个入声型方言点均在西齐片。利津五个单字调与其他几处方言不同，连读调自然也不相同；章丘、桓台虽然单字调都是四个，但连读调有差别。

表十二　　　　　　　　　　**入声方言连调比较表**

方言点	前字 \ 后字	平声		上声	去声	入声
		阴平	阳平			
章丘	平声 213	23 + 213		213 + 55	23 + 21	23 + 44
	上声 55	①55 + 213		②54 + 55	③55 + 21	④55 + 44
	去声 21	21 + 213		21 + 55	21 + 21	21 + 44
	入声 44	①55 + 213		②54 + 55	③55 + 21	④55 + 44
利津	阴平 213	23 + 213	212 + 53	212 + 55	①23 + 21	212 + 44
	阳平 53	53 + 213	53 + 53	53 + 55	53 + 21	53 + 44
	上声 55	55 + 213	55 + 53	55(54) + 55	55 + 21	55 + 44
	去声 21	21 + 213	21 + 53	21 + 55	①23 + 21	21 + 44
	入声 44	44 + 213	44 + 53	44 + 55	44 + 21	44 + 44

章丘、桓台、利津三地相距并不甚远，三地连读调的分合却并不一致。利津的连读组合格式合并较少，章丘、桓台合并较多。章丘方言入声做前字时与前字上声同音，桓台方言则与连读调中的平声、上声同音。利津方言没有上述情况，入声连读中读44只是与连读中的上声55音近，但不同音。

（4）西鲁片。西鲁片只有四调方言，几个代表点连调情况对比见表十三。

西鲁片连读调内部差异不大。各地连读调调值基本相同，连读组合格式的分合也相差无几。"阳平+上声"与"上声+上声"同音，各地一致。"阴平+去声"与"去声+去声"、"阳平+去声"与"上声+去声"快读音值相同，慢读才有区别，各地也比较一致。不同的方言调查者调查记音时不可避免地存在个体差异，才导致上表记音情况的差别。

表十三

方言点	前字 ＼ 后字	阴平	阳平	上声	去声
临沂	阴平 214	24＋214	214＋53	214＋55	24＋31/312
	阳平 53	53＋214	53＋53	①53＋55	53＋31/312
	上声 55	55＋214	55＋53	①53＋55	55＋31/312
	去声 312	31＋214	31＋53	31＋55	35＋31/312
金乡	阴平 213	23＋213	21＋42	21＋55	23＋312
	阳平 42	42＋213	42＋42	①42＋55	②55＋312
	上声 55	55＋213	45＋42	①42＋55	②55＋312
	去声 312	31＋213	31＋42	31＋55	31＋312
郓城	阴平 213	23＋213	213＋42	213＋55	①23＋312
	阳平 42	42＋213	42＋42	②42＋55	③55＋312
	上声 55	55＋213	55＋42	②42＋55	③55＋312
	去声 312	31＋213	31＋42	31＋55	①23＋312

2.两字组连调的特点

（1）山东方言普通两字组连调普遍表现为前字变调，如："平＋平（阴平＋阴平）"在以下八点的连读调情况：

烟台　31＋31→35＋31　　　　　　龙口　313＋313→55＋313

平度　214＋214→55＋214　　　　博山　214＋214→55＋214

济南　213＋213→23＋213　　　　德州　213＋213→23＋213

金乡　213＋213→23＋213　　　　郓城　213＋213→23＋213

既然两字组连调表现为前字变调，那么两种连调组合格式出现合并也便意味着两种单字调值不同的声调在某一声调前，连读调值相同。如山东烟台话。烟台话 9 种连读组合格式中有"平＋平"与"上＋平"、"上＋上"与"去＋上"、"平＋去"与"去＋去"三组同音合并，具体也就是以下几种情况：

第一，后字为平声 31，前字平声 31 与上声 214 连读中同音，都读 35。

尖 $tɕian^{31}$ ≠剪 $tɕian^{214}$　　　　　尖刀＝剪刀　　$tɕian^{35}tao^{31}$

伤 $ɕiaŋ^{31}$ ≠赏 $ɕiaŋ^{214}$　　　　　伤筋＝赏金　　$ɕiaŋ^{35}cin^{31}$

第二，后字为上声 214，前字上声 214 与去声 55 连读中同音，都读 55。

起 $c'i^{214}$ ≠骑 $c'i^{55}$　　　　　　起码＝骑马　　$c'i^{55}ma^{214}$

　　小 ɕiɔ^{214} ≠ 笑 ɕiɔ^{55}　　　　　　　小饼 = 笑柄　ɕiɔ^{55} piŋ^{214}

　　第三，后字为去声 55，前字平声 31 与去声 55 连读中同音，都读 31。

　　三 san^{31} ≠ 散 san^{55}　　　　　　　三步 = 散步　san^{31} pu^{55}

　　蒸 tɕiŋ^{31} ≠ 正 tɕiŋ^{55}　　　　　　蒸气 = 正气　tɕiŋ^{31} cʻi^{55}

　　西鲁片部分方言连读调去声做后字时有 312 与 31 自由变读的情况，这些方言的去声字单字读音也常常是 312 与 31 自由变读的。这里不再赘述。

　　（2）三调方言读音情况复杂，四调方言相对简单。

　　三调方言连读调读音的复杂性主要体现在以下几点：

　　同一类型三调方言的内部相互有差别。如博山和庆云。博山话连读调中的合并现象，主要表现为平声与上声的合并。后字为平声，前字不论是平声还是上声，皆读 55 + 214 格式，如：

　　尖 tɕiã^{214} ≠ 剪 tɕiã^{55}　　　　　尖刀 = 剪刀　tɕiã$_{55}$ tɔ^{214}

　　百 pei^{214} ≠ 白 pei^{55}　　　　　　百花 = 白花　pei$_{55}$ xuɑ^{214}

　　后字上声前字为平声的两字组与后字上声前字上声的一小部分两字组，皆读 214 + 55 格式，如：

　　分 fə^{214} ≠ 粉 fə^{55}　　　　　　　分红 = 粉红　fə$_{214}$ xuŋ^{55}

　　标 piɔ^{214} ≠ 表 piɔ^{55}　　　　　　标明 = 表明　piɔ$_{214}$ miŋ^{55}

　　与 "上 + 平" 同调的 "上 + 上" 两字组，前字上声仅限于古上声来源的上声字。

　　后字去声，前字不论是平声上声，皆读 24 + 31 格式，如：

　　包 pɔ^{214} ≠ 保 pɔ^{55}　　　　　　　包票 = 保票　pɔ$_{24}$ pʻiɔ^{31}

　　支 tʂʅ^{214} ≠ 直 tʂʅ^{55}　　　　　　支路 = 直路　tʂʅ$_{24}$ lu^{31}

　　博山话的以上特点在庆云话中不太明显，而庆云话来自古清上、次浊上的今上声字与去声字在上声前同音，又是博山话所不具备的。

　　同一方言内部连读调的读音情况也较复杂。一方面，某些方言，一种连调组合格式常常有两种或多种连调读音，如东潍片的莱州、平度、即墨等地 "阳平 + 阳平"、"阳平 + 上声"、"上声 + 上声" 各有①②两类连调读音。西齐片的博山、庆云等地 "上声 + 上声" 分别有两种、三种连调读音。东莱片的招远、莱西、海阳等地以及与它们相临近的牟平、龙口等四调方言也有上述情况。一种连调组合格式有两种或多种连调读音，各个读音在方言中的使用情况并不完全一样，如平度话。平度话一种连调组合有两类连调读音，两类连调读音与古音类的关系不大，主要取决于词语在今人们口语中的使用情况。①类格式的两字组多为方言中使用频率较高的词语；②类格式是日常生活中使用频率较低的词语。另一方面，方言中也常常存在两种或多种连调组合格式合并的现象，如烟台、招远、莱州、平度、博山等地的连读调合并程度都比较高。同样以平度话为例，具体合并情况如下：

后字阴平，前字阴平 214 与上声 55 连读调中同音，多读 55。如：

肩 ciã^{214}≠简 ciã^{55}　　　　　　肩章＝简章　ciã$_{55}$ tʃaŋ^{214}

生 ʂoŋ^{214}≠省 ʂoŋ^{55}　　　　　　生鸡＝省级　ʂoŋ$_{55}$ ci^{214}

后字阳平，前字阴平 214 与阳平 53 连读调中同音，多读 214。如：

花 xua^{214}≠滑 xua^{53}　　　　　　花头＝滑头　xua$_{214}$ tʻou^{53}

称 tʃʻoŋ^{214}≠盛 tʃʻoŋ^{53}　　　　　称粮＝盛粮　tʃʻoŋ^{214} liaŋ^{53}

后字上声，部分前字阳平、上声与阴平连读调中同音，读 214；部分前字阳平与上声连读调中同音，多读为 53。如：

红 xoŋ^{53}≠烘 xoŋ^{214}　　　　　　红枣儿＝烘枣儿　xoŋ$_{214}$ tθor^{55}

果 kuə^{55}≠歌 kuə^{213}　　　　　　果脯儿＝歌谱儿　kuə$_{214}$ pʻur^{55}

涂 tʻu^{53}≠土 tʻu^{55}　　　　　　　涂改　＝土改　　tʻu$_{53}$ kɛ^{55}

平度话合并程度较高的两字组连读调组合格式主要表现为日常使用频率较高的词语。相对来说，四调方言的连读调较为简单一些，大部分方言仅仅表现为几种连读格式的合并。

3.连读调类型的区域分布

山东各地方言的连读调调值不一，连读调组合格式的数量也多少不等，表面看来十分复杂，不易把握。但是如果详细考察分析各地连读格式的读音及分合情况，仍可以看出，各地连读调类型的区域分布具有明显的规律性。

总体来看，山东方言大部分地区都具有"阳平＋上声"与"上声＋上声"合并的特点。

四调方言，下列各方言点，全部都是"阳平＋上声"与"上声＋上声"合并：

东莱：荣成、牟平、龙口。

东潍：胶南、五莲、诸城、高密、昌邑、安丘、昌乐、潍城、临朐、青州、寿光、蒙阴。

西齐：济南、新泰、德州、宁津、聊城。

西鲁：临沂、金乡、郓城。

三调方言单字调分合有三类情况，"阳平＋上声"与"上声＋上声"分合的连读调讨论也应从三个不同的角度来观察。从前文表格来看，东潍片莱州、平度、即墨、崂山、青岛等地"阳平＋上声"与"上声＋上声"合并，比较明显，不需解释。西齐片莱芜、博山、庆云、无棣等地与东莱片威海、烟台、招远、莱西等地表面上虽然没有"阳平＋上声"与"上声＋上声"合并的现象，稍加分析，便会发现，这些方言中实际上也存在着"阳平＋上声"与"上声＋上声"的合并。西齐片莱芜、博山、庆云、无棣等地上声字包括古浊平、清上与次浊上来源的字，上声实际是阳平上，单字调已经合并，连读调"上声＋上声"自然属于"阳平＋上声"与"上声＋上声"合并的类型。东莱片威海、烟台、招远、莱西等地方言表面情况是"去声+上声"与"上声+上声"合并。方言中的去声字包括古浊平与古去声两个来源的字，去声实际是阳平去，"去声+上声"与"上声+上声"的合并因此也就包含了"阳平+上声"与"上声+上声"的合并。

　　从山东方言各地连调组合格式的合并情况看，以下三种类型值得注意：一是龙口、长岛、牟平等地，"阳平+阳平"与"去声+阳平"、"阳平+上声"与"去声+上声"分别合并。二是胶州"阴平+上声"与"去声+上声"、"阴平+去声"与"去声+去声"分别合并，胶南"阴平+阴平"与"去声+阴平"、"阴平+去声"与"去声+去声"分别合并。三是德州、宁津等地，"阳平+阴平"与"上声+阴平"、"阳平+上声"与"上声+上声"、"阳平+去声"与"上声+去声"分别合并。可以看出，龙口、长岛等地阳平与去声在阳平、上声前连读调相同；胶州、胶南的阴平、阳平与去声连读调中同调；德州、宁津的阳平与上声连读调中相同。将它们与周围的三调方言连起来分析，可以发现：东莱片（与龙口、长岛相邻）三调方言阳平与去声并为一调，东潍片（与胶州、胶南相邻）三调方言是去声调无规律分归阴、阳平，西齐片庆云、无棣等地（与德州、宁津相邻）阳平与上声调合为一调，分别与周边方言的音变规律一致。同一区域内的连读调具有相同或相近的特点。

（二）轻声两字组连调

　　本文的轻声，指的是某一音节在连读中已失去本调调值，受控于相邻其他音节的声调而产生的变调。轻声是山东方言中普遍存在的语言现象，无论是在两字组、三字组的语词中，还是在更多字组的语词或句子中，都有大量的轻声，这里只介绍山东方言两字组轻声的读音情况，由于不同调查者的标音习惯不同，下表有的方言点标出了音值，有的方言点则仅仅将轻声标为"·"。

1．基本情况

　　下面分片列出山东方言两字组轻声连调表：

表十四　　　　　　　　　　　　　　东莱片

方言点	前字＼后字	轻　　声	
烟台	平声 31	31 + 21	
	上声 214	214 + 55	①55 + 31
	去声 55	①55 + 31	
招远	平声 214	21 + <u>44</u>	
	上声 42	45 + 3	
	去声 55	53 + 3	55 + 3
莱西	平声 214	214 + ·	
	上声 55	45 + ·	
	去声 42	55 + ·	42 + ·
荣成	阴平 42	42 + 1	
	阳平 35	①35 + 3	
	上声 214	214 + 1	①35 + 3
	去声 44	44 + 1	①35 + 3
龙口	阴平 313	31 + <u>23</u>	
	阳平 55	55 + 2	
	上声 214	214 + <u>54</u>	
	去声 53	53 + 2	
长岛	阴平 31	31 + 3	
	阳平 55	①55 + 2	
	上声 214	214 + 3	①55 + 2
	去声 42	42 + 2	

表十五　　　　　　　　　　　　东潍片

方言点	前字＼后字	轻　　声	
莱州	阴平 213	213 + <u>42</u>	①**42 + 2**
	阳平 42	55 + 3	①**42 + 2**
	上声 55	45 + 3	①**42 + 2**
平度	阴平 214	214 + <u>31</u>	①**53 + <u>21</u>**
	阳平 53	55 + <u>32</u>	①**53 + <u>21</u>**
	上声 55	45 + <u>43</u>	①**53 + <u>21</u>**
即墨	阴平 213	213 + 31	
	阳平 42	①**55 + <u>21</u>**	42 + 1
	上声 55	45 + 5	①**55 + <u>21</u>**
青岛	阴平 213	31 + ·	
	阳平 42	①**55 + ·**	42 + ·
	上声 55	434 + ·	①**55 + ·**
胶南	阴平 313	21 + ·	
	阳平 55	55 + ·	
	上声 214	324 + ·	
	去声 53	42 + ·	
高密	阴平 213	①**21 + 1**	
	阳平 42	55 + 5	
	上声 55	213 + 5	
	去声 21	544 + 5	①**21 + 1**
诸城	阴平 214	①**31 + 1**	
	阳平 53	24 + 3	53 + 2
	上声 55	214 + 5	
	去声 31	55 + 3	①**31 + 1**

续表

方言点	后字 前字	轻　声	
昌邑	阴平 213	①21＋1	
	阳平 42	55＋5	
	上声 55	213＋5	
	去声 21	544＋5	①21＋1
潍城	阴平 214	①31＋1	②214＋5
	阳平 53	35＋3	
	上声 55	②214＋5	
	去声 31	55＋3	①31＋1
寿光	阴平 213	①21＋1	213＋5
	阳平 53	35＋3	
	上声 55	44＋5	
	去声 21	55＋3	①21＋1
临朐	阴平 213	①21＋1	②213＋5
	阳平 42	③55＋5	42＋3
	上声 55	②213＋5	③55＋5
	去声 21	544＋3	①21＋1
蒙阴	阴平 214	21＋24	
	阳平 53	24＋21	
	上声 45	214＋53	
	去声 21	53＋21	

表十六　　　　　　　　　　　　　　西齐片

方言点	前字 \ 后字		轻　　声	
莱芜	平声 213		31 + 2	
	上声 55		55 + 4	435 + 4
	去声 31		31 + 1	35 + 1
博山	平声 214		31 + 23	22 + 33
	上声 55	古浊平	24 + 54	
		古清上，次浊上	214 + 55	
	去声 31		55 + 31	
庆云	平声 213		①31 + 3	②213 + 3
	上声 55	古浊平	55 + 3	
		古清上，次浊上	②213 + 3	
	去声 31		53 + 3	①31 + 3
无棣	平声 213		21 + 1	
	上声 55		55 + 3	212 + 4
	去声 41		44 + 2	
新泰	阴平 213		212 + 4	
	阳平 42		55 + 3	
	上声 55		213 + 5	
	去声 31		54 + 2	
济南	阴平 213		①21 + 1	②213 + 4
	阳平 42		55 + 4	53 + 2
	上声 55		②213 + 4	55 + 2
	去声 21		54 + 2	①21 + 1

续表

方言点	前字＼后字	轻　声		
聊城	阴平 13	131 + 3		13 + 1
	阳平 42	44 + 2		①42 + 1
	上声 55	35 + 4	55 + 2	①42 + 1
	去声 313	①42 + 1	31 + 3	313 + 2
临邑	阴平 213	31 + 2		
	阳平 42	45 + 4		
	上声 55	323 + 5		
	去声 31	42 + 1		
德州	阴平 213	21 + ·		
	阳平 42	55 + ·		
	上声 55	213 + ·		
	去声 21	42 + ·		

表十七　　　　　　　　　　　西鲁片

方言点	前字＼后字	轻　声		
临沂	阴平 214	21 + 24		
	阳平 53	55 + 2		
	上声 55	214 + 5		
	去声 312/31	53 + 2		
金乡	阴平 213	21 + 5		
	阳平 42	55 + 3		①42 + 2
	上 55	45 + 3		①42 + 2
	去声 312	①42 + 2	31 + 4	42 + 2/32 + 4

续表

方言点	前\後 字 字	轻　　　　声	
郓城	阴平 213	21 + <u>34</u>	
	阳平 42	55 + 3	①**42 + <u>32</u>**
	上声 55	45 + 3	①**42 + <u>32</u>**
	去声 312	53 + <u>32</u>	31 + <u>23</u>

2. 轻声连调的语音特点

（1）从山东各地方言的轻声看，不少方言点的轻声并不是一个非常轻短的声调（详见以上轻声表。表中两个数字表示轻声调值而下面有"___"号者表示音短）。如"阴平＋轻声"中的轻声在山东以下七点的记音：

烟台	招远	平度	即墨	沂水	蒙阴
31 + 21/55 + 31	21 + 44	214 + 31/53 + 21	213 + 31	24 + 21	21 + 24

轻声虽不轻短，但它又有不同于一般单字调的特点。山东方言的上述轻声应读什么样的调值，并不取决于它原来的单字调，而是受前字调类决定的。如郓城话中"药、头、子、过"的单字调分别是阴平（213）、阳平（42）、上声（55）、去声（312），在后字读轻声时就统统变调读为<u>34</u>。

山药 ｓɛ$_{21}^{213}$ yə^{34}　　木头 mu$_{21}^{213}$ t'ou^{34}　　桌子 tʂuə$_{21}^{213}$ tsĮ^{34}　　听过 t'iŋ$_{21}^{213}$ kuə^{34}

（2）山东方言中的轻声两字组有两类读音格式的情况较多，有的轻声两字组甚至有三类读音。一种组合有两种或多种读音，大致有以下几种类型：

自由变读。有些方言中一种组合有两类读音，两类读音可以自由变读。如庆云话中的"阴平＋轻声"既可以读213 + 3，也可以读31 + 3。

功能分担。有些方言中一种组合有两类读音，两类读音常常与不同类型的轻声相联系。如郓城话中的"阳平＋轻声"有两种读音：55 + 3，42 + <u>32</u>。一般轻声两字组与名词性的叠字轻声多读55 + 3，动词性的叠字轻声多读42 + <u>32</u>，两种不同的连调分担了性质不同的两类轻声。

层次叠置。有些方言中一种组合有两种读音或多种读音，这些读音属于语言发展过程中不同语言层次的叠置。如博山方言前字为平声、上声的轻声两字组连调：

表十八

单字调			连读调
今调类	今调值	中古来源	
平声	214	清声母平声	31 + 23
		清声母入声	22 + 33
上声	55	古浊平、全浊入	24 + 54
		古清上、次浊上	214 + 55

3. 轻声连调类型的区域分布特点

整体来看，山东方言轻声两字组连调不太复杂，前字阴平、阳平、去声的轻声连调尤为简单。列表如下：

表十九

	东区		西区	
	东莱	东潍	西齐	西鲁
阴平 + 轻声	降调 + 轻			
阳平 + 轻声	高平调 + 轻　降调 + 轻			
去声 + 轻声	高平 + 轻　高降 + 轻		高降 + 轻　低降 + 轻	

前字为上声的轻声连调各地差距较大，就上文所列方言点来看，具体情况如下：

表二十

方言区属	方言点举例	连读调型
东莱片	烟台、龙口、长岛	降升调 + 轻　高平调 + 轻
	荣成	降升调 + 轻　高升调 + 轻
	招远、莱西	高升调 + 轻
东潍片	莱州、平度	高升调 + 轻　高降调 + 轻
	即墨	高升调 + 轻　高平调 + 轻
	青岛、临朐	高降调 + 轻　高平调 + 轻
	胶南、诸城、潍城、蒙阴	降升调 + 轻
	寿光、沂水	高升调 + 轻

续表

方言区属	方言点举例	连读调型
西齐片	莱芜、庆云	高平调＋轻
	博山	降升调＋轻　低升调＋轻
	无棣、济南	降升调＋轻　高平调＋轻
	新泰、临邑	降升调＋轻
	聊城	高平调＋轻　高降调＋轻
西鲁片	临沂	降升调＋轻
	金乡、郓城	高升调＋轻　高降调＋轻

　　各地方言的上述差异除了方言差别的原因之外，方言调查者的调查是否深入与处理上的差别也是不可忽略的因素。

附录：山东方言语音地图

说明：本地图共 24 幅，下面简略说明各图要旨。需要时在"（ ）"内用小字标明代表字的音韵地位。

（一）分区图

（二）"增　争　蒸"声母，知庄章甲、乙两类及其与精组洪音的分合（精_{精洪}争_{知庄章甲}蒸_{知庄章乙}）

（三）"准　船　顺"声母，山臻摄合口在东区归类的不同（争抄生_{甲类}蒸超声_{乙类}）

（四）"人　如"声母，止摄以外日母字的读音（人_{开口呼}如_{合口呼}）

（五）"精　经"声母，尖团分混（精_{精细}经_{见细}）

（六）"蒸　称　声"声母，知庄章乙组字跟尖团音的分混（精清星_{精细}经轻兴_{见细}）

（七）"爱"声母，北京开口呼零声母字的读音

（八）"追　吹　睡"声母，知庄章合口字读齿唇音在山东的分布

（九）"产"声母，"产"在山东东部读擦音（产_{《广韵》"所简切"}）

（十）"儿　耳　二"读音（儿耳二_{止摄日母}）

（十一）"歌可河"、"过科和"韵母，果摄开合口一等见系字在山东的读音比较

（十二）"窄　策　色"韵母，曾开一、开三庄组、梗开二等入声的韵母读音（窄策_{梗开二入}色_{曾开三庄入}）

（十三）"笔"韵母（按，"笔"字声调，山东东部读上声、西部读阴平）

（十四）"对　团　论　醉　算　寸"韵母，合口字读为开口呼的地域分布

（十五）"东　宗　中　工（形　影）""登　增　争　庚（雄　永）"韵母，北京"əŋ、uŋ"和"iŋ、yŋ"两对韵母在山东的分混

（十六）"飞　肺"韵母，齿唇擦音 f 能拼齐齿呼 i 韵母的地域分布

（十七）"坐　最　孙　葱"韵母，精组合口一等字读撮口呼韵母的地区

（十八）中古次浊平声字调类，例字"南　男"

（十九）中古清入调类，例字"接　铁　笔　郭　劈"

（二十）中古次浊入调类，例字"麦　木　律　落　业　月"

（二十一）阴平调值

（二十二）阳平调值

（二十三）上声调值

（二十四）去声调值

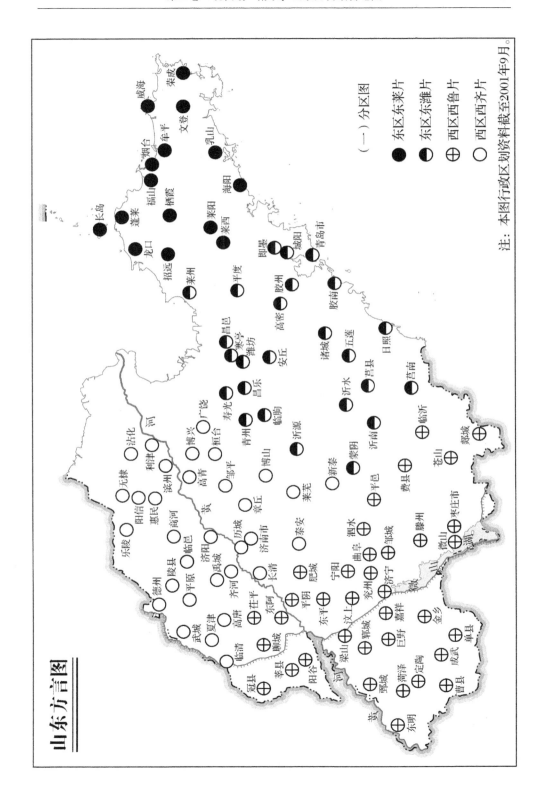

山东方言图

（一）分区图

分区图

- ● 东区东莱片
- ◐ 东区东潍片
- ⊕ 西区西鲁片
- ○ 西区西齐片

注：本图行政区划区资料截至2001年9月。

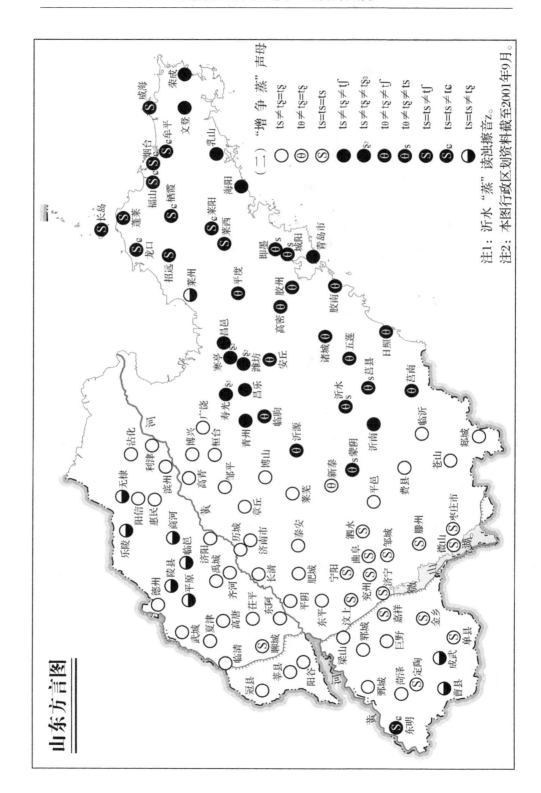

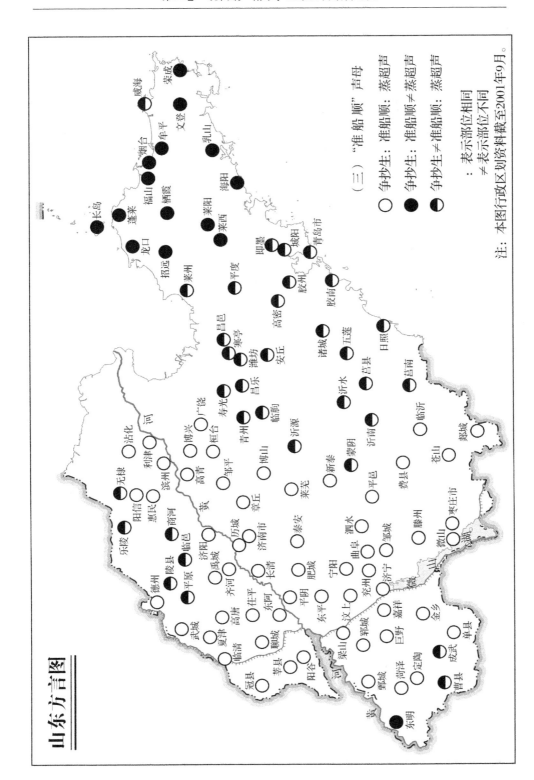

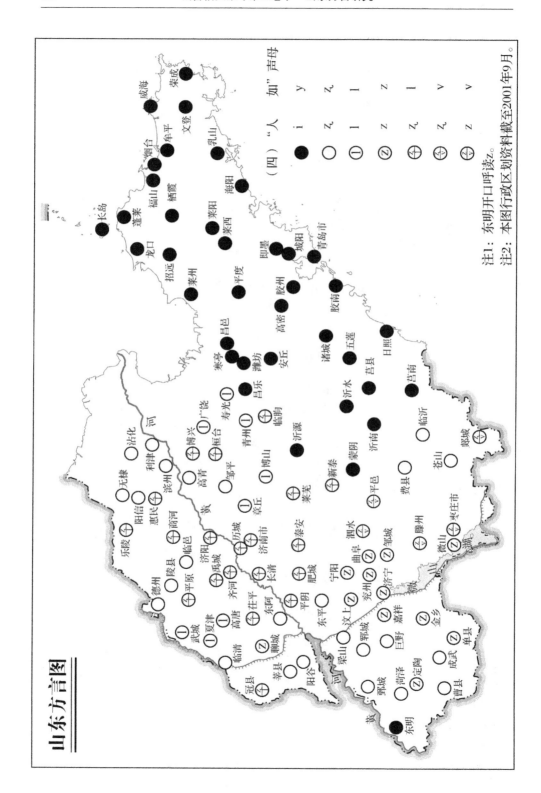

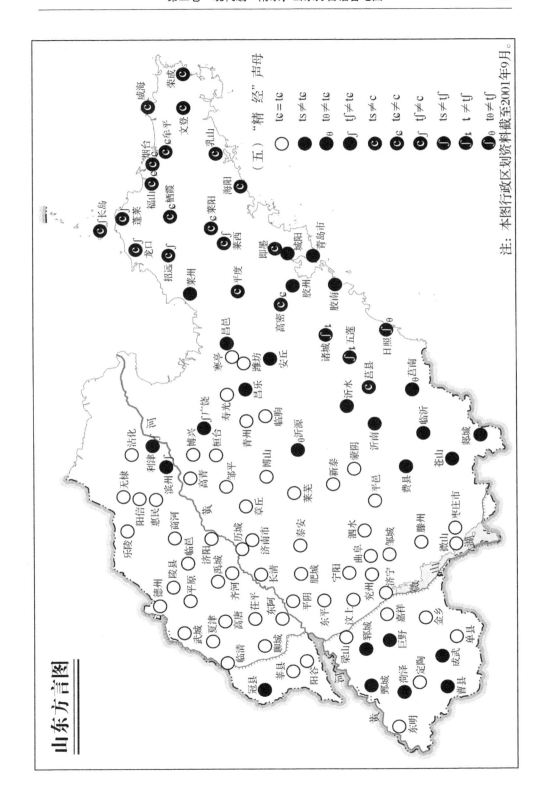

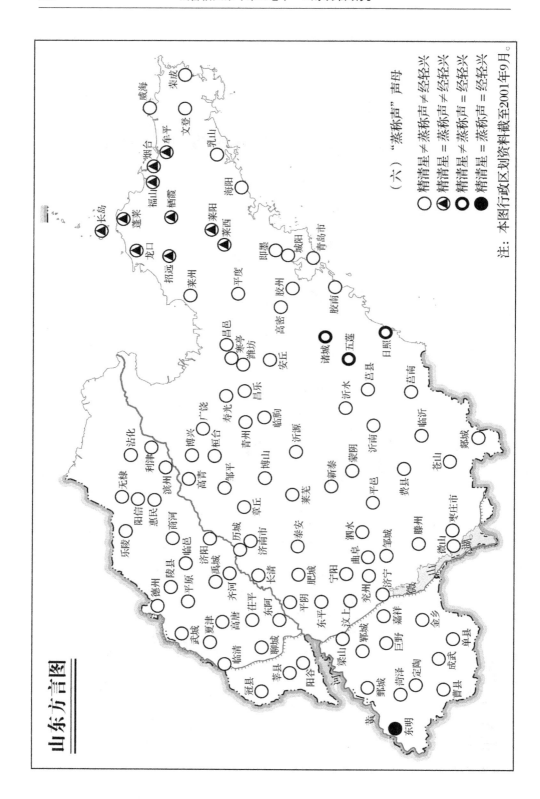

山东方言图

（六）"蒸称声"声母

○ 精清星≠蒸称声≠经轻兴
▲ 精清星＝蒸称声≠经轻兴
◎ 精清星≠蒸称声＝经轻兴
● 精清星＝蒸称声＝经轻兴

注：本图行政区划资料截至2001年9月。

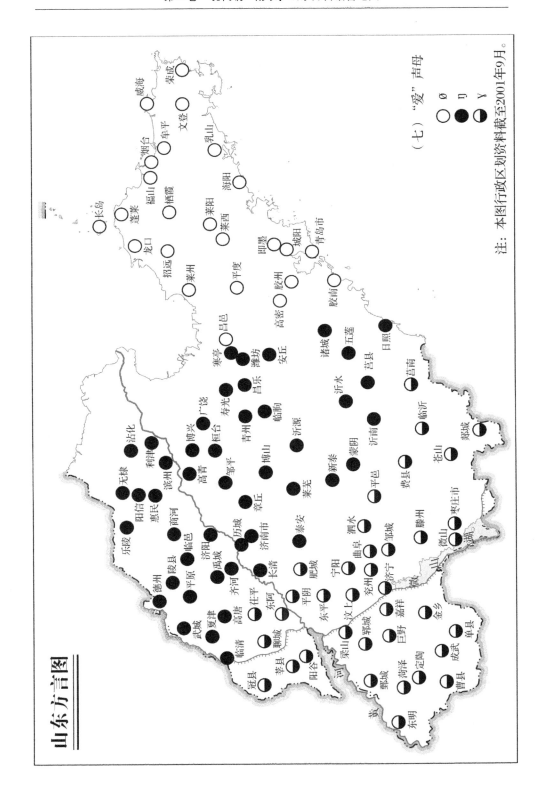

（七）"爱"声母

注：本图行政区划资料截至2001年9月。

山东方言图

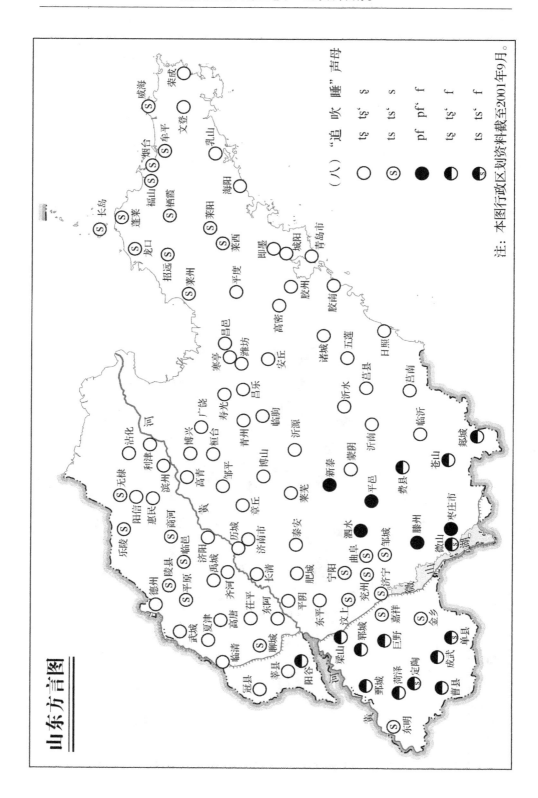

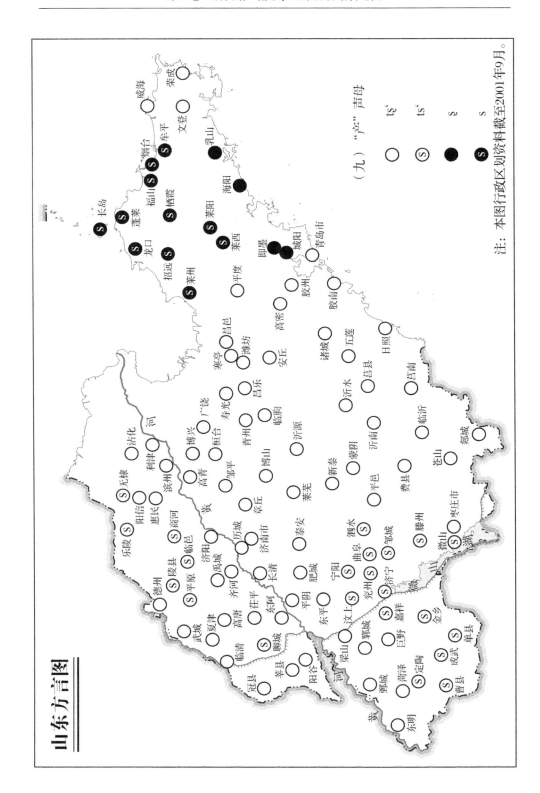

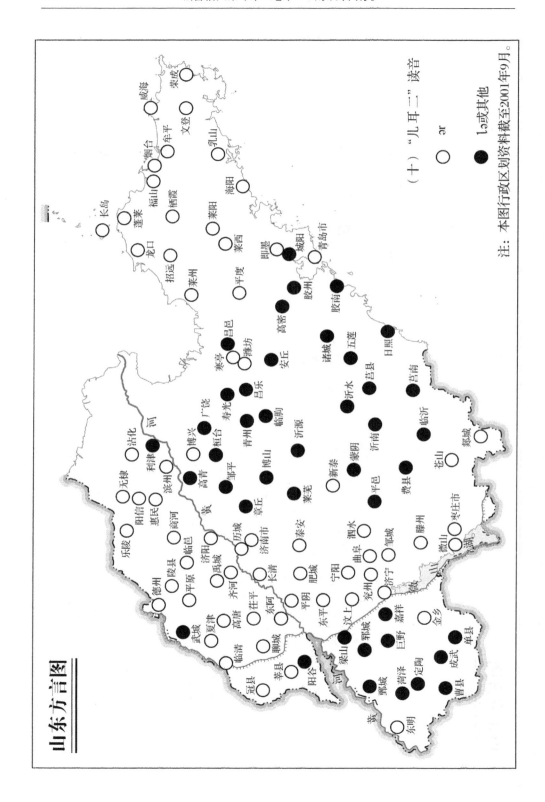

山东方言图

（十）"儿耳二"读音

○　er

●　lɿ或其他

注：本图行政区划资料截至2001年9月。

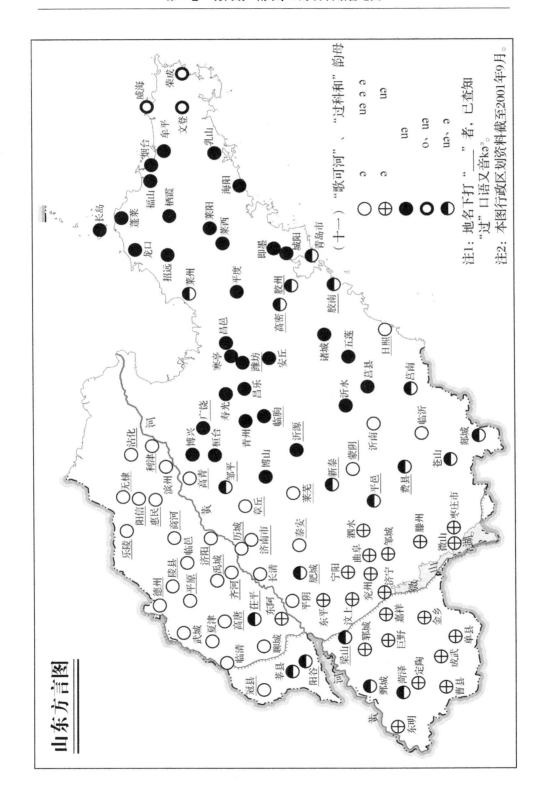

山东方言图

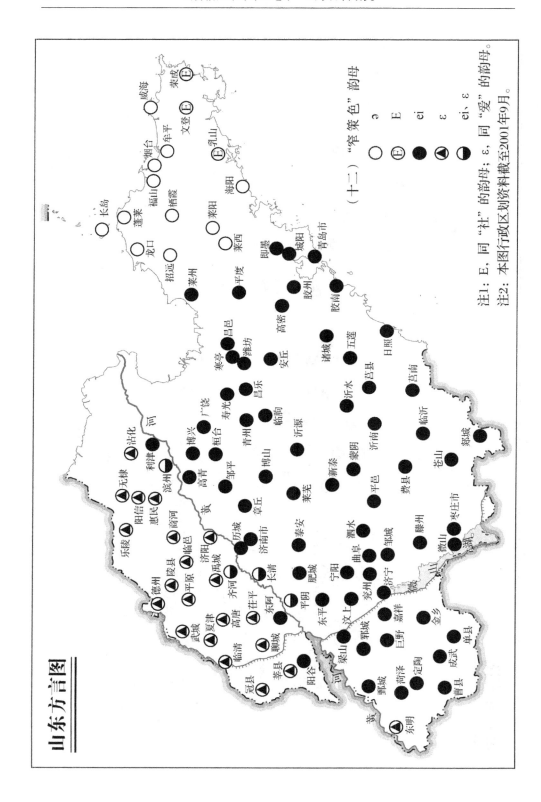

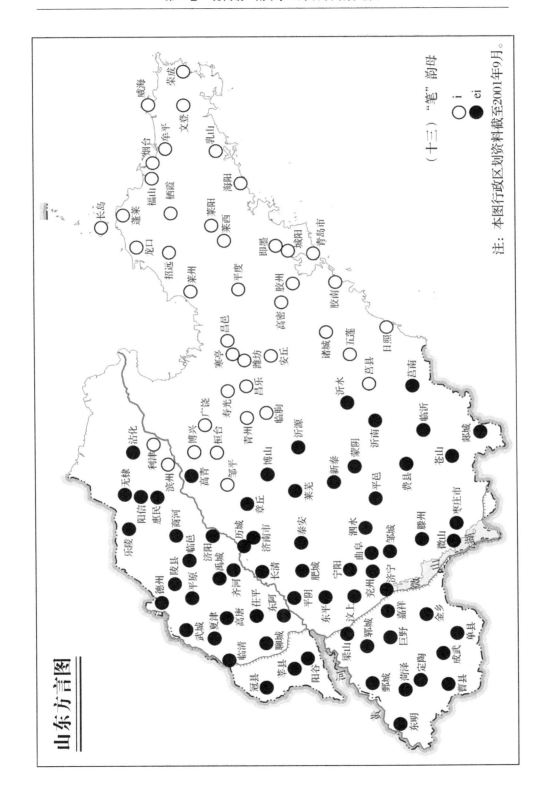

山东方言图

（十三）"笔"韵母

○ i
● ei

注：本图行政区划资料截至2001年9月。

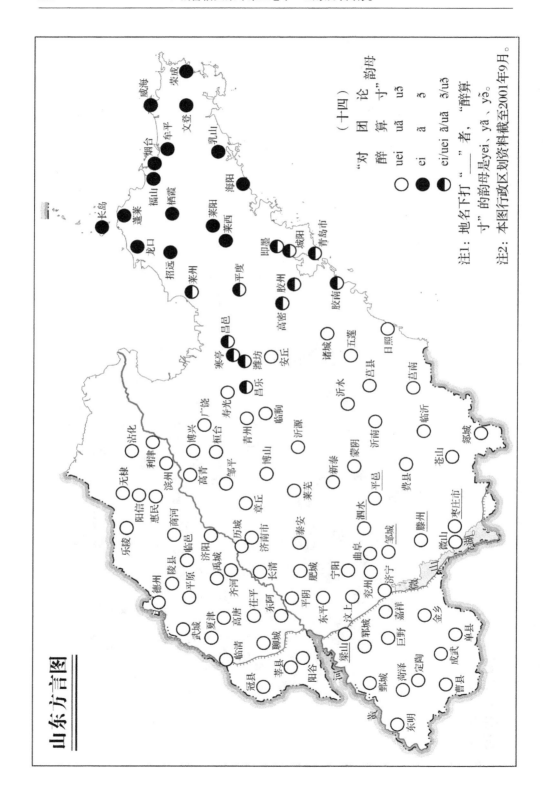

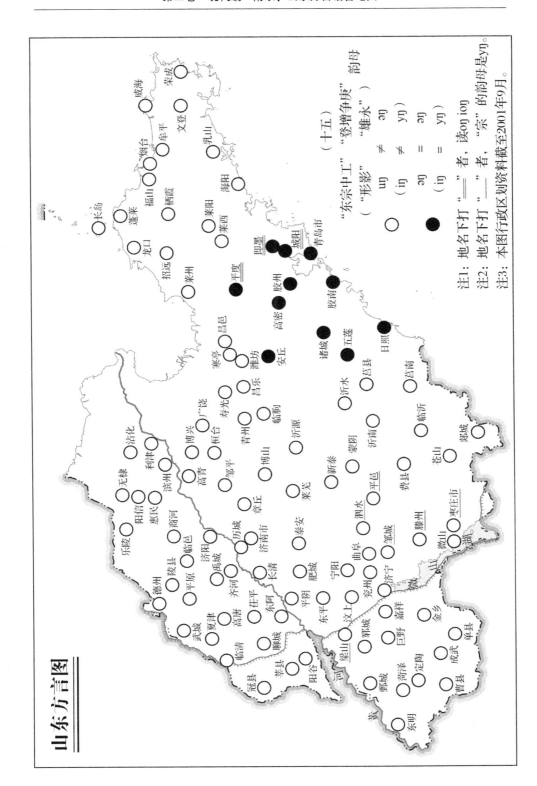

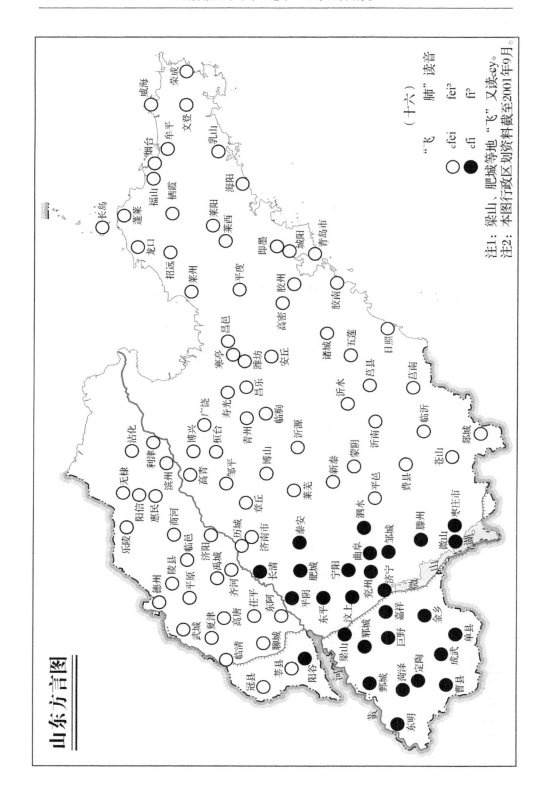

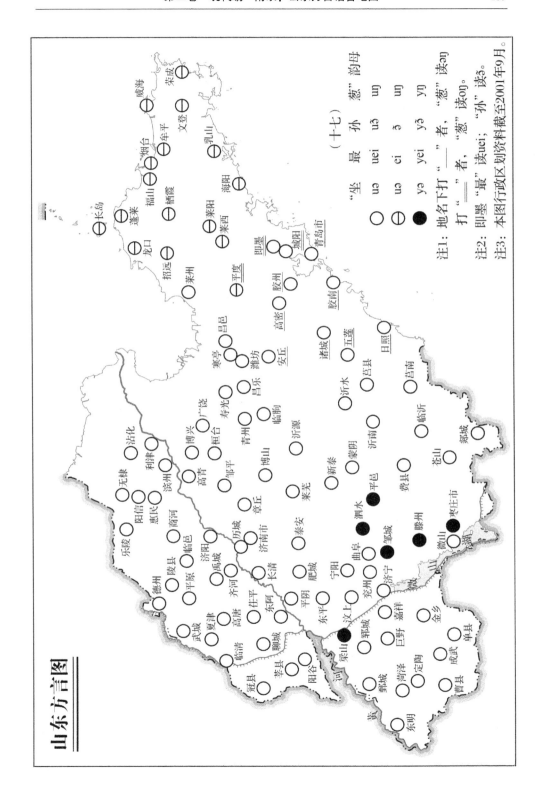

山东方言图

（十七）

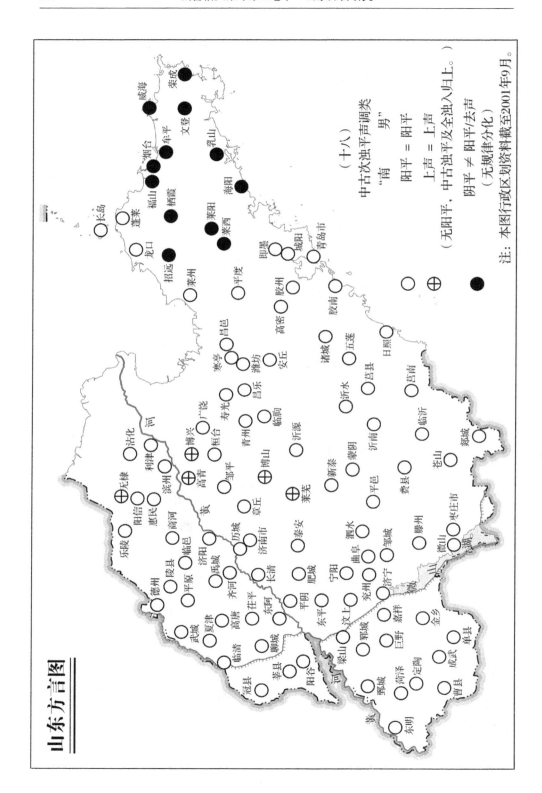

山东方言图

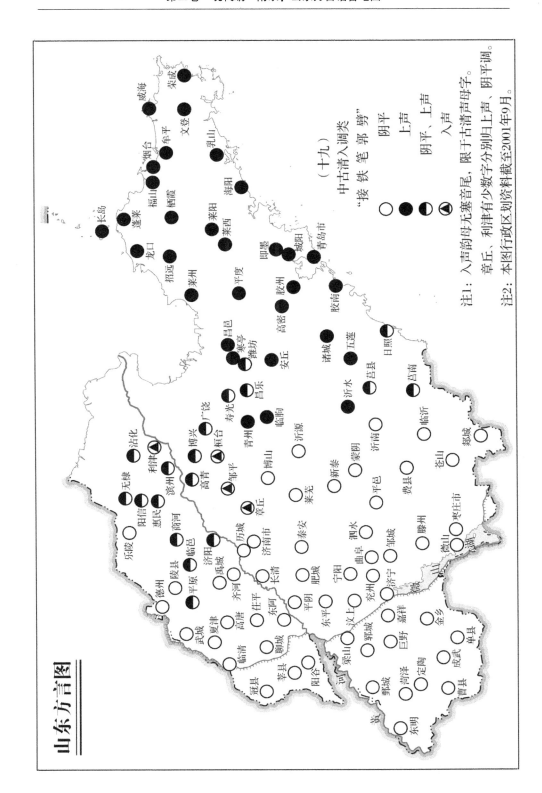

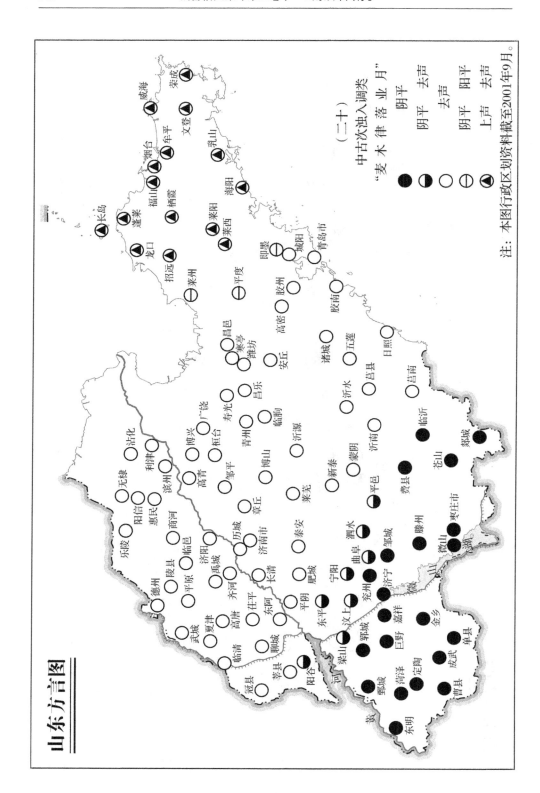

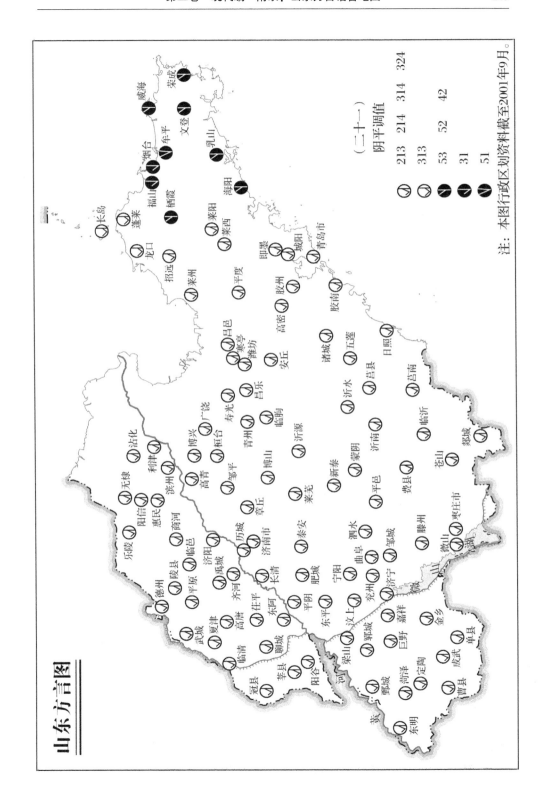

山东方言图

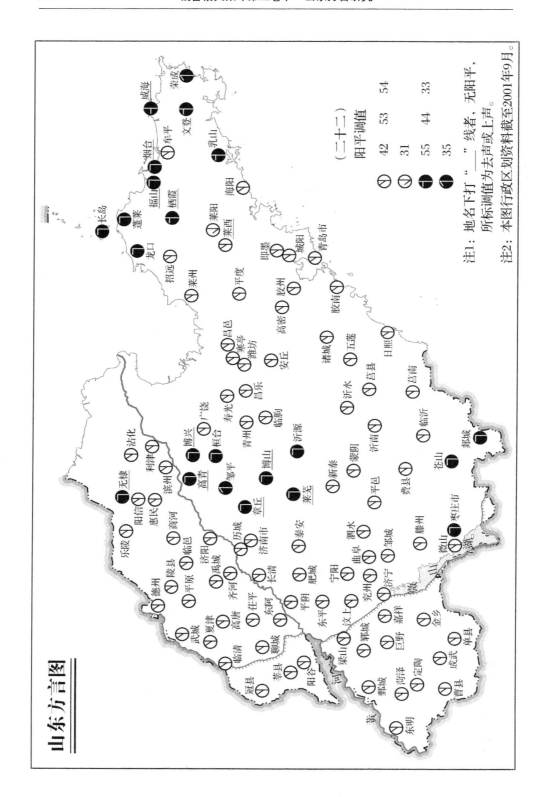

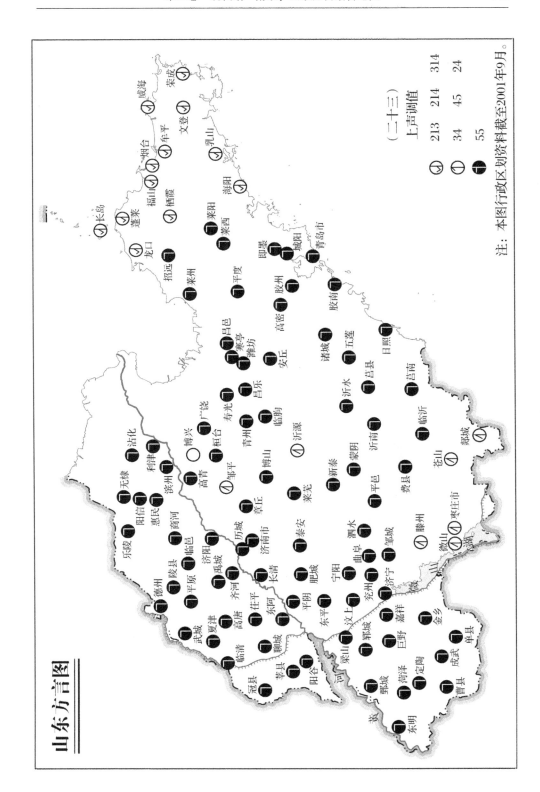

山东方言图

注：本图行政区划资料截至2001年9月。

（二十三）
上声调值

213　214　314
34　45　24
55

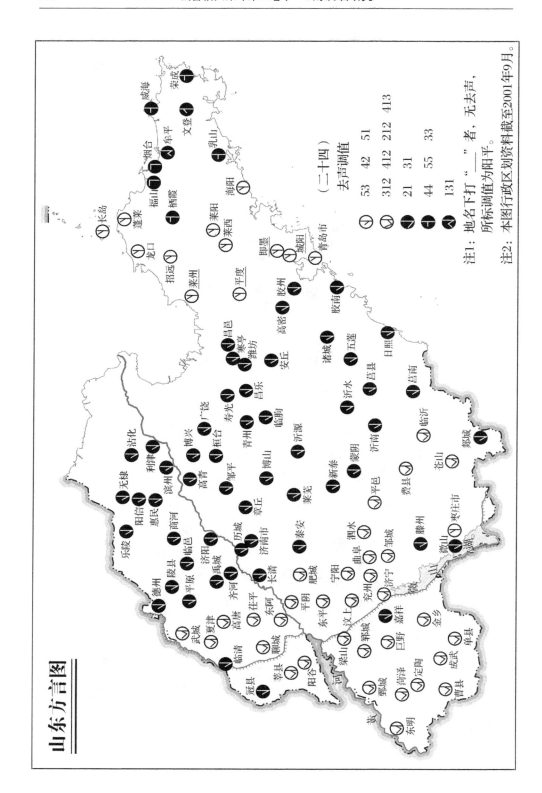

第二章　词　汇

　　词汇就是语言中所有词语的总汇，它是语言的三大构成要素之一。山东方言的词汇既具有北方方言的一般特点，又具有自身鲜明的特色。正是这些鲜明的特色，形成了山东方言词汇的区域性特征。虽然由于山东特殊的历史、地理环境，这些区域性特征在山东方言内部还呈现出多姿多彩的情状，但其内部的一致性还是很强的。

　　在这里，我们无意对山东方言词汇进行一般性的描述，仅就其特殊词语进行多维的分析，然后从东区的东莱片、东潍片和西区的西齐片、西鲁片中选取 10 个有代表性的方言点，将其 1000 多条词语用表格的方式胪列，读者或许可以从中体会到山东方言词汇的鲜明特点。

第一节　山东方言特殊词语的分析研究

一　山东方言中保留的古语词与古语素

　　山东地处黄河下游，是中华民族的发祥地之一，有着极其悠久的历史。山东方言自然也是由来已久，在西汉扬雄的《方言》中，齐、鲁、青、兖、海岱、东齐方言就占有很大的比重。在现代山东方言里，保留了不少古语词或古语素。如：

褯子：尿布	佮：相处，结交
菢窝：孵化小鸡等	揞：以手用力压住
铁疏：铁锈	啍：用手往嘴里塞食物
铁：用斧子切削	攂：砸，击
埲：尘土四起	撱：撕
药铫子：煎药用砂锅	搋：手握成拳上下用力揉压面团等
蜈蟒：蝉名	嗽（嗍）：含吸，吮吸
垡子：耕起的土	起垡：土地好耕
牸牛：母牛	突：烟囱
敁：用筷子夹菜	洐：小饮，吮吸
蹀躞：来回地走，奔忙	殇：未成人而死

试举几例以明其源：

妗子　舅母。此为宋代语词，在今他处方言中较罕见。《集韵·沁韵》：妗，巨禁切，"俗谓舅母曰妗"。宋蔡絛《铁围山丛谈》卷一："今七夕节在近，钱三贯与娘娘充作剧钱，千五与皇后，七百与妗子充节料。"宋张耒《明道杂志》："经传中无'婶'与'妗'字……妗字乃舅母二字合呼也。"章炳麟《新方言·释亲属》："幽侵对转，舅妗双声。故山东谓舅妻曰妗。"清蒲松龄《聊斋志异·公孙九娘》："儿少受舅妗抚育，尚无寸报。"

㜃 禽鸟下蛋。字亦作"㜣"。此为先秦遗语。《说文解字·女部》："㜃，生子齐均也。"本义为生子多而素质均匀。引申为蕃殖。《玉篇·女部》："㜣，孚万切。产㜣也。"《广韵·愿韵》："㜃，㜃息也。"唐玄应《一切经音义》卷九："今中国谓蕃息为㜃息。"而后词义范围缩小，专指禽类生蛋。元曹明善《沉醉东风·村居》曲："㜃弹鸡，和根菜。"清蒲松龄《蓬莱宴》第一回："燕子头上去㜃蛋。"可见山东方言中的此词由来已久。

窎远 遥远，偏远。"窎"字由来已久，其本义为深邃，《说文解字·穴部》："窎，窎窅，深也。从穴，鸟声。"引申为遥远、偏远。如宋周邦彦《倒犯·新月》词："淮左旧游，记送行人，归来山路窎。"宋杨泽民《倒犯·蓝桥》词："琴剑度关，望玉京人，迢迢天样窎。"《元史·食货志一》："至元三年，诏窎户种田他所者，其丁税于附籍之郡验丁而科，地税于种田之所验地而取。"而且其使用范围也比较广，明代李实的《蜀语》就说："远曰窎。"说明当时的蜀地也有此语。"窎远"成词，当在有宋之时。宋李纲《再乞招抚曹成奏状》："虽已具奏道依近降圣旨，踏逐军马，道路窎远，见今阻隔，卒难办集。"《初刻拍案惊奇》卷二十："（李克让）本是西粤人氏，只为与京师窎远，十分孤贫，不便赴试。"今山东牟平、潍坊、新泰等地方言中"窎远"一词常用，且有"窎脚"(不顺脚)、"窎梢"(偏僻)等词。可见"窎"作为词素，在山东方言里还很活跃。

待诏 旧称理发师。该词颇有来历。其本义为等待诏命，如《文选·扬雄〈甘露赋〉序》："孝成帝时，客有荐雄文似相如者……诏雄待诏承明之庭。"汉代征召士子而未有正官者，均待诏公车，其特异者待诏金马门，备顾问，后遂以待诏为官名。《汉书·王莽传》："莽诛灭待诏，而封告者。"唐有翰林待诏，负责四方表疏批答、应和文章等事。直到明清之时，翰林院属官仍有待诏，掌校对章疏文史，为低级事务官。唐代不仅文词经学之士，即医卜技术之流，亦供直于内廷别院，以待诏命，因有医待诏、画待诏等名称。供奉内廷的技艺人必须是技术超群的，宋元以来，民间就以"待诏"作为对各种技艺人的尊称。如宋司马光《涑水纪闻》卷三："太宗好琴棋，待诏多江南人。"《京本通俗小说·碾玉观音》："这个女子不受福德，却跟一个碾玉的待诏逃走了。"此为治玉艺人。《梧桐雨》四折："这待诏，手段高，画得来没半星儿差错。"此为画师。《水浒传》第四回："智深走到铁匠铺门前看时，见三个人打铁，智深便道：'兀那待诏，有好钢铁么？'"此为铁匠。《醒世恒言·吕洞宾飞剑斩黄龙》："看那娘子，正与浇蜡烛待诏说话。"此为蜡烛匠。山东平度、胶南、日照、诸城、潍坊等地称理发师为"待诏"，亦当本此而来。

二 与独特的社会历史文化有关的特殊词语

词语是社会生活的真实写照，社会上出现了什么事物，就会有相应词语来反映这一事物。一般而言，事物消失了，记载该事物的词语就会消失，但有时却不然。因此，某些特殊的词语往往就成为研究某些社会现象的活化石。在山东方言里，就有几个与社会历史文化有关的非常特殊的词语。如：

三本　在博山方言里，人们管汉奸叫"三本"，外地人听了往往莫名所以。究其原因，乃是因为在博山方言里，"日"字的读音跟"二"字相同，"日本"读同"二本"。日本侵华期间，在博山一带作恶多端，犯下了许多滔天罪行，老百姓痛恨不已。而那些汉奸助纣为虐，为虎作伥，老百姓自然也是恨之入骨，乃据"日本"之谐音"二本"，称其为"三本"，将其丑恶嘴脸形象地表现了出来，这倒颇具蒲松龄先生"刺贪刺虐入骨三分"的笔法。

识字班　在诸城、沂水、临沂等地方言里，对姑娘有一个饶有情趣的称谓，那就是"识字班"。这个称谓可以说是一块活化石，记载着一段非常有纪念意义的历史。在漫长的历史时期，广大民众尤其是农村大众的文化水平极低，因此，解放初期，在全国掀起了广泛的扫盲运动，组织群众学习文化，成立了各种"识字班"，按年龄和性别分班。由于女青年班坚持得最好，成绩也最突出，所以就称女青年为"识字班"。随着教育事业的发展，扫盲运动早已宣告结束，而"识字班"这个对姑娘的专称，则仍然记载着这段鲜活的历史。

两乔 (儿)、**连乔** (儿)　乔，亦作"桥"。这是山东济南、沂水、章丘、博山、泰安、新泰、郯城、枣庄、曲阜、济宁、单县、东平、阳谷、聊城、临清 (以上"两乔")、胶南、日照、寿光、无棣、宁津 (以上"连乔") 等地对"连襟"的特殊称谓方式。从它的分布可以看出，该词在山东方言中具有广泛性。该词的历史渊源可上溯到三国时期。据《三国志·吴志·周瑜传》记载：孙策欲取荆州，以周瑜为中护军，领江夏太守，让他跟随攻打皖城，顺利地攻克皖城。"时得桥公两女，皆国色也。(孙) 策自纳大桥，(周) 瑜纳小桥"。在山东方言里连襟还有许多别称，如"一刀剁不断"(德州)、"一条绳儿"(利津)、"两来拽"(临沂)、"一担挑儿"(临朐)、"桥梁洞"(曲阜)、"一条船儿"(东明)、"割不断"(诸城)、"一根檩"(菏泽)、"两搭桥儿"(聊城) 等，名称虽异，取意则同。宋代马永卿《嬾真子》卷二："《尔雅》曰：两婿相谓为亚。注云：今江东呼同门为僚婿。《严助传》呼友婿，江北人呼连袂，又呼连襟。"三国吴地的故实，在今日山东竟然如此普及，则恐怕与宋元以来的杂剧、戏曲有关。如《幽闺记》第四十出："文兄武弟襟相联，乔公二女正芳年，孙策周瑜德并贤。"在聊城等地，这个"乔"字甚至还能作为语素构成新的词语，如"乔外甥儿"(连襟的儿子)、"乔外甥女儿"(连襟的女儿)。

坐红椅子　新泰、济南、利津、金乡等地称考试最后一名。荣成叫"坐红漆板凳儿"，莱州叫"坐小椅子"，亦同。旧时考试完毕后，一般按考试成绩排列学生名次，并张榜公布。榜上的名字写完后，用红笔打一个红钩儿，表示到此为止。这个红钩儿正好落在最后一名学生的名字上。由于红钩儿的形状类似椅子的拐角，故以此戏称。《镜花缘》第六十七回："紫芝把脸红一红道：'舅舅还说不屈，单单把我考在红椅子上！我还要问舅舅不依哩。'"《李宗仁回忆录》第二章："现在考试又两次坐红椅子，使我分外觉得难为情。"《镜花缘》的作者李汝珍为北京大兴人，李宗仁为广西桂林人，看来在近百年前，该词的通行范围仍然较广。

而到如今仍如此活跃，恐怕只有山东方言了。

三　与独特的地理环境有关的特殊词语

山东的地理环境很是特殊，既有广袤的陆地，又有汹涌的大海，既有无垠的平原，又有嵯峨的山区，既有挺拔的山峰，又有奔腾的大河，既有肥沃的良田，又有浇薄的碱地……反映在语词方面，也就形成了自己独有的特色。

1. 特殊的地名、地貌用词

夼　两山之间的大沟。为胶东地区地名常用字。如：

烟台有胡家夼、姜家夼、下大山夼、福临夼、前七夼、小东夼；

牟平有刘家夼、天齐夼、梨树夼、上垛玉夼、九龙夼、北堠子夼、东屯车夼；

荣成有董家夼、西于家夼、柳夼、马草夼、裕夼、雨夼沟、甲夼马家、夼子河；

文登有东李家夼、小七夼、东车门夼、窑夼、长夼、佛东夼、青龙夼、长夼店子；

乳山有正甲夼、宅子夼、孙家夼、改造夼、车家夼、上夼、东夼钟家；

威海有李家夼、陶家夼、王家夼、双寺夼、前亭子夼、马夼；

栖霞有香夼、小夼、獐儿夼、李博士夼、寨山夼、灵山夼、安子夼、马蹄夼；

莱阳有徐家夼、梁家夼、南张夼、石桥夼、老树夼、崖夼、东孙家夼；

海阳有石人夼、中山夼、山水夼、榆山夼、韩家苇夼、松树夼；

蓬莱有下寺夼、遇驾夼、燕子夼、夼沟、接夼施庄、接夼司家、接夼李家；

平度有东上夼、九里夼、谭家夼、铁夼。

疃　村庄，屯。作为地名用字，"疃"由来已久。唐唐彦谦《夏日访友》诗："孤舟唤野渡，村疃入幽邃。"元郑廷玉《看钱奴》第三折："你和俺须同村共疃近邻庄。"《水浒传》第六十三回："前有庾家疃，列成阵势，摆开一万五千人马。"而用得如此普遍，则唯有胶东地区。如：

烟台有褚佳疃、姜家疃、卫家疃、善疃、王家疃；

牟平有黄家疃、石家疃、西留疃、阎家疃、邹家疃、李家疃、贵家疃、林家疃；

文登有张家疃、西于疃、旺疃、东孙疃、曲疃庄、麦疃后；

乳山有花家疃、黄疃、张家疃、史家疃、辛家疃、小疃；

威海有孙家疃、万家疃、王家疃、毕家疃、卢家疃、徐家疃、姜家疃；

栖霞有苏家疃、大中疃、北榆疃、马家疃、占疃、孙疃、马疃；

莱阳有褚家疃、杨家疃、西赵疃、大吕疃、姜疃、徐疃庄、贺家疃；

海阳有李家疃、秀家疃、大夫疃、姜家疃、刘家疃、路疃、纪疃；

平度有兰家疃、棣家疃、任家疃、东崔家疃、东潘家疃、东郝家疃、大疃、马疃；

莱西有杜家疃、大李疃、张家疃、潘家疃、范家疃、王家疃、大疃、下疃。

峪　山谷。清刘书年《刘贵阳说经残稿》："两山之间谓之峪，峪必有平地，数顷或数十顷不等。"作为地名用字，"峪"在他处也偶或有之，如甘肃有嘉峪关，陕西终南山有汤峪，山西有胡家峪、沙峪、东峪、桐峪等，但用得如此普遍，则只有鲁中山区。如：

济南有泉子峪、葫芦峪、万粮峪、天晴峪、青杨峪、西系峪、马家峪、岔峪；

长清有梨枣峪、第四峪、东夏峪、孙家峪、薛家峪、水泉峪、清泉峪、德峪；

章丘有西周峪、西南峪、三王峪、马家峪、朱家峪、孟家峪、黑峪庄；

泰安有彭家峪、胡家峪、上赵峪、大南峪、扫帚峪、宦家峪、花果峪、沙峪；

莱芜有野槐峪、姜家峪、罗汉峪、桑梓峪、上豹峪、菅家峪、程家峪、陈角峪、龙巩峪、麻峪、桃峪；

新泰有太公峪、下豹峪、程家峪、魏家峪、上西峪、大涝峪、大西峪、年家峪、西山草峪、北天井峪；

沂源有鄢家峪、池家峪、豹家峪、桑家峪、西南峪、陡起峪、薛家峪、旋峰峪；

沂南有罗圈峪、东南峪、张铁峪、谢家峪、王家峪、朱家峪、白家峪、下峪；

沂水有杨家峪、阎家峪、过虎峪、狼王峪、大暖峪、下虎峪、对崮峪、芝麻峪；

费县有齐家峪、沟北峪、陈家峪、葛家峪、楼子峪、白马峪、石老婆峪；

蒙阴有王家峪、对景峪、石峰峪、王去峪、牛头峪、青石峪、白虎峪、鸡窝峪；

平邑有五家峪、上毛峪、马家峪、老邱峪、香山峪、柿子峪、泉峪；

莒县有彭家峪、刘家峪、车峰峪、上峪、大峪、河峪、下芦峪河。

崮　字亦作"峒"。四周陡峭，顶上较平的山。唐李白《送族弟凝至晏崮》诗："鸣鸡发晏崮，别雁惊涑沟。"晏崮即在山东。陈毅《莱芜大捷》诗："百千万众擒群虎，七十二崮志伟功。"从陈毅诗中所说的"七十二崮"就可以看出，"崮"在沂蒙山区之多，其中最著名的有蒙阴、沂南交界处的孟良崮。其他如枣庄的抱犊崮，蒙阴的南岱崮，平邑的五王崮等。鲁中山区常用作地名用字，如长清有崮山镇，沂水有双崮、对崮峪、马崮峪、小崮头、大崮峪、崮前，费县有崮山前，蒙阴有板崮崖、小板崮前、大崮顶前，新泰有旋崮河。

2．因独特的地理环境而产生的特殊语词

黄河下游地区特别是入海口一带，长期以来因地势低洼，河水泛滥的浸淹和海水潮汐的侵蚀，致使该地区的土壤盐碱十分严重。因此，在该地区，也就出现了较多的反映这一现象的语词。如利津方言，就有如下一些非盐碱地区没有的特殊语词：碱场（盐碱地）、红毛碱（粘土质盐碱地）、白毛碱（沙土质盐碱地）、油碱场（寸草不长的碱地）、二巴碱（半碱地）。

山东有漫长的海岸线，鱼盐蜃蛤十分丰富，山东的水产业有"海上山东"之称。因此，反映水产业的特殊语词自然也非内陆地区的方言所具备。如荣成方言，其反映"渔业及海产"的词语，就堪称大观，王淑霞的《荣成方言志》就记载了139条。在此试举几类，读者或许可以从中感受到其分辨的细微程度：①捕鱼方式类：勒（用网捕）、放网（到深海中去捕鱼）、打挂子（用挂网在离岸较近的地方捕鱼、虾）、拉地网（用大马力的船去深海捕捞）、下线（一种用线上挂钩的捕鱼方式，第一次退潮时将线放到海里，第二次退潮取回）。②鱼类：鲤鱼、青鱼、鲫鱼、梭鱼、乌鱼（乌贼鱼）、花鱼、鱿鱼（体形较长的枪乌贼）、胃增子（体形较短小的枪乌贼）、刀鱼、针鱼、鲞鱼、丁鱼（沙丁鱼）、蛸鱼（章鱼）、鲌鲅（鲌鱼）、鲅鱼、黄鱼、镜鱼（鲳鱼）、加鱼（加吉鱼）、鳝鱼（海鱼，类似黄鳝）、黑鱼、尾鱼（辫子鱼）、扁口鱼、老婆鱼（老板鱼）、大口鱼、面条子（银鱼）。③贝壳类：蛤儿（蛤蜊的通称）、蛎子（牡蛎，长在礁石上）、滚滩蛎子（不长在礁石上的蛎子）、毛蛤、泚蛤、面蛤、鲜蛤、锅蛤、海蒲蛤儿（扇贝）、海红蛤儿（海红）、蛏子、蛙螺、蛙螺拳、王八拐、拖螺、老娘儿避脐、波螺、夫波螺、香波螺、钉波螺。

四　与生活习惯、民俗有关的特殊语词

一方水土养一方人。在长期的历史发展过程中，齐鲁儿女养成了自己独特的生活习惯，也形成了独具特色的民俗文化。词汇作为反映人类生活的语言符号系统，自然也记载下了反映这些事象的特殊词语。

1. 特殊饮食词语

俗话说："民以食为天。"可见饮食文化在日常生活中的地位是何等重要。就全省范围而言，山东民众的日常食品自然是丰富多样的，但从传统的主食上说，全省大致可以划分两个区：胶济铁路以南，从济南南下的京沪铁路以东，以吃煎饼为主（"煎饼卷大葱"甚至已经成为山东传统饮食的代称），其余则以吃玉米饼子为主。

煎饼　用五谷杂粮摊制的食品。最好吃的煎饼，用七分小米三分黄豆磨浆制成，但其余各色粮食，包括鲜地瓜头、青玉米粒几乎无不可做煎饼原料。青州一带的山里人把做柿饼削下的柿皮加在粮食里，混合磨浆，摊成煎饼，更是别有风味。煎饼的种类很多，从原料上说，有米面煎饼、豆面煎饼、玉米面煎饼、高粱面煎饼、地瓜煎饼、菜煎饼等；从口味上说，有咸煎饼、酸煎饼、甜煎饼、五香煎饼、糖酥煎饼。煎饼在日常生活中如此重要，摊制煎饼的"鏊子"（一种下有三足的平底铁锅）与"煎饼笓子"（将料浆摊平用的"丁"字形木板）自然也就不可或缺。淄川有一个谜语："一个鏊三根腿，光吃干粮不喝水。"说的就是鏊子。沂水有句俗语："热鏊子待个冷饼。"说即使是有嫌怨的人，也顺便热情招待他。从这些不难看出，它们与我们生活的密切关系。

甜沫儿　这是流行于鲁西地区及东部的青岛、诸城、潍坊等地的粥饭。潍坊称"油粉"，阳谷称"豆沫子"，济宁亦叫"粥"，东平又称"呼拉汤"。其正统的做法是先一日将花生仁、黄豆粉分别用水泡着，再把水泡过的小米磨成糊。做时，先用葱姜末爆锅，放豆腐条略炒，加水，加去皮、破瓣的花生仁，加豆子、豇豆、粉条等，开锅后加进小米磨糊，烧开后加青菜末。盛入碗内后，再加胡椒面。看来虽是一味小吃，加工起来还真够麻烦的。

糁　这是临沂的一种古老小吃。制糁必用麦仁，且最好是大麦麦仁。做糁时先将麦仁熬成粥，再倒入特制鸡汤锅内烧沸，再加面粉水糊，撒胡椒面，碗内先放鸡蛋皮丝，盛糁后撒葱、姜末，点上几滴香油，加少许醋。这就是风味独特的鸡肉糁。此外还有牛肉糁、羊肉糁、猪肉糁等。

2．婚俗特殊词语

传启 这是正式签订婚约的一种形式。各地的叫法有所不同，有"投启"（诸城）、"送柬儿"（牟平）、"送婚柬"（青岛）、"下媒契"（胶南）、"过小帖儿"（德州）、"落帖"（临清）、"过号儿"（宁津）、"下小柬"（济南）、"换帖儿"（聊城）等。传启时各地都有一些讲究。如沂蒙山区，男女双方各找一个上有父母、下有子女且比较熟悉各种礼仪的男人，同媒人一起，由男家动身传启。他们将一个里面包有红筷子（谐音鸿福）、红糖（寓意甜美）、香、艾（谐音相爱）、一对穿着红线的针（意为美满姻缘一线牵）和启柬的包袱送到女家；女方将回启连同衣帽等礼物放在包袱内，令其带回。从这个婚俗不难看出，人们对婚姻是抱着多么美好的憧憬。

上床石 这是寿光一带的方言词。结婚时洞房中在床（炕）前放一块石头，新娘踏之以登床。之所以有此习俗，乃是取其谐音"上床拾"。在山东方言中，"拾"是生育的意思，如分娩，长岛话说"拾了"，寿光、博山说"拾孩子"；荣成把孕妇临产了叫"好拾了"；接生婆，曲阜称为"拾娃娃的"，荣成、胶南、宁津、泰安等地称为"拾孩子的"，枣庄称为"拾婆婆"；德州、新泰等地则管接生叫"拾小孩儿"、"拾孩子"。舍"分娩"、"生育"、"接生"诸词语而用"拾"，乃取其轻贱易养。由此可见，上床石的真正含义乃是祝愿新娘早早怀孕、多子多福。随着婚姻法的普及与独生子女政策的落实，该词恐怕也要进入历史档案馆了。

饿床与坐床 这是牟平一带两个相互关联的特殊婚俗词语。"饿床"是女子出嫁前几天的节食、节饮行动，因为以前"坐床"（也称"坐帐"）要坐三天，如果婚礼前吃喝太多，坐床时需要频频如厕，而闹洞房的人又多，那就会很难堪。后来改为一天，或象征性地坐一下午，婚前"饿床"的痛苦过程就轻了许多。

五　与人们的心理有关的特殊词语

1．因神灵崇拜而产生的特殊词语

老爷爷儿 这是济南、泰安、曲阜、东平、聊城等地对"太阳"的称呼方式，德州称"老爷儿"，无棣、宁津、临清等地称"爷爷儿"，基本上都是同一个意思；单县竟称太阳为"天地"。这自然是日神崇拜的结果。太阳赐给大地光明和温暖，如果没有太阳，万物将无法生存，人们又怎能不对它顶礼膜拜呢！鲁西北地区的一些地方，人们常在二月一日早晨聚集野外接太阳，这天还有吃太阳糕的习俗。宁津一带甚至将六月十九日当作太阳的生日，每到六月十八日晚，各村寺庙中就锣鼓喧天，老年妇女于当晚住在庙中，念经诵佛。至黎明时分，列供燃香，向东致祭，至太阳出来始止。

月奶奶 这是泰安等地对"月亮"的称呼方式，德州、济南称"月亮奶奶"，章丘称"月明奶奶"，诸城、临朐、寿光称"月妈妈儿"或"妈妈儿"，基本上也是一个意思（该三地称奶奶为"妈妈"）；郯城、枣庄、曲阜、济宁、单县、东明、东平、聊城、临清等地则称"月姥娘"，东明又称"月婆婆"，辈份也相当；济宁又称"月爷爷"。显然，这是月神崇拜的结果。

魏大哥　这是沂水方言对"黄鼠狼"的称谓方式。这是灵物崇拜的结果。旧时山东民间对黄鼠狼一般忌讳直呼其名，通常称为"黄仙"、"老黄家"。据说黄鼠狼有灵性，能给人以祸福，年深日久还会得道成仙，变幻人形。如果它对人有什么要求，人们如果给予满足，它会给人以酬谢，否则人们就将受到报复。随着社会的发展与科技的进步，人们对灵物的崇拜心理已经基本消失，"魏大哥"这种称谓方式，恐怕也只在某些地区残存了。

长虫　山东普遍称蛇为"长虫"，荣成甚至称之为"长长"。这也是灵物崇拜的结果。旧时蛇被看作是神虫，据说它到了谁家，谁家就添财，伤害它们就会遭受祸害。如此厉害的神虫，怎敢直呼它的大名，人们只好据其形而称之为"长虫"了。

2. 因避忌而产生的特殊词语

避忌包含禁忌与避讳，它与崇拜可以说是一对天生的孪生子，因为趋利与避害本来就是一个事物的两个方面。由于有了对长寿、富贵的崇拜，也就有了对夭折、贫贱的避忌；由于有了对美善、高雅的崇拜，也就有了对丑恶、卑俗的避忌。禁忌是建立在神灵崇拜和巫术信仰基础上的一种民间信仰，大多带有迷信成分，须严格遵守，一旦犯忌，就要想法破解。而日常生活中的避讳，则常常是爱憎情感和道德观念的反映，犯忌没有信仰上的恐惧，只有情感上的不悦与道德上的内疚。随着社会的发展，避讳逐渐增多，其中一些行之于公众场所和处理亲友关系的趋雅避俗的避讳语，甚至有从礼貌进而规范为礼仪的趋势。有些避讳语一旦产生，就会在某些特殊的阶层迅速扩散，如"一号"，本来或许是在某公共场合想上厕所而被人问及时信手拈来的避免尴尬的避讳语，殊不知言者无意，听者有心，于是一传再传，"一号"也就成了厕所的婉称。

忌讳　山东许多地方把"醋"称作"忌讳"。醋是一种与人们的生活密切相关的佐餐物品，特别是吃饺子的时候，如果没有醋，那将不知失去多少滋味。看来，"吃醋"本不是问题。但是，由于在嫉妒时心里酸溜溜的，就像吃了醋一般，因此，"吃醋"一词已是别有用场，比喻产生嫉妒情绪，且多用在男女关系方面。如《初刻拍案惊奇》卷三十二："只怕你要吃醋拈酸。"《红楼梦》第六十八回："凤姐忙下坐还礼，口内忙说：'缘因我也年轻，向来总是妇人的见识，……我并不是那种吃醋调歪的人。'"又："凤姐照（尤氏）脸一口唾沫，啐道：'你们尤家的丫头没人要了，偷着只往贾家送。……这会子叫人告我，连官场中都知道我利害、吃醋。'"看来是谁也不愿被人看成是"吃醋"的人。于是，"吃醋"一词就成了忌讳，那么把醋叫什么呢？干脆就叫"忌讳"吧。

挣了　饺子煮破了。这是胶东地区在春节煮年饺子时的避忌用语。饺子煮破了，本不是好事，而聪慧的家庭主妇一句"挣了许多"的口彩，则能化忧为喜，特别是在春节这种不寻常的日子，更是如此。相沿与模仿，竟使这一口彩语成为一种风俗。过年煮饺子，家庭主妇要故意搅烂几个在锅里，家里人故意发问："挣了吗？"回答说："挣了。"又问："挣了多少？"回答说："挣了许多。"真是年味盎然，饶有情趣。如果主妇一时语拙，回答说"破了"、"破了许多"，则是弄巧成拙，大煞风景。

第二节　山东方言十个代表点1000词语对照表

方言点＼词语	新泰	济南	利津	曲阜	郓城	龙口	荣成	莱州	沂水	诸城
太阳、太阳光	太阳、老爷爷儿	太阳、老爷爷儿、日头	太阳儿、爷节儿	老爷爷儿	天地儿	日头	日头	日头、太阳	日头	日头、太阳
太阳地儿	太阳地儿	老爷地儿	太阳地儿	爷爷地儿	天地儿	日头地儿	日头窠儿	日头地儿、太阳地儿	日头地儿	太阳地儿
荫凉儿	荫凉地儿	阴凉地儿	荫凉儿、背阴头儿	荫凉儿里、荫荫凉地、凉凉里	荫凉儿、凉凉儿	荫凉儿	背下阴凉、背阴凉的场儿	荫凉儿、荫凉地儿	荫凉儿、背明明	荫凉儿
月亮	月亮、月奶奶	月亮	月（圆）么地儿	月老娘	月姥娘、月明地儿	月婆婆、月亮	月儿	月亮、月圆儿、月妈妈儿	月明	月明、月妈妈
月亮地儿	月亮地儿	月亮地儿	月亮地儿	月亮地儿	月亮地儿、月明地儿	月亮地儿	月亮地儿	月亮地儿	月明地儿	月明地
日晕	雨圈连	日晕、风缺连	风、风缺亮	日奎三环、风圈	风圈	风圈儿	风圈		风疙拉	日晒四耳
月晕	风圈连	风缺连	风、风缺亮	风圈儿	风圈儿	雨圈儿	月儿园子	风格拉	风疙拉	风疙拉儿
日蚀	天狗吃太阳	日蚀	日蚀	日蚀	日蚀	天狗吃日头	天狗吃日头	日食、日头叫天狗吃了	日蚀	日子食
月蚀	开狗吃月亮	月蚀	月蚀	月蚀	月蚀	天狗吃月亮	黑月儿吃白月儿、天狗吃月亮儿	月食、天狗吃月亮儿	月蚀	月子食
星星	星	星	星儿	星星	星星	星星	星儿	星儿、星星儿	星星儿	星
流星	贼星	贼星	贼星	贼星	贼星	贼星	贼星	贼星儿、流星儿	贼星	天星、老鼠贼

方言点 词语	济南	新泰	利津	曲阜	邹城	龙口	荣成	莱州	沂水	诸城
彗星	扫帚星	扫帚星	扫帚星	扫帚星	扫帚星	扫帚星	扫帚星	扫帚星儿、扫帚星	扫帚星	彗星
启明星	启明星、大白金星	冒拉星、星	三卯时	晨星	烧毛子星	毛星	毛愣星	毛旋儿星	参儿门儿	金星
北斗星	北斗星	北勺星	杓子头儿	北斗星、勺子星	勺子星	北斗	勺子星	勺子头星儿	勺子头星	北斗星
银河	天河	天河	天河	天河	天河	天河	天河	天河	天河	天河
打闪	打闪	打闪	打闪	打闪	打闪	打闪	打闪	打闪、霍闪	打闪	打闪
打雷	打雷	打雷	打雷	打雷	打雷	打雷	打雷	打雷、霍雷	打雷	打雷
霹雳	呱拉	呱嗒	呱嗒	打雷	响雷	劈雷	雷打了	打雷、霍雷	刮拉	劈雷
雷声	雷声、劈雷	劈	劈	劈雷	龙抓	雷打了	雷打了	呼抓了	霹雳	雷
云	云、云彩	云彩	云彩	云彩	云彩	云彩	云彩	云、云彩	云彩	云彩
毛毛雨	牛毛毛雨、牛毛(细)雨	牛毛雨、溅子雨、星子雨	溅松子雨、小溅雨	牛毛雨、毛毛雨	雾细、蒙星	牛毛细雨	雾露沙子、蒙星雨	溅溅雨、牛毛细雨	雾霏毛	毛毛雨、萝细雨儿、小雨儿
暴雨	暴雨	雷暴雨	麻线溜子雨	大麻杆儿雨	暴雨	樑杆子雨	暴雨	暴雨	暴雨	大雨
大雨	大雨	大雨	麻线溜子雨	大麻杆儿雨	暴雨、雷雨、暴雨	大雨	大雨	大雨	大雨、连牟子雨	大雨
大雪	鹅毛大雪	鹅毛雪、棉花套子雪	棉花套子雪	鹅毛大雪、棉花头	鹅毛大雪	鹅毛大雪	大雪	棉花瓢子、大雪	鹅毛雪	棉花瓜子
雪霰子	饭不拉子	雪珠珠	饭巴拉子	霜子	雪糁子	雪豆儿	凝子、渣子儿、棒棒豆、雪	截、半不拉子、饭不拉	盐粒子	雪霄子
连阴雨	连阴雨	连阴雨	连阴雨	连阴天	连阴雨	连阴雨	下涟雨	连阴雨	连阴雨	连阴雨

方言点 / 词语	新泰	济南	利津	曲阜	郯城	龙口	荣成	莱州	沂水	诸城
冰冻	冻	冰、冻冰	冻冰	冻冰	冻溜	冰	冰	冻冰	冻冰	冻冻
结冰	上冻	结冰、上冻	上冻	上冻	上冻	上冻	上冻	上冻	结冰、上冻	上冻
封冻	封冻	封冻	封冻	封冻	封冻	上冻	封儿冻了	上冻了	上冻	上冻
化冻、冰融化	化冻	化冻	化冻	化冻	化冻儿	化冻了	化冻	化冻	化冻	化冻
冰雹	雹子	雹子、冷子	雹子	雹子	雹子	雹子	雹子	雹子	雹子	雹子
冰锥	琉琉	冻冻凌子、凌锥、冰凌、琉琉琳	凌锥	琉璃	琉璃	腊八	股子凌	谷穗凌	琉琉	冻冻凌子
早霞	早霞	早霞	早霞	早霞	早霞	朝霞	烧红	烧红	东烧	早照
晚霞	晚霞	晚霞	晚霞	晚霞、火烧天	晚霞	火烧云	日落红、烧红	照红	西烧	晚照
霜	霜、霜雪	霜	霜雪	霜	霜雪	霜	霜	霜	霜、霜雪子	霜、霜雪子
雾	雾、雾露	雾	雾露	雾	雾	雾露	雾露	雾露	雾露	雾露
虹	虹	虹	虹	虹	虹□tsiaŋ312星	虹	虹	虹	虹	虹
顶风	顶头子风	顶风	顶风、戗风	迎风	顶风	顶着风	抢着风、迎着风	顶风	顶风、戗风	顶风
风停了	煞风	住风、刹风	煞风	煞风了、风停了	刹风	住风了	煞风了、住儿风了	刹风	刹风	不刮风了
下雨	下雨	下雨	下雨	下雨	滴点儿、滴星	下雨、下雨儿	下雨	下雨、掉点	下雨	下雨
潲雨	潲	潲	潲	潲雨	潲雨	潲雨	潲雨	潲雨	潲雨	潲雨
雨停了	雨停了	住雨啊	住雨了	不下了	住点儿	住雨了	住儿雨了、停儿雨了	住雨了	雨停了、住	不下雨了
旱	旱天	天旱	早了	旱	旱	旱	天放干	天旱、天干	旱	天旱、天干

词语＼方言点	新泰	济南	利津	曲阜	郓城	龙口	荣成	莱州	沂水	诸城
游	游	游两	游丁	游天、游丁	游	游	天放游	游、水淹了	游	游丁
去年	去年、年时	去年、年时	上年	年时	年时	去年	去年、头年	头年、上年	上年、去年	上年、头年
今年	今年	今年	今年	今年	今年	今年	今年	今年	今年	今年
明年	明年、过年	明年、过年	过年	过年	过年	明年	过年儿	明年、过年	过年	下年
每年	每年	每年、每年、见年	见年	每年、年年	年年	年年	年年、每年儿	每年、年年儿	每年	每年
前天	前儿日儿	前天	前日	前儿里儿	前儿门儿、前儿门儿可	前日	前日	前日	前日	前日
昨天	夜来	昨天、夜来	夜来	夜儿里	夜儿门儿、夜儿可	夜来	夜儿	夜来	夜来	夜来
今天	今儿个	今天、今们儿	今日	今儿里	今门儿	今日	今儿	今日	今们儿	今日
明天	明日儿	明天、到明儿	明日	明儿里	明儿	明日	明儿	明日	明日	明日
后天	后日儿	后天	后日	过明儿里	过明儿	后日	后日	后日	后日	后日
大前天	大前儿日儿	大前天	大前日	大前明儿、大过明儿	大前儿门儿	大前日	大前日	大前夜	大前日	大前日
大后天	大后日儿	大后天	外后日	大过明儿、大后天	大过明儿	大后日	大后日	大后日	大后日	大后日
早晨、清晨	大清早、早晨起来	早晨（起来）	清早晨	清早、大清起来	清起来	早起	早起、早朝儿	早晨	未放亮儿	早晨
上午	头晌午	上午、头午	头晌午	头午、头晌午、顶上	晌午	头晌	头晌	头晌	头晌	头午
中午	正晌午	中午、晌午	晌午	晌午、晌午顶上	晌午头儿、晌午上	下晌	晌午	中午、晌午、晌午头儿	晌午	晌晚

词语	新泰	济南	利津	曲阜	郯城	龙口	荣成	莱州	沂水	诸城
下午	过晌午	下午、过午	过晌午	过午、过半午	后晌	过午、晌午	下晌儿、过晌儿	过晌	下晚儿、下晌儿	下晌
傍晚	天黑	傍黑儿天	傍黑天儿、乌马儿	黑、黄儿、傍黑天	挨黑儿、合黑、傍黑儿	傍黑儿、傍黑儿、下黑晚儿	傍黑儿、傍擦黑、擦黑儿	黑天儿、傍平晚儿	上黍影儿、擦黑儿、傍黑儿	傍黑
白天	白天	白天、白夜	白夜	白天、白里	白家	白日	白日、白天	白点儿	白晏	白夜
晚上	后上	晚上、后晌	后晌、黑里	后儿上	黑家	黑日	过晌	下晌儿、下晚	黑晏	后晌
夜里	夜里	夜里	黑夜	黑家里、黑家、半夜	黑家、黑家、半夜里	黑夜	黑里、黑天	黑夜	黑晏	黑夜
这样	这个样儿	这样	这个样儿	这么着	这样	这样	这跨的、这么样儿	这样儿	□zəu213	这样儿、这样
那样	那个样儿	那样	那个样儿	那么着	那样	也样	那跨的、那么样儿	那样儿	□naŋ213	那样、那样儿
怎样	怎着	怎么样	咋着	怎么样	咋着	怎么样	咋的、怎么样儿	怎么样儿	怎么样	怎么样儿、怎样
这里	这里	这里	这咱	这会着	这何	这里	这儿、这场	这来	这里、这个	这里
那里	那里	那里	那里	那里	那何	也里	那儿、那场	那来	那里、那个	那里
这会儿	这时候	这会儿	这咱	这会儿	这样子、一会儿	这会儿	这场、这会儿	这会儿	这盼儿	这会儿
那会儿	那时候	那一会儿	那咱	那会儿	那样子、一会儿	也会儿	那场、那会儿	那会儿	那盼儿	那会儿
多会儿	多咱	多咱	多咱	多咱	多会	多会儿	多会儿	什么时候	什么时候	什么时候、多当

方言点　词语	新泰	济南	利津	曲阜	鄄城	龙口	荣成	莱州	沂水	诸城
什么时候	多咱	多咱、什么时候、多时截	哈时候	多咱	多能、多会儿	多会儿	多会儿、多时候	什么时候	什么时候、什么功夫	什么时候、多咱
这时候	这	这时	这个时候	这时候	这会省	这时	这阵儿	这个时候	这一霎	这时
那时候	那山	那时、那会儿	那时	那时候	那会儿省	恁时	那阵儿	那个时候	那一霎	那会儿
过去,从前	每会、起先、在早	先前、从前、以往、（在）早	早时、早日时	根先、头先、挺先、原先	每儿省、每儿可	过去	在早	过去	早里先、早前	早日、早了、早
将来,以后	再来、往前、往前	往后	再时	来后	来后、往后	以后、将来	往后	今后	往后、以后、将来	以后
元旦	阳历年	元旦、阳历	阳历年	阳历年、新	阳历年	元旦	阳历年	阳历年	阳历年	阳历年
除夕	年三十、除夕	年三十儿、大年三十儿	年三十	年三十儿、除夕	年三十儿、初一	（大）年三十儿	初一黑头	年三十、年三十夕、下晚儿	年三十、除夕、大年三十五更	年除日
春节	年	春节、过年	旧历年	过年	年下、大年初一	过年	过年	年、过年	年	过年
立春	打春	立春、打春	打春、立春、开春	打春儿	打春	立春	过春	立春	开春、打春	打春
麦季	麦里	夏季	麦秋	夏季儿里	麦里	热天	麦季儿	麦季儿	麦口	打麦
元宵节	正月十五、灯节	正月十五、元宵节	正月十五	正月十五	正月十五儿	正月儿十五	正月十五	正月十五	正月十五	正月十五、元宵
二月二	二月二	二月二	二月二	二月二	二月二	二月二	二月二	二月二	二月二	二月二
寒食	三月三、寒食、清明	寒食	寒食	清明	寒食	寒食	清明	寒食	寒食	寒食

方言点 词语	新泰	济南	利津	曲阜	郓城	龙口	荣成	莱州	沂水	诸城
端午节	五月端午	端午、五月端午	五月端阳	五月端午	五月端午儿	五月端午	(五月)端午	五月端午	五月端午	五月端午
七夕	七月七	七月七	七月七	七月七	七月七	七月七	七月七	七月七	七月七	七月七
中元节	七月十五	七月十五	七月十五	七月十五	七月十五儿	七月十五、鬼节儿	七月十五	七月十五	七月十五	七月十五
中秋节	八月十五	中秋、八月十五	八月十五	八月十五	八月十五儿	八月儿十五	八月十五、八月节	八月十五	八月十五	八月十五
重阳节	九月九	九月九、重阳节	九月初九、重阳节	九月九	九月九	九月儿九	九重阳	九月九	九月九	九月九
腊八	腊八儿	腊八	腊八日	腊八儿	腊八儿	腊八	腊八节	腊八	腊八日	腊八日
小年	腊月二十三、平原地	小年	腊月二十三	小年	小年儿	小年儿、辞社	小年儿、辞	辞灶	小年儿	腊月二十三、小年
平地	平原地、平地	平地	平地	平地	平地	平溜地儿	平地儿、平整地儿	平地	平和地	平地
洼地	涝地	洼地	洼地	涝洼地	洼地	洼地	洼涝眼子、洼地	洼地	洼地	洼地
野外	野外	野外、坡里	坡里	坡里	渡洼	泊里	山里、野地里	野外里	坡里	坡里
土丘	高拱儿、高古堆儿	土堆儿	高鼓肚儿	土骨堆儿	崮堆	埂堆	土堆、泥堆	土丘		
山腰	山半截腰	山半截里	半山腰儿	山半腰儿	山半截腰	山腰	山半腰儿	山腰	半山腰	半山腰儿
碱地	盐碱地	碱场地	碱地、碱场	盐碱地	盐碱地	碱地	碱地	碱地	碱地	碱地
贫瘠地	薄地	薄地	孬地、薄地	孬地	薄地、孬地	薄地	槽地	薄地	瘦地	薄地
空地	空场	空地	空地	白荒子地	空地、闲地	空地	白地	空地	闲地	闲地

词语 \ 方言点	新泰	济南	利津	曲阜	郓城	龙口	荣成	莱州	沂水	诸城
荒地	荒地、荒场	荒地	荒场	荒地	荒地	荒地	荒地	荒地儿、淤地儿、淤土儿	荒地	荒地
地方	地处、窝儿、地场儿	地方、地处、地窝	垗儿	地处儿	地份儿	地场	地场	垗儿、场儿、地	垗儿、地场儿	地场、地处、垗儿
河岸	河边儿	河沿儿	河涯	河崖	河崖	河沿儿	河涯	河沿儿、河边儿、河上	河沿儿	河涯
河心	河心	河当中	河当夹	河中间	河当儿当儿	河中间儿	河当个中儿	河心	河心	河心
河滩	河滩	河滩	河滩	河滩	二河滩	河滩	滩子	河滩	沙窝堆	河[水]滩
河堤	河坝	河堤	坝	河堰、河滩	河堤	坝	坝	河堤	河圩	河坝
水坑	泹	水坑	湾、水坑、水洼儿	水汪儿	坑	湾、水凼口	湾、水坑儿	水凼儿	汪	湾、水汪
路	路、道儿	道、路	道儿	路、道儿	路	道	道儿	道儿、路	路	路
角落	角、旮旯儿、旮旯角儿	旮旯儿	角儿、上、旮旯	旮旯	旮旯	旮旯	角儿个落儿	角落	旮旯子	角落、旮旯
硬土块儿	旮旯、旮旯蛋	旮旯	坷垃	坷垃、坷垃蛋子	坷垃头子	坷垃	泥坷块	坷垃	坷垃	土坷垃
泉子	泉子	泉子	泉眼	泉眼	泉水窝	泉	渗水眼子	泉眼儿	泉眼	泉子
泉眼	泉眼	泉眼	泉眼	泉眼	泉水眼	泉眼	渗水眼子	泉子	泉眼	泉子
左边儿	左边	左边儿	左边儿、左面儿	左里手	左边儿、左边儿	左边儿、左面儿	左边儿个落儿、左面儿	左边儿	左边儿	左边儿、左一劈子
右边儿	右边	右边儿	右边儿、右面儿	右外手	右边儿、右边儿	右边儿个、右边儿面儿	右边儿、右面儿	右边儿	右边儿	右边儿、右一劈子

第二章　词汇　157

词语	新泰	济南	利津	曲阜	鄄城	龙口	荣成	莱州	沂水	诸城
中间	当间儿	中间儿、当中间儿	当中间儿	当中	当儿当儿	中间儿	当个中儿、中间儿,不当不中儿	中间儿、当中	当中、当间儿、当中儿	当央儿
附近	近处	近处、附近	近处、近前	附近	着近	附近	四周建儿	旁前、边儿	跟前、大口ka²¹³拉儿	近便、附近
跟前	跟前	跟前	近前	跟前里	跟前	跟前	眼面前儿	跟前儿	跟前	跟前
前边、前方	前边儿	前头	前面儿	前边、头里	前边儿、前面儿,个	前头、前边儿、前面儿	前头、前边、前面儿、里	前边儿	头里、前边儿、里	前边儿、头里
后边、后方	后边	后头	后面儿	后边、头	后边儿、后面儿,个	后头、后边儿、后面儿	后边、后面儿、里	后边儿	后头、脊梁后、里	后边、头、里
上面、上方	上头、上面儿、上面儿	上头	上头	上边、上头	上边儿、上边儿,个	上头、上边、上面儿	上面、上头、上边儿,主上	上头儿	顶儿、上头、上边儿	上边儿、上头、上□tɑŋ
下面、下方	下头	下头	底下	下边、下头	下边儿、下边儿,个	下头、下边、下面儿	下边、下头、下底下	下头儿	底下、下头、下边儿	下边、下头、里
里面	里头	里头	里首	里头	里面、里边儿,里	里头、里面	里头、里边	里头	里头	里边儿
外面	外头	外头	外首	外头	外面、外边儿,个	外头、外面儿	外头、外面	外头	外头	外边儿
边缘、终点	边儿、头儿	边儿上	头上儿	边儿上、头了	边儿上、边儿个上	边儿、头儿	边儿、头儿、外面	边儿、头儿	边儿、头儿	边上、上到里了
各处	四下里	到处	四下里	四下里	各处里	四下里	周四遭、四围	哪里	四下里	处处
到处	摇地里(的)	到处	四下里	各处里	各处里	满哪儿	漫山儿	嘟里	四下里	处处
曾祖父	老爷爷	老爷爷	老爷爷	老老爷	老爷爷	老爷爷	老爹	老爷爷	老爷爷	老爷爷
曾祖母	老奶奶	老奶奶	老奶奶	老奶奶	老奶奶	老奶奶	老婆	老奶奶	老奶奶	老奶奶

词语	新泰	济南	利津	曲阜	郯城	龙口	荣成	莱州	沂水	诸城
祖父	老爷	爷爷	爷爷	爷爷、老爷、爸爸(回)	爷爷	爷爷	爷	爷爷	爷爷	爷爷
祖母	奶奶	奶奶	奶奶	奶奶	奶奶	奶奶	娄	奶奶	奶奶	妈妈
外祖父	老爷	姥爷	姥爷	外老爷、外爷	姥爷	姥爷	姥爷	老爷	老爷	姥爷
外祖母	姥娘	姥娘	姥娘	老娘	姥娘	姥娘	姥儿	姥娘	姥娘	姥娘
父亲	爷	爸爸、伯伯、爹、大	爹	大、大、爸爸、大儿(回)	爹	爹(爹)	爹、大(旧)、俺老爹儿(背)	父亲、爹		爷、大、大、爸、爸(新)
母亲	娘	妈、妈妈、娘	娘	妈、娘、妈妈妈	娘	妈(妈)	妈、俺老妈儿(背)	母亲、娘	娘	娘(旧)、妈(新)
伯父	大、二…老爷	大、二大爷…、伯伯	大爷	大大爷、大儿(回)	大爷	大爷	伯、大爷、老[大]爹	大爷	大爷	大爷、二大爷、三大爷…
伯母	大、二…奶	大、二大娘…、娘娘	大娘	大娘	大娘	大娘	姆、老[大]妈、老妈妈、大妈	大娘	大娘	大娘、二大娘、三大娘…
岳父	爷	大人、岳父	大人(背)	老岳、泰山、老丈人、丈人头、大拐	老丈人(背)、大爷(面)	爹(面)、(老)丈人、丈人爹	丈人、丈人、大人、丈人爹儿	爹(面)、丈人	大爷、大丈爷、大爷(面)	丈母爷(背)
岳母	娘	丈母娘、岳母	丈母娘(背)	丈母娘、丈巴娘、大娘	老丈母(背)、大娘(面)	妈(面)、丈母娘儿、母娘儿	丈母娘儿、丈母娘[子]	娘(面)、丈母娘	娘、丈母娘(面)	丈母娘(背)
叔父	叔	叔叔、叔	叔	叔	叔	叔叔	叔	叔儿、叔儿	叔	二大大、三大大…
婶母	婶子	婶子	婶子	婶子	婶子	婶子	婶	婶儿、婶儿	婶子	婶娘、二婶、三婶娘…

词语	新泰	济南	利津	曲阜	邹城	龙口	荣成	莱州	沂水	诸城
舅父	舅	舅舅	舅	舅	舅	舅舅	舅	舅舅	舅	舅
舅母	舅子	舅子、舅母	舅子	舅子	舅子	舅母	舅姆	舅母	舅子	舅子
姑夫	姑夫	姑夫	姑夫	姑夫	姑父	姑夫	姑夫	姑夫	姑夫	姑夫
姑母	姑	姑、姑姑	姑	姑	姑姑	姑姑	姑、姑妈	姑姑	姑	姑
公公	公公	公公(背)	老爷(背)	老公公(背)	老公(背)、公(面)	多爹(面)、公公	公公	公公	公公、公爹(面)	公公
婆婆	婆婆	婆婆(背)	老娘(背)	婆婆(背)	婆娘、婆(面)	妈(面)、婆	老婆(背)	婆婆	婆婆、娘	婆婆
丈夫	男人	丈夫、男人、他爹	男人(背)	当家的、老头子、大男人	外头	男人、当家的、掌柜的	男人、汉子、老头儿、掌柜	丈夫、男人、丈夫儿	男人、小爹、儿他爹	男人、男的、男头的
妻子	老婆(背)	老婆、家属、他妈	媳妇儿、老婆	屋里的、家里老婆子	家里、媳妇	女人、内当家的	老婆、老子、媳妇的、锅的	妻子、老婆、媳妇儿	媳妇儿、老婆、小孩儿、他娘	老婆、家里
儿子	接脚儿	儿、儿子	儿	儿、小儿	小儿	儿	儿咂	儿子	儿	儿
女儿	闺女	闺女、妮儿	闺女	妮儿、闺女	妮儿	闺娘	闺女	闺女	妮儿、妮子、闺女	闺女
男孩儿	男孩儿、小厮、小小儿	小子、男孩儿	小厮	小(大)闺女、男孩儿	小小儿	小厮	小子、小闺女、儿	小男孩儿、小厮	小厮、男孩儿	小厮
女孩儿	妮子、闺女、小妮子、小妮女	闺女、妮儿、妮子、女孩儿	妮子、闺女	小小妮子、小妮儿、闺女儿	小妮的儿、小妮子、小搭儿	闺娘	闺女、小闺女、小嫚、女儿	小女孩儿、小嫚、女儿	妮儿、妮子、闺女	小闺女子、嫚儿
外甥(孙)/外孙	外甥	外甥	外甥	外甥、外甥	外甥	外甥	外甥	外甥	外甥	外甥
外甥(孙)女/外孙女	外甥闺女	外甥闺女	外甥闺女	外甥闺女	外甥女儿	外甥闺娘	外甥闺女	外甥闺女	女外甥	外甥闺女

方言点 词语	新泰	济南	利津	曲阜	郓城	龙口	荣成	莱州	沂水	诸城
哥哥	哥、哥哥	哥哥	哥	哥哥	哥哥	哥哥	哥	哥哥	哥哥	哥哥
嫂子	嫂子	嫂子	嫂子	嫂	嫂子	嫂子	嫂	嫂子	嫂腼	嫂子
弟弟	兄弟	弟弟	兄弟	兄弟	兄弟 li·	兄弟	兄儿、兄弟	弟弟、兄弟	兄弟	兄弟
弟媳	兄弟媳妇	弟妹	弟妹	兄弟媳妇	兄弟媳妇	兄弟媳妇	兄弟媳妇	弟媳妇、兄弟媳妇	弟妹、兄弟媳妇子	兄弟媳妇子
姐姐	姐	姐姐	姐姐	姐姐	姐姐	姐姐	姐	姐姐	姐、姐姐	姐姐
姐夫	姐夫	姐夫	哥、姐家（青）	姐夫	姐夫	姐夫	姐夫	姐夫	姐夫	姐夫
妹妹	妹妹	妹妹	妹妹	妹妹	妹妹	妹妹	妹妹	妹妹	妹妹	妹妹
妹夫	妹夫	妹夫	兄弟（面）、妹家（背）	妹夫	妹夫	妹夫	妹夫	妹夫	妹夫	妹夫
连襟	两乔儿	两乔、连襟	一条绳儿	两桥、桥梁、两乔洞、两孔桥	两乔儿	连襟	连襟、连带襟儿	连襟、割不断	两乔儿、割不断	连襟、割不断
老头儿	老头子	老头儿、老头子	老头儿	老头子	老头儿	老头儿	老头儿	老头儿、老先生（敬）	有年纪的、老头子、老汉子（贬）	有年纪的、老汉儿
老婆儿	老婆婆儿	老大大、老婆婆	老婆儿	老妈妈	老婆儿、嬷儿	老婆儿	老婆子、老婆儿	老婆儿	老嬷儿、嬷儿	老妈儿
姑娘	闺女	闺女、妮儿、姑娘	妮子、丫头	闺女、妮儿	闺女、妮儿	闺娘	闺女	大闺女	大闺女、识字班	姑娘、识字班、女儿、孩儿
老姑娘	老闺女	老姑娘	老丫头	老妮儿	老闺女	老闺娘	（老）大闺女	老大闺女	老闺女	老姑娘
长辈	长辈儿	长辈、老的	长辈儿	有年纪的	长辈儿	长辈儿	长辈儿	长辈儿	大人们、老人儿	上一辈儿

词语＼方言点	新泰	济南	利津	曲阜	郯城	龙口	荣成	莱州	沂水	诸城
晚辈	晚辈儿	晚辈、小的伙	晚辈儿	小的	晚辈儿	晚辈儿	晚辈儿	晚辈儿	小人们儿	下一辈儿
邻居	邻舍家	邻舍家	邻舍家	前后院儿	临墙	邻舍家	邻居	邻舍家	邻舍家	邻舍家
谁	谁	谁	谁	谁	谁	谁	谁	谁	谁	谁
我	我、俺	我、俺	我、俺	我、俺	我、俺、咱	我、俺	我、俺	俺	俺	我、俺
你	你	你	你	你、恁	你	你	你、俺	你	恁、你	你
他	他	他	他	他	他	他	他	他	他	他
我们	咱、咱们、我们	我们、俺们、俺这伙	俺们、咱、咱们	我们、咱们	俺、咱	我们	我们、俺	俺	俺、我们	我们、俺[们]
你们	你们	你们、你这伙	您们、恁	你们	恁	恁	你们	恁	恁	恁、你们
他们	他们	他们、他这伙	他们	他们	他儿个	他们	他们	他们	他们	人家
咱们	咱、咱们	咱们、咱这伙	咱、咱们	咱们	咱	咱、咱们	咱	咱	咱	咱[们]
大家	大家	大家	大家伙儿	大家	大家、大家伙儿	大家伙	大伙儿	大家、大伙儿	大家、大伙儿	大伙儿
爷们	爷们	爷们儿	爷们儿	爷们儿	爷们儿	爷们儿	爷们儿	爷们儿	爷们儿	爷们儿
哥们	兄弟们	哥们儿	弟兄们、兄弟们	哥们	哥们儿	伙计	哥儿们	哥儿们	哥儿们	兄弟们
男人们	男爷儿们	男人、爷儿们	爷们儿们	男的、男爷们儿	外头人	男人	爷儿们、爷伙汉子	爷儿们、男的人、男的	爷们儿、汉子	男人、爷们儿

方言点／词语	新泰	济南	利津	曲阜	郓城	龙口	荣成	莱州	沂水	诸城
女人们	归道人家、娘们儿	女人、娘们儿	娘们儿、娘们们儿	妇女们、娘们儿家、归道人家	娘们儿	女人	娘伙子	女的、女人、娘们儿、归道人家	女的、女人、娘们儿、归道人家	女人、娘们儿
双胞胎	双生儿	双巴、双胞胎	双生儿、双子儿	双生	双生儿	双棒	双棒子儿、双棒	双棒儿	双生儿	一对双儿
单身汉	光棍子	光棍儿	光棍儿	光棍儿	光棍儿	光棍儿	光棍儿、光汉子	光棍儿	光棍子、光棍子儿	光棍子
再嫁的妇女	二婚头	二婚头、二起脚儿、后婚	二婚头、二起脚、回头儿	二婚头	二婚头儿	改嫁的	嫁人家的	半拉子	回头儿、二水货、半货儿、二婚头儿	婆儿、回头儿
孤寡老人	孤老头子（婆）	绝户、老绝户	绝户	绝户头	干巴户	老光棍（男）	孤老棒子	孤老头子	老光棍（男）	
作风不正的女人	破鞋	破鞋、马子	破鞋	溅娘儿	嘴包么里	破鞋	风流人	破鞋	破鞋、风流娘们	破鞋
懒汉	奸巴儿		懒轩头	懒汉	懒汉	二流子	懒蛋	懒汉	横汉、二流子	懒蛋
不务正业者	二流子	街溜	二流子	二流子、下三烂、街混虎	二流子	二流子	二流子	懒汉、二流子	二流子	二溜子
流氓	流氓	流氓	流氓	衔皮、衔滑子、青皮	衔滑的	流氓	五鬼六子丑	流氓	流氓	流氓
强盗	贼	强盗、土匪	土匪	土匪	贼、短路的	强盗	胡子	贼	光棍	红胡子
脾气倔的人	倔眼子	倔户头、犟眼子、犟犟子	倔犟头	别筋头、拧眼子、拧筋	硬头眼子、别筋、拧筋头	犟眼子	犟棒儿孙	倔强	硬挣子、犟眼子、驴脾气、肘古头	犟死驴
无赖	恶而烂	赖皮、泥腿	泥腿	赖皮	恶死赖	无赖	无赖	横皮	无赖、赖皮	无赖

方言点 词语	新泰	济南	利津	曲阜	郯城	龙口	荣成	莱州	沂水	诸城
乞丐	要饭的、叫花子	要饭的、叫花子	叫花子	要么的、要饭的	要饭哩	要饭的	叫花子、要饭的	要饭儿、讨佬子	要饭的、王爷儿、王二哥	要饭的
商人	买卖人儿	商人	做买卖的	买卖人	做买卖哩	买卖人	买卖人	商人	做买卖的	做买卖人
买卖中间人经纪、中人	公道人、中人	经纪、中人	经纪	经纪、拉崖子的	经纪	中人	经纪、中成的	说合的、经纪儿	说合的、中间人	说合人
店铺经理	掌柜的	掌柜的	掌柜的	掌柜的	开……点铺哩	掌柜的、经理	经理、掌柜	掌柜的	掌柜的、老板	掌柜的
店员、短工	伙计	伙计、店员	伙计	伙计	伙计	伙计	伙计、扛活的、学徒的	伙计	卖么儿的、站门头的、扎活的	
厨师	大师傅、厨子	厨子、厨师、大师傅	大师傅、忙饭的	大师傅、厨子、老师儿	大师傅	大师傅、厨子	厨子、上锅的	厨子、大师傅	厨子、大师傅	伙夫、炊事员、伙夫蛋子（蔑）
理发师	剃头匠子	剃头的、理发员	剃头	剃头的、理发、推头的	推头理发、剃头的、理发的	待诏、剃头的	剃头的、推头的	理发的	剃头匠子、剃头的	待诏、剃头的
货郎	货郎	货郎	货郎	货郎鼓	货郎挑子	货郎	货郎、卖西货拉杂的（旧）	货郎、货郎鼓儿	叫货郎	货郎
木匠	木匠	木匠	大木匠	木匠	木匠	木匠	木匠	木匠	木匠	木匠
泥瓦匠	瓦工、泥巴匠子	泥瓦匠	瓦匠	泥瓦匠	泥瓦匠	瓦匠	瓦匠	瓦匠	泥墙的	瓦匠
铜锅匠	铜漏子	铜露子、铜漏的、铜碗的	铜漏子	铜锅锅的、小炉匠	小铜漏子	铜漏的	铜露匠、小炉匠	铜锅匠	铜炉子	铜露子
裁缝	裁坊	裁缝	裁缝	裁缝、扎衣裳	裁缝	裁缝	裁缝	裁缝	裁坊、做衣裳的	裁坊、裁缝
老师	老师	老师、先生	先生	老师、教书先生	先生、老师	老师	先生、老师（新）	老师	当老师的、教学的	老师

词语	新泰	济南	利津	曲阜	郓城	龙口	荣成	莱州	沂水	诸城
医生	先生	先生、医生	先生	大夫、先生、洋先生（西医）	先生、医生（西医、医生）	先生（中医）、大夫（西医）	医生、药大先生	医生、先生	医生、医院里的	大夫、医生
邮递员	送信的	邮递员	送信的	送信的、跑信的	送信哩	送信的	送信的	送信的	送信的	邮差、送信的
接生员（旧）	老娘婆	老娘婆、接生员	老娘婆	拾娃娃的、收生婆、老娘婆、助产士	接生婆、拾娃娃哩	老娘婆	老娘婆、接生婆儿、拾孩子的	接生员	老娘婆	老娘婆、接生
戏剧演员	唱戏的	唱戏的	唱戏的	戏子、唱戏的、演员（新）	戏子、唱戏、唱戏哩	唱戏的	唱戏的	戏子	唱戏的	戏子
杂技演员	跑马戏的	耍把戏的	耍把戏的	玩把戏的、跑马解的、蹬杠的、演杂技的	玩把戏、跑戏的	耍把戏的	耍杂技的	耍把戏儿的	玩把戏的	耍把戏的
魔术演员	玩魔术的	变戏法的	玩戏法的	变戏法的	玩二手眼的、变戏法儿的	变戏法的	耍藏掖的	耍戏法的	玩藏掖的	耍藏掖的
吝啬的人	小气包	财迷、钱公鸡、死手客	财迷	老蒯	撮挤头	抠儿	老抠把子、锁把子	老生古	夹嘎头、夹肢子、老抠门儿	生古蛋
身体、身材	身板儿、身子	身子、身体、身材	身巴骨	身子、身骨	身架、身子骨	身子	身子、身子骨儿	身体、身子	身子	身子
头	脑袋瓜子	头、脑袋、脑袋瓜儿	脑袋、脑袋瓜、脑袋儿	脑袋瓜子、脑袋瓜儿	头、脑袋瓜子、脑袋	头	头、脑袋瓜子	头、脑袋	头	头
囟门	头囟子	头囟门、囟门儿	头囟眼子	眉头囟子	囟子	囟	囟门、囟门顶子	头囟	头囟子	头囟子

方言点 / 词语	新泰	济南	利津	曲阜	郓城	龙口	莱成	莱州	沂水	诸城
头旋儿	旋儿	旋儿	旋儿	顶儿	顶（脑后）、□SAP42(脑前)	旋儿	旋子	旋儿	旋儿	旋儿
后脑勺儿	后脑勺子	后脑勺儿	后锛	后脑勺儿	后脑勺儿	后脑勺子	后脑勺子	后脑勺子	后脑勺子	后飘儿
脖子	脖拉梗	脖儿、脖子梗	脖拉梗子	脖拉领儿、脖拉翘儿	脖拉领	脖颈子	脖梗子	脖子、脖颈子	脖子	脖子、脖罗棵子
额头	页拉盖	额拉盖儿	页拉盖儿	眉头	眉头	眼灵盖	榾拉盖子	脑袋瓜子、脑瓜子	脑门子、脑	额来盖
眼睛	眼	眼	眼	眼	眼	眼	眼	眼	眼	眼
眼泪、泪水	泪	泪、眼泪	泪儿	泪	泪	眼泪	泪	眼泪	泪水子、金豆子	眼泪
眼屎	胲麻糊	胲麻糊、眼胲	胲胲	眼屎、眼蒙目糊	眼目糊、眼公糊	眼胲	胲	眼胲	眼胲	
鼻涕	鼻涕、鼻子	鼻涕、鼻子	鼻子	鼻子、鼻眼洞	鼻子	鼻子	鼻子	鼻涕	鼻涕水	鼻子
鼻孔	鼻孔眼儿	鼻子眼儿	鼻子眼儿	鼻孔眼儿	鼻子眼儿	鼻孔眼儿	鼻子眼儿、鼻子窟窿	鼻孔眼儿	鼻孔眼子	鼻子眼儿
耳朵	耳朵	耳朵	耳朵	耳朵	耳朵	耳朵儿	耳根	耳朵	耳朵	耳朵
耳垂儿	耳朵垂子	耳朵垂儿	耳朵垂子	耳朵垂子	耳朵垂儿	耳朵垂儿	耳根垂子	耳垂儿	耳垂儿	耳朵锥
耳屎	耳蝈	耳蝈	耳碎	耳碎	耳绒	耳蝈	耳底子	耳绒	耳茸	耳蝈、耳塞
口水	洌洌	咧咧、涎线、吃拉拉	涎涎	口拉水、咧咧水、斜料	口水	吃水	禁禁水	吐沫、禁水、痴水	涎液、斜料	斜料
舌根	舌头根子	舌头根子	舌头根子	舌头根子	舌头根子	舌头根子	舌头根	舌头根子	舌根子	舌根
牙龈	牙花子	牙花子	牙花子	牙花子	牙花子	牙花子	牙花子	牙花子	牙花子	牙花子
门牙	门牙	门牙、前门牙	门牙	门牙	门牙	大门牙	石牙	门牙	门牙	前牙
白齿	大牙	大牙、牙	大牙	大牙	槽牙	大牙	石牙	食牙	食牙	大牙

词语	新泰	济南	利津	曲阜	鄄城	龙口	荣成	莱州	沂水	诸城
牙垢	牙屎	牙黄、牙沉	牙锈	牙屎	牙尘	牙锈	牙锈	牙锈	牙屎	牙锈
腮	腮帮子	腮	腮帮子	腮帮子	腮帮子	嘴巴子	嘴巴子	肋	腮、腮（古）帮子	腮帮子
酒窝	酒窝	酒窝	酒窝儿	酒窝	酒窝	酒窝儿	酒窝儿	酒窝儿	酒窝儿	酒窝罗儿
下颏	下颏儿	下巴、下巴颏儿、下巴颏子	下巴颏子	下牙巴科子、嘴巴儿、下巴巴儿	下巴颏子	下巴颏	下巴颏子	嘴巴子	下颏	下颏
络腮胡子	绕腮胡	络腮胡、连鬓	窜腮胡子	窜腮胡	圈嘴胡	连鬓胡子	连鬓胡子	串腮胡子	闹才胡	满腮胡子
头皮屑	肤皮	肤皮子	肤皮	头皮	雪皮	头皮子	头皮子	头皮	肤皮	头皮屑
肩胛骨	肩巴骨	肩胛骨	抓之骨	肩胛骨	胳子骨	肩胛	镐子骨	镐板子骨	镐巴子骨	肩胛
腋窝儿	胳拉直、胳肢窝儿、腋橛子	夹肢窝、夹肢膊	夹肢窝儿	腋窝子、胳肢窝	胳肢窝	夹肘窝	夹肢窝	□□ɑ^{55}ʦʅ^{42}窝	夹拉肢、胳肢	胳肘窝儿
肘	胳膊肘子	胳膊肘	胳膊曲梁子	胳膊肘	胳膊肘子	胳膊肘儿	拐肘、拐肘头子	胳膊肘儿	胳膊弯子	拐肘[子]
手	巴掌	手	巴掌	手	手	手	手	手	手	手
拳头	锤、皮锤	拳、拳头	拳头	皮槌	皮锤	拳（头）	拳、锤	拳头、皮锤	槌头、皮槌头	拳头、锤
手掌	巴掌	巴掌、手巴掌	手掌、巴掌	手巴掌	耳刮子	巴掌	手掌子、手巴掌	手掌子、巴掌子	巴掌子	手掌子、手巴
手背	手背	手背、手面	手面子	手面子	手面子	手背	手背、手面子	手背儿、手面子	手面子	手背
指甲	手指甲、手指甲盖儿	指甲盖儿、（手）指甲	指盖儿、指拉盖儿	指甲盖、手指甲	手指头甲盖	指甲	手指甲	指甲盖儿	手指甲	指角盖儿

词语 \ 方言点	新泰	济南	利津	曲阜	郓城	龙口	荣成	莱州	沂水	诸城
拇指	大马手指头	大拇指	大拇指头	大拇指	大拇手指头	大拇指	大拇指头	大拇指头	大拇手指头	大拇指[头儿]
食指	二马手指头	二拇指、食指	二拇指头	二拇指	二拇手指头	指人指	二拇指头、二拇指(儿童用语)	二拇指头、二拇指头	二拇指、二(手)指头、食指	二拇指[头]、食指
小指	小马手指头	小拇指	小拇指头	小拇指	小拇手指头	小拇指	小拇指头	小拇指头	小拇(手)指头	小拇指[头儿]
茧子	腥子	腥子	腥子	腥子	腥子	老茧	老茧	腥子	茧子	老茧
脊梁	脊梁	脊梁	脊梁	脊梁	光脊梁	脊梁	脊梁	脊梁	脊梁	脊、脊梁
脊椎骨	脊梁骨儿	脊梁骨	脊梁骨儿	脊梁骨	脊梁骨	脊梁骨	脊梁杆子	脊梁骨	脊梁杆子	胸腔
胸脯	胸脯子	胸脯	胸脯子	胸脯、肋膀子、胸巴肋子	胸脯、心脯子	胸脯儿	胸脯子	胸腔	胸脯子	心口窝儿
心口窝儿	心口、心口窝儿、心口窝儿	心口、心口窝儿、心口窝儿	心口窝	心口窝儿	心口窝儿	心口窝儿	心口窝	心口儿窝儿	心口窝儿	心口窝儿
肋骨	肋巴条骨	肋条、肋条骨	肋条	肋巴骨	肋巴骨	肋巴骨	肋巴条子、肋巴扇子	肋刺骨	肋巴条子	肋叉骨
乳房	妈妈、口儿口	奶奶、妈妈	妈妈、摸儿	斗斗儿、奶、妈妈、口口	妈妈、妈妈	奶(子)	奶子	奶子	胸脯、奶子、奶膀	奶子
乳汁	口儿口儿	妈妈、奶	摸儿	口口汗儿	妈妈水	奶	奶子、奶项儿	奶	奶	奶
肚脐眼儿	季脐、季脐眼、脖脐眼	脖脐、季脐眼、脖脐眼	季脐	肚脐眼	肚脐眼	肚口tʃiou˙眼儿	避脐(眼儿)	肚脐眼子	脖脐(眼儿)	脖脐
肾	腰子、肾	腰子、肾	腰子	肾、腰子(暑)	腰子	腰子	腰子、肾	腰子	腰子	腰子
男阴	把把手、鸡把子、雀子	屌	鸡巴、鸡子	屌、鸡鸡子	鸡巴子	屌	屌	屌	押子、屌	鸭子

词语	新泰	济南	利津	曲阜	郓城	龙口	荣成	莱州	沂水	诸城
女阴	屄、丑丑	屄	屄	屄	屄	屄	屄	屄	屄、疲呼巴子、羞羞窝儿、尿羞呷呷子	屄
男孩生殖器	把儿、把儿、小鸡儿、鸡鸡	小鸡儿、小鸡	乌儿	小鸡鸡儿	鸡巴子、屌	小雀儿	鸭子、小鸭儿	雀儿	巴巴子	雀子
屁股	腚垂子	腚、尻股、腚胍	腚	腚垂儿、腚膪子	腚	腚	腚	腚	腚	腚
膝盖	护膝盖儿	波勒盖、胳拉盖儿	胳拉盖、不拉儿	胳拉拜儿	胳拉拜子	脾棱盖	波棱盖	波罗盖儿	灞了盖儿	灞罗盖
脚	脚丫子	脚、脚丫子	脚巴儿子	脚	脚丫子	脚	脚、脚步丫子	脚	脚	脚
不舒服	不偷怡	不舒坦、不受帖、不得劲儿	不如帖、不得劲	不好受	不大好、不大得	不舒坦	不敷贴、难受	难受、难受	不偷括、不壮实、让懒、难受	不壮、长病、长病、难受
疾病	病	病	病	病	病	病	病	病	症候	病
肺病、气管炎	痨病	痨病、肺结核儿	痨病	肺病、痨病	痨伤	痨病	气喘	痨病	痨病	痨病
伤风、感冒	冻着了	伤风、受凉、凉着、感冒	□ts'ou²¹³着了	冻着了、受凉了	冻着	冻着了	伤风丁、闪伤风（较轻）、着了、打闪风感冒了（较重）	伤风（较轻）、感冒（较重）	闪了汗了	冻着了
发炎、化脓	恶发、发	恶发、化脓	熬发	发炎、发、发	发、汇脓	会脓、化脓	发炎[恶]	鼓脓	会脓、恶发	流脓
拉肚子	拉肚子	跑茅子、拉肚子	拉、跑肚、拉肚子	拉肚子、跑茅厕、瀉稀、拉稀	跑肚	拉肚子	拉[曾]肚子、拉稀杆子、泄澌子	拉肚子、拉稀	滑肚子、拉稀子	拉肚子、滑肚
恶心	恶心	恶心、干哕	恶心	干哕	干哕	恶心	恶心、恶恶哕、恶心哕	恶心	哕	恶心

方言点＼词语	新泰	济南	利津	曲阜	郓城	龙口	莱成	莱州	沂水	诸城
胃疼	心口疼	心口疼	心口窝疼	胃疼、心口疼	心口疼	心口儿疼	心口窝痛	心口疼	心口疼	心口痛
腹胀	胀饱、撑得慌	胀胞	胀胞	胀饱	虚撑	胀	伤食了、积食了	积食	压食了、胀饱	压了食了
疟疾	脾寒	发疟子、脾寒	皮寒	打摆子、发皮汗	发疟子	发疟子	发疟子	发疟子	发脾寒	发脾寒
黄疸病	黄病	黄疸病、	黄病	黄病	黄病	出黄疸	黄病	黄病	黄疸病	隐干黄
癫痫	羊狗子疯	羊羔子疯、羊狗子疯	羊狗子疯儿	羊角子疯	羊羔子疯儿	羊角疯	急上[子]风儿、丫角风	羊狗儿风	羊角疯、羊羔子疯	羊癫风、羊羔子风
天花	痧子	天花	痧子	痧子	痧子	种牛痘儿	花儿	生痘子、天花	生痘子	种痘子、种牛痘儿
偏瘫	瘫巴	半身不遂	偏枯	瘫子	半身不遂	半身不遂	半身不遂	半身不遂	半身不遂	瘫古
胃酸多而难受	离心	齁心	齁心	齁心、作心	作心、烧心	烧心	烧心	醋心、烧心	齁心、醋心	反酸
请医生	请先生	请先生、请大夫	请先生	请大夫	找大夫	找医生	找医生、请医生	搬医生、请医生	找医生	请大夫
治病	扎裹病	治	扎古病	扎裹	看病	扎古	扎古、治疗	扎口[kua]	扎古	扎古病
煎药	熬药	熬药、煎药	熬药	熬药	熬药	熬药	熬药、煎药	煎药	熬药	熬药
针灸	下针、针灸	扎针、针灸	下针	针灸、扎针子针儿、扎古针儿	扎针	扎针	打干针、扎干针	扎针儿	下干针	针灸、扎针
结痂	结疙巴	结痂痂、钉痂、长疙瘩儿、长疙瘩	钉痂、长疙瘩、长疙瘩儿	结疙疤、定疙瘩儿	结疙疤	结疙瘩儿	阖儿疙瘩了、阖儿长疙瘩了	长疙瘩儿	长疙瘩	结疙瘩
瘸子	瘸巴	瘸子、拐子	瘸巴	瘸巴	瘸子	瘸	瘸子	瘸子	瘸巴	瘸腿

词语 \ 方言点	新泰	济南	利津	曲阜	郓城	龙口	荣成	莱州	沂水	诸城
傻子	傻瓜	傻瓜、呆子	苕巴	瘪板、二抓子、眼、半吊子	拼神、二抓子、二杆子、密顶	傻子		呆子、翮爬子	翮巴蛋、翮巴	翮巴、痴巴
疯子	疯子	疯子	疯子	疯子	魔道	疯子	痴子、疯子、气满、神经病	痴厮（男）、厮姑（女）	癫汉	癫汉
瞎子	瞎厮	瞎子	瞎厮	瞎子	瞎子	瞎子	瞎子	瞎子	瞎汉	瞎汉
聋子	聋汉	聋汉	聋厮	聋子	聋子	聋子	聋子	聋子	聋汉	聋汉
秃子	秃厮	秃厮	秃厮	秃顶	秃子、拜顶	秃子	秃子	秃子、秃头	秃厮	秃厮
驼背	罗锅儿	锅腰子、罗锅腰儿、罗锅腰	锅腰儿	罗锅子、背弓子	背锅子、罗锅	罗锅儿	老锅子	罗锅子	锅腰子	锅腰子
豁唇	豁嘴子	豁子、豁嘴子、豁嘴儿	豁鼻子	豁子嘴	豁子嘴	豁嘴儿	豁汉、破口子	切厮、豁子、三瓣嘴儿	豁唇子、兔子	豁唇子
塌鼻	塌鼻子	趴趴鼻	趴鼻子	塌塞鼻	塌鼻梁子	塌鼻子	塌拉鼻子	□pʼu²¹⁴塌鼻子	趴鼻	塌鼻子
阴阳人	二尾子	二尾子	二尾子	二异子	二鸡子	二尾子	二尾子	二尾子	二尾子	二尾子
夜盲症	雀古眼	雀古眼	雀谷眼	鸡宿眼	鸡宿眼	雀蒙眼	雀盲眼	雀盲眼	雀蒙	
昏厥	昏	晕过去了	波影	晕了	晕、老牛大憩气	昏过去了	昏过去了、死过去了	昏过去了	死过去了、昏过去了	昏过去了
眩晕		头晕	远影	头晕	晕	头晕	昏晕、头晕	头晕、晕得上	晕得上、头晕	头晕
饿	饥困	饥困、饿喃	饥困	饿里上	饿	饥困了	饥困	饥困了	饥困	饥困、暑饥困
渴	暑渴	渴喃	干渴	渴里上	渴	干	渴、口干	渴	暑渴了	渴

方言点＼词语	新泰	济南	利津	曲阜	郓城	龙口	莱成	莱州	沂水	诸城
点火做饭	治火	生火、烧火	烧火	做饭	烧锅	做饭	生火	做饭	烧火、生炉子	做饭
热（干粮）	馏	煨、馏	煨	煨	煨	煨	煨	煨	溜、馏	溜
干活儿	做活	干活儿	做营生儿	干活儿	做活	干活儿	干活儿、做营生	做营生	干活儿	干活
抽烟	抽烟	抽烟	吃烟	抽烟	吸烟	抽烟	吃烟、抽烟	吃烟、抽烟	吃烟	吃烟
喝水、喝茶	喝汤（白开水）、喝茶（茶）	喝水、喝茶	喝水	喝水、喝荷	喝水	喝水	喝茶	喝茶水	喝水	喝水、喝汤
大便	上栏、上茅房、解凌儿	上栏、上茅、拉屎、解大手、大便	拉屎	屙屎、拉巴巴、解大手	屙屎、拉屎巴巴、解大手	拉屎	拉（屎）	大便、拉屎	拉屎、尿	拉屎
小便	上栏、上茅房、解凌儿	尿尿、解小手、小便	小屎尿	解小手	尿泡、解小手儿	尿尿	尿（尿）	小便、尿尿	尿尿	尿尿
打嗝儿	打喝得、打喝儿、打喝儿	打喝得儿、打喝儿、打嗝儿	打喝得儿	打饬食喝儿、打喝得	打喝助	打喝	拔喝	打喝儿	打食、喝得	打食、喝得
打呃儿	打盹儿	打盹儿	打盹儿	打个盹儿、送个一样儿	打盹儿	打瞌睡	打盹儿、打个呆了	打盹儿	打盹儿	打盹儿
打哈欠	打懒舒身	打哈欠、打哈欠	打哈欠	打哈哈	打哈哈	打哈睡	打磕睡、打欠	打哈欠	投哈欠	打哈欠
打喷嚏	打喷嚏	打喷嚏	打嚏喷	打啊嚏	打阿嚏	打啊嚏	打喷嚏	打啊嚏	打啊嚏	打喷嚏
打鼾	打呼婆	打呼噜	打呼噜	打呼噜	打呼噜	打呼噜、打呼睡	打呼噜、打鼾、打呼睡	打呼噜	打呼噜	打呼噜、打呼隆

方言点 ＼ 词语	新泰	济南	利津	曲阜	郓城	龙口	荣成	莱州	沂水	诸城
睡觉	睡觉	睡觉	倒下	睡觉、歇着去	睡觉	睡觉	睡觉	睡	困觉、睡、躺下	困觉
说梦话	说梦话	说梦话	说睡话	说梦话	发呓声	说梦话	说睡话	说睡语	说睡语	说睡语
起床	起来	起床	起去	起床	起	起炕	起来、起班儿	起来	起来	起来
漱口	漱嘴	漱口	涮嘴	涮涮口	涮嘴	漱口	漱口	漱口	漱漱口	漱漱口
梳头	梳头	梳头	拢头	整整头	梳头	梳头	梳头	梳头	梳梳头	梳梳头
理发	剃头	理发、剃头	剃头、理发	推头、剃头	推头	剃头	推头(男)、头(女)	剃头	剃头	理发、剃头
剪指甲	铰指甲	铰指甲、剪指甲	铰指甲、拉盖儿	铰指甲	铰指甲	铰指甲	铰手指盖儿	铰指甲、饮指甲盖子	铰指甲盖子	剪剪指甲
休息	歇气	歇歇、休息	歇着	歇着、歇歇去	歇歇	歇歇、歇息	歇	歇歇	歇歇	睡觉、歇歇
闲谈	闲谈	拉呱儿、拉闲呱儿、闲谈	拉呱儿、闲谈	拉呱、歇歇拉闲呱儿	拉呱儿	拉呱儿	拉呱儿、说晴巴儿	闲话	拉呱、闲扯	拉呱儿
串门儿	闹门子	串门儿	闹门子	串门子	串门子	串门儿	串门儿、串门子(略含贬义)	闹门子	串门儿	闹门子
回家来	家来	家来	家来	家来	家来	家来	来家	家来	回家	来家
回家去	家夫、家去	家去	家去	家去	家去	家去	家去	家去	家去	家去
散散步	散步	溜达、溜达去、散步	溜达溜达达	逛逛	溜达	溜达	溜达、逛逛	溜达溜达	逛	溜达
上夜班	打夜作	打夜作	打夜班儿	上黑班	上夜班儿	夜作	打夜班	拉夜	打夜班	上夜班
熬夜	熬夜	熬夜	坐夜	熬眼儿	熬眼儿	熬夜	熬夜[油]	拉夜、熬夜	熬眼儿	开夜车
玩	玩	玩儿	玩儿	玩儿	玩儿	要	站	要	玩儿、要儿	要

方言点 词语	新泰	济南	利津	曲阜	郯城	龙口	莱成	莱州	沂水	诸城
吵嘴、拌嘴	打仗、打嘴司、吵架	打仗、吵嘴、吵架、拌嘴	打仗、闹架	打吵子	嚷架	打嘴仗	打仗、拌嘴、吵嘴	打仗	打吵子、打仗、骂仗	吵嘴、打架、打仗
打架	打仗	打仗、打架	打仗	打仗	打架、揍架	打仗	打仗	打仗	打仗	打仗
交往	犯来往	来往、走动	来往	来往、交往	来往	走动	应酬、来往、走动	轧仗	来往儿	来往
看望	看看	看、看望、看	看	看看	看看	看看	看[望]	看望	看看、看	看
拜访	去坐坐	拜访	看	看看	看看	看看	串门、走动	看望	看	看
招待	候客	招待	招应	待承	待客	待情	招待	招待	伺候	伺候
请客	出席	请客	摆场儿	请客	请客、摆场儿	请客	请客	请客	请酒	请客
赴宴	坐席	吃请	吃八个碗	坐席	坐席	坐席	坐席、做席	做客	坐席	去喝酒、走席
上座儿	正位、上席儿	上座、上首、上首子	上岗子	上首儿	上首	上首	上座儿、主席	上座儿、主席	上岗	上座
黄客	黄客	黄客、主客	大宾	黄客	当家理客	黄客	黄客	黄客	黄客	黄客
斟酒	兑酒	斟酒	满酒	满酒	倒酒	倒酒	掌酒	斟酒	筛酒	筛酒
夹菜	叨菜	撷菜、刀菜	夹菜	叨菜	刀菜	钎菜	搛菜、夹菜	叨菜	叨菜	叨菜
干杯	喝齐	干杯	喝起里	喝起	喝了吧、干了吧	干了	干杯	喝出来、干杯	喝出来、喝了儿	喝了
走访亲戚	走亲戚	走亲戚	走亲戚	走亲戚	走亲戚	走亲戚	走亲戚	看亲戚	出门儿	出门
拍手	拍手	拍手	拍手儿、拍呶儿	拍手	拍呶儿	拍巴掌	拍巴掌	拍手儿	拍手、打呶	拍巴掌、打呶
背手	背手	倒背手	倒背手儿	倒背手	倒背手	背搭手	背着手儿	背手儿	背手儿	背手
叉腰	掐腰	掐腰	掐着腰	叉腰	掐腰	卡腰	掐着腰	掐腰儿	掐腰	掐腰

方言点＼词语	新泰	济南	利津	曲阜	鄄城	龙口	荣成	莱州	沂水	诸城
弯腰	虾腰	弯腰	锅腰儿	虾腰	虾腰	歪腰	弯腰、弯着腰	弯腰	弯腰	虾腰
扒拉	扒拉	扒拉	扒拉、拨拉	扒拉	□pu⁵⁵拉	扒拉	扒拉	扒拉	扒查	扒拉、扒查
团弄	团弄	团弄	团弄	团弄	团弄	团弄	团弄	团弄	握攥	团弄
提	提	提	提拉、提搂、提溜	提、搁提	提搂	提溜	提溜	提溜	提溜	提溜
放	放	放	搁	放、搁下	搁下	放、搁	放、搁	放	搁	搁
扔	扔	扔、搔	扔、搔	扔	□pa⁵⁵□se⁵⁵	扔	搔	扔	搔、撇、撇	搔、撇
搔	搔	搔	搔、挠、刺挠	挠挖	搔仓	挠	搔	搔	搔	挖
摩拳	摩拳	摩拳	摩挲	摩拳	摩仓	摩拳	摩拳	摩拳	摩拳	摩拳
收拾	拾掇	收拾、拾掇	收拾、收掇	拾掇	拾掇	拾掇	收拾、拾掇	收拾	拾掇	拾掇
盘腿	盘腿	盘腿	盘腿	盘腿	盘腿	盘腿	盘腿	盘腿	盘腿儿	盘脚
跐脚	抬起脚后跟	跐脚、跷脚	跷脚儿、飘脚儿	跷脚	跷脚	欠脚	跷着脚	跷脚儿	跷脚后跟	跷脚
蜷腿	蜷腿	蜷腿	蜷腿	蜷腿	蜷腿	蜷腿	蜷蜷腿儿	蜷腿	蜷腿	蜷腿
分腿	扒拉	分腿	拉扒开腿	撇拉开腿	拉巴开腿	劈开腿	扒叉着腿	拉着腿	扒拉着腿	劈开腿
躺下	躺倒了、仰下了、仰下	躺下、仰下	倒下、躺下、躺下	仰下	仰下、歪下	躺下	躺下、趄趄	躺下、趄下	躺下	趄下
蹲下	蹲腾	蹲下、蹲堆下	蹲下、蹲低下	蹲堆	蹲叽	蹲下	蹲下	蹲下	蹲下	蹲下
眨眼	马哈	眨眼、眯眨眼	眨眼	眨巴眼皮、眯眨眼儿	挤咪眼	眨巴眼儿	眨巴眼儿、夹巴眼儿	眨巴眼儿	眨巴眼	眨眼
骂	骂、卷	骂	骂、卷、开卷、盘子	骂	骂	骂、卷	骂	骂	骂、熊	熊

词语＼方言点	新泰	济南	利津	曲阜	郓城	龙口	荣成	莱州	沂水	诸城
叨念	叨念	叨念	叨念、念叨	叨念	叨叨	念叨	叨念念叨、念叨	叨念	唠嗑	叨念、念叨
理睬	耳	搭理	理、搭理	搭理	理、搭理	答理	理、理会、搭理	搭理	搭耳	理
盘算、算计	盘算	盘算	盘算	合算、算计	算计	盘算	算计、打算	盘算	盘算、打算、打谱、合公、打谱公	打算、合计
掂量	掂对	掂量	掂量	掂量、掂掇	掂量、掂对	掂量	掂量	掂量	掂量	掂量
考虑	寻思	考虑	考虑、想、琢磨	考虑	想想	寻思、掂量	寻思	考虑	寻思	寻思、想
估量	估	估摸	估量、谋算	估估	谋划	约摸	估量、估计	估量	估计	约摸、估摸
怀疑	疑心	疑心	疑惑	怀疑	猜忧	疑乎	疑心、犯疑、疑惑	怀疑、疑心	怀疑、神思	怀疑、疑会
犹豫	二思、二二思思	二思、二乎、二乎思思、犹豫、疑惑	二乎、二乎、二乎的	二思、二乎	二思	犹豫	犹豫、没主意、没拿程了	犹豫、拿不定主意	二思	犹豫
挂念	挂	挂念	挂心	挂牵	挂牵	盼着	挂念、挂记	挂念	挂牵	挂挂
盼望	盼	盼望	盼、盼盼着	盼着	盼着	巴望	盼	盼望	盼盼	盼望、巴望
打扮	打扮	打扮	打扮、扎固	打扮	打扮	扎裹	打扮	打扮	打扮	打扮
娇惯	娇	娇惯	惯、娇惯	娇惯	惯	惯	惯、娇贵	惯	惯	惯
遗失	掉	遗失	掉了、没了	没见了	掉了	丢了	丢了	掉了	嗜了	掉、瞎
糟蹋、糟踏	糟蹋、糟踏	糟踏	糟踏	踩坏	踩坏	糟踏	掮害了、贱治了、糟蹋	作贱	踢蹬、踢弄	糟塌

方言点＼词语	新泰	济南	利津	曲阜	郓城	龙口	莱成	莱州	沂水	诸城
合伙	搁伙儿	轧伙	插伙	搁伙儿	搁伙儿	合伙儿	合伙儿	合伙儿	合伙、轧伙	合伙
迷失	迷糊	迷糊	迷糊	迷失	搂迷	掉向	迷糊、糊涂了	掉了向、迷失	掉向	迷、倒迷
选择	挑	挑	挑、选、拣	挑	挑	挑、拣、挑拣	拣、挑	选	挑选	刷、拣
兑（水）	兑	兑、搂	兑、搂	兑兑	兑、搂	兑	兑、搂	兑	兑	兑、搂
讲故事	拉呱儿	拉呱儿	拉呱儿	拉故事	拉呱儿	说故事	讲瞎线儿	说瞎话儿	拉呱儿	说故事
胡说	胡扯、扯淡、淡泡、闲扯淡、扯闲泡、胡咧咧、扯溜沟	胡咧咧、胡哕哕	胡扯扯	瞎大云	胡罗罗、胡咧咧	胡说八道	聊说、瞎聊、说、胡说八扯	胡说、瞎说	瞎胡诌、乱叫唤、放灯打花油、胡古棒吐、液波鸡里腥、膨旎里嘈	胡说八道
乱传话、挑拨是非	拉话、架舌头、拉呱儿、拉舌头	挑拨离间、搬弄是非、嚼舌头	扯舌头	挑拨眼子	嘴叉子送	瞎说	传（拉）瞎舌、说瞎话	查拉舌头	搬弄舌头、挑波闲儿、翻儿	搬弄是非
嚼舌头	嚼舌头、嚼舌根子	嚼舌头	嚼舌根	嚼舌头	嚼舌头	说嘴头	飘（教）舌儿、调理事儿、鼓舌、鼓蛆儿	说瞎话	诓作	
沉默、不言语	不吱声、不言语	不吱声、不言语、不吭气儿	不作声	不吭气	不叽声、不吭声	不吱声、不吭声	不搭腔、不接声、不放声儿	不吱声儿、不吭气儿	不犟舌头子	
说坏话、进谗言	毁话、碴话、遭棒槌、卖讥、告送	毁坏人	告诵	毁坏	毁坏	挑唆	挑唆、奏本	告诵	硾杠子、低垫子	多嘴多舌
小孩同大人顶嘴	强嘴、调巴	犟嘴	掉嘴	犟嘴、垮丁	犟嘴	犟嘴	折扰	强嘴、顶嘴儿	犟嘴	顶嘴、背文儿
撒腔	撒腔	撒腔	撒腔		撒腔	撒腔	说腔	撒腔	撒腔、磨洋调	说洋话

方言点　词语	新泰	济南	利津	曲阜	郓城	龙口	莱成	莱州	沂水	诸城
拾杠	拾杠	拾杠	拾杠	拾杠、吵架	拾杠	拾杠	拾杠、拾后禣儿	拾杠	拾杠儿、打嘴官司、打杠牌儿	拾杠
批评	哽、吵	教袭、挨说	数量	数落、教拉、数凉	熊、吵、搋	批	教客	审人、化摆	劳重、重纠合	
讥讽	说风凉话儿	笑话	笑话	笑话	笑话	笑话	笑话	笑话	剋哨、笑话	笑话
嘲讽	硬趟	笑话	挖苦	笑话	嗓打	笑话	刺挠、重愚	笑话	笑话	笑话
以言辞戏弄人	尚说	尚说	要光	撺弄、耍弄	胖	刺挠	叨耿、逗搋	愚弄人	剋挠	刺挠
败坏人名声	编排	败坏	糟蹋	假践、糟践	假践、败坏	臭人	臭腩人、糟蹋人	设弄、糟践	臭败	臭人
挑拨、唆使	撮弄、唆儿	教唆、调拨	挑唆	挑和、挑坏	刚	挑拨	撺使	设弄	调唆	
设圈套戏弄人	挑残儿、涤儿、挑眼儿	点划	点化	日弄	好好理弄弄	问道	思	作践	点杠、锻拉	
教导	虑料	调教	教调	说说	教	说说	嘱咐	教育	说说	说说
挑毛病	挑残儿、涤眼儿、挑眼儿	找碴儿、挑眼儿、挑儿	挑眼儿、挑短儿、挑剋儿	找毛病	挑斑儿、找毛病	挑眼儿	找碴儿、找引字	找事儿	找事儿	找剋
追问	根问	根问	根问	再问问	好好理问问	问道	怎问	追问	问道、问问	问道
夸耀	口散	谝、谝拉	谝	谝	夸	谝	谝拉	摆□uai⁵¹、谝谝	谝能	发平
说大话、夸海口	哸	吹平	吹平儿	哅、胡唠、胡倔	吹平	吹牛皮	聊说、吹、说大话	说大话、吹平儿	谝说大话、吹牛	吹牛
争吵、纠缠	快歪、嘶音	嘶哭	嘶歪	拈缠、粘扯、缠么	吵	打伐、胡屌蛮缠	撺波	争夺	胡搅蛮缠、胡屌蛮缠	吵架、打伐

词语 \ 方言点	新泰	济南	利津	曲阜	郓城	龙口	荣成	莱州	沂水	诸城
自言自语	嘟念、嚷嘟	说昏话	嘟念	念饼儿	嘟嚷	嘟嚷	自言自喳、自念叨	自言自语	嘟嚷	嚷咕、嘟嚷
絮絮叨叨	倒絮、重言不道语	叨叨、唠叨、叨叨唠唠、叨叨的	唠叨、唸叽	叨唸	絮叨	絮叨	咕喳、唠唠叨叨	絮絮叨叨、絮叨	嘟嘟	絮叨
劝解、打圆场	念劝、圆圆成、圆整子	圆成	圆成	圆乎、圆圆成	圆场	劝劝、圆	劝着、劝劝	劝着、劝劝	拉伏	拉劝
挑拨、挑剔儿	找别扭	找别扭、挑刺儿	找算	找事儿	找事儿	找老子儿、挑刺儿	挑刺儿、挑身子弄眼儿	挑眼儿、挑刺、挑岔眼儿	挑刺儿、找老子儿、挑岔子	找毛想
哄骗	诓骗、诓划	诓	诳	胡弄	坑、□it²¹³	唬、哄	骗、熊、哄	骗、熊	骗、诓	哄、唬、骗
坑骗、陷害	坑人	坑人	葬	诨人	坑	坑人	骗人	坑人、坑事人	坑人	坑、拐
抚养	抱粗脚		拉巴	拉巴	拉巴	拉巴	拉巴	养活	拉巴	拉撤
巴结	絮赤	巴结	巴结	巴结	巴结	巴结	絮公人	巴结	溜沟子	巴结、絮公
拍马屁	絮赤	絮腚、溜须、拍马屁	絮腚、絮腚溜沟子	絮腚、絮公么	絮腚	絮腚	溜须人、絮腚（沟子）、会上	絮腚、溜腚、溜沟子、絮腚	溜沟子、絮公么、絮腚	溜沟子、絮腚
走后门	走后门儿	走后门儿	走后门儿	走后门儿	走后门、开帐	走后门儿	走后门儿	挖门子、走后门儿	走后门儿	走后门
拾掇	拾掇	鼓捣、捣鼓	鼓捣	鼓捣、捣鼓	鼓捣	拾撤	拾撤	收拾、拾撤	拾撤	拾撤
制造是非	鼓捣、捣鼓	捣鼓捣鼓	鼓捣	找事	曙捣鼓	没事找事	传喳话	胡闹、搬弄是非	嚼舌头	嚼舌头
做作	做作、做势、拿样儿	做作	做作	装	做作	做作	做作	做作	拿捏	拿捏

方言点　词语	新泰	济南	利津	曲阜	邹坡	龙口	荣成	莱州	沂水	诸城
以假理由推让	虚让	作假	作假	作假	作假	找个毛由由	推托	推托	找个理由	找个借口
照顾便宜	沾油水儿	顾搅、顾鲁	顾搂	伺候	伺候	伺候人	伺候人	伺候人	伺候人	照顾别人
搭取便宜	摆架子、拿架	游么	搭摄	来个巧儿	赚香婴	赚便宜	沾光	搭便宜	赚便宜	赚便宜
摆架子	摆架子、拿架子	摆架子	拿架子	拿架子	拿糖、拿把儿	摆架子	摆架子	摆谱儿、拿架子	摆架子、托大大、装大叫驴	摆架子
敷衍	胡弄、胡穷、胡弄局儿，胡弄局	糊弄穷、糊弄局，口弄空	舞弄	舞弄	糊弄局、糊弄汤	应付	胡弄	应数	应付	应付
安排、支使	支使	支使	攀画	支使	支使、戴咧	支使	支使	支使	支使、叫	安排、叫
招惹	招	惹和	惹活	惹、罢挞、戳蹬	惹	惹	惹	招取	惹	惹
弄坏	糟践、作贱	踢蹬	踢蹬		败坏	弄坏	槽蹋、败治	作案	作案	摘坏
寻找、换取	讨换	讨换	讨换	讨换	讨换	找找	找找	操持	找找	讨换
相处、相伴	佮伙儿	合伙儿	合伙	合伙儿	搁伙儿	佮平	佮、佮合	轧伙	轧伙	轧伙、轧
相好	相好	相好	相好	相好	相好	相好	相好	相好	相好	相好
合群	佮群儿	合群儿	合群儿	合群儿	合群儿	合群	好佮	合群儿、合帮	合群儿、合帮	佮平着
出洋相	弄景儿	出洋相	出洋相	出洋相	出洋相	出洋相	漏村、出洋相	闹洋相	出洋相、樣洋相	恰洋相
眼红、羡慕	眼热、眼红	眼红、眼热	眼热	红眼	眼红、眼馋	眼红	眼馋、眼红	眼红	眼红	眼红
喜欢、喜爱	喜欢、喜爱、喜欢气	喜欢、喜拉	喜气	热、喜欢、耐见、喜	糊见、热	喜欢	喜思、喜罕	稀罕	爱将、喜拉、喜欢	喜欢
笑	嗺	笑	欢气	笑、喜	喜	笑	笑	笑	嗺	嗺

词语＼方言点	新泰	济南	利津	曲阜	郓城	龙口	荣成	莱州	沂水	诸城
高兴	欢气	恣儿	恣儿	恣儿	恣儿	欢喜	欢气	欢气	欢气	恣儿
非常高兴	欢帖,得	得	得	得、得劲儿	得	恣儿	真欢气	真欢喜	舒泰、愉括	挺恣儿
舒服	恣、舒坦、恣晕、心烦	欢帖、舒服、舒坦、得劲儿	舒坦、如调	舒坦、如贴	得力儿、滋润	舒坦	熨贴、舒心	舒服、好受、舒坦	舒泰、愉括	愉作
厌烦、讨厌	够在、心烦、讨人嫌	烦、心烦、气、讨厌、讨人、诉	烦恶	恶恶	恶烦	烦弃	烦弃	讨厌	烦其、犯恶	膪脏、烦恶
厌恶	犯恶	犯恶	烦恶	恶恶	恶烦	砸应	砸应	厌恶	讨人嫌	不顺眼、烦恶
特别厌烦		砸影	砸影	真恶影人	黑影儿	砸应	真砸应	砸摔	血烦儿、乔烦儿	黑眼不细瞅
生气	生气	生气	生气	摆了	恼、生气	生气	生气	生气	生气	生气
发急、焦燥	焦燥、懊急	着急	心焦	急眼	发急	心焦	烦燥捣	焦得上	心焦	毛燥
着急	急怔、懊急	急眼	急恍	急得慌	急了	着急	着毛	着急	燥急	急乎
心虚	心惊	心惊	心惊	心虚	心虚	心虚、亏心	心虚、胆怯	着苦、胆怯	觉慌、怔惊	心亏
懊恼	无法、渐愧	恼	恼	恼	恼	懊青	恼	懊恼	膪腺、懊青	窝囊
出气、消气	然气	然气、消气	然气	消气	消气	出气、气儿消了	撒气、燃气	出气、撒气	出出气	出气、消气
嘲气	嘲气子	嘲气	嘲气	嘲气	嘲气	嘲气	嘲气	嘲气	嘲气	嘲气
埋怨	怨	埋怨	怨	埋怨	埋怨	埋怨	埋怨	埋怨	怨	埋怨
委屈	包屈	受屈	抱屈	抱屈	抱屈	冤	心虚	抱屈	受苦	
冤屈	冤枉	冤屈	屈证	屈得慌	冤枉	冤枉	屈	冤屈	冤枉	冤屈
后悔	懊悔	后悔	屈腺	后悔	后悔	懊青	后悔	后悔	后悔	懊悔
窝囊	兮苏	窝囊	窝囊	窝囊	窝囊	窝囊	窝囊	窝囊	窝囊、膪腺	窝囊

词语	新泰	济南	利津	曲阜	郯城	龙口	荣成	莱州	沂水	诸城
心里发慌	慌	慌、发毛	毛	着毛、毛点	慌、毛点	慌了	着毛	慌了	发毛	心慌
打憷	休头	打憷	打憷	发怵	怯、毛憷	打休	打休	打憷	发憷、打休憷	打憷
胆怯	打休、休头	休头	怯场	害怕、吓得慌	怯场	害怕	休头	胆怯、害怕	休头、眼晕	打休
挂念、担心	挂着	挂着、惦着、惦记	惦心	挂	担记着	惦记	惦记、挂记	挂念、担心	记挂、挂牵	挂挂着
感觉到、认为	觉着	觉着、觉么着	觉么着	觉着	觉谋理	觉着	觉着	觉着	试着、觉着	觉得
盘算、算计	算心	算计	盘算	算计、合计	算计	算计	算计	打算	算计、算计	合计
琢磨、思考	盘算	琢磨、思谋	寻思	寻思	精思	寻思	寻思、合计、掂量	考虑、寻思、合计	寻思、掂量	寻思、掂量
猜测	猜摸、掂量	揣摩	猜么	精思、猜析	精光	猜	猜摸	猜	猜么	掂摸
牙碜	牙碜	牙碜	牙碜	沙碜	牙碜	牙碜、碜	牙碜	碜	牙碜	牙碜
倒牙	牙硬	倒牙	倒牙	倒牙	倒牙	倒了	酸了牙	酸了牙	倒牙	倒牙
恶心	恶腐、腐人	恶影	恶毙	恶心	干呛	恶心	恶心	恶心	喂喽	倒胃头
上瘾	上瘾	上瘾	上瘾	上瘾	上瘾	上瘾了	有瘾	上来瘾了、有瘾了	上瘾了	上瘾
过瘾、痛快	过瘾	过瘾、解渴	解渴	过瘾	过瘾	过瘾	过瘾	过瘾	畅快、解渴	过瘾
婚事、办喜事	婚事	公事、喜事	红公事儿	婚事儿、喜事儿	喜事儿	喜事儿	婚事儿、喜事儿	喜人儿、相媳妇儿、相女婿	红公事、喜事	喜事、喜事
相亲	相	相亲、见面儿	相人儿、相女婿、相媳妇儿	相亲	相媒	打照面	相媒	相媳妇儿、相女婿	相、相相	验亲
结婚日	好日子	好日子	喜日子	好日子儿	好日子	好日子	好日子	好日子、当日子	大喜日子	
男子娶亲	结亲、娶媳妇	娶、娶媳妇	娶媳妇儿	办喜事儿、娶媳妇	娶媳妇	将媳妇、娶媳妇	将媳妇	将媳妇儿	成亲、娶媳妇儿、娶媳妇儿	将媳妇子

方言点＼词语	新泰	济南	利津	曲阜	郓城	龙口	荣成	莱州	沂水	诸城
女子出嫁	出嫁	嫁人	做媳妇儿	出门子、出门、闹、出闹	出门儿	出阁	出门子	出嫁	出门子、娶嫁	出门子、娶嫁、做媳子
新郎	新女婿	新郎	新女婿	新郎	新女婿	新女婿、新郎儿	新鲜女婿	新郎、新女婿儿	新郎	新郎
新娘	新媳妇	新媳妇	新媳妇儿	新媳子	新媳妇儿	新媳妇、新媳妇	新鲜媳妇	新媳、新媳妇儿	新媳妇	新媳子
送柬	下柬儿	撒帖	送柬、送连帖儿	下贴子	换帖儿	下帖	送柬	下礼	送日子、送书子	
闹洞房	闹房儿	闹房	闹媳妇儿	闹新房	乱新媳妇儿	闹房	闹媳妇	闹房、闹媳妇	闹房	闹喜房
怀孕了	有喜、有了	怀孕喃、有喜喃、双身子	有了、怀着了	有喜了、上身	有喜、怀孕	有了、有喜了	有（喜）了、怀孕、滑双身	怀孕了、有喜了	怀孕、有喜、有喜了	有喜了、双身
临产了	快生了	临产	足月儿了	快生了	足月了	好生了	到儿日子了、好生了、好拾	快生了	见红儿	临盆
分娩了	蹶倒了、躺下了	生孩子	睡倒地了	仲倒了	添孩子	生了、拾了	拾孩子	养、养孩子	养活	生了
坐月子	坐月子	坐月子	坐月子	坐月、添娃	过月子	坐月子	坐月子	坐月子	坐月子	坐月子
头胎	头生孩儿	头生儿	头生儿	头生儿	头生儿	头一胎	头生儿	头生儿、头胎生	头一胎	头胎
男女孩同隔出生	花生	花生	花生	花生	花生	又乎着生	又乎着生	花儿生	花生	花生
小产	小月、不足月	小产	小产了	小月、小月子了	奶孩子掉了	坐小月子	孩子掉了、早产、流了	小产、流产	掉了	小产
喂奶	吃口口儿、口口儿	奶孩子、吃奶、吃妈妈	吃妈妈	喂口口儿、口下	奶孩子	奶奶	喂奶子	奶奶	□ma^{35}奶	抱抱
尿床	尿床	尿床	尿坑	尿下	尿床	尿坑	尿炕	尿腚	尿下	尿下了

第二章　词汇　　　　　*183*

词语＼方言点	新泰	济南	利津	曲阜	郑城	龙口	荣成	莱州	沂水	诸城
认生	起生	眼生	眼生	认生	认生	认生	认生	认生	认生	眼生
改嫁	改嫁	改嫁	走道儿、嫁人家	改嫁	寻主儿	改嫁	走儿一步[家]	走道儿、改嫁	改嫁	改嫁
续弦、再娶	填房儿、成人儿、成家	续弦、填房	成人儿	续娶、填房	填房	填房、续弦	再续	填房	续弦、填房儿	将填房
拜寿	做生日儿	拜寿	上寿	上寿	过儿	过生日	过生日	过生日	做生日	过生日
丧事	公事	白公事儿、丧事儿	白公事儿	白事儿	丧事	白事儿	丧事儿	白事(旧)、丧事	白公事	丧公事
老年人去世	去世、老不在了	老咽、殁咧、不在咧	老了	不在了、老了、回去了	老了、见阎王了、老爷去了(旧)	老了	老了、过去了	死了、老了	老了、没了、倒头了	老了、死了
尸体	尸首儿	尸首、遗体	尸首儿	尸体	尸体	尸首	死尸	尸首儿	死尸	尸首
停尸床	灵床子、斗子	灵床	冷床	灵箱子	灵床子	灵	灵	灵床	灵床子	
棺材	寿器、斗子	寿材、棺材	寿器、材	棺材、板	版、木头	棺材	棺材、活	棺材、寿材	板	棺材、材、木头
入殓	入殓	入殓	入殓	入殓	入殓	入殓	入殓	入殓	入殓	入殓
守灵	守灵	守灵、陪灵	守灵	守灵	守灵	守灵	守灵	守灵	守灵	守灵
带孝	持服	带孝、穿孝	带孝	带孝	带孝	带孝	带孝	带孝	穿服	带孝
报丧	报丧	报丧	报丧	发殡、报票	送信儿	报丧	报丧、对道	报丧	报丧	报丧
吊唁	吊丧、吊孝	吊问	吊丧	吊孝	吊孝	吊唁	吊孝	吊唁	吊唁	吊唁
送葬	送葬	送殡	送丧	送丧	发送	送殡	送殡	送殡	送殡	送殡
坟茔	林	坟	坟茔、乱葬岗	林	林	坟、坟茔	坟、茔、茔地	坟、茔	坟子、林	林地、茔地
寻短见、自杀	寻短见	寻死、寻短见	寻无常	自杀	自杀	自杀	寻死儿、寻短见	自杀	寻短见	寻无常
上吊	上吊	上吊	上吊	上吊	上吊	上吊	上吊、勒[绳]	上吊	上吊	上吊

方言点\词语	新泰	济南	利津	曲阜	郓城	龙口	荣成	莱州	沂水	诸城
投河	跳河	跳河、投河	投河	跳河	跳河	跳河	跳河	跳河	跳丁河	跳水
合葬	合葬	合葬	合葬	合葬	并骨	埋一块儿	埋一堆儿	并骨	埋、块丁	合埋
迷信	迷信	迷信	信神	老封建	迷信	迷信	迷信	迷信	迷信	迷信
烧香	烧香	烧香	烧香	烧香	烧香	烧香	烧香	烧香	烧香	烧香
供神、供祖	供养	供神	供养	上供	供神	供养	供养	供养	敬送	供养
算命	算卦	算命	算卦	算卦	算卦	算命、相面	占卦	算命、批八字儿	掐算、相面	掐算
占卜	算卦	算卦	抽帖儿	算卦	算卦	算命	算命、打挂	算命打卦	算卦	算卦
招魂	叫魂	叫魂儿	叫魂儿	叫魂儿	叫魂儿	招魂儿	叫魂儿	叫魂儿	叫魂儿	招魂儿
许愿	许愿	许愿	许愿	许愿	许愿	许愿	许愿	许愿	许愿	许愿
土地神	土地爷	土地爷	土地老爷	土地老爷	土地爷	土地公公	土主爷、土主姥儿	土地	土地老爷	土地爷爷
灶神	灶王爷	灶王爷	灶王爷	灶炉老爷	灶王爷	灶王爷	灶王爷	灶王爷	灶老爷	灶尾爷
财神	财神爷	财神	财神爷	财神老爷	财神爷	财神	财神	财神、财神爷	财神爷	财神爷爷
阎王	阎王老爷、阎王爷	阎王、阎王爷	阎王爷、阎王爷	阎王老爷	阎王	阎王爷	阎王爷	阎王、阎王爷	阎王爷	阎王爷爷

方言点＼词语	诸城	沂水	莱州	莱成	龙口	郯城	曲阜	利津	济南	新秦
城墙	城墙	城墙	城墙	城墙	城墙	城墙	城墙	城墙	城墙	城墙
住宅、院落	宅子、屋	宅子	住宅、宅子	宅上、宅场	住家	宅子	宅子	宅子	宅、宅子、住宅	房宅、宅子
院子	天井	天井	天井	院子	院子	当院子	天井、院子、当院	天井	院子、天井	天井
甬道		过道	过道	过道	过道儿	过道儿	过道	过道	过道	过道
院墙	院里墙	院墙	院墙	院墙	院墙	墙头、院墙	夹皮墙、院墙	院落墙、院墙	院墙	院墙
篱笆	障子	障子	障子	障子	篱笆	篱笆	篱笆子	浴帐子	篱笆	障子
房屋	屋	屋子	房子、屋子	房子	房子、屋子	屋、屋子	房子、屋	屋	屋、屋子	屋
房间	屋	屋子	屋儿	间	屋子	间	屋	屋	屋、房间	间口儿
正房	堂屋	堂屋	正房	正房	正房	堂屋	堂屋	大屋、北屋	上房、堂屋	堂屋
厢房	东屋、西屋	耳房	厢屋	厢房、厢屋家	厢房	配房	厢屋	偏房、偏房屋	厢房、偏房	厢房
里屋	里间	里屋	里间儿、套间儿	里间、房里	里间	里间	里间儿	里间	里间、里间屋	里间
外屋	外间	外屋	外间儿、明间儿	外间、正子顶里	外间	屋当门	明间儿	明间、外间	外间、外间屋	外间
山墙	山墙	山墙	山墙	山墙	山墙、屋山	山墙	屋山	屋山	山墙	山
墙基、墙脚	墙限	跋脚、地脚	地基	地基	地基、墙基	城脚	地基	根脚	墙脚	地脚、墙脚、坚脚
厨房	饭房	锅屋	火房	火房	灶口	厨房、钠屋	厨屋	饭屋	饭屋、厨房	饭屋
影壁	影壁墙	影壁墙	照壁	照壁	照壁	影门墙	墙、影门墙	影壁[墙]	影壁	影壁墙
顶棚	伏棚	福棚	虚棚	仰棚、冲棚子	仰棚	顶棚	伏棚、顶棚	座棚	顶棚、座棚	座棚
台阶	合阶	门斩子	碻台儿	石台儿	台阶儿	门轩子	门台子	礓磋子	碻台、台阶	碻台儿

方言点／词语	新泰	济南	利津	曲阜	郓城	龙口	荣成	莱州	沂水	诸城
门槛	门欠子	门槛子、	门欠子	门槛儿、门欠儿	门欠子	门关子	门槛	门欠、门场	门欠儿	门口tɕ'ε儿
门闩	门关儿子	门插关儿	门关儿	门闩儿	门插桩子	门闩儿	(门)门把、门闩儿	门垫子	门关子	门关子
门挂儿	门挂子	门鼻儿	带挂子	门鼻	门脸遒子	门鼻儿	门鼻[儿]子	门挂子	门挂儿	门挂鼻子
锅灶	灶火、灶火窝	锅头、灶火	灶窝	锅膛子	灶火	灶	锅台	锅灶儿	锅台	锅台
灶膛	灶火	护堂	灶窝膛	锅壳窝	锅壳窝子	灶膛	锅洞	锅底	锅底	锅底
烟囱	拔突、灶突	灶突	灶囱、灶窝膛	灶突	烟筒	釜合	釜合	烟筒	烟筒	釜合
风箱	风掀	风掀、风箱	风箱	风掀	风掀	风匣	风匣	风匣	风掀	风扇
炊帚	刷帚	炊帚	炊帚	刷帚	笤帚	炊帚	炊帚	炊帚	饭帚	炊帚
锅盖	盖垫子	锅盖	盖天	锅盖	锅拍(子)	锅盖	锅盖	盖垫	锅盖垫	锅盖顶、锅盖垫
锅铲	锅铲子	铲子、锅铲子	铲子	炝锅刀	锅铲子	铲子	刀铲子	铲子	勺子、铲子	烧锅铲子
拨火棍	火筷子	烧火棍	火棍	火筷子	火棍	烧火棍	烧火棍	火棍	火棒	烧火棍
擀面杖	擀面杖、擀面轴儿	擀面轴子	擀杖轴子	擀面杖	擀面轴儿子、擀面杖	擀杖	擀杖	擀面柱	擀棒轴子	擀面柱
箅子	腰箅子	箅子	箅子	箅子	箅子	箅子	箅子	箅子	箅子	箅子
笼屉布	笼布子	笼布	笼布	笼布	笼布	笼屉布	笼屉布	笼屉布	笼布子	笼布
牛圈	牛圈	牛圈	牛栏	牛屋	牛屋	牛圈、牲口槽	牛圈	牛圈	牛栏子	牛棚
猪圈	猪圈	猪栏	猪圈	猪圈	猪圈	猪圈、牲口槽	猪圈	猪圈	猪栏	猪屋子
羊圈	羊圈	羊圈	羊圈	羊圈	羊圈	羊圈	羊圈	羊圈	羊圈	羊屋子
马棚	马棚	马棚	马棚	马棍、马圈	马棚	牲口棚	马栏	马棚子	马棚	马棚

词语	新泰	济南	利津	曲阜	鄄城	龙口	荣成	莱州	沂水	诸城
厕所	茅房、茅司、茅子,屎屋栏子	茅厕、茅房、茅子	茅房、栏子,茅房	茅厕、茅房	茅子	茅厕	茅厕(坑)阳坑,阳沟(沟)	茅房儿、栏	茅房儿,发栏子、粪栏,□m5²¹³子	茅房(圈)(旧)、茅房(新)
地窖	窖子	地窖子	窖菜子	羊头井子	地窖子	地窖	地窖子	地窖子	地窖子	地窖子
家具	家什	家具、家什儿	家具	家具	家什儿	家具	家什	家具	家事	家什、摆设
方桌,八仙桌子	方桌,八仙桌子	方桌、八仙桌	方桌	八仙桌子	八仙桌子	桌子	八仙桌子	八仙桌子	地仙	方桌
饭桌	饭桌子	饭桌	饭桌子	桌子	饭桌子	饭桌子	饭桌子	饭桌子	饭桌	饭桌子
方凳	方凳	方凳、杌子	杌子	杌子	杌子	凳子	凳子,杌子	杌子	杌凳子	杌子
圆凳	杌子	圆杌子	杌子	杌子	杌子	杌凳	杌子	团团凳子	板凳	杌子
板凳	板凳子	板凳子	凳子	板凳	板凳	板凳	板凳	板凳	板凳儿	杌子
马扎子	杌扎子、交扎子,马扎子、杌杌子	马扎子、交杌子、杌扎子	撑子	马扎子	马扎子	马扎子	软凳、马扎子	马扎子	交叉子	马扎
抽屉	抽头	抽斗	抽抽,抽头	抽抽,抽屉	抽抽	抽屉	抽匣,抽屉	抽屉	抽屉	抽斗
篮子	篓子、篮篮、蒜篮	篮子	篮子	篮子	筐子	篓子	篮子	篓子	提篮	提篓
水桶	筲	筲、水桶	桶子,筲	水桶,水筲	筲	水筲	水筲,水桶	水筲	筲	筲
保温瓶	暖壶	暖壶、暖水瓶	暖瓶,暖壶	暖瓶,暖壶	暖壶	暖瓶	暖壶,暖瓶子	暖壶	暖壶	暖壶
瓶子	棒子	瓶子	鉻子	瓶子	瓶子	棒子、瓶子	瓶子、棒子	瓶子、棒子	捧子	瓶子
筷笼子	筷扇子	筷子笼子	筲头筷子	筷子筒	筷笼子	筷笼子	筷□ou⁴²子	刺刺发儿	挂筷子	筷篓子
擦床儿	擦床儿	擦床儿、嚓床子	擦床	擦床子	擦桩子	擦床	菜帖	擦床	搜子	擦床
蒜臼子	蒜白子	蒜白子、蒜槌	蒜白子	蒜臼子	蒜臼子	蒜碓白	蒜白子	蒜碓	蒜白子	蒜白子
脸盆	洗脸盆子	脸盆	铜盆	脸盆,洗脸盆	洗脸盆	洗脸盆儿	洗脸盆子、盆儿、海子	脸盆儿	洗脸盆子	铜盆、脸盆
毛巾	擦布子	毛巾、擦脸布子、手巾、洗脸手巾	擦脸布子土布做的手巾	手巾儿	羊肚子手巾	手巾	手巾	手巾、毛巾	擦脸布子	擦脸布子
肥皂	胰子	肥皂	胰子	胰子	胰子	胰子、香皂	胰子	胰子	胰子	胰子、肥皂

方言点＼词语	新泰	济南	利津	曲阜	郓城	龙口	荣成	莱州	沂水	诸城
抹布	抹布、抹桌布子、擦布	抹布、擦布	擦布	抹布	抹布	抹布	抹布	抹布	抹布子	抹布子
火柴	洋火	洋火、火柴	洋火	洋火	洋火儿	取灯	火柴、洋火儿、洋火	火柴、洋火	洋火	火柴、洋火
图章	手戳儿	私章	戳儿、手戳儿	手章、手戳、戳子	戳子、手戳儿	印儿	戳儿	手戳儿	手戳儿	手戳
手电筒	电棒子、手电	电棒子、手电	电棒子	电棒子、手灯	电棒儿	电棒	手灯、手电	手电筒	电棒子、手灯	电棒子、手灯
日光灯	灯灯	日光灯、灯棍儿、电棍	电棍儿	灯棍	电棍儿	灯棍儿	电棍儿	日光灯	电棍儿	白日灯
浆糊	糨子	糨子	糨子	浆子	糨子	糨	糨	糨	糨子	糨棍子
大衣柜	大立橱	大立橱、立橱	大立柜	立柜、橱子	大立柜	立柜	立橱	立橱	大衣橱	大衣柜
箱子	箱、箱子	箱子	箱子	箱子	箱子	箱子	箱子	箱子	箱子	柜子
皮箱	皮箱	皮箱	皮箱	皮箱	皮箱	皮箱	皮箱	皮箱	皮箱	皮箱
柳条箱	柳条箱	柳条箱	柳包	柳条包	柳条包	柳条箱	柳条箱子	条几筐子、柳条箱子	柳条箱	柳条箱
手纸	手纸	擦腚纸、卫生纸、草纸	手纸	手纸、草纸	擦腚纸	草纸	卫生纸	卫生纸	卫生纸	擦腚纸
自行车	车子	自行车、车子	洋车子	洋车、车子	洋车子	自行车儿	自行车	骑车子、车子	自行车	脚踏车
缝纫机	机子	缝纫机	机子	缝纫机	啪衣裳机子	缝纫机	缝纫机	自行针	机子	缝衣机
手杖	拄把棍儿	拐棍儿、手杖	拐杖	拄棍子	拐棍儿	拐	拐棍儿、文明棍子	拐棍、拄棒、文明棍儿	拄棒	拄棒
浦扇	浦扇	浦扇、芭蕉扇	浦扇、芭蕉叶	浦扇	浦扇	浦扇	浦扇	浦扇	浦扇	浦扇
樟脑丸	臭球	卫生球儿	臭球儿	避蟑球、卫生球、臭球	臭球儿	卫生球	潮脑豆儿	槽脑蛋儿	臭蛋	臭蛋儿（旧）、卫生球儿（新）
衣服	衣服	衣裳	衣裳	衣裳	衣裳	衣裳	衣裳	衣裳	衣裳	衣裳

方言点 词语	新泰	济南	利津	曲阜	郓城	龙口	荣成	莱州	沂水	诸城
大衣	大衣	大衣、大氅	大氅	大衣	大氅	大氅	大衣、大氅	大衣、大氅	大衣、大氅	大衣
棉衣	棉衣裳	棉衣裳	棉衣裳	棉袄	棉衣裳	棉的、棉袄	棉衣	棉衣	棉花袄	棉衣、袄
夹衣	夹袄	夹衣裳	夹衣裳	夹衣裳	夹衣裳	夹袄	夹衣、肩袄子	夹衣	夹袄	夹袄
单衣	单衣裳	单衣裳	单衣裳	衣裳	单衣裳	单的	褂子	小褂	单衣裳	单衣裳
开裆裤	开裆裤	开裆裤	豁裆裤	豁裆裤	漏裆裤子	开裆裤	开裆儿裤	开裆裤儿	露肴裆	开裆裤
汗衫	汗褟子	汗衫儿	汗褂子	汗褂子、汗褟、背心儿、汗衫儿	汗褂子、汗褂儿	汗衫儿	背心	汗衫子	衬衣儿	汗衫
裤头	裤头儿、裤衩子	裤衩子、裤头子	裤头	裤头	裤衩子	裤衩儿	裤衩儿、裤头	裤衩儿	裤衩子、裤头儿	裤头儿
短裤	裤衩儿	短裤	裤衩儿	半截裤头	大裤衩子	裤衩儿	短裤儿	短裤	裤衩子	裤头、裤衩
腰带	束腰带子	腰带、裤腰带	扎腰带、裤腰带	搐腰带	站带	裤腰带	裤带、杯带子	裤腰带、裤带子	湘腰带子、皮带	束腰带子、裤带
围裙	围裙	围裙	围裙	围裙	围裙	围裙	围裙	围裙	围裙	围裙
围巾	围脖	围巾、围脖、围脖子	围脖儿(男)、围巾(女)	围巾、围脖、围脖子	围巾	围脖儿	围脖儿	围脖儿	围脖、围巾儿	围巾
女式方围巾	围巾	方巾	方巾	方巾	围脖儿	围巾儿	头中子	围巾儿	方巾儿	围巾
儿童兜肚儿	兜兜儿	兜兜	兜兜儿	兜兜儿	兜兜儿	兜子	兜兜	兜肚儿	兜兜	兜兜儿
涎布	围脖子	围嘴、围涎、口水巾	涎布儿	围嘴	围嘴	围嘴	蛤拉、护中子	□□ka²¹³	围脖子	围嘴
衣兜	布袋儿	兜兜儿、布袋儿、口袋儿	布袋儿、荷包	布袋儿	布袋子	布兜	布袋	布袋儿	布袋儿	布袋儿
尿布	裤子	尿布、裤子	裤子	裤子	裤子	裤子	波布	裤子	尿裤子、尿布	裤子、尿布

词语＼方言点	新泰	济南	利津	曲阜	鄄城	龙口	荣成	莱州	沂水	诸城
虎头童帽	虎头帽子	老虎帽子	老虎帽子	虎头帽	虎头帽子	虎头帽	老虎帽子	虎头帽子	老虎头帽子	老虎帽子
耳罩	耳子	耳套	耳囊子	耳朵暖子	耳烘子	耳罩子		耳捂子	耳罩子	耳罩
护肩	披布	披肩	护肩	护肩	垫肩	垫肩儿	肩替儿	肩垫子	披布	披肩
毡鞋	毡鞋	毡窝、毡窝子	毡窝儿	毡鞋、毡窝罗	棉鞋	毡鞋	毡窝子	毡窝儿	毡鞋	大毡子
棉鞋	棉鞋	棉鞋	翁鞋	棉鞋	棉鞋	棉鞋	棉鞋	棉鞋	棉靰拉	棉鞋
雨鞋	油鞋	雨鞋	油鞋	水鞋、胶鞋、水靴子儿	雨靴	水鞋	胶鞋、水鞋	水鞋	水鞋	水鞋
铺盖、被褥等	铺盖、铺盖卷儿	铺盖	铺盖	盖体	盖体	行李	铺盖	铺盖、行李	铺盖	铺盖
被子	被头、盖头、盖体、盖窝	被窝	被窝子	盖被、被单	盖体	被	被	被	被子	被
床单	棉条	床单儿、衬单	卧单	床单儿、被单儿	单子	被单子	床单子	被胎		床单
旧棉絮	套子	被套	套子	棉花套、被套	套子	棉花	旧棉套	被胎	棉条	棉花
新棉絮	绒子	被套	绒子	棉花套、被套	棉花套	棉花	花子	棉花	被套	棉花
枕头	头枕	豆枕、枕头	豆枕	豆枕	枕头	枕头	枕子	头枕	头枕	头枕
蚊帐	蚊帐	帐、蚊帐	蚊帐	蚊帐	蚊帐	蚊帐	蚊帐	蚊帐	蚊帐	蚊帐
斗笠	席帽夹子	草帽子	苇笠	斗篷	草帽子	草帽子	斗笠	苇笠	席角子	苇笠
耳环、耳饰	坠子	坠子	坠儿	坠子	坠子	坠子	耳坠儿	耳坠儿	附儿	圈子、耳坠子
手镯	镯子	镯子	镯子	手镯子	镯子	手镯子	手镯子	镯子	手镯子	镯子
针线活儿	针线	针线活儿	曾生儿	生活	针线活儿	针线活儿	针线活儿	针线活儿	针线活儿	针线活儿

方言点 词语	新泰	济南	利津	曲阜	鄄城	龙口	荣成	莱州	沂水	诸城
针线盒儿	针线簸子	针线笸箩	针线笸箩儿	针线盒子	活篓子	针线笸箩	针线笸箩、西口子笸箩	针线笸子	针线笸箩	针线笸箩子
缝线板儿	拐子	线轴儿	线板儿	拐子	线筱子	线毂轴儿	线轴儿	线毂轴子	线毂轴儿	
针脚	巴脚子	针脚	针脚儿	针脚	针脚	针脚儿	针脚儿	针脚	□pa⁵⁵子	针脚
顶针儿	顶指子	顶针儿	顶针儿	顶针	顶针	顶针儿	顶指	顶针儿	顶针子	顶针
针锥子	针锥	锥子	针锥子	针锥	锥子	锥子	锥子	锥子	锥子	锥子
格褙	格褙	格褙	格褙	格褙、壳子	格褙	褙子	壳子、褙子	壳子	壳子	壳子
铺村	铺村	铺村	铺村	铺村、铺村条子	铺村	铺村	铺村	铺村	铺村、布头儿	铺村
粗布	老粗布	土布	布子	粗布	粗布	老粗布	粗布	大布	粗布	粗布
细布	洋布	洋布	洋布儿	洋布	洋布儿	细布、洋布	洋布	漂布、细布	洋布	细布
零碎布条	弃篱子	布弃篱子、布弃篱子	弃篱儿	布条子	布拉条子	铺村	铺村帮当、帮当	□tsi²¹⁴离子	铺村、布头儿	小布条、剩茬
布襻	核桃疙瘩	核桃疙瘩	葫芦疙瘩	扣子	扣子	扣子	袢襻子	扣子	扣子	布扣子
扣鼻儿	扣鼻子	扣鼻儿	扣鼻儿	扣鼻儿	扣鼻	扣眼儿、扣鼻子	扣子鼻	扣门儿	扣襻子	扣鼻、扣眼儿
早饭	早晨饭	早饭、早晨饭	早晨饭	清早饭	清饭儿、清起来饭	朝饭	遮饭、早饭、早起饭	朝饭	早晨饭	早晨饭
午饭	晌午饭	晌午饭、中午饭	晌午饭	晌午饭	晌午饭儿、晌饭	晌午饭	晌	晌午饭	晌午饭	晌饭、晌晚饭
晚饭	后晌饭	晚饭、晚上饭	后晌饭	下午饭	汤	夜饭	夜饭	夜饭	下晚儿饭、夜饭	饭
饭菜、伙食	饭食	饭食、伙食	饭食	饭食	饭、伙食（单位）	饭食	饭食儿	饭食	饭	饭

方言点＼词语	新泰	济南	利津	曲阜	郓城	龙口	荣成	莱州	沂水	诸城
干粮	干粮	干粮	干粮	干粮	干粮	干粮	干粮	干粮	干粮	干粮
大米饭	大米饭	米饭、干饭	干饭	米饭	米饭	干饭	干饭、大米饭	干饭	大米干饭	干饭
粗粮粥	糊涂	糊涂粥、粥	糊粥	糊涂	糊涂	粘粥	饳	饭	糊涂	粘粥
细粮粥	茶汤		面茶	白汤	白汤	稀饭	稀饭	饭	糊涂	粘粥
大米粥	稀米饭、饭儿	稀饭	饭汤	稀饭	米汤	米汤	米汤	大米饭	粥、大米饭	粥
（圆）馒头	馍馍	馍馍、馒头	馍馍、饽饽	馍馍	馍馍	饽饽	饽饽	饽饽	馍馍、饽饽、干粮	饽饽、饽饽、馒头
（方）馒头	馍馍	卷子	卷子	卷子	卷子	卷子	卷子	卷子	卷子	卷子
窝窝头	窝窝儿窝窝	窝窝头	窝头	窝窝头	窝窝	□ci⁵⁵溜	窝窝头	窝窝头	饳达、窝窝头	窝窝头
饼状面食	饼饼儿	饼	饼子	饼子	锅饼	饼子	饼子	饼	饼达子	饼子
煎饼	煎饼	煎饼	煎饼	煎饼	煎饼	煎饼	煎饼	煎饼	煎饼	煎饼
锅巴	锅疙巴	锅疙瘩	糊饼	锅疙巴	锅疙巴	疙渣	饭疙渣	疙渣	糊疙巴	糊疙渣
疙瘩汤	糊煯	疙瘩汤、面疙瘩	骨碴头、疙瘩蛋	疙瘩汤	疙瘩汤	骨碴汤	咸煮	骨碴汤	骨碴汤、疙瘩汤儿	骨碴汤
水饺	包子	饺子、水饺	饺子	水饺	扁食	骨碴	骨碴、饺子	骨碴、饺子	包子	骨碴、饺子
蒸包（长形）	大包子	蒸包儿、大包子	大饺子	大角子	角子、包子	包子	菜角儿	包子	大包子、蒸包子	包子
包子	大包子、包子	包子、大包子	包子	包子、大角子	包子	包子	包子	包子	菜包子	包子
烧饼	烧饼	烧饼	烧饼	烧饼	烧饼	火烧	火烧	火烧	烧饼	烧饼
锅贴	锅贴子	锅贴儿	锅贴儿	煎包	锅贴	锅贴儿火烧	锅贴	锅贴	锅贴子	油煎骨碴
馅饼	渴饼	馅儿饼	馅饼	馅饼	肉盒儿、菜饼		馅儿饼	馅饼	火烧	馅饼

词语＼方言点	新泰	济南	利津	曲阜	郯城	龙口	荣成	莱州	沂水	诸城
年糕	龙糕	年糕	糕	年糕	年糕	年糕	糕	糕	年糕	年糕
麻花	麻花	麻花	麻花儿	麻花	麻花	麻花	麻花扣儿	麻花	麻花	麻花
油条	油条、油炸果子、香油果子	果子、油条	果子	香油果子、油炸果子、油条	香油果子	麻糖	麻糖、油条	麻糖、果子	油条	香油果子、油条
粉条	粉条	粉条	干粉	细粉（细者）、扁粉（宽者）	细粉	粉条	粉、粉条儿、粉丝儿	细粉	粉条儿	干粉
面条	面汤	面、面条儿	面条儿、挂面	面、面条儿	面条儿	面	面条儿、汤面、汤	面、面条儿	挂面、面条	面条儿
凉粉儿	凉粉	凉粉	凉粉儿	凉粉儿	凉粉儿	凉粉儿	冻儿、粉镟儿、凉粉儿	凉糖、凉粉儿	凉粉	凉粉儿
白榙面条	面汤	手擀面	面汤	面汤	面条子	手擀面儿、面条儿	擀汤	手擀面	面汤、面条儿	面汤、面条儿
发面	发面	发面	发面子	发面	发面	发面	发面	发面	发面	发面
死面	死面	死面	死面子	死面	死面	死面	死面	死面	死面	死面
酵母	引子	酵母	引子	引子	酵母	酵母、引子	引子、引子把	酵子	引子	引子
老面（酵母）	老面、酵面	面头、接面	老面	面头、酱头	面头	老面	引子、引子耙	老面	面引子	老面
酵子	引酵	引酵	引酵	面引子	酵子	老面、引子	引子	老面	引子、老面	发面
剂子	剂子	剂子	剂子	面剂子	剂子	剂子	剂子	剂子	剂子	剂子

方言点＼词语	新泰	济南	利津	曲阜	郓城	龙口	荣成	莱州	沂水	诸城
面酱	面酱	面酱	酱儿	面饼、饼面	面酱	酱	酱	酱面	面酱	面酱
冰糖葫芦	糖葫芦	酸醋儿、糖葫芦儿	蜜罐儿	糖葫芦	沙拉红	酸梨膏	糖球儿	利青糖	糖醋儿	糖石榴
宴席	席	酒席	席、八个碗	酒席	席	席	席	席	酒席	酒席
炒菜	炒菜	炒菜	菜	蒸菜	炒菜	菜头	就儿	炒菜	菜	炒菜
下饭	盐味儿	菜	就吃的	就菜头儿	就食	菜儿	就儿	菜	就菜	就饭
下酒菜	酒肴	下酒菜	肴	酒肴儿	肴儿	肴儿	下酒菜、酒肴	酒肴	酒肴	酒肴
猪油	大油	猪油、大油、荤油	大油	大油	大油、猪油	大油	大油、猪油	大油、荤油、腊油	酒肴、大油	大油、猪油
豆油	豆油	豆油	豆油	豆油	豆油	豆油	豆油	豆油	豆油	豆油
香油	香油	香油	香油	香油	香油	香油	香油	香油	香油	香油
花生油	果子油	花生油、长果油	长果油	果子油	落生油	长果油	花生油、落生油	果子油	果子油	果子油
酱油	酱油	酱油	青酱	酱油	酱油	青酱	青酱	酱油、青油	酱油	酱油
芝麻酱	麻汁	麻汁、芝麻酱	麻汁	麻汁	麻汁	麻汁	芝麻酱	麻汁	麻酱	麻酱
豆酱	酱	豆酱	豆酱	豆酱	豆酱	酱	酱	豆酱	大酱	豆瓣酱
面酱	酱	甜酱、甜面酱	面酱	甜面酱、黄酱	甜面酱	酱	面酱	面酱	面酱	面酱
虾酱	虾酱	虾酱	虾酱	虾酱	虾酱	虾酱	臭虾	虾酱	虾酱	虾酱
调料	材料儿	佐料、调料	材料	材料	调料	调料儿	佐料	佐料	调料	调料
大料	大料	大料	大料	大料	大料	大料	大料	大料	八角茴香	八角
白酒	白干儿	白酒、白干儿	酒、烧酒	白酒	烧酒	烧酒	烧酒	烧酒	白酒	烧酒

方言点／词语	新泰	济南	利津	曲阜	郓城	龙口	荣成	莱州	沂水	诸城
里脊肉	里脊	里脊	里脊	里脊肉	里脊	里脊	里脊	里脊	里脊	里脊
下水儿	下水、下货	下水	下水	肝货	下水	下水儿	（猪）下货	下水	下水	下水
杂碎	杂碎	上货	杂碎	杂碎	杂	杂碎	下货	下货	下货	杂碎
牲畜的胃	肚子	肚子	肚子	肚子	肚子、肚儿	肚儿	肚子	肚子	肚子	肚子
口条	舌条儿	口条	口条	口条	口条	口条儿	口条儿	口条	口条	口条
鸡嗉子	鸡合子	鸡合子、鸡膆肝儿	鸡合子	鸡嗉子	鸡嗉子	鸡嗉子	鸡嗉子、鸡膆	鸡□□pu^{55}tsʅ生	鸡合子、鸡嗉悲	鸡嗉子
下地干活	上坡	下地	上坡	下坡	下地	上泊	上山做营生、干活	上坡做营生、上地里做营生	上坡、上地	下泊
刨地、锄地	锄地	锄地	搂地	搂地	倒地、锄地	耩地、锄地	锄地、搂地	锄地、搲地	锄地	锄地、搂地
用锹翻地	铲地	翻地	据地	搂地	翻地	翻地	搂	翻地、搲地	扎地	扎地
用镢刨地	刨地	翻地、抓地、耩地	镢地	刨地	刨地	刨地	刨地	刨地	抓地	抓地
播种	耩	播种、耩地	耩地	耩地	耩地	种	种、耩	耩地	耩地	播种
用铁耙平整好地	耢地	耢地	耢地	耙地	耙地	耙地	耙地	耙地	耙地	耢地
压场	轧场	打场	碾场	碾场	压场	打场	轧场	搂场院	搂场	压场
收割高粱穗儿	甘高粱	杀高粱、割高粱	甘高粱	割高粱	砍高粱	薅胡秫	砍胡秫	剁胡秫头子	甘秫秫头	砍高粱穗
割豆子	割豆子	割豆子	铰豆子	割豆子	割豆子	割豆子	割豆子	割豆子	割豆子	割豆子
掰玉米棒子	掰棒子	掰棒子	掰棒子	掰棒子	掰棒子	掰苞米	掰棒棒子	掰苞米	掰棒槌	掰玉豆棒子
割猪草	打草	打草	打草	割草	割草	剜菜	弄猪小菜、挖猪菜	割猪草	割猪草	割猪草

词语	新泰	济南	利津	曲阜	郓城	龙口	荣成	莱州	沂水	诸城
施肥	上粪	施肥、上粪	上粪	上粪	上粪	上地、上粪	上粪	扑庄稼	上粪	施肥
套车	套车	套车	套车	套车	套车	套车	套车	套车	套车	套车
赶车	赶车	赶车	撵车	赶车	赶车	赶车	赶车	赶车	赶车	赶车
装车	上车	装车	装载	装车	装车	装车	装车	装车	装车	装车
犁	犁	犁	犁	犁耙子	犁	犁	履耕	犁具	犁铧子	犁
犁铧	犁铧	铧头、犁头	镶头	犁铧子	犁铧	镶头	犁铧子	镶头	犁铧子	
拖拉机	拖拉机	拖拉机	铁牛、拖拉机	拖拉机	拖拉机	拖拉机	拖拉机	拖拉机	拖拉机	拖拉机
锄头	锄	锄头	扒锄	锄头	锄头	锄	锄头	锄头	锄头	锄
镰刀	镰	镰、镰刀	镰	镰	镰	镰	镰	镰	镰	镰
镐	镢、洋镐	洋镐	洋镐	立镢	镢头	镐头	洋镐	镐	洋镐	镐
大镐	大镢	大镐	大镐	洋镐	大镢头	镐头	镐、锹	大镐	洋镐	大镐
苫子	苫子	苫子	苫子	苫子	苫子	草帘子	檐苫子	苫	苫菁	苫子
杠子	杠子	杠子	杠子	杠子	杠子	杠子	杠子	杠子	杠子	杠子
扁担	担子	扁担、担子	扁担	扁担	扁担	扁担	扁担	扁担	扁担	扁担
担杖	钩担	钩担、担杖、水担担杖	担杖、担杖	钩耙	钩担	担杖	担杖	担杖	钩担	钩担
条筐	筐	抬筐	条筐、抬筐	抬筐	筐	抬筐	抬筐	抬筐	筐子	筐
篓子	篓子、蒲篓	篓子	篓子	荆篓	篓子	篓子	篓子	篓子	篓子	篓子
笸箩	笸盘子	笸箩	轴	笸箩	笸箩	笸箩	笸箩	笸箩	笸箩	笸箩
碌碡	碌碡	碌碡		碌碡	石碡	砘、光砘、王砘	光碡、眼碡砘	碌碡	碌碡	碌碡

方言点 / 词语	新泰	济南	利津	曲阜	郓城	龙口	荣成	莱州	沂水	诸城
镟铲	镟铲	镟铲	镟铲	镟铲	镟铲	镟铲	镟铲	镟铲	镟铲	镟铲
小推车	车子	小推车	车子	推车、独轮拱、斗拱、独头拱	独轮车	小车	小车子	小车儿	拥车子、车子	小拥车、拥车子
大车	大车	大车、胶皮车、地排儿、地排儿车	大车、大胶皮车	大车	大车	牛车	大车	大车	大车	大车
地排车	地排子		地排车	地排儿车	地排车	地排儿车	大板儿车、拖车子	地板儿车、拖车子	地排儿车、拖	地排子车
车轮	车脚子	车轮子	车轮儿	车轮	车轮儿	车轱轮儿	车轱轮	车轮	车轱轮子	车轱轮儿
嚼环	嚼子	嚼子	嚼子	嚼子	嚼子	嚼子	嚼子	嚼子	嚼子	嚼子
夹脖子	牛枷头、夹板子	梁脖子	夹脖子	夹板子	夹板子	夹棍	夹脖子	嫛脖子	锁头	夹板子
穿鼻	鼻箍	牛鼻线	鼻圈	鼻圈	鼻圈	拘具	牛鼻子	鼻具	鼻具	鼻具
捂眼子	捂眼子	捂眼子	捂眼子	捂眼子	捂眼子	捂眼子	捂眼子、捂眼儿、罩儿	捂眼儿、蒙眼儿	捂眼子	捂眼子
笼嘴	笼嘴	笼嘴	笼嘴、笼头	笼头、笼嘴	笼嘴	笼头	笼嘴、笼子	笼头	笼嘴	笼嘴
缰绳	缰绳	缰绳	撒绳	缰绳	撒绳	缰绳	缰绳	缰绳	缰绳	缰绳
织布机	棉花车子	织布机	机	织布机	织布机	织布机	织布机	织布机	纺线车子	纺线车子
织布梭子	梭子	梭子	梭	梭子	梭	梭子	织布梭子	梭子	织布梭子	织布梭子
弹棉花	弹棉花	弹棉花	弹花	弹棉花	弹棉花	轧花	轧花	弹棉花	弹棉花	弹棉花

方言点 词语	新泰	济南	利津	曲阜	郓城	龙口	荣成	莱州	沂水	诸城
榨油作坊	油坊	油坊	油房	油房	油坊	油坊	打油坊	油坊	油坊	油坊
机器磨	机器磨	电磨	加工磨	电磨子	电磨	电磨	轧面磨、粉碎机	机磨	电磨	电磨
砖瓦窑场	窑	窑场	窑场	砖瓦窑	砖窑	窑	窑场	砖场	窑场	砖厂
供销社、门市部	社	门市部	联社	门市部、供销社	供销门市部	供销社、门市部	供销点、门市、供销社	供销社	门市部	供销社
店铺	小店	商店、铺子	铺子	商店	小铺	商店	门头、门市	店	门头、门市部	门市部
经商	做买卖	做买卖儿、干买卖儿	做买卖	做生意	做买卖	做买卖	做买卖	做买卖、跑买卖	做买卖	做买卖
开张	开市	开张、开市	开张	开市	开业	开市	开张	开张	开张	开市、开业
走运	走运	走运	走运	走字儿	走运	走运	走字儿、走时气	走运	走运	走运
顾客	顾客	顾客、主户	主顾	买东西的	买啥的	买主儿	主顾	主户、要主儿	顾客	顾客、主户儿
毁子	毁子	毁子	毁子	毁子	毁子	毁子	毁子	毁子	毁子	毁子
开支	花销	开支	铰赛	花销	花销	开销	花销、开支	开支、开销	花销	花销
路费	盘缠	盘缠、路费	盘缠	盘缠	盘缠	盘缠	盘缠、路费	路费、盘缠	路费	盘缠、路费
本钱	本儿、老本儿	本钱、本儿	本儿	本儿	本儿	本儿	本钱、本儿	本钱、老本儿、本钱	本钱、本儿、本钱	本儿
赚钱	赚钱	赚钱、赚两	赚钱、挣钱	挣钱	挣钱	挣钱	赚钱、挣钱	赚钱、挣钱	赚钱	挣钱
赔钱	赔钱	赔钱	赔本儿	赔本儿	赔钱	赔钱	赔钱	赔钱、赔本儿	赔本儿	折本儿
欠账	欠账	欠账、该账	除账、拉机荒	该账	该账	该账	该账、欠账	该账、欠账	该账	该账
旅店	店	旅店、旅馆、旅社	店	旅舍、客店	店	店	旅馆	旅店、客栈	旅馆、旅社	店、客栈、旅馆

词语	新泰	济南	利津	曲阜	郡城	龙口	荣成	莱州	沂水	诸城
饭店·饭馆	饭店	饭店·饭馆·馆子	馆子	饭店	饭锅、饭馆	馆子	馆子	饭店·饭馆	饭店·饭馆子	饭店、理发馆子·饭店
理发店	剃头铺子	理发馆儿、剃头铺	剃头棚儿	理发馆	理发店	剃头铺子	理发馆儿、剃头铺	理发店	待诏铺屋子、待诏铺子	剃头铺
市场·集市	集	市场·集	集	集	会、集	集	集	集	集	集
课堂·浴室	课堂子	课堂子、堂子	课堂子、课堂	堂子	课堂儿	课堂子	课堂子	课堂子	课堂	课堂子、课桌
学校	学堂	学校·学堂	学屋	学校	学屋	学校	学校·学堂	学校·学屋	学屋·学校	洋学堂·学校
课堂	课堂	课堂	课堂	课堂	课堂	课堂	课堂	课堂·教室	课堂	课堂
黑板擦	黑板擦子	黑板擦子	黑板擦儿	板擦子	黑板擦子	黑板擦	黑板擦儿	擦板儿、擦包儿	黑板擦子	黑板擦子
打嗝	打革	起草	打嗝儿	起草	打草	起草	打草癗儿	起草儿	打草癗	起稿儿、起草儿
涂抹	污	抹	抹了、擦了	划擦	擦了	抹	抹桷、星平	抹拶	抹韬	涂抹
别字	白字	白字	错字	白字儿	白字	白字儿	白字儿	白字儿	别字	浆伯儿·白字儿
上学	上学	上学	上学	上学	上学	上学	上学	上学	上学	上学
逃学	逃学	逃学	逃学儿	逃学	旷课	滑学	滑学	滑学	逃学	逃学
放学	放学	放学	放	下学	放学	放学	放学	放学	放学	放学
背书	背书	背书	背书	背课文	背课文	背书	背书	背书	背书	背书
考卷	卷子	卷子、试卷儿	卷子	卷子	卷子	巷子	卷儿、卷子	卷子	卷子纸	考卷

词语＼方言点	新泰	济南	利津	曲阜	郓城	龙口	荣成	莱州	沂水	诸城
考分倒数第一	坐红椅子	扛榜、坐红椅子	坐红椅子	坐红椅子	坐红椅子	倒第一	倒数第一、坐红漆板凳儿	坐小椅子	倒数第一	末老儿
零分	零分	零分儿、鸭蛋	吃大鸡蛋	零蛋、鸭蛋	零分儿、鸭蛋	鸭蛋	鸭蛋、零蛋儿、零蛋	鸭蛋、零分儿	零分	零分
留级	留级	留级、降班	留级	蹲班	蹲级	降级	蹲级、坐窝	蹲级、留级	留级	蹲级
玩木偶	托人头子	撮古偊子	搓头子	（大）撮猴头儿		葫芦头	耍木偶	耍猴头子戏		
踩高跷	踩高跷	踩高跷	踩高跷	踩高跷	踩高跷	踩高跷	踩高跷	踩高跷	踩高跷	踩高跷
扭秧歌	扭秧歌	扭秧歌	扭秧歌儿	扭秧歌	扭秧歌	扭秧歌	扭秧歌	扮耍景	扭秧歌	跳秧歌
跑旱船	赶旱船	跑旱船、玩旱船	玩旱船儿	跑旱船	跑旱船	跑旱船	跑旱船	跑旱船	划旱船	划旱船
耍狮子	耍狮子	玩狮子、耍狮子	玩狮子儿	耍狮子	舞狮子	耍狮子	耍狮子	耍狮子	耍狮子	耍狮子
变魔术	玩戏法儿	变戏法、魔术	变戏法	变戏法儿	变戏法、玩戏眼	耍藏眼儿	耍藏眼	变戏法儿	玩藏眼的	耍藏眼的
捉迷藏	藏蒙蒙收	藏猫儿	藏老母儿	藏猫猴	藏眼头	趴老母儿、趴老妈妈	趴藏眼	藏猫儿	藏猫儿	藏猫儿
拾子儿	拾子儿	拾子儿、抓子儿	拾把把	拾子儿	拾马铃儿	拾毛盒儿	拾珠拉合儿	丢石子	拾活络	抓博古
跳房、跳方	跳房儿	跳房儿	跳房	跳房	趟房儿	蹚瓦	跳房儿	占房儿、跳房儿	打楼儿	
顶膝游戏	斗鸡	碰拐	抵拐	斗鸡	斗鸡	顶拐	顶牛	顶拐	碰拐	碰拐
翻跟头	翻腚瓜儿	张眼头儿、翻眼头儿	张个儿	打车轱辘	寄眼头	跟眼头	倒眼	头栽头儿	翻个儿	翻个
侧身翻	打旁连	打旁连	打爬连	打旁连	打洋车子轮	打把式	打旁旁	打旁立儿	打旁儿	铧铲

方言点＼词语	新泰	济南	利津	曲阜	郯城	龙口	荣成	莱州	沂水	诸城
头顶地倒立	竖直立儿	竖直立儿、大头顶	拿大顶	拿大顶	拿大顶	竖椅娃	竖椅娃	拿大顶	拿大顶	头顶地
打水漂儿	打飘儿	打水飘球	打漂儿	打漂儿	打水漂儿	打漂儿	打漂儿	打水漂儿	打漂儿	打漂儿
打篮球	打球	打篮球	打球	打球	打篮球	打球	打篮球	打球	打篮球	打篮球
滑冰	打滑擦擦儿	滑冰	溜冰	打滑溜	打滑溜溜力儿	打滑	打滑溜溜儿	滑冰冻、擦擦	擦滑儿	擦滑
游泳	洗澡	游泳、凫水	洗澡儿	下河打溜儿	洗澡儿、凫水	凫水	懒水	凫水	浮水	凫水、游泳
放鞭炮	放爆仗	放爆仗	放爆仗	放炮	放炮仗	放鞭炮	放爆仗	放炮仗	放鞭	放炮仗
放烟花、礼炮	放爆仗	放花	放花儿	放花	放花	放花	放花儿	放花	放花	放烟花
唱京戏	唱戏	唱京戏	唱大戏	唱歌儿	唱戏	唱大戏	唱戏	唱大戏	唱京剧	唱京剧
说书	说书	说书	说书	说快板	说书	说书、说大古书	说书	说书	说书	说书
讲故事	拉呱儿		说笑话	拉故事	拉呱儿	说八古书	说线儿、讲故事	说唠话儿	拉呱儿	拉呱儿、剌傻话
猜谜语	破闷儿	剖谜儿、猜谜儿	抛闷儿	破谜	破谜儿	破闷儿、猜闷儿	猜谜儿	破闷儿	猜闷儿	猜闷儿
唱儿歌	唱歌儿	唱歌儿	唱歌儿	唱歌儿	唱歌儿	唱歌儿		唱儿歌	唱儿歌	唱儿歌
打扑克	打牌	玩扑克、打扑克	打扑克	打牌	当牌、来牌	打扑克	打扑克、抽牌儿	打扑克、打散儿	来牌儿	打牌儿
掷骰子	掷骰子	掷色子	掷骰子	掷色子	掷色子	掷色子	投色子	耍骰子、打散子	掷骰子	掷骰子
下象棋	下棋	下棋、下象棋	下象棋	下棋	下象棋	下棋	下象棋子	下棋	下棋	下棋儿
拱卒	拱卒	拱卒、拱卒	拱卒	拱卒	拱卒	拱卒	拱卒	拱卒	拱卒	拱兵

词语	新泰	济南	利津	曲阜	郓城	龙口	荣成	莱州	沂水	诸城
跳马	跳马	跳马、夹马	跳马	跳马	跳马	跳马	跳马	跳马	跳马	跳马
支士	支士	支士	支士	上士	支士	撑士	支士	支士、上士	支士、撑士	撑士
飞相	飞相	飞相、上相	飞相	飞相	飞相	飞相	飞相	飞相	飞相	飞相
牲口	头口、牲口	牲口、头牲	头口	牲口	牲口	牲口	牲口	牲口	牲口	牲口
公马	马	公马、儿马	儿马	儿马	儿马	公马	儿马	儿马	公马	公马
母马	马	骒马、儿马、母马	骒马	女儿马	骒马	母马	骒马	骒马	骒马	骒马
公牛	犍子	牤牛、公牛	犍牛	牤牛	牤牛（未去势者）、老犍	公牛	犍牛	牤牛、犍子	叽牛（未去势）、犍子（去势）	犍子（去势）
母牛	氏牛	氏牛、母牛	犅牛	犅牛	氏牛	母牛	牸牛	母牛	士牛	沙牛
公猪	豭猪、角猪	公猪、郎猪	公猪	牙猪	牙猪	角猪	牙猪子、脚猪（种猪）	公猪、种猪	公猪、豭猪	郎猪
母猪	母猪	母猪	母猪	母猪	母猪	母猪	母猪、老母猪（母种猪）	母猪	母猪	老母猪
猪息	小猪子	猪息儿、猪息子、猪秧子	猪秧子	小猪儿	猪秧子	小猪	奶猪子	小猪	小猪	猪息子
公驴	叫驴	叫驴	叫驴	叫驴	叫驴	叫驴	叫驴	叫驴	叫驴	叫驴
母驴	草驴	草驴	草驴	草驴	草驴	草驴	草驴	草驴	草驴	草驴
公狗	牙狗	牙狗	牙狗	牙狗	牙狗	牙狗	牙狗子	牙狗	牙狗、公狗	牙狗
母狗	母狗	母狗	母狗	母狗	母狗	母狗	母狗子	母狗	母狗	母狗
公猫	猫	公猫、男猫	儿猫	儿猫	儿猫	男猫	牙猫子	公猫	牙猫	牙猫
母猫	猫	女猫	女猫	女猫	女儿猫	女猫	女猫子、母猫	女猫、女猫儿	女猫、母猫	女猫

第二章　词汇　　*203*

词语	新泰	济南	利津	曲阜	鄄城	龙口	荣成	莱州	沂水	诸城
山羊	山羊	山羊	山羊猴子	山羊	山羊	山羊	山羊	山羊	山羊	山羊
公羊	羯子	公羊	羯子	老羊子（山羊）	羝羊	公羊	公羊	公羊	羝平	公羊
鸭子	鸭子、扁嘴	鸭子	哩哩	鸭子、扁嘴	鸭子	鸭子	鸭巴、鸭巴子	鸭子	扁嘴	扁嘴、老至
下蛋	燎蛋	燎蛋、下蛋	少下	燎蛋	烧蛋	下蛋	下蛋	下蛋	下蛋	下蛋
孵（小鸡）	抱	爬窝儿、抱小鸡儿	抱	抱	抱窝儿、暖鸡儿	抱	抱窝、抱小鸡儿	抱	抱	抱小鸡
狗熊	狗黑子	狗熊	狗熊	狗黑子	黑瞎子、狗熊	黑瞎子	黑瞎子	狗熊	狗熊	狗熊
狼	蚂虎	狼、蚂虎	马虎	狼	狼	狼	狼	马虎	蚂虎	蚂虎
狐狸	蚂狐、野狸	蚂子、蚂狐子、狐狸	狐蚂子	狐狸	狐狸	狐狸	狐狸、狐子	狐狸	蚂狐、狐狸	狐狸
黄鼠狼	黄鼠狼子、黄鼬子	黄鼬、黄鼠狼子	黄鼬	怀狼鼠	怀鼠狼子	黄鼠狼子	㹨水狸、黄鼠狼子	黄鼠狼、水狸子、黄水狼	黄鼠狼、黄大哥、蚂大狐子	黄鼠狼、黄鼬
老鼠	老鼠	老鼠、耗子	老鼠	老鼠、耗子、小婶妇儿	老鼠、大□	老鼠	老鼠	老鼠	老鼠、耗子	耗子
田鼠	地老鼠	地老鼠	仓老鼠	老鼠	地老鼠	地老鼠	地老鼠	地老鼠	地老鼠	野耗子
蛇	长虫、蛇	长虫、蛇	长虫	长虫	长虫	长虫	长虫、长长	蛇	长虫	长虫
蝙蝠	眠达平子	檐蝙蝠子、檐憋虎	檐壁虎	眠平子、眠眠	面面悠子	檐蝙蝠	蝙蝠、蟊蝠	蝙蝠	檐蝙虎子、蝙蝠	蝙蝠子
壁虎	蝎虎子	蝎虎衔子、壁虎	蝎壁虎子	蝎虎子	蝎虎子	蝎虎子	蝎虎子	蝎虎子	蝎壁虎子	蝎虎子
蜥蜴	蛇虫蜥子	马蛇子	七米子	蛇虫蜥子	舌头蜥例	麻蛇子	麻蛇子	马车子	蛇虫子	马蝎子

方言点／词语	新泰	济南	利津	曲阜	鄄城	龙口	荣成	莱州	沂水	诸城
蜘蛛	阿郎蛛子	阿郎蛛子、阿郎蛛、蜘蛛	蛛蛛儿、网蛛儿	蛛蛛蛛子、蟮蛛儿	网网蛛子	椆椆蛛	勒勒蛛	勒勒蛛	蛛蛛、蜘蛛	蛛蛛
鸽子	鹁鸽	鹁鸽、鸽子、布鸽	鹁鸽	布鸽	鹁鸽	鹁鸽	鹁鸽儿	鹁鸽	鸽子、鹁鸽	鹁鸽
猫头鹰	夜猫子	夜猫子、猫头鹰	夜猫子	夜猫子	夜猫子	夜猫子	猫儿头	猫头鹰	夜猫子	夜猫子
乌鸦	老鸹	老鸹、黑老鸹	老鸹	老鸹	老鸹	鸦鹊	鸦鹊	老生	黑老鸹、黑山老鸹、乌鸹	老鸹
麻雀	家雀子	家雀子、家雀儿	家翅儿	小虫子	小小虫儿	家雀	家雀儿	家雀	家翅子儿、家鹊	家鹊子
喜鹊	野乔、野鹊	喜鹊	野鹊	夜鹊子、长尾巴、巴郎子	蚂嘎子	喜鹊	鸦鹊	鸦鹊	乌鹊、野雀	野鹊
布谷鸟	嘎勾	布谷鸟	光棍儿多锄	山谷谷、春谷谷、张三招、谷沙广多秦	咣咣调锄	光棍儿好过	布谷鸟儿	水谷嘟		
啄木鸟	餐达木子	餐大木子、啄木	凿打木	餐拉木子、啄木鸟、餐餐木	千千木	啄木鸟	打木鸟儿	啃木匠	餐达木子、餐木子	啄木鸟、光木虫
蚕	蚕	蚕	蚕蛛儿	蚕	蚕	蚕儿	蚕	蚕儿	蚕	蚕
蝼蛄	蝼蛄	蝼蛄	蝼蛄	蝼蛄	蝼蛄	蝼蛄	蝼蛄	蝼蛄	蝼蛄	蝼蛄
蚂蚁	蚂蚁	蚂蚁、米羊	米羊	蚂蚁	蚂蚁	蚂蚁	蚂蚁	蚂蚁	蚂蚁	蚂蚁
蚯蚓	出溜传	蚰蟺	蚰尺	蛐流蟮	蛐蟺	蚰蜒	蛐蟮、曲蛇	蚰蜒	曲蟮、蛪出蟮	蚰蜒
蜗牛	巴拉蛐	蜗牛、蛤拉蛐、蛤拉蛐子	爸萝爹蛐子	蜗拉牛	蜗落牛子	蜗牛	乱角牛子	蜗牛	乌鲁油蛐子、露八牛子	毒八牛子

方言点 / 词语	新泰	济南	利津	曲阜	郓城	龙口	荣成	莱州	沂水	诸城
蟋蟀	拎拎盖盖	蛐蛐	促织儿	蛐儿蛐儿	土蚕子、素织	土织织	蛐蛐、素虫	促织儿	蛐蛐子、拆拆细细	土蟀[子]
蝗虫	蚂蚱	蚂蚱	蚂蚱	蚂蚱	蚂蚱	蚂蚱	蚂蚱	蚂蚱	蝗虫、蚂蚱	蚂蚱
蝈蝈	蝈蝈子	蝈子、蝈蝈	乖子、乖蝈子	蝈子	蝈子	织织	蝈子	蝈蝈儿	蝈蝈、咬咬、乖乖	蝈子
螳螂	刀螂	刀螂	刀螂	刀螂	蟷螂	蟷螂	刀螂	蟷螂	蟷螂、蟷螂	刀螂
蝉	稍线子	稍儿线儿	消息、消息牛	蚧了儿	蚧了	蟪溜	马猴、蚂拉猴	蟪溜	蟪了	蟪溜
知了	载了儿	知了、载了，稍台儿线儿	嘟了儿	伏了儿	刺儿了	蟪溜	唧了	蟪溜	嘟蟪子	蟪溜
黄蜂	马蜂	马蜂	马蜂	马蜂	马蜂	马蜂子	马蜂子	马蜂	蜇蜜牛	土蜂
蜻蜓	蜻蜓	蜻蜓	蚂蜢	蜻蜓	蜻蜓	蜻蜓	蜻蜓	蜻蜓	蜻蜓	蜻蜓
青蛙	蛤蟆	蛤蟆、田鸡	虾蟆	蛤蟆	蛤蟆、歪子	蚧巴子	张拉蛙子、拉拉蛙子	蛤蟆、青蛙	蛤蟆蛙子、蛤蟆	蛤蟆
蝌蚪	蛤蟆蝌蚪子	蛤蟆蝌蚪儿、蛤蟆蝌蚪台子	虾蟆蝌蚪头儿	蛤蟆蝌蚪台子、蛤蟆蝌蚪它子	蛤蟆蝌蚪合儿	蛤蟆蝌蚪	格格游	蛤蟆蝌蚪	蝌蚪科子、密丁子	蛤蟆蛙
屎壳郎	屎壳郎	屎壳郎	屎壳郎	屎克郎	屎克郎	屎格郎	屎克郎	屎克郎	屎克郎	屎克郎
跳蚤	虼蚤	虼蚤	虼蚤	虼蚤儿、小虼蚤儿	虼蚤	虼蚤	虼蚤	虼蚤	虼蚤	虼蚤
苍蝇	蝇子	蝇子、苍蝇	苍蝇	蝇子	蝇子	苍蝇	苍蝇	苍蝇	苍蝇	苍蝇
苍蝇卵	白蛆	白蛆、苍蝇子儿	白蛆	白蛆、蝇子蛋	蛆	白子	白蛆	白蛆	白口[tsə]	白蛆
米象	蛐子	米象	油象、米象	虫子	牛子	蛐子	甲虫	蜜虫子	蛐子	蛐子
蛴虫	蠹虫子	蠹虫、蛴虫	蠹虫	蠹虫子	蠹虫子	蠹虫	蜜虫	蜜虫子	蛴虫、蜜虫子	蜜虫
蛙	蛙	蛤拉、蛤拉蛙	蛤蜊	河蚌	海蛎	蛤拉	蛤儿、蛤拉	蛤拉	蛤拉	哈蜊

方言点 / 词语	新泰	济南	利津	曲阜	郓城	龙口	荣成	莱州	沂水	诸城
带鱼	秫秸叶子鱼	刀鱼、带鱼	鳞鱼	刀鱼、带鱼	带鱼	刀鱼、带鱼	刀鱼、鳞刀、带鱼	刀鱼	刀鱼	鳞刀鱼、刀鱼
鲳鱼	血鲳	黄鲳、鲳鱼	水长虫	鲳鱼	鲳鱼	鲳鱼	黄鲳	黄鲳鱼	黄鲦	鲳鱼
反刍	嚼磨、倒磨	倒胃	倒嚼	嚼磨	倒磨	回嚼	反刍	回嚼	倒胃	反胃、倒胃
庄稼	庄稼	庄稼	庄稼	庄稼	庄稼	庄稼	庄稼	庄稼	庄稼	庄稼
大麦	大麦	大麦	大麦	大麦	大麦	大子	大麦	大麦	大麦	大麦
小麦	麦子	麦子、小麦	麦子	麦子	小麦	小麦	麦子	小麦、麦子	麦子	小麦、麦子
麦秸	桄子	麦秸桄儿	麦桄子	麦秸桄子	麦秸桄儿、麦桄儿	麦秸桄儿	麦秸	麦桄儿、麦秸草	麦根桄子	麦桄儿
粘米谷	秦谷子	秦高粱	粘谷子	秦子	秦子	秦子	秦胡秫	秦谷子	粘谷子	粘谷子
谷秸	秆草	秆草	秆草	秆草、草料	秆草	秆草	秆草	秆草	秆草	苔秸苗
玉米	棒子、春棒槌子	玉米、棒子	棒子	棒子	棒子	苞米	棒棒、包儿米	苞米儿、苞米儿	玉米	玉豆、玉米、玉豆棒
玉米芯	棒槌子胃头	棒子核儿	棒子瓤	棒子核儿	棒子胃褛	苞米棒儿	棒棒颏子	苞米儿棒子	棒槌骨头	玉豆棒
玉米秸	棒子秸	棒子秸	棒子秸	棒子秸	棒子秸	苞米秸	棒棒秸子	苞米儿秸	玉米秸	玉豆秸
高粱	秫秫、高粱	秫秫、高粱	秫秫、高粱	高粱	高粱	胡秫	胡秫	胡秫	秫秸	秫秸
高粱秸	秫秸	秫秸、高粱秸	秫秸	秫秸	秫秸	胡秫	胡秫秸	胡秫秆子	秫秸秸	秫秸
高粱米	秫米	秫米	秫米	秫米	高粱	胡秫米	胡秫米	胡秫米	秫米	秫米
大豆	豆子	豆子、黄豆	豆子	豆子、黄豆	豆子、黄豆	大黄豆	豆子、豆儿、大豆	大豆	豆子	豆子
蓖麻籽	麻籽	蓖麻籽	麻籽	蓖麻子	麻子	蓖麻籽	把麻籽	八麻子	蝙麻籽	蓖麻子
白薯	地瓜、芋头	地瓜	地瓜	芋头、地瓜	红薯	地瓜	地瓜	地瓜	地瓜	地瓜

词语	新泰	济南	利津	曲阜	郓城	龙口	荣成	莱州	沂水	诸城
马铃薯	地蛋、土豆子	地蛋、土豆儿	地蛋	地豆子、土豆、地蛋	土豆	地蛋儿	地蛋子、地豆子	土豆子	土豆子、地蛋子、地蛋	地蛋
花生	果子	长果、花生	长果儿	长果、果子	落生	长果	花生、落生	长果儿	果子、花生、地生	果、生果、生花生
花生米	果子仁子、果子仁儿	长果果仁儿、花生米儿、花生仁儿	长果仁儿	果豆儿、长果豆儿	落生仁儿	长果仁儿	花生米儿、花生肉儿	花生仁儿、花生米儿	果子仁儿	花生米儿、长果仁儿、花生果儿
辣椒	辣椒	辣椒	椒子	椒子	辣椒	辣椒	辣椒	大椒	椒子	辣椒
菜椒	青椒	柿椒、柿子椒	菜子椒辣子	菜椒子、大菜椒	菜椒	大椒	菜椒	大椒	大椒子	青椒
南瓜	南瓜	南瓜	南瓜	金瓜	窝瓜	南瓜	南瓜	南瓜	方瓜	南瓜
冬瓜	东瓜	东瓜	冬瓜	冬瓜	冬瓜	东瓜	冬瓜	东瓜	东瓜	东瓜
西红柿、番茄	洋柿子	西红柿、洋柿子	洋柿子	洋柿子	洋柿子	洋柿子	洋柿子	洋柿子	洋柿子	洋柿子
洋葱	洋葱	圆葱	洋葱	圆葱	洋葱	洋葱	洋葱	洋葱	洋葱	洋葱
马齿苋	马乍菜	马蜂菜、马蜢菜	马扎菜苗	马蜂菜	马蜂菜	马口[tʃiour]菜儿[53]	马扎菜、马齿菜	马扎菜	马扎菜	马种菜
卷心菜	卷心菜	卷心菜、圆白菜	大头菜	包头菜、刚白菜、甘兰	大头菜	大头菜	大头菜儿	大头菜	卷心菜	大头菜
苦菜	苦菜子	苦菜子	苦菜子、人行苣	苦苣菜	苦苣菜	苦丁子	苦菜芽	苦菜子	苦菜子	苦菜子
芫荽	芫荽	芫荽	芫荽	香菜	芫荽	芫荽	芫荽	香菜、芫荽菜	芫荽	芫荽
豇豆	豇豆	豇豆、豇豆角	豆角子	豆角子	豇豆	豇豆	豇豆	豇豆	豆角子	豆角子、豆角儿
芸豆	眉豆	芸豆	芸豆	芸豆	芸豆	芸豆	芸豆	芸豆	膈豆	扁豆、月扁豆

词语	新泰	济南	利津	曲阜	郓城	龙口	荣成	莱州	沂水	诸城
扁豆	月眉豆	扁豆	扁豆	眉豆	扁豆	眉豆	眉豆	扁豆	柴藤豆	塘扁豆、家扁豆
西葫芦	西葫	西葫芦	西葫芦	西葫芦	西葫芦	西葫芦	绞瓜	西胡芦	倭瓜	南瓜
萝卜	萝卜	萝贝	萝贝	萝卜	萝卜	萝卜	萝卜	萝卜	萝卜	萝卜
香椿芽	椿芽	香椿芽	香椿	香椿芽	香椿芽	椿芽	香椿芽儿	香椿芽儿	香椿芽	香椿芽
花骨朵儿	花骨昔	花骨朵	骨朵儿	花骨朵	花骨朵儿	骨朵儿	花骨朵儿	花骨朵儿	花骨嘟儿	花骨朵
花蕊	花都	花心、心梅	花心门	花心儿	花心儿	花心儿	花心	花心儿	花芯门儿	花心
向日葵	常花杆子	朝阳花	苍阳花、朝阳花	葵花、葵花头、葵花	绞绞葵	转莲	庄稼莲、转日莲	转日葵	长水花、葵花头	朝阳花
葵花子	长花杆子	朝阳花子儿	朝阳花子儿	葵花子	绞绞葵	转莲子	转日莲	葵花子儿	瓜子儿	[朝阳花儿]种儿
刺槐	洋槐树	洋槐树	洋槐	洋槐	刺槐	洋槐	刺槐	槐树、洋槐	洋槐树、槐树	刺槐
榆荚	榆钱子	榆钱儿	榆钱儿	榆钱儿	榆钱儿	榆钱儿	榆树钱儿	榆钱树	榆钱子	榆钱子
山楂	小石榴	酸楂、山楂	酸楂	酸楂	沙拉红子	山楂	山楂、酸楂	酸楂	石榴	石榴、山楂
石榴	石榴	石榴	石榴	石榴	石榴	石榴	石榴	石榴	大石榴	石榴
喇叭花	喇叭花	爬墙虎	爬山虎儿	喇叭花	喇叭花	喇叭花	大碗儿花	大碗花	浆良子花	喇叭花
蒲公英	勃勃丁、婆婆丁	蒲公英、婆婆丁、好看	蒲公英、婆婆丁、蒲公英	婆婆菜、婆婆丁	婆婆丁	婆婆丁	婆婆丁	婆婆丁	朴朴丁	布布丁
车前子	牛耳朵棵	车前子、车前草	老牛舌头、老牛涎渡	车前子	车前子	车前子	车前子	车前子	车撤子	车前子
漂亮	美	俊、俊巴、漂亮、好看	美、俊	漂亮、俊、美	俊巴	俊	俊、漂亮、不孬	俊	排场、俊、俊巴、漂亮	俊

方言点＼词语	新泰	济南	利津	曲阜	郓城	龙口	荣成	莱州	沂水	诸城
丑	丑	丑	丑、难看	丑	丑	丑	碜、丑	丑	丑	丑
脏	脏	脏、遢、窝囊	肮脏、窝囊	脏、肮脏、邋遢、窝囊、龌龊	脏	脏	脏、派拉、邋	肮脏	赋采	派赖
笨、不聪慧	鲁笨	笨	鲁笨	笨	鲁笨	笨	彪	傻	愚古采、笨、癔子古采	笨
精明	精	精	精、经纪	精、精干	精、精细	精细	精、精细	精明、机灵	精、精采	息、猾
脓包	草包	熊包	脓包、草包、熊包	熊包	草包	熊包	脓包	脓包儿	脓包	窝囊废
大方	大方	大方	大方	大鲁儿	大法	大方	大方、大把儿	大方	大方	大方
吝啬、小气	小气	生古、小气、抠门儿、黑心、死手	小气、奸、小抠门儿	小抠、抠、搜	撮叽、撮	小气	壁锁、小气、夹瓢、小手儿	生古、小气	细作、抠门儿、生物	生古
听话	听说	听话、听说	听说	听话儿	听说	听话	听话	听说、听话	照理、着调	听话、听说
顽皮、调皮	皮	皮、调皮	皮	皮、调皮、脸孬、难缠	怪、怪物	调皮	能行	皮、调皮	皮、顽皮、气	皮
脑瓜	脑片	脑片	脑皮	害羞	脑膜	不好意思	脑膜、事泼	脑膜	脑膜	脑片、涝片
中等	中等	中等	中等、中不溜儿	中流儿、中不溜	中等	中不流儿	中等、中流儿	中等儿	中等儿	中等儿
拥挤	傻	拆、拆巴	拆、攘	拆	挤	挤	挤、挤人	挤	挤、挤插	挤
喧和	喧	喧和	喧和	喧和	喧和	喧	喧、软	喧［t'e］	喧和	喧［和］
坚硬	硬	硬	硬、棒硬	硬的棒的	梆梆硬	硬	硬、硬棒	钢硬	硬	钢巴硬、钢硬

方言点＼词语	新泰	济南	利津	曲阜	郓城	龙口	荣成	莱州	沂水	诸城
好	好	好、孬不孬、不孬	好	好、不孬、和孬(青)	盖好	好	好、强、不强	好、不错	好、不孬、不赖	好
坏	坏	坏、赖、次孬	孬、坏、腿	坏、孬	孬、瞎包	坏、歹、孬	坏、孬、不强	坏、孬、歹	坏、孬、腿	坏
稀	稀	稀	稀、稀朗	稀	稀	稀	稀	稀	薄	稀
稠	稠	稠	密、稠	稠	稠	厚	厚	厚	稠	干
重	重	重	重	重	沉	重、沉	沉、压人	重	沉	沉
轻	轻	轻	轻	轻	轻	轻	轻	轻	轻	轻
冷清	素静	冷清	冷清	冷清	冷清	冷清	冷清	冷清	冷清	冷清
兴盛	红火	红火、热闹	兴隆	旺旺、热闹	红火	兴旺	兴隆	兴盛	兴隆	兴旺
结实	实落	结实、瓷实	瓷缸	瓷实、结实	结实	结实	壮、结实	结实、牢靠	挼妥、壮、扎实、没落儿、实落儿	结实
宽敞	宽朗	宽、宽快	宽快	宽快	宽敞	宽头	宽绰	宽套	宽快	大宽宽
狭窄	窄注	窄巴、窄摩	窄注	窄巴	窄挟	窄	窄巴	窄巴	窄巴	瘠窄儿窄儿
说不定	当不住	说不定	说不定、当不住、备不住	说不定	拾不着、说不着、说不准	说不定、说不延、不说定	备不准儿、兴	说不定	说不定	说不定
很坏、太差	疵毛	疵毛	疵毛	疵毛	疵毛	疵毛	疵毛	疵毛	疵毛	疵毛
厚道	厚道	厚道	厚敦	老实	厚道	厚道、老实	厚道	厚道	老实	忠厚
平坦	平正	平	平正	平坦	平	平	平整	平和、平祥	铮平	平
斜、不正	斜立	斜	斜立	歪斜	斜、歪	歪斜	斜斜	歪、歪正歪着	斜斜着	斜
直	直立	直	直立	直	直	直溜	直溜	直	直	直溜
弯曲	弯弯着、弓弓股、弯巴股	弯弯	弯弯	曲溜、招、勾儿、弯里	弯、弯勾儿(扭)	弯弯着	弯弯	弯弯的	弯弯八凸	弯勾

方言点 词语	新泰	济南	利津	曲阜	郯城	龙口	荣成	莱州	沂水	诸城
扁	扁	扁	扁扁	扁	扁	扁扁着	扁扁	扁、扁	扁扁即当	扁古
歪	歪歪、横量	歪	歪歪	斜	歪	斜列、歪歪着	歪	斜列、不正当	歪着、不正当	歪
横着	横立	横立着	横立	横立	横着	横着	横着、横布棠儿	横立着	横着	横着
竖着	竖立	竖立	竖立	竖立	竖着	竖着	竖着	竖立着	竖着	立着
斜着	斜立	斜棱着	斜屣	歪立着	斜屣着	斜列着	斜斜	斜列着	斜斜着	斜着
歪斜着	侧棱	侧棱	侧屣	立屣子	立屣着	斜列着	斜斜、坡岭着	斜列着	歪歪着	歪斜
完整	全囫	全还	整装	整装、囫囵	整装	整壮	囫囵	囫囵	整壮、全还 圙圙儿囵儿	整壮
细碎的	碎活	零碎儿	零碎	零碎	零碎	零碎	碎碎	碎的	零碎儿	碎的
非常、十分	忑	非常、乔	着实、诚的	很、忑	血	真	老么、精血	格外	乔、搭、怪、乎	真
最	最	最	屣公、屉	顶	顶、最	顶	最	顶	祖、尽	略微
稍微	丘丘	稍、稍微	将子	稍微	略微、将将里	稍微	多多少少、稍	稍微、稍稍	略说、多说	略微
刚才	将	刚、将	将	将	将	刚才	刚儿、才、刚	刚、才、正才	整、刚才子	刚、才、才刚
刚才	打先、将才	刚才	将才、才将	将将	将将里、将才	刚才	才刚儿	刚、正才	刚忙、刚，一霎儿	才刚、才刚儿、刚才(新)
刚好	正好着才	刚好、正好	刚好	正好儿	正好	刚好	刚好儿	刚好	整着、整好着	整着
刚巧	正巧儿	正巧	正巧	正巧	正巧	刚巧	正巧儿	正巧	刚着、整好着	整巧
马上、立刻	这	马上、立马、进即	赶紧着	马上、马上、马上	秦芬儿	马上	马上、跟着、接着	为就、就手	赶子、马上、马里的	赶这

诸城列 非常、十分 栏：□kaŋ⁵³、□kaŋ⁵³

词语	新泰	济南	利津	曲阜	郓城	龙口	莱成	莱州	沂水	诸城
眼看	眼看	眼看	眼看着	眼看、眼	眼看	眼看	眼瞅着、眼望着	眼看	眼看	眼看
差点儿	差点儿	差点儿	差点儿	差点儿	查一点儿	差没点儿	差么点儿	差不点儿、一点点儿	差一点儿、差点儿、差一血乎儿	差没点儿、差一点儿
正在	在	正、正在	正	喷	正、正在	正	正	正在	正在	正在
趁早	趁早	趁早	及早、趁早	老早	趁早	趁早	赶早儿、早些	赶早儿	趁早	及早
已经	上去、已暂	已经	已怕	一赶	早就	已经	早就、所	早就	早就	就
悄悄	撅没声	悄没声儿的	悄儿悄儿地、悄没声儿地	悄悄	冷不防地	悄悄	悄悄儿	悄悄地	悄悄、噗不悄儿	悄悄
恐怕	朋怕	恐怕	恐怕	恐怕	恐怕	恐怕	敢么	恐怕	恐怕	恐怕
也许	兴许	也许、兴许、许是	也许	也许	兴许	兴许	兴、还兴、许、当不住	也兴、兴许	兴许、碍不得	大概
一向	一向	一直、从来	一总	一贯	一直	从来	一向儿	从来	一向	以前、一向
始终	到底	到底	一直	始终	一直	从头到尾	老底	冷打惊的	一直	始终
突然、猛然、冒不	突然的声、冒不直的的	猛个丁	薅不镇儿地	忽然、漫是地里	冷不防、冷没防里	冷不防儿、冷丁儿	正个站站、大碰儿	接早就	午、一子	忽然
顿时、立刻	立时	一下子	一下子	一眨眼	立时	一下子	眼着	趁早儿	一下子	忽然
赶紧	麻利着、快着、赶紧	赶紧的	赶快	赶利地	赶麻儿利儿、赶紧	赶紧	赶急、赶快	麻利、麻急	麻利、麻急	赶紧、抓紧
顺便	就着	顺便	顺便	捎带	捎带着	顺便儿	捎着	顺便	顺便	顺便儿、随儿、一
故意	得为、的	故意	得为	特家地	得意里	故意	特为的	单成心的、有意	特为的、有意	有意、特为的
幸亏	亏了	幸亏、多亏	亏里	幸亏	亏里	亏了儿	亏亏儿	亏了	亏了、仅亏了	幸亏

词语＼方言点	新泰	济南	利津	曲阜	郓城	龙口	荣成	莱州	沂水	诸城
终于	到底	终于	到底儿	终久	可	到底	到底	到底	到底	终
总共、一共	总共、统共、一共、拢共、总共、满	终于、一共、统共、拢共、总共	到底儿、拢共、统共、总共、统共、总	终久、拢共、一共、拢共、总共	共	一共、总共	拢共、总共、一共、总共、拢共	一共、统共、总共	统公合儿里、一共、加公言共	总共、一共
统统	统统	统统	都	统统	统统	统统	全都、全部	一遛儿	统统	统统
全部、全都	全都	一呼统统	都全	都	里外里	全都	全都、全部	一遛儿	全货儿摞儿	统统
本来	坐寄儿、既自	本来、原先	坐寄儿	原先	本来	原来、本来	坐地儿	本来	自来、田是的	本、原本
起先	起先	起先	起先	原先	原先、起先可	起先	头午儿	起先	起先	起先
从一开始	一起根儿	一起儿、一起根儿	一起根儿	原先	打起先可	一搭头、一起头	头午儿	搭头儿、一搭头	一打起根儿	起先
只、光	光	净、光	光	净、光	净、光	只	净干	光	只、光	光
当然	当然	当然	作住	敢是	当然	当然	当然	当然	当然	当然
敢情	敢自	敢自、敢着	敢自	敢情	敢情	敢自	敢自	敢着	敢自	敢情
本来就	既自	既自	既自	原先就	原本就、原先就	从根儿就	从根儿就、地就	本来就	既自	一早就
只要	但自、但反是其	但反、只要	但自	只要	要是	只要	子个	只要	记凡、凡议	只要
大概、差不多	大概儿、不差离儿、不差行儿	大概、大约、大约楼儿	大八概	差不多、没讲、差大概不多少	不大离儿、四六不大事儿	大概	差不离儿、差不多儿	差不多儿、差大离儿、差不多少	差不多	差不多
不用	甭	别	甭	别	别	不用	不用	不用	甭	不用
自（今天起）	打、从打	打	从、打	从、从打	起、打	从	打	自	从、打	打

词语	新泰	济南	利津	曲阜	郓城	龙口	荣成	莱州	沂水	诸城
从（某地来）	把、叟	从	打、自打	打、遷、起	起、打	自	发	自	打	打、从、巴
向（南走）、往	上	往	往、上、朝	向、往	朝	往	往、朝	往、朝	上	朝
用（毛笔写）	假、使	使、用	用、使	使、用（着）、长	使、用（着）、长	用	使	使、拿	使	用、使
敝（他打了）	叫	叫	着	叫、教	叫	叫、让	找、叫	叫	叫	叫
和（他一起）、跟	和、跟	跟	和、跟	跟	给、跟、和	和	和	和	和	和
在（家）	待	待	待	呆	待	在	待	在	在	在
到（家）	赴	赴	到、赴	顶	赴	到、干到	到	到	至、赴、临	到
比（什么时候）	伴	比	比	凭	比	比	比	比	跟	比
向着、冲着	按着、照	冲着、朝着、对着、向着	朝着	向着、冲着、朝着、朝	向着、冲着	朝着	冲	朝着、对着	朝着、照着、拨着、搂	朝着
沿着、顺着	溔着	沿着、溔着	溔着	沿着、履着	将着、顺着、溔着	溔着	顺着、沿着、律着	履着	顺着、沿着	履着
乘着、借机	趁着	趁着	趁着	凑着、趁着	趁着	趁着	趁机	借着	借着	趁着
按着、比照	可着	按着、照着、比着	可着	按着、照、照着、照着	照着	按着照着	照（着）、搂（着）	照	照着	按着、比着
由、听任	寄	沂着	及	任	随	由	由	由	跟	随
一个	一个	一个	一个	一个	一个	一个	一个	一个	一个	一个
两个	两	俩、两个	俩	两个、俩	俩	两、两个	俩	俩	俩	俩儿
三个	仨	仨、三个	仨	三个、仨	仨	三个、仨	仨	仨	仨	仨
四个	四个	四个	四个	四个	四个	四个	四个	四个	四个	四个
五个	五个	五个	五个	五个	五个	五个	五个	五个	五个	五个

词语	新泰	济南	利津	曲阜	郓城	龙口	荣成	莱州	沂水	诸城
六个	六个	六个	六个	六个	六个	六个	六个	六个	六个	六个
七个	七个	七个	七个	七个	七个	七个	七个	七个	七个	七个
八个	八个	八个	八个	八个	八个	八个	八个	八个	八个	八个
九个	九个	九个	九个	九个	九个	九个	九个	九个	九个	九个
十个	十个	十个	十个	十个	十个	十个	十个	十个	十个	十个
十个左右	十拉个儿	十拉	十拉	十个左右	十朗个	十个左右	十来个、十拉个	十个左右	十个左右	十个左右
十几个	十拉多个	十拉多个	十拉多个	十位多个	十拉个	十几个	十来个	十几个儿	十几个	十几个
一百个左右	百儿左右	百十个	百十个	百个左右	百十个	百十个	百十个儿、百八十	百十个儿	一百个左右	百十个儿
一百多个	百十个	百十个、百把个、百把个的	百多个、百十个	百十来个儿	百把个、百多	百拉个	百多个	一百多个儿、百十多个儿	一百挂零儿	百十个
一千个左右、千把个	千个左右千把个	千数个	千数个	千个左右	千儿八百（言多）	千数个	千数个、千来个儿	千数个	一千左右	一千左右
一万个左右、万把个	万左右万把个	万数个	万数个	万个左右	万儿八千（言多）	万数个	万数个、万八千	万数个	一万个左右	万数个
一点儿	一点点儿	一点儿、一点点儿、一星半点儿、一个半点儿、半个的	一顶点儿、一点点儿	一点儿、一顶点儿、一星半点儿、一滴子、一丁子	一丁丁儿、一顶候候儿、一哈星儿、一口口儿	一点儿	没点儿、没丁点儿、没点点儿	一顶点儿、一点点儿	一顶点儿、也势儿、一搭子	一点儿、点儿
一小堆	一堆崮儿	一小堆	一堆鼓儿	一堆儿	一小堆	一小堆古儿	一小堆儿	一小罐堆儿	一堆崮儿	一堆古儿
一串儿、一挂儿	一滴溜子	一嘟噜	一嘟噜	一提留、一嘟噜	一串儿	一嘟噜	一嘟噜、一蔟	一嘟噜	一嘟儿嘟	一嘟噜
一拌	一拌	一拌	一拌	一拌	一拌	一拌	一拌	一拌	一拌	一拌
一度	一度	一度	一度	一度	一度	一度	一度	一度	一度	一度
一抱	一搂	一搂	一抱	一抱	一搂	一抱	一抱	一接	一抱	一抱

词语 ＼ 方言点	新泰	济南	利津	曲阜	郓城	龙口	荣成	莱州	沂水	诸城
一段时间	一晌儿	一口儿	一盼儿	一盼子	一盼子、一盼儿	一阵儿	么干儿	一期子	一脊节儿	一些时候
一群、一帮	一伙儿	一帮、一伙儿	一帮儿、一伙子	一起子、一帮子、一伙儿	一群、一帮子	一帮儿	一帮子、一拖拉、一群	一帮子、一帮儿、一伙儿	一帮子、一伙子、一帮、一群	一档子、一伙子
一场电影	一场电影	一场电影	一场电影	一场电影	一场电影	一块儿电影	一块儿电影	一场电影	一块电影	一块电影
一管笔	一管笔	一管笔	一枝笔	一管笔	一个笔	一管笔	一管笔	一管笔	一枝笔	一枝笔
一双筷子	一双筷子	一双筷子	一双筷子	一双筷子	一双筷子	一双筷子	一双筷子	一双筷子	一双筷子	一双筷子
一件事	一回事	一档子事	一档子事、一桩	一条事	一个事	一件事儿、个事儿	一码子事、一档子事	一块事、一件事儿	一回事	一档子事
一串葡萄	一嘟噜葡萄	一嘟噜葡萄	一嘟噜葡萄	一嘟噜葡萄	一嘟噜葡萄	一嘟噜葡萄	一嘟噜葡萄、一穗葡萄	一嘟噜葡萄	一嘟儿葡萄、一嘟噜葡萄	一嘟噜葡萄
一提溜梨	一提溜梨	一提溜梨	一提溜梨	一提溜梨	一提溜梨	一提溜梨	一提溜梨	一提溜梨	一提溜梨	一提溜梨
一排座位	一溜座儿	一排座位儿	一排座位	一排座位	一溜座位儿	一溜座儿	一溜座儿	一溜座	一溜座儿	一溜座儿
一层	一头	一行、一层	一层、一起儿	一层	一层	一层儿	一层儿	一层	一行	一行
一所房子	一座房子	一所房子、一座房子	一口屋	一所宅子	一尽院子	一凳房子	一凳房子	一株房子	一位房子	一处房子
一会儿	一霎	一会儿、一和儿、一阵子	一会儿、一霎儿	一盼儿、一霎	一盼儿	一干儿	没事儿、没咱干儿	一会儿	一展、一霎儿、没盼子	没盼子、没霎儿

参考文献：

于克仁　《平度方言志》　语文出版社　1992 年

山东省地方史志编纂委员会编《山东省志·方言志》　山东人民出版社　1993 年

王淑霞　《荣成方言志》　语文出版社　1995 年

杨秋泽　《利津方言志》　语文出版社　1990 年

张廷兴　《沂水方言志》　语文出版社　1999 年

张志静、丁振芳　《曲阜方言志》　《山东史志丛刊》　1992 年增刊

张树铮　《寿光方言志》　语文出版社　1995 年

张鹤泉　《聊城方言志》　语文出版社　1995 年

罗福腾　《牟平方言志》　语文出版社　1992 年

孟庆泰、罗福腾　《淄川方言志》　语文出版社　1994 年

赵日新、沈明、扈长举　《即墨方言志》　语文出版社　1991 年

高文达　《济南方言志》　《山东史志丛刊》　1992 年增刊

高慎贵　《新泰方言志》　语文出版社　1996 年

曹延杰　《德州方言志》　语文出版社　1991 年

钱曾怡　《博山方言研究》　社会科学文献出版社　1993 年

　　　　《济南方言词典》　江苏教育出版社　1997 年

钱曾怡、罗福腾　《潍坊方言志》　潍坊市新闻出版局　1992 年

钱曾怡、罗福腾、孔宪浩　《长岛方言志》　《山东史志丛刊》　1992 年增刊

第三章　语　法

第一节　构　词　法

　　构词法研究词的构造规则。词是由语素构成的，只有一个语素的单纯词，不存在内部构造问题。所以，构词法研究的主要是由两个或更多的语素构造而成的合成词的构造方式。山东方言合成词的构成跟普通话一样，主要有三种方法：复合法、附加法和重叠法，但它们所构造出来的合成词的面貌却与普通话有诸多不同。

一　复　合　法

　　复合法是汉语最主要的构词方法，也是方言差异最小的构词方法。在汉语中，无论是普通话还是方言，由复合法构成的复合词的构造规则与词组、句子的构造规则都是基本一致的，主要有主谓型、动宾型、偏正型、补充型和联合型。

1．复合词的构造类型

（1）主谓型复合词　在山东方言的复合词中，由主谓型方法构成的词比较少。

①主谓型名词

山东方言（方言点举例）	普通话
日蚀（牟平、烟台、蓬莱、利津、济南、聊城）	日蚀
西烧（沂水）	晚霞
夜来（烟台、平度、诸城、潍坊、济南、临沂）	昨天
春来（荣成）	春天
口嚼（博山）	嚼子
月明（平度、潍坊、沂水、博山）	月亮

②主谓型动词

山东方言（方言点举例）	普通话
口敞（新泰）	轻易答应送给别人财物
心焦（沂水、博山、淄川、利津、聊城）	心烦、发脾气
心惊（聊城、利津、新泰）	心虚
牙硬（新泰）	倒牙
指蹩（济南、新泰、淄川）	手指或脚趾抽筋

③主谓型形容词

山东方言 (方言点举例)	普通话
枝盛 (淄川、德州、济南、平度)	植物茂盛、滋润
眼生 (淄川、济南、无棣)	腼腆、害羞
口重 (利津、济南、寿光)	口味咸
肚冈 (博山、新泰)	憋气,心情郁闷

(2) 动宾型复合词 在山东方言中,动宾型是一种能产的构词方法。

①动宾型名词

山东方言 (方言点举例)	普通话
碍眼 (单县、菏泽、东明)	捂眼罩
报谷 (寿光)	布谷鸟
回头 (利津、博山、临沂)	再嫁的妇女
围嘴 (牟平、诸城、济南、曲阜、菏泽、聊城)	涎布
围脖 (日照、无棣、博山、新泰、曲阜)	围巾
裹脚 (聊城、临清、淄川、即墨)	包脚布
顶指 (荣成、寿光、博山)	顶针
笼嘴 (牟平、寿光、济南、枣庄、临清、宁津)	套在牲口嘴上的套具

②动宾型动词

山东方言 (方言点举例)	普通话
提亲 (烟台、临朐、新泰)	说媒
定亲 (临朐、利津、无棣、东明)	定婚
剃头 (烟台、日照、沂水、济南、枣庄、菏泽)	理发
吃烟 (牟平、青岛、诸城、利津、博山)	吸烟
掉向 (沂水、博山、济南、新泰)	迷失方向
拔腚 (济南、新泰、金乡)	滚蛋
学舌 (济南、德州)	学说,传话
做声 (寿光、淄川、博山、利津)	说话
凫水 (青岛、临朐、寿光、临沂、济南)	游泳
接仗 (牟平)	争论长短
砸牙 (淄川、博山)	闲扯
伤食 (蓬莱、荣成、烟台、聊城)	积食
开怀 (淄川、博山)	第一次生孩子

③动宾型形容词

山东方言 (方言点举例)	普通话

剜眼 (寿光)	吝啬
坐腊 (聊城、德州、利津、新泰、平度)	左右为难
扎人 (荣成、烟台)	凉
吃香 (临清、德州)	吃得开、得宠
发财 (临清)	兴旺
带劲 (寿光)	俊，相貌好
咬牙 (牟平)	厉害，难对付

(3) 偏正型复合词　在山东方言中，偏正型也是一种能产的构词方法。

①偏正型名词

山东方言 (方言点举例)	普通话
洋火 (烟台、临朐、寿光、利津、枣庄)	火柴
奥球 (新泰、临沂、枣庄)	樟脑丸
茅房 (烟台、济南、泰安、单县)	厕所
长虫 (牟平、诸城、利津、济南、枣庄、东明)	蛇
家雀 (蓬莱、平度、临沂、济南)	麻雀
转莲 (蓬莱、海阳、平度)	向日葵
长果 (博山、济南、阳谷、蓬莱、枣庄)	花生
布袋 (荣成、蓬莱、临沂、济南)	衣兜
脓包 (寿光、济南)	无能的人
后日 (荣成、即墨、沂水、淄川)	后天
天河 (荣成、即墨、沂水、淄川)	银河
学屋 (利津、临清、平度、即墨)	学校
泥腿 (济南、利津)	无赖

②偏正型动词

山东方言 (方言点举例)	普通话
红眼 (荣成、郯城、曲阜、德州)	眼红
米量 (新泰)	比较
木乱 (新泰、济南)	肢体内胀、麻的感觉
拇量 (新泰、德州、金乡、沂水、牟平)	估计
慢待 (德州、利津、寿光、荣成)	待人不热情
风凉 (牟平、烟台)	乘凉
窝憋 (聊城、济南、寿光、平度)	郁闷
竖立 (寿光、新泰、利津)	竖放
瓦鼓 (德州、利津、济南、寿光、荣成)	平的东西中间凹进去了

③偏正型形容词

山东方言 (方言点举例)	普通话
板整 (博山)	整齐、干净
瓷实 (德州、临清、利津、济南)	充实，没有空隙
素静 (新泰、博山、济南、德州)	安静
旺相 (聊城、新泰)	健康，多用于老人、幼儿或产妇
少面 (平度、聊城)	长相较实际年龄年轻
葱俊 (牟平)	很漂亮
墨紫 (牟平、金乡)	很紫
瓦亮 (寿光)	很亮
齐截 (济南、博山、沂水、平度)	整齐

（4）补充型复合词　在山东方言中，补充型的构词能力较弱，且多构成动词。

①补充型动词

山东方言 (方言点举例)	普通话
残坏 (济南、博山、淄川、利津)	残废
料准 (济南)	事前预到事情的结果
砸死 (淄川、新泰)	将某事说定
想住 (济南)	记住
把准 (寿光)	有把握，肯定

②补充型形容词

山东方言 (方言点举例)	普通话
灵透 (章丘、临沂)	精明
悬空 (寿光、利津)	底空，事未落实、危险

（5）联合型复合词　在山东方言中，联合型的构词能力仅次于动宾型和偏正型。

①联合型名词

山东方言 (方言点举例)	普通话
雾露 (淄川、寿光、利津、新泰、沂水、荣成)	雾
裁缝 (荣成、寿光、利津)	裁缝
针线 (淄川、济南、新泰)	针线活儿
衣裳 (烟台、诸城、济南、菏泽)	衣服
铺衬 (牟平、利津、沂水、荣成)	碎的布头或旧布
动静 (济南、博山、即墨)	声音

②联合型动词

山东方言（方言点举例）	普通话
算计（牟平、日照、临朐、寿光）	盘算
信惑（牟平、利津）	纳闷
扎裹（潍坊、章丘、博山、临沂）	打扮
挑拣（无棣、阳谷、平度）	选择，挑剔
饥困（济南、平度、利津、荣成）	饿
言语（临清、德州、聊城、淄川）	说
屈枉（德州、聊城、平度）	使别人受委屈
帮衬（博山、淄川、沂水）	帮助

③联合型形容词

山东方言（方言点举例）	普通话
精细（蓬莱、郯城、菏泽）	精明
稀松（济南、淄川、聊城）	平常，无关紧要
冷清（德州、平度、荣成）	气温低，冷
松缓（淄川、济南）	轻松、自在

2. 山东方言复合词与普通话复合词的差异

山东方言复合词与普通话复合词尽管有着相同的构成方法，但彼此构造出的复合词的面貌却不尽相同。

（1）词形不同　山东方言中有些词意义与普通话相同，但词形不同。常见的主要有以下几种情况：

①构词方式相同，语素不同。例如：

山东方言（方言点举例）	普通话
饭屋（聊城、东平、泰安、章丘、寿光）	厨房
洋火（沂水、寿光、章丘、枣庄）	火柴
月明（平度、沂水、潍坊、章丘、博山）	月亮
风圈（牟平、烟台）	月晕
花销（寿光、无棣、单县）	开支
做声（淄川、博山、利津、寿光）	说话

②构词语素相同，但顺序不同。例如：

山东方言（方言点举例）	普通话
倒颠（新泰、临沂、平度）	颠倒
布摆（平度）	摆布
习练（聊城、金乡、平度）	练习
实诚（平度、新泰、聊城、金乡）	诚实

③音节数量不同。

第一，山东方言为多音节复合词，而普通话为双音节复合词。例如：

山东方言 (方言点举例)	普通话
膊罗盖 (莱州、潍坊、临朐、博山)	膝盖
门插关儿 (烟台、博山、济南、无棣、聊城)	门闩
眵麻糊 (济南、新泰、聊城)	眼屎
手巴掌儿 (牟平、荣成、平度)	手套
扫帚星 (济南、德州、青岛、荣成)	彗星
三更半夜 (济南、博山、荣成)	深夜

第二，山东方言为双音节复合词，而普通话为多音节复合词。例如：

山东方言 (方言点举例)	普通话
勺星 (潍坊、寿光、博山、淄川)	北斗星
双棒儿 (枣庄、平邑、郯城、淄川)	双胞胎
手灯 (荣成、诸城、沂水、曲阜、德州)	手电筒
臭球 (德州、枣庄、梁山)	樟脑丸
糖球 (烟台、即墨)	糖葫芦

值得注意的是，山东方言中的复合词与普通话的复合词并不完全对等，比如，有些山东方言中的复合词，在普通话中相对应的却是单纯词形式。例如：

山东方言 (方言点举例)	普通话
蛤蟆蝌塔儿 (济南、德州、金乡)	蝌蚪
蚧巴子财主 (牟平)	蟾蜍
霜雪 (临沂、寿光、利津、金乡)	霜
雾露 (荣成、寿光、沂水、新泰、利津)	雾
团鱼 (临沂、即墨、寿光、济南)	鳖
勒勒雕 (文登)	雕

相反的，普通话中的复合词，在山东方言中相对应的也可能是单纯词。例如：

山东方言 (方言点举例)	普通话
面 (平度、利津、金乡、荣成)	面粉
坡 (平度、沂水、淄川、利津)	田地
腚 (利津、济南、金乡、烟台)	屁股
栏 (利津、章丘、博山、新泰、沂水)	厕所
糨 (荣成、牟平、烟台、蓬莱、莱州、平度)	糨糊
袄 (金乡、济南、临清、沂水、平度)	棉袄
烦 (聊城、济南)	烦燥

熊（金乡、济南、新泰、平度）	训斥

（2）意义不同　山东方言中有些词词形与普通话相同，但所表示的意义不同。常见的主要有以下几种情况：

①词义范围不同。同一词语，山东方言的含义比普通话宽泛。例如：

山东方言 （方言点举例）	普通话
打仗：进行战争兼指吵架、打架（济南、德州）	进行战争
外甥：姐妹的孩子兼指外孙（济南、青岛、烟台）	姐妹的孩子
药铺：卖药的商店兼指医院（金乡）	卖药的商店
凉茶：凉茶水兼指凉开水（金乡）	凉茶水
二哥：兄弟中排行第二的兼指半吊子（淄川）	兄弟中排行第二的

②所代表的事物不同。同一词语，普通话指甲事物，山东方言则指乙事物。例如：

山东方言 （方言点举例）	普通话
姑娘：姑姑（聊城、巨野、泗水）	女儿
明天：早晨（利津、潍坊、青州、临朐）	次日
忌讳：醋（金乡、济南、博山、青岛）	对某些言语和举动有所顾忌
包子：饺子（济南、枣庄、青州）	一种发面带馅食品
公事：婚丧嫁娶等事（新泰）	公家、集体的事

二　附　加　法

附加法作为汉语中一种重要的构词方法，它是通过将词缀语素附加在词根语素上的方式来构成新词的。在汉语中，附加法构词主要有三种功能：第一，成词功能。它可以使不成词的词根语素附加上词缀语素后成为一个词，如：平度话中的"馅＋子"构成"馅子馅儿"，济南话的"雹＋子"构成"雹子冰雹"。第二，转类功能。词根语素附加上词缀语素构成词后，它的词性较之原词根的性质发生了变化，如：平度话的"秃厮秃子"，即墨话的"瞎汉瞎子"，其词根"秃"、"瞎"都为动词性质，后缀上"厮"、"汉"后词的性质为名词。第三，变义功能。词根语素（成词的或不成词的）附加上词缀语素构成词后，其词义（词汇意义、色彩意义或语法意义）较之原词根的意义发生了变化，如：寿光话的"捏巴"、"擦巴"、"剁巴"等都在原有词根"捏"、"擦"、"剁"的意义上增加了"随意、不经心"的意味。又如聊城话的"老砸强盗"，济宁话的"老缺土匪"，其词根"砸"、"缺"加上"老"后不再表示其动词意义，而是用来指称某些不务正业的人。

与普通话相比，山东方言的附加法构词能力更强：不仅能构成大量的名词，还能构成数量众多的动词、形容词，甚至副词；既有一些跟普通话相同的词缀语素，同时也有大量普通话中没有的词缀语素。词缀语素丰富、使用频率高，是山东方言附加式合成词构词上的一个重要特点。

1. 前缀

山东方言的前缀不如后缀发达，它们多构成名词和形容词。

（1）名词前缀　普通话常用的名词前缀"老"、"阿"、"第"、"初"等，在山东方言中也经常使用。除此之外，山东方言中还有一些特殊的名词前缀。

①家　普通话中表示方位的名词"东"、"西"、"南"、"北"或"东边"、"西边"、"南边"、"北边"等，德州方言往往说成"家东"、"家西"、"家南"、"家北"。词缀"家"在此只有成词功能。

②老　山东方言的前缀"老"除跟普通话有相同的用法之外，它在济宁、聊城、临清等地还可以附加在动词、形容词性词根前面构成名词，指称有某种性格特征或不务正业的人，多含贬义色彩。例如：

山东方言（方言点举例）	普通话
老缺（济宁、临清、利津）	土匪
老杂儿（济宁）	什么都会一点的人
老砸儿（聊城）	强盗
老冈儿（临清）	不爱说话的人
老焉儿（临清、聊城、牟平、荣成）	精神不振的人
老孙头（临清）	呆头呆脑任人欺侮的人
老胖子（临清）	过分肥胖的人

③二　在山东牟平、德州、东明、曲阜等地，有用"二"做前缀构成的名词，多指称有某种性格或处于某种状态的人，含有轻蔑或讽刺的意味。例如：

山东方言（方言点举例）	普通话
二虎（牟平、荣成、金乡）	鲁莽的人，傻瓜
二性子（牟平、荣成）	傻子
二俩（牟平）	半吊子
二皮脸（德州）	脸皮厚的人
二横子（德州）	鲁莽的人
二混子（曲阜、金乡、沂水）	滥竽充数的人
二串子（曲阜、金乡）	半路改行的人
二红砖（曲阜）	鲁莽的人
二急眼（曲阜、临清）	过分性急的人
二杆子（曲阜、金乡、潍坊）	比较土气的人
二不斗（东明）	受精明人欺侮又被老实人害怕的人

二掌柜（东明）　　　　　　　　　　　　　　实际无多大职权但又爱装
　　　　　　　　　　　　　　　　　　　　　　腔作势的人

（2）形容词前缀　山东方言的形容词前缀形式多样，除普通话形容词，如"雪白、崭新、冰冷"等中的前缀外，还有一些比较特殊的形容词前缀。在山东方言中，形容词前缀一般都附加在单音节形容词性词根前。

①飞　多附加在描写速度快、质量轻小的形容词性词根前，表示程度的加深。例如：

济南　　飞快　　飞细　　飞脆　　飞碎
聊城　　飞快　　飞薄

②铮　多附加在描写光线、色泽的形容词性词根前，表示程度的加深。例如：

新泰　　铮白　　铮明
沂水　　铮平　　铮明
利津　　铮绿　　铮青　　铮新

③占　既可附加在描写光线、色泽的形容词性词根前，表示程度加深；又可附加在"小、大、咸"等形容词性词根前，表示程度过分。例如：

	表程度加深	表程度过分
新泰	占绿　占青	占小　占咸
	占蓝　占紫	占大

④血　在山东方言中，"血"是一个构词能力比较强的形容词前缀，它几乎可以加在表示各种性质、状态的单音节形容词性词根前，来构成一个表义程度更深的双音节形容词；在含贬义的形容词性词根前往往还带有厌恶色彩。例如：

	表程度加深	表程度加深（含厌恶色彩）
聊城	血好　血苦	血孬　血笨
	血能　血淡	血臭　血精
	血快　血脆	血憨
	血慢　血粘	
	血老　血绿	
	血冷　血多	

⑤其他　在山东方言中，经常使用的形容词前缀还有"苗"、"精"、"巴"、"稀"、"透"、"悲"、"焦"等，它们各自附加在不同的形容词性词根前表示程度加深。例如：

济南　　苗细　　悲苦
荣成　　巴苦　　巴涩　　精湿　　精秕
聊城　　稀脆　　稀香　　透精　　焦酥

2. 后缀

山东方言的后缀语素非常丰富，它不仅可以构成大量的名词、动词、形容词，而且还可以构成少量的副词。在语音上都读轻声。

(1) 名词后缀　山东方言最常见的名词后缀有"子"、"头"、"厮"、"汉"、"巴"、"巴子"等。

①子　山东方言的词缀"子"，是一个比普通话词缀"子"更能产、更多产，表示语法意义也更复杂的后缀语素，它虽然同样可以附加在名词性词根、动词性词根和形容词性词根后面构成名词，但与普通话"子"尾词的面貌却不尽相同。

第一，"子"附加在名词性、动词性和形容词性词根后面构成指称事物的名词。在山东方言中这类词数量比较大，其中除了与普通话相同的词外，还有一些词是普通话中并不带"子"的词。可分为下面几种情况：

a. 山东方言以"子"为后缀，普通话不带"子"的词。例如：

山东方言 (方言点举例)	普通话
土豆子 (新泰、金乡、平度)	土豆
算盘子 (新泰、沂水)	算盘
影干子 (新泰)	痕迹
泉子 (潍坊、新泰、平度、即墨)	泉
锅子 (潍坊、邹平)	锅
蛇虫子 (潍坊、沂水)	蜥蜴
石头崖子 (潍坊)	台阶
腮帮子 (平邑、淄川、聊城、德州)	腮
合心眼子 (平邑、新泰)	喉咙
夯晃子 (平邑)	夯晃
手掌子 (平度、诸城、荣成)	手掌
疙瘩子 (平度、寿光)	疙瘩

b. 山东方言以"子"为后缀，普通话是儿化韵的词。例如：

山东方言 (方言点举例)	普通话
酒盅子 (青州、金乡、临沂、邹平)	酒盅儿
嘴角子 (郯城、临沂、淄川、德州)	嘴角儿
面条子 (郯城、德州、新泰、金乡)	面条儿
后脑勺子 (平度、临沂、邹平)	后脑勺儿
馅子 (平度、新泰)	馅儿
核子 (淄川)	核儿
画子 (淄川、潍坊)	画儿
蒜瓣子 (新泰)	蒜瓣儿
眼子 (新泰、沂水、邹平)	眼儿

　　c. 山东方言是"子"尾词，而普通话是用完全不同的词形表示。例如：

牟平　　牙花子牙龈　脊梁杆子背部　黑粽子雀斑　卷子馒头　围脖子　马蛇子蜥蜴

沂水　　水溜子水渠　埝子地方　叶花子太阳穴　四铺子四肢　肋巴条子肋骨

　　　　坠子耳环　引子酵母　挑子担子　交叉子马扎儿

　　d. 山东方言用"子"附加在名词性词根的重叠式后面，构成"NN子"格式的名词，用来指称不好的事物、事物中不好的部分或同类事物中比较小的，普通话中没有相对应的词。例如：

指称不好的事物或事物中不好的部分

平度　　枝枝子　根根子　丝丝子　边边子　角角子　皮皮子　面面子　末末子　沫沫
　　　　子　渣渣子　底底子

淄川　　帮帮子　棒棒子　岔岔子　翘翘子　带带子　芽芽子　眼眼子　秧秧子　缨缨
　　　　子　杆杆子　蛋蛋子

寿光　　条条子　道道子　片片子　渣渣子

指称同类事物中比较小的

	大的	中的	小的
淄川	板	板子	板板子
	刀	刀子	刀刀子
	简	简子	简简子
	皮	皮子	皮皮子

　　第二，"子"附加在名词性、动词性、形容词性词根后面构成指称人的名词。这些词多含有贬义，一般用于背称；如用于面称，则具有詈语性质。具体可分为以下几类：

　　a. 对具有某种身体缺陷的人的贬称，例如：

牟平　　彪子傻子　疯子　瘦子　胖子　聋子　瞎子　痴子严重精神病患者　瘸子
　　　　秃子　拽子手臂有残疾者　斜拉眼子眼斜视者

沂水　　麻子　疯子　拐子　瘸子　瘸爪子手有残疾的人　撮腔子臀部瘦小的人　个眼子独眼
　　　　人　疤拉眼子眼部有疤痕的人　咬舌子舌尖生硬、卷起不灵活、吐字不清的人　卯蛋子矮小
　　　　的人　促舌子舌头短、发音不到位的人　清水罐子无生育能力的男人　肉磙子胖壮的人

　　b. 对具有某种特殊身世、经历或身份的人的贬称，例如：

牟平　　带肚子孕妇改嫁后出生的孩子　跟脚子随母改嫁的孩子　老生子老年生的孩子　孤老子无儿
　　　　子的人　拐汉子情夫

沂水　　上床子结婚当月怀孕而生的孩子　头生子第一胎所生的孩子　老生子晚年所生的孩子　光棍
　　　　子单身汉　拐汉子姘夫　替头子续嫁女子的亲戚

　　c. 对具有某种品行的人的贬称，例如：

沂水　　混子　皮搭子顽皮的小孩子　晕头子做事晕头转向的人　半吊子不尽力的人，不正经的男人

夹腔子不大方、吝啬的人　亚户子爱说爱闹的女青年　快嘴子嘴快的人　瞿眼子　硬挣子执拗的人　鬼渣子诡计多端的人　蛮子

d. 对从事某种谋生手段的人的贬称，例如：

沂水　　贩子　厨子　锢炉子焊锅器皿的匠人　剃头匠子　叫货郎子　杀猪兔子杀猪的屠户　打狗子买狗卖肉的屠户　车货子车夫，脚夫

e. 对城里人、庄户人、外地人的贬称，例如：

沂水　　城猾子城里人　庄户肘子庄稼人，农民　山杠子没见过世面的庄稼人　南蛮子南方人　外来户子从外地迁移来的人

②头　在山东方言中，"头"（或"头子"）主要是附加在动词性、形容词性词根的后面构成名词，指称有某种性格、经历或嗜好的人，多含贬义。这些词大多是普通话中所没有的。例如：

山东方言（方言点举例）	普通话
败乎头（枣庄）	败家子
强筋头（枣庄、郯城、临沂）	顽固的人
绝户头（枣庄、德州、临清、临沂）	没有子女的人
憨头（临清）	傻子
青头（临清）	鲁莽的人
孙头（临清、聊城、德州、博山）	呆头呆脑任人欺侮的人
离巴头（郯城、临清、博山、沂水、牟平）	外行
半婚头子（郯城）	二婚头
吃恹头（平邑）	固执、不怕事的人
拗筋头（平邑）	爱钻牛角尖的人
柴头（泗水）	难对付的人
别筋头（泗水）	执拗的人
夹嘎头（沂水）	蔑称不大方、吝啬的人

③厮、汉、巴、巴子　在山东方言中，"厮"、"汉"、"巴"、"巴子"等也是常用的后缀语素，都能附加在某些动词性、形容词性词根后面构成名词，用来指称身体有生理缺陷或地位低下的人，多含有轻视、贬义的感情色彩。这些词在普通话中多说成"子"尾词。例如：

山东方言（方言点举例）	普通话
厮　秃（平度、即墨、临朐、诸城、利津）	秃子
痴厮（平度、即墨）	傻子
瞎厮（临朐、利津、平度）	瞎子
小厮（平度、临朐、诸城、利津）	小子
聋厮（利津）	聋子

汉	瞎汉 (平度、诸城、淄川、寿光)	瞎子
	疯汉 (临朐、诸城、淄川)	疯子
	醉汉 (淄川、平度、沂水)	醉汉
	聋汉 (临朐、诸城、平度、淄川、寿光)	聋子
	慢汉 (淄川)	行动迟缓的人
巴	嘲巴 (淄川、新泰、沂水、诸城)	傻子
	结巴 (淄川、新泰、沂水)	口吃的人
	瘸巴 (淄川、临朐、诸城、新泰、寿光)	瘸子
	瘫巴 (淄川、新泰、沂水)	瘫痪的人
	憨巴 (新泰)	傻子
巴子	甩巴子 (枣庄)	没本事的人
	瘸巴子 (枣庄、临沂)	瘸子
	撮巴子 (枣庄)	抢东西的人
	磕巴子 (青岛)	口吃的人
	拖巴子 (青岛)	瘫痪的人
	齁巴子 (青岛、枣庄)	气管炎病人
	哑巴子 (桓台)	哑巴

（2）动词后缀　山东方言常见的动词后缀主要有"巴"、"达"、"悠"、"查"、"拉"、"么"等。它们的共同特点主要有三点：第一，都能附加在单音节动词性词根之后，构成一个新的"V巴"、"V达"、"V悠"、"V查"、"V啦"、"V么"式双音节动词；第二，由这些后缀构成的动词，多数都可以按"ABAB"（如"V巴V巴"、"V达V达"、"V悠V悠"、"V查V查"、"V拉V拉"、"V么V么"）式重叠，其作用和意义大致相当于普通话单音节动词的"V一V"或"V一下"式；第三，带有这些后缀的动词，多数都增加了"反复、随意、漫不经心"的意味。

①巴（巴儿）　　"巴"通行于山东全省各地。带后缀"巴"的动词具有"随意、漫不经心"的意味，常重叠使用。例如：

平度	提巴——提巴提巴	弹巴——弹巴弹巴
	压巴——压巴压巴	洗巴——洗巴洗巴
	搓巴——搓巴搓巴	踩巴——踩巴踩巴
牟平	包巴——包巴包巴	劈巴——劈巴劈巴
	捏巴——捏巴捏巴	缠巴——缠巴缠巴
	磕巴——磕巴磕巴	糊巴——糊巴糊巴
聊城	揉巴——揉巴揉巴	擦巴——擦巴擦巴
	撕巴——撕巴撕巴	扫巴——扫巴扫巴

济南	剁巴——剁巴剁巴	分巴——分巴分巴
	撸巴——撸巴撸巴	砸巴——砸巴砸巴
	脱巴——脱巴脱巴	摘巴——摘巴摘巴
	扫巴——扫巴扫巴	捆巴——捆巴捆巴

新泰一带除有"V巴"式外，还有儿化的"V巴儿"式，只不过儿化后的动词，动作、行为增加了"进行得细致"的意味或令人喜爱的色彩。例如：

摞巴　刮巴　叠巴　切巴　买巴　说巴　讲巴　念巴　学巴

长巴儿　演巴儿　炒巴儿　洗巴儿

剁巴儿剁巴儿　煎巴儿煎巴儿　切巴儿切巴儿　缝巴儿缝巴儿

②达　"达"的通行范围也比较广泛。带后缀"达"的动词，比"巴"尾动词具有更强的"随意、漫不经心"的意味，常重叠使用（有少数不能重叠）。例如：

新泰	走达——走达走达	溜达——溜达溜达
	蹦达——蹦达蹦达	说达——说达说达
	唱达——唱达唱达	泥达——泥达泥达
寿光	剁达——剁达剁达	夹达——夹达夹达
	钉达——钉达钉达	蹭达——蹭达蹭达
德州	摔达——摔达摔达	扭达——扭达扭达
	甩达——甩达甩达	踢达——踢达踢达
平度	戳达——戳达戳达	垒达——垒达垒达
	数达——数达数达	拧达——拧达拧达
	呲达	

③悠　含后缀"悠"的动词，在山东方言里的分布也比较广。多具有"往复多次、持续不断"的意味，也多重叠使用。例如：

新泰	团悠——团悠团悠	转悠——转悠转悠
	搓悠——搓悠搓悠	晃悠——晃悠晃悠
平度	飘悠——飘悠飘悠	颤悠——颤悠颤悠
	荡悠——荡悠荡悠	逛悠——逛悠逛悠
利津	摆悠——摆悠摆悠	毂悠——毂悠毂悠
淄川	磨悠——磨悠磨悠	窝悠——窝悠窝悠
	剜悠——剜悠剜悠	卷悠——卷悠卷悠

④查　含后缀"查"的动词，分布地区也比较广。多具有"随意、粗率"的意味，有的略带贬义色彩，经常重叠使用。例如：

寿光	抠查——抠查抠查	刮查——刮查刮查
	端查——端查端查	劈查——劈查劈查

平度	爬查——爬查爬查	挖查——挖查挖查
	糊查——糊查糊查	舞查——舞查舞查
沂水	拱查——拱查拱查	蹿查——蹿查蹿查
	刨查——刨查刨查	抹查——抹查抹查
德州	挠查——挠查挠查	扰查——扰查扰查
	包查——包查包查	啃查——啃查啃查

⑤拉 "拉"也是在山东各地使用比较广泛的动词后缀。含后缀"拉"的动词，往往带有"轻松、随便、粗率"的意味，但随意性、粗率性均较"巴"级动词要弱，也常重叠使用。例如：

荣成	撒拉——撒拉撒拉	扯拉——扯拉扯拉
	划拉——划拉划拉	搅拉——搅拉搅拉
寿光	拌拉——拌拉拌拉	调拉——调拉调拉
	摇拉——摇拉摇拉	翻拉——翻拉翻拉
济南	扑拉——扑拉扑拉	扒拉——扒拉扒拉
	拨拉——拨拉拨拉	白拉——白拉白拉
淄川	抹拉——抹拉抹拉	涮拉——涮拉涮拉
	投拉——投拉投拉	锯拉——锯拉锯拉

⑥么 "么"的使用也比较广。含后缀"么"的动词，所表示的动作多带有"不断重复、持续时间较长"的意味，也可重叠使用。例如：

沂水	舔么——舔么舔么	撒么——撒么撒么
	估么——估么估么	瞅么——瞅么瞅么
平度	咂么——咂么咂么	贴么——贴么贴么
	约么——约么约么	照么——照么照么
新泰	齐么——齐么齐么	顺么——顺么顺么
	团么——团么团么	盖么——盖么盖么
济南	揣么——揣么揣么	寻么——寻么寻么
	蓑么——蓑么蓑么	沾么——沾么沾么

除此之外，山东方言中经常使用的动词后缀还有"嗦"、"送"、"弄"、"赤"、"乎"、"那"、"咕"等。例如：

荣成	摸嗦	抠嗦	掖嗦	找嗦
平度	填送	拱送	拥送	拄送
德州	戳弄	显弄	和弄	摆弄
新泰	坐赤	站赤	蹲赤	撅赤
平度	惹乎	理乎	摆乎	管乎
德州	挤那	掐那	扭那	剜那

　　沂水　　占咕　揶咕　扎咕　耍咕

　　(3) 形容词后缀　山东方言的形容词后缀形式多样，使用较为普遍的主要有"楞"、"巴"、"乎"等。其特点是：第一，附加在单音节形容词性、动词性以及少数名词性词根的后面，构成"A楞"、"A巴"、"A乎"式双音节形容词，一般用来描述物体的状态；第二，由这些后缀构成的形容词，多数都可以按"AABB"（如"AA楞楞"、"AA巴巴"、"AA乎乎"）式重叠，表示程度的加深。

　　①楞　　"楞"是一种在山东方言中使用范围较广的形容词后缀，一般可附加在形容词性、动词性和名词性词根后面构成形容词。济南、聊城、德州等地都有这种用法。例如：

　　德州　　斜楞——斜斜楞楞　　　　瘪楞——瘪瘪楞楞
　　　　　　绞楞——绞绞楞楞　　　　翘楞——翘翘楞楞
　　　　　　柴楞——柴柴楞楞　　　　瓦楞——瓦瓦楞楞

　　②巴　作为形容词后缀，它只附加在单音节形容词性词根的后面构成形容词。这种用法的范围比较广，常见于新泰、济南、寿光、平度、即墨、荣成等地。例如：

　　平度　　窄巴——窄窄巴巴　　　　紧巴——紧紧巴巴
　　　　　　瘦巴——瘦瘦巴巴　　　　挤巴——挤挤巴巴
　　　　　　野巴——野野巴巴　　　　干巴——干干巴巴

　　③乎（乎儿）　作为形容词后缀，它一般也是附加在单音节形容词性词根的后面构成形容词。主要见于济南、新泰、寿光、平度等地。例如：

　　寿光　　胖乎——胖胖乎乎　热乎——热热乎乎　急乎——急急乎乎
　　　　　　黑乎——黑黑乎乎
　　新泰　　湿乎儿　潮乎儿　黏乎儿　碎乎儿　玄乎儿　近乎儿

　　(4) 副词后缀　山东方言中的副词后缀主要有"自"、"价"两个语素，其作用是使语气加强（"自"缀词）或语气缓和（"价"缀词）。例如：

　　沂水　　仅自　凡自　几自　一自
　　新泰　　亲自　反自　偏自　敢自　但自
　　济南　　别价　甭价　没价
　　德州　　没价　成天价　成宿价　着天价

三　重叠法

　　将两个相同的音节或语素相叠来表示特定语法意义和功能的方法就是重叠法。重叠法是汉语中一种重要的构词方法，两个相同音节的重叠构成单纯词，两个相同语素的重叠构成合成词。重叠构词法也有成词、转类和变义三种功能。在山东方言中，重叠法可以构成名词、动词、形容词等。在语音上重叠的后一音节或语素都读轻声。

1. 重叠式名词

山东方言的重叠式名词比普通话的重叠式名词丰富，有些可儿化，而且不少是前后两个音节或语素都儿化。重叠式名词一般都是名词性成分的重叠，动词性、形容词性成分重叠的比较少。表示的一般是关于称谓、人体、吃穿、排泄、动物、家畜等的内容。例如：

沂水　　娘娘伯母　婆婆　嬷儿嬷儿老年妇女　面儿面儿少量的粉末　饽饽馒头　兜兜兜肚　咬咬小昆虫的统称　羞羞女阴　方儿方儿药方，方法　爪儿爪儿动物足，手状植物　末儿末儿细末

利津　　饽饽馒头　蛛蛛蜘蛛　哈哈唢呐　里里里面、里头　冻冻冰　妈妈乳房　涎涎口水　秫秫高粱　花花麻花儿

荣成　　饽饽馒头　道道线形痕迹，道理、奥妙　梗梗有影响的人　背背皱纹，皱褶　粑粑各种小型饼　棒棒玉米　泼泼尿布

2．重叠式动词

在山东方言中，重叠式动词是非常丰富的，一般多为动词性成分的重叠，名词性和形容词性成分重叠的较少。此类重叠式动词所表示的动作都带有较为明显的描摹性，大多可以带宾语（如荣成话"他虑虑这儿，虑虑那儿，一宿没睡"、"人家说话，你少舒舒嘴"）。举例如下：

沂水　　扒扒翻卷　霸霸长时间霸占，完全占有　眯眯两眼微合、眯缝　逗逗合闭起来　探探伸出　吞吞凸出　拿拿做作，拘谨　收收收藏，保管　插插拥挤　蛆蛆暗中打听、商量、破坏　筋筋牵扯在一起　虾虾（腰）弯曲　哑哑说话嘶哑　阴阴脸色阴沉

聊城　　喧喧胡说八道　虑虑思虑　落落点点滴滴地丢撒　戳戳挑拨，怂恿　歪歪狡辩，胡说

荣成　　眯眯　虑虑　奔奔（牙等）向外突出　荡荡使来回运动　擦擦迟缓地做事　驰驰松弛　凑凑接近，巴结　扯扯交往多而滥，胡扯　候候停留，不肯离去　涌涌使朝前去　山山高　鞭鞭指导，吩咐　酱酱蛆蝇拱食　弯弯变弯曲，学唱或学说　僵僵变干巴，生长缓慢

3．重叠式形容词

在山东方言中，重叠式形容词不同于单音节形容词的重叠形式。前者的主要作用在于区别性状，如："这张桌子是圆圆的。"表示这张桌子是圆形的，不是其他形状的。后者的主要作用在于强调程度，如："他的眼睛瞪得圆圆的。"表示他的眼睛瞪得很圆。在读音上，前者第二个音节读轻声，而后者第二个音节不读轻声。另外，前者可受程度副词修饰，如："楞圆圆"，后者则不能。与重叠式名词、重叠式动词相比，重叠式形容词数量较少。例如：

聊城　　细细细　偏偏偏　花花花色　娇娇儿娇气　摇摇儿赶时趋时，有出风头的意味，略含贬义　圆圆圆　方方方　尖尖尖

沂水　　圆圆　方方　团团圆　长长长　扁扁扁

临淄　　沉沉沉　干干干枯　瘦瘦瘦　湿湿湿　脏脏脏

牟平　　扁扁　娇娇娇气　尖尖　温温微热　慢慢做事能力差，速度慢　拙拙被动，十分为难　花花有花儿的，不均匀的，不诚实

荣成　　团团　长长　温温

利津　　矮矮矮　窄窄窄　浅浅儿很浅　弯弯弯曲　歪歪歪　空空很空

第二节　词　类

山东方言词的分类，从总体看与普通话差别不大，但细致分析起来，不同点也是非常明显的。这一点我们可以从下面几类词的分析中清楚地看到。

一　代　词

代词是具有代替、指示作用的一类实词。可分为人称代词、指示代词和疑问代词三类。

1．人称代词

山东方言的人称代词包括定称和不定称两类。定称人称代词又有第一人称、第二人称和第三人称之分，合称三身代词。不定称人称代词所指称的对象是不确定的。定称和不定称人称代词都各有单数和复数的区分。

（1）三身代词　虽然总体上山东方言的三身代词系统同普通话差别不大，都有第一人称、第二人称和第三人称之分，也都有单数和复数的区别，但在具体的人称表述形式上、单复数的表达方式上还是存在明显的不同，而且这种不同也同样在山东方言内部不同地区间存在着。归结起来，主要有以下几点：

①山东方言有两套人称代词："我、你、他"和"俺、恁（㤘、您、恩）、他"。其中"我、你"只表示单数，"俺、恁（㤘、您、恩）"则既表单数又表复数。例如：

金乡　　我想学画画儿。

　　　　你看看俺画的这个。你看看我画的这个。

　　　　俺都想学画画儿。我们都想学画画儿。

平度　　你去吧！

　　　　谁敢跟恁比！谁敢跟你比！

　　　　恁都去吧？你们都去吧？

新泰　　你看电影吧？

　　　　把书还给您。把书还给你。

　　　　您都去看电影？你们都去看电影？

两套人称代词都可以表示单数，具体用法却并不相同。

第一，"我"和"俺"用法上的不同。主要包括以下几个方面：

a．当单数第一人称含有强调意义时，用"我"不用"俺"。例如：

金乡　　这话谁说的？——我说的。

　　b."俺"做单数第一人称，常带有自矜、自馁、抱怨等感情色彩。例如：

淄川　　俺得干活了，您玩吧。我得干活了，你们玩吧。

临清　　你比俺强，俺是老不中用啦。你比我强，我是老不中用了。

　　c. 女人和儿童表达亲昵语气时，多用"俺"。例如：

金乡　　俺还得上学去哩！我还得上学去！

　　　　俺血累得慌。我累极了。

　　d. 直接用在亲属或各种社会关系称谓以及表所属单位的名词性成分前做定语，不加结构助词"的"时，用"俺"，不用"我"。例如：

金乡　　俺娘　　俺爷爷　　俺庄上　　俺老师　　俺对门儿

潍坊　　俺三叔　　俺邻居　　俺山东　　俺县里

牟平　　俺妈　　俺家儿　　俺姊妹　　俺队

　　另外，在山东方言中，与"俺"用法相似的还有一个"咱"，它也是既表单数也表复数。如潍坊话："咱还行！我还能顶用！""咱都去看电影吧！咱们都去看电影吧！"但"咱"表第一人称，在用法上与"俺"有不同：一是，"咱"可用来表示自大、自傲等感情色彩，"俺"不能。如金乡话："你也打听打听，在这一亩三分地儿里咱怕过谁！你打听打听，在这地方我怕过谁！""咱大小也算个干部，能给你一样？我大小也算个干部，能跟你一样？"二是，"咱"常含有发泄牢骚、挖苦嘲讽他人的意味，而"俺"没有。如潍坊话："咱就是好欺负。我就是容易叫人欺负。""咱还能赶上你？我哪能比得上你？"三是，"咱"以表复数为常，"俺"以表单数为常。四是，"咱"、"俺"同表第一人称复数时，"咱"是包括式，包括说话者和听话者两方；"俺"是排除式，只代表说话者一方。

　　第二，"你"和"恁（侬、您、恩）"用法上的不同。山东方言第二人称单数除说"你"外，在不同地区还有另外几种不同的说法。其中，东莱区说"侬ᶜnɑ"；东潍区的潍城、寿光、寒亭等地说"恩ᶜŋə"，而其他大部分地区则说"恁ᶜnə"；西齐区的淄川、桓台等地多说"您ᶜŋei"，其他地区大多都说"您ᶜnē"；西鲁区基本都说"您ᶜnei"。这些说法与"你"的不同主要有：

　　a. 当单数第二人称含有强调意义时，用"你"不用"恁（侬、您、恩）"。例如：

金乡　　这事儿就怨你！

　　　　不是你是谁！

　　b."恁（侬、您、恩）"做单数第二人称，常带有自矜、自馁或嘲讽意味，而"你"没有。例如：

平度　　谁敢跟恁比。谁敢跟你比。

牟平　　侬再打胡赖，俺不干了！你再要赖，我不和你来了！

淄川　　您多了不起，咱是赶不上了。你多了不起，我是赶不上了。

　　c. 直接用在亲属或各种社会关系称谓以及表所属单位的名词性成分前做定语，不加结构助词"的"时，用"恁（侬、您、恩）"，不用"你"。例如：

寿光	恩娘	恩哥哥	恩庄里	恩家里
金乡	您庄上	您挨门儿	您县里	您媳妇儿	您县里
牟平	恁妈	恁爷爷	恁小叔子	恁家儿

另外，"您"在山东方言中表示第二人称，一般不含有敬意。例如：

新泰　　叫您把我活治煞！

　　　　等您睡着了再拾掇您也晚不了。

②两套人称代词做领格时，它们各自的组合方式和所组合的词语也各不相同。如果用"我"、"你"表领属，并且是加在不是人称或不表所属单位的名词前，通常中间要加"的"；用"俺"、"恁（恁、您、恩）"表领属，如果是用在表人称或表所属单位的名词前，一般不能加"的"，而如果是用在其他方面的名词前，则需要加"的"。例如：

	加"的"			不加"的"	
牟平	我的鞋 我的车子	你的牲口 你的书	俺妈 俺家儿	恁爷爷 恁队
潍坊	俺的书 俺的脚	恁的车子 恁的话	俺娘 俺学校	恁叔 恁队
沂水	我的书	你的衣裳	俺娘 俺家里	恁二姐 恁家里
新泰	我的书	你的书	俺爷 俺村	您爷 您村
临清	我的书 俺的位儿	您的笔	俺学校	您老师

③山东方言人称代词的复数表达方式，并不只是如普通话一样在单数之后加"们"来构成，而是有多种情况。

第一，山东胶东地区的烟台、威海、荣成、文登、乳山、牟平、海阳、栖霞、长岛、蓬莱、龙口等地，复数形式一般不用"们"。例如：

普通话	牟平话	长岛话
我们	俺、俺这些儿	俺、俺轧伙儿
咱们	咱、咱这些儿	咱、咱轧伙儿
你们	恁、恁这些儿	恁、恁轧伙儿、恁这些儿
他们	他这些儿、他乜些儿	他轧伙儿、他这些儿

第二，除第三人称的单数和复数表示方式有别外，山东方言第一人称、第二人称的单数和复数都可用同一形式表示。即：第一人称单、复数皆用"俺"，第二人称单、复数皆用"恁（恁、您、恩）"。方言点举例见下文对照表。

第三，山东方言第三人称复数的表示方法，同普通话一样都可用"他们"，但更多情况下是说"他那些人儿"（牟平、荣成），"他这伙"（济南），"他几个"（临清、东明），等等。

第四，山东方言有些地方，用加"们"来表示复数不是用于代词，而是只用于某些人称名词之后，如金乡、沂水等地常说"姊妹们"、"兄弟们"、"妯娌们"、"表兄弟们"、"爷们儿们"、"娘们儿们"、"小孩儿们儿"、"小的们儿"、"老人们儿"等。另外，在利津等地"们"还可以加在许多指物名词后面表多数，如："快看哪，小马驹儿们撒欢儿啦！""那些小鸡儿们呢，咋连一个也不见了?""绳子们都搁在哪里啦，快替我找找!""你看，这些锄们也都生锈生锈了吧?"

④在一定条件下，各种人称代词都可以转指。这种用法一般多带有委婉、讽刺或自矜等感情色彩。山东方言中常见的转指类型主要有以下几种:

第一，"俺"转指"他（她）"。"他（她）"一般是与"俺"有关的人，诸如丈夫、孩子等。这种转指多含有对亲人的疼爱、抚慰和对他人的委婉抱怨、指责的感情色彩。例如:

牟平　　俫欺负俺做么? 你们欺负俺孩子干什么?

　　　　俫硬欺负俺做么呢，俺怎个得罪儿俫了呢! 你总是欺负俺男人干什么，俺男人怎么得罪了你!

金乡　　俺小，你可甭欺负俺! 他（她）年纪小，你可不能欺负他（她）!

　　　　我问问你，你拥共啥打俺? 我问问你，你为什么打他（她）?

有时还可转指"你"，多为大人哄受欺的孩子时用。例如:"这是谁惹俺来? 这是谁惹你了?"

第二，"咱"转指"你"或"你们"，多含有自傲、自大或讽刺的意味。例如:

牟平　　咱多行啊，谁能赶上咱? 你（你们）多了不起呀，谁赶得上你（你们）?

金乡　　说啥? 他欺负你? 就凭咱这样的能叫他欺负喽? 说什么? 他欺负你? 就凭你这样的能叫他欺负了?

　　　　散喽吧，咱给小孩子一样不犯如。散了吧，你跟小孩儿似的不值得。

第三，"你"和"他"都可转指"我"。"你"转指"我"，多用于委婉的反问;"他"转指"我"，多用于示威性的对抗。例如:

牟平　　你知道的? 我哪里知道?

　　　　他偏儿不去，你还能割个眼儿鼓儿他吗? 我偏不去，你能把我怎么样?

山东方言三身代词与普通话三身代词对照表

	单　数			复　数		
	第一人称	第二人称	第三人称	第一人称	第二人称	第三人称
普通话	我	你	他	我们、咱们	你们	他们
牟平	我、俺、咱	你、俫	他	俺、俺这些儿、咱、咱这些儿	俫、俫这些儿、俫乜些儿	他这些儿、他乜些儿
文登	我、俺、咱	你、俫	他	俺、咱	俫	他乜帮子
栖霞	我、俺、咱	你、俫	他	俺、咱	俫、俫这些儿、俫乜些儿	他们、他这帮子、他乜帮子、他乜伙儿
莱州	我、俺、咱	你、恁	他	俺、咱	恁（您）	他们
即墨	我、俺、咱	你、恁	他	我们、俺、咱	恁	他们

续表

	单　数			复　数		
	第一人称	第二人称	第三人称	第一人称	第二人称	第三人称
普通话	我	你	他	我们、咱们	你们	他们
莒南	我、俺	你、恁	他	我们、俺、咱	你们、恁	他们
沂水	我、俺、咱 ðã⁵³/ ðə̃⁵³	你、恁	他	俺、咱 ðã⁵³/ ðə̃⁵³	恁	他们
寒亭	我、俺	你、恩	他	俺、咱	恩	他那些
潍坊	我、俺	你、恩	他	俺(们)、咱	你们、恩	他们、他这些人、他乜些人、他那些人、他好几个
寿光	我、俺、咱	你、恩	他	俺、咱、俺这一档子、咱这一档子	恩、恩乜一档子	他们、他那一档子
淄川	我、俺、咱	你、您 ᶜŋei	他	俺、咱	您、您这些人、您这伙子	他这一些、他这伙子、他乜一些、他乜伙子、他那一些、他那伙子
桓台	我、咱	你、您 ᶜŋei	他	我们、俺、咱们	你们、您	他们
利津	我、俺、咱	你、您 ᶜnẽ	他	俺们、咱、咱们	您、您们	他们
济南	我、俺、咱	你	他	我们、俺、咱、俺们、俺这伙、咱们、咱这伙	你们、你这伙	他们、他这伙
德州	我、俺、咱	你、您 ᶜnẽ	他	俺、俺们、咱、咱们	您	他们
临清	我、俺、咱	你、您 ᶜnẽ	他	我们、俺、咱、俺们、俺几个、咱们、咱几个	你们、你几个、您、您几个	他们、他几个

续表

	单　　数			复　　数		
	第一人称	第二人称	第三人称	第一人称	第二人称	第三人称
普通话	我	你	他	我们、咱们	你们	他们
郓城	我、俺	你、您ᶜnei	他	俺、咱	您、您几个	他几个
金乡	我、俺	你、您ᶜnei	他	俺、咱	您	他几个
微山	我、俺、咱	你、您ᶜnei	他	我们、俺、咱、咱们	你们、您	他们
临沂	我、俺	你、您ᶜnən	他	俺、俺们、俺几个、俺一伙子、俺一些子、俺这伙、咱、咱几个、咱一伙子、咱一些子、咱这伙	您、您几个、您一伙子、您一些子、您这伙、您一大伙、您这些子、您这些儿	他们、他几个、他这伙

（2）不定称人称代词　　不定称人称代词是指那些不固定的表自称、对称、他称或泛称的人称代词。这类人称代词也有单数和复数之分。山东方言中常用的不定称人称代词主要有以下几个：

　　常用于单数的　自家　　己家　　自个儿　　个人　　人家　　旁人

　　常用于复数的　人家　　旁人　　大伙儿　　大家伙儿里

①"自家"（潍坊、寿光、济南）、"己家"（金乡）、"自个儿、个人"（莱州），其意义和用法与普通话的"自己"相当。例如：

莱州　　你办事儿不能光有个人没旁人。你办事儿不能光顾自己不考虑别人。（对称）

　　　　自个儿的事得自个儿办。自己的事情自己做。（泛称）

在山东方言中，"自家"等代词最常见的用法是放在其他人称代词或人名之后构成同位性偏正结构，如："俺自家"、"咱自家"、"我自家"、"怹自家"、"你自家"、"他自家"、"人家自家"，等等。这些同位性偏正结构在句子中都可以做主语、宾语和定语。

②"人家"、"旁人"的意义和用法，大致相当于普通话中的"别人"。例如：

莱州　　你看看人家，再看看你个人，你不难过吗？你看看别人，再看看你自己，你不难过吗？

　　　　好好地管教孩子，别叫人家说闲话。

济南　　屋里没旁人，有话你说罢！

　　　　我自家的事儿旁人甭管！我自己的事情，别人甭管！

　　有时"人家"、"旁人"还可以兼表第一人称单数"我",这种用法常含有撒娇、责备的意味,多为女性或青少年所用。例如:

牟平　　你悄没悄声儿地进来,吓儿人家一跳! 你悄悄地进来,吓了我一跳!

　　　　人家说不去不去,你要得叫人家去! 我说不去不去,你偏要叫我去!

金乡　　你遭天价气得旁人儿给啥样。你整天气得我跟什么似的。

　　　　旁人儿做给你吃,做给你穿,末了倒落下不是啦! 我做给你吃,做给你穿,末了倒成了我不是了!

2．指示代词

　　指示代词是指具有替代和指别作用的一类代词。山东方言的指代系统与普通话相比不仅表现形式、表达意义更为细致,而且指代系统所体现的语法、语义特点与它的语音表现方式之间的关系也更为复杂。下面从指代系统的内部组成和语音表现方式两个方面,来分析山东方言指示代词的特点。

　　(1)指代系统的内部组成　山东方言的指示代词系统各地不尽相同,归结起来可分为两大类:一是"这"和"那(乜)"相对应的近指、远指二分系统,分布在东莱区、西鲁区以及东潍区和西齐区的大部分地区;二是"这"、"捏"、"那"相对应的近指、中指、远指三分系统,主要分布在东潍区中西部和西齐区东南部的山东中部一带地区。

　　从指示代词指代成分的语法功能来看,近指、远指或近指、中指、远指系统内部又可细分为指代名词的指示代词 (如:这、那、捏、这里、那海儿、这窭儿、乜场儿等)、指代谓词的指示代词 (如:章、娘、嚷、这样儿、这么样、乜样儿、那么样儿、这么着、捏么着、章么着、嚷么着等) 和指代副词的指示代词 (如:这么、那么、章么、捏么、怎么、娘么、嚷么等) 三种功能类型 ("章"、"娘"、"嚷"为"这样"、"捏样"、"那样"的合音)。

　　而这些指示代词又分别表示了不同的语法意义,就所表示的语法意义来划分,指示代词又可分为以下意义类型:

　　①用于称代人或事物,可做主语、宾语。例如:

淄博　　捏就是我的老师。

　　　　捏是个啥东西? 那是个什么东西?

　　　　我也不喜欢嚷啊,不是没有办法吗?

潍坊　　章不中,娘不中,怎么才中? 这样不行,那样不行,怎么样才行?

　　　　这事儿就章吧。这事儿就这样吧。

　　　　不是嚷,也不是娘,是章。

　　②用于指别人或事物,可做定语,修饰名词、量词或数量短语。例如:

淄博　　捏表走得很准。

　　　　他捏鞋比我这好。

莱州　　这样的人到哪都受欢迎。

潍坊　　天底下哪有章事儿。

　　　　这一趟不如那一趟。

寿光　　我要那枝，你要捏枝。

牟平　　这山儿望着乜山儿高。

　　　　这个人儿我认得，乜个人儿我不认得。

③用于指别时间或方位，可做主语、宾语、定语。例如：

淄博　　这比那暖和多了。现在比那时候暖和多了。

　　　　这章彩电比那曩质量好。现在的彩电比那时候的质量好。

　　　　上一次我就是在捏买的衣裳。

　　　　捏很凉快，咱过去吧。

寿光　　他那不行来，这好了。他过去曾不好，现在好了。

莱州　　把书放了这来。把书放在这里。

　　　　东西放得很乱，这一堆乜一堆的。

④用于指代性状、方式、程度，可做谓语、状语、补语。例如：

莱州　　事情就这么样儿了。

　　　　这么大的苹果才卖这么几个钱？

　　　　这样说可不行，得客气点儿。

　　　　这么样儿想的就这么样儿说。

　　　　都商量好了，就那么样办吧。

寿光　　章么好的菜别扔了。

淄博　　你老是章，别人都看不起你了。

　　　　你怎么瘦得章了啊？

　　　　你娘就娘，我不管。你要那样就那样，我不管。

　　　　反正你吃得娘了，都吃了吧！

⑤用作虚指，常构成并列结构。例如：

寿光　　他章曩曩章／又章又曩，就是不让你走。他又这样又那样，就是不让你走。

沂水　　章曩的，没治了。又是这样，又是那样，没治了。

　　　　章着曩着的，没个头儿了。一会儿要这样做，一会儿要那样做，没个头儿了。

　　　　这个小孩儿不章不曩的怪老实。这个小孩儿不这样不那样的，很老实。

（2）指示代词的语法、语义和语音之间的关系　山东方言指示代词的语法、语义特点往往与音变现象有某种联系，意义不同，语法特点不同，其语音形式也会随之发生变化。山东方言中能够表示语法、语义特点的音变形式主要有以下几种：

①变调：是指指示代词的声调不同，其语法、语义不同。这种现象在山东方言中较为普遍。如牟平方言指示代词近指"这"和远指"乜"的声调都有阳平（53）和上声（213）两读。

其变调规律是：一，单用时读上声，例如："这/乜还行？""这/乜可怎个好？""把他忙得这儿一头乜儿一头的。"等等；二，同量词、表不定数量的词、方位词或"样"等结合时，一般读阳平，例如："这个人儿我认得，乜个人儿我不认得。""这些儿好，乜些儿不好。""这/乜边儿""这/乜样儿"等等；三，同方位词"里"或表地点的名词连用时，则既可读阳平又可读上声，例如："这/乜里""这场儿好，乜场儿不好。""这家儿有么乜家儿有么。""这山儿望着乜山儿高。"等等。

②变韵：是指指示代词的韵母不同，其语法、语义不同。如枣庄方言指示代词"这"和"那"的韵母各有两种不同的读音：这 tsə⁴²/tsɛ⁴²，那 na⁴²/nɛ⁴²。其变韵规律是：一，用在名词性词语的前边，指称人或事物的远近时，"这"读作 tsə⁴²，"那"读作 na⁴²，例如：这孩子、那衣裳、这吃的、那用的、这/那孩子的娘，等等；二，用在量词或数量短语的前边，指称人、事物或动作行为的单位或数量时，"这"读作 tsɛ⁴²，"那"读作 nɛ⁴²，例如：这个人、那头猪、这三只鸡、那五棵树、走这趟、跑那回、打这一下子、抽那两鞭子，等等。

③变调兼变韵：指示代词的声调和韵母同时改变，以表示不同的语法、语义特点。如莱州方言指示代词"这"和"那"的声调、韵母各有两种不同的读音：这 tʂʅ²¹³、tʂɛ⁴²，那 ni²¹³、niə⁴²。其变调、变韵规律是：一，指别数量范围时，"这"读作 tʂʅ²¹³，"那"读作 ni²¹³，例如：这/那个人、这/那棵树、这/那样东西、这/那些日子，等等；二，指别方位时，"这"读作 tʂɛ⁴²，"那"读作 niə⁴²（写作"乜"），例如："把书放了这/乜来。""东西放得很乱，这一堆乜一堆的。"等等。

④韵母逆同化：在语流当中，后一音节的声母有时会对前一音节的韵母产生影响（有时会影响到声母），使其发生与后一声母读音相类似的变化。山东方言中最为常见的韵母逆同化现象是："这、捏、那"在鼻音声母字"么"前面要增加鼻音尾 ŋ（有时韵腹会随之发生高化，甚至声母也会前化）。这种音变方式在山东许多方言中都存在。例如：

	这么	捏么	那么
莱州	这 tʂə²¹³ + 么 muˑ→tsəŋ⁵⁵muˑ		那 nɑ²¹³ + 么 muˑ→nəŋ⁵⁵muˑ
即墨	这 tʃə²¹³ + 么 məˑ→tθəŋ⁴²məˑ		乜 niə²¹³ + 么 məˑ→noŋ⁴²muˑ
潍坊	这 tʃə²¹ + 么 mə³→tʃəŋ²¹⁻⁴⁴mu³	捏 niə²¹ + 么 mə³→niŋ²¹⁻⁴⁴mu³	那 nA²¹ + 么 mə³→noŋ²¹⁻⁴⁴mu³
沂水	这 zə²¹ + 么 məˑ→ðəŋ²¹⁻⁴⁴məŋ		那 nɑ²¹ + 么 məˑ→nəŋ²¹⁻⁴⁴məŋ
临清	这 tsə³¹ + 么 məˑ→tsəŋ³¹⁻⁵³əˑ		那 na³¹ + 么 məˑ→nəŋ³¹⁻⁵³məˑ

在有的方言里，"这么、捏么、那么"也可以说成"章么、娘么、曩么"，但因为"章、娘、曩"的韵尾已是 ŋ，所以韵尾不会再发生变化。如潍坊话的"章么、娘么、曩么"就分别读作 tʃaŋ²¹³⁻⁴⁴mu³、niaŋ²¹³⁻⁴⁴mu³、naŋ²¹³⁻⁴⁴mu³。

在句子中，音变前后指示代词的作用和意义不同。如临清话的指示代词，读 tsə³¹、na³¹ 时，表示近指或远指，相当于名词的作用；而读 tsəŋ⁵³、nəŋ⁵³ 时，则指别性状，作用相当于谓词。例如："这 tsə³¹/那 na³¹ 是棉纺厂。""你赠 tsəŋ⁵³ 么办不行，得学人家恁 nəŋ⁵³ 么干才对！"

⑤合音：是指由两个音节合为一个音节的语音现象。山东方言中最为常见的合音现象是："章"（"这样"的合音）、"娘"（"捏样"的合音）、"嚷"（"那样"的合音）。这种音变方式在山东许多方言中都存在。例如：

	这样	捏样	那样
潍坊	这样 tʃə²¹iaŋ²¹→章 tʃaŋ²¹³	捏样 ȵiə²¹iaŋ²¹→娘 ȵiaŋ²¹³	那样 nA²¹iaŋ²¹→嚷 naŋ²¹³
沂水	这样 zə²¹iaŋ²¹→章 zaŋ²¹³	捏样 niə²¹iaŋ²¹→娘 niaŋ²¹³	那样 na²¹iaŋ²¹→嚷 naŋ²¹³

值得注意的是，"章、嚷"尽管在语音上相当于普通话的"这样、那样"，但在用法上却与普通话的"这样、那样"不完全相同。如寿光方言的"章、嚷"，能做主语、宾语，能做动词的状语，但却不能做形容词的状语。修饰形容词时要用"章么、嚷么"。例如：

寿光话	普通话
章怎么行呢？	这样怎么行呢？
他不让嚷。	他不许那样。
章说才对了。	这样说才对。
章么好的菜别扔了。	这样好的菜，别扔了。

除此之外，指示代词"这么"、"那么"在山东有的方言中也会发生合音现象，比如枣庄话，"这么"读作 tɕʏŋ⁴²，"那么"读作 nuŋ⁴²，例如：这么 tɕʏŋ⁴²热、那么 nuŋ⁴²凉、这么 tɕʏŋ⁴²好、那么 nuŋ⁴²孬、这么 tɕʏŋ⁴²大、那么 nuŋ⁴²小、这么 tɕʏŋ⁴²样拿、那么 nuŋ⁴²样走、这么 tɕʏŋ⁴²些钱、那么 nuŋ⁴²些鱼，等等。

山东方言指示代词与普通话指示代词对照表

	近　指			远　指			中　指	
普通话	这 这里 这会儿	这样 这么样	这么	那 那里 那会儿	那样 那么样	那么		
牟平	这 这场儿 这阵儿	这号儿	这么	乜 乜场儿 乜阵儿	乜号儿	乜么		
文登	这 这场儿 这阵儿 这自干儿	这个	这么	乜 乜场儿 乜阵儿 乜自干儿	乜个	乜么		
栖霞	这 这场儿 这阵儿	这么样	这么	乜 乜场儿 乜阵儿	乜么样	乜么		
莱州	这 这来 这会儿	这样	这么	那 乜来 那会儿	那样儿	那么		
即墨	这 这里 这会儿	这么样儿	这么	乜 乜里 乜会儿	那么样儿	那么		
莒南	这 这里 这末子	这样儿	这么	那 那里 那末子	那样儿	那么	捏 捏里 捏垃	
沂水	这 这里 这盼儿	章 这么样儿	这么	那 那里 那盼儿	嚷 那么样儿	那么	捏 捏里	娘

续表

	近　指			远　指			中　指		
普通话	这 这里 这会儿	这样 这么样	这么	那 那里 那会儿	那样 那么样	那么			
寒亭	这 这里 这霎儿 这怎	章 章嘎着	章	那 那里 那霎儿 那怎	嚷 娘嘎着	娘	捏 捏里	娘	
潍坊	这 这里 这霎儿	章	这么 章么	那 那里 那霎儿	嚷	那么 嚷么	捏 捏里	娘	捏么 娘么
寿光	这 这里 这霎儿里	章	章么	那 那里 那霎儿里	嚷	嚷么	捏 捏里	娘	娘么
淄川	这 这里 这咱	章	这么	那 那里 那咱	嚷 嚷着	那么	捏 捏里	娘 娘着 捏么样	捏么
桓台	这 这里 这霎	拃	这么	那 那里 那霎	那么着	那么	捏 捏里	娘 捏么着	捏么
利津	这 这里 这咱	这个样儿 这么着	这么	那 那里 那咱	那个样儿 那么着	那么	捏 捏里	捏个样儿 捏么着	捏么
济南	这 这里 这会儿 这窝 这何儿	这样 这么着 这个样儿	这么	那 那里 那会儿 那窝 那何儿	那样 那么着 那个样儿	那么			
德州	这 这溜 这咱 这海儿	这样儿	这么	那 那溜 那咱 那海儿	那样儿	那么			
临清	这 这海儿 这会儿	这样儿	赠么	那 那海儿 那会儿	那样儿	怎么			
郓城	这 这何 这会儿	这个样		那 那何 那会儿	那个样				
金乡	这 这何 这会儿	这法儿里 怎着	怎	那 那何 那会儿扇	那法儿里 怎着	怎			
微山	这 这呵 这会子	这样	这么	那 那呵 那会子	那样	那么			
临沂	这 这里 这会儿 这盼儿	这样	这么 锃/潜	那 那里 那会儿	那样	那么 能			

3. 疑问代词

从总体上看，山东方言的疑问代词内部一致性较强，与普通话的差别也不大。根据其所询问的对象的不同，大体可概括为以下几类：

（1）问人的　例如"谁、谁们、谁家"等。这类疑问代词在句子中通常可以做主语、宾语、定语（"谁们"一般不做定语）。例如：

潍坊　　谁们在说话？

　　　　那是谁们？

寿光　　天这么晚了，你找谁家问道儿？

（2）问事物的　例如"什么、么个、啥、么儿、吗"等，有的也可用来问人。这类疑问代词在句子中常做主语、宾语、定语（做定语不加"的"）。例如：

济南　　什么事儿这么着急？

　　　　你是他什么人？

寿光　　他待上街买啥？

　　　　啥都会芒？

聊城　　么儿是你干的？

（3）问处所的　例如"么场儿、哪里、什么地场、什么埝儿、啥埝儿、哪垓儿"等。这类疑问代词在句子中也经常做主语、宾语、定语。例如：

金乡　　你把钱搁哪何来？

潍坊　　哪个埝儿是你的？

济南　　山东哪里的苹果最好吃？

（4）问时间的　例如"多海儿、多会儿、什么时候、多咱、几儿、哪会儿、哪何"等。这类疑问代词在句子中主要做状语，除此还可以做谓语、宾语、定语和补语。例如：

临清　　多咱有空来玩儿？

金乡　　你多单走？

潍坊　　天多咱了？

　　　　他说哪霎儿？

　　　　他带了多少节的干粮？他带了可以吃多长时间的干粮？

　　　　怎在东北待了多少节？你们在东北住了多长时间？

（5）问数量的　例如"多少、多些、几啊"等。这类疑问代词在句子中主要用在名词或量词前做定语，除此还可以做主语、谓语、宾语。例如：

济南　　多少天？

　　　　多少人？

　　　　你有多少？

金乡　　你知道他家趁多些钱不？

潍坊　杀了几啊猪？

几啊就够了？几个就够数了？

你几啊？我几啊？

他用几啊？

（6）问行动、原因、方式或人、事物的性质的　例如"怎么、怎个、咋、怎着、怎么着、咋样、吗样"等。这类疑问代词主要做谓语、状语、定语，除此还可以做宾语。例如：

金乡　谁知道那个事儿咋着来？谁知道那件事怎么样了？

他咋啦？

人家都去，你咋不去哩？

这是咋回事儿？

潍坊　这是怎么的事？

咱怎么着做？

这是怎么的？

由此可以看出，山东方言的疑问代词，就其语法功能来说与普通话基本一致，但在语义上与普通话则有较大差异，可以说山东方言疑问代词的语义分工更为细致，表义更为具体。这主要表现在以下几个方面：

第一，处所疑问代词在语义上有指代空间大小或具体和不具体的区别。比如临清话，常用来询问处所的代词主要有"哪垓儿"、"哪弯儿"、"么地方儿"三个，在语义上它们各自都有自己的表义范围，其大致分工为：询问具体的方位时，一般多用"哪垓儿"和"哪弯儿"，询问处所的性质时，则多用"么地方儿"；而同是询问具体的方位，"哪垓儿"和"哪弯儿"又有不同，占空间小的事物习惯上用"哪垓儿"，占空间大的事物习惯上则用"哪弯儿"。例如：

询问具体方位　　　A：铅笔放唠哪垓儿/哪弯儿？

B：放唠桌子上。

询问处所的性质　　A：这是么地方儿？

B：这是棉纺厂。

所问事物占空间小　咱待哪垓儿下棋啊？

所问事物占空间大　津浦铁路通哪弯儿啊？

又比如金乡话，常用来询问处所的代词主要有"哪何"、"啥地份儿"、"哪汪儿"、"哪翁儿"四个，其中，"哪何"和"啥地份儿"强调的是某个较为具体的处所（点），"哪汪儿"和"哪翁儿"则是突出某个相对大一些的范围（面）。例如：

A：你把钱搁哪何/啥地份儿来？

B：搁桌子上啦。

A：桌子上哪有？

B：反正就在那汪儿/那翁儿，你找找！

A：哪汪儿/哪翁儿？地份儿大啦，我上哪何找去？

B：这不在这何啦。

　　第二，时间疑问代词在语义上有指代时间长短或指代不同时间概念的区别。比如潍坊话，常用来询问时间的代词主要有"几儿"、"哪霎儿"、"多咱"、"多少节"四个，在语义上它们各自都有自己基本的指代范围，其具体分布为：询问哪一天要用"几儿"，询问什么时候要用"哪霎儿"或"多咱"，询问做某事花了多少时间要用"多少节"。其中"哪霎儿"和"多咱"又有不同分工：所指时间短时用"哪霎儿"，所指时间长时用"多咱"。例如：

　　　　你几儿走啊？你哪一天出发啊？

　　　　捏是几儿的事？那是哪一天的事情？

　　　　咱哪霎儿开会？咱什么时候开会？（所指时间短）

　　　　恁多咱开学？你（你们）什么时候开学？（所指时间长）

　　　　这段路你走了多少节？这段路你走了多长时间？

　　　　你住了多少节？你居住了多长时间？

　　第三，问人的性质的疑问代词，在语义上常有不同感情色彩的差别。比如临清话，询问人的性质时常用"么样儿"、"哪户儿"等代词，在语义上，"么样儿"常用于正面人物相貌的询问，而"哪户儿"则含有贬义，不能用于正面人物的询问。例如：

　　　　新市长是么样儿的人？

　　　　秦桧儿是哪户儿的人？

山东方言疑问代词与普通话疑问代词对照表

普通话	谁	什么	什么地方	什么时候	多少	怎么	怎样 怎么样
牟平	谁	么(个)	哪场儿	多海儿	多少	怎个	么样儿
文登	谁	么(个)	么地场	多会儿	多少	咋	么样儿
栖霞	谁	什么	哪个地场儿	多海儿	多少	哪么	什么样儿
莱州	谁	什么	什么地场	什么时候	多少	怎么	怎么样儿
即墨	哪个	什么	哪里	多会儿	多少	怎么	怎么样儿
莒南	谁	什么	什么垯儿	多自	多少	怎 tɕθəŋ^{42}么	怎 tɕθəŋ^{55}么
沂水	谁	什么	什么垯儿	什么功夫	多少	怎么	怎么样
寒亭	谁	什么个	哪里嘎	多怎	多少		
潍坊	谁(们)	啥	什么垯儿	多咱、几儿、哪霎儿	多少 几啊	咋	怎么样

续表

普通话	谁	什么	什么地方	什么时候	多少	怎么	怎样 怎么样
寿光	谁(们)	啥嘎	哪个埝儿	多怎	多少	怎么	怎么样
利津	谁	啥(稿)	啥埝儿	多咱	多少	咋	咋着
淄川	谁	啥	哪里	多咱	多少	咋	咋样
桓台	谁	啥	哪里	多咱	多少	咋	咋样
济南	谁	么	哪里	多咱、么时候	多少	怎么	怎么样儿、怎么着
德州	谁	吗	哪海儿、哪溜、吗地处儿	多咱、吗时候儿	多少	怎么	吗样
临清	谁	么儿	哪垓儿、哪弯儿、么地处儿	多咱、哪会儿、多会儿	多少 多些	怎么	么样儿、么户儿、哪样儿、哪户儿
郓城	谁	啥	哪何、哪汪儿、哪弯儿	啥时候	多些	咋的	咋样
金乡	谁(家)	啥	哪何、哪翁儿、哪汪儿	多单、多登、多会儿	多些	咋(咋)	咋样儿
微山	谁	嘛	哪呵	多嗒	多些	怎么	怎么样
临沂	谁	么儿	哪何(儿)、哪来	多咱、几儿、几时	多少	怎么	怎样

二　量　词

从总体情况看，山东方言的量词虽然多数在形式和配合关系上跟普通话差别不大，但由于它的形式不如普通话丰富，区分也不如普通话严格，所以在使用中大部分情况下不能与普通话完全对等。它们之间存在着或形式或用法或语义上的不同。

1. 与普通话用法不同的量词

山东方言中的多数量词形式，在普通话中是存在的，但它们当中的大多数与所匹配的对象间的对应关系都不同于普通话。

（1）与同一事物名词匹配的量词数目不同　这种不同可表现为两种情况：

①一对多：能与某一事物名词匹配的量词在方言中只有一种，而在普通话中则有多种。例如：

	山东方言（方言点举例）	普通话
戏	出（济南、曲阜、菏泽）	出、台、个、场

歌	个（济南、菏泽）	支、首、个
故事	个（菏泽）	个、段、篇
牙膏	块（烟台、莱州）	支、盒儿、管儿

②多对一：能与某一事物名词匹配的量词在方言中可有多种，而在普通话中则只有一种。例如：

	山东方言（方言点举例）	普通话
铲子	个、把（烟台、莱州、德州、曲阜）	把
香肠	根儿、砘碌儿（曲阜）	根
自行车	块、个、辆（莱州）	辆
马	个、匹（烟台、济南、曲阜）	匹

（2）与不同事物名词匹配的量词数目不同　这种不同也表现为两种情况：

①一对多：与不同事物名词匹配时，普通话不予区分，合用同一个量词，而在山东方言中则需一一区分。如"被单"、"鞭子"、"绳子"等名词，在普通话中都可与量词"条"搭配，说成"一条被单"、"一条鞭子"、"一条绳子"，而在济南话中则习惯说成"一床被单"、"一根儿鞭子"、"一根绳子"。

②多对一：与不同事物名词匹配时，普通话需分别使用不同的量词，而山东方言则可以合用同一个量词。由于山东方言的量词总体上区分不太严格，所以，这种普通话严格区分而山东方言混用的量词匹配现象较为突出。山东方言中常见的匹配能力强的量词主要有"个"、"块（儿）"、"根（儿）"等。

"个"的这种用法遍及全省，例如：

山东方言（方言点举例）	普通话
一个鞭子（烟台、莱州、曲阜、菏泽）	一根鞭子
一个刀（烟台、莱州、济南、德州、曲阜、菏泽）	一把刀
一个牛（烟台、即墨、潍坊、济南、博山、曲阜）	一头牛
一个羊（荣成、即墨、潍坊）	一只羊
一个车子（即墨、济南）	一辆自行车
一个手（潍坊）	一只手
一个手表（潍坊）	一块手表
一个帽子（淄川、沂水、潍坊、即墨）	一顶帽子
一个褂子（聊城、潍坊、即墨、荣成）	一件衬衣
一个裤（子）（博山、牟平）	一条裤子
一个桌子（潍坊、聊城）	一张桌子
一个椅子（潍坊、淄川）	一把椅子
一个杌子（潍坊、即墨）	一条凳子

一个门 (儿) (即墨、潍坊)	一扇门
一个镜 (子) (潍坊、博山)	一面镜子
一个灯 (潍坊)	一盏灯
一个桥 (潍坊)	一座桥
一个米粒儿 (潍坊、即墨)	一粒米

"块 (儿)"的这种用法主要集中在东区，例如：

山东方言 (方言点举例)	普通话
一块 (儿) 管子 (烟台、莱州、德州)	一截管子
一块 (儿) 绳子 (烟台、莱州、德州)	一根绳子
一块 (儿) 藕 (烟台、莱州、曲阜、德州)	一节藕
一块牙膏 (烟台、莱州)	一支牙膏
一块 (儿) 故事 (烟台、莱州、牟平、平度)	一段故事
一块戏 (莱州、潍坊)	一出戏
一块 (儿) 电影 (寿光、即墨、平度、烟台、荣成)	一部电影
一块 (儿) 歌儿 (莱州、平度、荣成)	一首歌儿
一块纸小张的纸 (即墨)	一张纸
一块电视机 (潍坊、即墨)	一台电视机
一块 (儿) 电池 (潍坊、即墨、平度)	一节电池
一块 (儿) 自行车 (莱州、平度)	一辆自行车

在有些地方，"块"甚至还可以用作指称人的量词，以表示对某人的极端蔑视和憎恶，如即墨话可以说"这块坏东西"、"那块熊烂货"。

"根 (儿)"的用法在山东也比较普遍。它与普通话一样都用于长条形的物体，但它的匹配范围跟普通话并不完全一致，例如：

山东方言 (方言点举例)	普通话
一根袖子 (潍坊)	一只袖子
一根裤腿 (潍坊)	一条裤腿
一根 (儿) 鱼 (潍坊、诸城、牟平)	一条鱼
一根烟筒 (潍坊)	一节烟筒
一根长虫 (潍坊、沂水、博山)	一条蛇
一根街 (潍坊)	一条街
一根道 (淄川、博山)	一条道
一根胡同 (淄川)	一条胡同
一根手巾 (平度)	一条毛巾
一根儿铅笔 (荣成)	一支铅笔

一根儿葱（荣成）	一棵葱

除此之外，山东方言用法比较特殊的量词还有"溜（儿）"、"趟（儿）"·等，常用于成行、成排的物体。"溜（儿）"的分布区域比较广，例如：

山东方言（方言点举例）	普通话
一溜（儿）椅子（济南、牟平）	一排（行）椅子
一溜儿墙（青州）	一排墙
一溜座位（寒亭、诸城）	一排座位
一溜（儿）树（新泰、沂水、临清、牟平、荣成）	一排（行）树
一溜人（济南、新泰）	一排（行）人
一溜（儿）房子（临清、荣成）	一排房子

"趟（儿）"在普通话中是一个动量词，而在山东方言中它往往既可用作动量词也可用作物量词，用作物量词与"溜（儿）"的用法相同。常见于山东方言东区，例如：

山东方言（方言点举例）	普通话
一趟（儿）树（即墨、平度、莱州）	一行（排）树
一趟（儿）房子（即墨、潍坊、荣成）	一排房子
一趟座位（潍坊、寿光）	一排座位
一趟椅子（寿光、莱州）	一排椅子
一趟桌子（莱州）	一排（行）桌子
一趟人（即墨）	一排人
一趟麦子（即墨）	一行麦子

另外，在有的方言中这两种说法都有，如金乡（"趟"常说成"趟子"）话："家后栽喽两趟子树"、"路边上一溜插杨白杨树"等。再如荣成话："一溜儿树"、"一溜儿房子"、"一趟儿房子"等。在牟平、荣成等方言中，"溜（儿）"、"趟（儿）"除用于成行、成排的物体，还可用于成条的物体，例如：

山东方言（方言点举例）	普通话
一溜儿布子（荣成）	一条布
一溜儿纸（牟平）	一条纸
一趟儿道儿（荣成）	一条道儿
一趟沟（牟平）	一条沟
一趟街（牟平）	一条街

2．与普通话形式不同的量词

山东方言中也有一些普通话中所没有的量词，它们以双音节为多。其中既有物量词也有动量词，现分别列举如下：

（1）常见的物量词

山东方言（方言点举例）	普通话
一架草地（曲阜）	一大片草地
一库查庄稼（德州）	一小片庄稼
一帮子人（临清、沂水、荣成）	一群人
一荡子人（曲阜、寿光、沂水、聊城）	一群人
一通碑（潍坊）	一块碑
一挺儿立糕（潍坊）	一串糖葫芦
一码子事（文登、荣成）	一件事
一档子事（儿）（即墨、济南、泰安、聊城、德州）	一件事
一铺儿事（菏泽）	一件事
一铺子草（潍坊、新泰、淄川）	一小堆草
一堆崮儿草（平度、新泰）	一小堆草
一枕子线（金乡、利津）	一束线
一忽达饼（淄川、平度）	一块饼
一码拉儿雪（德州、寿光）	一薄层雪
一墩地瓜（潍坊、德州、牟平、荣成）	一棵地瓜
一拖罗绳子（即墨）	一团绳子

(2) 常见的动量词

山东方言（方言点举例）	普通话
（干了）一盼子（潍坊、诸城、曲阜、平度）	（干了）一会儿
一盼儿（莱州、平邑、利津）	
一气儿（烟台、威海、莱州）	
一木儿（郯城）	
一闷子（德州）	
（跑了）一旮晃儿（临沂）	（跑了）一圈儿
一窠郎（郯城）	
一周遭（曲阜）	
一遭儿（新泰、临清、即墨）	
（去了）一遭（烟台、文登、平度）	（去了）一次
一末子（淄博）	
一末儿（新泰、沂水、寿光）	
（洗了）一货（淄博、烟台、威海、金乡、济南）	（洗了）一遍
（打了）一盼儿（曲阜）	（打了）一下儿

3. 具有特殊表义价值的量词

　　普通话中的量词区分非常细密，通常不同的名词用不同的量词，这无疑有利于增强语言的表现力。山东方言的量词虽说不如普通话区分细密，但也不乏表现力强的量词，有时甚至它所表现出的语义比普通话还要具体、形象。如：

　　滴答：同"滴"，如寿光话的"裤上弄上了一滴答墨水"等。

　　杆：用于有细杆儿的物体，如临清话的"一杆笔"、"一杆枪"等。

　　毂辘儿：用于圆柱体的东西切成的段，如牟平话的"一毂辘儿木头"、"一毂辘儿甘蔗"等；除此之外，牟平话中的"毂辘儿"还可用于表示时间的一段，如"你这一毂辘儿在家忙么？"

　　掐：指拇指和另一指尖相对握着的数量，如淄川话的"一掐韭菜"、"一掐粗"等。

　　拖拉：同"群"，如荣成话的"一拖拉孩子"等。

　　这些具有地方特色的量词，在表义上突出了事物的声音、形状和动感，比普通话更添了些许形象色彩。

4．山东方言量词的特殊重叠形式

　　山东方言的大部分单音节量词的重叠形式与普通话是相同的，但也有一些形式和意义都不同于普通话的特殊重叠形式。

　　（1）A儿A儿式　　山东方言的量词与普通话一样，表示"每一"的意思，也主要用"AA"重叠式，如"个个"、"棵棵"、"件件"、"家家"、"年年"等。不过，在有的地方量词需儿化后再重叠，如金乡就有"家儿家儿"、"辈儿辈儿"、"趟儿趟儿"、"回儿回儿"、"顿儿顿儿"等的说法。这种重叠式量词在句子中主要做主语和定语。

　　（2）A儿A儿A儿式　　在山东部分地区，量词重叠除有"AA"式外，还有"A儿A儿A儿"式，如"个儿个儿个儿"、"双儿双儿双儿"、"家儿家儿家儿"、"趟儿趟儿趟儿"等。这种重叠形式具有强化"每一"义的作用，是"A儿A儿"式的强调说法，在句子中常做主语。多见于鲁西南部分地区。例如：

　　金乡　　几个孩子个儿个儿个儿孝顺。

　　　　　　这庄上家儿家儿家儿做买卖。

　　　　　　他家辈儿辈儿辈儿种地。

　　　　　　两口子天儿天儿天儿开火儿吵架。

　　　　　　我一个月去两三趟，趟儿趟儿趟儿没空过手儿。

　　　　　　一天三顿饭，他顿儿顿儿顿儿离不了酒。

　　（3）A（儿）顶A（儿）式　　主要见于东区的莱州、平度、即墨、寿光等地，也是"每一"义的强调说法。这种用法普通话中也有，如"个儿顶个儿"，但远不如山东话里用得多。例如：

　　平度　　个（儿）顶个儿　　家（儿）顶家儿　　天（儿）顶天儿

　　　　　　块（儿）顶块儿　　棵（儿）顶棵儿　　根（儿）顶根儿

　　　　包 (儿) 顶包儿　车 (儿) 顶车儿　筐 (儿) 顶筐儿

　　　　回 (儿) 顶回儿　趟 (儿) 顶趟儿　顿 (儿) 顶顿儿

　　另外，寿光话常说成不儿化的"A顶A"，如："人家那里家顶家玩大棚用大棚种蔬菜。""他家里那孩子个顶个出息。"不过寿光话的"A顶A"式还可以表示"一个顶一个"的意思，在句子中做谓语，这与普通话是不完全一致的。例如："他家里那孩子出息，个顶个。""捏些秋秋好，棵顶棵。"

　　（4）一AA式和几/两AA式　普通话量词的"一AA"重叠形式，做定语常表示数量多，而在山东方言中，则常用来表示"小"或"少"的意思。比如西齐区的淄博话：

　　　　一把把粉丝就两块钱？

　　　　我吃不多，下一缕缕面条就行。

　　　　加一点点盐，她不敢吃咸。

　　另外，淄博话还有"几AA"的形式，同样也表示"小"或"少"的意思，如："他秃得就剩下几根根头发。"

　　在鲁西南的阳谷，表示"小"或"少"的意思常把重叠式AA的第二个"A"儿化，说成"一AA儿"或"两AA儿"，如"一把把儿"、"两把把儿"、"一本本儿"、"两本本儿"等。而到了东区的沂水，两个"A"则都要儿化，说成"一A儿A儿"或"几A儿A儿"，例如：

　　　　问他要了一回儿菜，他给了一把儿把儿。

　　　　扫了一抹儿抹儿地当场，捶豆子。

　　　　拿了一摞儿摞儿煎饼。

　　　　这一堆儿堆儿地瓜，顶多三十斤。

　　　　地上下了一形儿形儿雪很薄的一层雪。

　　　　才来了几个儿个儿人儿。

　　　　就种了几棵儿棵儿玉米。

三　副　词

　　山东方言的副词与普通话也有较大差别，这种差别不只是表现在语音形式上，在语法、语义、语用上其差别也是非常明显的。

1．常用程度副词

　　（1）乔、愣　"乔"、"愣"（也写作"冷"或"棱"）用于表示程度多见于鲁中、鲁北和鲁西一带地区。其含义与普通话的"很"、"非常"、"极"等基本相当，但在用法上并不完全相同。"乔"、"愣"能与形容词的重叠形式组合，表示程度加深（"乔"数量少），而普通话的"很"、"非常"、"极"却不能这样用。例如：

　　聊城　愣小小　愣长长　愣细细　愣薄薄　愣短短　愣浅浅

利津　　楞黑黑　楞秕秕　乔苦苦　乔臭臭

"乔"和"楞"在用法上也有细微差别，"乔"只跟含贬义的词语组合，"楞"不受此限制。例如：

	乔 A			楞 A				
济南	乔脏	乔乱	乔难受	楞好	楞新	楞好用	楞漂亮	楞愿意
	乔害怕	乔冷	乔难闻	楞傻	楞短	楞瘦	楞讨厌	
聊城	乔苦	乔脏	乔不得劲	楞好	楞合适	楞能	楞得	
	乔咸	乔冷	乔热　乔淡	楞孬	楞难过			

（2）血、稀　"血"（也写作"些"）、"稀"用于表示程度多见于鲁西、鲁南一带地区。其含义与普通话的"非常"基本相当，但在不同地区，"血"和"稀"的用法又有不同。比如在德州、临清、曲阜等地，二者的组合分布就有明显区分："血"一般跟贬义词语组合，"稀"则跟褒义词语组合。例如：

临清　　血脏　血臭　血难看　血乱　血烂　血孬　血冷　血苦

　　　　稀好　稀甜　稀得　稀干净　稀好闻　细俊巴　稀整齐　稀利索

　　　　稀凉快

但在这些地方，有时"血"也会出现在中性或褒义词语前，这时所表示的色彩会改变，增加"不喜欢"、"过分"的意味，如："血甜"、"血得"、"血红"、"血黑"等都含有了过分的、使人不喜欢的味道；相反的，"稀"如果出现在贬义或中性词语前，则会增加喜爱的色彩，如说小孩儿"稀臭"、"稀孬"时表示亲昵，说颜色"稀红"、"稀黑"则是表示颜色"红"或"黑"得可爱。而在聊城、新泰、菏泽、金乡等地，"血"的用法有所改变，它不仅可以跟贬义词语组合，也可以跟褒义词语组合，例如：

新泰　　血好　血大　血甜

菏泽　　血好　血能　血漂亮

2．音变对副词语法意义的影响

在山东方言中，有的地区表示程度进一步加深是通过程度副词音变（变调、变韵）的方式来完成的。如诸城方言表示最高程度，除了常用"极"外，还用另外一种方式那就是"很"的特殊变调。在诸城话中，"很"如果按正常变调规律读单字调55或由55变为高降调53，其意义跟普通话的"很"相当；如果不按这个规律而是变为中升调24，则表示的程度加深，其意义与普通话的"极"、"非常"相当。例如：

	很 A	非常 A
很高	xə$^{55-53}$kɔ^{213}	xə$^{55-24}$kɔ^{213}
很香	xə$^{55-53}$ʃaŋ^{213}	xə$^{55-24}$ʃaŋ^{213}
很甜	xə^{55}tʼiã^{53}	xə$^{55-24}$tʼiã^{53}
很穷	xə^{55}tʃʼəŋ^{53}	xə$^{55-24}$tʃʼəŋ^{53}

很好	$xə^{55-53}xɔ^{55}$	$xə^{55-24}xɔ^{55}$
很不好	$xə^{55-53}pu^{55-53}xɔ^{55}$	$xə^{55-24}pu^{55-53}xɔ^{55}$
很坏	$xə^{55}xuɛ^{31}$	$xə^{55-24}xuɛ^{31}$
很贵	$xə^{55}kuei^{31}$	$xə^{55-24}kuei^{31}$

在临朐方言中，表示形容词比较级和最高级的程度差别，也可用副词变音的方法，但与诸城话不同的是它既要变调，也要变韵。如副词"刚"，比较级读上声，高平调；最高级读阴平，低降升调，声音拉长，由降到升的弯度特别明显，而且韵母中的主要元音也由后 ɑ 变为前 a。例如：

	很 A	非常 A
刚好	$kaŋ^{55-42}kɔ^{55}$	$kaŋ^{213}kɔ^{55}$
刚坏	$kaŋ^{55-24}xuɛ^{21}$	$kaŋ^{213}xuɛ^{21}$
刚香	$kaŋ^{55-24}ɕiaŋ^{213}$	$kaŋ^{213}ɕiaŋ^{213}$
刚忙	$kaŋ^{55-213}maŋ^{42}$	$kaŋ^{213}maŋ^{42}$

3．副词的位置

山东方言的程度副词大多数只做状语，不做补语，不像普通话中的"很"、"极"那样位置灵活，但也有少量结构，副词的位置较为特殊。例如：

山东方言 (方言点举例)	普通话
知不道 (济南、泰安、潍坊、枣庄、临沂)	不知道
不头疼 (无棣)	头不痛
很手冷 (潍坊、诸城、利津、德州、济南)	手很冷
乔手冷 (沂水、泰安)	
很脚疼 (潍坊、无棣、曲阜)	脚很疼
怪脚疼 (沂水、泰安、新泰)	
刚着头疼 (诸城)	头很疼

4．副词使用中的语用制约

副词的使用，除了受结构内部组合成分的制约外，有时还要受到语气等语用因素的限制。如"刚"、"刚着"、"刚的"（"刚"也写作"岗"或"杠"）等。在山东方言中"刚"、"刚着"、"刚的"主要分布于西齐区和东潍区，东莱区也有少数地区使用，其含义与普通话的"非常"、"十分"基本相当。例如：

济南　刚赛了　刚粗了　刚有能耐了　刚好了　刚细了　刚粘乎了　刚棒了　刚麻烦了　刚大胆了　刚讲道理了　刚着好了　刚着难看了

聊城　刚高啦　刚矮啦　刚能啦　刚笨啦　刚愿意啦　刚不满意啦　刚受欢迎啦　刚不得人心啦

在这些方言中，"刚"、"刚着"、"刚的"的组合分布与"楞"相同，即跟褒义词语和贬义词语都可以组合，但语用分布却与"楞"不同，"楞"多用于表陈述语气的句子中，"刚"、"刚着"、"刚的"则不能用在陈述句里，而是多用于表感叹语气的句子中。例如：

利津　　这朵花刚的好看哇！——不能说"这朵花刚的好看。"

　　　　那家伙刚的难办哇！——不能说"那家伙刚的难办。"

　　　　这场雨刚及时哇！——不能说"这场雨刚及时。"

聊城　　他刚高啦！——不能说"他刚高。"

　　　　他刚不得人心啦！——不能说"他刚不得人心。"

四　几种特殊虚词

1．把

山东方言的介词"把"，除了同普通话一样能表示处置、致使的意义，在东区的潍坊、即墨、莱州、平度、招远等地，还可以表示处所、时间、范围的起点，用法相当于普通话的"从"。例如：

莱州　　把这来往东走。从这里往东走。

　　　　他把哪里来？他从哪里来？

　　　　他把济南那边来。他从济南那边来。

　　　　把明日打头儿从明天开始，天天跑早操。

　　　　他把上个月打头儿就戒烟了。他从上个月开始就戒烟了。

　　　　他想把烟台坐火车回北京。他想从烟台坐火车回北京。

　　　　把干部起到一般社员从干部到一般社员，每人都要积一天绿肥。

2．从

山东方言的"从"，是一个有着特殊句法、语义、语用特点的词，它在用法上既有普通话"从"的特点，又有普通话"在"的特点。这种特殊用法主要分布在山东西区，集中在沿津浦线从德州经济南、泰安一直到曲阜、济宁和沿胶济线从济南到淄博的大片地区。

（1）"从"的句法特点　山东方言的"从"，既具有介词的语法功能，也具有动词的语法功能。作为介词，它可以出现在时间或方位、处所词语前来构成介词短语，在句子中常用来做状语；作为动词，它与其后面的处所词语组成的又是动宾短语。以济南方言为例：

做介词　　A：从趵突泉到大明湖只有两站地。

　　　　　　从上个月可他就住院了。

　　　　　B：外头楞热，还是从屋里凉快。

　　　　　　我从学校说普通话，从家里就说济南话。

　　　　　　你从这里等着，我去买盒烟。

　　　　　C：他家楞困难，你多从生活上帮帮他。

　　　　　　你数学不好，就得多从数学上下点功夫。

D：从中学可，俺俩一个班。

做动词 E：珂珂从家吗？——从家里，你来吧。

你爸爸呢？——俺爸爸从馆驿街呃。

除了礼拜天，我都从单位上。

(2)"从"的语义特点 单从语法功能的角度看，山东方言的"从"与普通话的"从"差别只在于多了一种动词用法；但如果从语义的角度来看，情况就不是这么简单了。具体可概括为以下三点：

①"从"可以表示时间、地点的起点或经过，这时，"从"的意义与普通话的介词"从"相同。如上面所举济南话的 A 类例句。再如：

德州　他从学校往家走。　　我刚从市里回来。

从德州市穿过。　　从梯子上下来俩。

从今儿起，俺不去俩。

②"从"跟处所、方位等词语结合，可以表示动作发生或事物存在的处所（如B类）、范围（如C类）、时间（如D类）等，这时，"从"的意义与普通话的介词"在"相当。再以德州、聊城方言为例：

德州　他从地溜干活。　　书从桌子上放着。

他从农村生的。　　我从三楼上住。

聊城　他从家里干活。　　我从厂里上班。

③"从"还可以表示存在，这时，"从"的意义与普通话的动词"在"相当。如上面所举济南话的 E 类例句。再如：

德州　他这咱现在从哪海儿俩？——从家俩。

聊城　你哥哥从家里吗？——从家里哩。

(3)"从"的语用特点 在山东方言中，"从"的使用并不只是受到语言内部因素的影响，实际上，它更多的要受制于语言以外的社会因素，即使用者的年龄。"从"作为介词表示起点和经过等意义的用法，是全省范围不同人群都使用的；但作为介词表示动作发生或事物存在的处所、范围、时间和作为动词表示存在的意义的这些用法，却只存在于这些地区的广大青少年口语当中，是其他年龄段的人们不用或很少使用的。以济南话为例，年轻人一般用"从"，老年人一般用"呆"，越年轻的使用"从"的频率越高，30 岁以下的几乎没有人用"呆"，年纪越大的使用"从"的频率越低，60 岁以上的老年人又几乎没有人用"从"。

尽管随着普通话的普及，在这些地区的青少年口语中又出现了"在"的用法，但"从"的这种用法并没有因此而被扼制，在今天它仍然是这些地区方言中一个被青少年频繁运用于口语中的语言事实。

(4)山东方言的"从"与普通话"在"的区别 山东方言的"从"与普通话的"在"，尽管在很多情况下有较强的对应性，但却不是在所有情况下都能无条件的换用。它们之间的区别主要有以下三个方面：

①从表示的意义看，"在"不具有"从"的第一种意义，只能表示第二、三种意义。所以，像济南话中 A 类例句里的"从"就不能换成"在"，而 B、C、D、E 类例句中的"从"则可以换成"在"。

②从语法功能上看，作为介词，"从"尽管同"在"一样，都可以跟处所、方位词语组合构成介词短语做状语，但由"从"组成的介词短语不能做补语（标 * 号为不能说的句子。下同），而由"在"构成的介词短语则可以做补语。例如：

	做状语	做补语
济南	他从沙发上看书。	* 他坐从沙发上看书。
	我从三楼上住。	* 我住从三楼上。
普通话	他在沙发上看书。	他坐在沙发上看书。
	我在三楼住。	我住在三楼。

作为动词，"从"和"在"后面都可以带宾语，但"从"无论在什么情况下都不能单独做谓语，后面必须有宾语出现；而"在"在一定的语言环境中，则可以单独做谓语。例如：

	动宾短语做谓语	单独做谓语
济南	你爸爸从家吗？	你爸爸从家吗？
	——从家。	* ——从。
普通话	你爸爸在家吗？	你爸爸在吗？
	——在家。	——在。

③从否定形式看，"从"在方言中只有"没 VP"的说法，没有"不 VP"的说法；而"在"则两种否定形式都有。例如：

	没 VP	不 VP
济南	他没从家。	* 他不从家。
普通话	他没在家。	他不在家。

3. 了

（1）"了"的表示形式　普通话中的"了"有两种用法：一是用在动词、形容词后面，表示动作或性状的实现，属动态助词，一般记为"了₁"，如："看了两本书"、"晴了两天"；一是附着在句子末尾，表示事态变化的实现，属语气词，一般记为"了₂"，如："吃饭了"、"看完三遍了"。两个"了"可以出现在一个句子里，如："掌握了₁三门外语了₂"；甚至有时还会重合，如："他拿走了"、"脸红了"。

山东方言中的"了"，在用法上跟普通话一样，也有"了₁"、"了₂"的分别，但在表示形式上却与普通话很不一样。

①普通话中的"了₁"、"了₂"语音形式相同，而在山东大部分地区的方言中这两者的读音都是区分的，而且地区不同其语音形式往往还会有不同。比如在菏泽、聊城、济宁、金乡

等地一般是："了₁"读作 lou· 或 ləu·（喽），"了₂"读作 la·（啦）；在德州、滨州等地则是："了₁"读作 liou·（溜），"了₂"读作 lia·（俩）；而在淄川等地，"了₁"是随着前一音节韵母的读音在变，但多读作 ə·，"了₂"一般读作 liä·（嗹）。例如：

	山东方言	普通话
聊城	我吃喽饭啦。	我吃了饭了。
	他看喽看就走啦。	他看了看就走了。
	这出戏我看喽三遍。	这出戏我看了三遍。
	他上星期回家啦。	他上星期回家了。
德州	我吃溜饭俩。	我吃了饭了。
	他买溜菜俩。	他买了菜了。
淄川	吃 ə· 饭再走。	吃了饭再走。
	来 ə· 两个客。	来了两位客人。
	干 ə· 三年嗹。	干了三年了。
	他早来嗹。	他早来了。
	我吃饭嗹。	我吃饭了。

②山东有些地方表示动作或性状的实现，不是像普通话一样在动词后加助词，而是用零音节形式，即直接通过动词末尾音节音变的方式来完成。诸如东区的烟台、威海、荣成、文登、牟平、海阳、栖霞、长岛、蓬莱、龙口、莱阳、莱西等地，用的就是动词末音节儿化的方式。例如：

	山东方言	普通话
牟平	吃儿饭了。	吃了饭了。
	跌儿饭量儿了。	跌了饭量了。
	走儿三个钟头。	走了三个小时。
	找儿个旅馆住儿一宿。	找了个旅馆住了一夜。
荣成	开儿锅了。	开了锅了。
	他红儿脸了。	他红了脸了。
	我胖儿一圈儿。	我胖了一圈儿。

又如德州方言，是用动词末音节的变调来表示的。虽说在形式上它们都省去了 liou·（溜），但动词却仍要发生像位于轻声音节前一样的变调。例如：

	山东方言	普通话
德州	我吃（$tʂʅ^{213-21}$）饭俩。	我吃了饭了。
	他买（$mɛ^{55-213}$）菜俩。	他买了菜了。
	我到（$tɔ^{21-42}$）南边儿。	我到了南边儿。

除此之外，平度方言还常通过重读并延长前面动词读音的方式，来表示动作或性状的实

现。例如：

	山东方言	普通话
平度	笑掉——大牙了。	笑掉了大牙了。
	跑——和尚跑不了庙。	跑了和尚跑不了庙。
	看——电影就回去了。	看了电影就回去了。

（2）与普通话"了"用法上的不同　普通话中的"了$_1$"、"了$_2$"，尽管在山东方言中都有相应的形式与之对应，但它们的使用范围却并不完全对等。以聊城、金乡等地的"喽"、"啦"为例，我们可以看到：

①在陈述句句末，一般用"啦"，而普通话中并不能分出是"了$_1$"还是"了$_2$"。例如：

聊城　　孩子们都起来啦。（起来了$_1$/了$_2$）

　　　　他把临时工都攥啦。（攥了$_1$/了$_2$）

金乡　　我忘啦。（忘了$_1$/了$_2$）

　　　　这屋子快不行啦。（不行了$_1$/了$_2$）

②在祈使句句末，表示未然用"喽"，表示已然或正在进行用"啦"，而普通话的"了"无此区别。例如：

聊城　　A：路不好，摔倒喽。（没有摔倒，以防摔倒）

　　　　B：路不好，摔倒啦。（已经摔倒了）

　　　　A：快点儿走，开演喽。（尚未开演，以防迟到）

　　　　B：快点儿走，开演啦。（已经开演，不要迟到太久）

金乡　　A：把药吃喽！（药还没有吃）

　　　　　看住他，甭叫他跑喽！（还没有跑掉）

　　　　B：坐好，甭动啦！（正在动）

　　　　　开会啦。（从未开会——→开会）

③在表可能的句子末尾，多用"喽"，而普通话则不用"了lə·"。例如：

聊城　　他今天来喽来得了。　　这件事他办喽办得了。　　彩电他买起喽买得起。

金乡　　这活儿一天干完喽干得完。　　那年的事儿我还想起来喽想得起来。

④"喽"用在动词后面，不表示动作的实现，而是表示动作有了结果。普通话不用"了"，多用"掉"。例如：

聊城　　把鸡窝拆喽拆掉。　　把这盅酒喝喽喝掉。　　吃喽吃掉吧。

（3）"了"的介词用法　"了"在山东方言中还可以用在动词和处所补语之间做介词，介引出动作的方位或处所，意义相当于普通话的"在"、"到"。举例如下：

聊城　　读ləu·，写作"喽"。例如：

　　　　吃喽到肚哩。　　　　住喽在庄儿东头。　　　　放喽在/到桌子上。

临清　　读lə·，写作"唠"。例如：

　　　　　坐唠_在床上。　　　　　　跑唠_到临清。

新泰　　读 lə·，写作"了"。例如：

　　　　　坐了_在地上歇气。　　把车开了_到村里。　　把帽子戴了_{在/到}头上。

潍坊　　读 lə·，写作"了"。例如：

　　　　　你搁了_在哪里？　　搁了_到布袋儿里吧。　　掉了_{在/到}地上了。

荣成　　以前面动词音节儿化的形式表示。例如：

　　　　　笔掉儿_到地下去了。　　他装儿_在布兜里了。　　搁儿_{在/到}柜里放着。

4．可

　　"可"（也写作"呵"）音 k'ə·，是山东西齐区的济南、泰安、新泰、德州、临清一带方言中常见的助词。它的用法和意义比较复杂，是普通话中所没有的一种虚词。归结起来主要有以下特点：

　　（1）"可"用在充当状语的时间名词、动词或谓词性短语后面　　"可"的这种用法有强调事件所发生的时间的作用。具体包括：

　　①强调事件发生在将来或过去的某一段时间内，意思相当于普通话的"……的时候"。例如：

济南　　明日可，俺在家等你。　　　　　俺去他家可，他还没走。

　　　　　你走可，别忘了叫着我。　　　　我小霎可就认识他。

　　　　　等他来可再说！　　　　　　　　前年可，我去过一次泰山。

　　　　　等天凉快唠可，咱再去旅行。

临清　　有空儿可来玩儿。　　　　　　　夜儿可，我碰着一个熟人儿。

　　　　　早侵早晨起来可，这咳儿出唠件事儿。　年时可，他上这咳儿来过。

　　　　　我有本好书，你看可去拿。

　　②强调事件发生在将来某一时间以后，意思相当于普通话的"……以后"、"……再说"。例如：

济南　　咱歇一霎可再走。

　　　　　干完活儿可再去！

　　　　　这本书我看看！——等我看完了可！（……以后）

　　　　　下雨嗬，你给我找把伞！——吃了饭可！（……再说）

临清　　这里楞热闹，咱玩儿玩儿可再走。

　　　　　这件事儿等我想想可告诉你。

　　（2）"可"用在条件关系的偏正复句的偏句后　　"可"的这种用法有强调偏句所提条件的假设性的作用。它既可以用于对过去事件的假设，也可以用于对将来事件的假设。意思相当于普通话的"……的话"。例如：

济南　　你见到小明可，叫他快来家！

这是小张的车子，俺的可，就借给你了。

那件衣裳楞漂亮，便宜可，就买了。

今天礼拜一，俺实在不能去，昨天可就去了。

临清　哪会儿里有空儿可，你就上家来玩儿。

没人愿去可，我去！

人多可就干完啦！

要是我可，决不会让他去。

（3）"可"用在祈使句末尾　"可"的这种用法有增强句子委婉语气的作用，常用于表示"提醒对方注意"或"要求对方等待"的意思的祈使句中。例如：

济南　别跑，看摔着了可！　　　　　　　　慢点儿喝，烫着可！

小点儿动静，看吵醒孩子可！　　　　　　小心点儿，碰着可。

给孩子少穿点儿，热着孩子可！

临清　这事儿早侵没空儿办啦，到后晌晚上可！　你等一会儿，让我想想可。

别忙着下手，看看情况儿可。

有时"可"在一个句子当中的用法和意义可有多种，如："等雨停唠可（你再走）！"可理解为"等雨停唠以后"或"等雨停唠的时候"；"你见着老李可（替俺向他问好）。"又可理解为"你见着老李的时候"或"你见着老李的话"；"咱有唠钱可（买台电视机）。"则可理解为"咱有唠钱以后"、"咱有唠钱的时候"或"咱有唠钱的话"，等等。句子确切的含义需通过具体的语境才能确定。

另外，山东方言的虚词"可"，无论是哪种用法，表示哪种意义，都可以在句子中省略，省略后句子的基本意思不会改变，但会影响全句语气的表达，使句子失去委婉、舒缓的风格而变得生硬、呆板。

（4）"着"的"可"字用法　山东方言东西区交汇地带的寿光、淄川、沂水等地，"可"的上述用法常用"着"（寿光、淄川读作 tʂua·，沂水读作 tʂo·）来表示。例如：

淄川　待来着如果来的话，先打个电话。

你看见他着你看见他的话，告诉他一声。

夜来不下雪着如果昨天不下雪的话，今日我就坐车去了。

你吃完了饭着吃完了饭以后咱再走。

沂水　吃饭着吃饭的时候你和我说一声儿。

等着一开春儿着等着一开春儿的时候，再上东北。

到明日着到明天的时候俺在集上等你。

挑担水着挑担水以后我再去赶集去。

咱歇一歇着咱歇一歇以后再干晚不了。

以后着以后的话可得小心着点儿。

　　　怪远着很远的话就坐车去。

　　　钱不够着如果钱不够的话，我帮你点儿。

　　　我不跟你着如果我不跟你的话，你就得打一辈子光棍子。

寿光　　你看着就来拿。你要看的时候/要看的话就来拿。

　　　你来着先写个信来。你来的时候先写封信来。

　　　你先等等，我和他说句话着。我和他说句话以后再和你……

　　　你先吃，我看完了书着。等我看完了书以后再吃。

　　但寿光话用"着"强调时间，不能用在表过去时间的句子中，如不能说"夜来着我买了一本新书"。

第三节　短语结构

一　形容词生动形式

　　山东方言的形容词有结构形式多样的生动形式，它们不仅可以表达丰富细腻的语义内容，而且具有很强的描写作用，是山东方言中极具地方特色的语言现象。

　　根据其所表示的语法意义类型，山东方言中方言特点较为突出的形容词生动形式主要有三类。

1．表程度的

　　山东方言表程度的形容词生动形式最为丰富。依据其组织方式的不同，主要可划归为以下结构类型：

　　（1）前缀式　在山东方言中，前缀式是一种用于表示比原形容词程度加深的组织方式。它包括以下形式：

　　①BA式和 B（儿）B（儿）A 式　　"BA"式是由形容词 A（绝大多数为单音节形容词）前缀上表程度的成分 B 构成的，是形容词"A"的比较级；前缀"B"重叠构成的"BBA"式（在山东方言东区"BB"常儿化，说成"B儿B儿"，"B儿B儿A"更具描写性，有加深喜恶情绪的作用）是它的更高级。例如：

	A	BA	B（儿）B（儿）A
即墨	香	喷香	喷喷香
	硬	崩硬	崩崩硬
	紧	崩紧	崩崩紧
荣成	快	锋快	锋儿锋儿快
	满	溜满	溜儿溜儿满

"BA"式还可整体重叠构成"BABA（的）"式，也表示程度的加深。例如：

A	BA	BABA（的）

即墨	红	彤红	彤红彤红的
	酸	焦酸	焦酸焦酸的
	苦	悲苦	悲苦悲苦的
荣成	鲜	佩鲜	佩鲜佩鲜（的）
	窄	勒窄	勒窄勒窄（的）
	短	精短	精短精短（的）
	嫩	稀嫩	稀嫩稀嫩（的）
	干	响干	响干响干（的）
	快	风快	风快风快（的）

在"BA"、"B（儿）B（儿）A"和"BABA（的）"三式对应较为整齐的方言里，"BABA（的）"式是它们的最高级形式。举例如下：

	A	BA	B（儿）B（儿）A	BA BA（的）
即墨	咸	齁咸	齁儿齁儿咸	齁咸齁咸的
荣成	硬	丁硬	丁儿丁儿硬	丁硬丁硬（的）
	香	喷香	喷儿喷儿香	喷香喷香（的）
	紧	挣紧	挣儿挣儿紧	挣紧挣紧（的）
沂水	穷	血穷	血血穷	血穷血穷的
	陡	贴陡		贴陡贴陡的
	快	风快	风风快	风快风快的
	硬	绷硬	绷绷硬	绷硬绷硬的
	甜	西甜	西西甜	西甜西甜的
	远	享远	享享远	享远享远的
	薄儿	溜薄儿	溜溜薄儿	溜薄儿溜薄儿的
	愉括	怪愉括	怪怪愉括	怪愉括怪愉括的
	整壮	怪整壮	怪怪整壮	怪整壮怪整壮的
济南	酸	溜酸	溜溜酸	溜酸溜酸的
	咸	齁咸	齁齁咸	齁咸齁咸的
	香	喷香	喷喷香	喷香喷香的
	硬	梆硬	梆梆硬	梆硬梆硬的
	黑	黢黑	黢黢黑	黢黑黢黑的
利津	臭	乔臭		乔臭乔臭的
	香	喷香	喷喷香	喷香喷香的
	辣	齁辣		齁辣齁辣的
	粘	焦粘	焦焦粘	焦粘焦粘的

	硬	棒硬	棒棒硬	棒硬棒硬的
	软	稀软	稀稀软	稀软稀软的
	湿	溜湿		溜湿溜湿的
	亮	铮亮	铮铮亮	铮亮铮亮的
	俊	绷俊	绷绷俊	绷俊绷俊的
金乡	干	焦干	焦焦干	焦干焦干
	咸	吼咸	吼吼咸	吼咸吼咸
	青	须青		须青须青
	苦	悲苦	悲悲苦	悲苦悲苦
	窄	溜窄	溜溜窄	溜窄溜窄
	亮	剔亮	剔剔亮	剔亮剔亮
	细	拧细	拧拧细	拧细拧细
	凉	冰凉	冰冰凉	冰凉冰凉
	硬	崩硬	崩崩硬	崩硬崩硬

②没是 A（B）式、老（么）A（B）式和没 AB 儿式　山东方言中部分有数量大小意义对立的单音节量度形容词，如深和浅、高和低、大和小、长和短、厚和薄、宽和窄等，可以前加"没是"、"老"、"老么"和"没"等构成"没是 A（B）式、"老（么）A（B）"式和"没 AB 儿"式（A 表示往大里说的量度形容词，B 表示往小里说的量度形容词），以表示程度的加深。在具体方言中，这种生动形式往往存在两种相对立的表义格式。这种用法主要通行于东区。

第一，"老么 A（B）"（或"老 AB"）式与"没 AB 儿"式形成对立。其中"老么 A（B）"（或"老 AB"）式是往大、高、长、深、宽等方面来加深程度，而"没 AB 儿"式则是往小、矮、短、浅、窄等方面来加深程度。通行于东莱区的荣成、牟平、蓬莱、威海等地。例如：

牟平	老 AB	没 AB 儿
	老长短	没长短儿
	老高矮	没高矮儿
	老深浅	没深浅儿
	老宽窄	没宽窄儿
	老粗细	没粗细儿
	老厚薄	没厚薄儿
荣成	老么 A（B）	
	老么深（浅）	没深浅儿
	老么高（矮）	没高矮儿
	老么粗（细）	没粗细儿
	老么宽（窄）	没宽窄儿

老么大（小）

老么长（短）　　　　　没长短儿

　　两种格式都用来表示程度的加深，其中，"老么A（B）"（或"老AB"）式表示的是A的意义加深，有"很A"的意思；"没AB儿"式表示的是B的意义加深，有"很B"的意思。两种格式都可重叠，说成"老么A（B）老么A（B）"和"没AB儿没AB儿"，重叠后表示的程度更深。例如荣成方言就有"老么深（浅）老么深（浅）"、"老么粗（细）老么粗（细）"和"没深浅儿没深浅儿"、"没粗细儿没粗细儿"等说法。

　　第二，"没是A（B）"式与"没AB儿"式形成对立。跟"老么A（B）"式和"没AB儿"式的对立一样，"没是A（B）"式强调的是往大里说的意义，是"很A"的意思；"没AB儿"式强调的是往小里说的意义，是"很B"的意思。在这一对格式中的"没AB儿"式，还可以说成"没B下儿"。主要通行于东潍区的青岛、平度等地。例如：

	没是A（B）	没AB儿	没B下儿
平度	没是长（短）	没长短儿	没短下儿
	没是深（浅）	没深浅儿	没浅下儿
	没是高（矮）	没高矮儿	没浅下儿
	没是厚（薄）	没厚薄儿	

　　在东潍区的即墨，这种对立还往往说成"没是AAB"和"没AAB儿"的格式，有加重语气的作用。意思分别相当于普通话的"真A"和"真B"。例如：

	没是AAB	没AAB儿
	没是高高下	没高高下儿
	没是长长短	没长长短儿
	没是深深浅	没深深浅儿
	没是粗粗细	没粗粗细儿
	没是厚厚薄	
	没是大大小	没大大小儿

　　③刚的A式和楞么A式　山东方言东潍区的诸城一带，形容词A前多加"刚的"构成"刚的A"式以加深程度；而在西齐区的利津等地，形容词前则是加"楞么"构成"楞么A"式来加深程度。例如：

	A	刚的A		A	楞么A
诸城	宽	刚的宽	利津	好	楞么好
	窄	刚的窄		坏	楞么坏
	深	刚的深		香	楞么香
	浅	刚的浅		酸	楞么酸
	肥	刚的肥		凉	楞么凉

瘦	刚的瘦	热	楞么热
白	刚的白	圆油	楞么圆油
黑	刚的黑	零碎	楞么零碎
		瘦巴	楞么瘦巴
		硬棒	楞么硬棒
		风凉	楞么风凉

（2）后缀式　在山东方言中，后缀式是一种用于表示比原形容词程度减轻的组织方式。

①AB式　这种格式是由单音节形容词A后缀上单音节成分B（有时要儿化）构成的，表示了比A弱的程度。这种格式使用区域比较广。例如：

平度　热乎　烂乎　险乎　忙乎　紧巴　累巴　瘦巴　笨巴　干巴
沂水　丑巴　紧乎儿　硬梆儿　酸溜　大发儿　高索　圆乎儿　薄乎儿
金乡　干巴　烂糊　热乎　慢腾

有的方言中后面还需加"的"，例如：

德州　潮乎的　胖乎的　红乎的　稀溜儿的　麻酥儿的　香喷儿的　凉森儿的
临清　甜丝儿的　咸支儿的　辣乎儿的　白生儿的
济宁　圆悠儿的　酸溜儿的　直溜儿的　凉丝儿的

②ABB（的）式　这种格式是由单音节形容词A后缀上叠音成分BB构成的，一般后面也需要加"的"字。表示的程度比A弱，但比AB要强些。在有些地方BB可以儿化说成"AB儿B儿（的）"，表示的程度比"ABB（的）"式更为轻弱。山东各地普遍使用。例如：

	ABB（的）	AB儿B儿（的）
荣成	热乎乎的	热乎儿乎儿的
	慢腾腾的	慢腾儿腾儿的
	懒塌塌的	懒塌儿塌儿的
	凉嗖嗖的	凉嗖儿嗖儿的
	慢吞吞的	慢吞儿吞儿的
	白呲呲的	白呲儿呲儿的
	团溜溜的	团溜儿溜儿的
	紧绷绷的	
	胖嘟嘟的	
	腥嗤嗤的	
	乱哄哄的	
	赖唧唧的	
平度	香喷喷的	香喷儿喷儿的

	苦森森的	苦森儿森儿的
	腥唧唧的	
	硬棒棒的	硬棒儿棒儿的
	涩巴巴的	涩巴儿巴儿的
	臭烘烘的	
	沉乎乎的	沉乎儿乎儿的
沂水	丑巴巴（的）	
		柴棱儿棱儿（的）
		紧乎儿乎儿（的）
	咸唧唧（的）	咸唧儿唧儿（的）
		圆乎儿乎儿（的）
	邪登登（的）	
	鬼溜溜（的）	
	急乎乎（的）	急乎儿乎儿（的）
利津	甜丝丝的	甜丝儿丝儿的
	酸溜溜的	酸溜儿溜儿的
	紧巴巴的	紧巴儿巴儿的
	红禺禺的	红扑儿扑儿的
	白支支的	白刷儿刷儿的
济南	脆生生的	
	紧巴巴的	
	黑黢黢的	
	冷冰冰的	
	急拉拉的	
	直勾勾的	
		凉森森儿的
		咸泽儿泽儿的
		甜丝儿丝儿的
金乡	干巴巴	
	烂糊糊	
	热乎乎	
	慢腾腾	

“AB儿B儿（的）”的格式多含有令人喜爱的感情色彩，所以，含有消极意义或含有令人难受、不满意等意义的形容词，往往不能进入这种格式。

（3）前后复缀式　是指在形容词（也有少数表心理活动的动词）A 或 AB（代表双音节词）前后分别缀加上一定成分的组织方式。山东方言中，这种方式用得比较少，较为典型的是荣成方言的"容么 A 杀（的）"式和"容么 AB（杀）的"式，可表达一种较为和缓的口气，并暗含引起对方认同的意思。例如：

	容么 A 杀（的）	容么 AB（杀）的
荣成	容么俊杀（的）	容么大方（杀）的
	容么脏杀（的）	容么漂亮（杀）的
	容么闷杀（的）	容么洒利（杀）的
	容么精杀（的）	容么秀丽（杀）的
	容么彪杀（的）	容么硌应（杀）的
	容么咸杀（的）	
	容么笑杀（的）	
	容么愁杀（的）	

（4）重叠式

①AA（的）式　在山东方言中，单音节形容词 A 的重叠形式"AA"式有两种类型：一种是可以表示程度加深（有的也可表程度适中）的"AA 的"式，其功能和意义跟普通话的"AA"式基本相同。在句子中常做补语、谓语和定语。例如：

	补语	谓语	定语
沂水	踩得扁扁的	篓子扁扁的	
	吃得胖胖的	个个胖胖的	胖胖的小手
	过得穷穷的	家里穷穷的	
	吃得饱饱儿的	肚子饱饱儿的	
	盛得满满的	屋里满满的	
济南	穿得厚厚的	身体好好儿的	好好儿的一个人，（怎么说病就病了）
	画得大大的		大大的眼睛

一种是不表程度加深的"AA"式，其语法功能和意义与它的非重叠形式 A 是基本一致的。这种用法在山东也比较普遍，像临淄、利津、聊城、沂水、荣成等地的方言中都有。例如："圆圆桌子（圆桌子）"、"方方脸（方脸）"、"个子挺高高（个子很高）"、"竿子短短儿得不能用（竿子短得不能用）"，等等。

②ABB 式　这是一种半重叠形式，是用重叠双音节形容词 AB 中的 B 成分的方式来构成的，有加深 AB 程度的作用。在某些方言中，B 需儿化后再重叠。例如：

	AB	ABB		AB	AB 儿 B 儿的
金乡	干净	干净净	新泰	安稳	安稳儿稳儿的
	老实	老实实		富裕	富裕儿裕儿的

结实	结实实	松快	松快儿快儿的
慌张	慌张张	平顺	平顺儿顺儿的
稳当	稳当当		
孤单	孤单单		
自在	自在在		
欢乐	欢乐乐		
大方	大方方		

③AABB（的）式　这是一种全重叠式，又可分为两种情况：

第一，AB——→AABB（的）。这表示"AABB"式是由双音节形容词 AB 两个音节分别重叠构成的。所表程度比"AB"和"ABB"式都深。例如：

	AB	AABB		AB	AABB 的
金乡	干净	干干净净	济南	马虎	马马虎虎的
	老实	老老实实		地道	地地道道的
	慌张	慌慌张张		皮实	皮皮实实的
	清凉	清清凉凉		做势	做做势势的
	自在	自自在在			

第二，A＋B——→AABB（的）。这表示"AABB"式是由带后缀 B 的双音节形容词 AB 分别重叠两个音节构成的。所表程度比单音节形容词 A 轻，但比带后缀的双音节形容词 AB 要重一些。这种格式使用区域非常广泛。例如：

	AB	AABB		AB	AABB 的
金乡	干巴	干干巴巴	平度	野巴	野野巴巴的
	烂糊	烂烂糊糊		涩巴	涩涩巴巴的
	热乎	热热乎乎			
	慢腾	慢慢腾腾			
德州	斜楞	斜斜楞楞			
	瘪楞	瘪瘪楞楞			

④BABA 式　由带前缀成分 B 的双音节形容词 BA 整体重叠构成的，表示的程度比"BA"式更深。如济南话："锃亮——锃亮锃亮的"、"溜光——溜光溜光的"等，更多例子见上文"前缀式"①中所列。在山东方言中，"BABA"式是表示程度加深用得最为普遍的一种重叠格式。

（5）缀叠混合式　是指把单音节形容词 A 重叠并前缀上表程度的成分 B 的组织方式，可使形容词 A 程度加深。普通话中的单音节形容词重叠为"AA"式表程度加深，前面不能再加表程度的成分；而山东方言的"BAA"式中的"AA"并不表程度加深，所以前面通常可以再加表程度的成分。这种"BAA"式又分为两种情况：

①进入"BAA"式的形容词是一般单音节形容词，且 B 的形式无明显的分布规律。这种用法主要集中在东潍区和西区的部分地区。例如：

沂水	血穷穷	贴陡陡	挺生生	浆浑浑	风快快	绷硬硬	绷紧紧	冰凉凉
	乔臭臭	喷香香	糊烂烂	西甜甜	齁咸咸	焦黄黄	焦酸酸	享远远
	乎黑黑	臻清儿清儿	溜薄儿薄儿	溜滑儿滑儿				
聊城	楞小小	楞长长	楞细细	楞薄薄	溜浅浅	溜窄窄	绷短短	
利津	楞黑黑	挺高高	齁咸咸	溜湿湿	乔苦苦	楞秕秕		
枣庄	黢黑黑	焦黄黄	挣甜甜	滚热热	冰凉凉			

②进入"BAA"式的形容词通常都是有数量大小意义对立的单音节形容词，"BAA"式中 B 的形式会随 A 的意义表"大"表"小"的不同而整齐地分为两种。主要分布于淄川、济南、新泰、潍坊、沂水等部分地区。例如：

沂水	大高高——精矮矮	大宽宽——精窄窄
	大深深——精浅浅	大稀稀——精密密
	大沉沉——精轻轻	大胖胖——精瘦瘦
	大长长——精短短	大粗粗——精细细
	大松松——精紧紧	大远远——精近近
潍坊	大宽宽——溜窄窄	大厚厚——溜薄薄
	大高高——溜矮矮	大长长——溜短短
	大胖胖——溜瘦瘦	大粗粗——溜细细
济南	老深深的——精浅浅的	老粗粗的——精细细的
	老长长的——精短短的	老宽宽的——精窄窄的

在有些地方，能进入这种格式的往小里说的形容词通常都要儿化，构成"BA 儿 A 儿"的形式。例如：

| 潍坊 | 大高高——精矮儿矮儿 | 大厚厚——精薄儿薄儿 |
| | 大粗粗——精细儿细儿 | 大宽宽——精窄儿窄儿 |

(6) 扩展式　扩展式是指用同其他成分组合或中间插入某些成分的方法，扩展一个形容词为多音节结构的组织方式。在山东方言中这种方式常构成一些四个或四个以上音节的固定格式，它们有进一步强化形容词的程度和色彩的作用。例如：

济南	锃明瓦亮的	黑灯瞎火的	顺心如意的	蔫悠不拉的	稀溜咣啷的
即墨	花里胡哨	黑胡乱糟	马里虎戏	楞里巴挣	瘪头约肚
博山	急毛限促ə	急溜绝连ə	脏囊不瞎ə	稀溜懈晃ə
郯城	肮拉八脏	破不烂思	急慌拉忙	急毛火速

总之，用形容词的多种生动形式表示不同的程度差异，在山东方言中是一种非常普遍的现象。与普通话的程度表示形式相比，山东方言所表程度的"级"的区分明显更精细一些。

如果按表示程度的深浅来分析，山东方言形容词（以单音节形容词为例）不同生动形式表示"度"的强弱顺序可排列为（A表示形容词，X表示前加成分，Y表示后加成分，<表示程度弱于）：

$$AY < AYY < AAYY < A < XA < XXA/XAA < XAXA$$

2. 表色彩的

山东方言表示色彩意义的形容词生动形式也很丰富，从其表示的方式来看，有两种形式值得注意。

（1）音变式

①儿化式　在山东方言中，形容词生动形式的儿化不仅可以用来表示程度减弱（如：荣成"热乎乎的——热乎儿乎儿的"），还可以用来增强某种色彩意义。一般来说，儿化形式较之非儿化形式可增加喜爱的感情色彩。例如：

	厌恶色彩（或中性）	喜爱色彩
利津	香喷喷的	香喷儿喷儿的
	甜丝丝的	甜丝儿丝儿的
	酸溜溜的	酸溜儿溜儿的
	紧巴巴的	紧巴儿巴儿的
	红禺禺的	红扑儿扑儿的

但有时儿化与非儿化，改变的是语体色彩意义。比如牟平话中的由"AB"两音节分别儿化构成的"A儿B儿"式，多表示一种轻描淡写的口气，带有明显的口语色彩。例如：

多儿少儿：多儿少儿地给他两个儿。

虎儿马儿：你可别虎儿马儿马马虎虎地不当个事儿！

描儿画儿：他的脸上抹得描儿画儿的。

文儿武儿：今儿这个天把人冻得文儿武儿不知如何是好的。

崩儿星儿：满地崩儿星儿稀稀朗朗地没有几个。

②儿化变调式　这是一种用儿化且改变儿化音节声调的方法来表示色彩意义的方式。比如在金乡方言中，"A拉乎"式的"乎"读阴平 xu^{213}，表示一种贬义的感情色彩，而当"乎"儿化且读作阳平 xur^{42} 时，"A拉乎儿"则表示了一种喜爱的感情色彩。举例如下：

	厌恶色彩（或中性）	喜爱色彩
金乡	涩拉乎 xu^{213}	涩拉乎儿 xur^{42}
	热拉乎 xu^{213}	热拉乎儿 xur^{42}
	奥拉乎 xu^{213}	奥拉乎儿 xur^{42}

又比如临清方言，形容词在儿化和变调以前表示的是中性或贬义色彩，在儿化和变调以后，则表示喜爱的感情色彩。举例如下：

	中性或贬义	喜爱色彩（第二个音节儿化且都读阳平53）
临清	硬梆	硬梆儿

滑溜	滑溜儿
圆悠	圆悠儿
干净	干净儿
大方	大方儿
热闹	热闹儿
甜	甜丝儿
咸	咸支儿
苦	苦溜儿
黑	黑乎儿

（2）后缀式　在山东方言中，后缀式形容词生动形式尽管在程度的表示上通常具有弱化程度的作用，但在感情色彩的表示上却往往具有增强贬义色彩的作用。常见的表贬义色彩的后缀式形容词生动形式主要有以下几种：

①ABC 的式　这种格式是由单音节形容词 A 后缀上一个双音节的成分 BC 构成的，一般都含有厌恶、令人不喜欢的色彩。是山东各地普遍存在的一种格式。例如：

牟平	白次拉的	平铺塌的	咸次拉的	险老叨的	酸唧留的	脏次歪的
荣成	软不家的	善不家的	瘦不家的	胖不出儿的	酸不秧儿的	
沂水	丑巴嗤的	硬巴橛的	酸个吱的	咸嘎唧儿的	邪嘎登的	薄个挣的
淄川	白扯列的	木嘎支的	苦地溜的	瘦嘎芽的	湿乎拉的	甜么索的
新泰	穷不极的	滑不极的	酸不极的	咸不极的	红不迟的	灰不迟的
济南	酸不唠的	苦不唠的	咸不唠的	咸格当的	甜么索的	
德州	黄唧了的	笨蚩咧的	热古丢的	滑出离的	赖不唧儿的	蔫不唧儿的

②ABCD（的）式　是由单音节形容词 A 后缀上一个三音节的成分 BCD 构成的。这种格式比"ABC"式表示轻贱、厌恶的色彩更浓。例如：

牟平	彪不愣登	笨不拉唧	粗不溜丢	灰不溜秋	
荣成	黑不溜丢儿的	稀不唧当的	热不噜吐的	细不愣挣儿的	
沂水	丑巴拉唧的	红嘎拉唧的	灰不溜秋的	咸不拉唧的	
济南	生不拉唠的	苦不溜丢的	软而格唠的	花里胡哨的	圆鼓轮墩	破七撩烂的
	懈拉吭当的	胡而马约的	黑不溜秋的			
金乡	拼儿呱叽	飘儿呱叽	愣儿呱叽	晕儿呱叽	
新泰	傻而呱叽	嘲而呱叽	软由呱叽	酸溜呱叽	

但也不是所有后缀式形式都增强厌恶的感情色彩，例如新泰话中的"A 大拉乎儿的"式。这种格式是由表示消极意义的单音节形容词 A 后加"大拉乎儿的"构成的，它能降低A 的消极程度，产生不过于令人厌恶的色彩，其厌恶感比 A 要轻，有"稍微 A 一点儿"的意思。例如：臭大拉乎儿的稍微臭了一点儿、苦大拉乎儿的稍微苦了一点儿、酸大拉乎儿的稍微酸了

一点儿、穷大拉乎儿的稍微穷了一点儿，等等。

（3）插入式　是指在前缀式双音节形容词生动形式"BA"中间插入某些特定的成分，构成一个多音节结构的组织方式。由这种方式构成的结构往往也都带有贬义色彩。例如：

金乡　　焦巴子干　稀巴子松　溜巴子酸　烘巴子臭　冰巴子凉　崩巴子硬

　　　　焦巴溜溜干　吼巴溜溜咸　须巴溜溜青　悲巴溜溜苦

枣庄　　黢不黑　煞不白　焦不黄　血不酸　挣不甜　苦不辣　滚不热

　　　　黢不子黑　煞不子白　焦不子黄　血不子酸　挣不子甜　苦不子辣　滚不子热

3．表声音、动态、性状的

（1）一AA式　这类生动形式中的"AA"多是象声词，主要用于描摹声音、性状和情景。是一种流行于东莱区的烟台、蓬莱、龙口、牟平、海阳、栖霞、荣成、文登、乳山等地的说法。例如：

牟平　　一趪趪的——形容车水马龙的样子。

　　　　一突突的——形容马达声持续不断。

　　　　一闹闹的——形容吵闹声。

　　　　一溜溜的——形容紧跟的样子。

　　　　一剌剌的——形容气流、声音等持续不断。

　　　　一飕飕的——形容风声。

　　　　一嘎嘎的——形容笑声等。

　　　　一哄哄的——形容轰鸣声等。

　　　　一哗哗的——形容水流声。

　　　　一哇哇的——形容下雨声等。

　　　　一呼呼的——形容热气、怒气等。

这种形式在句子中主要做谓语、状语、补语。例如：

荣成　　一哈哈：她笑得一哈哈的。（形容人的笑声）

　　　　　　　　他几个一听说，一哈哈地就跑过去了。（人急速向前的样子）

　　　　一沱沱：道儿上的人一沱沱的。（人流接连不断，迅速前行的情景）

　　　　　　　　一连下了好几天雨，道儿上的水现今儿还一沱沱的。（水流涓涓的样子）

　　　　一嘟嘟：车一嘟嘟地开走了。（车声、哨声不断）

　　　　　　　　他一嘟嘟地跟着他爹走了。（人急速行走的样子）

（2）ABAB的式　　"AB"大多是动词，重叠后加"的"转为形容词性质，用来描写动态。例如：

济南　　拐拉拐拉的　踮拉踮拉的　不呕不呕的　铺嚓铺嚓的

　　　　做势做势的　眨巴眨巴的　挤巴挤巴的　搐搭搐搭的

（3）AABB的式　　是由双音节形容词、动词、名词、副词或象声词等的两个音节分别重叠后加“的”构成的，多用来描写动态、性状、情景或声音等情形。此格式在山东流行比较广。下面仅以济南话为例：

形容词　窄窄巴巴的　腻腻外外的　贫贫气气的　皮皮实实的　急急火火的　迂迂磨磨的　蓑蓑衣衣的

动　词　鼓鼓捣捣的　拉拉扯扯的　咋咋唬唬的　支支生生的　呲呲打打的　骨骨搐搐的　二二思思的

名　词　旮旮旯旯的　半半青青的　乞乞症症的　肉肉头头的　里里外外的

副　词　凑凑付付的　好好歹歹的　二二乎乎的

象声词　吱吱呐呐的　铺铺嚓嚓的

二　几种表示特定语义的句法结构

1. “V/A人”结构

这种结构普通话中也有，如：“吓人”、“馋人”等，但在山东方言中它的数量和使用都比普通话多。

(1)“V/A人”结构的组成　从结构的角度看，“V/A人”结构都是由“人”做宾语的动宾短语，但担当这一结构的动语的成分并不只是动词，形容词也可以，整个结构常作为一个固定的语言单位来使用。

①动词V+人　例如：

荣成　磨人　颠人　叮人　闹人　烙人　勒人　挤人　揪人　塞人　杀人
　　　晒人　刮人　灌人　齁人　咬人　压人　烤人　愚弄人　囚么人

莱州　恨人　气人　想人　怕人　愁人　惊人　欢喜人　烦气人

济南　吓人　烦人　气人　恨人　怄人

②形容词A+人　例如：

荣成　乏人　辣人　香人　痒人　龌龊人　醒么人

莱州　羞人　疼人　馋人　累人　急人　窝囊人　急躁人

(2)“V/A人”结构的语法意义　从意义的角度看，“V/A人”结构不同于一般的动宾结构，它是一种使动用法，具有其特定的语法意义，即：用来表示人的某种感受和心理状态，有“使人觉得怎么样”的意思。多是用来描述一种人们难以忍受或不愿忍受的感受，常含有贬义色彩。以荣成话为例：

把人：因事物等缠身而叫人不痛快。

憋人：让人觉得憋闷得慌。

叮人：蚊虫等叮咬而使人不舒服。

塞人：使人觉得过于拥挤。

胀人：使人觉得发胀。

痒人：使人觉得痒。

醒么人：让人觉得无聊烦闷。

囚么人：因病魔等缠身或长期呆在某地而让人感觉厌烦。

（3）"V/A 人"结构的语法功能　从功能的角度看，"V/A 人"结构属于形容词性短语。其语法特点主要有：

①前面能受程度副词的修饰，表示程度的加深或语气的加重。例如：

济南　　楞吓人　真烦人　楞气人　楞急人

荣成　　挺香人　真昏人　挺醒么人　容么香人的

②在句中可做谓语。例如：

荣成　　你儿郎真愿人_{羡慕}，这么小就考上大学了。

　　　　手痒人了，我来玩几把！

③在句子中可做补语。例如：

济南　　他们不停地闹，吵得烦人。

　　　　这条道儿黑得楞吓人。

2．"V＋不了/不完＋的 V"结构

"V＋不了/不完＋的 V"结构是流行于山东牟平、荣成、莱州、龙口、济南、博山等地的一种说法。虽然因能进入这一结构的动词不多，它的生成能力受到一定的限制，但由于进入这一结构的动词多为日常生活中吃、穿、住、用等方面的词，所以它的使用频率还是比较高的。

（1）"V＋不了/不完＋的 V"结构的语法意义　在山东方言中，常用"V＋不了/不完＋的 V"结构表示数量多，意思是"某些东西、事物非常多，V 也 V 不完"，本身含有夸张的意味。例如：

牟平　　衣裳穿不了的穿。_{衣服很多，穿也穿不完。}

　　　　些熊事儿管不了的管。_{令人讨厌的事儿很多，管也管不完。}

　　　　地里的活儿忙活不了的忙活。_{地里的活儿很多，忙也忙不完。}

莱州　　衣服多得穿不完的穿。_{衣服多得怎么穿也穿不完。}

　　　　房子多得住不了的住。_{房子多得怎么住也住不满。}

（2）"V＋不了/不完＋的 V"结构的语法功能　"V＋不了/不完＋的 V"结构的内部组合比较紧密，在句子中一般都是作为一个整体来使用的，而且通常是单独来充当某一句子成分，前边也不再带其他修饰成分。具体用法有：

①在句子中常做谓语。例如：

龙口　　馇馇逮不了的逮。_{馇馇很多，吃也吃不完。}

　　　　活儿管不了的管。_{活儿很多，做也做不完。}

济南　　咱家买的煤烧不了的烧。_{咱家买的煤很多，烧也烧不完。}

　　　　他家钱花不了的花。_{他家钱很多，花也花不完。}

②在句子中常做补语。例如：

莱州　粮食多得吃不完的吃。粮食多得怎么吃也吃不完。

　　　草多得烧不完的烧。草多得怎么烧也烧不完。

龙口　屋子里乱得拾掇不了的拾掇。屋里乱得怎么收拾也收拾不完。

　　　亲戚多得走动不了的走动。亲戚多得怎么来往也来往不完。

牟平　钱多得花不了的花。钱多得怎么花也花不完。

　　　好东西多得用不了的用。好东西多得怎么用也用不完。

3."V 不出个好 V(儿)来"和"还能 V 出个好 V(儿)来"结构

"V 不出个好 V(儿)来"和"还能 V 出个好 V(儿)来"结构都是流行于山东方言东区牟平、龙口、莱州、平度、沂水等地的一种说法。两种结构所表示的意义基本一致。

(1) 语义特点　从语法意义的角度来看，两种结构都表示了"因能力、水平、条件等差，V 不好或不会 V 好"的意思，而且都含有信不过或看不起的口吻；但"还能 V 出个好 V(儿)来"是一种表反问语气的结构，所以，它所表示的否定意味比"V 不出个好 V(儿)来"更重。例如：

"V 不出个好 V(儿)来"结构

莱州　他这样不听话，弄不出个好弄来。(……弄不好的)

　　　干不出个好干来。(干不好的)

　　　他能开拖拉机？开不出个好开来。(开不好的)

龙口　他弄不出个好弄儿来。

　　　他耍不出个好耍儿来。(玩儿不好的)

沂水　有好衣裳也叫他穿不出个好穿来。(……也叫他穿不好)

　　　这个事儿叫他弄不出个好弄来。(……叫他不会弄好的)

"还能 V 出个好 V(儿)来"结构

沂水　这个事儿叫他还能弄出个好弄来了？(……叫他肯定弄不好)

　　　有好衣裳叫他还能穿出个好穿来了？(……叫他肯定穿不好)

(2) 语法功能特点　"V 不出个好 V(儿)来"和"还能 V 出个好 V(儿)来"两个结构的内部组合都比较紧，在句子中一般都是作为一个整体结构来担当谓语成分(或主谓谓语句的小谓语)，结构中间不能插进其他词语，但前面通常都会有一定的副词或介词短语来加以限制。例如：

平度　好酒他也喝不出个好喝来。

　　　好衣裳他也穿不出个好穿来，一会儿就弄脏了。

　　　他干营生管价从来干不出个好干来。

　　　他们在一块儿闹不出个好闹来。

　　　他们在一块儿还能闹出个好闹来？

　　　好东西他也吃不出个好吃来。

好东西他还能吃出个好吃来？

（3）语用特点 "V不出个好V（儿）来"结构和"还能V出个好V（儿）来"结构的语用价值是不同的，它们在语言运用中表示了不同的语气，其出现语境呈明显的互补分布，即："V不出个好V（儿）来"结构用于陈述句，"还能V出个好V（儿）来"结构用于疑问句，且表示反问语气。例如：

陈述句	疑问句（反问）
V不出个好V（儿）来	还能V出个好V（儿）来

	陈述句 V不出个好V（儿）来	疑问句（反问） 还能V出个好V（儿）来
沂水	有好衣裳也叫他穿不出个好穿来。	有好衣裳叫他还能穿出个好穿来了？
	这个事儿叫他弄不出个好弄来。	这个事儿叫他还能弄出个好弄来了？
平度	他们在一块儿闹不出个好闹来。	他们在一块儿还能闹出个好闹来？
	好东西他也吃不出个好吃来。	好东西他还能吃出个好吃来？

另外，在牟平等地，这组结构常说成"V不出来个好V儿"和"还能V出来个好V儿"。例如：

陈述句中的"V不出来个好V儿"结构

他吃不出来个好吃儿。

弄不出来个好弄儿。

掇弄不出来个好掇弄儿。

疑问句（反问）中的"还能V出来个好V儿"结构

他还能吃出来个好吃儿？

他还能做出来个好做儿？

就凭你乜点儿本事，还能办弄出来个好办弄儿？

4."可不＋V儿/A儿＋去了/啦"结构

这种格式常见于山东方言东莱区的牟平、龙口等地。

（1）语义特点 "可不＋V儿/A儿＋去了/啦"结构表示的是肯定意义，"可不"与表示否定的"不"并没有关系，相反的，它在结构中恰恰是用来加强肯定语气的，整个结构表示的是"可怎么样了"的意思。例如：

牟平	他可不有钱儿去了！他可有钱啦！
	他可不能唱儿去了！他可能唱啦！
	她可不小心眼儿去了！她可小心眼儿啦！
	她汉子可不年轻儿去了！她丈夫可年轻啦！
龙口	他闺娘可不俊儿去啦！他闺女可俊啦！
	这屋子可不脏儿去啦！这屋子可脏啦！

（2）语法功能特点 "可不＋V儿/A儿＋去了/啦"结构由三部分组成，前面的"可不"是一个单位，结合紧密，不可拆开；中间的谓词性成分，可以由动词或形容词的儿化形

式来担当；最后的"去了/啦"是一个与"可不"相呼应来表示语气的特殊语法形式。在语言运用中，由这三部分构成的"可不＋V儿/A儿＋去了/啦"结构的紧密性并不是很强，内部常可插入其他的词语，具体可表现为两种情况：

①"可不＋能愿动词＋V儿＋去了/啦"。"可不＋V儿/A儿＋去了/啦"结构中的谓词性成分如果是一个动作动词，它的前面一定要加能愿动词；如果是非动作动词或形容词，则可以不加。例如：

牟平　　他可不能唱儿去了！

　　　　这个人儿可不能算计儿去了！

龙口　　他可不能跑儿去啦！

　　　　你可不能挑儿去啦！

②"可不＋V＋N儿＋去了/啦"。"可不＋V儿/A儿＋去了/啦"结构中的动词V如果是及物动词，后面则可以带名词宾语，这时，动词不再儿化，而改由后面的名词儿化。例如：

牟平　　她汉子可不爱嘞嘞酒儿去了！

　　　　人家孩子可不知道好歹儿去了！

（3）语用特点　　"可不＋V儿/A儿＋去了/啦"结构的语用特点在于，它用"可不…去了/啦"的形式表达了对"V儿/A儿"的感叹，与"真怎么样"的语气相当。在语言交际中，只用于感叹句。例句如上。

5．"有了（助词）＋A＋咧/啦（语气词）"结构

在普通话中，"有"作为表存在的动词，通常带的都是名词性宾语，"有了＋N"则是表示从没有N事物到有N事物的变化；而在山东方言中，"有了"后面则可以带由表示性质的形容词来充当的谓词性宾语，这时"有了"不只是能表示某人或事物具有了某种性质或感受，更重要的是能用来强调、加深这种性质或感受。具体特点如下：

（1）语义特点　　"有了（助词）＋A＋咧/啦（语气词）"结构，在山东方言中是一种用来强调程度深的语言表达方式，它所表示的意义相当于普通话的"多么A啊"、"太A啦"。例如：

新泰　　这天有了热咧！这天多么热啊！

　　　　这花有了好看咧！这花儿多么好看啊！

　　　　那个人有了坏咧！那个人多么坏啊！

　　　　叫蜂蜇着有了疼咧！让蜂蜇着太疼啦！

龙口　　乜房子有了宽头啦！那房子多么宽啊！

　　　　这山道有了难走啦！这山道太难走啦！

（2）语法功能特点　　"有了（助词）＋A＋咧/啦（语气词）"结构，在句子中，通常都是作为一个整体来充当句子成分的。其特点具体如下：

①在句中做谓语，前面一般不受其他成分修饰。例如：

新泰　　他有了难过咧！

儿子考上了大学，他有了欢气高兴咧！

雷锋有了伟大咧！

②在句子中做补语。例如：

新泰　　他起得有了早咧，每天早晨四点就起床！

龙口　　二哥跑得有了快啦！

（3）语用特点　　"有了 (助词)＋A＋咧/啦 (语气词)"结构，同前面提到的"可不＋V 儿/A 儿＋去了/啦"结构有着相同的使用环境，也是只用于感叹句。但两者并不完全相同：前者是对"A"所达程度之深、之高的感叹，而后者只是对"V/A"所达程度的感叹，前者比后者感叹语气要重。例如：

龙口　　他闺娘可不俊儿去啦！(相当于"真俊啊！")

　　　　这闺娘有了俊啦！(相当于"多么俊啊！")

6．山东方言特殊结构的东西区差异

山东方言中，像以上这种形式固定，且有着特殊语义、语用价值的结构很多，但从总的分布来看，东区多于西区。东西区的这些结构，在结构形式、语义表达以及用法等方面都存在着明显差异，归结起来主要有以下两个方面：

（1）结构的复杂性和凝练性不同　　比较而言，东区特殊结构的复杂程度和凝练程度都高于西区。东区的这些结构多是由一些较为复杂的谓词性短语凝练而成的，它们内部的构成成分通常较为确定。所以，在东区，它们的作用更像一个语言单位，具体的搭配、出现环境和用法都相对较为固定；而西区的这种结构，多是由一定的副词、语气词添加在某些短语的特定位置上来构成的，一般内部的组织成分都相对灵活一些。

（2）语义的确定性和特殊性不同　　东区的特殊结构往往都能表示一种比较具体和确定的意义，这些含义虽说在普通话中都有相应的表述方式，但同普通话的结构差别都比较大，而且含义中常带有某些特殊的色彩意义和语用价值。如"可不＋V 儿/A 儿＋去了/啦"结构。相比之下，西区中所表示的意义就比较抽象，同普通话里与之相对应的结构及其含义的差别也比较小。

三　中补结构

山东方言的中补结构，在组成成分、结构形式等方面都与普通话有明显不同。尤其是在可能补语、处所补语、程度补语等类型上，这些不同表现得更为突出。

1．可能补语

从组成和结构来看，普通话带可能补语的中补结构可分为两种格式：一是"动词＋得＋补语"，可记作"V 得 C"。其否定形式和反复疑问形式分别为"V 不 C"、"V 得 CV 不 C"(也可用 "V 得 C 吗")。如："吃得饱——吃不饱——吃得饱吃不饱"、"出得来——出不来——出得来出不来/出得来吗"、"去得了 liɑu²¹⁴——去不了——去得了去不了/去得了吗"。二是

"动词＋得"，可记作"V 得"。其否定形式和反复疑问形式分别为"V 不得"、"V 得 V 不得"。如："吃得——吃不得——吃得吃不得"、"晒得——晒不得——晒得晒不得"。

　　山东方言可能补语的表示方法与普通话差别较大，这可以从以下两个方面来分析：

　　（1）普通话的"V 得"、"V 不得"、"V 得 V 不得"，在山东方言中除极少数地区（如聊城、龙口、莱州等）的肯定式、否定式能如普通话一样说成"V 得"、"V 不得"外，大部分地区都是在动词前加助动词"能"说成"能 V"、"不能 V"和"能不能 V"。列表举例如下：

普通话	肯定式		否定式		疑问式
	V 得		V 不得		V 得 V 不得
山东方言	V 得	能 V	V 不得	不能 V	能 V 不(能 V)/能不能 V
聊城	说得喽 穿得喽 办得喽 喝得喽 交得喽 卖得喽		说不得 穿不得 办不得 喝不得 交不得 卖不得		能不能说 能不能穿 能不能办 能不能喝 能不能交 能不能卖
临沂		能去 能说		不能去 不能说	
济南		能吃 能看 能说		不能吃 不能看 不能说	能不能吃 能不能看 能不能说
博山		能骑 能吃		不能骑 不能吃	能骑ə不 能吃ə不
即墨		能骑 能说		不能骑 不能说	能不能骑 能不能说
莱州		能吃 能说 能去	吃不的 说不的 去不的 马虎不的 大意不的	不能吃 不能说 不能去 不能马虎 不能大意	能吃不能吃/能不能吃 能说不能说/能不能说 能去不能去/能不能去
烟台		能说 能吃		不能说 不能吃 不能小看了	能不能说 能不能吃

在"V 得/V 不得"、"能 V/不能 V"两式并用的方言中，用"V 得/V 不得"式比用"能 V/不能 V"式的语气要重。

（2）普通话的"V 得 C"、"V 不 C"、"V 得 CV 不 C"（或"V 得 C 吗"），除否定式山东方言与它的说法相同外，肯定式和疑问式山东方言都有多种说法能与它相对应。

①肯定式　山东方言中与普通话"V 得 C"式意思相对应的格式主要有四种："能 VC"式、"V 得 C"式、"VC 了"式和"V 了"式。

第一，"能 VC"式。在山东方言中，"能 VC"式的使用区域最广，诸如东区的荣成、牟平、烟台、蓬莱、莱州、平度、即墨、青岛、潍坊、寿光等地，西区的宁津、德州、济南、博山、泰安、新泰、临沂、枣庄、曲阜、济宁、菏泽、东明、东平等地，都有这种说法。例如：

	山东方言	普通话		山东方言	普通话
莱州	能吃饱	吃得饱	即墨	能看见	看得见
	能听清	听得清		能上去	上得去
	能出来	出得来		能找到	找得到
	能进去	进得去		能说清	说得清
沂水	能买起	买得起	博山	能吃了	吃得了
	能搬动	搬得动		能上去	上得去
	能忙活完	忙活得完		能说清楚	说得清楚

第二，"V 得 C"式。"V 得 C"式在山东主要通行于东部的荣成、牟平、烟台、莱州、青岛和中北部的潍坊、寿光、济南、利津、无棣等地以及鲁西南的曲阜、济宁等少数地区。用法和意义与普通话的"V 得 C"式相同，但相应的疑问形式与普通话不同（详见下文"②疑问式"）。

第三，"VC 了"式。"VC 了"式的使用范围非常广，在山东东、西两区中都有，但相比之下，西区运用更为普遍。与普通话的"V 得 C"式比较，山东方言的"VC 了"式在结构上有以下特点：

a. 山东方言的"VC 了"式不是在动词和补语之间加"得"，而是在整个动补结构后面加"了"。这里的"了"在山东各地都与助词性质的"了₁"读音一致，比如聊城话"VC 了"的"了"读为 ləu˙（助词）不读 la˙（语气词），德州话"VC 了"的"了"读为 liou˙（助词）不读 lia˙（语气词），利津话"VC 了"的"了"读为 li˙（助词）不读 lɑ˙（语气词），潍坊、新泰、济南、郓城等地"VC 了"的"了"读为 lɔ˙（助词）不读 lə˙/lie˙/lia˙/la˙（语气词），等等。举例如下：

	山东方言	普通话
聊城	他考上喽。	他考得上。
	彩电他买起喽。	彩电他买得起。
	小苗出来喽。	小苗出得来。

德州	他干完溜。	他干得完。
	这根木头我扛起来溜。	这根木头我扛得起来。
	他今天来了溜。	他今天来得了。
郓城	这些东西拿动了。	这些东西拿得动。
	他看见了。	他看得见。
	我拿了了。	我拿得了。
新泰	他上去唠。	他上得去。
	我说清唠。	我说得清。
利津	他上去哩。	他上得去。
	这些书我拿动哩。	这些书我拿得动。

如果"VC 了"式中的"了"读成语气词的"了$_2$"，"VC 了"式中的补语就不是可能补语而是结果补语了。比较如下：

	VC 了$_1$	VC 了$_2$
聊城	他考上喽考得上。	他考上啦考上了。
德州	这些活儿他干完溜干得完。	这些活儿他干完俩干完了。
潍坊	那个山恁都上不去，他上去了上得去。	那个山我没上去，他上去了上去了。

b. 普通话的"V 得 C"式带宾语时，宾语需置于整个结构之后，即"V 得 C+宾语"；而山东方言的"VC 了"式带宾语，宾语则是插入结构之中，置于"C"和"了"之间，即"VC+宾语+了"。但否定式的宾语位置与普通话相同，即都是"V 不 C+宾语"。例如：

	肯定式		否定式
	山东方言	普通话	山东方言/普通话
聊城	他买起彩电喽。	他买得起彩电。	买不起彩电
	他挑动水喽。	他挑得动水。	挑不动水
郓城	我看见字了。	我看得见字。	看不见字
	他学会开车了。	他学得会开车。	学不会开车
	我拿了这些东西了。	我拿得了这些东西。	拿不了这些东西
利津	我拿动这些书哩。	我拿得动这些书。	拿不动这些书
	我看清这个字哩。	我看得清这个字。	看不清这个字

第四，"V 了"式。"V 了"式是山东方言"VC 了"式中的"V 了了"（如"吃了溜"）意义的一种省略说法，是省去补语"了"而得来的。意思相当于普通话的"V 得了"。举例如下：

	V 了了	V 了
郓城	这活我一个人干了了。	这活我一个人干了。
	这碗米饭他吃了了。	这碗米饭他吃了。

曲阜	三个馍馍吃了了。	三个馍馍吃了。
济南	这一大篮子菜我拿了唠。	这一大篮子菜我拿唠。
临清	你拿了唠吧？	你拿唠吧？

在山东方言中，同其他"VC 了"式一样，"V 了了"式带宾语，宾语都要置于两个"了"之间。如："他吃了三碗米饭。（他吃得了三碗米饭。）"但"V 了"式要带宾语，山东方言则有两种情况：一是宾语放在"了"之前，如："二爷爷吃得了三碗米饭"，郓城话说"二爷爷吃三碗米饭了"；二是宾语放在"了"之后，如："我吃得了三个馒头"，寿光话说"我吃了仨馒头"（"了"前动词要重读，并拉长音长）。

在山东方言中并不是所有能说"VC 了"的地区，都同时有这两种说法。比如德州方言一定要说"V 了了"，而聊城方言则只用"V 了"。例如：

	V 了了	V 了
德州	他吃了溜。	
	我来了溜。	
聊城		他今天来喽。他今天来得了。
		这件事他办喽。这件事他办得了。
		半斤酒他喝喽。半斤酒他喝得了。
		你这病好喽。这病好得了。
		天晴喽。天晴得了。

值得注意的是，表示可能的"V 了"式中的"了"是"了$_1$"，如果读成"了2"则是表已然不表可能。比较如下：

聊城	他今天来喽。——表可能："他今天来得了。"
	他今天来啦。——表已然："他今天来了。"

在山东方言中，以上四种格式的分布常有交叉，而且大多数情况都是同一地区同时存在几种说法。大致分布情况见下表：

普通话	V 得 C			V 得了
山东方言	能 VC	V 得 C	VC 了	V 了
荣成	能上去	上得去		
牟平	能上去	上得去		
蓬莱	能上去		上去了	
龙口	能上去	上得去	拿动了	喝了
莱州	能上去		吃饱了	
平度	能上去		看见了	
即墨	能上去			

续表

普通话	V 得 C			V 得了
山东方言	能 VC	V 得 C	VC 了	V 了
诸城	能上去		上去了	
沂水	能搬动		搬动了	
寿光	能上去	上得去	上去了	
利津		看得清	上去哩	
无棣		上得去	上去溜	
德州	能上去		拿动溜	
济南	能拿动	拿的动	拿动了	
博山	能上去			
新泰	能上去		看见了	
临沂	能搬动		说清了	
曲阜	能上去	上得去	上去了	吃了
金乡			看清喽	
菏泽	能上去		上去了	
郓城			看见了	干了
聊城			买起喽	来喽
临清			上去唠	拿唠

②疑问式　山东方言中与普通话"V 得 C"式的疑问式"V 得 CV 不 C"（或"V 得 C 吗"）意思相当的提问方式也有多种形式，而且在方言内部不同地区形式上也有较大差异。列表比较如下：

山东方言			普通话
疑问格式	方言点举例	例句	V 得 CV 不 C / V 得 C 吗
不能 VC 了	荣成	不能走动了？	走得动走不动/走得动吗
是 V 不 C	牟平	是走不动？	走得动走不动/走得动吗
V 不 V 得 C	烟台	走不走得动？	走得动走不动
	莱州	走不走的动？	走得动走不动
V 得 CV 不 C	沂水	买得起买不起？	买得起买不起/买得起吗
	利津	走得动走不动？	走得动走不动

续表

山东方言			普通话	
疑问格式	方言点举例	例句	V 得 C V 不 C /	V 得 C 吗
VCV 不 C（+语气词）	潍坊	搬动搬不动？	搬得动搬不动/	搬得动吗
	临朐	走动走不动？	走得动走不动/	走得动吗
	临沂	走动走不动？	走得动走不动	
	无棣	走动走不动？	走得动走不动	
	德州	吃了吃不了啊？	吃得了吃不了/	吃得了吗
VC 了不	泰安	上去唠不？	上得去上不去/	上得去吗
	聊城	写完喽不？	写得完写不完/	写得完吗
VC 溜（啊）吧	临朐	拿动溜啊吧？	拿得动拿不动/	拿得动吗
	德州	搬动溜吧？	搬得动搬不动/	搬得动吗
	临清	走动唠吧？	走得动走不动/	走得动吗

2. 处所补语

普通话处所补语的表示方法，是在谓语动词之后接由介词"在"、"到"等组成的介词短语，而山东方言表示处所补语则常用以下特殊方式。

（1）V+处所词语式　不用介词，而是直接把处所词语加在动词后面做补语，这时动词往往说得比较重、比较长。这种表示方法常见于济南、泰安、平度、莱州、青岛等地。例如：

	山东方言	普通话
青岛	搁桌子上吧！	搁在桌子上吧！
	洒地下了。	洒在地上了。
	抹身上了。	抹在身上了。
	跳黄河也洗不清。	跳到黄河也洗不清。
莱州	把书放桌子上。	把书放在桌子上。
	他一直把我送村头上。	他一直把我送到村头。
	把粮食放瓮来。	把粮食放到瓮里。
平度	把饭端哪来？	把饭端到哪里？
	把鸡蛋打碗来。	把鸡蛋打在碗里。
	把车开操场上。	把车开到操场上。

如果要在处所补语结构中放进动作的受事成分，普通话通常是在动词前用介词"把"将

其引入，而在山东方言"V＋处所词语"的中补结构中，除可以在动词前用"把"引进外，还可以直接把受事成分放在动词和处所词语之间。例如：

平　度		普通话
把他推地上。	推他地下。	把他推到地上。
把他锁屋来。	锁他屋来。	把他锁在屋里。
把他关门外来。	关他门外来。	把他关在门外。

　　（2）V＋了＋处所词语式　用介词"了"引进处所词语构成介词短语做补语。"了"的读音与方言中"了₁"相同，意义与普通话的介词"在"、"到"相同。这种方式多见于龙口、即墨、潍坊、寿光、沂水、新泰、临清、聊城、郓城等地的方言。例如：

	山东方言	普通话
龙口（了 lə˙）	爬了仰墙上。	爬到顶棚上。
	写了黑板上。	写在黑板上。
	走了死胡同里。	走到死胡同里。
潍坊（了 lə˙）	掉了地上了。	掉在地上了。
	跑了家里来了。	跑到家里来了。
	你搁了哪里？	你搁到哪里了？
临清（了 lɔ˙）	扔唠房顶上。	扔到房顶上。
	跑唠聊城去买书。	跑到聊城去买书。
	躺唠床底下。	躺在床底下。
聊城（了 ləu˙）	拿喽屋里。	拿到屋里。
	放喽桌子上。	放在桌子上。
	住喽庄儿东头。	住在村庄东头。
郓城（了 lɔ˙）	那几张画贴了墙上啦。	那几张画贴在墙上了。
	酒瓶子放了桌子底下不保险。	酒瓶子放在桌子底下不保险。
	我送二爷爷送了家前。	我送二爷爷送到村前。

　　在山东方言的"V＋了＋处所词语"结构中，其受事宾语成分通常可以放在两个位置：一是把受事宾语成分放在介词"了"和处所词语之间，这种位置的宾语成分一般是由单音节的人称代词充当，常读轻声，整个结构强调的一般是补语成分。例如：

	山东方言	普通话
郓城	二爷爷我送了他家前。	二爷爷，我把他送到村前。
	酒瓶子，我搁了它桌子底下啦。	酒瓶子，我把它搁在桌子底下了。
临清	扔唠它屋顶儿上。	把它扔到屋顶上。
	锁唠您屋里。	把您锁在屋里。
	挡唠我门外头。	把我挡在门外。

二是把受事宾语成分放在处所词语后面，这种位置的宾语一般是由名词性成分充当，整个结构强调的一般是宾语成分。例如：

	山东方言	普通话
临清	弄唠嘴里沙啦。	沙子弄到嘴里了。
	洒唠地下水啦。	水洒在地上了。
	沾唠身上灰啦。	灰沾在身上了。
	派唠临清俩人来。	派俩人到临清来。

（3）Ｖ儿＋处所词语式　不用介词，而是直接把处所词语加在儿化的动词后面做补语，动词儿化后含有了"到、在"的意义。这种用法多见于东莱区的威海、荣成、文登、牟平、海阳、烟台等地。例如：

	山东方言	普通话
荣成	笔掉儿地下去了。	笔掉到地上了。
	搁儿柜里放着。	搁在柜子里放着。
	他装儿布兜里了。	他装在布兜里了。
	你躲儿一边去。	你躲到一边去。
烟台	稳儿桌子上！	放到桌子上吧！
	鸡跑儿家去了。	鸡跑到家里去了。
	暖和暖和上儿炕了。	暖和暖和上到炕上了。
牟平	稳儿炕上吧！	放在炕上吧！
	不知道放儿哪里好。	不知道放在哪里好。
	送儿墙头上。	送到墙头上。
	挂儿哪场儿？	挂在哪个地方？

3．程度补语

山东方言表示程度补语有多种特殊组合形式。主要的有以下几种：

（1）Ａ＋着货（的）式　在形容词后面加上"着货的"表示程度加强。例如：

临清	好着货的哩　　红着货的哩　　大着货的哩
济南	这东西他家里多着货来！
	这车子走起来快着货来！
	这孩子难调教着货来！

这种格式，在有的地区也说成"Ａ＋子货哩"或"Ａ＋着哩"。例如：

聊城	好子货哩　　粗心子货哩　　高兴子货哩
菏泽	好着哩　　大着哩

（2）Ｖ＋的伤/的慌式　在动词后面加上"的伤"（"的慌"）以表示那种不快的心理状态或感觉其程度非常深。例如：

济南	气的慌	阿的慌	憋的慌	使累的慌
	冻的伤	热的伤	痒的伤	心疼的伤
新泰	饿的慌	热的慌	气的慌	疼的慌　乱的慌

（3）A＋喽＋去啦式　在形容词后面加上"去啦"表示程度加深。例如：

聊城　好喽去啦　　高喽去啦　　难过喽去啦

"喽"位置上的成分常常脱落，说成"A＋○＋去啦"。例如：

临清　大○去啦　　多○去啦　　好○去啦

（4）V/A＋得＋给啥样式　在动词或形容词后面加上"给啥样"表示程度加深。例如：

金乡　我遭天累得给啥样整天累得不得了。

　　　一听考上学啦，喜得他给啥样高兴得他不得了。

　　　她跑前跑后，慌慌得给啥样忙活得不得了。

　　　他娘想他想得给啥样。

这种格式，在有的地区也说成"V/A＋的＋和什么样"（"和"读轻声）。例如：

莱州	喜欢的和什么样	渴的和什么样
	便宜的和什么样	饿的和什么样
	难过的和什么样	累的和什么样
	老实的和什么样	

第四节　句　式

一　比　较　句

山东方言的比较句除具有普通话比较句的一般格式外，还有几种组成成分、结构方式都不同于普通话的特殊格式。

1."N_1＋VP＋起/的/似＋N_2"式

"N_1＋VP＋起/的/似＋N_2"式所表意义与普通话的"N_1＋比＋N_2＋VP"式相当，但在句法结构上却与普通话有很大不同。归结起来主要有三个方面：一是语序不同。普通话的比较句"N_1＋比＋N_2＋VP"式，是把介词放在比较体 N_1 和 N_2 之间，把比较值 VP 置于句子的后段，放在 N_2 的后面；而山东方言的"N_1＋VP＋起/的/似＋N_2"式，则是把比较值 VP 放在句子的中段，置于 N_1 和介词之间，把介词放在 VP 和 N_2 之间。二是功能不同。普通话和山东方言中都有一个由介词和 N_2 构成的介词短语，但普通话中的介词短语是在谓词性成分 VP 之前做状语，而山东方言的介词短语则是在 VP 之后做补语。三是引进比较对象 N_2 的介词不同。普通话比较句是用"比"，山东方言的这种比较句式，用的则是读轻声的"起"、"的ti'"、"似"等。

（1）N_1＋VP＋起＋N_2 式　就分布区域看，山东近三分之二的地区的方言中都存在这种句式，但以山东东部、中部广大地区的使用为主，尤其是在东部地区，诸如荣成、文登、威海、乳山、牟平、烟台、海阳、栖霞、蓬莱、长岛、龙口、莱州、招远、即墨、青岛、平度等地，其使用频率也比较高。所以，它是山东东部方言的一种代表句式。举例如下：

牟平	省囤尖强起省囤底。	青岛	都吃了吧，强起剩了它。
荣成	求自自自人强起求人家。	高密	吃饭喝口汤，强起开药方。
莱阳	是亲三分向，是火热起炕。	诸城	饥里帮一口，强起饱里帮一斗。
龙口	这里干净起乜里。	青州	家土强起野粪。
招远	早种麦子强起晚施粪。	寿光	吃饭先喝汤，强起开药方。
莱州	这个屋子暖和起那个屋子。	沂水	去要饭也强起跟着他受罪。
即墨	它高起你。	沂南	腊月的花子乞丐快起驴。

"N_1+VP+起+N_2"式除通行于山东东区方言以外，在西区的鲁中、鲁西和鲁西北方言中也经常可以听到。例如：

费县	无时给一口，强起有时给一斗。	淄川	这件子衣裳肥起那件子。
郯城	早种强起晚上粪。	惠民	是灰热起土，是亲三分向。
历城	爷爷疼孙子，强起攒金子。	阳信	抹脸强起做贼，人情不在多少。
泰安	惊蛰听见雷，小米贵起金。	无棣	春雨贵起油。
莱芜	酒令大起君令。	齐河	秋天锅锅腰，强起春天转三遭。
博山	睡前洗洗脚，强起服补药。	德州	垒院墙，有这些旧砖强起没有。

从总体来看，西区这种"起"字句的使用范围和频率都明显小于东区，在语法功能上由东往西也有逐渐变弱的趋势。比如在东区的威海、牟平、青岛、潍坊等地，"起"字句不仅可以用于性质、状态的比较（VP为形容词性），还可以用于动作、行为的比较（VP为动词性）。以牟平为例：

牟平　三月儿的雨，贵起油，连下三场天不收。

　　　做官一日，强起为民一世。

　　　今儿的电影儿有意思起夜儿的吗？

　　　闺娘子就是会说话儿起小子。

　　　我不知道起你？

在西区，偏东部的一些方言在用法上与东区的差别不大，如淄川话既可以说"他高起你"，也可以说"他跑得快起你"；而在偏西部的一些方言中，"起"字句的使用经常要受到一定的限制。比如德州，一般是用来比性状，比动作时较少使用；临清方言不仅只能用来比性状，而且还只用于否定的形式中。

（2）N_1+VP+的+N_2式　这种格式的使用区域主要集中在鲁北一带，如垦利、利津、河口、广饶、惠民、滨州、无棣、庆云、博兴、高青、邹平、淄博、周村、桓台、寿光、临朐等。例如：

无棣	穷了给一口，强的有了给一斗。	桓台	打针强的吃药。
庆云	种一升，打一捧，强的在家歇着种。	寿光	今们儿这天好的夜来。
滨州	秋天弯弯腰，强的冬天围村转三遭。	临朐	懒汉回了头，力气大的牛。

在这些地区，有的方言中也同时存在"起"字比较式的说法，如无棣、寿光等地，但以使用"的"字比较式为常。比如在寿光方言中只有形容词"强"用于比较时其后可以不用"的"而用"起"，而其他形容词用于比较时是不用"起"的。

（3）N_1＋VP＋似＋N_2式　　主要见于鲁西南的部分地区。例如：

金乡　　他大似你。

　　　　瘦死的骆驼大似马。

2.　"N_1＋伴/皮/被＋N_2＋VP"式

山东方言的"N_1＋伴/皮/被＋N_2＋VP"式，除使用的介词与普通话的"N_1＋比＋N_2＋VP"式不同外，句式的语序和所表示的意义都跟普通话的"N_1＋比＋N_2＋VP"式相同。从分布区域看，由于山东境内普遍都可以使用"比"字句，所以，这种句式的分布区域并不是非常广，主要集中于济南、历城、长清、章丘、淄川、邹平、泰安、莱芜、新泰、沂水、泗水、平邑等山东中部地区。所以，可以把它看作是山东中部方言的一种代表句式。例如：

邹平	他伴你高。	新泰	他伴你个子高。
	这里伴捏里可干净咧。		你伴他强。
泰安	他伴你高。	德州	他皮我能干。
	这里伴那里干净。		我来的皮你晚。
平邑	他伴我小三岁。	沂水	这被早已里囊强多了。现在比过去强得多。
	我伴老王年轻。		他行起事儿来，被他爷还促磕为人苛刻狠毒。
莱芜	他伴你大。		你被他大。
	这本书伴那本好看。		

3.　"N_1＋不＋VP＋起/的/似＋N_2"式和"N_1＋不＋伴/皮/被＋N_2＋VP"式

从形式上看，"N_1＋不＋VP＋起/的/似＋N_2"式和"N_1＋不＋伴/皮/被＋N_2＋VP"式，分别是"N_1＋VP＋起/的/似＋N_2"式和"N_1＋伴/皮/被＋N_2＋VP"式的否定形式，但从意义上看，两句式之间实际并不存在等量的否定与肯定的对应关系。

"N_1＋VP＋起/的/似＋N_2"式和"N_1＋伴/皮/被＋N_2＋VP"式在语义上都有两种否定形式：一是对整个"N_1＋VP＋起/的/似＋N_2"式或"N_1＋伴/皮/被＋N_2＋VP"式的述题的否定，与普通话的"N_1＋不比＋N_2＋VP"式相当，其含义是"N_1和N_2差不多VP"；二是对比较值"VP"的否定，与普通话的"N_1＋不如＋N_2＋VP"式相当，其含义是"N_2＋比＋N_1＋VP"。山东方言的"N_1＋不＋VP＋起/的/似＋N_2"式和"N_1＋不＋伴/皮/被＋N_2＋VP"式，都属于对整个述题的否定，它们反映的实际上是两个程度值相近的事物之间的比较关系。

（1）N_1 + 不 + VP + 起/的/似 + N_2 式　这种格式在山东使用非常广，尤其是以"起"字为介词的形式，以东部使用频率为最高（分布特点详见上文"N_1 + VP + 起/的/似 + N_2"式）。例如：

牟平	他不高起我。	利津	这电灯也不亮的那汽灯。
	今儿的剧不热闹起夜儿的。		捏种颜色也不好看的那种颜色。
	这些字不难写起上一个。	德州	日子过得并不好起人家。
荣成	他不矮起我。	济南	他考得不差起你。
	今年夏来的雨水不多起去年的。		他不年轻起我。
	你不见起就大起我。	金乡	他的力量头儿并不大似我。
平度	麦子不贵起苞米。		论文化水儿我也不差似他。
	这题儿不难起那题儿。		
寿光	他不高的我。		
	今们儿这天不好的夜来。		

（2）N_1 + 不 + 伴/皮/被 + N_2 + VP 式　在山东方言中，"N_1 + 不 + 伴/皮/被 + N_2 + VP"式的分布区域比"N_1 + 不 + VP + 起/的/似 + N_2"式要小得多，它主要集中在山东中部一带地区。例如：

济南	他不伴我高。	沂水	你不被他心眼子多。
	我不伴他会下棋。		那霎不被这日子好过。
德州	他不皮我矮。		

4. "N_1 + 跟/赶/撑/顶 + 不上 + N_2（+ vp）"式和"N_1 + 不跟/不胜/不递/不掩/不赶 + N_2（+ vp）"式

从意义来看，"N_1 + 跟/赶/撑/顶 + 不上 + N_2（+ vp）"式和"N_1 + 不跟/不胜/不递/不掩/不赶 + N_2（+ vp）"式都是对比较值 VP 的否定，与普通话的"N_1 + 不如 + N_2 + VP"式意义相当。它们与"N_1 + 不 + VP + 起/的/似 + N_2"式和"N_1 + 不 + 伴/皮/被 + N_2 + VP"式一起恰好构成了对"N_1 + VP + 起/的/似 + N_2"式和"N_1 + 伴/皮/被 + N_2 + VP"式整体述题和比较值这两方面的否定，也就是说，在语义上两组否定格式有着不同的否定辖域。

（1）N_1 + 跟/赶/撑/顶 + 不上 + N_2（+ vp）式　这种格式与"N_1 + VP + 起 + N_2"式一样，也主要是在山东东部地区的方言中使用。例如：

荣成	这块布儿赶不上乜块好看。	莱州	他赶不上我胖。
	今儿赶不上夜儿凉快。		他跟不上我高。
	这么做着赶不上乜么做着好。		棉布跟不上呢子抗穿。
平度	他跟不上我胖。	龙口	他跟不上你高。
	他赶不上我胖。		他顶不上你高。
即墨	他赶不上你高。		他撑不上你高。

他跟不上你高。

由此可见，在山东方言东区，尽管"N_1 + 跟/赶/撵/顶 + 不上 + N_2（+ VP）"式在形式上与"N_1 + VP + 起 + N_2"式差别较大，但在语义上它实际是和"N_1 + 不 + VP + 起/的/似 + N_2"式否定辖域不同的、"N_1 + VP + 起 + N_2"式的又一相对应的否定形式。

（2）N_1 + 不跟/不胜/不递/不掩/不赶 + N_2（+ VP）式　这种格式常见于除东部地区以外的广大中、西部地区的方言中。它与东部常用的"N_1 + 跟/赶/撵/顶 + 不上 + N_2（+ VP）"式的区别在于否定词的位置不同：东部一般把否定成分放在"跟、赶"等标记语后面的补语位置，西部一般把否定成分放在"跟、赶"等标记语前面的状语位置。从分布地区来看，这两种否定形式并不存在互补分布，虽说东部地区较少使用"N_1 + 不跟/不胜/不递/不掩/不赶 + N_2（+ VP）"式，但"N_1 + 跟/赶/撵/顶 + 不上 + N_2（+ VP）"式在西部却是经常可以看得到的。例如：

聊城　他跟不上你高。　　　　　沾化　骑车子赶不上坐汽车快。
　　　他赶不上你高。　　　　　　　　今年跟不上去年好。
　　　他撵不上你高。
　　　他顶不上你高。

而且在山东中部，东、西区方言相邻的地带，两种形式的分布也并无明显的分界线。例如：

新泰　他个子撵不上你高。

青州　这种花不跟那种香。

沂水　讲挣钱多，咱庄儿里谁也跟不上他。
　　　使胰子洗头不跟使洗衣粉洗头洗得干净。

在说"N_1 + 不跟/不胜/不递/不掩/不赶 + N_2（+ VP）"的地区内部，各种标记语的使用有明显的地域性。

①"N_1 + 不胜 + N_2（+ VP）"式是鲁西、鲁西南一带方言中常见的格式。例如：

聊城　今天不胜昨天热闹。　　　梁山　妗子再强，不胜亲娘。
　　　他不胜你高。　　　　　　济宁　紧跑不胜慢不停。

郓城　今年的麦子不胜年时去年。　曲阜　家有万贯，不胜种地吃饭。
　　　这张画儿不胜那张好看。

②"N_1 + 不递 + N_2（+ VP）"式也常见于鲁西、鲁西南一带，但比"不胜"的使用范围要小一点。"递"多读去声，但在有的地方也读阳平，写作"敌"。例如：

聊城　他不递你高。　　　　　　临清　他不敌你大方。
　　　来早的不递来巧的。　　　　　　我不敌他会说话。

阳谷　这种苹果不递那种好吃。

③"N_1 + 不掩 + N_2（+ VP）"式（"不掩"有的地方写作"不延"）多见于利津、垦利、广饶、桓

台、寿光、临朐、青州、沂水、莒县等鲁北、鲁中一带地区。例如：

利津　　他的学习不掩你。　　　　　　临朐　　他去不掩你去。

　　　　一拃不掩四指近。　　　　　　青州　　他不掩你跑得快。

沂水　　使胰子洗头不延使洗衣粉洗头洗得干净。

　　　　你怎么着看着我不延他的？

④"N_1＋不赶＋N_2（＋VP）"式常见于鲁北的利津、沾化、无棣和鲁西南、鲁南的嘉祥、金乡、枣庄等地。例如：

利津　　好死不赶赖活着。

　　　　一个人去不赶两个人去。

无棣　　蹀蹀跩，蹀蹀跩，站着不赶坐着高。

沾化　　骑车子不赶坐汽车快。

　　　　他不赶我高。

金乡　　我的工资还不赶你的一半多哩。

⑤与以上形式相比，"N_1＋不跟＋N_2（＋VP）"式的使用范围是最广的，几乎遍及从中部到西部、南部、北部的广大地区。例如：

潍坊　　你还不跟我呢！　　　　　　临朐　　他不跟我能吃。

　　　　你去不跟我去。　　　　　　　　　　眼经不跟手经。

无棣　　有搂钱的耙子，不跟有攒钱的匣子。　平邑　　今门儿不跟夜儿里热闹。

德州　　好儿不跟好媳妇，好闺女不跟好姑爷。　　　　他不跟你会打扮。

临清　　他不跟你大方。　　　　　　金乡　　这孩子不跟他哥。

郯城　　长虫过路蚂蚁爬，不跟清晨烧早霞。

在山东中、西部方言中常用的表示肯定的比较句形式主要有两种："N_1＋VP＋起/的/似＋N_2"式和"N_1＋伴/皮/被＋N_2＋VP"式。与它们相对应的否定形式除了上文所提到的对整个述题进行否定的"N_1＋不＋VP＋起/的/似＋N_2"式和"N_1＋不＋伴/皮/被＋N_2＋VP"式外，还有"N_1＋不跟/不胜/不递/不掩/不赶＋N_2（＋VP）"式。"N_1＋不跟/不胜/不递/不掩/不赶＋N_2（＋VP）"式是山东中、西部方言用来否定比较值的常用格式。

5．"N_1＋比＋N_2＋A 得 A"式

在山东方言中，"N_1＋比＋N_2＋A 得 A"式是一种带有强调意味的比较格式，它具有加深比较双方差异程度的作用。

"N_1＋比＋N_2＋A 得 A"式是在一般比较句中表示程度的形容词 A 后面再加上"得 A"构成的，其意义相当于普通话的"N_1＋比＋N_2＋A 得多"（如：我比他高得多）。例如：

寿光　　我比他大得大。　　　　　　龙口　　俺比他强得强。

　　　　这块比那块强得强。　　　　　　　　二姐比三姐俊得俊。

　　　　小三比小四高得高。　　　　　　　　这么说比那么说好得好。

　　　这棵树比那棵树矮得矮。

　　　小三比小四潮得潮傻。

　　　这个屋比那个屋干净得干净。

　　　你比他聪明得聪明。

　　　老李比老王糊涂得糊涂了。

6. "N_1 + 没（有）+ A + 起 + N_2" 式

　　"N_1 + 没（有）+ A + 起 + N_2" 式是山东方言的一种最高级表示方法，它一般用于总体（N_1）与个体（N_2）之间的比较。从语气上看，这种格式的使用关键不是为了说明 "N_2 最 A"，而是为了强调 "N_2 最 A"。所以，它所表示的意义应该和普通话的 "没有比 N_2 再 A 的了" 意义相当。例如：

　　荣成　　这些课里头没难起学数学的（没有比学数学再难的了）。

　　　　　　他些孩子里头没孝顺起老三的（没有比老三再孝顺的了）。

　　牟平　　学手艺再没难学起木匠的（没有比学木匠再难的了）。

　　　　　　这些人没能闹起你的（没有比你再能闹的了）。

　　龙口　　这些孩子里头没聪明起老二的（没有比老二再聪明的）。

N_1 有时可以省略不说或因是一个很难说清的范围而无法说出。例如：

　　沂水　　讲冷没冷气东北的。

　　龙口　　没强起下场雨。

　　　　　　没强起他能考上大学。

二　反复问句

　　反复问句，又叫正反问句，从意义上说也是一种特殊的选择问句，因为一般的选择问句是要求在 X 和 Y 里选择一项作为回答，而反复问句则要求在 X 和非 X 中选择一项作为回答。普通话反复问句常用肯定和否定并列的形式，即："VP + neg + VP" 式（neg 表示否定词）。与之相比，山东方言反复问句的格式要复杂得多。

1. "VP + 不/没（有）" 式

　　这种格式的否定项部分与普通话不同，即省略了否定副词后的中心语 VP，构成肯定项 VP 与否定项中否定副词 "不"、"没" 或 "没有" 的并列。

　　山东方言的否定副词在不同地区往往有不同的读音，那么，"VP + 不/没（有）" 式中的 "不" 和 "没有" 也便随之可以写作不同的形式。比如 "不" 在淄川读 pu²¹⁴，写作 "不"；在寿光读 pə²¹³，写作 "啵"；在德州读 paˑ，写作 "吧"；在平邑读 pau，写作 "不"；在利津读 pɔˑ，也写作 "不"；在曲阜读 puəˑ 或 pɔˑ，也都写作 "不"。而 "没" 在淄川读 muˑ，在寿光读 mə⁵³，在德州读 maˑ，在利津读 mãˑ，在曲阜读 muəˑ，等等。

　　根据 "VP" 和否定副词 "不"、"没（有）" 之间是否嵌入语气词（用 M 表示），"VP + 不/没

（有）"式又可分为两种形式：

（1）不带语气词的"VP＋不/没（有）"式　这种形式主要通行于鲁西、鲁南地区。其中，表示已然的"VP＋没（有）"式通行的地域比表未然的"VP＋不"式要大一些，除鲁西、鲁南外，东部的招远、莱州、平度等地也可以这样说。另外，在形式上，表已然格式的VP后面，也常比表未然的格式多跟一个表示完成体的助词"了"或表示曾经体的助词"来"（山东东部有些地方用动词儿化的形式表示完成体或曾经体）。例如：

	未然	已然
	VP＋不	VP了/来＋没（有）
聊城	你愿意去不？	你吃饭啦没有？
	你想开喽不？	他去啦没有？
东平	吃饭哝？	吃饭来没？
	脸红哝？	天黑了没？
枣庄	学习不？	找到他了没？
	吃饭不？	天亮了没？
招远		去儿没有？
		哕儿饭了没有？
		开儿门儿没有？

（2）带语气词的"VP＋M＋不/没（有）"式　这种格式主要通行于鲁中、鲁北、鲁西北的临朐、寿光、利津、无棣、德州、临清、济南、章丘、博山、泰安等地。语气词的读音在各地听起来都较为含糊，但仍能听出地区间的差异。比如淄川等地听起来是 a˙（写作"啊"），寿光、博山、利津等地听起来是 ə˙（多写作"呃"），而在临清、德州等地听起来却是一个VP末音节韵母拖长的音（多采用零形式）。在表示已然意义的"VP＋M＋没（有）"式中，用来加强已然语气的"了"、"来"等助词都要加在语气词前。例如：

	未然	已然
	VP＋M＋不	VP了/来＋M＋没（有）
寿光	这个人老实呃哝？	道上碰上二叔来呃摩？
	你买这本书呃哝？	你买了那本书了呃摩？
淄川	看电影啊不？	听见了啊没？
	去啊不？	去来没？
无棣	记得啊吧？	都来了啊吧？
	去啊吧？	写完了啊吧？
临清	你去〇吧？	你去〇吗？
	你吃饭〇吧？	你吃饭〇吗？

2."V＋不/没VP"式

　　这种格式跟普通话的"VP＋不/没VP"格式的差别主要在肯定项上，但并不是所有构成这种格式的肯定项都不同于普通话。如果提问部分是由单音节 V（动词或形容词）构成的肯定形式和否定形式的并列，它与普通话的说法完全相同，都用"V＋不/没 V"式，如"去不去、吃没吃、好不好"等。但如果提问部分是由非单音节谓词或短语构成的肯定形式和否定形式的并列，它与普通话就不相同了。普通话是用整个非单音节谓词或短语的肯定形式与其否定形式构成并列，说成"VP＋不/没 VP"，如"学习不学习、完成没完成、聪明不聪明"等；而在山东的烟台、蓬莱、海阳、莱州、平度、青岛、胶南、诸城、沂水、利津、枣庄等地的新派方言中则不是这样。具体可分为两种情况：

　　（1）拆出非单音节谓词或谓词性短语中动词或形容词的第一个音节作为肯定形式，与整个的词或短语的否定形式构成并列，即使是连绵词或形容词生动形式也要这样拆开，即说成"V＋不/没 VP"。例如：

	未然　V＋不 VP	已然　V＋没 VP
烟台	打不打算去？	害没害怕？
	动不动弹？	生没生气？
	衣裳合不合身？	将没将媳妇？娶没娶媳妇？
	聪不聪明？	
	苗不苗条？	
莱州	你们面不面熟？	学没学习？
	外边风不风凉？	你眼没眼馋？
	他自不自觉？	你犹没犹豫？
	你尝尝，这个柿子涩不涩巴即的？	
	你闻闻，这东西臭不臭烘烘的？	
青岛	海边儿凉不凉快？	他答没答应？
	你心里清不清楚？	
枣庄	学不学习？	有没有人？

　　（2）如果谓词性短语中动词的前面有助动词，则只拆除助动词的第一个音节作为肯定形式来与整个助动词的否定形式构成并列。这种形式只能表示未然的语法意义，即说成"助动词＋不＋助动词＋VP"。例如：

烟台	愿不愿去	愿不愿意学习
	该不该去	该不该学习
	须不须去	须不须学习

3．"F＋VP"

　　这类格式中的"F"是一个专门用来进行反复问的前置词，功能相当于苏州话反复问句的发问词"啊"、合肥话的"克"、昆明话的"格"（罗福腾，1996 年）。在山东方言中，"F + VP"式中的发问词 F 常由"是不"、"是没"和"实ₑ∫1"等词语充当，所以，"F + VP"式又可写成"是不/是没 + VP"和"实ₑ∫1 + VP"两种形式。这两种说法主要集中在山东胶东半岛地区。

（1）是不/是没 + VP 式　从意义上看，"是不/是没 + VP"式又可分为两种情况：一是，由"是不"作发问词构成的"是不 + VP"式，用于对未然动作行为的询问，意思与普通话的"VP + 不 VP"相当（可能补语结构有变化）；二是，由"是没"作发问词构成的"是没 + VP"式，用于对已然事实的询问，意思与普通话的"VP + 没 VP"相当。

它们在用法上都有以下特点：其一，前置词"是不"和"是没"中的"不"、"没"都读轻声；其二，"是不"和"是没"的内部结合紧密，并且只用于表示疑问语气；其三，内部层次应为"是不/是没 + VP"，而不是"是 + 不/没 + VP"，也就是说，构成肯定与否定并列的是"是"和"不/没"，与普通话"VP + 不/没 VP"式的肯定形式"VP"和否定形式"不/没 VP"的并列不同。

从分布地域看，"是不 + VP"式和"是没 + VP"式都主要通行于胶东半岛的荣成、文登、威海、乳山、牟平、海阳、烟台（芝罘老派）、福山、平度等地。举例如下：

	未然 是不 + VP	已然 是没 + VP
荣成	外边是不下雨？	他是没考上大学？
	家儿是不宽敞？	饭儿是没凉？
	他是不同意？	孩子是没哭？
牟平	你是不害怕？	天是没亮？
	你是不看见？你看得见看不见？	是没看得完这本书？看没看完这本书？
	衣裳是不合身儿？	是没有人儿？ 有没有人儿？
平度	这苹果是不酸？	饭是还没吃？
	天是不黑？	他是还没走？

（2）实ₑ∫1 + VP 式　这种格式的发问词中不出现否定成分，而是只用一个单音节词"实ₑ∫1"（声母为舌叶擦音，韵母为舌尖前、高、不圆唇元音，声调为阳平，一般读为 55 调）。

"实ₑ∫1 + VP"式既可以用于表未然的动作行为，意思相当于普通话的"V 不 V（+O）"（O 代表宾语）；也可以用于表已然的事实，意思相当于普通话的"V 没 V（+O）"。但在形式上，表已然的反复问句比表未然的反复问句，在"实ₑ∫1 + VP"结构后要多增加一个表完成时态的助词"了"或表曾经体的助词"来"，以此来加强已然意义。

这种格式常见于胶东北部的蓬莱、龙口、长岛等地。举例如下：

	未然 实ₑ∫1 + VP	已然 实ₑ∫1 + VP 了/来

长岛	你实上北京？	
	你实有媳妇？	
	花儿实香？	
	实聪明？	
龙口	你实会？	你实去来？
	你实抽烟？	你实吃饭喽？
	实干净？	你实有孩子了？
蓬莱		你实毕业了？
		老大实结婚了？
		你实碰上他了？

4. "V + VP"式

这类反复问格式的特点是：如果提问部分是单音节词，则直接重叠该音节；如果是多音节词或短语，则只重叠第一个音节，整个反复问结构不用否定副词。

这种反复问格式的流行地区较窄，主要集中在胶东半岛的招远、长岛等地。"V + VP"的结构一般用于表未然的句子，不用于表已然的句子，意思相当于普通话的"VP + 不 VP"。例如：

招远	你去去？ 你去不去？
	吃吃饭？ 吃饭不吃饭？
	这是是你的东西？ 这是不是你的东西？
	你肯肯给他？ 你肯不肯给他？
	你能能矣？ 你能不能啊？
	愿愿意吃干饭？ 你愿意不愿意吃米饭？
长岛	你会会唱歌儿？ 你会不会唱歌儿？
	花儿香香？ 花儿香不香？
	长得苗苗条？ 长得苗条不苗条？
	家干干净？ 家干净不干净？
	电影好好看？ 电影好看不好看？
	聪聪明？ 聪明不聪明？
	你想想去？ 你想去不想去？
	这人儿是是俫兄弟？ 这个人是不是你的兄弟？

但由动词"有"构成的表已然的句子是可以进入"V + VP"格式的。如："你有有钱？""他有有媳妇？"

在这些地区，"V + VP"有时也可以说成"V + 不 + VP"，但是，"不"的读音往往都比较弱，在使用上，也远不及"V + VP"经常。

5. 反复问格式中所带宾语的位置

在"F＋VP"式和"V＋VP"式中，如果出现宾语，宾语一律出现在动词性短语VP中动词的后面；在"VP＋不/没（有）"式中，如果有宾语，宾语只能出现在前一位置上的VP中的动词后面；在"V＋不/没VP"式中，如果出现宾语，宾语则只能出现在后一位置上的VP中的动词后面。例如：

	未然	已然
F＋VO		
荣成	他家儿是不种麦子？	是没吃饭？
	外边是不下雨？	他是没考上大学？
牟平	你是不爱吃干饭？	是没将媳妇？
龙口	你实抽烟？	你实吃饭喽？
V＋VO		
招远	哕哕饭？	
	这是是你的东西？	
VO＋不/没（有）		
东平	吃饭哝？	吃饭来没？
	你是学生哝？	你有钱没？
寿光	你买这书呃哝？	你买了那本书了呃嚤？
招远		哕儿饭了没有？
		开儿门儿没有？
莱州	开会不？	有人没有？
V＋不/没VO		
利津	进不进城？	有没有人？
莱州	打不打球？	到没到过北京？
烟台	衣裳合不合身？	将没将媳妇？

尽管山东方言反复问句有多种类型，但从总体上看，在同一地点方言里，一般只有一种是固有的，是人们经常使用的。比如胶东地区的荣成、牟平等方言的反复问句只用"F＋VP"式，很少使用别的格式；山东中部地区的临朐、寿光、济南、博山、泰安、新泰等方言的反复问句一般多采用"VP＋不/没（有）"式，等等。不过如果不考虑各种类型的层次和它们在方言中的地位等因素，在同一地点方言里同时存在的一般都不止一种类型。如烟台方言中，老派通常用"是不/是没＋VP"式，新派则既说老派的"是不/是没＋VP"式，也用后来外地传入的"V＋不/没VP"式。再如在莱州、平度、诸城、利津、枣庄、曲阜等地的方言中，不管"VP＋不/没（有）"式和"V＋不/没VP"式哪一类占主导地位，都是可以兼用的，如果有宾语出现，在这些方言里就会同时存在"VO＋不/没（有）"和"V＋不/没

VO"两种词序不同的说法。

三　"把"字句

山东方言的"把"字句，总体上与普通话差别不大，尤其在山东东部地区，"把"字的读音（有的地区诸如荣成等读为轻声）和"把"字句的使用较之普通话都无明显不同。例如：

荣成　　你把（pa˙）被拿出去晒晒。

牟平　　我把（pɑ²¹³）椅子钉好了。

烟台　　风把（pɑ⁵⁵）糠刮走了。

即墨　　把（pɑ⁵⁵）白龙打跑了。

潍坊　　有个书童把（pɑ⁵⁵）他领了进去。

但在山东中、西北部地区，"把"字的读音变化较大，例如：

沂水　　可把（pɔ²¹）乜个小媳妇儿气毁了。

利津　　把（pã⁴⁴）他媳妇儿抱到那炕头上。

聊城　　他把（pɛ³¹³）木头疙瘩举起来。

　　　　把（pɛ³¹³）书弄脏了。

临清　　你给我把（pɛ³¹）这个东西埋唠去罢。

　　　　把（pɛ³¹）人家叫唠家来。

当然，如果仔细分析，山东方言"把"字句格式的特点实际并不在它的"把"字的读音形式上，而是体现在它的某些特殊结构形式上。

1. 可用"来"、"连"等词表示"把"字意义

山东方言表示"把"字句意义，除用"把"字外，还可用"来"、"连"等词，例如：

德州　　他连衣裳弄脏俩。他把衣服弄脏了。

　　　　连敌人打败俩。把敌人打败了。

　　　　谁连我的车子骑走俩？谁把我的自行车骑走了？

菏泽　　来桌子擦擦。把桌子擦擦。

　　　　我来衣裳洗干净了。我把衣服洗干净了。

2. 可用"V+代词宾语+趋向补语/处所补语"的形式表示"把"字句意义

在山东方言尤其是山东西部的某些方言中，常可用"V+代词宾语+趋向补语/处所补语"（如果是复合趋向动词做补语，代词宾语也可插在趋向动词之间）的形式来表示普通话"把+代词宾语+V+趋向补语/处所补语"式的意义，例如：

	山东方言	普通话
济南	抓他起来/抓起他来	把他抓起来
	拉他上去/拉上他去	把他拉上去
	推他地下	把他推到地上

	锁你屋里	把你锁到屋里
	他关我门外了	他把我关在门外了
临沂	领他过来/领过他来	把他领过来
	拉他医院去	把他拉到医院去
	锁你屋里	把你锁到屋里
	放他下去	把他放下去
平度	抓起他来	把他抓起来
	拉上他去	把他拉上去
	推他地下	把他推到地上
	锁他屋来	把他锁到屋里
	关他门外来	把他关在门外

3．否定词、助动词可置于"把"字句结构的动词前

普通话的"把"字句中如果出现否定词、助动词等成分，一般都要放在"把"字之前，而在山东有的地区的方言中，这些否定词、助动词等则可以置于"把"字句结构的动词前面。例如：

临清	普通话
把我这一肚子气怎么地能发泄出来呢？	怎么样能把我这一肚子气发泄出来呢？
我把这个包袱皮儿不能情埋唠它。	我不能把这个包袱皮儿就这样埋了。

4．"把"字句结构中的动词可以是一个光杆动词

在普通话的"把"字句中，动词前后一定要有别的成分出现；而在山东东部方言里由"好一个"做状语的"把"字句当中，动词可以是一个光杆动词。例如：

平度	普通话
叫我好一个把他拾掇整治。	叫我把他狠狠地整治了一顿。
我好一个把他熊训斥。	我把他狠狠地训斥了一顿。
好一个把他欢气高兴。	让他好好高兴了一通。

四 被动句

山东方言的被动句与普通话被动句的不同主要表现在以下几个方面：

1．常用被动句标记语不同

在普通话中，用以表示被动意义的标记语主要有"被"、"叫"、"让"、"给"等（"叫"、"让"、"给"多用于口语），尤以用"被"字为多；而在山东方言中，表被动却不用"被"字，一般是使用"叫"、"让"、"给"等词，个别地区还用"着"（也写作"找"）字。具体使用情况如下表：

	叫	让	给	着（"找"）
牟平	衣裳叫钉子挂儿个口子。			
荣成	叫狗咬了。			家里找你作损得还有个弄儿吗？
烟台	我的书叫他拿走了。			
莱州	大伙都叫他说笑了。		房子给弄脏了。	
平度	碗叫他给打了。			
即墨	书叫他给我掉了。			
诸城	书叫他给掉了。			
沂水	你爷叫人家打了。			
寿光	叫车子撞了。			书找他给掉了。
利津				那本书着 tʂɔ⁴⁴他拿去了。
德州	那个茶碗叫孩子摔俩。	小车儿让对门儿借去俩。	那个茶碗给摔俩。	
聊城	叫老鼠咬啦。			
临清	书叫他弄坏啦。	让孩子弄毁啦。		
济南	叫疯狗咬唰！	茶杯让他打唰！	行李给雨淋唰！	
博山	书叫小王拿去哇。			
新泰	俺娘叫她败坏了！	书让他给掉了。		
临沂	那套书叫我同学借去了。	自行车让人给他骑走了。	那套书给我同学借去了。	
枣庄	书叫他给我丢了。			
金乡	粮食叫雨淋啦。			

　　从表中所列情况可以看出，山东方言东、西两区被动句标记语的使用有明显不同：东区标记语形式较为单纯，一般只使用"叫"字；西区则是多种标记语形式并用。但有一点却是清楚的，在常用标记语的使用上，山东东、西两区的差别并不明显，也就是说，整个山东方言基本都是把用"叫"表示被动意义的格式作为一种常用说法。

　　2．内部结构不同

　　山东方言被动句和普通话被动句相比，内部结构上的差别主要有三点：

　　（1）标记语"叫"、"让"、"着"（"找"）后都要有"施事"出现。普通话的被动句标记后面一般既可带"施事"，也可没有"施事"而直接跟上动词（"叫"、"让"不这样用）。如可以说"书被他弄丢了"、"杯子叫他打碎了"、"衣服给雨淋湿了"、"自行车让他骑走了"，也可以说"书被弄丢了"、"房间都给收拾好了"。但山东大部分地区的方言，被动句标记语后面一般都不能紧跟动词（"给"除外），而是要有"施事"出现。例如：

烟台	我的书叫他拿去了。	临沂	那套书叫我同学借去了。
	我的茶杯叫人打破了。		那套书让我同学借去了。
莱州	大伙儿都叫他说笑了。		那套书给我同学借去了。
	俺的花栽子花苗儿叫那个鸡吃没了。	博山	书叫小王拿去哇。
平度	锁叫他掉了。		碗叫他打哇。
	这棵树叫风刮倒了。	利津	那本书着他拿去了。
即墨	书叫他掉了。		花瓶儿着谁打破的呀？
	茶碗叫他打了。	德州	小车儿叫对门儿借去俩。
寿光	老鼠找猫抓住了。		那个茶碗让孩子摔俩。
	他找车撞伤了。		

（2）"介词＋施事＋给＋动作"的格式中"给"后常有"人称代词"出现。山东方言的被动句和普通话一样也有"介词＋施事＋给＋动词"的格式，但普通话的"介词＋施事＋给＋动词"式无论在什么情况下，"给"和动词之间都不会出现"人称代词"，而山东方言的这种被动句格式，在全句受事一定具有明确的领有者可指的情况下，"给"后可以带上"人称代词"（意念上是全句受事的领有者），以引出或强调动作行为所关涉的人。例如：

	介词＋施事＋给＋动作	介词＋施事＋给＋人称代词＋动作
烟台	我的书叫他给拿去了。	我的书叫他给我拿去了。
	他的茶杯叫人给打破了。	他的茶杯叫人给他打破了。
莱州	你的衣裳叫我给弄脏了。	你的衣裳叫我给你弄脏了。
	他的这块事儿叫我给耽误了。	他的这块事儿叫我给他耽误了。
	他这是叫坏人给骗了。	
	海水也叫工厂的废水给污染了。	
平度	碗叫他给打了。	碗叫他给我打了。
	锁叫他给掉了。	锁叫他给我掉了。
	这棵树叫风给刮倒了。	
寿光	书找他给掉了。	书找他给我掉了。
临沂	书让他给掉了。	书让他给我掉了。
		他的玩具让我给他弄坏了。
博山	书叫小王给拿去哇。	书叫小王给他拿去哇。
	碗叫他给打哇。	碗叫他给你打哇。

利津	书着他给掉了。	书着他给我掉了。
	小东西差点儿着车子给轧着呢！	
德州	那个茶碗叫孩子给摔俩。	那个茶碗叫孩子给我摔俩。
	小车儿让对门儿给借去了。	小车儿让对门儿给咱借去了。
枣庄	书叫他给丢了。	书叫他给我丢了。

（3）受事可以出现在谓语动词之后做宾语。普通话被动句中的受事一般都是做句子的主语，但在山东方言被动句中有一种结构则是把受事成分放在谓语动词之后做了句子的宾语，例如：

莱州	可叫他气死我了。我可被他气死了。
	真叫这块事儿愁坏了我了。我真被这件事儿愁坏了。
	叫我狠狠地训了他一顿。他被我狠狠地批评了一顿。
	管保儿是叫他骑走了你的车子。你的自行车可能被他骑走了。
	叫孩子们打破了窗上的玻璃了。
临沂	可叫他气死我了。
	原来叫小王骑走了自行车。
	最后还是叫李娜接走了玲玲。
利津	可着他气煞俺了！我可被他气死了！
	着他狠狠地说哩我一顿呢！我被他狠狠地说了一顿。

普通话的被动句中也有受事成分在谓语动词之后做宾语的情况，例如：

　　A：我们的五只小鸡被黄鼠狼叼去了一只。

　　B：他为了保护集体的羊群，被草原的暴风雪冻坏了双手。

不过，这种被动句结构的出现都是有一定条件的，即宾语所代表的受事成分在意念上是主语所代表的受事的一部分（如A例）或被领有者（如B例）。而山东方言被动句中受事出现在谓语动词之后做宾语的现象，与普通话的这种结构不同。山东方言的受事成分做宾语的被动句中并不存在两个受事成分，它是因为要强调句子的施事成分，才把原本在主语位置上的受事放在了动词谓语之后做了宾语，在这种情况下主语位置上便不会再有其它受事成分出现。

3. 被动句的语用价值不同

　　从语用的角度来看，普通话的被动句比山东方言的被动句适用性要广。普通话的被动句不仅可以用于表示不如意、不企望的意义，还可以用于表示如意、企望的意义（数量少），例如：

表不如意、不企望义	表如意、企望义
这句话可能被人误解。	你的建议已经被党委采纳。
小张被大家批评了一顿。	李双双这个名字被人响响亮亮地叫起来了。
走廊的使用面积被几家邻居瓜分了。	他被大家选为人大代表。

山东方言的被动句一般只用于表示不如意、不企望的意义，如要表示如意、企望的意义，通常都需改为主动句。例如：

	表不如意、不企望义		表如意、企望义
烟台	他叫他婆打了。	＊他叫他婆夸了。	他婆夸他了。
	他叫老师批评了。	＊他叫老师表扬了。	老师表扬他了。
		＊他叫班里评为三好学生了。	他当上三好学生了。

五 复句与关联词语

从复句内各个分句之间的意义关系来看，山东方言和普通话所体现出的意义类型是基本相同的，比如都包含有并列、顺承、递进、选择、转折、条件、假设、因果等关系的意义类型。复句中的这些意义关系，往往都要借助一定的关联词语来表示，山东方言复句和普通话复句之间的差别主要就体现在关联词语的使用上。

1．山东方言与普通话在关联词语使用上的分歧

尽管就总体而言，山东方言复句中的多数关联词语与普通话都相同，但也有一些是有分歧的，归结起来，分歧主要有三个方面：

（1）关联词语的形式尤其是关联词语中连词的形式不同，但表示的意义相同。如普通话表取舍意义的"宁肯……也不"，聊城话则说"马非儿……也不"，如："马非儿我去，也不能叫你去。"普通话表条件关系意义的"除非……才"，牟平话说成"离非儿……才"，如："离非儿天下雨，我才不去。"

（2）关联词语的形式不同，但所表达的意义部分相同，部分不同。如潍坊话中表示并列关系的"赶着……赶着"与普通话的"又……又"意思基本相同，但除此，潍坊话的"赶着……赶着"还表现一种急切的情状，含有在时间仓促的情况下同时应付几方面工作的意义。例如："大伙赶着为他烧水做饭，赶着帮他拾掇行李。"

（3）方言中特有的表示特殊意义的关联词语。如潍坊话中表示选择关系的取舍意义，常用的关联词语有三组："要……还不如"、"能……也不能"和"既凡……不如"，其中前两组分别相当于普通话的"与其……不如"和"宁可……也不"，而第三组是普通话中所没有的，它不是在两项中取一项舍一项，而是由前项推论出取后项，前后项是一种推论取舍的关系，有"既然……不如"的意思，例如："你既凡知道这样不好，不如另想办法。"

2．山东方言中常见的表示复句关系的特殊说法

（1）并列关系

①"随……随"、"一门……一门"、"赶着……赶着"、"一马……一马"、"一抹儿……一抹儿"、"一么……一么"、"一行 xɑŋ……一行"等等，用法与普通话的关联词语"一边……一边"相当。主要分布在山东方言西区。例如：

聊城 他们随吃饭，随说话。　　临沂 咱们随干活，随等他。

淄川	一行走道，一行说话。	无棣	他们一行吃饭，一行说话。
临朐	咱一抹儿吃饭，一抹儿说话。		
临沂	咱们一门干活，一门等他。	曲阜	咱一门吃饭，一门说话。
	咱们赶着想，赶着说。	淄川	赶着看电视，赶着做作业。
新泰	咱一马吃饭，一马拉聊。		

潍坊　大伙赶着为他烧水做饭，赶着帮他拾掇行李。(含有"仓促"义)

张老汉一么走路，一么哼着地方小调。

②"这么（一个）……乜么（一个）"、"不怕……就怕"和"会……不会"等，是山东方言东区常见的用法。在普通话中没有用法相当的关联词语。例如：

荣成　这么也不行，乜么也不行，怎么行？

这么个做法也不好，乜么个做法也不好。

不怕初一下大雨，就怕初二阴了天。

牟平　这么他也不能，乜么他也不能。

这么一个来不了，乜么一个来不了。

不怕家底儿穷，就怕没志气。

会说的说圆了，不会说的说翻了。

会做媳妇两头儿圆，不会做媳妇两头儿传。

（2）选择关系　选择关系包括选择未定和选择已定两种。

①山东方言表示选择未定的有多种说法，其中最具广泛性的说法是"要不……要不"和"不就……不就"，主要分布在聊城、济南、潍坊、临朐、临沂、青岛、烟台、牟平等地。山东方言的"要不……要不"和"不就……不就"同普通话的"或者……或者"（多项中选一项）和"要么……要么"（两项中选一项）用法并不完全相同，它们一般都没有"多选一"、"二选一"的分工。例如：

聊城　要不你去，要不我去，要不咱俩都去。

潍坊　不就你去，不就他去。

我们要不回家，要不在这里干。

临朐　不就你去，不就我去，不就咱俩一堆儿去。

临沂　你要不赞成，要不反对，要不弃权。

你要不就赞成，要不就反对，要不就弃权。

要不大家坐以待毙，要不一同起来抗争。

要不就大家坐以待毙，要不就一同起来抗争。

牟平　不就你去，不就我去，反正咱俩不能一堆儿去。

除此，还有几种说法也较为特殊，如寿光话的"不咋……不咋"，淄川话的"待啥……待啥"等。例如：

寿光　　不咋你去，不咋我去。

淄川　　待啥不干，待啥就干出个样来。

　　　　待啥你去，待啥我去，反正不能一堆去。

②普通话表示选择已定的意义常用两组关联词语："宁肯……也"和"与其……不如"。其中"宁肯……也"的特点是取前项舍后项，"与其……不如"的特点是舍前项取后项。在山东方言中，与前者意义相当的说法常见的有："马非儿……也不"、"就是……也不"、"情愿……也不"、"能……不/别"、"豁着……也"等。例如：

聊城　　马非儿我去，也不能叫你去。

临沂　　他情愿信其真，也不愿信其假。

　　　　情愿我去，也不能叫你去。

潍坊　　能我去，也不能叫你去。

青岛　　就是我去，也不能叫你去。

牟平　　能帮穷人支锅，不帮富人吃喝。

　　　　豁着头拱地，也得供孩子念书。

荣成　　能给人家往一堆儿和，别给人家拆开。

与后者意义相当的说法常见的有："要是……不胜"、"要……还不如"、"即凡……不跟"、"（让）……还不如"等。例如：

聊城　　要是他去，不第我去。

潍坊　　要你去，还不如我去。

临朐　　即凡你去，不跟我去。

临沂　　让他去，还不如让我去。

　　　　他去，还不如我去。

（3）递进关系　递进关系从意义上来分，可分为一般递进和衬托递进两种类型。

①山东方言中表示一般递进意义可以说成"……不说，还……"、"除到……还"、"要不的……还"、"不光……还得"等，与普通话的关联词语"不但/不仅……还"用法相当。例如：

聊城　　要不的么儿么儿不行，还不服气。不但什么都不行，还不服气。

新泰　　他们来了连吃加喝不说，临走还拿这拿那。

淄川　　碰倒人家了，除到不赔礼，还满嘴里胡说八道。

　　　　除到花钱不少，还没买着应心的东西。

沂水　　除到没打着貔狐，还惹了一腔臊。

潍坊　　不光叫他参加，还得叫他唱主角。

②普通话表示衬托递进常用的关联词语是"尚且……何况"、"别说……连"，两组关联词语都是用前项衬托后项。山东方言的衬托递进则有两种情况：一是用前项衬托后项，自然

地使后项意义向前推进一层，比如聊城、临清话中"……，别说……"的说法。与普通话的"尚且……何况"用法相当。例如：

聊城　　死都不怕，别说这点困难。

二是用后项衬托前项，自然地使前项意义向前推进一层，比如莱州话"既之……又"的说法。普通话中没有与之相对应的关联词语用法。例如：

莱州　　这两年他既之生活困难，谁想到他孩子又生病住院了。

　　　　他既之没有钱，又得给老人治病。

　　　　他既之生气，你又去惹他。

　　　　他既之心来难受，你又去提过去的事情！

（4）转折关系　山东大部分地区表示转折关系的说法都与普通话的用法相同，但也有个别地区差别较大。

①普通话的"虽然……但是"，聊城话说成"别看……还是"，寿光话说成"……罢来的……"。例如：

聊城　　别看收得不算好，粮食还是吃不清的吃足够吃。

寿光　　他年纪大罢来的，很壮实。

　　　　我没去罢来的，事我都听说了。

②普通话的"……，反而/却……"，沂水话常说"……，打总子里……"，例如："帮了他那忙儿，打总子里还罪罪了他。"

③莱州话表示转折关系常用"处 A，还 B"的格式，这是一种普通话中所没有的用法，意思是"事实是 A，但是 B"。整个格式具有贬义色彩，意在强调不应当 B。例如：

莱州　　他处长的丑，还觉着俊的要命。

　　　　他处没有钱，还爱穷摆谱。

　　　　他处什么不是，还觉着个人了不起。

　　　　他处学习成绩差，平时还不知道努力。

（5）条件关系　普通话表示条件关系的复句从意义上可分为充足条件、必要条件和无条件等三种类型，它们各自所使用的关联词语主要有"只要……就"、"只有/除非……才"和"无论/不管……都"。这些类型和说法，在山东大部分地区的方言中也都有，但除此之外，山东方言中还有一些特殊的说法是普通话所没有的。

①表示充足关系的有"子个……就"、"但自……就"、"但仔……也"、"仔……就"、"只是……就"等说法，用法与普通话的"只要……就"相当。例如：

荣成　　子个他知道了，没有个不说的叫儿。

　　　　子个他说了，就没事。

潍坊　　但自身体好点，这些活我就自己干。

　　　　但自能支持，我就不打针吃药的。

淄川　　但仔是还有一点盼头，他也不会灰心丧气。

你仔没有空，我就去。

仔好了病，咱就没有愁事儿了。

德州　　只是他说俩，事儿就好办俩。

在山东方言中，表示充足关系的说法，常有语义上的细微分工。具体可有以下几种情况：

第一，表示未然唯一条件的，如"但自……就/也"（"自"也可写作"子"或"仔"）。例如：

利津　　但自能不去的话咱就不去！

寿光　　我但自能走动了，我就去。

你但自学点儿的时候，也不会退级。

沂水　　但子是有点儿热乎儿味儿着，俺也不和他离婚。

新泰　　我但自有钱就借给你。

淄川　　你看但仔是个人，怎么就不来说声。

第二，表示未然非唯一条件的，如"自是……就"、"子要……就"、"是其……就"等。例如：

寿光　　自是打谱去，就得准备钱。

自是好好学，就能考好。

沂水　　子要大家伙儿里对你有意见，说明你当官儿当得了了。

新泰　　是其个人，就不会袖手旁观。

第三，表示已然条件的，如"自凡……就"、"记凡/凡议……（就）"等。例如：

寿光　　他自凡说了，就一定能办到。

自凡不让你去，就是不该你去。

沂水　　记凡知道的，我都和你说了。

凡议是忙起秋来了，连觉也睡不全还。

②表示必要条件的有"离非（儿）……才"、"非儿……才"、"错故/错过……才"、"除娄……才"（以上相当于普通话的"除非……才"）和"蹭儿……"、"马了……"、"错过……"、"错儿……"（以上相当于普通话的"除非……否则"）等。例如：

牟平　　离非儿天下雨，我才不去。

错儿他能办成这件事儿，别人门儿也没有。

荣成　　蹭他爹管，别人谁说他也不听。

非儿你去叫，他才来。

长岛　　错过这条船能去救，别的船都不行。

沂水　　马了弄点儿好吃的哄着他，他就淘登。

这个小孩儿马了砸，他是一点也不听说。

新泰　　错过他能行，别人都干不了。

曲阜　　错过年间，他才回来。

　　　　错过是你，别人都做不出来。

聊城　　错故下雨喽，我才不去。

枣庄　　除娄天下雨，我才不去。

③表示无条件的有"无碍……"、"脆……也"、"□tɕ'yē³¹归……"、"任拘……"、"随……都"、"管……都/也"、"本管……都"等。例如：

临清　　无碍刮风下雨从不迟到。

聊城　　脆下多大，我也得去。

新泰　　□tɕ'yē³¹归他说么，你千万别吱声。

　　　　□tɕ'yē³¹归他干什么坏事，你别管他。

淄川　　任拘咋劝，就是不听。

　　　　任拘谁人作下恶，到头都是你承担。

金乡　　随谁当队长我都没意见。

曲阜　　随你怎么着干，俺都同意。

　　　　本管谁，都得遵守纪律。

沂水　　管谁去，都白搭。

　　　　管哪里来问，就说没价有没有了。

平度　　管谁说，他也听不进去。

文登　　管怎么说，他也不听。

（6）假设关系　普通话表示假设关系的复句从语义上可分为假设与结果一致、假设与结果相背两种类型，常用的关联词语分别为"如果/假如/就是……就"和"即使/就是……也"。山东方言的假设关系复句也有这两种类型，不过常见的说法多为"要是……就"和"就是……也"。除此之外，山东方言表示假设关系还有几种不同于普通话的特殊说法。

①表示假设与结果一致的有"当发……"、"几赶……就"、"搁着……"、"……着，……"等。例如：

荣成　　他当发有点儿志气，也不至于像现今一样。

沂水　　搁着那着，早叫社员砸煞了。

　　　　一子学习不好了，他爷就砸他。

临沂　　几赶等你走到，天恐怕就黑了。

淄川　　天不下雨着，我早来了。

　　　　你夜来昨天若是不去着，就碰不上她了。

在有的地区，同时存在的多种用法，它们在语义上还会有更为细致的分工，比如沂水话中表示虚拟假设用"搁着……"，例如："搁着我着，我才不去受这个罪来。"表示条件假设则多用"要……"、"一子……就"，都含有"只要……就"的意思，例如："人要倒霉了，喝凉水也塞牙。""一子叫人家知道了，你就活不成了。"

②表示假设与结果相背的有"马非儿……也"、"但是 s₁·……也不"、"就……也"等。例如：

聊城　　马非儿砸锅卖铁，也得跟他干。

　　　　但是有一点儿法儿，也不来求你。

淄川　　你就去了，也不顶用。

　　　　你就累煞，他也不心疼。

③山东东部广大地区以及中部的淄川、临沂等地方言中，有一种表示假设关系的独特说法："不着……就"、"不找……就"、"不教……就"等，是从反面对原因立设，从而强调了原因对所产生的结果的重要影响。意思是"如果不是因为……就"。这种用法在普通话中没有相对应的关联词语。例如：

牟平　　不着我找门儿，你别想着出去工作。

　　　　不着他接着，碗就掉儿地下了。

荣成　　今儿不找碰上你，我就糟了。

　　　　要不找遇上这档子事儿，我早走了。

长岛　　不着他扶着我，我就磕儿那去了。

　　　　不着你碰它，碗能打了吗？

龙口　　不教碰上你，我就糟了。

　　　　不叫你碰了它，瓶子能打了吗？

沂水　　不着他给你撑台着，社员早把你撤了。

临沂　　不着天不好，我就去了。

淄川　　不着我跑得快，就叫雨淋着了。

　　　　不着这场雨，庄稼非减产不行。

另外，在莱州方言中还有两种表示假设关系的特殊说法：一种是"（这）就是 A，要是 B，就 C"，它的特点是在提出假设前，先对事实给予正面肯定，随后再从反面立设，从而形成假设同事实的正反对照。例如：

莱州　　这就是他没看见，要是他看见了，就不会饶你。

　　　　我就是没有钱，要是有钱，非买这本书不可。

　　　　就是我，要是换成别人，保证不会答应你。

　　　　这就是下雨，要是不下雨，我就干活去了。

一种是"A 便罢，要是 B，就 C"，它的特点是从相反的两个方面立设，从而形成假设与假设的正反对照。例如：

莱州　　他不来便罢，要是来了，一定会来看望我。

他给我便罢，他要是不给我，我就去找领导人要。

这块事不办便罢，要是办，就一定得办好。

（7）因果关系　普通话的因果关系复句包括说明因果句和推论因果句两类，说明因果句常用的关联词语是"因为……所以"，推论因果句常用的关联词语是"既然……那么"。山东方言的因果复句除了也具有这些说法外，还有些不同于普通话的特殊说法。

①表示说明因果的特殊说法有"用故……才"、"得为……"、"拥翁……"等。例如：

聊城　　用故下雨，他才没来。

新泰　　得为提了个意见，他常常穿小鞋儿。

金乡　　两口子拥翁一点小事儿，就开火儿。

除此，还有"结果在前，原因在后"说法，如沂水话的"……，盖……"。例如：

沂水　　挨了这顿打，都盖你嘴贱是的。

　　　　事儿没价办成，也不能光盖你不会办事儿，也盖俺没钱送。

　　　　地瓜芽子烂了根，你烧的炕，不盖你是的盖谁是的？

②表示推论因果的特殊说法有"自凡……就"、"已然……就"、"即便……就"等。例如：

德州　　你自凡说俩，就得照说的去做。

聊城　　自凡下雨啦，你就别来啦。

临清　　自凡说啦就得去办。

寿光　　你已然来了，就别走了。

牟平　　即便你已经知道了，我就不重复了。

六　紧缩复句

山东方言中的紧缩复句，也有一些特殊格式，这些格式结构短小，很少使用关联词语，但表义丰富。特点较为突出的格式主要有三种：

1. "VV＋不 VA"式

从意义的角度来看，山东方言的"VV＋不 VA"格式相当于一个包含着两个假设关系的并列关系复句。换句话说，它实际是一个二重复句的紧缩形式。其中"VV"是从肯定的方面说明假设的条件和结果；"不 VA"是从否定的方面说明假设的条件和结果，字面上是"如果 V，就 V；如果不 V，就 A"的意思，但实际是在强调"要好好 V"或"必须 V"，带有一定的强制性，常含不满意、不耐烦的口吻。不过有一点要注意，这个格式中的"V"必须都是单音节的，如果是双音节动词，在进入这个格式时应只保留前一个语素。

这种格式在山东地区的分布比较广，诸如在荣成、龙口、潍坊、济南、莱芜、临沂、济宁、金乡等地的方言中都有这种说法。以金乡方言为例：

你去去不去算完。你去就去，不去就算了。

　　干干不干叫他回去。他干就干，要不干就叫他回去。

　　吃吃不吃拉倒。要吃就吃，不吃就拉倒。

　　想来来不想来不来，那能中？想来就来，不想来就不来，那能行吗？

　　睡睡不睡出去！要睡觉就睡，不睡就出去！

　　提提不提随他吧。提拔就提拔，不提拔就拉倒，随他去吧。

　　学学不学回家种地去！要学习就好好学，不好好学就回家种地去！

　　2."能愿（或表心理）动词+V+不 V"式

　　与"VV+不 VA"格式一样，这种格式所表达的语义，实际也与一个由并列的两个假设关系所构成的二重复句的意义相当，意思是"要是+能愿（或表心理）动词 V，就 V；要是+不+能愿（或表心理）动词 V，就不 V"。不过在结构上它比"VV+不 VA"格式更为精炼，它只是用简单的"V"和"不 V"就分别代替了并列的肯定方面的假设关系和否定方面的假设关系。另外，在语气上它也不含有强制性，但仍有不耐烦的意味，只是程度比"VV+不 VA"式要轻一些。

　　山东各地普遍都有这种说法，其中尤以"爱 V 不 V"、"愿 V 不 V"、"戴/待 V 不 V"的说法为多。仍以金乡方言为例：

　　我戴说不说。我喜欢说就说，不喜欢说就不说。

　　你愿吃不吃。你喜欢吃就吃，不喜欢吃就算了。

　　他爱来不来。他愿意来就来，不愿意来就算了。

　　3."能愿（或表心理）动词 VV 吧"式

　　这种格式用并列的两个动词分别表示假设关系的条件和结果，意思是"如果+能愿（或表心理）动词 V，就 V 吧"。这种格式也是山东方言中一种常见的说法。以莱州话为例：

　　他待走走吧。他要走就走吧。

　　他待去去吧。他要去就去吧。

　　他要拿拿去吧。他要是想拿就让他拿去吧。

　　他唱唱吧。他愿意唱就让他唱吧。

　　他爱看看吧。他如果愿意看就让他看吧。

第三卷　历史编

就现有资料看，现代山东方言是从古代山东地区的汉语方言发展而来的。在漫长的历史岁月中，山东一直是文化发达的地区之一，山东的语言对于整个汉语的发展都会有重要的作用。早在华夏语言形成的重要时期——商周以迄战国时期，山东地区就是当时华夏人的活动中心之一。特别是春秋战国时代，齐国以其综合国力、鲁国以其丰富文化在华夏大地流光溢彩，齐桓公、管子、孔子、孟子、孙子等人在华夏舞台上叱咤风云之时，齐鲁的语言一定会在当时的华夏语言中具有举足轻重的地位。在此后的发展历程中，一方面，山东地区的方言受到了其他方言的影响；另一方面，伴随着移民等因素，山东地区的方言也对北方地区其他方言以及南方的一些方言产生了一定的影响。因此，探讨山东方言的历史，一方面对于研究现代山东方言有着自不待言的意义，另一方面对研究其他地区的方言也有重要的价值。

受资料以及目前的研究水平所限，我们还不能为山东方言自古至今的发展理出一条清晰的线索，这需要今后下更大气力深入挖掘。本编主要就着资料比较丰富的清代山东方言做一些专题的研究。同时，为了便于读者了解山东方言历史发展的整体概况，将张树铮《山东方言历史鸟瞰》一文略做修改附录于后。

第一章　清代山东方言语音

第一节　蒲松龄《聊斋俚曲集》用韵所反映的语音面貌

一　蒲松龄与《聊斋俚曲集》

清代著名文学家蒲松龄（1640~1715 年，山东淄川人）不仅是文言小说的圣手，还是通俗文学的创作大家。《聊斋俚曲集》收有他编写的俚曲共 14 种，除《俊夜叉》、《穷汉词》、《丑俊巴》三种为一人说唱的形式外，其余都是篇幅长、人物多、情节复杂的戏曲。适应民间演唱的需要，各曲的语言基本采用方言，其对白部分的词汇和语法特点与今淄川一带方言十分吻合，而大量唱词的押韵情况则为研究当时方言的韵母提供了重要依据。这是研究清初鲁中地区方言的最重要的资料。本节分析聊斋俚曲的用韵，并与今淄川方言进行比较，由此可见清初鲁中方言韵母的概况。所据《聊斋俚曲集》为中华书局 1962 年版《蒲松龄集》（路大荒整理）所收。今淄川方言属冀鲁官话区，其语音系统可参孟庆泰、罗福腾的《淄川方言志》）。

二　《聊斋俚曲集》用韵分部

据统计，《聊斋俚曲集》共有韵段 3191 个，入韵字 1969 个（不计异读）。根据韵字的系联可以归纳成 13 个韵部。不过，有些韵部之间存在通押现象，这些通押有些属于音近而通，有些则由于字有异读而通。对于音近而通者，我们可以根据该字押韵的一般情况及参考现代方言将其归入某一韵部。关于异读造成的通押，又有两种情况：第一种是由多音多义字而造成的，如"觉"字意为"晓也"时，《广韵》古岳切；意为"睡觉"时，《广韵》古孝切，自然会押入不同韵部。这种通押应当分别字的不同意义而分归不同韵部。第二种是由于一字同义的异读而造成的，如"学"字，意义无别，或押入歌戈、或押入萧豪，正如今北京音中此字读 ɕye 又读 ɕiau。这种通押反映的是字的异读，不能因为这些异读字而将两部相合。其中又可分两小类，一类是两个韵部间字数较多的异读，反映出一种规律性的现象，下文再讨论；一类是个别字的异读，如"做"字，凡 31 见，7 次与尤侯韵字押，24 次与鱼模韵押。考今淄川方言"做"字读 u 韵，但山东不少方言（如济南）读 ou 韵，可证俚曲中此字有异读。"大"字，凡 62 见，4 次与皆来韵字押，其余 58 次与家麻韵押，可见"大"字当时一般读 a 韵母，但还有 ai 韵母的异读。这些异读字都应当分别归入不同韵部。此外，还有由于儿化韵引起的通押。如《墙头记》第 4 回以"人"与"亏费白罪非"押韵，此处的"人"应读儿化，当然不能因此而将"人"归入微灰韵。具体的通押情况及其分析见下文，这里先对各韵部情况做一大致说明。

1．东钟韵

本韵来自中古的通、梗、曾摄阳声各韵，相当于《中原音韵》的东钟韵和庚青韵。今淄川方言读 əŋ、iŋ、uŋ、yŋ。为省篇幅及便于印刷，此不列韵谱及韵字。

2．江阳韵

本韵来自中古的江、宕二摄阳声各韵，相当于《中原音韵》的江阳韵。今淄川方言读 aŋ、iaŋ、uaŋ。此不列韵字。

3．支齐韵

本韵来自中古止摄、蟹摄开口细音，以及一些入声韵 (入声韵情况详见下文，下同)，相当于《中原音韵》的支思韵和齐微韵的开口字。今淄川方言读 i、ï (本章以 ï 代替 ɿ、ʅ，下同)。下面只列出入韵的古入声字 (括号内为《广韵》韵部)：

逸日蜜密疾实侄 (质)　虱 (栉)　石癖益亦席 (昔)　逆 (陌)　吃戚的籴敌 (锡)　媳极棘食直值 (职)　十拾汁揖习入及立急级集 (缉)

本韵与微灰韵多有通押，与鱼模韵也有通押的现象。

4．微灰韵

本韵来自中古止、蟹摄合口，以及一些入声韵，相当于《中原音韵》齐微韵的合口字。今淄川方言读 ei、uei。下面只列入韵的古入声字：

白宅嚇 (陌)　脉 (麦)　北德得勒贼 (德)

本韵除与支齐韵有通押现象外，与皆来韵也有通押。

5．鱼模韵

本韵来自中古遇摄及部分入声韵，另有少数来自中古流摄，相当于《中原音韵》的鱼模韵。今淄川方言读 u、y。下面只列入韵的中古流摄和入声字：

浮谋 (尤)　负妇 (有)　富 (宥)　读伏服碌木肉熟屋粥逐 (屋)　督酷 (沃)　局褥赎蜀俗足 (烛)　出 (术)　物 (物)　卒没突 (没)

6．皆来韵

本韵来自中古蟹摄，确实来自入声的只有一个字：白 (陌)，不过该字另押入微灰韵。相当于《中原音韵》皆来韵中的非入声字。今淄川读 ɛ、iɛ、uɛ。此不列韵字。

注意，"鞋谐秸阶戒界"等字不与车遮韵或歌戈韵通押。

7．真文韵

本韵来自中古臻摄和深摄。相当于《中原音韵》的真文和侵寻两韵，即已经没有单独的闭口韵母。今淄川方言读 ə̃、iə̃、uə̃、yə̃。此不列韵字。

8．寒谈韵

本韵来自中古山摄和咸摄。相当于《中原音韵》的寒山、桓欢、先天、监咸、廉纤五韵。今淄川方言读 ã、iã、uã、yã。此不列韵字。

9．萧豪韵

本韵来自中古效摄，部分字来自入声韵，相当于《中原音韵》萧豪韵，入声字往往另押入歌戈韵。今淄川方言来自效摄的读 ɔ、iɔ，来自古入声的字读 uə、yə 而不读 ɔ、iɔ。下面只列来自入声的入韵字：

嚼虐药着（药）　　乐 [音~] 学觉（觉）

本韵部分入声字与歌戈韵有通押现象。

10．歌戈韵

本韵来自中古果摄及部分入声韵，相当于《中原音韵》的歌戈韵。今淄川方言读 uə、yə，唇音后读 ə。下面只列来自入声的入韵字：

剥学桌（觉）　　佛（物）　　喝 [吆~]（曷）　　夺活抹泼脱（末）　　刮（鎋）　　缚弱药灼着（药）
箔薄错乐 [快~] 落摸索作（铎）　　喝 [~水] 合盒（合）

本韵与车遮韵只有"活"字通押。

11．车遮韵

本韵来自中古假摄及部分入声韵，少数几个来自中古果摄，相当于《中原音韵》的车遮韵。今淄川方言读 iə、yə，舌尖后音声母后读 ə。入韵字是：

靴（歌）　　些爹邪爷赊遮车（麻）　　祸（果）　　姐扯也（马）　　夜卸赦谢借（祃）　　月歇（月）
活（末）　　铁洁诀切撇捏（屑）　　别折说拙鳖灭孽蹩绝（薛）　　却（药）　　妾（叶）　　牒贴（帖）
这

12．家麻韵

本韵来自中古假摄及入声韵，相当于《中原音韵》的家麻韵。今淄川方言读 a、ia、ua。入韵的古入声字有：

剥觉（觉）　　发髪伐袜（月）　　擦达撒萨砸搽（曷）　　压（狎）　　八扒滑抹杀煞扎（黠）　　刮刷瞎辖（鎋）　　搭答蛤拉纳踏杂匣（合）　　蜡塌塔遏榻褡（盍）　　插夹掐狭霎（洽）　　乏法（乏）

13．尤侯韵

本韵来自中古流摄，没有来自古入声韵的，相当于《中原音韵》尤侯韵中的非入声韵字。今淄川方言读 əu、iəu、uei。此不列入韵字。

三　不同韵部间通押问题

1．关于支齐与微灰的通押

支齐韵与微灰韵通押共有 18 例。如《姑妇曲》第 1 回"十知气低谁堆你气西捶罪"，《慈悲曲》第 4 回"弟机碎思饥气"，《禳妒咒》第 19 回"姨槌治之气师"。与支齐韵通押的微灰韵字有"贼德亏费堆睡睡背灰捶罪槌非垂威悲碎雷昧眉锥"。这些字今淄川方言读 ei、uei，在俚曲中更经常地与其他微灰韵字相押，它们与支齐韵通押只能认为是韵母相近而致。按，支齐韵读 i、ɿ，与 ei、uei 都是较高较前的元音，音色比较接近，故而在民歌或词曲中常常通押。时代相近的同是反映山东方言的《金瓶梅》中也有不少支齐韵与微灰韵通押的例子，如第8回："红曙卷窗纱，睡起半拖罗袂。何似等闲睡起，到日高还未。催花阵阵玉楼风，楼上人难睡。有了人儿一个，在眼前心里。"

2. 关于支齐与鱼模的通押

支齐韵与鱼模韵通押的共有14例，如《磨难曲》第13回："去知事师死"，《增补幸云曲》第16回："嘻欺趣的弟愚"。鱼模韵与支齐韵通押的字有："去诸趣除惧于愚蹰局出主住车（~马炮）"。鱼模的主要元音应当是 u、y，与支齐韵通押的都是细音合口字即读 y 韵母的字，y 与支齐韵的 i、ɿ 均为前高元音，因而可以押韵。《金瓶梅》中也有不少此类例子，如第2回："芙蓉面，冰雪肌，生来娉婷年已笄，袅袅倚门余。梅花半含蕊，似开还闭。初见帘边，羞涩还留住；再过楼头，款接多欢喜。行也宜，立也宜，坐也宜，偎傍更相宜。"

需要注意的是，与支齐韵通押的鱼模韵字中也有来自古知庄章组声母即读 ʈʂ ʈʂ' ʂ 的字（诸除蹰出主住），因而这些字的韵母当仍读细音。

3. 关于微灰与皆来的通押

微灰韵与皆来韵通押的字有"杯堆雷（灰）退（队）"。如"杯"字共12次入韵，7次押入皆来，5次押入微灰。如《磨难曲》第19回"在开外杯鞋载揵偾"为韵，第27回"醉堆对杯微催随坠"押韵。中古蟹摄一等字在今北方话中一般变为 ai、ei 两类韵母，上述字在微灰和皆来两韵间的自由押韵，表明它们的韵母当时有 ai、ei 的异读。今淄川方言均读同微灰韵。

4. 关于歌戈和车遮的分立与通押

俚曲中歌戈与车遮分用十分明显，这与《中原音韵》基本一致，与今淄川方言不同：今淄川方言中，歌戈韵和车遮韵的主要元音都是 ə，因而可以合为一个韵部。比较一下上述支齐韵与微灰韵、支齐韵与鱼模韵因元音相近而发生的大量通押，我们可以说在蒲松龄的时代，歌戈与车遮两韵的韵母差别还是比较大的。可以将它们的主要元音分别拟为 o 和 ə。这两部通押还牵涉到入声字的演变问题，下文再详细讨论。至于"活"字兼押歌戈、车遮两部，可能是因为处于韵末的 o 的圆唇动作有些减弱，因而与 ə 相近而通押。今淄川等鲁中地区方言该字韵母一般读 uə。

歌戈韵与萧豪韵的入声字也有一些通押的现象，这与入声字的演变有关，下文一并讨论。由于儿化形成的通押亦见下文。

四　入声字的押韵问题

1. 俚曲中古入声字韵母的性质

在聊斋俚曲中，古入声字同阴声韵字通押，没什么区别。如《寒森曲》第8回"着多过佛错活"为韵，其中"着佛活"为古入声字；《禳妒咒》第16回"骂法嘎巴抓掐砸么搭俩"为韵，其中"法掐砸搭"为古入声字；《慈悲曲》第4回"气知立拾低饥皮日"，其中"立拾日"为古入声字。此类不胜枚举。因此,上文把古入声字与阴声韵字归为一部,不做区别。

不过,如同对《中原音韵》中的入声字是否已经完全消失有不同看法一样,入声字同阴声韵通押并不一定说明入声字已经完全混同于阴声韵,因为两者的通押可能是由于押韵的宽松 (有喉塞尾与无喉塞尾通押) 或不同声调通押 (入声字虽无塞音尾但独立为一调) 等原因造成的,而押韵比较宽松和不同声调通押在聊斋俚曲中都是很普遍的现象。所以,还有必要结合现代方言作进一步观察。

现代淄川方言中,古入声已经消失,分别归入阴平 (古清入)、阳平 (古全浊入。淄川方言阳平与上声单字同调,但在轻声前的连读变调中能够区分出部分古上声字)、去声 (古次浊入)。但是,有两种现象使我们不敢轻易地断定三百年前淄川方言已经完全消失了入声:一,淄川以北相邻的淄博市张店区、桓台县等地,就是还保存入声的地区。这些地方的古全浊入和次浊入已经消失,但大部分古清入声字仍独立为一个调类,韵母没有喉塞尾,也不短促,一般读中平调33或半高平44,调型与上声55相近。二,淄川方言古清入字尽管已经与来自古清入母平声的字在单字调中相同 (214),但在轻声前的连读变调中,古清入字与清平字变化不同,清入字一般不变,而清平字一般变读31,因此在轻声前可以分辨出古清入声字来。这说明,淄川方言古入声全部消失 (特别是清入声消失) 的时间距今不会太久远,而全浊入和次浊入声字有可能消失得较早。

在聊斋俚曲中,有迹象表明入声已经分化,而且分化的规律与今淄川方言完全一致,这在《禳妒咒》的某些韵例中表现得比较明显。《禳妒咒》中一些唱段韵字的声调完全相同,特别是用"儿"标记出儿化的韵母都是同声调相押,其中有三段用到了入声字,恰好分别有清入、次浊入和全浊入三种类型。请看它们的表现 (都在第24回):

第一段　素儿、布儿、裤儿、褥儿、物儿、户儿、傅儿、妇儿、数儿

第二段　抓儿、洼儿、掐儿、仁儿、花儿、渣儿、法儿、法儿

第三段　胡儿、脯儿、雏儿、伏儿、壶儿、驴儿

第一段都押去声调,其中的古入声字有褥 (中古日母)、物 (微母),都是次浊入声字;第二段都押阴平调,其中的古入声字有掐 (溪母)、法 (非母),都是清入声字;第三段都押阳平调,其中的古入声字有伏 (奉母),是全浊入声字。这种全清入归阴平、全浊入归阳平、次浊入归去声的现象正与今淄川方言一致,与其他冀鲁官话也一致 (如以西的济南和以东的寿光、潍坊),因此,这并非偶然的现象。据此,我们可以推断三百年前淄川方言中古入声已经分化,其分化规律与今淄川方言一致。而这与上面提到的张店、桓台等地今仍保留的入声情况是不一致的,因为张店等地的清入声字调型与上声相近,而不是与阴平相近。再者,由于上述韵段的各个韵字都是同调的,因此我们没有理由不承认其中的入声字与其他字调值不同。由上述情况看起来,我们倾向于认为,聊斋俚曲中的入声已经完全消失,其变化规律与今淄川方言及冀鲁官话大部分地区一致,而与其北邻的张店、桓台等地不同。

2. 入声字韵母的演变规律

淄川方言与北京话一样同属北方方言，古入声字的演变规律大致相同而略有差异。为简便说明聊斋俚曲中古入声字的演变规律，这里以北京音作为一个参照系。从上文所列入韵的入声字归类情况可以看出，聊斋俚曲中的入声字韵母与今北京音有同有异，而与今淄川方言基本一致。其主要规律及与今北京音的差异是：

（1）来自古臻摄、梗摄、曾摄、深摄入声的细音开口字读支齐韵 i、ɿ，洪音读微灰韵 ei、uei，同今淄川方言。今北京音细音字同俚曲及淄川音，但洪音字有的读 ei，有的读 ɤ、ai，如"白(陌)脉(麦)北德得勒贼(德)"与此不同。注意，"入"字(缉韵)只一见，押入支齐韵，不入鱼模，可见当时还读同"日"音(或有"日"音的异读)。今淄川方言读同"褥"字。另外，"白"字共 4 见，两次与微灰韵押，两次与皆来韵押，可见此字当时有 ei、ai 的异读。

（2）来自古通摄、臻摄入声合口字读鱼模韵 u、y，同今北京音及淄川方言。注意，"肉"字俚曲中凡 24 见，只有两次与鱼模韵押，其余均与尤侯押。可见当时"肉"的韵母一般已读 ou，但还有 u 的异读。

（3）来自宕摄药韵和江摄觉韵的部分字读萧豪韵，它们是：嚼乐虐药着(药)学(觉)。这些字今淄川方言读 yə 或 uə，同歌戈韵、车遮韵的入声字韵母相同。在聊斋俚曲中，"乐药着学"又与歌戈韵字通押。因为萧豪韵的韵母是 ao，歌戈韵的韵母是 o，一般不能通押，所以这些字与歌戈韵的通押只能说明它们具有歌戈韵的异读。今北京音中，这些字读 au、iau 或有 au、iau 的异读。聊斋俚曲与北京音相同，而与今淄川方言不同。

（4）来自古江摄、山摄、宕摄、咸摄入声的洪音及臻摄物韵唇音字读歌戈韵，同今淄川方言。今北京音上述字读 ɤ、uo、ye，有些字读 au 或有 au 的异读，如"药落学"。

（5）来自古山摄月末屑薛韵、咸摄入声细音和宕摄药韵的入声读车遮韵。今北京音上述字读 ɤ、uo、ye。

今淄川方言上述三类的韵母混同，均为 ə、iə、uə、yə，如：佛 fə、灭 miə、说 ʂuə、学 ɕyə。

（6）来自古山摄月韵、曷韵、黠韵、锗韵及咸摄合韵、盍韵、洽韵、狎韵、乏韵的入声，以及江摄觉韵的部分字读家麻韵。这些字的表现与今北京音及淄川方言基本一致，只有来自中古觉韵的"剥觉"二字值得注意。关于中古觉韵字后代读入家麻韵，此前未见讨论。从今淄川方言来看，"剥"字今淄川白读 pa(如：～皮)，与俚曲同；文读 pə(如：～削)，俚曲也有歌戈韵的异读。"觉"字今淄川方言不分文白读，音 tɕyə，与俚曲不同。我们还注意到，虽然今淄川方言中来自古觉韵的字一般地是与北京音一样读 uo(ǔə)、ye(yə)的，但是除"剥"字外还有两个字今也读 a、ia："雹"字音 pa，如"雹子"；"角"字白读音 tɕia，如"牛角"。可惜的是，聊斋俚曲中未见"雹"、"角"二字入韵。但由"剥雹角"今淄川仍读 a、ia 韵母来看，300 年前古觉韵的一些字确实是读 a、ia 韵母的。其中，"剥"字白读至今仍保留原来的读法，而"觉"字后来则发生变化失去了 a 韵母的读法。至于淄川方言中古觉韵字的演变机理及过程可另外讨论。

五　"儿"与儿化韵

1．"儿"字的读音

今淄川方言与周围地区类似，"儿"字声母为舌尖后边音，韵母为较高的央元音，与舌尖元音近似而不同，这里按张树铮的记法标为 ɿ（请参张树铮《山东方言"日"母字研究》，见张树铮《方言历史探索》，内蒙古人民出版社 1999 年版）。聊斋俚曲中"儿"字共 8 次入韵，押入支齐韵。下面是其全部用例：

皮儿势依气欺（《磨难曲》17 回）／妻儿继垂悲碎（《磨难曲》19 回）／十儿皮（《禳妒咒》27 回）／的离知实儿机棋衣誓儿（《禳妒咒》29 回）／锥迷堆机儿势（《慈悲曲》2 回）／雷贼睡知势儿（《增补幸云曲》23 回）／妻离聚儿肥睡（《富贵神仙》9 回）／妻儿继垂悲碎（《富贵神仙》9 回）

很明显，如果"儿"音 ər 的话，是不大可能与支齐韵的字押韵的。参考今淄川方言、鲁中地区方言及《等韵简明指掌图》的情况，我们可以认为 300 年前淄川方言中"儿"字的韵母已经与现在相同。

2．儿化韵

今淄川方言中相当于普通话儿化的语音变化不是韵母元音卷舌，而是发生变韵。主要规律是：韵腹 ã，变读为 ɛ；韵腹 ɔ̃、i、ɿ，变读为 ei；其余韵母没有变化。观察聊斋俚曲中的押韵情况，我们可以得出以下两方面结论：

（1）聊斋俚曲中存在着儿化韵。

最显明的一个事实是，《禳妒咒》中多次使用标有"儿"字的儿化韵脚。这些韵脚都出现在第 24 回，共 12 例。如：

灯儿、风儿、更儿、钉儿、升儿、星儿、钉儿、声儿、宗儿

官儿、间儿、天儿、烟儿、湾儿、班儿

钱儿、钱儿、钱儿、钱儿、年儿、坛儿

瓣儿、片儿、线儿、面儿、段儿、面儿、馅儿、沿儿、瓣儿、看儿

块儿、块儿、带儿、卖儿、菜儿、盖儿、怪儿、袋儿

因此，可以肯定聊斋俚曲中存在着儿化韵。

其次，其他未标"儿"的韵脚中也有一些肯定是押儿化韵的。如《俊夜叉》："小三小三你睁开眼，忒也说的不成款。虽然长了二三十，从今还要做个茧。如再跌牛又拉满，变个小狗没大点。以后齐心往前过，生个儿来叫老小改。""改"与"眼款茧满点"为韵。《禳妒咒》第 1 回："我就从来没捆，有了钱来要弄鬼。学着赌博指着赢，输了待捞没有本，心里痒痒没处抓，跑前跑后撅着嘴。不知是谁撒了汤，恼的娘子滴下水，进来房门采住毛，挼了一百小鞋底。虽然打我我不怨，原是俺自家没有理。""捆鬼本嘴水底理"为韵。这些韵字只有儿化后才能变得相同而通押。其他的例子如：《增补幸云曲》第 17 回"衣妻势子味意根"，第 18 回"环传看边面快"，《磨难曲》第 26 回"嘻味眉根对"，《翻魇殃》第 10 回"味魂泪

门音人堆谜"，《穷汉词》"力子子分"，"沿块面件幕 (原注：幕读漫音) 串伴瓣线汗筷蒜面鞯快看蛋"，《墙头记》第 4 回"人亏费白罪非"，《襄妒咒》第 1 回"堆根得哎"，《俊夜叉》"嘴腿鬼水底盹拐本"，《富贵神仙》第 13 回"嚇几味眉根对"，都是非儿化不能通押的。

（2）聊斋俚曲中的儿化韵当以卷舌为特征。

虽然可以肯定上述没有加"儿"的字也是押儿化韵，但还不能断定这些所谓的"儿化"是否卷舌，因为在今淄川方言的变韵中，变韵后的韵类与其他方言中卷舌的儿化韵类是一样的，如"快"与"蛋"变韵后的韵都是 ε（比较北京都是 ar）、"水"和"理"变韵后的韵都是 ei（比较北京是 ar），因此不能单纯依凭"快、蛋"、"水、理"的通押就说它们都是卷舌的儿化。不过，有了那些作者明确地在韵字后加上了"儿"字的韵段，情况就不同了：一，由于今淄川等地方言中的"儿化"是变韵而不是卷舌，而变韵已经与"儿"音没有任何关系，因此，加"儿"字的儿化韵，肯定不是平舌的变韵；二，又由于聊斋俚曲中大部分儿化韵不加"儿"字，因此，可以肯定儿化后的韵母也只是一个音节，而不能是两个音节如"花——儿"之类。这样，剩下来的可能就是承认当时的儿化以卷舌为语音特征，与现代山东大部分地区及北京话等的儿化相同了，今淄川方言的"儿化变韵"只不过是后来演变的结果 (关于淄川等地儿化变韵的来源，请参张树铮《淄博等地方言的儿化变韵与幼儿型儿化》，见张树铮《方言历史探索》，内蒙古人民出版社 1999 年版)。

六 声 调

如同其他民间唱词一样，聊斋俚曲中的押韵一般不太讲究声调，所以绝大多数韵段是异调相押。但也有部分韵脚是同调相押的，其中以《襄妒咒》中同声调相押的韵段最为集中；尤其是标注"儿"字的儿化韵段，每个都是同调相押，非常严整。从这些同调相押的韵段，我们可以看出当时声调调类有阴平、阳平、上声、去声四个，其与古音的对应规律大致与今冀鲁官话相同，即：平分阴阳，全浊上变去，入派三声。

下面举《襄妒咒》中四个调类独立押韵的韵例：

1．阴平独立押韵

官儿、间儿、天儿、烟儿、湾儿、班儿 (24 回)

灯儿、风儿、更儿、钉儿、升儿、星儿、钉儿、声儿、宗儿 (24 回)

抓儿、洼儿、掐儿、仨儿、花儿、渣儿、法儿、法儿 (24 回)

2．阳平独立押韵

钱儿、钱儿、钱儿、钱儿、年儿、坛儿 (24 回)

田儿、园儿、钱儿、全儿、蛮儿、盐儿 (24 回)

胡儿、脯儿、雏儿、伏儿、壶儿、驴儿 (24 回)

3．上声独立押韵

脸眼点胆闪俺茧 (1 回)

纂儿、眼儿、板儿、盏儿、点儿 (24 回)

老倒饱扫了 (1 回)

捆鬼本嘴水底理 (1 回)

水腿每鬼毁嘴 (16 回)

耍马假把俩寡打 (1 回)

4．去声独立押韵

靽儿、担儿、罐儿、筦儿、垫儿、饭儿 (24 回)

官儿、扇儿、万儿、缎儿、院儿、县儿、面儿、饭儿、腕儿 (24 回, 首字阴平)

瓣儿、片儿、线儿、面儿、段儿、面儿、馅儿、沿儿、瓣儿、看儿 (24 回)

块儿、块儿、带儿、卖儿、菜儿、盖儿、怪儿、袋儿 (24 回)

素儿、布儿、裤儿、褥儿、物儿、户儿、傅儿、妇儿、数儿 (24 回)

从反面来看, 我们未发现较长的韵段中只有两类声调相押 (如阴平与阳平、阳平与上声、阳平与去声等) 的例子, 这也说明上述四个调类的独立押韵并不是偶然的, 而是确实反映了这四个调类的独立性。

现代淄川方言只有三个单字调：阴平、上声、去声。上声中包括古浊声母平声字和全浊入声字 (相当于《中原音韵》中的阳平)。不过在轻声前的连读变调可以区分出阳平和上声, 因此可以推断阳平和上声的相混时间不会太久。聊斋俚曲的押韵可以说明三百年前淄川方言中阳平与上声是不混的。

第二节　周云炽《韵略新抄便览》音系

一　周云炽与《韵略新抄便览》

《韵略新抄便览》是张鸿魁先生 1989 年发现的一种韵书 (参张鸿魁 1999 年油印本《明清山东官话的音系特点——"山东韵略"初探》), 为光绪乙未 (1895 年) 京都文兴成刻本, 后来张先生又发现了一种光绪庚子 (1900 年) 成文堂刻本。相对来说, 乙未本错误更少一些, 下面的讨论均据乙未本。

《新抄》的作者是清中期山东掖县人周云炽。据乾隆年间所修《掖县志》(《掖县志》序于乾隆二十三年 (1758 年), 但 "选举" 部分所列的举人中举时间最晚的是乾隆二十六年 (辛巳), 该年中举的有 3 人, 周云炽列最后, "中式六十七名", 其余两人名次比周氏靠前。所以, 该版《掖县志》实际刊刻时间要晚于乾隆二十六年或即在该年) 载, 周氏为乾隆辛巳 (1761 年) 举人 (其兄周云焕为丁卯年举人)。据周氏《韵略新抄便览自序》, 辛未年 (1751 年) 他根据同郡人毕拱辰所编《韵略汇通》"取而抄录之, 正以国朝字典, 更兼参之群书, 不揣固陋, 窃为增订, 多用改易, 不复一仍其旧。……总期于简括之中更求按览之至便。凡阅一岁而集成。又阅十年, 癸未 (1763 年) 之秋, 舌耕之暇, 乃始誊真于竟成草堂。书毕, 爰取而名之曰《韵略新抄便览》云。" 可见, 《新抄》是改编增订《韵略汇通》之作，目的是增订，同时也便于"按览"；编于 1751～1752 年，最后誊抄完毕于 1763 年。

《新抄》正文之前除《自序》外，还有《凡例》、《目录》、《翻切字法》。《凡例》共 18 条，说明韵部安排、注音、释义等体例。《目录》列出《新抄》韵目，并附简要说明，解释改并《汇通》韵部和韵目的原因。《翻切字法》转录《汇通》并略有删节。

全书总的体例沿用《韵略易通》和《韵略汇通》，按韵部排列，每韵部中按"早梅诗"二十字母分组，每组中按等呼分小韵，平声下出切语，下赅上、去声。与《汇通》不同的是，入声附于阴声韵平、上、去之后。不过虽然入声附于阴声韵后，但另起一行，并另出切语，与阴声韵不混。如"五支齐"韵中"东"母下的第一个同音字组是：

> 东 平　都黎(切) 堤……　上　底……　去　地……
>
> 　　　入　都历(切) 的……

在正文天头还有不少注语，主要是说明一些字应当到哪里去找。如"东晴"韵"枝"母"争"小韵上面的注语："'峥、琤、铿'见后'撑'韵。"该书"峥、琤"字在"春"母'撑'小韵平声，"铿"字在"撑"小韵去声。注语表明，"峥、琤、铿"字在当时有读成"争"小韵的 (读"枝"声母)，所以有人会到"争"小韵这里来找。可见，这些注语更真实地反映了一些字在当时的实际读音，也是很宝贵的语音资料。

此外，该书还收了不少"土音谚语"，"为日用所必需者"，这对于研究方言俗字也很有价值。

张鸿魁对《韵略新抄便览》的作者及音系特点有简单的介绍，这里我们对该书的音系做全面的讨论。

二 《韵略新抄便览》的韵母系统

《新抄》与《韵略汇通》相比，一个明显的不同是韵部数量的差异：《韵略汇通》分韵部为 16 部，《新抄》则减少 2 部。兹比较两书韵部如下：

汇通	东洪	庚晴	江阳	真寻	先全	山寒	支辞	灰微
新抄	东晴		江阳	真寻	先寒		支齐	灰微
汇通	居鱼	呼模	皆来	萧豪	戈何	家麻	遮蛇	幽楼
新抄	居虞	呼模	皆来	萧豪	戈何	家麻	遮蛇	幽楼

由上可见，《新抄》主要是把《韵略汇通》的"东洪"与"庚晴"、"先全"与"山寒"进行了合并。《新抄》的"东晴"、"先寒"两韵，不光包含了《韵略汇通》"东洪""庚晴"、"先全""山寒"四韵的字，从音值上来说也等于相应两韵的合并。《新抄》作者在《目录》之后对此做了说明："旧编 (按：指《韵略汇通》)'庚青'一韵，其入声原异，故以'晴'字入声附入'真寻'。若上三声，则相类也。以为相类，则'东洪'之于'庚晴'，亦末 (按：当作'未')始不相类矣。'先全'之于'山寒'亦是入声不相类耳。今愚既依顺转，悉以入声分附

于后数韵中，以类相从矣，则上三声苟可类收，又何必多分部位，以劳检阅乎？故……并'东洪'、'庚晴'为'东晴'，并'先全'、'山寒'为'先寒'，意取便于检阅；撮二字以该之，不嫌挂漏也。"作者认为，《韵略汇通》之所以各分"东洪""庚晴"、"先全""山寒"为两类，是由于与它们相配的入声韵不同。而现在把入声改配了阴声，它们之间就没有差异了，所以可以合在一起。

每部中按"早梅诗"二十字母排列，每字母下由等呼不同而形成不同小韵，由此可以看出每个韵部的韵母的小类。下面分部观察：

（一）东晴

根据反切系联，各小韵可连为四类。兹径按开齐合撮四呼列出小韵代表字，不详列系联过程，可大致参看各小韵代表字的切语。下同。

	开	齐	合	撮
东	登（都滕）	丁（当经）	东（德红）	
风				风（方中）
破	烹（披庚）	砯（披冰）		
早	曾（咨登）	精（咨盈）	宗（祖冬）	
梅		明（眉兵）	蒙（莫红）	
向	亨（许庚）	兴（无反切）	薨（呼红）	兄（许容）
暖	能（奴登）	宁（奴丁）		
一	硬（於曾）	英（於京）	翁（乌红）	雍（於容）
枝	争（甾耕）	贞（知盈）		中（陟隆）
开	坑（邱庚）	卿（邱京）	空（苦红）	穹（渠公）
冰	崩（比萌）	兵（补明）		
雪		星（先青）		松（息中）
人		仍（如乘）		戎（如融）
见	庚（古衡）	京（居卿）	公（古红）	扃（涓荧）
春	撑（抽庚）	称（蚩承）		充（昌中）
从	层（祖棱）	青（苍经）	聪（仓红）	
天	鼟（他登）	听（他经）	通（佗红）	
上	生（师庚）	升（书蒸）		春（书容）
来	楞（鲁登）	灵（郎丁）		龙（卢容）

说明：

①"开"母后"穹"小韵切下字为"公"，而"公"字反切为"古红"，可与合口呼系联，但该母合口呼后已有"空"小韵，故根据今音定为撮口。

②《新抄》有些反切不是十分谨严，如"壅容"等字的反切是"於容（切）"，用被切字来做切下字，这是很不符合反切习惯的。还有的小韵未出反切。

③本韵部的韵母可拟为：

开 əŋ　　齐 iəŋ　　合 uəŋ　　撮 yəŋ

（二）江阳

	开	齐	合
东	当（都郎）		
风		方（府良）	
破	滂（铺郎）		
早	臧（兹郎）	将（即良）	
梅	忙（莫郎）		
向	杭*① （呼郎）	香（虚郎）②	荒（呼光）
暖	囊（奴当）	孃（女良）	
一	昂（五冈）	央（於良）	汪（乌光）
枝		张（诸良）/庄（侧羊）	
开	康（苦冈）	腔（枯江）匡（曲王）	
冰	邦（博旁）		
雪	桑（息即）	相（思将）	
无		亡（无方）	
人		穰（如羊）	
见	冈（格郎）	江（古双）	光（古黄）
春	窗（初郎）	昌（尺良）	
从	仓（千冈）	枪（千羊）	
天	汤（吐郎）		
上		商（尸羊）/霜（师庄）	
来	郎（鲁堂）	良（吕张）	

说明：

①按系联可分三类。"枝"母下的"张"和"庄"，"上"母下的"商"与"霜"，按反切下字可系联为一类，但有冲突，后面再讨论。

②本韵部的韵母可拟为：

---

① 有些小韵的首字为生僻字。兹为便印刷，改以同小韵的常用字代表，以字右上加＊表示。

② 切下字"郎"当作"良"。

开 aŋ　齐 iaŋ　合 uaŋ

（三）真寻

	开	齐	合	撮
东		螓（丁林）	敦（都昆）	
风			分（敷文）	
破	喷（铺魂）	贫（毗宾）		
早		津（资辛）	尊（祖昆）	
梅	门（莫奔）	民（弥邻）		
向	哏（胡恩）	欣（许斤）	昏（呼昆）	熏（许云）
暖		纫（尼邻）	䡒（奴昆）	
一	恩（乌痕）	因（伊真）	温（乌昆）	氲（於云）
枝	臻（侧诜）	针（之人）		谆（朱伦）
开	恳*（口恩）	龺（驱巾）	坤（枯昆）	群（渠云）
冰		宾（卑民）	本（甫[1]昆）	
雪		辛（斯邻）	孙（苏昆）	旬（详伦）
无			文（无分）	
人		人（如邻）		闰*（女[2]匀）
见	根（古痕）	今（居银）	昆（公浑）	君（规伦）
春	参（楚簪）	嗔（称人）		春（枢伦）
从		亲（七人）	存（仓尊）	皴（七伦）
天			吞（他昆）	
上	森（疏臻）	身（升人）		唇（殊伦）
来		邻（离珍）		伦（龙春）

说明：

①"分（敷文）"与"文（无分）"两小韵切下字互用，与其他小韵不系联。此暂据"文"字归入合口呼。

②"臻簪（侧诜）"、"参（楚簪）"、"森诜（疏臻）"切下字系联自成一系。此暂归在开口呼。后文再讨论。

③本韵部的韵母可拟为：

开 ən　齐 iən　合 uən　撮 iuən

---

[1] 切上字"甫"当作"逋"。
[2] 切上字"女"当作"如"。

（四）先寒

	开	齐	合	撮
东	丹（都干）	颠（多年）	端（多官）	
风	番（孚难）			
破		偏（纸连）	攀（普班）	
早	簪（祖含）	尖（将廉）	钻（祖官）	镌（精圆）
梅		眠（莫坚）	漫（谟官）	
向	酣（呼干）	轩（虚延）	欢（呼官）	喧（呼渊）
暖	难（那干）	拈（奴兼）	奻（鱼官）	
一	安（於寒）	烟（因肩）	列（乌还）	渊（於袁）
枝		毡（诸延）/詀（之山）	专（无反切）	
开	堪（邱寒）	牵（苦坚）	宽（枯官）	圈（驱圆）
冰		边（卑眠）	班（逋还）	
雪	三（无反切）	先（苏前）	酸（苏官）	宣（息缘）
无			晚（无弯）	
人		然（如延）	攒（而宣）	
见	干（居寒）	间（居闲）	官（古欢）	涓（古悬）
春		襜（处占）/搀（初衔）		川（重圆）
从	参（仓含）	千（仓先）	撺（七桓）	全（且缘）
天	贪（他丹）	天（他年）	湍（他官）	
上		膻（尸连）/山（师奸）	拴（数还）	船（食川）
来	兰（郎干）	连（灵年）	栾（卢官）	挛（闾圆）

说明：

① "先"、"千前"切下字互用，此依古音及今音置于齐齿。

②本韵部的韵母可拟为：

开 an 　齐 ian 　合 uan 　撮 yan

（五）支齐 （附入声）

	开	齐
东		陧（都黎）
（入）		的（都历）
破		披（铺迷）
（入）		匹（僻吉）

早	资（津私）	蘁（臧西）
（入）		疾（作息）
梅		迷（绵兮）
（入）		密（莫笔）
向		希（香衣）
（入）		翕（许及）
暖		尼（女夷）
（入）		匿（尼质）
一		衣（於衣）
（入）		益（伊昔）
枝		支（章移）/知（珍离）
（入）		质（之日）
开		欺（去其）
（入）		契（若①计）
冰		笓（边迷）
（入）		必（卑吉）
雪	思（息兹）	西（先齐）
（入）		悉（息七）
人		而（人之）
（入）		日（人质）
见		几（坚溪）
（入）		吉（居质）
春		差（叉兹）/痴（丑之）
（入）		赤（昌石）
从	雌（七支）	妻（千西）
（入）		七（亲吉）
天		梯（天黎）
（入）		剔（他历）
上		师（霜夷）/世（事知）
（入）		室（式质）
来		黎（邻溪）
（入）		粟（力质）

---

① 切上字"若"当作"苦"。

说明：

①按系联，入声字切下字可联为一类，非入声字的切下字可分两类："资（津私）私（息兹）兹（津私）思（息兹）差（叉兹）"递用为一类，其余为一类。"资"类字声母均为中古精组、庄组，韵母均为中古止摄，按规律今音 tsï、tʂï 一类。但切语表现出来的现象并不整齐：第一，同属中古精组止摄的"雌"小韵切语是"七支"，而"支"的切语是"章移"（此切语源自《广韵》）；第二，与"差（参差）"同属中古庄组止摄的"师"小韵切语是"霜夷"。这里将古精组止摄字单独列在开口呼，其余均列齐齿呼。

②本韵部的韵母可拟为：

开 ï　齐 i

（六）居虞 (附入声)

	摄
早	雎（子余）
向	虚（居休①）
（入）	旭（许玉）
暖	女*（女居）
一	於（衣虚）
（入）	玉（鱼欲）
枝	朱（专於）
（入）	术（直律）
开	驱（邱于）
（入）	曲（邱玉）
雪	须（相俞）
（入）	戌（雪聿）
人	如（人余）
（入）	辱（儒欲）
见	居（斤於）
（入）	菊（居六）
春	枢（昌朱）
（入）	出（丑律）
从	趋（逡须）
（入）	焌（促律）

---

① 切语"居休"当作"休居"。

上	书 (商居)
(入)	术 (食律)
来	驴 (凌如)
(入)	律 (吕邺)

说明：

①"菊"小韵切语"居六 (切)"系源自《广韵》，《新抄》中"六"字在"呼模"韵 (卢谷切)。

②本韵部的韵母可拟为：

撮 y

（七）呼模 (附入声)

合

东	都 (东徒)
(入)	督 (都毒)
风	夫 (风无)
(入)	福 (方六)
破	铺 (滂模)
(入)	扑 (普木)
早	租 (宗苏)
(入)	足 (即玉)
梅	模 (莫胡)
(入)	目 (莫卜)
向	呼 (荒胡)
(入)	斛 (胡谷)
暖	奴 (农都)
(入)	衄 (尼六)
一	乌 (汪胡)
(入)	屋 (乌谷)
枝	阻 (庄疏)
(入)	竹 (之六)
开	枯 (空胡)
(入)	喾 (苦骨)
冰	逋 (奔模)
(入)	卜 (薄木)

雪		苏 （孙祖）
（入）		宿 （息逐）
无		无 （武夫）
（入）		勿 （文拂）
见		孤 （攻平）
（入）		谷 （古禄）
春		初 （楚祖）
（入）		畜 （昌六）
从		粗 （仓胡）
（入）		蔟 （千木）
天		图 （同都）
（入）		秃 （他骨）
上		疏 （山祖）
（入）		束 （书玉）
来		卢 （龙者①）
（入）		禄 （卢谷）

说明：

①“夫（风无）”和“无（武夫）”切下字互用，不与其他反切系联。此合成一类。

②“足”和“束”小韵都以“玉”为切下字，而“玉”字在“居虞”韵。按，“足”即玉切，“束”书玉切，均源自《广韵》。本书“呼模”与“居虞”分韵，自不是一类。此乃切语照抄古书致误。

③本韵部的韵母可拟为：

合 u

（八）灰微 （附入声）

	开	合
东		堆 （都回）
（入）	德 （多则）	
风		飞 （方微）
破		丕 （铺杯）
（入）	拍 （普百）	
早		摧* （祖回）

---

① 切下字“者”当作“都”。

（入）贼（昨则）	
梅	梅（谟杯）
（入）麦（莫白）	
向	灰（呼回）
（入）黑（迄得）	或（胡国）
暖	馁*（奴回）
（入）蠫（奴勒）	
一	威（乌魁）
（入）厃（於革）	
枝	追（知惟）
（入）窄（知格）	
开	魁（枯回）
（入）客（若①格）	
冰	杯（布回）
（入）白（薄陌）	
雪	虽（苏回）
（入）塞（息则）	
无	微（无非）
人	绥（如住②）
见	归（居为）
（入）格（古伯）	国（古获）
春	吹（昌垂）
（入）坼（耻格）	
从	催（仓回）
天	推（通回）
（入）忒（他得）	
上	衰（所追）
（入）色（杀测）	
来	雷（卢回）
（入）勒（历得）	

说明：

---

① 切上字"若"当作"苦"。
② 切下字"住"当作"佳"。

①阴声字"吹"小韵的切下字"垂"与"吹"同切，所以无法与其他字系联。

②阴声字除"吹"小韵外，按系联可得两类：飞非（方微）微惟（无非）追佳（知惟）衰（所追）绥（如佳）；其余为一类。此根据古音及今音合成一类。

③入声字按系联可得三类：

第一，德得（多则）则（昨则）黑（迄得）忒（他得）塞（悉则）勒（历德）鳖（奴勒）

第二，拍（普百）百白伯（薄陌）陌麦（莫白）厄（於革）革格（古伯）窄（知格）客（苦格）坼（耻格）

第三，或获（胡国）国（古获）

第三类按今音读合口呼，独立一类。其余两类今均读开口呼，古音亦无区别，此合成一类。

④本韵部的韵母可拟为：

开（入声）ei　　　　合 uei

（九）皆来

	开	齐	合
东	懂（丁来）		
破		排（蒲皆）	
早	哉（将来）		
梅		埋（谟皆）	
向	咍（呼来）	鞋（雄皆）	怀（胡来）
暖	鳖（襄来）		
一	哀（於开）	挨（英皆）	
枝		齐①（庄皆）/ 椔（卓皆）	
开	开（邱哀）	揩（邱皆）	快*（苦淮）
冰		摆（遘皆）	
雪	腮（桑才）		
人	荖（汝来）		
见	该（柯开）	皆（居谐）	乖（公怀）
春		钗（初皆）	膗（崇怀）
从	猜（仓才）		
天	台（汤来）		
上		筛（山皆）	衰（韶乖）

---

① 字当作"斋"。

来　　　　　来（郎才）

说明：

①"枝"母下"齐（斋）"、"椑"两小韵的切下字都是"皆"。"椑"字下注："旧作'周皆切'。'周皆'、'卓皆'皆一也。上韵（按：指'斋'小韵）齐齿呼，此似从合口呼方与上韵有别。"此注语可注意者有三：一，在切下字相同的情况下，"周"（章尤开三）、"卓"（知觉开二）做反切上字作用是相同的（"皆一也"），也就是说，"周"、"卓"属同一声类。二，本书改"周"为"卓"，又说"似从合口呼方与上韵有别"，可见"卓"字的韵母当是合口呼，这样"卓皆切"才能与"周皆切"不同而带有合口色彩。三，此时已有"齐齿呼"、"合口呼"名目；"皆"属齐齿呼。

②本韵的韵母可拟为：

开 ai　　　齐 iai　　　合 uai

（十）萧豪

	开₁	开₂	齐₁	齐₂
东	刀（都高）		雕（丁聊）	
破		抛（披交）		飘（纰招）
早	糟（别刀）		焦（兹消）	
梅		毛（莫袍①）	苗（眉镳）	
向	蒿（呼高）	嚣（许骄）		
暖		铙（纽交）	娆（袅聊）	
一	麈（於刀）			腰（伊尧）
枝		嘲（陟交）		昭（之遥）
开	尻（苦高）			敲（邱妖）
冰		包（班交）		标（卑遥）
雪	骚（苏曹）		消（先彫）	
人				饶（如招）
见	高（居劳）	交（居肴）		
春		抄（楚交）		超（蚩招）
从	操（七刀）			锹（此遥）
天	叨（他刀）		挑（他彫）	
上		梢（赊交）		烧（尸招）
来	劳（郎刀）		辽（连条）	

① 切下字"袍"当作"袍"。

说明：

①本韵比较特殊，切下字可以系联为四类，上面分别列为开$_1$开$_2$、齐$_1$齐$_2$。这种情况与《韵略汇通》一致。张玉来《韵略汇通音系研究》合成两类，此姑从张说。

②本韵部的韵母可拟为：

开 ao　　齐 iao

（十一）戈何 (附入声)

	开	齐	合
东	多 (得何)		
(入)	铎 (达各)		
风			
(入)		缚 (符约)	
破			坡 (普禾)
(入)	璞 (匹角)		
早	左* (作何)		
(入)	作 (即各)	爵 (即约)	
梅			磨 (莫婆)
(入)	莫 (慕各)		
向	呵 (靴何)		禾 (户戈)
(入)	壑 (黑各)	学 (胡角)	霍 (忽郭)
暖	那 (奴何)		
(入)		诺 (昵角)	
一	阿 (於何)		窝 (乌禾)
(入)	萼 (五各)	药 (弋灼)	臒 (屋郭)
枝			
(入)		灼 (职略)/ 卓 (侧角)	
开	珂 (邱何)		科 (苦禾)
(入)	恪 (苦各)	硞 (苦角)	廓 (苦郭)
冰			波 (博禾)
(入)	薄 (白各)		
雪			蓑 (苏和)
(入)	索 (昔各)	削 (息约)	
人			
(入)		弱 (日学)	

见	歌（居何）		戈（古禾）
（入）	阁（刚鹤）	角（古岳）	郭（古博）
春			
（入）		绰（昌约）/ 擉（测角）	
从	搓（仓何）		
（入）	错（七各）	鹊（七约）	
天	他（汤何）		
（入）	讬（他各）		
上			
（入）		芍（市若）/ 朔（色角）	
来	罗（即①何切）		
（入）	落（卢各）	略（力灼）	

说明：

①阴声字和入声字按系联都分成两类，但入声字喉牙音后实有三类：见——阁～角～郭，开——恪～确～廓，向——壑～学～霍，一——荨～药～臞。"角"类反切独立，没有问题；"阁"类与"郭"类反切可以系联：阁（刚鹤）鹤（黑各）郭（古博）博（白各）。此分列。

②本韵部没有撮口呼，上列齐齿呼的字在今莱州音中一般读撮口呼。但这些字在《韵略汇通》中是读齐齿呼的，还没有证据表明它们在《新抄》时已经变成了撮口呼，因此这里还是把它们算作齐齿呼。

③本韵部的韵母可拟为：

开 o　　齐 io　　合 uo

（十二）家麻（附入声）

	开	齐	合
东			打（都蛀②）
（入）	答（得合）		
风			
（入）			髮（方伐）
破		葩（披巴）	
（入）			矾（普八）
早		咱（子抄）	

---

① 切上字"即"当作"郎"。
② 切下字"蛀"当作"蛙"。

（入）	匝（子荅）		
梅		麻（谋加）	
（入）		帓（莫辖）	
向		鰕（虚加）	花（呼瓜）
（入）	曷（胡葛）	狎（胡甲）	滑（户八）
暖		挐（女加）	
（入）	捼（奴何①）		
一		鸦（乌加）	蛙（乌瓜）
（入）	盒（乙荅）	轧（於辖）	穵（乌八）
枝		查（庄加）	樝（张瓜）
（入）			札（侧八）/窡*（张滑）
开		佧*（苦加）	誇（枯瓜）
（入）	渴（苦葛）	恰（苦洽）	
冰		巴（邦加）	
（入）			八（博拔）
雪			
（入）	趿（苏合）		
无			
（入）			袜（勿发）
人			
（入）		髵（而辖）	
见		加（居牙）	瓜（古华）
（入）	合（古畓）	戛（古黠）	刮（古滑）
春		叉（锄加）	溠（初蛙）
（入）			察（初八）/劅*（初刮）
从			
（入）	擦（七曷）		
天			
（入）	遝（他合）		
上		沙（施加）	
（入）		霎（色甲）	刷（数滑）
来		藞（力哇）	

---

① 切下字"何"当作"合"，应系形误。

（入）　　　刺（即①达）

说明：

① "察"小韵据切语下字系联列入合口呼。

②本韵部的韵母可拟为：

开 a　　齐 ia　　合 ua

（十三）遮蛇（附入声）

	齐	撮
东	爹（丁邪）	
（入）	喋（丁叶）	
破		
（入）	撇（匹灭）	
早	嗟（咨邪）	
（入）		绝（租悦）
梅	哶（弥邪）	
（入）	灭（莫列）	
向		靴（呼脆）
（入）	歇（许竭）	血（呼决）
暖	膣（乃邪）	
（入）	聂（尼辄）	
一	耶（于遮）	脆（於靴）
（入）	谒（於歇）	月（鱼厥）
枝	遮（之奢）	
（入）	折（之列）	拙（职悦）
开	苴（求迦）	瘸（去靴）
（入）	怯（去劫）	缺（苦穴）
冰		
（入）	别（必列）	
雪	些（写邪）	
（入）	屑（先结）	雪（苏绝）
人	姱（人遮）	
（入）	热（如列）	爇（如劣）

---

① 切上字"即"当作"郎"。

见

（入）　　　　　结（古屑）　　　　　厥（居月）

春　　　　　　车（窗遮）

（入）　　　　　彻（丑列）　　　　　歠（姝悦）

从　　　　　　且（七耶）

（入）　　　　　妾（七叶）

天

（入）　　　　　帖（他叶）

上　　　　　　畲（诗遮）

（入）　　　　　摄（失涉）　　　　　说（输薛）

来　　　　　　啰（利遮）

（入）　　　　　猎（力步①）　　　　　劣（力口②）

说明：

①阴声字的切下字按系联有三类：邪/遮奢耶/靴胋。由于"邪"字用了"写邪"的切语，所以无法与其他下字系联。另外，"茄"小韵的切语是"求迦"，而"迦"与"茄"同音，所以也无法系联。由于分布上"邪"、"遮"、"迦"类互补，且今音相同，所以合为一类。

②入声字的切下字按系联有三类：叶葉竭屑竭歇劫/灭列涉辄/悦厥决月厥穴绝劣薛。"叶"类与"灭"类分布互补，且今音相同，所以合为一类。

③本韵部的韵母可拟为：

齐 iə　　　撮 yə

（十四）幽楼

	开	齐
东	兜（当侯）	
风		浮（房鸠）
破	抔（蒲侯）	滤（皮彪）
早	诹（子侯）	
梅		谋（迷浮）/缪（莫彪）
向	齁（呼侯）	休（许由）
暖	羺（奴钩）	纽*（尼猷）

① 切下字"步"当作"涉"。
② 切下字漫漶不清，似与"悦"字相近。

一	讴（乌侯）	幽（於求）
枝		周（张流）/ 邹（侧鸠）
开	抠（口侯）	丘（去鸠）
冰		彪（必幽）
雪	锼（先侯）	差（息流）
人		柔（而由）
见	勾（古侯）	鸠（居尤）
春		抽（丑鸠）/ 篘（楚觅）
从	凑 *（千侯）	秋（七由）
天	偷（讬侯）	
上		收（尸周）/ 搜（疏鸠）
来	楼（落侯）	刘（力求）

说明：

①"梅"母后"谋"小韵切下字"浮"与"缪"小韵切下字"彪"可以系联：浮（房鸠）鸠（居尤）尤幽（於求）彪（必幽）。按今音"谋"当在开口呼，"彪"在齐齿呼。此按系联暂均列在齐齿呼。

②本韵部的韵母可拟为：

开 ou　　　齐 iou

三　《韵略新抄便览》韵母的几个问题

（一）入配阴声反映的入声字变化

《韵略汇通》中古入声字配阳声韵，这反映了当时的入声字可能还有喉塞音尾（参张玉来《韵略汇通音系研究》）。但在《新抄》中，入声字虽仍然不与阴声字相混，没有完全合成一个小韵，但却改配阴声，跟在相应的阴声韵字后。由配阴声，可以知道入声字已经完全消失了塞音尾；由与之相配的阴声字，可以知道入声字的实际读音类别。

《新抄》凡例的第一条就明确地说："近人读入声字与平上去三声多有近似者，如读'东'字入声之'笃'与'呼模'中上声之'堵'、读'雍'字入声之'欲'与'居虞'中去声之'寓'一样无别，如此类者，不一而足。假欲写一'笃厚'之'笃'，安必不求之'呼模'乎？欲写一'愿欲'之'欲'，安必不求之'居虞'乎？"这里所说的"读入声字与平上去三声多有近似"由下文的举例可以知道，实际上指的是读与阴声韵的平上去三声近似。这里的"近似"可以做两方面的理解：一，作者不愿意承认方言中已经完全没有了入声。这在古人中是司空见惯的事情，不用解释。而下文说的"笃"与"堵"、"欲"与"寓""一样无别"，才是事情的真相；一般人到"呼模"中找"笃"、到"居虞"中找"欲"，才是真相的表现。二，有些入声韵变化之后确实是独立的韵母。如"遮蛇"韵"绝"、"说"、"拙"、"歇"、"雪"、"别"、"结"、"厥"、"劣"等小韵，没有相应的阴声韵，这种情况只能说是与"遮蛇"韵"近似"而已。

《凡例》第一条还说："且'真寻''敦'入声与'东洪''东'入声同，'山寒''崆'入声与'江阳''当'入声同，则求'督'者不知其在'东洪'与'真寻'，求'铎'者不知其在'江阳'与'山寒'。又'东洪''烹'入声为'扑'矣，而'拍'亦'烹'入声也，则载于'庚晴'；'先全''烟'入声为'谒'矣，而'轧'亦'烟'入声也，则载于'山寒'。往往不得于此，复求于彼，颇嫌披阅之未便。"这里批评以前（主要是指《韵略汇通》）把入声字附于阳声韵后的做法造成了查检的不便。这种批评体现了作者以时音为准的精神，因此可以说提高了这部韵书在反映当时实际语音方面的价值；不过作者显然缺乏语音发展的观念，不知道前人的做法是前代实际语音的反映，简单的批评是不公允的。作者也对前人的做法曲为解释，认为是"拗扭"："盖入声原有拗扭，如'谷'字，只曰'孤古故谷'，顺转也；若云'顿贡公谷①'，又'昆衮棍谷'、'钩苟垢谷'，皆拗扭也。"这是从体例的角度来解释前人的做法。

（二）入声韵字的归类所反映的方言特点

就北方方言中的北京官话、东北官话、冀鲁官话、胶辽官话、中原官话及兰银官话而言，韵类差别最大的是古入声韵字的去向。正是在这一点上，《新抄》反映出了十足的山东方言特别是胶东地区方言的一些特色。

《新抄》所反映的入声字归韵的特点主要有以下几方面：

1. 古曾、梗摄一二等入声韵（德、陌、麦韵）全部读入"灰微"韵，即全部读 ei、uei。如：

德得特贼则墨默或劾劾刻克北塞国忒勒肋（以上德韵） 麦脉获核厄责摘谪檗擘掴帼革隔册策（以上麦韵） 拍魄珀陌貉赫额窄宅泽择翟客白百伯柏帛迫舶格骼拆（以上陌韵）。

此外，还有部分来自其他入声韵的庄组字也读"灰微"韵。如：

侧仄测色啬穑（职） 涩（缉） 瑟虱（栉）。

比较北京上述字的读音，读 ɣ、o（相当于《新抄》戈何）、ei（相当于《新抄》灰微）、ai（相当于《新抄》皆来）不等，没有明显的规律。

据《山东省志·方言志》（殷焕先主编，山东人民出版社 1993 年版），"中古曾摄开口一等和梗摄开口二等入声字，……山东除东莱片和黄河以北的无棣、德州、聊城等中北区的二十个县市外，其余各地读 ei 韵母的规律相当整齐。……东莱片除荣成读 ɛ 韵母以外，其余读 ə 或 ɣ ……"值得注意的是，《新抄》作者的家乡莱州即属于均读 ei、uei 的地区，而莱州以东则是

---

① 此四字声调的顺序错误，当为"公顿贡谷"。

读ə或ɤ的东莱方言片。

2．古宕江摄入声韵（药、铎、觉韵）全部读入"戈何"韵，即全部读o、io、uo。如：

璞朴学渥龌岳卓桌捉啄镯浊确剥驳雹角觉珏齷戳朔（以上觉韵） 缚爵雀嚼谑药钥虐疟跃灼勺斫却削若弱脚攫绰鹊芍铄烁略掠（以上药韵） 铎膜作昨凿莫漠摸寞鹤郝貉霍诺萼鄂恶噩廓扩薄泊箔博索阁各胳郭错托拓魄落骆络酪烙泺（以上铎韵）。

比较北京上述字的读音，读o、uo、ye（相当于《新抄》戈何）、ao、iao（相当于《新抄》萧豪）不等，没有明显的规律。

今山东方言中，位于西北部靠近河北省的一部分县市如德州、宁津、无棣、利津、桓台、章丘，上述字与北京音类似，部分字读同"戈何"，部分字读同"萧豪"。其余各地均读同"戈何"，莱州亦然。

3．古月屑薛合口字与古宕江摄入声不同音。古宕江摄入声字归入"戈何"韵，如上述；古月屑薛韵字则归入"遮蛇"韵，即读iə、yə，如下列字：

月刖越钺橛曰粤厥蕨掘（以上月韵） 血穴缺阕抉决觖诀谲（以上屑韵） 绝悦阅拙掇啜薛雪趐（以上薛韵）。

今北京音中，这两类字大部分混同，如：

月越＝约岳（不计声调，下同），决绝厥＝觉攫爵，缺阕＝确却，血雪＝学削，拙＝灼。

但是北京音有部分古宕江摄入声字读入"萧豪"，上文已述。

今山东方言中，自莱州以西的大部分地区，"月"类与"约"类同音，而以东的蓬莱、烟台、牟平、荣成等地则两类字尚未混同，大致是"月"类读ye，"约"类读yo。后一类情况正与《新抄》的读音近似。

由《新抄》来看，当时的莱州也与其东的烟台等地一样，是区分这两类入声字的。

4．"鸽蛤颌葛割渴磕曷褐喝合盍盒阖欱（喝）"（来自古咸山二摄的一等喉牙音）等字，《新抄》两见于"戈何"与"家麻"，即有o与a的异读。《凡例》第三条称："方音不同，如'割葛'及'渴磕'等字，俗多两呼，则有于'戈何'求之者，亦有于'家麻'求之者矣。今注明反切，既附'戈何'，而于'家麻'所宜收入者，复取而载之'家麻'。"可见，作者认为这是"方音不同"，而不是一地的异读。书中只是为了检索的方便而两部并载。

今山东东部的方言中，上述字在口语中仍有a的读法。大体上说起来，自章丘往东，读a的字逐渐增多，东莱片最多；或者说，从东往西，这些字读a的逐渐减少，至章丘基本消失。如章丘"割"读ka，"欱（喝）"读xa，但"渴"读kʻuə不读kʻa，而烟台上述字均读a韵母。

由今音来看，入声字及其他韵的字方言有不同读法并不少见；又由该书的眉注看起来，个别字的异读也不少见。但书中只把这些字单独处理成两见，可见作者的心目中，这些字的异读是他所见到的方言间读音差异中最为显著的。另外，由今音看起来，这些字往往在一地也是有异读的。如姓"葛"的"葛"潍坊念ka，但"诸葛亮"的"葛"念kuə；荣成说"害渴"（干渴）的"渴"念 k'a，但"渴望"的"渴"（文读）念 k'ə。因此我们怀疑《新抄》之所以把这些字两见，恐怕不仅仅是"方音不同"，而是莱州一地就有两读——由现代音看起来，应当是文白异读：白读入"家麻"，文读入"戈何"。

（三）在韵母的其他方面，《新抄》也表现出了一定的方言特色

如蟹摄见组二等开口字读 iai，不与假摄细音及入声字混。如下列字在"皆来"韵：

鞋佳街 （以上佳韵）　　蟹解 （以上蟹韵）　　邂卦懈 （以上卦韵）　　皆谐阶偕 （以上皆韵）　　械戒诫怪界芥介疥届 （以上怪韵）

下列字在"遮蛇"韵，读 iə、yə：

茄 （歌韵）　　嗟些斜邪 （以上麻韵）　　姐写且 （以上马韵）　　借谢卸榭 （以上祃韵）　　歇蝎讦羯揭竭碣 （以上月韵）　　结洁节截屑楔切窃 （以上屑韵）　　孑桀泄亵 （以上薛韵）　　胁劫怯 （以上业韵）　　接睫捷妾 （以上叶韵）　　协挟挟侠悏燮 （以上帖韵）

再如"挨捱崖涯睚矮隘"均为细音 iai，也是今山东方言的特色之一。

四　《韵略新抄便览》的声母

《新抄》沿用"早梅诗"二十字母的形式，因此可以说这二十字母基本上可以代表《新抄》的声母系统。这里讨论以下几个问题：

（一）知系字问题

"早梅诗"二十字母中知系字只有一类：枝、春、上。但是，这三个声母所辖的小韵在四呼都相同的情况下 （一般是齐齿呼中），一般有对立的两个。如"先寒"韵：

枝——毡 （诸延） / 詀 （之山）

春——襜 （处占） / 搀 （初衔）

上——膻 （尸连） / 山 （师奸）

这种对立的实质是声母的差异还是韵母的差异？这里需要解决的问题是：如果韵母是没有差异的，那么上述对立就代表了两类声母；如果声母确实是一类，那么它们后面的韵母就应当有差异。

下面先考察声母。今莱州方言中，"之"类字与"诸"类字声母不同。为了称说的方便，下文把"之"类称为甲类，把"诸"类称为乙类。

我们先从反切上字的用字来考察。下面是《新抄》所用反切上字中属古知系字的系联情况：

1. 枝母 （可系联为一类）

争（甾耕） 甾①（章移） 章（诸良） 诸（专於） 专（无反切） 贞（知盈） 知（珍离）

珍（之人） 之（章移） 中（陟隆） 陟（之日） 张（诸良） 庄（侧羊） 侧（知格）

朱（专於） 卓（侧角） 职（之日）

2. 春母（可系联为三类）

　　a. 抽（丑鸠） 丑（丑鸠） 蚩（丑之） 称（蚩承） 耻（丑之） 测（耻格）

　　b. 昌（尺良） 尺（昌石） 枢（昌朱） 处（昌朱） 重（昌中） 姝（昌朱） 崇（昌中）

　　c. 初（楚徂） 楚（楚徂） 窗（初郎） 叉（锄加） 锄（楚徂）

其中 c 类的"楚初锄"同一反切，用了被切字"楚"做反切上字，属于不太合乎规矩的切语。

3. 上母（可系联为三类）

　　a. 师（霜夷） 霜（师庄） 书（商居） 商（尸羊） 尸（霜夷） 殊（商居） 升（书蒸）

　　　疏（山徂） 山（师奸） 数（山徂） 事（霜夷） 所（山徂） 韶（尸招） 赊（诗遮）

　　　诗（霜夷） 市（霜夷） 施（霜夷） 失（时知） 时（霜夷） 输（商居）

　　b. 食（式质） 式（式质）

　　c. 杀（色甲） 色（杀测）

其中 b 类"式"用了"式"做反切上字，因而与其他上字无法系联。

春母和上母的反切都分为三类，但是，无论从古音还是从今方言读音来看，其中的分类都无规律可言，还是应当承认它们与枝母一样，在系联上是一类。

再看反切下字，甲乙两类字仍然可以系联。如"幽楼"韵中的情况（a 代表甲类，b 代表乙类）：

周 b（张流） 流（力求） 求（去鸠） 邹 a（侧鸠）

抽 b（丑鸠） 筲 a（楚蒐） 蒐搜 a（疏鸠） 收 b（尸周）

再如"支齐"韵（入声韵知系字只有一类，此不列）：

支之 a（章移） 移（於宜） 宜（於宜）/知 b（珍离） 离（邻溪） 溪（去其） 其（去其）

差 a（叉兹） 兹（津私） 私（息兹）/痴 b（丑之） 之（见上） 师 a（霜夷） 夷（於宜）

宜（於宜）/世（时知） 知（见上）

这里，似乎是甲类与乙类不相系联。但是，"枝"母和"上"母都是由于某些下字用了自己做反切下字而无法与其他字系联。更值得注意的是，"痴"属于乙类，却用了属于甲类的"之"字做反切下字，因此仍然可以说它们的下字是相混的。

这样，我们就遇到了一个似乎是无法解决的问题：声母是一类，韵母也是一类，可就是有冲突。看来，单凭反切用字还是不能解决问题。事实上，由于《新抄》以及《韵略汇通》等都大量袭用前人切语，所以切语的不够准确也是很自然的事。比如前面提到的《新抄》有

---

① 后文无"甾"，疑当为"菑"，《韵略汇通》用"菑"。

些切语竟用了被切字做上字或是下字，这是很不应该的。但是，如果我们具体看一下这些字的来历，对于作者这样做也就会有一定的理解。如"幽楼"韵"丑"字在"抽"小韵，"丑鸠（切）"，是用了被切字做上字。实际上"丑鸠"一切源自《广韵》平声尤韵，而"丑"字在《广韵》的上声有韵，因为《新抄》平声、上声共用一个切语，所以才造成了"丑"字的切语上字是"丑"的现象。当然，《新抄》作者没有改用其他小韵的字做上字，粗疏的责任也是推不掉的。

这里，我们根据下列因素定甲类与乙类为一类声母，其中甲类声母后面的韵母没有 i/y 介音：

（1）莱州方言所处的胶辽官话中，甲类字声母与乙类字不同，甲类字一般地为舌尖音 tʂ、tʂʻ、ʂ 或 ts、tsʻ、s，后面没有 i 介音，而乙类声母一般为舌叶音 tʃ、tʃʻ、ʃ 或 tɕ、tɕʻ、ɕ，其后的韵母有些地方带 i 介音，也就是说，乙类声母带有更多的舌面色彩。

（2）《新抄》中有些甲类声母可以拼开口呼，而乙类声母没有拼开口呼的现象。如"东晴"韵：

甲类　　争（甾耕）　撑（抽庚）　生（师庚）——"庚、耕"为开口呼；

乙类　　贞蒸（知盈）　称（蚩承）　升（书蒸）——"盈"为齐齿呼。

"灰微"韵：

甲类　　窄（知格）　测（耻格）　色（杀测）——"格"为开口呼。

今莱州话甲类音 ts、tsʻ、s，乙类音 tʂ、tʂʻ、ʂ，两类分明，且后面都没有 i 介音，两类韵母已经混同，而声母有异，如：邹 tsəu、周 tʂəu。可见甲乙两类字确有不同。由这种不同，并结合《新抄》，可以判定二百多年前也应不同。由于甲类字在《新抄》中并不与古精组洪音混同，所以还得假定甲类字当时读 tʂ、tʂʻ、ʂ；又由于乙类字的韵母今莱州话已经没有了 i 介音，那么其前的声母也应当是 tʂ、tʂʻ、ʂ。这样的话就是：

甲类　　tʂ、tʂʻ、ʂ + - 0 - ——→ts、tsʻ、s + - 0 - （0 代表开口呼合口呼）

乙类　　tʂ、tʂʻ、ʂ + - i/y - ——→tʂ、tʂʻ、ʂ + - 0 -

如果假定当时的乙类是 tʃ、tʃʻ、ʃ，那么此后就要发生两次变化：一是 tʃ、tʃʻ、ʃ 变为 tʂ、tʂʻ、ʂ，二是然后再使其后的 i、y 介音变为相应的开口呼和合口呼。这样的两次变化，对于二百多年来说未免时间短了些，所以不如直接把《新抄》乙类字的声母看成也是 tʂ、tʂʻ、ʂ，与甲类的区别在于韵母。至于甲类字的反切用字何以与齐齿呼相系联，则可以从袭用前人切语、古人有以上字定开合的倾向两方面来解释。

（二）关于"一"母与"无"母的关系

"早梅诗"二十字母中的"一"母与"无"母的区别在于"一"母读零声母，"无"母读 v 声母。今北京音均读零声母，今莱州音与北京音相同。那么，《新抄》时代两母是否已经混同了呢？

先请看两者的反切用字情况。"无"母字只用"无武勿"三字做切上字，不与"一"母字混用。因此，从这里只能得出两者有别的结论。此外，《新抄》中有些韵"一"母合口与"无"母有冲突，如"江阳"韵、"真寻"韵、"先寒"韵、"呼模"韵、"灰微"韵。这也支持两者有别的结论。

不过，另有迹象表明了两母的相混。一是"灰微"韵中"无"母字收了几个非微母字：唯维潍惟（来自中古以母）。这种"无"母与"一"母间或也有相混的情况，说明独立的"无"母已处在消失的过程之中。更值得注意的是，在第一次出现"无"母的"江阳"韵中，"无"母小韵上面加注云："参前'一'母汪韵。"这种"参见"的做法是因为两者已经完全混同了呢，还是因为两者相近呢？很可能是前者，但就《新抄》一书本身还不能做出肯定的回答。

其余声母不用讨论。如"见、开、向"三母细音未见腭化为舌面音的迹象，现代莱州方言中该组细音读 c、c'、ç，没有腭化；"早、从、雪"可以拼细音，尖团音分别明显。

综上所述，《新抄》的声母系统应当是：

p 冰	p' 破	m 梅	f 风
t 东	t' 天	n 暖	l 来
ts 早	ts' 从		s 雪
ʈʂ 枝	ʈʂ' 春		ʂ 上
k 见	k' 开		x 向
ø 一			

五 《韵略新抄便览》的声调

对声调的处理，大概是《新抄》最失败的方面。其弊有三：

（一）平声不分阴阳

《凡例》第四条说："原编（按：指《韵略汇通》）分上下二平，盖清平浊平也。今因随笔增入，虽大抵先清后浊，实则未加详订。又以原本清浊之分亦未尽确，如'常'在'昌'浊，而实'商'浊，'成'在'称'浊，而实'升'浊；又如'迁于'（皆云俱切）、'忧由'（皆于求切）之类，似皆不当分而分之者也，尚须再为考证。故且统以平字，不另置一圈，识者当自辨之。"从这段话可以看出，当时的平声确实如《韵略汇通》所表明的，是分两类的。但是，周氏却以两个不是理由的理由"统"起来了。一个理由说因为"随笔增入"、"未加详订"，这是个不负责任的理由；另一个理由说《韵略汇通》分得不好，"尚须再为考订"，这是把账算到了毕拱辰身上。实际上，他批评毕氏把"常"、"成"当作"昌"、"称"的浊音不对，可把它们当作"商"、"升"的浊音更是不知所云，无论从古音（常成：禅母，商升：书母）还是从现代音（未见今山东方言中有"常、商"相对、"成、升"相对的），都不能解释其所以。又如"迁、于"和

"忧、由"，凡是区分阴阳平的方言大都能区分开来，怎么能说是"不当分而分"呢？

（二）部分全浊上声字仍排在上声

全浊上声字早在唐代后期就已经开始读入去声，《中原音韵》更是将这种状况记录成铁案，《韵略汇通》等韵书亦然。但《新抄》中把《汇通》归入去声的不少浊上声字，有的加上怀疑的注语，有的干脆改归上声，而新增入的字全依旧音切归入上声，表现出来的是一种机械照搬旧音切的态度。

（三）入声字调类未分化

今胶辽官话中，古入声字依声母的清浊为条件，分化到阳平（全浊入）、上声（清入）、去声（次浊入）当中，与《中原音韵》的模式完全相同。但是，《新抄》在肯定地把入声韵的独立地位取消之后，却仍然把入声作为一个独立的、完整的调类来处理。这样，既不符合现代方言的实际情况，也与自己在《凡例》中的说明相悖。

如前引，在《凡例》第一条中，周氏就说："近人读入声字与平上去三声多有近似者，如读'东'字入声之'笃'与'呼模'中上声之'堵'、读'雍'字入声之'欲'与'居虞'中去声之'寓'一样无别，如此类者，不一而足。"这里，古清入字（端母）"笃"读同上声字"堵"，正符合胶辽官话的规律；属于古次浊入（以母）的"欲"字读同去声的"寓"，同样也符合胶辽官话的规律。因此，我们相信这里的描述是真实语音的反映：古入声调已经发生了分化，并且其规律与今胶辽官话相同（这里只映一个全浊入的例子了）。可是，他在书中却将入声附于阴声韵的去声之后，不再分类，令人无法看到入声字分化与归派的全景。在韵母上，他大胆将入声韵归于阴声韵，做出了突出的贡献；而在声调上，他却是抱着入声不放，再不肯更放开一点儿。

我们认为，周氏在声调问题上的这些混乱的做法，结合现代的莱州方言可以找到唯一的原因：他的方言中一些字调有些混乱，他自己拿不大准，所以就笼而统之地归到一起，把矛盾转嫁给读者，"识者自当辨之"。

我们来看一下莱州方言的情况。

今胶辽官话东莱片中的不少地方，只有三个调类，今莱州方言即如此。据《掖城音系——掖县方言调查研究报告之一》（钱曾怡、太田斋、陈洪昕、杨秋泽著，日本神户市外国语大学《アジア言语论丛 2》，1998 年 3 月），今莱州城里（掖城镇）方言有三个调类：阴平、阳平、上声。今普通话读去声的大部分字（包括中古去声字、全浊上声字、次浊入声字）在这一带跟阴平或阳平合并，至于哪些字归阴平，哪些字归阳平，其间并无明显规律。如：

阴平　　诗示罪碎对隶扩作律肉日

阳平　　时事臀外队隶握昨录袜栗

这种情况肯定会让一个懂得古调类的人头痛：如果依照方音，肯定不合古音；如果依照古音，又难以确定实际读法。这时候，周氏的做法就可以理解了：他是受限于方音的情况下不得已而为之。

第三节　张象津《等韵简明指掌图》音系

《等韵简明指掌图》(下文简称《指掌图》) 是清代嘉庆年间山东新城 (今桓台) 人张象津编写的一部韵图。将该图与今桓台方音对照，可以发现其语音特点与今方音基本一致，它实际上是作者据当时的桓台方言写成的。《指掌图》的作者、年代明确，语音性质相对单纯，在近代北方语音史特别是山东方音史的研究中具有重要的价值。张树铮《清中叶的桓台方音及其演变》(见张树铮《方言历史探索》,内蒙古人民出版社 1999 年版) 对其作者、版本、体例，特别是它所反映的语音系统以及与今桓台方音的比较有较详细的讨论，这里仅做简要的介绍。

一　《等韵简明指掌图》的作者与体例

张象津，字汉渡，号莪石，别号雪岚，新城 (今山东桓台) 人。《济南府志》(道光己亥年修, 1839 年)、《重修新城县志》(1933 年) 均有传。据新修《桓台县志》(齐鲁书社 1992 年版)，他 1738 年生，早年家境贫寒而力读不辍，45 岁中举人，拣选邢台知县。为时不久，仍回乡从教，83 岁时授济宁州学正。卒于 1824 年，终年 86 岁。

《指掌图》附刻于《白云山房集》(道光 16 年择经堂刊本, 1836 年)，自序于嘉庆乙亥年（1815 年，距今 180 余年），作者时年 77 岁。据其自序，作者编写此图的目的是为了教育后代，其中参考了《康熙字典》的等韵图、《等韵直图》、《三字韵》等 (据《附论》,还提到李嘉绍《等韵横图》、乔中和《元韵 (谱)》、陈荩谟《皇极统韵》),"别有所见"而成书。从体例看，有模仿《康熙字典·明显四声等韵图》的痕迹，但其语音系统却是依据方言语音实际的。

全图共分四部分：等韵十二摄圆图横图第一，十二摄分开合四声图第二，四声分喉牙舌齿唇九声十九位图第三，十九位分平上去入五音图第四。其中最重要的是第四图，该图详列"十二摄与开合四声与喉牙舌齿十九位与平上去入五音"，即声、韵、调拼合全图。每摄一图，共十二图，样式仿《康熙字典·明显四声等韵图》(下文简称《明显图》),横列声母，纵分四栏，分列开口正韵、开口副韵、合口正韵、合口副韵四呼，每呼中分排平 (阴平)、上、去、入、下平 (阳平)，中间声韵相拼有字者列字，"有音无字者"用两字合声 (即反切) 代之，"有字叶声，无字定位"者 (即没有合适的反切上字者) 以○代之。本图将《明显图》的结摄和歌摄合并为歌摄，但为了保持十二摄的数目 ("十二，天地之全数"),所以歌摄重出，分列第二 (相当于《明显图》的结摄) 和第十二，实际上只有十一图。图内结构与《明显图》不同之处，一是声类，《明显图》用三十六字母，本图只有十九类；二是《明显图》调类分平上去入四声，本图分平 (阴平)、上、去、入、下平 (阳平) 五声；三是本图对有音无字和"有字叶声、无字定位"音节的处理与《明显图》不同，《明显图》只用○或空，而不用"合声"之法。

此外，《白云山房集·卷六·杂著》中有《方言土字辨》一篇短文，也涉及到一些方言语音现象。

二 声母系统

《指掌图》分声母为九声十九位，即九种类别（发音部位），共十九个声母。据李新魁《汉语等韵学》（中华书局1983年版），十九声类的拟音如下：

牙音	k	k'	ø
舌头音	t	t'	n
重唇音	p	p'	m
齿音	ts	ts'		s
舌上音	tʂ	tʂ'		ʂ
轻唇音				f
喉音				x
半齿音			1
半舌音			ʐ

各组声母的中古来源与今普通话大致相同，如：中古的全浊声母清化，以"恒"做平（阴平）的反切上字，而以"黑"做下平（阳平）的反切上字，以"才"字做平、上、去、下平的反切上字；中古全浊塞音塞擦音分化为送气和不送气两类，如"平"字做送气音的反切上字，而"截"做不送气音的反切上字。对比今山东方言，其主要特点有：

1．齿音 ts、ts'、s 来自中古精清从心邪母，包括细音字；牙喉音也包括细音字。尖团不混。

2．古疑母字均读零声母。

3．古知庄章三组声母字均读舌上音 tʂ、tʂ'、ʂ。

4．半齿音 1 主要来自中古的来母，如"朗良"，但有"耳二儿"等字（即北京话的 er 音节）来自中古日母字。

5．半舌音 ʐ 主要来自中古的日母，如"日辱"。但有个别字来自中古的云母，如"荣"，这与今北方方言多数地区相同，但今北方方言中一般也读同日母字的"容"（以母）字仍在零声母（今桓台方言也读零声母）。

从总体特点上看，这个系统与现代音已很相近。此外，据张树铮《方言历史探索》，声母方面值得注意的还有：古见系字在细音韵母前可能并未腭化；古知庄章组字拼细音；"儿耳二"音节归 1 母（臷摄），与今桓台方言及周围地区的方言相吻合。

三 韵母系统

《指掌图》把韵母分为十二摄，实际上只有十一摄（第二摄与第十二摄相同）。每摄分开口正韵、开口副韵、合口正韵、合口副韵"四声"，各"声"一般是主要元音相同，区分只在介音：开口正韵无介音，开口副韵有 i 介音，合口正韵有 u 介音，合口副韵有 y 介音；祴摄的主要元音也有一定区别。下面是我们的拟音：

迦摄　　a、ia、ua、ya

歌摄　　ə、iə、uə、yə（ə只有唇音字和喉音中的"鵽、活、荷"三字）

冈摄　　a、iaŋ、uaŋ、yaŋ（无字）

庚摄　　eŋ、ieŋ、ueŋ、yeŋ

祴摄　　ï、i、u、y

高摄　　ao、iao、uao、yao（uao、yao 只有唇音字）

该摄　　ai、iai、uai、yai（无字）

傀摄　　ei、iei（无字）、uei、yei（无字）

根摄　　en、ien、uen、yen

干摄　　an、ian、uan、yan

钩摄　　ou、iou、uou（只有唇音）、you（无字）

除去无字的和只有唇音字的（下文有说明），实有 36 类。

《指掌图》韵母中的以下特点值得注意：

（一）中古果摄一等字的开合

中古果摄歌戈二韵系均为一等（戈韵系有少量三等字），区别为开合口不同。但在今北方话中两韵的开合多有混淆，难以厘清（如"歌戈"在普通话中均读 ɣ 无异，但去声字中"个"读 ɣ 而"过"读 uo，两者有别）。今桓台一带方言中果摄一等见系字均读作合口，如"歌戈个过可科课"的韵母都是 uə。《指掌图》里中古果摄字除唇音外大部分在歌摄的合口正韵，正与今桓台方言相同。不过，《指掌图》本摄喉音有三个字在开口正韵，即"鵽活荷"，其同列的反切下字也用"何"字，与之相对的是"诃火贺豁河"等字在合口正韵。今桓台方言中这些字声韵没有区别，均读作 xuə。看来这反映了歌戈两韵系在合并过程中的一些不规律现象。

（二）入声字的读音

《指掌图》中入声字与阴声韵字并列，当已无韵母方面的差异，参考今音，可断定当时的入声字已不会有喉塞音之类韵尾。需要注意的是其韵母读音。今北方方言中非入声字的读音归类比较一致，而入声字的韵母则有些参差。《指掌图》所列入声字韵母的情况是：

1. 迦摄：本摄与今山东、北京音基本相同。

2. 歌摄：本摄与今山东音基本相同。其中中古果摄一等见系字与今桓台方言相同，入声字中也没有零声母开口呼字，普通话读开口呼 ɣ 的字今方言读 uə，如"恶"字排在合口正韵。"缚"字归本摄合口（fuə），不读 fu，与今桓台方言同。

3. 臷摄：开口正韵只有一个入声字"涩"，当读 ʂï，与今桓台音同；合口副韵齿音字有"足蹴肃"，这些字中古属三等字，今北京音读入合口呼，但今山东济南、桓台等地方音仍读作撮口呼。

4. 高摄：本摄只有开口副韵有入声字。这些字是：觉确约渺爵鹊削酌绰烁学略若。除"渺"不是中古入声字外，其余都来自中古的觉韵和药韵。今桓台音中旧读比较整齐，韵母读作 iɔ，如"觉约嚼削学略若"等字；新读有些字韵母则改读 yə，如"确学略"等。《指掌图》同桓台旧读，不过"略鹊"两字又重见于歌摄合口副韵，看来有些字当时已有异读。

5. 该摄：与山东其他地区方言相同，入声字一般没有读作 ai 韵的。本图只收三个入声字："白、陌（中古陌韵）"和"获"（中古麦韵）。前二字韵母今桓台均读 ei，但后字桓台旧读 huɛ，与《指掌图》相同。

6. 傀摄：本摄入声来自中古曾、梗摄入声。与北京音中韵母演变较乱（如：ɣ 格刻、o 迫墨、uo 国、ei 北黑、ai 塞麦、uai 摔）相比，今山东方言比较整齐，如济南、桓台方言上述字均读 ei、uei 韵母。《指掌图》反映了这种现象。

（三）唇音字的开合

《指掌图》除臷摄外，其余各摄唇音后分开合口。如冈摄唇音第一位开口正韵有"邦榜谤"，合口正韵有"梆绑傍"，第三位开口正韵有"蟒漭忙"，合口正韵有"莽芒"；干摄唇音第一位开口副韵有"边贬遍"，合口副韵有"编褊变"，第二位开口副韵有"篇谝片便"，合口副韵有"偏"。这种安排颇令人费解。我们认为，《指掌图》唇音后开合口的对立很可能是近代语音演变史中唇音声母由拼合口韵母到不拼合口韵母，或者说是唇音声母后的合口韵母丢失 u 介音变开口韵母的过程接近结束时的过渡性现象。

（四）中古假摄知系字的读音

《指掌图》中麻韵知系二等均在迦摄（a、ia），三等字主要在歌摄（ə、iə），这与今桓台音相同；但有不少知系字重见于迦、歌两摄，如"者柘车奢蛇"，可见当时这些字的韵母有两读。

（五）知系声母及日母字拼副韵

中古知三组、章组字除部分字外，其后的韵母还是副韵，即还没有发生 i→0、y→u 的变化。半舌音（日母）同于知三、章组，也可以拼副韵，如"惹热弱让日汝孺如若"等字均在副韵。而今桓台方言中这些字都已读开口呼和合口呼。

（六）通摄三等精组字、来母字的读音

今北京音中，通摄三等字精组和来母的常用字除"续"读撮口外，其余均读作合口呼，

即细音读作了洪音，如"踪从颂龙足蹴肃"等字。《指掌图》在这方面保持一等和三等的区别，一等字在合口正韵，三等字在副韵，如"宗聪松（~紧）笼"在正韵，"踪枞松（~树）龙足蹴肃"在副韵。今桓台方言与之相同。

（七）部分重出的字

《指掌图》中有些字出现于两处，反映出它们存有异读。这些字主要属于以下几种情况：一，中古觉韵、药韵入声字的异读；二，中古麻韵知系字的异读；三，唇音开合口的异读；四，中古流摄某些唇音字的异读。《指掌图》本属同音字表性质，列字只是某个音节的代表字，因此，表中所列的异读字数量虽然不是很多，但它表现出来的现象却是很值得重视的。

（八）关于儿化问题

张氏在《方言土字辨》中还提到了儿化现象："亦有因言之轻重而互讹者。如馆拐、廪里实两音，乡俗轻言之则一字。因其轻言既久而复交还其本音，或名物互舛，有以馆为拐、以里为廪者矣。"这里说的"轻言"相当于一般方言的儿化，即儿化时"馆拐、廪里"同音。这在北京音中也是相同的。不过今桓台方言中儿化并不卷舌，而是变韵，kua 和 kue 儿化后都是 kue，liə 和 li 儿化后都是 liei，这是桓台、淄博、章丘一带方言很有特色的一种语音现象。我们认为，这种儿化变韵是由幼儿型儿化发展而来的（参张树铮《淄博等地方言的儿化变韵与幼儿型儿化》，见张树铮《方言历史探索》，内蒙古人民出版社 1999 年版）。可惜作者对此没有进一步的描述，所以我们不能由此来肯定 180 年前桓台方言的儿化是卷舌还是变韵。

（九）其他

此外，《指掌图》所反映的韵类现象就与现代北方话基本相同了。如中古二等字喉牙音列开口副韵与三四等混，"交绞教觉敲"等字，反映出它们有 i 和 y 介音，但这在《中原音韵》时代已经出现了；咸摄和山摄混同，即没有闭口韵，这在《韵略汇通》中已然。再如"挨矮隘埃"列在开口副韵，说明它们有 i 介音，这与今桓台方言相同而与普通话不同。

四 声调系统

《指掌图》的声调分上平（即阴平）、上、去、入、下平（即阳平）五类。从韵图所列诸字来看，入声包括中古全部入声字，其余平声依声母清浊而分二调、全浊上声归去声，均与今北方大部分方言一致。这种声调格局与今桓台方言有两点不同：

（一）今桓台方言无阳平调，古浊声母平声字和古全浊入声字与上声字同调（读高平调55）。而《指掌图》中，阳平调是一个独立的调类。不过，今桓台等地在轻声前的连读调中尚能区分阳平和上声，这说明两者的合并应当是为时不太久的事。

（二）今桓台方言中有一个入声调，但仅限于古清声母入声字，古全浊入声字和次浊入声字已经分别读为上声（来自阳平）和去声。而《指掌图》的入声包括中古全部入声字，例如迦摄合口正韵有"拔发滑"，歌摄合口副韵有"诀缺月"等，没有按声母清浊分成几类。由于今桓台方言的清入声字仍独立成调，所以180年前的桓台方言中有入声调应当是没有问题的。但是，当时的桓台方言入声有没有分化呢？全浊入和次浊入是不是已经消失了呢？从北方方言中入声字消失的种种迹象来看，入声字的分化是一个普遍的规律，特别是考虑到现代桓台方言入声字分三类（清入、次浊入、全浊入），而其分化条件是清浊的对立，由于《指掌图》中全浊声母早已消失，所以可以判断当时的入声也一定早已分化成了三类。从《指掌图》列字主要是清入字来看，似乎说明张氏认为清入声字更适合作为入声调的代表，这与今桓台方言只保留清入声字是一致的。此外，从《指掌图》喜欢用全浊入声字来做阳平调不送气声母的反切上字来看，也可以说明当时桓台方言的全浊入声字已与现代一致：声母读不送气，而声调读同阳平。因此，结合其他材料，可以认为：180年前的桓台方言中，入声调还是存在的，但这主要是指清声母入声字；全浊入已经读同阳平；次浊入的情况尚待进一步考查。

第四节　张祥晋《七音谱》所反映的山东方音

一　张祥晋和《七音谱》

《七音谱》是清末民初的一本音韵学著作。作者张祥晋，山东高密城里人。据《自序》称，同治辛未（1871年）开始由其父亲（张乔，字云鹤，咸丰乙卯科举人，行实载《高密县志》）讲授韵书，时年9岁。是1863年生人。《七音略》写于清末，民国25年（1936年）冬刻成。卷二有一处小标题有用红笔添写的字，注"刻成后添四字"，似为作者所改写。

作者在《自序》中说："《七音谱》者，删正等韵家九音三十六母之重复错乱，辨七音之类，定四十音模之名，以发明郑公门人孙叔然之学，而与天竺婆罗门字母之五声共证天地元音之大同者也。"他还回忆了自己学习研究音韵学的过程："忆祥晋九岁时当同治辛未，先君自京师会试归，授以韵书，教之四声，㮣知崖略。次年四月，遽遭大故。自后从师习诗赋，此学时萦瘵寐。稍长有志切韵，苦无师承。每阅《字典》所载等韵图，辄生疑窦，无可质问。凡有不合，则以方音及古今音疑之，为之茫然掩卷者数矣。"到了光绪乙未年（1895年），受方言中一些语音现象反映古音的启发，"于是思得一法：置等韵字母不观，而专求诸吾口之喉牙舌齿唇，亦姑不论其字读之合否，但就音论音，取以记吾口之部位而已。先取东冬庚青蒸韵，区以别之，遂得四十音模大概；又次第吾阳真等十三韵，遂成四十音模统韵大略图。"他认为，"天地元音"天下大同，无论是方言还是等韵字母、《广韵》、反切，甚至天竺婆罗门字母，都是相同的。所以，他专门根据口中的实际读音，来推求"天地元音"。

很明显，张祥晋的这种看法是错误的。错误的根源在于他缺乏语音发展变化的观点，认为古今语音相同，中外语音相同，所以想用当代音和方音来证明古音。但是，也正因为他看重方音，而不是一味追求"雅音"、"正音"，所以他在《七音谱》中记录了大量的方音现象，这倒给我们留下了一批比较珍贵的方音资料。这正是《七音谱》一书"歪打正着"的价值之所在。

关于《七音谱》，李新魁先生在《汉语等韵学》、耿振生先生在《明清等韵学通论》中都有简要的介绍。李新魁另有专文《读张祥晋的〈七音谱〉》（《语海新探》第一辑，山东省语言学会编，山东教育出版社 1983 年版），比较详细地评论了《七音谱》的音韵学观点，可以参看。

二　《七音谱》四十音模所反映的高密方言声母

张氏分声母为四十音模。他之所以不叫字母，是因为他认为："西域以文记音，以音为字，此音不外此字，并字即成多字，如母生子，故梵音可以名曰字母。中国文由象起，声乃无形，此音不必此字，多字常共一音，借他为样，故此谱改其名曰音模也。"（《自序》）应该说，张氏的看法是有道理的，"帮滂並明"之类，只不过是代表字而已，并不是真的"字母"，张氏改称"音模"，明确其代表字的身份，比称"字母"要恰当一些。不过名称如何，毕竟无关宏旨。

《七音谱》的四十音模是：

鼻音四位	庚	硁	罂	亨
喉音四位	公	空	翁	烘
牙音四位	鼜	轻	婴	兴
重舌音四位	东	通	农	隆
轻舌音四位	丁	听	宁	灵
重腭音四位	中	充	●	生
轻腭音四位	蒸	称	●	升
外齿音四位	宗	葱	●	松
内齿音四位	精	青	●	星
外唇音四位	崩	蓬	蒙	风
内唇音四位	冰	平	明	（芙蓉峰）

用●表示的位有音无字，只是为了保持各位的系统性。最后一位也是有音无字，作者注是三合音，需要将三字拼合得出。

这个系统虽然列了四十个音类，实际上代表的声母没有那么多。因为他主张反切上字定字的开合，所以他定的音模也因开合而异类。根据现代高密方言（参钱曾怡、罗福腾、潍坊市史志办公室合著的《潍坊方言志》，潍坊市新闻出版局 1992 年版），实际上代表的声类应该有如下 29 类：

p	崩冰	p'	蓬平	m	蒙明	f	风
t	东丁	t'	通听	n	农宁	l	隆灵
ts	宗精	ts'	葱青			s	松星
tʂ	中	tʂ'	充			ʂ	生

tʃ	蒸	tʃʻ	称	ʃ	升
c	警	cʻ	轻	ç	兴
k	庚公	kʻ	硁空	x	亨烘
ø	罂翁缨				

这个系统与今高密方言完全一致，这里不再讨论。

三　《七音谱》十三韵样所反映的高密方言韵母

与声母称"音模"类似，张氏改称韵部为"韵样"。《七音谱》定韵样为十三，它们是：

罂　昂　恩　安　乌　敖　欧　阿　瓦　耶　伊　威　爱

因为声母定开合，所以与不同的声母相拼，实际上会有不同的韵母。根据《七音谱》"四十四音位四十音模统韵大略图"（相当于不计声调的音节表），结合现代高密方言，张氏的韵母系统实际上有如下韵母：

罂	əŋ	iŋ	oŋ	ioŋ
昂	ɑŋ	iɑŋ	uɑŋ	
恩	en	in	uen	yn
安	an	ian	uan	yan
乌		u	y	
敖	ɔ	ɔi		
欧	ou	iou		
阿	o		uo	yo
瓦	ɑ	iɑ	uɑ	
耶	ə	iə		
伊	ï	i		
威	ei	uei		
爱	ɛ	iɛ	ɜu	

说明：

（1）今高密方言没有 oŋ、ioŋ 韵母，"东、灯"不分，"英、拥"不分。张氏区分。

（2）"儿耳二"等字张氏作"隆"模"伊"韵，即 li。

四　《七音谱》音模韵样所反映的高密方言声调

张氏分声调为四：上平、下平、上声、去声，即阴平、阳平、上声、去声。比较中古四声而言，清声母平声字归阴平，浊声母平声字归阳平，全浊上声归去声，均与今高密方言相同，也同北方话大势相合。古入声派入三声，规律是：清入声归上声，全浊入归阳平，次浊入归去声。与今高密方言相同，与其他胶辽官话方言也相同。

张氏还对四声的调值有所描写：

　　　　四声高下之分：上平声高，下平声低，上声陡高，去声极下。

　　比较现代高密方言调值：阴平213、阳平42、上声55、去声21，张氏对上声和去声的描写非常准确，但是阴平和阳平的高低之别似乎有些问题。也许张氏只看重了两调结束时的音高：阴平结尾较阳平结尾略高。

　　　　四声抑扬之分：上平声独扬，下平及上去声皆抑（下平轻抑，上声猛抑，去声长抑）。

　　今阴平为降升调，最后调子上扬，所以为"扬"；阳平、去声均为降调，上声为平调，喉部发紧（参下），所以张氏感觉是"抑"。

　　　　平声轻，上去声重。

　　此属主观感觉，无法证实。

　　　　二平及去声皆长，上仄声猛短。

　　今高密及山东许多地方方言的上声读高平调，且发声时喉部保持比较紧张的状态，不能轻松拖长。张氏的感觉是很准确的。

　　　　上平如燕腾空，下平如兔泛溪，上仄如矢破的，去仄如墙倒地。

　　语涉玄虚，无法评论。

五　《七音谱》所记录的山东其他地方的方音

　　《七音谱》的主要目的是要以方言来论证古音，因为张氏认为各地及古今的语音都是相通的，所以他主要是以高密方言来立论。但是，方言之间的差异他也是会感觉到的。因此，《七音谱》也经常提到其他地方的方言。

　　从《七音谱》提到的方言来看，除了偶尔提到北京及南方几处方言外，主要的还是限于山东方言。由于我们不清楚张氏一生的经历，不知道他到过哪些地方，但从书中可以看出，他对山东方言的全貌还是相当了解的，多处提到全省各地的情况。当然，最熟悉的还是高密方言及邻县特别是平度等地的方言。下面是《七音谱》提到的山东方言的一些情况。

（一）关于古知系字是否二分

　　古知庄章三组字今胶辽官话分读两类，今高密方言一读 tʂ 组，一读 tʃ 组，而冀鲁官话及中原官话合一。《七音谱》的观察是：

　　　　又考今日齐鲁方音，济南以西，北至无棣、清河，南尽曹、濮、徐、兖，无轻腭音（按：指舌叶音 tʃ、tʃʻ、ʃ），读"遮车奢"同于"查叉沙"；东北掖、黄、登州、芝罘一带，又无重腭音（按：指卷舌音 tʂ、tʂʻ、ʂ），读"查叉沙"如"匝擦萨"。皆不免一偏。惟吾高密四周，自临淄、青州以东，沂水之左，南抵莒，缘东海日照、诸、胶，循琅邪、二珠、二劳而北，至成山之阳，西迤文登、莱阳、即墨，至平度大泽山西，循白沙河南岸，迤北海，其间方百里者二十余县，则皆重腭、轻腭，外齿、内齿（按：外齿指 ts-，内齿指 tsi-），分别甚明，与婆罗门、《指掌图》无少异。

然重腭轻腭外齿内齿四音，五方最多不同。如掖县东北、黄县、登州一带，皆读重腭为外齿，读"中"如"宗"，言"充"如"葱"，谓"虫"为"丛"，言"生"同"松"，以致"竹"为"祖"、"巢"为"槽"、"指"为"子"、"柴"为"材"，"山""三"不分，"朔""锁"无别。读尽九经三传，竟无重腭一音。而他方及吾高密，则殊不然。又如济南以西，德州、临清、东昌、曹、濮，南迄泰安、兖州、邹、峄，其人皆读轻腭为重腭，读"蒸"如"中"，读"称"如"充"，读"城"如"虫"，读"升"如"生"，以至言"州"为"邹"、"主"为"竹"，言"潮"为"巢"、"尺"为"齿"，与夫"身"为"森"而"书"为"疏"，"收"为"搜"而"少"为"稍"，遍读全部《广韵》，遂无轻腭一字。而由吾乡高密，西至淄水以东，临朐、青州、寿光尽北海，南抵莒州、日照尽南海，东尽登、莱海滨数十州县，则皆读为轻腭，分明不乱，远之燕赵京师，乃与吾乡相同。

以余所见，如济南人无轻腭"蒸称升"三音，皆读如重腭"中充生"。自掖县白沙河以东至登州、蓬莱沿海数县，则无"中充生"三音，而皆读如外齿"宗葱松"。然各方秃舌人，亦皆言"子此死"如轻腭"质尺湿"，盖轻腭秃拙易言故也。

此说与今山东方言大致相合。

（二）关于日母字读音

日母所属字"人如汝儒若然鼒而柔热惹"等，由吾高密西南莒州、诸城、日照尽南海，北至昌邑抵北海，凡自牟、汶、潍水以东，至成山尽东海，登、莱两郡，皆读为此谱牙音三位缨模之音。而自潍县以西，寿光、乐安、青州、临淄，以至武定、济南、东昌、临清、泰安、兖州、济宁各府州所属，及沂水以西沂州、蒙、费，皆读为此谱重舌三位隆模之音。惟"而耳尔二儿仍辱蕊芮"等，通山东省皆读为重舌隆模；惟秃舌之人，乃读缨模。

前半说潍县以东读古日母字为"缨模"（即读零声母 i-、y-），与今胶辽官话情况完全一致。后半说山东省其余地区都读为"隆模"（即 l），与今山东方言有出入：寿光、乐安（今广饶）、青州、临淄等地确实是都读 l 母；济南、泰安、临清等地今开口呼读 z̩，合口呼读 l；济宁、兖州等地则是读 z̩，不读 l。又，"而耳尔二儿"等字，今青岛、平度以东均读零声母 ər，济南、泰安、德州、聊城、济宁等地也读零声母 ər，与张氏所说不同。

（三）关于尖音及团音的读法

又见沽河东岸、平度东乡、莱阳西北境，无内齿"精青星"三音，而皆读如轻腭

"蒸称升"（按：指读尖音为舌叶音）。……余所见济南人乃言"京卿兴"如"精青星"（按：此指尖团不分）。乃至诸城南海上，则言牙音"鸡"如"知"，"旗"如"池"，"喜"如"湿"，皆变为轻腭音（按：指读为舌叶音）。

此处描述符合今各地方言特点。

（四）关于 t、ts 组后合口呼的读法

书中多处指出平度话 t、t'、n、l、ts、ts'、s 后面合口呼读为开口呼。如"四十四音位四十音模统韵大略图"中，"敦"、"吞"、"伦"、"尊"、"村"、"孙"下均注："平度开，高密合。"又如："按高密土语，'推车'、'腿脚'、'腿臂'，亦开口言；至读书则皆合口言。诸城则略无开口矣。"此处实际上指出高密方言的口语中 t、ts 组后面也是没有合口呼的，只不过在读书音中区分开合，而诸城则开合分明。

（五）其他

《养新录》云：古读"无"如"模"。祥晋按：……吾高密读书则为"翁"模，音如"梧"；里巷相与语，则为"蒙"模，音如"模"。

今高密及山东许多地方口语音"无"为"模"。

吾高密俗语，"黄河"、"淄河"等皆合口言之；至读书，"济河"、"九河"等，则皆开口言，两音并行不悖。若济南则读书俗言，一概开口；诸城、潍县、青州、临朐，则一概合口。

今高密方言"河"字音 xuə，即所谓"俗语"的"合口言之"；济南音 xə，即"开口"。诸城等地今均读合口。

六 《七音谱》所记录的儿化音现象

《七音谱》中还记录了高密方言的儿化现象。

《七音谱》卷三《俗音旁证篇》之八为"以今里巷俚语尖佻轻薄不庄之俗音其条例与雅音相同为证"，所谓的"里巷俚语尖佻轻薄不庄之俗音"就是指儿化音。下面引出他的原话，并加以按语：

此外又别有一种天然音韵，其言"恩样"（按：指 en、in、uen、yn）、"伊样"（按：指 i、ï）韵之字，亦皆变如"微威样"韵（按：指儿化时 en 类、i、ï 类与 ei 类混同）；其言"安样"韵（指 an、ian、uan、yan）之字，亦皆变如"佳爱样"（按：指儿化时 an 类与 ai 类混同）。……此则今日里巷俚语尖薄轻佻不庄之俗音也。此音去雅音绝远，非笔墨所能达（按：指无法用普通的分析语音的方法来描述）姑举其与正音不同之端以为识别，阅者自然寻知其音也。……今吾儒讽诵经典、肃对大宾，固必用庄重之音，即不识字之野人，其应对尊客亦必用庄重之音，不期然而自然。至于此种轻薄不庄之俗音，则寻常语言于所渺视之事物，亦不期然而用

之。如言"大人"、"大树"、"大牛"、"大马"、"大鸡"、"大狗"、"大山"、"大水"、"大屋"、"大路"、"大道"、"大车"、"大船"之类，则"人"、"树"、"马"、"牛"等字，自然用庄重之音；若言"小人"、"小树"、"小牛"、"小马"、"小鸡"、"小狗"、"小山"、"小水"、"小屋"、"小门"、"小路"、"小道"、"小车"、"小船"之类，则"人"、"树"等字，自然用此轻薄之俗音也。此种俗音，于四十音模统韵总图内七百二十声以至所衍平上去入三千六百声之外，别为一种语言，与庄重之正音，两两对峙，如形之有影（按：指儿化自成系统，每个韵母都可以儿化）。但舌音无重轻（按：指儿化时 tʂ、tʂʻ、ʂ 与 tʃ、tʃʻ、ʃ 合一，今高密方言仍如此），言"灯"、"钉"不分，"同"、"亭"不分，"桃"、"条"不分，"囊"、"娘"不分，"笼"、"铃"不分，"郎"、"亮"不分（按：以上指儿化时 t 组声母后的齐齿呼 i 介音丢掉，今高密方言儿化仍如此）。齿音无外内，言"总"、"井"不分，"葱"、"青"不分，"桑"、"箱"不分（按：以上指儿化时 ts 组声母后的齐齿呼 i 介音丢掉，今高密方言儿化仍如此）。又不能为"恩样"、"伊样"韵，皆变为"威样"（按：参见上注），而"金"、"鸡"，"琴"、"棋"不分，"殷"、"衣"不分，"欣"、"嬉"不分，"墩"、"堆"不分，"轮"、"雷"不分。不能为"安样"韵，俱变作"佳样"，而"敢"、"改"不分，"盐"、"厓"不分，"胆"、"点"与"带"（原注：读上声）不分，"兰"、"连"与"来"不分（按：参见上注）。则以其一声而与雅音两模对峙（按：指儿化时一个儿化韵包括了几个非儿化韵。或者说，几个非儿化韵在儿化时会变得相同），其较然可别，又如彼其特异也。其音非小儿学语时所能（按：指小儿学语时不能掌握儿化音），……秃舌人之声，略同小儿，亦不能为此轻佻之音也（按：指有发音缺陷的人也不能发好儿化音）。

这段话说明了儿化音使用的语言环境：表达带有"小"的意思的词语时使用；说明了儿化音的一些特点：an 与 ai 相混，en 与 ei、i、ī 相混；t 组声母与 ts 组声母后的介音 i 消失。这些特点都是与今高密方言及邻近地区的方言儿化特点相吻合的。

作者对于儿化音采取了一种矛盾的态度：一方面说它是"里巷俚语尖薄轻佻不庄之俗音"，极尽贬斥之能事；同时，又说它是"不期然而用之"的自然语音现象，想必作者也常常会"不期然而用之"的。我们怀疑，张氏之所以贬斥儿化"尖薄轻佻不庄"，与其说是观念上的，勿宁说是操作上的，因为这些音实在无法用普通的语音属性来描述。

据我们所见，在利用现代语音学对汉语的儿化进行描写之前，对儿化音做如此详细描述的，张氏要算是第一人。

七 《七音谱》所记录的幼儿语音现象

《七音谱》的《俗音旁证篇》第二证是"以小儿学语未成之音与雅字之音互证，乃知'真支微'三样韵、'之微佳'三样韵，自古根本相通"。它论证的结论很成问题，但却记录下了高密方言中幼儿学习语音过程中的一些不成熟的现象，这也是一份难得的资料。

张氏说："夫小儿学语，师其父母口中之言也，而其不能为'真恩样'韵及'支伊样'韵，通同变作'微威样'韵，则众小儿如出一口焉；又其不能为'元安样'，而皆变作'佳爱样'，亦众小儿如出一口焉。"

这里，作者指出，幼儿在向父母辈学习语言的时候，开始时并不能一下子学好，有一些不同于成人的语音现象，而不同的幼儿表现出相当一致的特点。作者的目的是通过这些现象来论证古音中的问题，我们感兴趣的却是它所概括的规律。

作者概括了两个方面的规律，写成两个表。一个表是"小儿学语'恩伊'两样韵同变'威'样表"，另一个是"小儿学语'安'样韵变'佳'样表"。下面列出原表部分内容，以见其例：

（一）小儿学语恩伊两样韵同变威样表

　　　鼻音　　根如格隔革　　恳如客刻克　　恩如额哑厄阨　　很如黑赫

　　　此所变"格隔革客刻额哑厄阨黑赫"乃吾高密音读。若登州、黄县一带，则皆读"歌"样，非小儿所变之音。

所谓"高密音读"，指"格隔"等字韵母为 ei，不是登州一带的 o。此指小儿将 kən、k'ən、ən、xən 发成 kei、k'ei、ei、xei。

　　　喉音　　滚如鬼、棍如匮　坤如盔、困如匮　温如威、文如为　魂如回、混如会

此指小儿读 kuen、k'uen、uen、xuen 为 kuei、k'uei、uei、xuei。

　　　牙音开　　金鸡并作京威切　芹旗琴棋并作轻围切　殷衣并作缨威切人作缨围切　欣作兴威切　喜作兴威切

此指小儿读 kin、ki 作 kiei，读 k'in、k'i 作 k'iei，读 in、i 作 iei，读 xin、xi 为 xiei。

　　　牙音合　　君作居威切　群作曲围切　云作鱼围切，亦或如喉音围允作鱼苇切，亦或如喉音苇　薰作虚威切，或如喉音辉

此指小儿读 kyn、k'yn 为 kyei、k'yei，读 yn 为 yei 或 uei，读 xyn 为 xyei 或 xuei。

　　　重舌首位东模恩样山东平度开口言　　墩如堆　敦之上声，如山东人言德得　囤如对

此指小儿读 tuen 为 tei。

　　　重舌次位通模恩样山东平度开口言　　吞如推　屯变昔围反　豚如腿骰杰　褪如退作莟未反

　　　按高密土语，推车腿脚腿臂，亦开口言，至读书则皆合口言。诸城则略无开口矣。

此指小儿读 t'uen 为 t'uei。

　　　……（下略）

（二）小儿学语安样韵变佳样表

　　　鼻音　　竿如该、敢如改　看如开、坎如慨　安如哀　寒含并如孩、汉如亥

此指小儿读 kan、k'an、xan 为 kɛ、k'ɛ、xɛ。

　　　喉音　　官关并如乖、管如拐、罐如怪　宽作苦哀切款如蒯　湾如歪、丸如蛙、碗作

　　乌矮切、万如外　欢如灰、还环如回音槐、缓作虎矮切、唤如坏

此指小儿读 kuan、k'uan、uan、xuan 为 kuɛ、k'uɛ、uɛ、xuɛ。注意：蛙读 uɛ，"灰、回"有音槐的一读。

　　牙音开　坚如阶、茧如解、见剑并如界　牵如楷、钳作曲崖切　烟如挨、盐如崖、眼如矮、燕如隘　掀如谐、闲咸如鞋、显险作虚崖切、限陷如解

此指小儿读 kian、k'ian、ian、xian 为 kiɛ、k'iɛ、iɛ、xiɛ。

　　重舌开　丹作德哀切、弹旦担并如带、诞如大　炭如太　难如奈　篮如来、懒如赖

此指小儿读 tan、t'an、nan、lan 为 tɛ、t'ɛ、nɛ、lɛ。

　　重舌合　端作都哀反短作都矮反断段并作都爱反　湍作吐哀切团作吐崖切　暖作奴矮切　鸾作卢崖切

此指小儿读 tuan、t'uan、nuan、luan 为 tuɛ、t'uɛ、nuɛ、luɛ。

　　轻舌开　典点作低矮切　天作梯哀切田甜作梯崖切　年黏作尼崖切　连廉里崖切或如牙音言脸里矮切或如牙音眼

此指小儿读 tian、t'ian、nian、lian 为 tiɛ、t'iɛ、niɛ、liɛ。其中 lian 又读同 ian 的"小儿学语"作 iɛ。

　　重腭开　绽栈站蘸并如寨　搀如钗、馋如柴　山衫如筛、产如洒、栅如晒

此指小儿读 tʂan、tʂ'an、ʂan 为 tʂɛ、tʂ'ɛ、ʂɛ。注意："产"读 ʂan，"洒"读 ʂɛ。

　　重腭合　砖上平作竹哀切转上声作竹矮切转去声作竹爱切　穿作初哀切船作初崖切喘作初矮切串作初爱切　闩栓如衰疏哀切……

此指小儿读 tʂuan、tʂ'uan、ʂuan 为 tʂuɛ、tʂ'uɛ、ʂuɛ。

　　……（下略）

　　张氏记录的这些幼儿语音特点，主要有两条规律：

　　第一，en 类、ei 类、i、ɿ 类都读作 ei 类。

　　第二，an 类、ɛ（ai）类都读作 ɛ 类。

　　这种规律很容易使我们联想到淄博等地成人的儿化变韵。淄博等地相当于普通话和其他方言儿化的语音现象是不卷舌，但是韵母发生变化，其基本的规律也是两条：一，en 类、i、ɿ 类韵母变为 ei 类，如"神儿"、"事儿"都是 ʂei，"顺儿"是 ʂuei，"棋儿"是 tɕ'ei。二，an 类韵母变为 ɛ 类，如"汗儿"是 xɛ，"环儿"是 xuɛ。因此，张氏记录的高密幼儿的语音特点与淄博等地儿化变韵规律完全一致。张树铮《淄博等地方言的儿化变韵与幼儿型儿化》一文通过考察淄博附近的幼儿型儿化认为，淄博等地的儿化变韵是幼儿型儿化延续到成人的结果。《七音谱》可以说为这一观点进一步提供了证明。

　　不过，张树铮文所考察的材料，是济南、寿光等地方言中幼儿学习儿化韵母时的一种不成熟的、过渡性的语音特点，而不是幼儿学习非儿化韵母时的语音特点。幼儿学习非儿化韵母时的语音特点另待考察。而张祥晋所搜集的材料只说是"小儿学语未成之音"，未明确说

是学习儿化音还是非儿化音时所呈现出来的特点。特别是考虑到张氏将儿化音说成是"尖佻轻薄不庄之俗音"，这更使人怀疑张氏所说的小儿学的"语"是不是儿化音。但是，他所列的特点却的的确确只是儿童在学习儿化音时才呈现出来的。我们相信张氏所说的其实就是"小儿"学习儿化音时的语音特点，因为据我们观察，只有在学习儿化音时儿童的语音才如此整齐，非儿化音学习时的情况千变万化，不是上面所说的两条规律所能概括的。此外，张氏上面的材料似乎过于整齐全面，因为有些字看起来是比较生僻的，小儿未必能自然地用到，很可能有许多字的读法是张氏根据规律推出来的。

　　无论如何，张氏的观察都是值得重视的。我们知道，对儿童语言习得的研究，是国外最先开始的，我国近现代的儿童语言研究是吸收、借鉴西方学术界研究成果而开展起来的。作为一百年前的一位土生土长的学者，张祥晋能够独立地注意到儿童语音的特点，并加以研究，这不能不令人对他独到的眼光和细致的观察产生敬意。当然，张氏观察幼儿语言的目的在于论证幼儿语音与古音相通，这种缺乏历史主义的观点我们在前面已经批评过了。

第二章 清代山东方言词汇

第一节 《醒世姻缘传》中的山东方言词汇

《醒世姻缘传》是一部著名的古代长篇白话人情小说。作者署名为"西周生"。故事的主要场景在山东武定县和绣江县（即章丘县）展开，自称"造句涉俚，用字多鄙，惟用东方土音从事"（《凡例》）。关于作者的真实身份，70 多年来一直有争议，先有蒲松龄之说，后又有章丘人士、丁耀亢、贾凫西等各种说法，迄无定论（参徐复岭《醒世姻缘传作者和语言考论》，齐鲁书社 1993 年版）。但是，无论哪家说法，都认为该书是由山东人士写成的，其中一个重要的理由就是，该书纯用山东方言。因为该书的作者并不是十分明确，所以，所谓该书使用山东方言，除了其《凡例》自称"惟用东方土音"之外，重要的两个理由是：一，该书使用的词语与语法特点有不少不见于同时代其他地区的作品，而见于同时代山东地区作家的作品，比如有不少同于蒲松龄《聊斋俚曲集》、《日用俗字》中的词语，这一点是非常明显的。二，该书使用的词语与语法特点有不少至今还流传在山东方言区内，这一点也是非常明显的。书成的年代，据考证为明末清初。因此，该书为研究这个时期山东方言的词汇和语法特点提供了宝贵的、比较完整的资料。

由于山东境内方言在词汇和语法方面也存在着一定的差异，因此，《醒》的方言基础是山东境内的什么地方，同它的作者是谁一样，是目前还悬而未决的疑案。识别方言词汇和语法特点的地域，比识别语音特点地域的难度要大得多。这是因为：一，某个具有代表性的语音特点流通的地域往往比较小，"三里不同音"就是这种特点的一种写照；而一个词或某项语法特点的流通地域往往比语音特点要大得多，此地有这种说法，彼地也有这种说法，这样就很难确定作品的具体地域是哪儿。二，目前对方言词汇和语法特点的调查在广度和深度上还远远不如对方言语音特点的调查，没有进行方言词汇和语法调查的方言自不待言，就是已经有了此类调查的方言点，调查报告也很难说能够比较完整地把所有的方言词语和语法特点搜罗无遗。这一点，凡是做过方言调查的人，哪怕是调查自己母方言的人都会深有体会。此外，在凭借方言词汇和特点确定一本书的方言基础的时候，外地人往往很难理解、体味书中一些方言词的真实含义，揣测往往谬于事实；而本地人又往往会囿于见闻，根据与自己母方言的一些相同之点，过分热情地与自己的母方言套近乎。

不过，如果能够做一些过细的分析比较工作，还是能够大致确定《醒》书基础方言的地域范围的。胡适等人主张《醒》书是蒲松龄所著，换言之，该书是用淄川方言写成的，只是看到了其中与蒲松龄白话文学作品《聊斋俚曲集》、《日用俗字》中的相同之处，而没有看到两方面的相异之处。至于有人说是章丘方言，恐怕也是推测之辞。还有人认为是诸城方言，目前也缺乏全面的比较。徐复岭认为该书与蒲松龄作品方言有差异，这应当是正确的。但他为了证成该书为曲阜人贾凫西所著的结论，认为该书反映的是曲阜、济宁一带的方言，似乎也还有需要进一步论证之处。他"从书中选取最'土'、最能体现方言特色的词语 180 条和语法、语音现象 20 条，从兖（州）曲（阜）方言和章（丘）淄（川）方言两个角度进行了比较调查。结果表明，这些词语和语法、语音能被证实在兖曲方言中存在与使用的比重，大大高于能被证实在章淄方言中存在与使用的所占的比重。"这种方法自然比只从章丘方言或淄川方言中选取那些与《醒》书一致的词汇、语法特点要可靠得多，但是还不够全面，这只能证明《醒》书方言与章淄方言相远与兖曲方言相近，而不能证明就是兖曲方言，因为可能有同样相近的其他方言存在，也可能有更相近的方言存在。只有在全面比较了山东各地方言之后，才能最后确定《醒》书方言到底与哪里最相近。

限于时间，我们没有全面研究《醒》书的方言词汇情况。下面只摘录方言词语及其用例数十则，以见《醒》书方言词汇之一斑。

　　唉哼　　呻吟。如：寄姐问他是怎么。他～说："恶心，眼黑。"(95 回)

　　唉唉哼哼　　"唉哼"的重叠用法，不停地或断断续续地呻吟。如：狄老爷，你怎么来？身上不好么，～的？(96 回)

　　白话　　闲聊。如：别的也都渐渐走开去了，只有一个胡旦，一个梁生还站住～，(4 回)　一个摇响环的过路郎中，因在大门下避雨，看门人与他闲～，说到这干血痨病症救不活的。(8 回)

　　摆制　　摆布，摆弄。如：他得了晁无晏的全分家事，一个六七岁的孩子，他还要～杀他哩！(57 回)

　　背地后里　　背后，暗地里。如：一个姐姐叫人采打得这们等的，回到家来，两个兄弟没出来探探头儿，问声是怎么，～已是恨说辱没了他，这不合死了的一般？(74 回)

　　扁食　　饺子。如：刚只合了眼，童奶奶合调羹已先起来，点上灯。调羹包的～，通开炉子，炖滚了水，等狄希陈梳洗完了才下。(81 回)

　　脖抢骨　　颈椎。如：狄希陈像折了～似的，搭拉着头不言语。(83 回)

　　薄屎涝　　稀大便。如：你两个吃的也够了，也该略退一步儿，让别人也呵点汤，看撑出～来，没人替您浆裤子！(32 回)

　　跛罗盖子　　膝盖。如：这话长着哩，隔着层夏布裤子，垫的～慌！我起来说罢？(10 回)

　　不忿　　忍不住生怒。如：程谟～，捏起盆大的拳头照着刘恭带眼睛鼻子只一拳，……(51 回)　素姐那里肯听，还使巴掌崩星般往杜其思的脸上打。围着看的众人～，齐声说道：……(89 回)

不济 不好，不强，不行。如：尖嘴薄舌，谈论人的是非，数说人的家务，造言生事，眼内无人，手段又甚是～。(51回) 起先童七还支架子，说道："年成不好，生意～，不如收了铺子为妙。"(70回)

惨白 灰白。如：那些和尚说道："那人～胡须，打着辫子，寡骨瘦脸，凸暴着两个眼，一个眼是瞎的；穿着海蓝布挂肩，白毡帽，破快鞋。"(57回)

曹州兵备 歇后语的前半部分，后半部分为"管得宽"。例：没的私窠子浪声，各家门，各家户，你倒也"～"! (3回) 又如：你没的扯那臭淡！丫头纵着他偷馋抹嘴，没的是好么？忒也"～，管的恁宽"! (48回)

长鬖鬖 长长（的）。如：双手未能过膝，亦～的指尖。(21回)

除 用锨、铲等工具将物铲起并端走。如：为甚么搅下这堆臭屎！拿锨～的离门离户的好! (85回)

除的家 除了。如：可说这房子，我都不给你们，留着去上坟。～阴天下雨，好歇脚打中火，论这几间房，倒也不值甚么。(22回) 从就这一日走开，～白日里去顽会子就来了，那里黑夜住下来？(40回)

绰了口气 得到某人说话中透出来的意思。如：小珍哥绰了张瑞风的口气，跟了回话，再不倒口。(51回) 这是我清早看着人通阴沟，他在他门口站着，我对他告诉的，他就绰了这个口气来起这风波。(62回)

雌答 斥责，训斥。如：谁家一个没折至的新媳妇就开口骂人，～女婿？(44回) 薛亲家冈冈渴渴的，是他闺女～的；咱怎么的来，他恼咱？(48回)

促边促岸 紧靠边沿。如：有几亩坟地与一个刘乡宦的地相邻，他把树都在自己地上～的种了；后来成了大树，一边长到刘家地内，他便也就种到那树根之旁；刘乡宦也绝不与他较量，后来越发种出那树的外边。(35回)

道数 筵席上做菜的程序。如：一个蔡逢春中了举，请众乡宦举人吃酒。他完了～，秃了头，止戴了一顶网巾，穿了一件小褂，走到席前，朝了上面拱一拱手，道："列位请了! 这菜做的何如？也还吃得么？"(51回) 从铺子里请了童七回家，将酒席搬到童家那院，按～上来，只见做的颜色鲜明，滋味甚美。(55回)

打滴溜 身体悬吊在高处。如：那丫头开了门，一只脚方才跨出，嗳哟的一声大喊，随说："不好! 一个人扳着门上樘～哩!"(77回)

打圈 母猪发情。如：再有那一样歪拉邪货，心里边即与那～的猪，走草的狗，起骡的驴马一样，口里说着那王道的假言，不管甚么丈夫的门风，与他挣一顶"绿头巾"的封赠。(36回)

恶影 恶心。如：寄姐道："……我叫人熬下粥儿了，你起来坐着吃两碗。"狄希陈说："我心里还～影里的，但怕见吃饭。"(96回)

二不棱登 不笨也不聪明，不傻也不精明。如：惟独一个～的妇人制伏得你狗鬼

听提，先意承志，百顺百从。(62回)

粪门　　肛门。如：武城县这些势利小人听见晁秀才选了知县，又得了天下第一个美缺，恨不得将晁大舍的卵脖扯将出来，大家扛在肩上；又恨不得晁大舍的屁股撅将起来，大家舔他～。(1回)

割　　交；结交。如：况且他又是个秀才，好合你做伴读书。万一后来同住不的，好～好散，别要叫他过不得日子。(第90回)

公公　　①丈夫的父亲。如：俺～知道，倒是极喜欢的，说他儿子会顽，会解闷，又会丢钱，不是傻瓜了。(2回)　②祖父。如：源儿，我是你的～。你听我说话：你的爹爹与你挣了这样家事，你不肯安分快活，却要胡做。(3回)　　(珍哥说) "我刚才跪倒，正待磕下头去，只见上面坐着一个戴紫绒方巾，穿绒褐袄子，一个八十多岁的老人家，咳嗽了一声，唬得我起来就跑，门边又像有人扯住我的裙子一般。"晁大舍说道："这就是咱们的～。……"(3回)

节年　　多年，积年。如：却是这些人恃了～的收成，不晓得有甚么荒年，多的粮食，大铺大腾，贱贱粜了，买嘴吃，买衣穿。(27回)　　却说晁夫人见这样饥荒，心中十分不忍，把那～积住的粮食，夜晚睡不着觉的时候，料算了一算，差不多有两万的光景。(32回)

老伴　　①老年伙伴。如：晁夫人弃世升天，陈师娘失了～，虽也凄凉，却晁梁夫妇一一遵母所行，不敢怠慢。(92回)　②老年配偶。如：你若医得好他，我与他替你做一件紫花梭布道袍，一顶罗帽，一双鞋袜。你有～没有？若有，再与他做一套梭布衫裙。就认义了你两口子为父母。(8回)。

撩　　扔。如：一个封王的符节，你～在水里，这是什么顽！(9回)　　管宁合华歆锄地，锄出一锭金子。……华歆后来锄着，用手抬起，看是金子，然后～在一边。(34回)

邻舍家　　邻居。如：俺那旧宅子紧邻着娘娘庙，俺婆婆合我算记，说要拣一个没人上庙的日子，咱到庙里磕个头，也是咱合娘娘做一场～。(2回)

卯窍　　窍门。如：只是初入其内，拿不住～，却往那里去赚钱？(54回)

没的　　莫非，难道。如：这样人，到了一个地方，必定先要打听城里乡宦是谁，富家是谁，某公子好客，某公子小家局，拣着高门大户投个拜帖，送些微人事。～他有折了本的？(4回)　　红的！还有绿的、蓝的、青的、紫的哩！脱不了是颜色染的，～是天生的不成？(6回)

没的家　　没的。如：大尹道："那珍哥不与计氏同住？"高氏道："就～说，这一个槽上也拴的两个叫驴么？"(10回)　　众人齐道："您两个就～说！十分的人就这们没良心了？"(22回。斥对方"没的家说"意指对方胡说、乱说)

拇量　　估计。如：大爷也～那老婆不是个善茬儿，故此叫相公替他上了谷价。(10

回）　却也该自己想度一想度，这个担子，你～担得起担不起？（16回）

黏粥　　粥。如：众人又拉拉扯扯的劝着，说道："……要不去，咱大家各自回家，弄碗稀～在肚子里干正经营生去。从日头没出来就吵到如今了！"（22回）

劈头子　　当头，一开始。如：两个媒人回到狄希陈下处，～道："我说这事难讲么，你只不信哩。……"（75回）　……哭丧着个狄脸，走到人跟前，～就是呃的一声："这里有个狄监生在那里住？"（77回）

情管　　管保，保险，保证。如：你叫他休要扯淡，～替他儿生不下私孩子！（56回）　俺那头有极好的狗皮膏药，要一帖来与他贴上，～好了。（57回）

人事　　礼物。如：他适才也送了咱那四样～，你拇量着，也得甚么礼酬他？（4回）　还有奶奶们托着买～，请先生，常是十来两银子打背弓。（8回）

杀缚　　教训，煞威风。如：谁知被人这等狠打了一顿，又被人如此～了一场，流水就递降书，疾忙就陪笑脸，说声拜就拜，说声吃酒就吃，满口说自己不是，只说寄姐原来是个口直心快的好人。（95回）

丝丝两气　　气息微弱，气息奄奄。如：晁夫人一个儿子～的病在床上，一个丈夫不日又要去坐天牢，……（17回）

无常　　死。如：那狐精四脚登空，从旁一只黄狗向前咬住，眼见的千年妖畜，可怜一旦～！（1回）　你自己没有忍性，寻了～。我使二三百两银子买板，使白绫做帐子，算计着实齐整发送你哩。（11回）

媳妇子　　①媳妇，妻子。如：小人进去，那新姨又着裤，正合晁住～踢建儿，看见小人，往屋里跑进去了。（7回）　我这一到家，我就叫人炸果子给你下礼，替你娶了～。（41回）　②已婚的女佣人。如：珍哥与晁大舍吃了饭，说道："你自己睡着，我到家堂内与老公公磕个头，谢谢前日保佑。"晁大舍说："说得有理。着几个～跟了你去。"（3回）　那些丫头～们正在天井晒衣裳，谁是没见的？（8回）

洗换　　喻指月经。如：真是"福无双至，祸不单行"，珍哥从去打围一月之前，便就不来～了，却有了五个月身孕。（4回）

下意的　　忍心。"下意不的"意为不忍心。如：他合你有那辈子冤仇，～这们咒他！你也不怕虚空过往神灵听见么？（74回）　我下意不的这们个旺跳的俊孩儿舍了。他就认回去了，您也是他的养身父母，孩子也忘不了你。（49回）

献浅　　献殷勤，讨好。如：这一定有多嘴～的人对那强人说我在大门前看他起身，与街坊妇人说话。这是来寻衅了！（2回）　趁着我害病，大家～，请他出来，叫他使低心，用毒计，唬杀孩子，愁我不死么！（80回）

血铺澡　　血泡。如：像狄大哥叫你使铁钳子拧的遍身的～，他怎么受来？（60回）
（按："铺澡"即"泡"的分音）

盐鳖户　　蝙蝠。如：就如那～一般，见了麒麟，说我是飞鸟；见了凤凰，说我是

走兽。(8回)

遥地里　　　到处，各处。如：郭姑子，你既来投托蒋太太，你在蒋府里静坐罢了，你却～去串人家，致得人家败人亡。(10回)　　只得俺爹～赊了两匹布替他做了两件衣裳，做了这点帐子，赊了这个枣木材。(41回)

一搭　　　一片，一块。如：让坐之间，珍哥的脸就如三月的花园，～青，～紫，～绿，～红，要别了起身。(11回)　　要说从小儿在～里相处，倒也你知我见的，省的两下里打听。(75回)

折堕　　　折磨。如：你看他看去，把个孩子怎么样处制着哩。有这们混帐孩子！死心蹋地的受他～哩！(52回)　　丈夫就是天哩，痴男惧妇，贤女敬夫，～汉子的有好人么？(69回)

这们　　　这么。如：我只说你认得他，叫我摆～齐整攒盒待他！(50回)　　你三爷真是一个豪杰，可惜做～个官，不屈了～个人品？(50回)

证见　　　证明，证明人。如：四府也不唤～，也不唤原告，头一个就把晁源叫将上来，问道：……(12回)　　姜副使说："有甚么凭据哩？"他说："徐老娘见在，与的我三两银子也原封没动，这都不是～么？"(46回)

知不道　　　不知道。如：我也～咱户族里还有这几位，也不知是大爷、叔叔、哥哥、兄弟的，我只当就止一位三奶奶来送了一两银子，我换了钱撺缠的抬出材来！(53回)　　他既是～好歹，惹得奶奶心里不自在，咱没的看得上么？(69回)

住住的　　　程度副词，牢牢的，结结实实的，完全的。如：狄希陈一夜虽比不得那当真的柙床，在这根窄凳上捆得～，也甚是苦楚了一夜。(60回)　　他怕我使了他的家当，格住你不叫见我，难为俺那贼强人杀的也拧成一股子，瞒得我～，不叫我知道！(68回)

作业　　　做坏事，作孽。如：却说珍哥自从晁源买到家中，前后里外整整～了一十四年，方才这块臭痞割得干净。(51回)　　我劝狄友苏，说你这般～，天没有不报你的理，留着叫天诛你，狄友苏不必自做恶人。(98回)

《醒》书中还使用了大量的歇后语，如：

稍瓜打驴——不免去了半截。(1回)

张天师抄了手——没法可使了。(1回)

瘸和尚登宝——能说不能行了。(3回)

八十岁妈妈嫁人家——却是图生图长！(3回)

没眼先生上钟楼——瞎撞！(4回)

先生迷了路——在家也是闲。(5回)

老婆当军——没的充数。(5回)

豆腐吊在灰窝里——你可吹的？你可弹的？(8回)

姜五老婆——好小胆。(8回)

隔墙撩胳膊——丢开手。(8回。38回作"漫墙撩胳膊——丢开手了。")

镪枪头戳石块——卷回半截去了。(9回。喻指退缩)

大轴子裹小轴子——画里有画。(9回。谐音"话里有话")

庄家老儿读祭文——难。(16回)

赖象磕瓜子——眼饱肚中饥。(19回)

书中还有一种"歇后语"的用法是将成语缩去一字,只说另外几个字,而实际上指略去的那个字的意思。如:"就是你那'七大八',像个豆姑娘儿是的,你降他像钟馗降小鬼的一般。"(2回)这里的"七大八"指"小"(即妻)。"昨日要是第二个人,看见你家这们大门户,饶使你家一大些银子,还耽阁了'忠则尽'哩!"(2回)"忠则尽"指"命"。"不消去查,是你'秋胡戏'。从头里就'号啕痛'了,怕你心焦,我没做声。"(3回)这里的"秋胡戏"是指"妻","嚎啕痛"是指"哭"。

此外,书中还大量使用谚语和惯用语,如:

数东瓜、道茄子。(2回。喻指数说琐细事项)

听不得风就是雨。(2回。喻指捉风捕影或做事毛糙)

僧不僧、俗不俗。(2回。喻指不伦不类)

一咒十年旺,神鬼不敢傍!(3回。指不怕别人诅咒)

鼻涕往上流。(3回。喻指情势颠倒)

福无双至,祸不单行。(4回。多指连续遭遇不幸)

药医不死病,佛度有缘人。(8回。喻指命中注定)

富了贫,还穿三年绫。(8回。与今语"瘦死的骆驼比马大"意思相似)

这些丰富多彩的词语,生动形象,极富生活气息,很值得搜集整理。

第二节 蒲松龄《日用俗字》和《聊斋俚曲集》的方言词汇

一 《日用俗字》的方言词汇

《日用俗字》是蒲松龄为了解决农村日常用字的问题而编写的。他在《自序》中说:"每需一物,苦不能书其名。旧有《庄农杂字》,村童多诵之。无论其脱漏甚多,而即其所有者,考其点画,率皆杜撰。故立意详查《字汇》,编为此书。"全书用歌谣体写成,共分31章,分别是:1.身体章;2.庄农章;3.养蚕章;4.饮食章;5.菜蔬章;6.器皿章;7.杂货章;8.果实章;9.兵器章;10.丹青章;11.木匠章;12.泥瓦章;13.铁匠章;14.石匠章;15.裁缝章;16.皮匠章;17.银匠章;18.毡匠章;19.疾病章;20.堪舆章;21.纸扎章;22.僧道章;23.争讼章;24.赌博章;25.衙衍章（下文作"行院"）;26.花草章；27．树木章；28．走兽章；29．禽鸟章；30．鳞介章；31．昆虫章。本书的目的虽主要在于文字，但是内容涉及日常生活的方方面面，所以给我们提供了一份比较完整的封建时代农村生活词汇表。有些生活日用词是一般的作品中很少使用的，我们很难从其他地方得到，所以特别珍贵。这些词多数至今还活在鲁中地区人民的口语中，具有很强的生命力。下面以第一章为例，先引原文，后加解释。

身体章第一（括号内为原注的同音字）

　　爷娘生来叫做人，发辫颅（夺）髅与颐（信）门。骸（怪）骨下有额（隘）髅盖，肩膀以上是脖根。鼻梁在脸为中岳，耳联与腮作近邻。眼眨（扎）毛长毻（塔）毶（撒）丑，颧（权）骨高大衬粗唇。下颏才动发须站，牙齿不牢口舌存。前面喉咙连上腭，后边枕骨带颡颐（根）。胳膊（博）有窝名胛腔（执），胸膛上骨号颅（穷）心。手腕屈轴（逐）大拇指，耳掴巴掌拳头伸。颈领（枪）脊梁腰骶骨，肋（勒）胁（挟）骭（轩）支尾骳根。曲盘里弯跛（波）骼（洛）盖，两臁腿肚打磨筋（斤）。脚丫上生十指甲，髁（快）支骨连脚后跟。腋折脖脐邻小腹，腚脽屁骨即肛门。女孀（奶）儿峻（即）犹可说，止言屙尿不为村。肝胆肺肠有正字，皮毛手足无乡音。矬（涝）竿矬（坐）矮（隘）长短异，白净黑黢丑俊分。颏（客）肩趄（欠）身无妨事，唇鸯（怪）牙呲太不文。邋（躐）遢（搭）毢（扑）毢（囊）非带破，瞎聋忄痖有前因。手脚蹬（瓦）挠能致富，蹭蹬猾懒一生贫。姊妹姊姑为父党，两姨姑舅亦尊亲。女有公婆和妯娌，男有哥嫂与连姻。外有丈人及甥婿，内有叔侄与儿孙。堑（扨）髻上头观德性，孩童挪步识天伦。忡（闷）起身子做桩事，偎傀（撒①）闲游负此身。

方言词注释：

爷娘　　今鲁中地区仍称父母为爷娘。

颅髅　　头颅。

颐门　　今也叫"头囟子"，指头顶的前部中央。（不单指婴儿头顶骨未合缝的地方）

骸骨　　《说文》："骸，骨擿之可以会发者。"指用来束发的骨器。此盖指头盖骨。

额髅盖　　额头。今仍习用。

脖根　　项部。今仍习用。

耳联　　即"耳朵"。

眼眨毛　　睫毛。今仍习用。

毻毶　　指毛发等耷拉下垂。今仍习用。

下颏　　下巴。"颏"音"亥"。今仍习用。

颡颐　　指嗓子眼儿处。今仍习用。

胛腔　　腋窝，夹肢窝儿。今仍习用。

---

① "撒"字当为"撒"，形误。

顖心	胸骨。今仍习用。
耳掴	耳光。
颔颌	颈椎。
腰胯骨	即"胯骨"，髋骨。今仍习用。
骭支	胁骨。
尾靶根	指尾骨。今仍习用。
曲盘	膝部后面可曲折处。今仍习用。
跛骼盖	膝盖。今仍习用。
两臁	小腿两侧肌肉。
髃支骨	踝骨。今仍习用。
脚后跟	脚跟。今仍习用。
腋折	两腿交叉处。今仍习用。
脖脐	肚脐。"脖"音"礡"。今仍习用。
腚腄	臀部肌肉。也叫"腚垂子"。今仍习用。
屁骨	即"屁股"。今一般称"腚"。
嫲	即"奶"，乳房。今也叫"奶子"。
峻	男性生殖器。今也叫"～子"。
蒡竿	指长得高而细的人。今仍习用。
矬	指长得矮。今仍习用。
頮肩	溜肩。今仍习用。
起身	微驼，腰挺不直。
狉	《集韵》怪韵："大也。"
呲	即"龇"，牙往外露。音"疵"，不音"滋"。今仍习用。
邋遢	不整洁，不利落。今仍习用。
氋氃	不整洁，不利落。今仍习用。
跐挠	抓动。今仍习用。
丈人	岳父。今仍习用。
鬏鬐	梳在头顶两边的髻。今仍习用。
忾	直立。今仍习用。
偶儸	《玉篇》："～，一曰不谨貌。"

二 《聊斋俚曲集》的方言词汇

俚曲是民间演唱的脚本，因为要通俗易懂，所以大量使用口语词汇。除了唱词中有时使用书面语词之外，对白及大部分唱词都是采用口语词汇的。其中包括大量的方言词、歇后语、谚语等等。下面举例说明一部分至今仍习用的方言词语以及一部分歇后语。

1.《聊斋俚曲集》中的方言词语

哼哼　因痛楚而呻吟。如：张老～出来说："饿死我也！"（《墙头记》）

哼哼成块　指连续不断地因痛楚而呻吟。如：张鸿渐～。（《磨难曲》）

安心　成心，故意。如：俺家里还有顷多地，～一股要全吞。（《翻魇殃》）

吧　说（带贬义）。如：朝廷在前还不识，顺着口子光瞎～。（《增补幸云曲》）

巴　扒，用手抓着可以依附的东西。如：刘夫人放心不下，～着板门凝睛悬望。（《增补幸云曲》）

巴结　吃力，费力。如：吃穿二字你不管，逐日把我～煞。（《增补幸云曲》）

白黑的　白天黑夜地。如：～，使碎了心肠谁知道。（《慈悲曲》）

摆划　弄，摆弄。如：舍上奴家济着你胡～。（《富贵神仙》）

伴不的　比不得。如：你可～，他能着人叫他三姨奶奶哩。（《禳妒咒》）

半虚空　半空。如：每日在闪电影里存身，～中度日。（《墙头记》）

帮寸　帮助。如：蠢的蠢，夯的夯，空有臭钱不～。（《穷汉词》）

抱　孵。如：是我喂的一个母鸡，下了蛋来～了一窝小鸡。（《增补幸云曲》）

报　也写作"暴"，尘土飞扬。如：把火吹，一霎～了一头灰。（《蓬莱宴》）

贬　也写作"扁"，别（动词）。如：大腰～着钱去赌博。（《翻魇殃》）

贬扯　贬损。如：进门流水款待你，倒被人～到如今。（《禳妒咒》）

不济　不好。如：咱那东西虽～，他也知道咱家穷。（《墙头记》）

不吐口号　不表态，不应诺。如：李氏见他～，就拿极红了脸说……（《慈悲曲》）

不着……　（连词）要不是。如：～你，我披枷带锁何时尽。（《磨难曲》）

蚕们　蚕。如：天地之间，～可以老了。（《禳妒咒》）

操　不好。如：汉子没服就把泼名来挂，这一样降法真是～。（《禳妒咒》）

嚓　（狗）吃。如：若是狗改了～屎，你说话就是那公鸡拂群。（《俊夜叉》）

长虫　蛇。如：拿一根棍来，挑出去看，原来是一条～。（《草木传》）

朝住　对付、应付得了。如：我家里虽为了事，也还可～李大了。（《富贵神仙》）

嘲　也写作"潮"，傻。如：家里财神不供养，……这是～呀可是憨？（《墙头记》）

嘲巴　傻瓜。如：反知道兵马在，就是～也不来。（《快曲》）

嗤撒　嗤笑。如：臧姑听的珊瑚来了，那口里着实～他。（《姑妇曲》）

瞅　瞧。如：臧姑～了一眼。（《姑妇曲》）

嗤嗤　彳亍，磨蹭。如：使的我喘吁吁的，他倒～起来。（《墙头记》）

出产　长，成长。如：你看看江城～的这样的风流。（《禳妒咒》）

出上　豁上，引申指总是。如：无论他死活，只～个看不见。（《慈悲曲》）

除　用锨、锹等物铲起并端走。如：慌忙拿杴就～。（《慈悲曲》）

搐　　缩。如：一～～了勾一半。(《慈悲曲》)

搐答　　抽泣。如：见了娘亲泪如麻，又～。(《姑妇曲》)

泚　　①倒水。如：洗脚水往门外～。(《姑妇曲》)　②批评、斥责。如：二娇被万岁～了几句，就羞的低了头说……(《增补幸云曲》)

撮　　向上推。如：你过来，我把这墙上～过你去罢。(《墙头记》)

打罕　　吃惊、惊诧。如：二姐抬头看见，打了一罕。(《增补幸云曲》)

大喇喇　　大大咧咧，装大。如：今日上门来，还～的。(《慈悲曲》)

大些　　许多，今也说"一大些"。如：大铁匠问我言，人家使着咱～钱。(《墙头记》)

歹　　吃(含贬义)。如：气也不喘，尽～那菜瓜。(《慈悲曲》)

待　　要，将要。如：是他今日他达～来，买了些东西等他。(《墙头记》)

担噩　　遮掩羞辱。如：范大叔又没得罪你，不去着人～。(《翻魇殃》)

但仔　　只要。如：天那天，～有一个好的，也还好过。(《墙头记》)

得塞　　哆嗦，颤抖。如：近因着他战战～的，越发厌恶人了。(《襄妒咒》)

蹭歪　　乱蹭。如：过不去回不来，手合脚瞎～。(《墙头记》)

抵溜　　提。如：轻轻的一把儿～。(《富贵神仙》)

递　　下棋一步称一递。如：一～打你金钩坏。(《襄妒咒》)

颠　　跑。如：从他媳妇那夹肢窝里钻出去～了。(《姑妇曲》)

迭不的　　顾不上。如：大姐也～问，跑到屋里说……(《翻魇殃》)

腚沟　　屁股沟。如：～里夹上称杆，管叫他一溜崩星。(《增补幸云曲》)

冻冻　　冰。如：看那模样儿像块～。(《磨难曲》)

短　　打劫。如：这两日关前响马～了皇杠，正拿不着。(《增补幸云曲》)

顿混　　想(以弄明白)。如：我才～了～说……(《襄妒咒》)

盹　　懂。如：这七个题，我不大～的呢！(《富贵神仙》)

挓　　(用有平面的东西如手掌、板子、鞋底等)打。如：就拿过珊瑚那手来，使力气照着自家那脸乱～。(《姑妇曲》)

掇　　端。如：吃完了饭，丫头、老婆子～去家伙。(《磨难曲》)

多咱　　什么时候。如：你从～就起来了？(《慈悲曲》)

恶恶扎扎　　样子凶恶。如：见了些～老判官。(《丑俊巴》)

而不冷腾　　发呆。如：他汉子～，他老婆跐溜扑笼。(《姑妇曲》)

发作　　发怒。如：酒肉陪着心欢喜，一时没了就～。(《俊夜叉》)

犯往来　　来往。如：他后日通了人性，您俩个再～。(《翻魇殃》)

犯争差　　相争。如：着您俩～于理不顺。(《姑妇曲》)

啡啡的　　气喘吁吁。如：金总兵气的～的说……(《磨难曲》)

伏儿　　买卖东西时一次的量称为一伏儿。如：香油称了一～。(《襄妒咒》)

浮皮　表层。如：万岁将龙衣脱下，用青布衫～一裹，裹的合一个包袱相似。（《增补幸云曲》）

杆草　谷草。如：炕上没有芦席，周元拿了个～来铺上。（《增补幸云曲》）

敢子　敢情。如：～你只知有前窝。（《慈悲曲》）

高脚子爬　　四肢着地爬（膝不着地）。如：还要打的你～。（《富贵神仙》）

告诵　向别人诉说冤屈、申说某人的错误。如：九日的新媳妇作了多少么精，自家不敢去～。（《姑妇曲》）

割舍　也写作"刮拾"，舍得。如：那生意人～不的多给，只给了五两。（《姑妇曲》）

各闹　碎草末。如：见哥哥已咱把～打扫了一大堆。（《慈悲曲》）

跟的上　　赶上，比得过。如：不敢望～你，就次些我也肯依。（《姑妇曲》）

估堆　也写作"孤对"，蹲。如：大相公没奈何，常在旁～着，夜儿也在旁里卧。（《寒森曲》）

估拣　乱粘。如：床上炕上揉搓，屎里尿里～。（《慈悲曲》）

故事　花样。如：拿起支箭来擦到里头，人人都会，有什么奇处？你看我投个～。（《增补幸云曲》）

瓜打　也写作"呱叮"，拍打。如：了吊儿乱～，拾石头把门牌砸。（《墙头记》）

乖子　蝈蝈。如：会跳的～，看你那里走？（《磨难曲》）

管守　约束，管束。如：待不多时速回来，有～怎肯多停待。（《学究自嘲》）

锅腰子　　罗锅。如：又停当的～会。（《寒森曲》）

锅着腰　弯着腰。如：～勒着头，只有丝丝气儿抽。（《禳妒咒》）

孩巴　孩子，今也说"孩孩巴巴"，指孩子气。如：这样离别何足伤，一伤感就些～样。（《翻魇殃》）

含着骨头露着肉　　指说话吞吞吐吐。如：蕴蕴吐吐，说着也道之乎，～。（《磨难曲》）

汉子　丈夫。如：～惹着他也掘，婆婆惹着他也咒。（《姑妇曲》）

好不好　动不动，动辄，为不了什么小事就。如：他媳妇赛霸王，～骂爷娘。（《姑妇曲》）

好生　小心，留意。如：二姐说："你可～着。"（《增补幸云曲》）

黑呀　即"黑夜"。如：你～合您媳妇作伴，又不能来。（《姑妇曲》）

哄法　哄骗。如：我今合家兄～了～，便就分了，情着吃穿。（《墙头记》）

后晌　晚上。如：夜来打的那担柴误了赶集，还没有～饭哩！（《增补幸云曲》）

后窝　指再婚后生的子女（前妻生的子女为"前窝"）。如：俺如今有了前窝并～。（《慈悲曲》）

烀皮　贴身。如：老人家衣服要会做，绵的极厚要～。（《墙头记》）

胡迷　迷路。如：有一伙瞎厮，在路上走路～了。（《磨难曲》）

花花哨　指新奇浮华。如：方学会就弄七～。（《禳妒咒》）

话头　　话。如：章丘的～——好日（日凌二音）子。（《俊夜叉》）

坏了作　　指坏了事。如：出豆腐的点不成脑，几乎就～。（《镶妒咒》）

还魂　　昏厥后苏醒。如：～过来了。（《镶妒咒》）

行子　　人（含贬义），家伙。如：这样～真禽兽，好话劝你必不听。（《墙头记》）

㞗　　男性生殖器。如：落了草叫嚯嚯，摸摸有～甚喜欢。（《墙头记》）

㩟　　即"戟"，用筷子夹。如：鸡肉～了不够几块儿。（《镶妒咒》）

饥困　　饿。如：我今晌午不～。（《慈悲曲》）

鸡子　　鸡蛋。如：看咱爹爹肚里饥，快打～用油煎。（《墙头记》）

棘针　　棘刺。如：见那鞋没有底，有半截～扎在那脚心里。（《慈悲曲》）

急　　（关系）近。如：咱可是～亲戚。（《翻魇殃》）

急自　　也写作"急仔"，本来就（表语气）。如：他～极好害饥困，何况等了半日多。
（《墙头记》）

济留　　留，积攒。如：安排着买柴还籴米，～下几吊好做梢。（《俊夜叉》）

济着　　任由。如：地上百亩有余零，都是当年自家挣，难说～他摆划。（《墙头记》）

家去　　回家。如：娘，咱几时～呢？（《磨难曲》）

蜇　　（蛆）拱食。如：十万蛆～这波罗盖。（《磨难曲》）

俭年　　饥馑之年（今音同"建年"）。如：那一年～，人吃人的年景。（《寒森曲》）

见　　每。如：我有七十二样酒，～样拿来你瞧瞧。（《增补幸云曲》）

将将　　让人骑在肩上。如："过来，我背着你走罢！"江城说："～着罢。"（《镶妒咒》）

交别　　也写作"绞别"，一般指手指抽筋而扭别，"交别了嘴"指别着嘴，嘴不听使
唤。如："还没说出来，～了口说……（《增补幸云曲》）　我～了嘴了。（《镶妒咒》）

娇绿　　指非常绿。如：给俺老婆做的通红的袄，～的棉裤。（《镶妒咒》）

脚头　　被窝下头放脚处。如：半夜转了腿肚子，～冰凉舒不来。（《墙头记》）

叫驴　　公驴。如：两个齐往两下里挣，好像挣着个老～。（《墙头记》）

揭挑　　也写作"讦挑"，揭露别人的短处。如：这是好心不得好报，到反～起来了。
（《镶妒咒》）

接和　　接。如：你可好生～着。（《磨难曲》）

结声　　住声，住嘴。如：还不快～的，胡说的甚么？（《磨难曲》）

攦　　拽，拉，扯。如：那万岁～着那汗巾，迎风一抖搜。（《增补幸云曲》）

筋节　　指节俭。如：老头子～的紧。（《墙头记》）

紧　　尽着，连续不断、任性地。如：大叔只顾～叨叨。（《蓬莱宴》）

紧篗　　起束紧作用的捆束物。如：恨不能两个身子并起来，还加～。（《镶妒咒》）

紧趁　　赶紧，及时。如：若不是我找的～，他也就忘了书斋。（《镶妒咒》）

蹁　　踢。如：给他提鞋～了牙。（《翻魇殃》）

抉 也写作“掘”，骂。如：我仔说了够一把，你就～了一大抪（即“抱”）（《俊夜叉》）

抗墙根 指靠在墙边百无聊赖地闲谈或晒太阳等打发日子。如：只转了饭饱无事，～也还消遥。（《墙头记》）

客家 借住在别人家的人。如：你那达（父亲），曾在俺家当～，才买了两间屋，就估着天那大。（《富贵神仙》）

宽快 宽敞、宽绰。如：衣服揹（即“褙”）里～些才如意。（《墙头记》）

困 睡。如：叫姐夫，你好村，你在那鸰子窝里～。（《增补幸云曲》）

喇 也写作“拉”，今也写做“啦”，谈话。如：兄弟二人，只管～起来了。（《慈悲曲》）

郎当 （脸）拉长，形容不高兴的样子。如：百姓跟着号啕痛，摇呋怒喝脸～。（《磨难曲》）

捞着 得到。如：寻常连茶没有，待笑话那里～。（《墙头记》）

老兄台 兄长（敬称）。如：～请回宅去，议一议是该怎么。（《翻魇殃》）

肋膢 今一般写作“肋叉”，肋骨。如：惟有赵鬼子那～里中了一枪，还血淋淋的。（《富贵神仙》）

冷打漫吹 待人不热情。如：方娘子见他～的，说的都是云里雾里的话。（《富贵神仙》）

理之 理，搭理，理睬（今方言一般音“理”为“耳”）。如：找了个汉子一千里，整年没人～焉。（《翻魇殃》）

利亮 利索、爽快、好听的。如：说不出句～话。（《磨难曲》）

怜惜 爱怜，可怜。如：我倒～他，他可这么诮撒人。（《禳妒咒》）

两下里 两个方面。如：两个齐往～挣，好像挣着个老叫驴。（《墙头记》）

撩 也写作“撂”，扔。如：往上一～落下来，又插在那壶里。（《增补幸云曲》）

邻家北舍 邻居。如：那～，挤擦在堂前。（《禳妒咒》）

邻舍家 邻居（今多说成“邻实家）。如：他那媳妇子，又搭上他那～跑了一天井。（《慈悲曲》）

溜溜的 也写作“流流的”，整整地。如：～睡了一整夜，好汉子及到天明宿了眼。（《慈悲曲》）

拢过 有空，有闲暇。如：不～陪你嫖，叫老客休计较。（《增补幸云曲》）

露地 没有遮掩的空地。如：这不闪了我～里了么！（《禳妒咒》）

轮打 抡。如：把两根腿～开。（《增补幸云曲》）

罗压罗 一层一层地相压。如：贼死的～，满街上血成河。（《翻魇殃》）

妈妈 乳房（一般指女性的）。如：把他那～头子铰吊一个……一剪子又把公子奶头铰吊。（《禳妒咒》）

瞒 隔着。如：还不～墙着实叫，堪堪就死命难存。（《墙头记》）

慢 又写作“幕”（原注读“漫”音），金属钱币没有字的一面。如：这个不过是拿着六个

钱撩下去，以～多的为赢。（《增补幸云曲》）

漫荒拉草　指从长有草或庄稼的地里走。如：见了个小庄在眼么么前，～到那边。（《富贵神仙》）

每人每　每人平均。如：再添两条他不依，从来只许～。（《攘妒咒》）

猛　比较而言数量大、程度甚。如：临了看看我拿的那个，比着主人家那个还略～点，心里才自在。（《攘妒咒》）

觅汉　长工。如：七长八短不整齐，穿上就是有些～气。（《墙头记》）

蜜溜转　非常快地转，指用钱贿赂人，受贿者服服贴贴地听使唤。如：东一千西两千，都买的～。（《寒森曲》）

绵条　床单。如：我才翻了个单～。（《攘妒咒》）

墓田　墓地。如：怎么丢在这里，安心把这屋当了～？（《墙头记》）

拿把　约束。如：乍穿着尺头不大紧，身下闷痒似虫钻，霎时～的通身汗。（《增补幸云曲》）

拿极　发急。如：李氏见他不吐口号，就～红了脸说……（《慈悲曲》）

拿糖　装模作样，故意表示为难以抬高自己身价。如：看上你眼就～，谁没见你那乔模样。（《增补幸云曲》）

年小　年轻。如：休说咱还～，纵没有儿，我也留着个闺女。（《姑妇曲》）

念不成溜　读书不流利。如：众齐吆喝说："这混账先生～。"（《攘妒咒》）

念诵　念叨。如：大姐做的饭给他吃着，又～他。（《翻魇殃》）

乜　那。如：强人呀，不来把你～头来剁。（《姑妇曲》）

宁么　那么。如：他娘听说一把夺，你就～怕老婆！（《姑妇曲》）

拗　今音"要"（去声），撬。如：加上镢一～，～了一道缝。（《翻魇殃》）

弄把　弄。如：你一回一回作登，～的都是俺。（《磨难曲》）

爬查　爬。如：怎么倒在地，怎么又～。（《姑妇曲》）

盼子　今音"盼"为上声，阵子，一段时间。如：叫他在床前站着，待～中了饭，都吃停当了。（《慈悲曲》）

攀　攀比。如：休要惹的再告状，众人必定把我～。（《翻魇殃》）

刨燥　烦躁不安。如：吃下药去，～了一宿。（《富贵神仙》）

跑插　跑。如：隔着十里多又～到。（《攘妒咒》）

砌头打滚　"砌"也写作"搒"、"硼"，磕头倒地发赖。如：一点恼着就不依，～真难治。（《翻魇殃》）

批　（某）块地方。如：不知他在那一～。（《慈悲曲》）

谝　夸奖。如：这奴才不弹琵琶，光～他的汗巾子。（《增补幸云曲》）

破上　豁上。如：～在沈家庄过到老。（《姑妇曲》）

扑撒扑撒　用手拂平。如：给我把衣服拧一拧，～前后襟。(《快曲》)

铺衬　碎布片。如：外头袍子虽囫囵，边上漏着破～。(《墙头记》)

铺囊　窝囊，无能。如：他虽然是个男子，我却还嫌他～。(《翻魇殃》)

褛襦搭撒　疑为"褛襦搭撒"，"褛"、"撒"因形近而误。今鲁中方言"褛襦"指碎布条，"搭撒"指毛发等物散乱地下垂，"褛襦搭撒"指衣服多处破损。如：张讷无冬无夏，只是穿着个破袄，～的。(《慈悲曲》)

栖　很快地倒下。如：方娘子歪倒身子，一头～在怀中。(《磨难曲》)

棋骝　球。如：他拿的这把扇子也看的过，但那个～我可没见。(《增补幸云曲》)

棋子　一种面食，面片切成小小的菱形，下锅煮熟后吃。如：方娘子……怕娇儿肚里饥乏，一碗～一碗茶，亲身送到灯儿下。(《富贵神仙》)

起根　开始，根源。如：娘子才知道～就里，也就全然不恼了。(《富贵神仙》)

掐把　整治(人)。如：你打我我也还你，我主意不受你～。(《禳妒咒》)

前前揥揥　長長缩缩，不敢大胆行事。如：我有刀来你有枪，～不成像。(《快曲》)

前窝　丈夫与前妻所生的子女。如：譬如有一个～儿，若是打骂起来，人就说是折蹬。(《慈悲曲》)

乔　(性子)不好。如：仇大姐性子～，事儿不值个破瓢，开口就和爹娘闹。(《翻魇殃》)

诮撒　讥讽。如：我倒怜惜他，他可这么～人。(《禳妒咒》)

茄　因某事而抱怨。如：我怕他～着我，我才着你藏了。(《增补幸云曲》)

秦　爱欺负人(盖由"秦国、秦始皇"之"秦"引申而来)。如：那行子忒也～，不拿当个人。(《翻魇殃》)

情管　一定、保险(表肯定语气)。如：～我着他两个争着事奉你。(《墙头记》)

情受　继承(遗产)。如：不因着～他那地土，俺只说俺是他达。(《墙头记》)

情着　也写作"擎"、"揹"，享受现成的。如：老头子日日闲，～吃～穿，着您媳妇常忙乱。(《墙头记》)

蛐蟮　蚯蚓。如：个个都吟哦，好似～叫。(《富贵神仙》)

捲　音"犬"，将书页等卷起。如：争来争去济着～，弄的翻边卷沿。(《慈悲曲》)

日头　太阳。如：～歪，分不出青红合皂白。(《翻魇殃》)

瞰　也写作"撒"，四下里看。如：曹操坐下一～，哈哈大笑。(《快曲》)

躁　蹭，摩擦(今音"丧"，去声)。如：回头不知那里去，跑来～倒大些人。(《蓬莱宴》)

嗓　塞，指吃(带贬意。今音上声)。如：播开门闩钻进来，抹抹索索找饭～。(《俊夜叉》)

森人毛　今写作"瘆人毛"，指令人恐惧的外貌。如：老婆说有～，这话是真不是空。(《禳妒咒》)

杀　也写作"揉"，用绳子捆束。如：单三绳往肉里～，塔塔手脚坠下来。(《磨难曲》)

杀场　刑场。如：那汉子既单要你，还是爱你，他那里有～哩么？(《增补幸云曲》)

杀 (树)　伐(树)。如：见有一株大榆树扫那屋檐，便叫人～了。(《寒森曲》)

嘎₁　即"啥"，可用作名词，指东西。如：一个新媳妇子出去换～吃，咱就见不的人了。(《姑妇曲》)

嘎₂　即"霎"，时。如：你平日纵然有些差池，断不肯像你以前～待的我。(《磨难曲》)

睃　看(意指喜欢)。如：老头子～不上那少年。(《禳妒咒》)

闪　撇(下)。如：若要回家，岂不被你～煞人也！(《蓬莱宴》)

善　(程度)差。如：给你句好气就上了天，我还嫌我骂的～。(《俊夜叉》)

善苴　今写作"善苴"，指善良的、好对付的人。如：这方二相公也不是个～。(《磨难曲》)

善和　(程度)差。如：常时打的还～些，这一向打的甚狠。(《磨难曲》)

晌午歪　过午。如：早饭东南～，粗面饼卷着曲曲菜。(《学究自嘲》)

少挡没系　也写作"少裆无系"，指东西残缺不全。如：自从遭了官司，弄的～。(《姑妇曲》)

哨　故意用话来撩拨人。如：王四的外号是叫王哨子，猜他买不起，竟来～他。(《翻魇殃》)

生咯吱　硬生生地。如：他只照头就一砖，～打吊了耳一片。(《寒森曲》)

失张答怪　张皇失措。如：你～，甚么毒虫？你起来我坐。(《增补幸云曲》)

石心子　没有阴道或阴道特别短的女子。如：～有汉怎么养？(《磨难曲》)

实实　也写作"实势"，确实。如：张逵～不在家。(《磨难曲》)

识玩　接受别人的玩笑。如：可要～休使性。(《禳妒咒》)

使　累。如：～的我喘吁吁的，他倒嗑嗑起来。(《墙头记》)

收拾　收藏。如：咱～起两个来，到家问问是嘎东西。(《磨难曲》)

蜀术　高粱。如：只有几科～秸。(《慈悲曲》)

舒　伸。如：半夜转了腿肚子，脚头冰凉～不开。(《墙头记》)

书房　学校。如：放学来家吃了饭，……一直径往～去。(《墙头记》)

术秸　高粱秸。如：见一个庄里没有～，便说这庄子成的是灾。(《磨难曲》)

数喇　数落。如：何大娘连骂带说，～了一阵。(《姑妇曲》)

㑊种　傻瓜。如：这《西江月》说的是不成人的憨蛋，不长俊的～。(《俊夜叉》)

松缓　轻松。如：每日里像那疔疮着骨，你去了我也～。(《俊夜叉》)

奤　傻。如：你这个人好～，脆嗓子当了甚么！(《磨难曲》)

琐摩　反复请求。如：二相公才待做做，跑了来只顾～。(《翻魇殃》)

他娘那棍　他妈的(詈词)。如：有两钱就撑～。(《禳妒咒》)

套弄　今多写作"掏弄"，设法引人说出实情。如：老头子这般欢喜，等我～他～。(《墙头记》)

踢蹬 弄坏。如：二娘子大不贤，～的合家不团圆。(《姑妇曲》)

天多咱 什么时候。如：春香，～了？(《襄妒咒》)

听的说 听说。如：这几年我～，令尊也没钱，……(《墙头记》)

挺绑硬 很硬。如：浑身夹的～。(《寒森曲》)

头向 去路。如：小生命薄，本儿大了担不的，给我一个别的～罢。(《增补幸云曲》)

头直上 头顶上方。如：祸福只在～。(《增补幸云曲》)

秃把 也作"抔"，褪去鸡鸭等的毛，比喻彻底地洗。如：过来，我给你～～。(《襄妒咒》)

推佯死 装死。如：你～，又捣那臭鬼！(《慈悲曲》)

退前擦后 不肯向前。如：大家一齐向前，休要～。(《磨难曲》)

托仗 依靠，依赖。如：为娘的要～你了。(《磨难曲》)

抰 用舀、勺之类取(水、粮食等物)。如：才～了升麦子磙上。(《翻魇殃》)

瓦查子 碎瓦块。如：刨了一个大坑，里头堆着～。(《姑妇曲》)

旺相 兴旺，兴盛。如：似蓬壶日月长，又年年～。(《襄妒咒》)

鞴鞋 棉鞋。如：绑腿～穿的惯。(《增补幸云曲》)

窝攧 用手将东西团成一团。如：万岁将那汗巾～起来，照桌面上一抹。(《增补幸云曲》)

无其代数 非常多，无数。如：上楼的，扒墙头的，纷纷嚷嚷，～。(《增补幸云曲》)

侮 (用手拿石头、砖头等)往下砸。如：被王五一石头～下来，把头跌破了。(《富贵神仙》)

瞎 白，白白地。如：眼见的我那儿～死了！(《磨难曲》)

瞎厮 瞎子。如：莫笑～不济，常近富贵高贤。(《磨难曲》)

下剩的 剩下的。如：拾掇上给他挑着，～咱自家拿着罢。(《襄妒咒》)

降 降伏、制服。如：那江城枉担着～汉子的虚名，还嫌他不会～哩。(《襄妒咒》)

效 有效。如：若是方法不大～，咱就回去另拿人。(《襄妒咒》)

邪里巴 邪。如：那～心肠，好好的就兴起来。(《丑俊巴》)

邪涎 口水，涎水。如：这等说恼与不恼，还只得淌淌～。(《墙头记》)

心焦 烦躁。如：张大又招下来，～说："好恨人！"(《墙头记》)

心幸 兴致。如：走一步停一停，往前走的没～。(《寒森曲》)

行 一边……(连词)。如：行说着，饭到了。(《富贵神仙》)

虚喝 夸张地说。如：是也冷么？你忒也～。(《墙头记》)

虚棚 顶棚，天棚。如：扎上个新～，就教人进的去。(《翻魇殃》)

压楂 镇住局面，管事。如：我想来没的巴，惟有中举压的楂。(《磨难曲》)

眼目大 指眼光高。如：乡绅人家～，婆婆丢在九云霄。(《翻魇殃》)

厌气 让人生厌。如：恰如泥塑的相似，钉子锭住一般。你说～不～。(《逃学传》)

仰不踏　仰面朝天（"踏"音"扎"）。如：跌了个～，起不来就地爬。（《增补幸云曲》）

养汉　女子与男子姘居。如：着他娘合他妮子去～。（《寒森曲》）

样仔　美观。如：真正聪明不过帝王，拿起钱极～。（《增补幸云曲》）

披搭　也写作"披打"，披。如：所用的嘎东西，都给他～上。（《富贵神仙》）

夜来　昨天。如：～时做饭忙，到晚来趁灯光，才把绵裤裁停当。（《墙头记》）

一大些　许多。如：骂恶虎太淫邪，占妇女～。（《寒森曲》）

疑忌　怀疑。如：债家看那银子，合前番丝毫无二，心里～。（《姑妇曲》）

疑影　怀疑。如：徐氏听了，心里～好蹊跷。（《翻魇殃》）

已咱　又作"又咱"，已经。如：见哥哥一把各闹打扫了一大堆。（《慈悲曲》）

异样　特别，不同寻常（带有贬意）。如：银子不收又盖房，我就看着极～。（《翻魇殃》）

应心　合心意。如：应不过自家的心，怎么合人家碰？（《襄妒咒》）

拥撮　推。如：窃盗就是强盗苗，你～死人来上吊。（《俊夜叉》）

油褡　擦锅用的油布。如：丑扮厨子上云："一身好似～……"（《襄妒咒》）

圆成　又写作"愿承"、"源谝"，劝说。如：众人～，立了一张火状。（《富贵神仙》）

咋不着　奈何不得。如：人若是恼你～，天若恼时咋奈何？（《姑妇曲》）

攒攒簇簇　缩手缩脚。如：～不敢动，好似老鼠见了猫。（《快曲》）

糟囤　疑"糟"为"槽"字之误，今鲁中方言"槽囤"指糙劣、糟糕。如：怎么越大越～了！这粉头还有公母么？（《增补幸云曲》）

扎裹　又写作"扎挂"、"扎括"，打扮，装束。如：～起来爱煞人。（《襄妒咒》）

诈煞　又写作"撦煞"，指心高气浮、张狂，不把小事放在眼里。如：二相公气咋咋，骂范栝太～。（《翻魇殃》）

霑　又写作"沾"、"溅"，今写做"黵"，弄脏，玷污。如：再休来～了衣裳塌拉了鞋。（《慈悲曲》）

占　略，稍微（程度副词）。如：你二舅看他文，也流动也清新，就是大势还～嫩。（《磨难曲》）

战战　颤抖。如：曹操又～起来，众人扶他上马。（《快曲》）

张　跌倒。如：使力气搬土墙，松了手往下～，真如死狗一般样。（《墙头记》）

招承　交代，招供。如：有江彬哭声不绝，叫千岁待我～。（《增补幸云曲》）

找算　找人算账，吃亏或失败后找人争执较量。如：又不知吃了谁家的引子，连我也～起来了。（《增补幸云曲》）

着　被，让。如：一年不知几个小尽，都～家兄占了。（《墙头记》）

遮歉　又写作"遮嚣"、"折嚣"，即"遮羞"。如：依着我偷着做做，人不知还好～。（《翻魇殃》）

稜挣　愣，厉害。如：金总兵甚～，极难招架。（《磨难曲》）

真果　　也写作"真个"，果真。如：你～待要他走么？（《慈悲曲》）

真么　　这么。如：～一个媳妇，是模样不好呀，是脚手不好呢？（《姑妇曲》）

吱哽　　哼叫。如：孩子饿的～～。（《磨难曲》）

知不道　　不知道。如：～他那心腹，见了他也就心惊。（《翻魇殃》）

直憨　　（说话做事）直，不会拐弯。如：你性子不好，说话也忒～。（《寒森曲》）

指　　依靠。如：你那饭～不的。（《墙头记》）　　　你不知俺～嘎来，不过～这两个孩子过日子。（《增补幸云曲》）

諡　　测试。如：你也试试俺的心肠，～～俺的性情。（《穷汉词》）

制　　管制、管束。如：～的俺浑身上一似火烧。（《逃学传》）

治　　对付。如：一点恼着就不依，碰头打滚真难～。（《翻魇殃》）

治不的　　对付不了。如：魏名猜姜妃瞻～赵阎罗，必然来踢弄仇家。（《翻魇殃》）

倜　　不灵活，太死板。如：阎王不怕你性子～。（《姑妇曲》）

触送　　送（带贬意）。如：伭强人，嗬畜生，割了肉来胡～。（《俊夜叉》）

触注　　堵。如：见佛动心得意的受不的，要～这个口。（《增补幸云曲》）

柱棒　　手杖。如：你看那有刺的就叫做"后娘～"。（《慈悲曲》）

壮实　　（身体）硬朗。如：服事了有二十多天，张官人较～了。（《富贵神仙》）

准　　相互抵消。如：罢呀，咱俩～了罢。（《磨难曲》）

仔₁　　只要（表条件关系的连词）。如：你～唱，我就吃。（《寒森曲》）

仔₂　　只，仅。如：我～说了够一把，你就拤了一大抔。（《俊夜叉》）

仔管　　只顾（语气副词）。如：你～你吃了，上那学罢。（《慈悲曲》）　　就是老王晕风发了罢，怎样朝着他～磕头？（《增补幸云曲》）

自　　今一般写作"恣"，高兴。如：只说是尽了心，他倒还不大～。（《姑妇曲》）

作摆　　折腾。如：一霎～的没了气，你就安心不近前。（《墙头记》）

作大业　　做大的错事。如：老虎窝里种南瓜——守着个吃人的东西，还～。（《襄妒咒》）

作蹬　　又写作"作登"，折腾，糟蹋。如：终朝每日瞎～，弄的天那大窟窿。（《俊夜叉》）

作估　　弄（带贬意）。如：你看贼强人，才没人管着，任拘甚么茧儿都～出来了。（《襄妒咒》）

作买作卖　　做买卖。如：到了一座城池，～的，就与那阳间无二。（《慈悲曲》）

作琐　　又写作"作索"，折腾，折磨，糟蹋。如：他师傅不在家，就百样的方法～二相公。（《翻魇殃》）

2.《聊斋俚曲》中的歇后语

歇后语是民间常用的语言表达形式，风格诙谐、生动。聊斋俚曲中不少能言善说的人物常使用歇后语。虽然由于歇后语的形式不是那么固定，其中许多歇后语现代也不见使用了，但它依然闪烁着熠熠的智慧光彩，并带有比较明显的方言特点。下面列出部分歇后语，并加以解释：

可是那砘骨碌吊在井里，真是一个眼到底。(《富贵神仙》)

比喻做事没有改变，只会一直做到底。"砘骨碌"指打场用的石砘。"吊"即"掉"。

皮猴子吊在火里——一根毛也不见。(《富贵神仙》)

比喻什么也没有。"吊"即"掉"。

木匠提溜着墨斗——也只是看了一眼。(《富贵神仙》)

意即只看了一眼。"提溜"即"提"。

背着醋瓶耍把戏——咣荡的也就轻快上来了。(《俊夜叉》)

比喻越来越少。"咣荡"即"晃荡"。

章丘的话头——好日（日读二音）子。(《俊夜叉》)

指好日子。章丘方言"日"、"二"同音，此为借用方言同音词构成的谐音歇后语。

出豆腐的点不成脑——（几乎就）坏了作。(《禳妒咒》)

比喻坏了事。用卤水等使豆浆凝结叫"点"，做成的一块豆腐叫作一"作"。

老虎窝里种南瓜——守着个吃人的东西，还作大业。(《禳妒咒》)

指有严厉的管束，但还是做大的错事。"作业"指做错事，做坏事。

石心子有汉——怎么养？(《磨难曲》)

指无法养。妇女招徕姘夫为"养汉"，"石心子"指没有阴道或阴道特别短的女子。

木枚舒在那酱盆里——就大匙起来了。(《俊夜叉》)

比喻换了身份。"木枚"即"木锨"，"舒"意为"伸"，"大匙"指大的匙子。

驼垛子的老驴上山——你捱霎着。(《姑妇曲》)

指没有办法，必须得忍受一阵子。"驼"即"驮"。

裤裆里钻出个丑鬼来——你唬着我这腚垂子哩。(《姑妇曲》)

讥讽别人吓唬自己。"腚垂子"指臀部肌肉。

铁鬼脸满地抲——看丢出那丑来了。(《姑妇曲》)

指丢丑。

老母猪衔着象牙筷子——他就装煞，也是杀才。(《姑妇曲》)

比喻无论如何装扮，本质改变不了。"煞"即"啥"。

屁股长在脖子上——我腆着腚去见人么？(《姑妇曲》)

指难以见人。

艾焙子炙那连连骨——疼着他那脚后跟了么？(《慈悲曲》)

指与他无关。

撮傀儡子解包被——这一回才弄出故事来了。(《慈悲曲》)

"撮傀儡子"指玩木偶的人，"故事"指花样。

　　净了包袱的线匠——没零卖，发了绺子了。(《慈悲曲》)
指发作，发怒。

　　卖糖的不见了那糖箱子——光拉那弯弯担。(《慈悲曲》)
指耍心眼，耍花招。

　　瞎牛蠓飞在眉毛上——怕他咬着我这眼么？(《慈悲曲》)
表示什么也不怕。

　　小粜粮的生意快——只见不住下。(《慈悲曲》)
指不停。

　　面盆里加引子——你这不发起来了么？(《慈悲曲》)
指发作。

　　卖布的净了店——你没嘎裂拉一裂拉。(《慈悲曲》)
指对方胡说。"裂拉"贬称说话。

　　犸虎咬着老羊——就吃下他下半截，他也是不做声的。(《慈悲曲》)
比喻人不爱说话。

　　屁股里长着波瘰子来——瞎了你那腔门子。(《慈悲曲》)
骂人瞎眼。"波瘰子"指眼睛角膜病变后遗留下来的疤痕，翳；"腔门"指肛门。

　　贩捎瓜的爬到屋檐上——上门来寻人便宜。(《慈悲曲》)
比喻上门欺负人。

　　拿着筷子敲菜碗——我知道你是饭饱了弄筷。(《墙头记》)
指无事生非。

　　庄家老儿看戏——不认的关爷，那红的就出来了。(《磨难曲》)
指流血。

　　养汉老婆不脱裤——人不找你，你又找人；人来找你，你又做势。(《磨难曲》)
讥讽人故意摆样子以抬高自己。

第三节　桂馥《乡里旧闻》中的山东方言词汇

　　桂馥，字冬卉，号未谷，山东曲阜人。生于乾隆元年 (1736年)，卒于嘉庆十年 (1805年)，乾隆五十五年进士，此时已是五十多岁。此后曾任云南永平县知县。桂氏是所谓的"《说文》四大家"之一，所著《说文义证》等书具有很高的学术价值。嘉庆元年，在由水路到云南赴任途中，作者在船上开始写作《札朴》(赵智海点校，中华书局1992年版)，到滇后续写成十卷。其中第九卷《乡里旧闻》，记录考证山东特别是曲阜附近名物方言，是近代山东方言词汇的一份重要资料。该卷还附录了《乡言正字》，与蒲松龄《日用俗字》性质类似，其序称："吾乡言词质野，声音讹转，循习不察，有日出于口而不识其字者，今举所知分疏于左。"蒲氏采用歌谣形式，方言词多不解释；而桂氏之作则一律用"××（意义）曰×（方言词）"的形式直接解释方言词，因而现代看来意义更易确定。《乡言正字》共辑方言词 430 个，内容涉及各个方面，是一份难得的 18 世纪末的曲阜方言词汇表。

一　《乡里旧闻》中的方言词汇

《乡里旧闻》共 72 则，其中涉及当时方言词汇的有如下 46 则：

5. 吾邑夫子庙庭，凡大祭，乐作，有舞人左执籥，右秉翟，谓之乐舞。

6. 曲阜孔庙掌门户扫除人，谓之正身。

7. 青州小麦有早熟者，俗呼火麦。案：火当为稞。

8. 乡人谓桑无葚者为穑桑。

12. 少昊陵前大道之南，有白石垒他石上，……白石惟莱州有之，非吾乡所出。

13. 尝过峄县见水中石堰，空中为关，水出关，折而斜下，对关设坎，鱼顺急流夺关，必陷于坎，人呼为梁子。……盖梁子即鱼梁，……

14. 蓬莱阁下海中有白石，大者如鸽卵，小者如雀卵，人多取以铺地或砌壁，用之不尽，即东坡所云"土人谓之弹子涡"也。

16. 虹，俗谓之绛。……吾乡声讹如酱，他处又讹如杠。……祷雨有应致祭曰谢绛，亦讹作酱音。

20. 吾乡夏夜有黑气如群豕渡河汉，谓之江猪过河，得雨之兆。

23. 《周礼·掌蜃》注云："今东莱用蛤，谓之叉灰。"疏云："蜃蛤在泥水之中，东莱人叉取以为灰，故为叉灰。"馥案：吾乡匠人以石灰和土，亦谓之叉灰。

25. 牛不服牵者，以铁钳其鼻，吾乡谓之鼻具。案：具，当为拘，音讹也。

26. 捕鸟者系生鸟以诱之，名曰户。馥谓字当作囮，音当为户，户即化之本音也。

29. 茔兆正穴，俗称主券。

30. 吾乡女工刺绣五色线，谓之缬线。音所买切。

32. 大麦粒和豆煮曰麦饭，小麦屑和豆煮曰麦粥。粥供冬之朝食，饭供夏之馈食。

33. ……吾乡行人炒大麦小麦面，夏则和冷水，冬则和热水，俗呼炒面，亦称面茶。

34. ……吾乡和蜜盐作饼，切小方块，炒干，谓之炒，即麨也。

35. 沂州南境以大豆大麦细屑为粥，谓之𪎊糊。

36. 济南春初有卖科斗食者，乃和粉以漏器瀹于沸汤中，形似蛤蟆子，故谓之科斗。

37. 蒸米和麹以酿，谓之醅。……又作醈。

38. 吾乡造酒者即漉复投以他酒更酿，谓之酘。……字通作"投"。

39. 吾乡设酒品，四围皆甘果，肴居中央，谓之咸案。

40．……吾乡犹谓面发为起，能使面起者，谓之酵子。酵，酒酵也。

45．楼似柰而酸，俗呼酸子，其不酸者曰杪果，吾邑产最多。

46．青州青皮梨，皮薄浆多味美。

47．苫屋之草，乡人呼黄背草。《广韵》作"蓓"，云"黄蓓草也"。

48．六月菊，乡里俗呼也，即《尔雅》之"盗庚"，《本草》之"旋复花"。

49．蚡鼠，俗呼地壤。

50．沂州海中有蟹，大者径尺，壳横者有两锥，俗呼铜蟹。

53．曩者济南苦旱，祷雨师求水蜥蝎，得之藕塘中，其虫身有花斑。案：即虽也。《五音集韵》："虽，虫名，似蜥蝎而有文。"《说文》："虽，似蜥蝎而大。"

55．掖县小儿卖野菜，叶似目宿，呼为边猪牙，问其县人皆不知何草。余考之，盖蔄筑也。

56．胶州有海蚌，俗呼憨饱。初不知其何物也。厨人具食，中有小蟹，熟则色白而背有一道红线。……今莱人不知造酱皆炙食。

57．蜗蠃呼为牛牛，或曰其角似牛，故名。馥案：《士冠礼》《释文》："蠃蝓，刘音由。"然则乡语当是蝓牛，非重言牛也。（按：此条表明"牛"、"由"同音。）

59．椿树下有赤翼虫，俗呼红姑娘。……馥所见盖鞶鸡。

60．鲁人呼蟷为马蚁，齐人呼为蚁蚌。……馥谓马蚁、蚁蚌，皆蚁之大者。

61．暮春有鸟，大如啄木，头有长毛，飞则彩色备见，俗呼春姑姑，即戴胜也。

62．鸟色似鹁而瘦小有毛角，善鸣，能学众声，乡人笼而爱玩之，呼为角阿兰，无角者谓之麻阿兰。案：即鸮雀也。

63．俗呼羬羊为结子。案：字当为羯。

64．……何休曰云："无垢加功曰漱，去垢曰浣，齐人语也。"馥案：今济南人犹曰涑，声如酬。

65．《广韵》："齐人呼母曰婆。"今济南人呼妈婆，声之转。

66．小儿头上左右留发曰偏髦，燕赵之间曰鬌角。

67．凡有怪异惊恐，辄云寒毛起。

68．乡语呼钱幕声如冈，盖漫之转也。

69．客畜者，俗呼为细。

70．乡语以病久为淹缠，语讹也。……俗又谓皮外小起为鬼风，即《风俗通》所云"鬼疿"。又谓暴肿为流（去声），即《春秋繁露》所云"民病流肿"。

71．刈禾计数以铺。……若今莱阳之间，刈稻聚把有名为笆者。

二　《乡言正字》中的方言词汇

《乡言正字》内容分 8 类："身体"类 16 条、"饮食"类 7 条、"服饰"类 13 条、"器具"

类 30 条、"禾稼"类 8 条、"疾病"类 34 条、"名称"58 条、"杂言"类 264 条。其中"名称"一类收有人际称谓、发式、天文气象、草木、屋舍牲畜、鸟虫等等的名称，其实也是杂类，但与"杂言"类不同的是，这里收的都是名词，而"杂言"类收的是动词或形容词。从以上情况来看，《乡言正字》所收词语不如蒲松龄的《日用俗字》丰富。但是，《乡言正字》也有自己的特点，一是由于地域的差异，有些词语与淄川方言不完全相同；二是其"杂言"类所收的动词、形容词是很难得的资料；三是每个词语都有释义，因此不会有理解上的大的障碍。下面摘录《杂言》一节中的部分词条 (括号内为原注)。

妇产曰殀卧。　　　　　　　　携持小儿曰将。

儿含乳曰呫。　　　　　　　　人长曰梢长短曰矮。

身体肥长曰躴躿。　　　　　　体不伸曰趑趄 (声如"缩")

欠伸曰打瞌欠。　　　　　　　足拨曰排 (上声)。

接脚曰趾。　　　　　　　　　行不正曰踉跄。

倮曰剥。　　　　　　　　　　毒手曰辣。

鼻息曰齁。　　　　　　　　　气悟解曰嚏喷。

齿断物曰齰。　　　　　　　　手握曰攥。

两手曰捧。　　　　　　　　　单手曰抄。

手披曰拨撖 (声如"粺")。　　　痴肥曰曭。

齿啮曰龈。　　　　　　　　　日温曰煦。

木实多垂曰磊墫 (丁罪切)。　　屋深曰阴。

屋坏曰攲倒。　　　　　　　　碾场曰案。

米不精曰粗粝。　　　　　　　饭不精曰沙磣。

米谷相杂曰糙。　　　　　　　烝米满甑曰沘。

饮酒曰欿。　　　　　　　　　贪食曰馋馑。

蒜殨曰葫。　　　　　　　　　食败曰馊。

味败曰鹹燅。　　　　　　　　醋败曰醯醷。

压酒曰笮酒。　　　　　　　　药固金银器曰钎。

胞败曰膰。　　　　　　　　　土强曰墲。

穿地曰跑。　　　　　　　　　横抉曰挑。

解车马曰卸。　　　　　　　　弦声曰绋。

木工振绳墨曰绁。　　　　　　摩马曰刷刨。

脂辖曰膏 (去声)。　　　　　　断莝曰剚。

穿地藏物曰下窖。　　　　　　盐藏鱼菜曰腌。

酒已漉，更投他酒重酿曰酘。　器币有余曰宽绰 (音转如潮)。

炙物令干曰炕。　　　　　　　热水沃曰汤 (他浪切)。

物伤湿曰潝（声若燦）。

火起曰著。

鸡不将更伏曰健窠。

马后起曰趹。

驴负曰䭾。

鞍上曰枂（音拗）。

上马曰骗。

犬求子曰走草。

呼猪曰嚧嚧（声转为"罗"）。

剖鱼曰治（平声）。

颤曰寒瀺。

女工曰箴莆（俗作"针旨"）。

大言曰诩。

觉悟曰谕（声如鸥）。

闲谈曰龄牙。

声不亮曰嗋呐。

疑惑曰懵懂。

狠曰秃楬（秃，音讹"促"）。

不解而问曰拾没。

黠诈曰猾。

不省事曰俊偬。

粗急曰谍谍。

无能曰猥琐。

险邪曰乖。

硬戾曰屈强。

迷谬曰悖惑。

强梁曰倡傹。

阔张曰挥攉。

装饰曰打扮。

诱人曰撺掇。

不偶曰蹭蹬。

不中曰不着。

不满曰廉歆。

提拔曰抬举。

水淹曰涝。

禽兽易毛曰氉。

马疾走曰趍。

马不驯曰㑃。

马施鞍曰鞴。

骑无鞍马曰䮾。

犬食曰嗒蹅。

犬吐曰吣。

蜂虿行毒曰蜇。

触伤曰劓。

脱裈曰倒顿。

炼铁曰折。

磨声曰映。

相戏曰嫽，又曰谜诨。

无节曰谈询。

谇争曰吧呀。

触牾曰挣撞。

嚣声曰叮叮。

不安静曰伥狂。

诡词曰支梧。

痴愚曰伯。

贪鄙曰舐嗒。

无廉隅曰没棱角。

惰曰嬾待。

有才略曰傲傥。

吝啬曰细悭。

表饰曰卖俏。

夌侮同类曰憹。

遮而强取曰钞掠。

振起曰抖擞。

不副曰不榖。

努力曰㧊结。

拮据曰摘揭。

揣量曰古娷。

仿佛曰傻侤 (声如倚希)。

积累曰堆隮。

垢浊曰泱濜。

布置曰摆拨。

遏遮曰拦挡。

仅可曰馎镶。

讯击曰拷打。

长短相等曰偺齐 (偺，声如斩)。

收拾曰拾掇。

衣服不整曰朴樕。

爪按曰掐。

开物曰磔。

补绽曰靪。

刃断曰刬。

针刺曰刲。

剸里曰刟。

裁抑曰剬。

渍物去水曰揎。

按物投水曰抲。

水中取物曰捞。

推人而前曰挨擦。

去恶留好曰淘滤。

扪曰摸索。

色败曰黪黵。

剥取曰刮削。

著物曰钻 (音帖)。

捺物曰搐。

破声曰扒。

按声曰醇。

器破曰岥。

咬声曰齣齰。

弃水曰泼。

暗曰黰黑。

泥行曰滑达。

习气曰濡染。

洁清曰淓潚。

不洁曰蝲蛂。

琐屑曰业烦。

摩挲曰揉搓。

取材曰打截。

度长短曰长量 (长，音仗)。

纤微曰绢细。

毕竟曰到底。

小获曰薦手。

手捆物曰揉捘。

出物曰㧪。

缠结曰扎。

刀刺曰劐。

直破曰割。

总持曰扰。

去滓曰滗。

借湿润物曰溚。

纳物水中曰灗。

对扯物裂曰斯。

两手相切曰摩捘。

以长摩幼曰折挫。

补曰襀补。

损声曰厓崩。

研曰擂。

束物曰箍。

割声曰刿。

吹声曰哱。

弦声曰绊。

器裂曰蟗 (音问)。

咀嚼曰罅嚟。

打鼓曰擂。

烦扰曰诊 (读如挠)。

拗捩曰捌。　　　　　　　　　　　平直曰偄。

勤力曰生佸。　　　　　　　　　　补孔曰补靪。

推倒曰拌倒。　　　　　　　　　　隐拒曰抵踶（读为"低苦"）。

力极曰痑（音摊）。　　　　　　　披张曰鯺沙（鯺，音眇加切）。

搜索曰刷刮。　　　　　　　　　　贪叨曰噮。

浮沤曰泡。　　　　　　　　　　　木去枝曰剥。

木折衺锐曰梌（音荼）。　　　　　剡木上杀曰梢（音哨）。

手折曰捔（上声）。　　　　　　　洗器曰涮（生患切）。

香气曰馣。　　　　　　　　　　　打物破曰磕破。

不工缏曰拘觌（七句切）。　　　　漉去物滓曰滤。

鞋不相随曰蹋跟。　　　　　　　　以重物系丝缕使下垂曰鉴（徒对切）。

置物地上曰镦。　　　　　　　　　积财物曰偣。

第四节　清代山东其他学者笔下的山东方言词汇

　　清代其他一些山东籍的学者虽然没有专门讨论山东方言的论著，但是在他们的著作中或多或少地也记录了一些山东方言的词汇情况。尽管他们并不是出于保存方言的目的，但是能把有关的方言词汇情况记录下来，我们现在已经是倍感珍贵了，虽然这些资料比较零碎。

　　在这方面，我们还没有进行全面的整理。这里，先来看一下郝懿行《尔雅义疏》（北京中国书店1982年版）中有关山东方言的资料。郝懿行，清代著名的训诂学家，山东栖霞人，1755年生，1823年卒。嘉庆进士，官户部主事。著有《尔雅义疏》、《山海经笺疏》、《易说》、《书说》、《春秋说略》、《竹书纪年校正》等书。因为他是胶东人，所以他最熟悉胶东地区的方言，这恰好为我们了解清代胶东地区的方言词汇提供了很好的资料。下面是《尔雅义疏》中有关山东方言的部分材料，主要是词汇方面的，也有少数涉及到语音。

　　鲐，一音夷，今登莱海上人呼此鱼正如台，无音夷者，唯鮱鲐鱼音夷耳。（释诂上"黄发……寿也"条）

　　今莱阳人谓牛噉长草曰茹，人噉生菜连茎叶吞之亦曰茹。（释言"啜茹也"条）

　　今登莱人谓灶为酾（音锅）娃，其音正作口颖切，此古音矣。（释言"烘燎也"条）

　　穛者，今登莱人谓锄田为报，报即穛字之音。（释训"绵绵穛穛也"条）

　　今按胶莱间人谓崽子为宰子……（释训"之子者是子也"条）

　　今东齐人亦曰徯待。又今语谓待为等。（释诂下"……徯待也"条）

　　今登莱间人谓时之久者或曰烝日，或曰镇日，或曰尘日；谓年亦曰烝年、镇年、尘年，皆古音也。（释诂下"曩……久也"条）

　　今东齐里俗见人有善夸美之曰瘚，瘚即作厥音。（释诂下"卫瘚假嘉也"条）

今登州人谓相闵念曰悋悋怜怜，读怜为兰。兰怜语有轻重，实一声也。（释诂下"悋怜惠爱也"条）

今读"乃"为奴亥切，转为尼损切，登州、福山人又转为奴哈切。（释诂下"郡……乃也"条）

胥……今文登人或言都，都亦总同之词，其它旁邑人谓都为兜。兜都声转，都胥音近，语有轻重耳。（释诂下"金咸胥皆也"条）

楣，今登莱谓之门梁，江浙谓之门龙。（释宫"楔谓之阑"条）

《匡谬正俗》云："俗以门限为门蓨。"……今登莱人亦有门蓨之言矣。（释宫"楔谓之阑"条）

今燕齐间以插地起土者为铁锹，……登莱间谓之锸头。（释器"斸斸谓之定"条）

今莱阳人编楚为篇笓，沈之水底，投米其中，候鱼入食，举而取之，是即《尔雅》所谓椮也。（释器"缳罟谓之九罭"条）

今登莱人谓犁铁为镜头。（释乐"大磬谓之馨"条）

今登莱人谓虹为酱，绛亦为酱，皆方言之转耳。（释天"螮蝀谓之雩"条）

王馀，今登莱人谓之偏口鱼，与比目相似而有异，其鱼单行，非两两相合。（释地"东方有比目鱼焉"条）

蕾草……今登莱间田野多有之，俗名蕾子苗。（释草"蕾蕾"条）

蔫蓄……今登莱人呼蔫竹草，正读如褊矣。（释草"竹蔫蓄"条）

今栖霞人犹谓菠为菠薐。（释草"藓苜芺光"条）

莱阳谓椮为稗。（释草"稴芺"条）

红即水荭也，今福山人呼水荭，音若工。（释草"红茏……"条）

今蜀葵叶如葵而大，茎高丈许，江南呼为大红华，京师呼秋稽华，登莱又呼秋齐华。（释草"菺戎葵"条）

今黄县人谓麦芒为望，文登人谓望为芒，……（释草"望乘车"条）

今登莱人谓薞莓为婴门。（释草"薞薞"条）

遒，即荻也，今莱阳人谓之蒋荻，以为薄帘，极坚实。（释草"蒹薕……"条）

柂与冬桃同名。……今东齐人或谓之麻柳。（释木"柽河柳"条）

今东齐人通谓栎为柞，或曰朴栌，亦曰槲椤，皆苞栎之声相转耳。（释木"栎其实梂"条）

今一种小梨，圆而赤，极脆美，济南有之，谓之梨果，即赤罗也。（释木"槭罗"条）

今登莱人谓物之短尾者蹶泄，音若厥雪。（释木"枣壶枣"条）

今栖霞福山人呼柞栎为朴栌，声转呼为薄罗；沂州人名槲不落，以其叶冬不凋然。（释木"朴枹者"条）

雀李……今东齐人呼为策李，顺天人呼为侧李，侧策雀声亦相转也。（释木"唐棣……"条）

　　赤棣，栖霞山中尤多，白棣殊少，人俱呼为山樱桃，小于樱桃而多毛，味酢不美。（释木"唐棣……"条）

　　枞……今栖霞县太虚宫前旧有二株。……其一嘉庆初年生意犹存，叶如松叶，身则似柏，扣之铜声，枝干类铁，俗人呼之铁树。余以《尔雅》知其为枞也。（释木"枞松叶柏身"条）

　　蝉……今黄县人谓之蛄蟟，栖霞谓之鼊蟟，顺天谓之蚫蟟，皆语声之转也。（释虫"蜓蚞……"条）

　　蚻……栖霞人呼桑鼊蟟，顺天人呼咨咨，其形短小，方头广额，体兼彩文，鸣声清婉，若咨咨然。（释虫"蜓蚞……"条）

　　蛚蟟……今东齐人谓之德劳，或谓之都卢，扬州人谓之都蟟。（释虫"蜓蚞"条）

　　姑蟹……此虫大如黍米，赤黑色，呼为牛子，音如瓯子，登莱人语也。广东人呼米牛，绍兴人呼米象，并因形以为名。（释虫"姑蟹……"条）

　　草螽……一种青色善鸣者，登莱人谓之聒子，济南人谓之聒聒，并音如乖；顺天人亦谓之聒聒，音如哥。（释虫"阜螽……"条）

　　土螽，……登莱人呼蛔蚝音如祸诈，扬州人呼抹札，斑黑者为土抹札也。（释虫"阜螽……"条）

　　今登莱人呼蛄蟹为蟑蛓，……其瓮呼蟑蛓瓮，紫白光润如漆，其中汁黄味甘，儿童恒破其瓮吸之。（释虫"蟪蛄蟹"条）

　　今栖霞人呼蝗蚜，音如几养，盖蚼蟓之声相转耳。（释虫"蚍蜉大蚁"条）

　　蚍蜉，今顺天人呼马蝗，栖霞人呼马蝗蚜。（释虫"蚍蜉大蚁"条）

　　蝘蜒……今栖霞人呼草鞋底，亦名穿钱绳，扬州人呼蠹衣虫，顺天人呼钱龙。（释虫"密肌继英"条）

　　余族弟卿云言，又有小白虫，藏在苗心，幺髅难辨，俗呼□（音即樵反）虫。有此即禾叶变白色而不能放穗矣。（释虫"食苗心螟"条）

　　蟘，似槐树上小青虫，长一寸许，既食苗叶，又吐丝缠裹余叶，令穗不得开始。今登莱人呼为绵虫，其食豆叶者呼为穿虫，……（释虫"食苗心螟"条）

　　鲔……今东莱、辽东人谓之尉鱼，或谓之仲明。（释鱼"鮥鮛鲔"条）

　　今登莱人呼鮔鮥为何洛鱼。（释鱼"鮥鮛鲔"条）

　　孑孓……今登莱人呼跟头虫，扬州人呼翻跟头虫。（释鱼"蜎蠉"条）

　　蚶……今东海人呼瓦垅子。（释鱼"魁陆"条）

　　今海边人呼蛤梨为蛤剌，剌即蠣声之转。（释鱼"蜌廬"条）

　　今海边人谓蠃为薄蠃子，栖霞人谓蜗牛为薄蠃，扬州人呼旱蠃，顺天人呼水牛。（释鱼"蝚蠃……"条）

　　今登莱人谓守宫为蝎虎，……其在草中者形细长黄斑色谓之马蛇子，即蜥易矣。（释鱼"蝾螈……守宫也"条）

土虺，今山中人多有见者，福山栖霞谓之土脚蛇，江淮间谓之土骨蛇。(释鱼"蟒王蛇"条)

布谷……今扬州人谓之卜姑，东齐及德、沧之间谓之保姑。(释鸟"鸤鸠……"条)

鸤鸪……今莱阳人谓之老鸪，南方人谓之鸪鸡，鸡鸪声亦相转。(释鸟"鸪䳚鸪"条)

今鸡烂堆如雀而大，东齐谓之阿鸐子，色如鹌鹑，善鸣多声；一种有毛角者，高诱所谓冠雀，今俗呼老儿角。(释鸟"鸐鷮"条)

鷦鹩……今东齐人谓之屡事稽留，扬州人谓之柳串。(释鸟"桃虫鷦"条)

鹏鸰，东齐谓之沙稽留，稽留又脊令之声转矣。(释鸟"鹏鸰雎渠"条)

䲮……今栖霞人即呼为鹁鸹母矣。(释鸟"䲮鹁母"条)

鸥，今顺天人呼鸹鹰，东齐人呼老鸥，亦曰老雕，善高翔者是也。(释鸟"狂茅鸥"条)

鹦鸠……盖云翔为余言曾见之，形状悉如郭说，今莱阳人名沙鸡也。(释鸟"鹦鸠窡雄"条)

王德英说燕服翼是一物也。今东齐人谓之燕蝙蝠是也。按今登州谓蝙蝠为蟞蚨，语声之转耳。(释鸟"蝙蝠服翼"条)

今登莱人呼晚鸡为秋鸡，秋即鷩，鷩亦鹑矣。(释鸟"鷩子……"条)

今俗呼小豨猪为骒猪，东齐言骒如缯。(释兽"豕子猪"条)

《说文》："幺，小也。"……今东齐人呼幺豚为幺郎矣。(释兽"豕子猪"条)

今东齐人呼猪圈如书卷之卷。(释兽"豕子猪"条)

海狗……登州人尝见之，方春海冻，出冰上，人捕取之，尾略似鱼，头似狗，身有短毛，青黑而四足。(释兽"貀无前足"条)

《左·昭七年》正义引李巡曰：熊虎之类，其子名狗。今东齐辽东人通呼熊虎之子为羔，羔即狗声之转。(释兽"熊虎醜其子狗"条)

登州人谓狐为貔子。(释兽"貔白狐"条)

今栖霞人呼貉为狟，狟貉声相转也。(释兽"貊子狟"条)

今东齐人以牡为儿马，牝为骒马，唯牝驴呼草驴耳。(释畜"牡曰骘"条)

佳为少小之称，今登莱人呼小者为小佳，佳音若辇，盖古之遗言也。(释畜"未成鸡佳"条)

此外，郝氏还用了"今俗"、"今人呼"、"今俗人呼"、"今野人呼"之类的说法，没有明确说明地域。依情理来看，似乎应该也是指山东方言的说法。如，"整之言治也。今俗犹言整治。"(释言"服整也"条)"今俗亦有将养之言矣。"(释诂下"颐艾育养也"条)"枸杞……今人通呼狗奶子。"(释木"杞枸檵"条)不过这还需要做进一步的考察。

第五节　清代地方史志中的山东方言词汇

我国很早就有修地方史志的优良传统。不过，在清代中叶之前的山东地方史志中，虽说也会有个别方言词语的零星资料，需要披沙拣金地加以搜集整理，但是没有见到专门有关方言词语的章节。道光二十五年（1845年）刊《胶州志》辟有“方言”及“方音”两节，算是开了山东史志专门记录方言词汇的先河。兹迻录部分词条如下：

方言 目深曰晓睺（上音抠，下音候）。耳垂曰皾皲（上音腊，下音打）。目瞰曰眨（音斩）。微视曰眼（音撒平声）。偷视曰眦（雪平声）。短视曰近觑（音趋）。推人曰搜（音竦）。覆物曰拤（音捂）。藏物曰搬（音也）。以拳加物曰扠（日皆切）。以肩掀物曰揵（音欠）。足踢曰踡（音捲）。足蹬曰蹐（旁上声）。不聪曰傻（沙上声）。不敛曰伥（除庚切）。不洁曰踑赖（上音惫，下音癞）。羞缩曰眠娗（上音免，下音殄）。不爽快曰褦襶（上音赖，下音戴）。诱人为非曰撺掇（上音趱，下音朵）。村远曰夼（音圹）。驿平曰疃（音毯）。高埠曰埂（音梗）。土干曰垎剌（上音搭，下音拉）。尘细曰埻土（埻同坳）。近海曰港沟（港音蒋）。近滩曰碱场（碱公斩切）。路泞曰泥（锄加切）。碾谷曰觳（音纂）。碾米曰市（音伐）。饭焦曰锅渣（锅音辖）。干面曰粸（不平声）。肥肉曰膘（音镳）。手进食曰唵（音俺）。口就食曰唔（音插）。缝衣曰帑①（峭平声）。补鞋曰鞝（音仉）。踹鼓曰鞔（音瞒）。补壶曰穴（音滴）。灭火曰沁（音亲）。磨刀曰钖（音汤）。硎磨曰镌（音攒）。墙钉木橛曰挹（音债）。种麦曰耩（音讲）。种谷曰耧（音楼）。秫稍曰莛秆（莛音廷）。谷根曰秨子（秨音渣）。拔草曰薅（音蒿）。推车曰巩（音拱）。挹水曰舀（音扰）。弃水曰泼（音顷）。蒸米作酒曰酶（音媒）。蒸米培醋曰粁（音查）。磨麦作麯曰轹（音搁）。下卤作腐曰拃（音斩）。竹篾曰箍（音沽）。斲柄曰榫（音损）。铁锢曰锔（音菊）。风转曰飏（旋去声）。雨侵曰潲（音哨）。豆粉曰粉糰（音团）。饽一笼曰一奘（音壮）。线一扎曰一绺（音柳）。

以上是方言词汇，其中的注音也反映出一些方音现象。如“舀音扰”，反映出胶州方言日母字读零声母，即“扰”音“舀”；“疃”音“毯”反映出该方言舌尖中音t组声母后丢失合口介音u；所谓“镌”字在胶州附近开合分得清楚的方言中音开口呼如“残”，而志中用合口的“攒”字注音，说明这里的“攒”字实际上也是读开口的，即该方言舌尖前音ts组与t组一样，在后面丢失了合口介音。这些语音特点与今胶州方言都是完全一致的，说明今胶州方言的主要语音特点在一个半世纪之前已经形成了。下面的“方音”一节更是明显地表明了这一点：

方音 虹曰酱。雹曰拔。港曰蒋。日曰义。人曰仁。血曰歇。肉曰幼。熟曰述。渴曰磕。饮曰哈。额曰叶。尾曰乙。谢降曰谢酱。场园曰场完。胶河曰焦河。岳庙曰迓庙（以上变音。以下讹音）俱讹具。祠讹祀。韦讹苇。憎讹赠。箪讹但。羹讹梗。咸讹显。垠讹认。黎讹利。潜讹浅。卑讹比。樊讹范。陬讹奏。扃讹迥。跻讹济。颜讹雁。珍讹枕。缄讹减。緅讹绉。絺讹耻。龚讹巩。缁讹止。雌讹次。亏窥皆讹愧。谋牟皆讹木。颓魋皆讹腿。惭餐皆讹粲。（以上本皆平声）靡讹迷。几讹机。殍讹瓢。轨讹规。范讹繁。窘讹迥。颡讹桑。衅讹欣。懿讹夷。殉讹旬。茗讹名。颋讹廷。绍讹韶。鄙讹卑。菡萏

① 即“缲”。

讹函谈。颖郢皆讹盈。估诂皆讹孤。赳纠咎皆讹鸠。菲匪篚斐皆讹非。(以上本皆上声) 莉讹黎。谥讹尸。遂讹随。暇讹霞。值讹侹。孳讹兹。勘讹堪。屡讹吕。复讹夫。邵讹韶。堠讹侯。纬讹维。玩讹完。(以上本皆去声) 戚讹妻。揖讹衣。禽讹照。匿讹泥。服讹符。俗讹徐。局讹拘。逸佚皆讹夷。給讹今。(以上本皆入声)

以上所反映的语音问题这里暂不讨论。

值得一提的是，《胶州志》"方言"一节问世后，影响可谓不小。1928 年排印本《胶澳志》"方言"一节原文照录了《胶州志》"方言"部分，然后补充了部分词条。而早在光绪四年 (1878 年) 重修的《东平州志》中，"方言"部分亦照抄《胶州志》。如果《胶澳志》所记的即墨方言因与胶州相近故而照抄尚属合理的话，与胶州相距甚远的东平州也照抄《胶州志》方言便有些说不大过去了。《东平州志》只是在"方音"节目下注称："变音讹音，随在皆有，不独东原然也，而东原为尤甚。……略举数则，尚冀反隅。"明明所录方言与当地情况不同，却又不做具体说明。一句"东原 (按：指胶州一带) 尤甚"，似乎是在拿胶州方言做典型材料："反隅"之说，显然是在推卸责任。

同治十三年 (1874 年) 刊《临邑县志》中也辟有"方言"一段，篇幅很短。全文如下：

方言　北为彼。都为兜。肱为公。国为诡。或为回。不为补。出为处。六为溜。霍为火。笔为北。绿为律。函为寒。巫为乌。墨为昧。膝为波罗。额为业楼。青帘为酒幌。村落为庄窠。什器为家火。赴市为赶集。寒具为馓子。不托为扁食。喜鹊为野鹊。乌鸦为老呱。巫婆为姑娘。有脚为卖婆。女红为针线。官府为大人。

"墨为昧"之前均为字音方面的特点，其后为方言词。说明方言读音的字共有 14 个，其中"北、国、或、不、出、六、霍、笔、绿、墨" 10 个为古代的入声字，"北、国、不、出、霍、笔" 6 个古清声母入声字用了上声字来注音，说明临邑的古清入声字读上声；"六、绿、墨" 3 个古次浊声母入声字用去声字来注音，说明临邑的古次浊声母入声字读入去声，"或"为古代全浊声母入声字，用阳平字来注音，说明临邑的古全浊声母入声字读入阳平。这些都属于典型的胶辽官话方言的语音特点，与今临邑方言特点有所不同：今临邑方言属于冀鲁官话区，清声母入声字归阴平。这是由于一百年来临邑方言的清入声字发生了变化，还是《临邑县志》所载方言另有所自？尚待进一步考察。此外，在韵母方面，"北、国、或、墨"这些属于古曾摄的入声字读 ei 韵母，这也是山东大部分地区方言的一个特点；而"笔"读 ei 韵母，是由于避讳女阴字的原因，这在山东也是很常见的现象。其余，"肱"、"公"同音，说明古曾摄 (肱) 与古通摄 (公) 合并；"函"、"寒"同音，说明闭口韵消失 (函，古咸摄；寒，古山摄)；"巫"、"乌"同音，说明古"微"母消失，读同零声母 (巫，微母；乌，影母)；"都"读"兜"则是个别字音的演变，今山东方言及其他北方方言如北京话大都如此。其所列方言词，今临邑方言除"巫婆"、"官府"已消失外，其余仍是普通的说法。

第三章　清代山东方言语法

　　反映清代山东方言语法特点的材料，主要是一些白话文学作品，其中最重要的是《醒世姻缘传》和《聊斋俚曲集》。本章主要对此做一些初步的研究。

第一节　《醒世姻缘传》的几种语法现象

一　宾语与补语的位置

　　《醒》书中，如果动词同时带有宾语和补语，可以有两种结构形式：（1）宾语在补语前（V＋O＋C）；（2）补语在宾语前（V＋C＋O）。据我们的考察，《醒》书中在动词后面同时带有宾语和补语时，既有VOC的句式，也有VCO的句式。下面先具体考察常见补语"不过"、"不住"、"不着"、"不得"的位置，然后再补充其他一些补语的例子。

1．不过

　　《醒》书中动词用"不过"做补语同时又带宾语的结构共46例。其中，"V＋O＋不过"的26例，"V＋不过＋O"的20例。值得注意的是，"V＋O＋不过"结构中的O有23例是单音节的（其中20例是"他"，另外3例分别是"人"、"屈"、"打"），双音节或多音节的只有3例（"众人"、"他们"、"小光头"）。而"V＋不过＋O"结构中的O，双音节词或多音节词组的有10例，如"只是瞒不过那两个女番子的眼睛"（19回）等。由两种格式的宾语都可以是单音节的，我们可以知道，当宾语是单音节时，VOC和VCO两种格式可以自由交替；但如果宾语是多音节的，则一般用VCO的格式。换句话说，VCO的格式更为自由一些。如：

　　（1）V＋O＋不过

　　　　①我向日还服了蛤蚧丸，搭了龟头散，还战他不过。（2回）

　　　　②莫说他财大势大，我敌他不过，就是敌得他过，他终没有偿命的理！（9回）

　　　　③别的都罢了，只替老高婆子这五两银子，气他不过！（10回）

　　　　④那阴阳官扭他不过，写了，贴将出去。（18回）

　　　　⑤照他这众人不过，便是我们证他的罪名，除不得根，把仇越发深了。（20回）

　　　　⑥大的才得十二岁，小的新年才交得十岁，难道就教他不过？（23回）

　　　　⑦那元朝毕竟傲他不过，只得依了他的心志，绑到市上杀了。（30回）

　　　　⑧只是李姑子说这媳妇要改变心肠，夫妇不睦，忤逆公婆，这话我确然信他不过。（44回）

⑨只怕这打两下儿，这是常常有的，<u>脱他不过</u>。(61 回)

⑩他太欺心，我<u>饶他不过</u>，今日合他对了命罢！(95 回)

(2) V + 不过 + O

①若说骑马，只怕连你们都还<u>骑不过我</u>哩！(1 回)

②有这事没这事，<u>瞒不过列位街坊的眼目</u>。(8 回)

③你自己忖量着，若罩的过他，就告上状。若忖量<u>罩不过他</u>，…… (9 回)

④俺<u>气不过这话</u>，俺才自己来了！(20 回)

⑤你就逃了官法，绝乎<u>逃不过那神灵</u>。(26 回)

⑥这事<u>瞒不过嫂子</u>，…… (21 回)

⑦那日在坟上，那一荡说，说的老七这个主子还<u>说不过他</u>，投降书降表跑了。(53 回)

⑧只是<u>强不过命</u>，<u>傲不过天</u>！(54 回)

⑨我主意已定，你就是我的娘老子，你也<u>拗不过我</u>！(78 回)

⑩你既做着个紧邻，每日敲打孩子，<u>逃不过你老人家眼目</u>，…… (80 回)

2．不住

《醒》中动词用"不住"做补语同时又带宾语的结构共 43 例。其中"V + O + 不住"的 22 例，"V + 不住 + O"的 21 例。与"不过"做补语时一样，当用 VOC 格式时，宾语一般是单音节的；但宾语是多音节的时候，一般用 VCO 的格式。下面是例句：

(1) V + O + 不住

①……还恐那后生嫌憎他老，怕<u>拿他不住</u>，狠命要把一个儿妇牵上与他。(9 回)

②女儿再三<u>留他不住</u>，拿了一根冈棍，放开脚一直回来。(19 回)

③吴学周慌了手脚，狠命<u>拉他不住</u>。(31 回)

④儿子媳妇不孝，家里<u>存身不住</u>，没奈何只得嫁人逃命求生！(36 回)

⑤要坐看晃近仁娘子<u>守寡不住</u>，望他嫁人，希图全得他的家产。(53 回)

⑥狄员外见<u>留他不住</u>，只得许他次早家去。(66 回)

⑦家里两个家人媳妇，两个丫头，八只手都<u>扯他不住</u>，…… (87 回)

⑧老尼见<u>留素姐不住</u>，年节即来，没有了人做活，没有供米，好生不喜。(88 回)

⑨狄希陈知道寄姐的执性，说拆定是要拆，一定<u>拦他不住</u>。(97 回)

⑩只嫌他是大家，怕他有人出来说话，只是没有实据，<u>对他不住</u>。(98 回)

(2) V + 不住 + O

①你就待把我送了人，我也<u>拦不住你</u>！(3 回)

②若是利害，禁了人的身子，<u>禁不住人的心</u>，…… (23 回)

③你就拦住了他的身子，也断乎<u>拦不住他的心肠</u>，倒也只听他本人自便为妙。(36 回)

④这尤聪倒也不是不肯诈骗的人，只是初入其内，<u>拿不住卯窍</u>，却往那里去赚钱？

(54 回)

⑤没的一个老婆，你就<u>招架不住他</u>么？(66回)

⑥别说年小的，只怕你这半伙子婆娘还<u>照不住他</u>哩！(72回)

⑦我把这点子命交付给了他，我那鬼魂，你可也<u>禁不住我</u>。(77回)

⑧还要不时穿耳游营，割级枭首。怎么这样两个臭婆娘便就<u>束缚不住他</u>！(88回)

⑨就是行个房事，你也<u>拿不住他</u>的性子。(91回)

⑩人是羊性，你要起为头<u>立不住纲纪</u>，到底就不怎么的。(96回)

3．不着

《醒》中动词用"不着"做补语同时又带宾语的结构共44例。其中，"V＋O＋不着"的20例，"V＋不着＋O"的24例。下面是例句：

（1）V＋O＋不着

①计老头又进去<u>寻那珍哥不着</u>，极得暴跳。(9回)

②<u>打那丫头不着</u>，极得只是自己打脸。(17回)

③谁知凡事的成败，都有个一定的日子，恰好屡次都<u>撞他不着</u>……(19回)

④这房子只为紧邻，不得不买，其实<u>用他不着</u>，……(25回)

⑤这株玫瑰花是我种的，我难道没刨这地？却怎么<u>掘他不着</u>？(34回)

⑥却说素姐回到房中，叫小玉兰各处<u>寻那狄希陈不着</u>，……(63回)

⑦你年纪小会浪，<u>要不着和尚就要角先生</u>。(65回)

⑧<u>捉他不着</u>，我差人到他家里报信，自然有人来接他。(86回)

⑨却说薛素姐那日从淮安<u>赶船不着</u>，被吕祥拐了骡子，流落尼姑庵内，……(94回)

⑩不惟素姐<u>捞他不着</u>，也省了寄姐多少的折磨。(95回)

（2）V＋不着＋O

①只是里边也有不好处：<u>接不着客</u>，老鸨子又要打；(8回)

②一帖药吃将下去，不特驴唇<u>对不着马嘴</u>，且是无益而反害之。(18回)

③幸得有了这个干儿子，靠他养老过活，也<u>用不着那家事</u>。(27回)

④即是神仙他说有灾难，且在眼下，却<u>猜不着是甚么</u>的劫数。(29回)

⑤你明日待往他家去呀，<u>用不着这好心了</u>，还换给你这心去。(44回)

⑥你说我没儿呀？我<u>用不着儿</u>！(53回)

⑦<u>累不着娘家</u>罢了，要累着娘家，我只把你一盘献出去！(59回)

⑧<u>遍查不着这个牵马的人</u>，谁知是这狄希陈的作用。(62回)

⑨寻好几日家还<u>找不着我的影</u>哩。(74回)

⑩及至拉过祆来，又<u>提不着祆领</u>。(95回)

4．不得

《醒》中动词用"不得"做补语同时又带宾语的结构共237例。例中，"V＋O＋不得"的13例，"V＋不得＋O"的224例。下面是例句：

(1) V+O+不得

①晁老只除了一日两遍上堂，或是迎送上司及各院里考察，这却别人**替他不得**。(16回)

②就是晁老儿也通没有个主意，只说凭晁源自己主持，我们也**主他不得**。(18回)

③你**管我不得**，莫要相问。(27回)

④师傅若要用斋时候，只管下顾。那张水云是**指他不得**的。(29回)

⑤继母待嫁，这也是**留他不得**，但一丝寸缕不许带去。(41回)

⑥他那拗性歪憋，说的话又甚是可恶，胡知县**受他不得**，打发他出来。(54回)

⑦这大哥可也**怪人不得**。你岂不知道大嫂的性子？(65回)

⑧那穷人不穿，只因没有。我既有这道袍，那见的**穿他不得**？(67回)

⑨所以凡有甚么烧香上庙的事件，素姐都做了个药中的甘草，偏生**少他不得**。(69回)

⑩思家心切，寒冷我也**顾他不得**。(88回)

(2) V+不得+O

①珍哥**等不得天亮**，差了一个家人晁住，去请宣阜街住的杨太医来诊视。(2回)

②只是晁大舍的半边脸合左目，愈觉肿起，胀痛得紧，左半边身子疼的**翻不得身**。(3回)

③你还把网巾除了，坎上浩然巾，只推身上还没大好，**出不得门**。(4回)

④那五两是还他的药钱，**算不得数**的。(4回)

⑤晁大舍见事按捺不下，料道**瞒不得爹娘**，只得差了李成名……(10回)

⑥这监生不惟**遮不得风**，**避不得雨**，且还要招风惹雨，却那个肯去做此监生？(42回)

⑦你每常说会拳棒，十个人**到不得你跟前**，……(53回)

⑧京中妇人是**少不得要人照管**的，况调羹又是经主人照管过的，……(55回)

⑨只是我们**奈何不得他**，只得受他的罢了。(62回)

⑩满堂儿女，**当不得半席夫妻**。(64回)

5．其他补语

只举第 3～7 回的 10 例：

①……胁肢里夹着这张狐皮，正走出门去，要送到皮园里硝熟了，赶出来**做成座褥**，新年好放在马上骑坐。(3回)

②到了除夕，**打叠出几套新衣**，叫书办预备拜帖，分付家人刷括马匹。(3回)

③被乡里笑话，也还是小事，你却**惹下了一件天祸**！(3回)

④你听公公说，明日切不可出门，家中且躲避两个月，跟了你爹娘都往北京去罢，或可**避得灾过**。(3回)

⑤坐了半日，方才说<u>得话出</u>，才知道鞋都跌吊了。(3回)

⑥各处挂停当了灯，收拾了坐起，从炕房内<u>抬出来两盆梅花</u>，<u>两盆迎春</u>，摆在卧房明间上面，晚间要与珍哥吃酒。(3回)

⑦随即将他送的礼从头又看了一遍，<u>拿起那封春线</u>，举着向珍哥道：……(4回)

⑧常日只说是个唱旦的戏子，谁知他是这样的根器？每日叫他小胡儿，奚落他，他也<u>不露一些色相出来</u>。(5回)

⑨那日庙上卖着两件奇异的活宝，围住了许多人看，<u>只出不起价钱</u>。(6回)

⑩说着，<u>吃完了饭</u>，收拾了家伙。(7回)

以上 10 例中，④⑤两例为 VOC 的格式，其余都是 VCO 格式。结合前举各例来看，《醒》书中 V＋O＋C 与 V＋C＋O 两种说法并行。从汉语史的发展来看，敦煌变文中就有"V＋O＋不得"的结构。此后，在许多白话文献中有大量 V＋O＋C 的结构。而现代方言中，南方方言仍多使用 V＋O＋C 的格式，而北方方言包括山东方言则一般使用 V＋C＋O 的格式。

二　VOV 结构与 VVO 结构

VOV 结构是指重叠的动词中间嵌入宾语的语法形式，如"看他看"；VVO 结构是动词重叠后带宾语的语法形式，如"看看他"。《醒》书中这两种结构形式都有。下面先分析 VOV 结构。

1. VOV 结构

按照中间有无其他成分，《醒》书中的 VOV 结构可细分为四类：VOV 式，如"看他看"；VO 一 V 式，如"看他一看"；V 了 OV 式，如"看了他看"；V 了 O 一 V 式，如"看了他一看"。

据查检，《醒》书中 VOV 结构共有 86 例，其中第一类和第二类较多，分别有 48 例和 37 例，第三类只有 2 例，第四类只有 1 例。下面分别讨论。

（1）VOV 式

①昨郑伯龙回到家，晁大官儿连拜也没<u>拜他拜</u>，水也没己他口喝！(9回)

②若遇着硬去处，略略<u>触他触儿</u>，不觉就拳成一块了。(12回)

③你送进担子来，你去掏点火来，咱<u>照他照</u>，好放心睡觉。(19回)

④爷儿两个没一个儿肯出去<u>陪他们陪</u>。(22回)

⑤那一年也为不纳钱粮，差人去<u>叫他叫</u>，倒不曾叫得他来，反把那个差人的一根腿打折了。(28回)

⑥我感他这情，寻思着<u>补复他补复</u>。(30回)

⑦不消等他开口，也备个酌中的礼<u>谢他谢</u>，或者他也就没的说了。(38回)

⑧狄希陈起来说道："你来<u>教我教</u>试试。"(45回)

⑨小的们待认他认，他钻在房里，必不肯出来。(51回)

⑩狄爷合童奶奶没致谢他致谢，所以才挑唆他告状。(81回)

在这种格式中，属于单音节动词重叠的有40例，双音节动词重叠的有8例，做宾语的几乎都是人称代词。

(2) VO—V式

①你快些热两壶酒来，我投他一投，起去与他进城看病。(4回)

②我们也见他一见，问个详细。(6回)

③身上还温温，待我治他一治。(7回)

④邵兄弟，你拦他们一拦，我合你同去就是了！(13回)

⑤出来也有老大一会了，因在此等他们一等，所以还不曾回去。(38回)

⑥日西没事，仗赖你来陪俺一陪极好，我专候着。(47回)

⑦明知与狄希陈是前世冤仇，到此田地，不得不用他一用。(61回)

⑧我烧信香演社，他跟也不跟我一跟儿。(69回)

⑨略略惹他一惹，流水使手推开，啼啼哭哭个不止。(72回)

⑩小陈哥，一向我的不是，我也同着周相公拜你两拜。(98回)

这种格式中未发现有双音节动词重叠的例子，宾语都是人称代词。另外，有两例为"VO两V"(如例⑩)，也归在这里。

(3) V了OV式

①既不认的他，你怎就知他是个姑子？你摸了他摸！(8回)

②只因狄希陈叫小的到跟前劝了他劝，故此告上小的作证。(82回)

(4) V了O—V式

尉迟敬德认了他一认，问说：……(34回)

由以上用例的统计可以看出，VOV结构主要用于表示未完成的(或虚拟的)动作，因而第一类和第二类使用次数最多。

2．VVO结构

《醒》书中还有多处采用了VVO的格式。如：

①你还去请了杨古月再来看看你爷，好加减下药。(2回)

②你去送送晁家奶奶。(11回)

③县里久缺了正官，凡事废弛得极了，所以只得自己下下监，查查夜。(14回)

④晁住的老婆也不想想汉子为甚的通不出来看看。(19回)

⑤不消去，情管是往那里做甚么，顺路访访你，好扰你的酒饭。(58回)

⑥又没见怎么进去，开开门，从里边飞出个鹞鹰来，……(64回)

⑦你不动动手儿得了这般美官，拿出五六十两银子来赏人？(83回)

⑧吃了人的，可也回回席。(87回)

⑨我还要央你回去，请你家奶奶来我船上，<u>劝劝我家这两个人</u>。(87回)

⑩本待要<u>骂骂街</u>，<u>泄泄气</u>，又被……(94回)

　　从上面例子可以看出，VVO 的结构中，宾语（O）可以是人称代词 （如例⑤的"你"，但未发现第三人称"他"做宾语的例子，"他"做宾语时都是用"V 他 V"的结构），但更多的是其他词语，在使用上比 VOV 结构更自由。

　　今普通话中，没有 VOV 结构，只有 VVO 结构。但明清时期用山东方言写成的《金瓶梅》以及下文要讨论的《聊斋俚曲集》中，VOV 结构很是流行，特点比较一致。现代山东方言中，鲁中地区仍然保留和继承了这种 VOV 的说法，同时又有了一定的发展。如淄川话中只有单音节动词才可以进入 VOV 结构，双音节动词则不可以，复数的人称代词也不能嵌在重叠的动词之间，使用范围比明清时期是缩小了。（参孟庆泰《〈金瓶梅词话〉〈醒世姻缘传〉〈聊斋俚曲集〉"VOV"结构比较研究》，日本好文出版社《中国语学研究·开篇》1998 年版）

三　差比句

　　所谓差比句，是指前后两项在量或质等方面不相等的比较句式。《醒》书的差比句比较复杂，有些跟今天普通话的说法相同，而比较有特点、使用也较多的则是"甲＋A＋起（或似／如／是）＋乙"的形式。另外还有几种形式，下面分别讨论。

　　1. 甲＋A＋起／似／如／是＋乙＋［数量］

　　当表示甲比乙强（大、好、厉害等）或甲比乙弱（小、差等）时，书中常用这种形式来表达。A 一般是形容词，有时是动词。"起／似／如／是"可称为比较词，作用相同。后面可以加两者相差的数量，也可以不加。

　　根据参与比较的两项甲和乙的同异，还可以分为两小类：一类是甲、乙分别为不同的词、词组，另一类是甲与乙是相同的数量词组，即相当于普通话中的"一＋量词＋比＋一＋量词＋A"，表示程度累进。下面分别举例。

　　（1）甲＋A＋比较词＋乙

　　　　①我就是到门前与街坊家说几句话，也还强似跟了许多孤老打围丢丑！(2回)

　　　　②就在刑部里面静坐，也强如把头被也先割去。(7回)

　　　　③虽不比往事，也还胜如别处。(25回)

　　　　④得志犬猫强似虎，失时鸾凤不如鸡。(91回)

　　　　⑤脚也不是那十分大脚，还小如我的好些。(55回)

　　　　⑥姓龙的怎么？强起你妈十万八倍子。(48回)

　　　　⑦我年纪大起你，……(92回)

　　　　⑧胜是那零挪碎合的万倍。(94回)

　　　　⑨恶疾还有厉害过天泡疮的么？(95回)

　　　　⑩……大起我还几岁，我赶着他叫姐姐哩。(100回)

（2）一+时间量词+A+比较词+一+时间量词

①计氏的胆不由的一日怯似一日。(1回)

②细雨下得一阵紧如一阵，只得寻了齐整宽绰客店歇下。(8回)

③立了春，出了九，便一日暖如一日。(24回)

④一年狠似一年，一日狠似一日。(28回)

⑤肝火胜了的人，那性气日甚一日的乖方，真是千人唾骂，骨肉鲆离。(39回)

⑥越发一日重如一日。(39回)

⑦手脚一日重如一日。(58回)

⑧这疮一时疼似一时，一刻难挨一刻。(66回)

⑨陈先生的年纪喜得一年长似一年。(92回)

⑩再说素姐病得一日重如一日，……(100回)

这两类差比句的特点是：第一，绝大多数是肯定式，表示肯定意义。否定形式在《醒》书中只出现一例："我的儿也不赖的他，自然会去抢东西、分绝产。"(53回) 其中比较词是"的"。第二，多为性质、状态的比较，而动作、行为的比较较少见，其中"强起、强似"的出现频率较高。

2．甲+比+乙+还是不如

这种句式既是一种差比句式，也是一种比喻（乙是喻体），强调说明甲在某一方面比不上乙。如：

①教这样书的人比那王八还是不如！(33回)

②可见那不知好歹、丧了良心的，比畜类还是不如的！(79回)

3．与普通话一致的形式：甲+比+乙+A

①晁大舍次早起身，便日日料理打围的事务，要比那一起富家子弟分外齐整，不肯与他们一样。(1回)

③这病比昨日减动六七分了。(2回)

④狄学生比素姐大一个月。(25回)

⑤你修的比那辈子已是强了十倍，……(40回)

⑥说那世人，你比仇人还狠哩！(44回)

⑦那三个里头，有一个的模样比这个好，白净，脚也小；要论手段，都不如这一个。(55回)

⑧这鹞鹰比鹅还大，可是从那里进去的哩？(63回)

⑨一年不如一年。(70回)

⑩那院里陈嫂子比你矮，陈哥比你弱吗？(89回)

4．其他形式

①这比不的那猫能拘捉邪怪的值的钱多，这不过教道的工夫钱。(6回)

　　②小老丈十年①。今年整四十二岁。(25 回)

　　③你薛爷大我十岁。(25 回)

　　今山东方言中，东部、北部、南部、中部都通行"甲 A 起 (的) 乙"的比较句式，同时也使用"甲比乙 A"的句式 (参本书有关章节)。这与《醒》书以及聊斋俚曲等是一致的。

四　反复问句

　　据查检，《醒》书中反复问句共 174 例。询问未然的事体时，主要采用"VP 不 VP"的格式；询问已然的事体时，主要采用"VP 没 VP"或"VP 不曾"的格式。

1."VP 不 VP"式

　　VP 指动词性词组。这种形式的反复问句共有 69 例，占总数的 36.7%。根据否定词"不"后面的成分是否完整，可分为以下两种情况：

　　(1) 完整式：VP 不 VP

　　①星士替你算的命准不准？(4 回)

　　②你拿指头蘸着唾沫，然后试试，看落色不落色？(6 回)

　　③这门亲咱合他做不做？(18 回)

　　④买得回来，还不知中意不中意。(33 回)

　　⑤这生帐子货，咱可不知他的手段快性不快性。(55 回)

　　⑥这第一件最要避人，防人漏泄，相公自己忖度得能与不能？(61 回)

　　⑦老韩，你公母两个想我的话说的是也不是？(80 回)

　　⑧伊相公，你听见俺入×不曾？你浪呀不浪？(73 回)

　　⑨说寻丫头给他做媳妇，他晓得不晓得？(84 回)

　　⑩据那抄来的招上，你也就是极可恶的人，这是真也不真？(88 回)

　　注意，例⑦、⑧、⑩中间有语气助词"也"或"呀"，例⑥中间有连词"与"。

　　(2) 省略式：VP 不

　　有时只在动词性词语后加"不"表示疑问，这种结构可以视为"VP 不 VP"的省略。如：

　　①你认得我不？(46 回)

　　②稻子我收着哩，我去问声狄大叔，看该与你不。(48 回)

　　③你说你敢招架他不？家有贤妻，男儿不遭横祸哩。(57 回)

　　④你叫他凡事都遂了心，你看他喜你不。(57 回)

　　⑤我只说是小孩促狭，你看等他来我说他不！(58 回)

――――――――――――

① 这是狄员外对薛教授说的话。"老丈"指听话人薛教授，前面说到薛今年 52 岁。这句话的意思是："（我）比您小十岁。"

⑥算计请他程师娘，他不知去呀不。(59回)

⑦我看这床响呀不，我好来听帮声。(59回)

⑧我今年四十五岁，房中再没有人，专娶令爱过门为正，不知肯俯就不？(72回)

⑨大哥，怎么样着？去呀不？(73回)

⑩这是南京地面，我待进城买什么去哩，你待要什么？(87回)

注意，例⑥、例⑨的"不"前有语气词"呀"。

在今山东章丘、历城、邹平一带方言中，"VP不"最为常用，"VP不VP"也较常见。

2. "VP没VP"式

全书共36例，占总数的19.1%。可以按否定词"没"后的成分是否完整分为完整式、半省略式和省略式，其中完整式和半省略式各有1例，省略式共34例（"VP没有"22例，"VP没"12例），看来以省略式为普通的形式。下面分别举例：

(1) 完整式：VP没VP

①你知道有孩子没有孩子？待桶下孩子来再辨也不迟。(56回)

(2) 半省略式：VP没V

①做中了饭没做？中了拿来吃。(40回)

(3) 省略式：VP没（有）

①你有老伴没有？(8回)

②方才出去，你都见来没有？(8回)

③家里有板没有？(9回)

④有后门没有？(20回)

⑤再还有别的话没有？(32回)

⑥狄大爷合狄大娘起来了没？(45回)

⑦我那咎叫你捎与老魏的布和钱，你给过他了没？(49回)

⑧这三个，你两个都见过了没？(55回)

⑨你见有绣江县知县县丞的奶奶亲戚出来玩耍的没有？(77回)

⑩他临行，倪奇打发你饭钱来没？(78回)

在今山东方言中，仍然存在着"VP没VP"及其省略形式的说法，见本书有关章节。

3. "VP不曾"式

"VP不曾"是指在动词性词组后面加"不曾"表示疑问的结构格式。此类句式的例子共69个，占全书反复问句的36.7%。其中63例出现在直接引用的对白中，其余6例出现在作者的叙述或间接引语中。如：

①天下竟有这等事！如今去了不曾？(2回)

②如今钱老先生到过任不曾？(4回)

③吃过了药不曾？(4回)

④你见那新姨来不曾？（7回）

⑤晁相公，你闻得说来不曾？（10回）

⑥你同合他进去了不曾？（10回）

⑦上过了不曾？（11回）

⑧前日巡道老爷曾打你的脚来不曾？（12回）

⑨他将东西送你，大官人知道不曾？（19回）

⑩你吐苦水不曾？（19回）

这种"VP不曾"式的反复问句用来询问某行为、动作是否已经完成，所以大部分句子在动词或动词词组前后有表示动作完成的其他虚词或实词：第一，动词后带表示完成态的助词"了"，此类例句最多，共30例；第二，动词后带"过"、"来"，分别有10例和4例，也是表示曾经发生；第三，动词前有表示过去意义的副词"曾"，共9例；第四，另有一些例句的动词前后有表示动作完成、趋向、重复等意义的词语如"完、出、还"等，只有少数几个句子没有这种虚词或实词。

在山东方言中，未见"VP不曾"的句式。

4．其他形式的反复问句

上述三种形式的反复问句是《醒》书的主要说法，其他形式的反复问句共查检到6例，其中1例是"VP未"式，5例是"VP否"式：

（1）"VP未"式

①那萧老爹醒未？（4回）

（2）"VP否"式

①不知敢借重否？（16回）

②但不知他真心要请否？（16回）

③敬要来换些，不知还有否？（50回）

④再问声二位爷，这老韩合他同坐否？（81回）

⑤列位施主是山东武城人否？（93回）

五　虚词"可"

《醒》书中"可"的使用频率很高，已经引起不少学者的注意，如徐复岭《〈醒世姻缘传〉中的语气词"可"及相关的标点、注释问题》（见徐复岭《醒世姻缘传作者和语言考论》，齐鲁书社1993年版）、李立成《〈醒世姻缘传〉里的句末语气词"可"》（见《中国语文》1998年第4期）等。《醒》书中，"可"可以用作动词、助动词，其功能与今普通话相同，这里不做讨论，而主要分析《醒》书中用法独特、方言特点显著的虚词性质的"可"以及由它构成的一些固定说法。《醒》书中虚词的"可"实际上有副词、助词、语气词三种词性，下面分别讨论。

1．副词"可"

表示强调语气，程度有轻有重。用在谓词性词语之前，其功能与今普通话相同。如：

①这人可是活宝哩！(19回)

②我可不好管的，你可别为我费事。(33回)

③可也怪不的这种子，这们个美女似的，连我见了也爱。(40回)

④其实，这们一个小献宝，可也守不的。(41回)

⑤我见你这们降他，我可又心里不忍的慌了。(43回)

⑥我可不还零碎使针多他哩，我可一下子是一下子的。(52回)

⑦我可也报报仇儿！(75回)

⑧你可记着，别要差了，叫人笑话。(83回)

⑨刚才我本等不待留他，我如今可偏要留他哩！(87回)

2. 助词"可"

《醒》书的"可"作为助词，用在动词性词语、形容词性词语或时间名词后面，大体上相当于普通话的"……的时候"。其中，又可分为两种情况：第一，表示动作行为发生的时间，一般指将来发生的动作行为，意为"等……的时候"、"……以后"；少数表示过去发生的动作行为，意为"……的时候"。第二，表示虚拟或假设的动作行为，意为"如果……"、"假定……"、"……的话"。将来的动作行为因为还没有发生，因此也具有一定的假定性，所以两种情况有些相通之处，但在假定性的强弱以及是否重点在表时间上还是有区别的。过去已发生的动作行为没有任何假定性，而是一种客观的已经发生的存在了。第二种情况可说成是表虚拟语气或假设语气，"可"是语气词，但第一种情况就不宜看成语气助词，所以我们一律将"可"视为助词。下面分别讨论。

第一，表示时间

(1) 表示将来动作行为发生的时间

①等完事可，咱大家行个礼不迟。(22回)

②你吃了可早些出去回奶奶的话，看奶奶家里不放心。(43回)

③ * 想着买了蟹可，叫他做给你舅看。(58回)

④ * 等他再合军门老爷讲可，再处。(67回)

⑤等救过他来科，你可问他是为甚么。(77回)

⑥ * 吃碗冰拔白酒，凉快会子可，合你狄大爷同走。(82回)

⑦ * 他狄姑父到家可，本乡本土的再寻个两口子家人，也尽够用了。(84回)

⑧你到明日叫人做帽套呵，你可防备毛毛匠，别要叫他把好材料偷了去。(84回)

⑨ * 你等着你爹死了可，你再来哭也不迟。(69回)

⑩ * 等狄大哥来时，把你交付给他可，任你"皇姑寺"、"黑姑寺"，你可去。(77回)

上面标"*"号的句中，"可"字齐鲁书社本均标在逗号之后，即看作连词或做状语的语气副词。然而位于分句前的"可"一般表示转折关系，实际上这些例句中，根据上下文的语义来看，"可"并没有转折的意思，解释为连词或副词均不妥。兹为便阅读，径改动标点，将"可"字属前一分句。下同。

（2）表示过去动作行为发生的时间

这种用法只发现一例：

　　*那一年夏里下雹子可，不就是这们疼？(40回)

第二，表示虚拟或假设的状态

　　①*他两个这一遭又都进了可，再没有人合你同考。(38回)

　　②要姐姐不听说，明日咱娘也不来了，三日可也不来接你。(44回)

　　③*倒也亏不尽你把这事早掀腾了，要待闺女过了门可，怎么处？(46回)

　　④*我要是人家的个正头妻可，放出个屁来也是香的，谁敢违悖我！(60回)

　　⑤*咱有这个墙壁，合他见官可，也胆壮些。(81回)

　　⑥*我问他要人可，他说甚么？(94回)

　　⑦*这要是我做了这事可，实实的剪了头发，剥了衣裳……(8回)

　　⑧*要是亲娘可，也舍不的这们降发那儿，那儿可也不依那亲娘这们降发。(41回)

　　⑨*童奶奶看中了他可，咱留下他罢。(55回)

　　⑩他打哩有好话说可哩，你道后头看他说甚么。(56回)

现代山东方言中，"可"仍旧是济南、泰安、德州、临清、新泰、临沂、沂南等地的常用助词，既能表示时间，又能表示假设（参本书有关章节），这与《醒》书是一致的。

3. 语气词"可"

《醒》书中位于句末的"可"还可以表示语气，部分相当于语气词"啊"，部分相当于"呢"，实际上都含有一定的虚拟色彩。如：

　　①只怕他真个是害那里疼可哩。(33回)

　　②只怕各人有个人的本事，那本事有不同可哩。(45回)

　　③我这们说，奶奶打我可哩。(52回)

　　④是好银子呀？你别又是那首饰呵。(70回)

　　⑤你别要也倒穿了可。(83回)

今济南、新泰等地仍流行这种语气词的用法。如：

　　别跑，看摔着可！

　　凉了再吃，烫着可！

4. 连词"可"

《醒》书中"可"还可用作连词，表示转折关系，相当于"可是"、"但是"、"却"，用法与普通话及今山东方言相同。例如：

　　①放着这戍时极好，可不生下来，投信等十六日子时罢。(21回)

　　②咱哥种了地不纳粮，可拿了我去！(28回)

③挺着脚子去了，还留下这们个祸害，<u>可</u>怎么处！(43回)

④你打下坟，合下材，<u>可</u>也得人抬到你里头。(53回)

⑤俺听的骂了两句，<u>可</u>也不知骂的谁。(96回)

第二节　蒲松龄《聊斋俚曲集》的语法特点

上海古籍出版社本《聊斋俚曲集》共收俚曲 14 种，国际文化出版社本《聊斋俚曲集》(邹宗良校注) 收 15 种 (多《琴瑟乐》一种)。各种俚曲语言风格、语法特点近似。限于时间，我们选取了口语色彩浓厚的《墙头记》、《姑妇曲》、《慈悲曲》、《翻魇殃》、《俊夜叉》、《禳妒咒》6 种，录入计算机后，作为语法特点分析的基础。

一　《聊斋俚曲集》中的词法特点

1. 第一人称代词

聊斋俚曲中，第一人称有"我、俺、咱"，没有"我们"，有一例用到了"咱们"："咱们情愿合你在一堆过了，若再去输钱，叫你使锥子扎万下！"(《俊夜叉》) 这是宗元人对妻子说的话，"咱们"实际指"我"(单数)，此姑且不论。

"我、俺、咱"的分工为："我"用于单数，"俺"用于复数或单数，"咱"用于复数。用于复数时，"俺"表示排除式，即不包括听话人一方 (可包括"我"和"他"、"他们")；"咱"表示包括式，即包括说话人和听话人双方。下面分别举例。

(1) 我 (单数)

①<u>我</u>今说一件兄弟贤孝的故事,给那世间的兄弟做个样子。但只是里边挂碍着那做后娘的。<u>我</u>想普天下做后娘的，可也无其大数，其间不好的固多，好的可也不少。<u>我</u>说出这件故事来，那不好的满心里惊，那好的想是也不见怪。这件故事名为慈悲曲。(《慈悲曲》)

②妈妈叫他坐下，扳起他那脚来看了看，见那鞋没有底，有半截棘针扎在那脚心里。叹了一声："咳，<u>我</u>的儿！这是几时签上的来？又咱会脓了？"(《慈悲曲》)

③张讷说："<u>我</u>没有病。"(《慈悲曲》)

④你看俺姑，你就不认的<u>我</u>了么？(《慈悲曲》)

⑤江城给太太斟酒云："娘再吃一盅。"太母云："<u>我</u>吃够了。"公子云："爹娘都再用些儿。"太母云："<u>我</u>合您才能吃多少，就这么些东西？可戌也费事。"(《禳妒咒》)

⑥仇福说："分开你清闲不好么？"姜娘子说："<u>我</u>不爱你这样疼我。"(《翻魇殃》)

(2) 俺 (单数)

①<u>俺</u>积攒了一百两银子，苦苦哀告，许着有了主还给他五十两，他才慨然许<u>俺</u>从良。(《禳妒咒》)

②<u>俺</u>不拾拾那车襻儿，也不挑挑那筐担儿，也不担那饭罐儿，也不挎那菜篼儿，也

不曾楔楔那锄垫儿。笑：<u>俺</u>可也轻轻巧巧的每日吃饭儿。（《禳妒咒》）

　　③张大说："<u>俺</u>也不潮，这有个话说。"（《墙头记》）

　　④张大说："谝甚么！<u>俺</u>达好不好，谁着他合你令堂并骨哩么？"李氏说："呸！放屁！<u>俺</u>庄里多少好汉子，那里找着您达并骨。"（《墙头记》）

（3）俺（复数，排除式）

　　①银匠说："原来为此么？<u>俺</u>俩虽厚，他埋下东西怎么对我说？"（《墙头记》）

　　②两个人合我说："你不如情吃罢，<u>俺</u>吃甚么，你也吃甚么。"（《墙头记》）

　　③自从合气之后，公婆把他儿郎唤着，<u>俺</u>夫妻分院而居，这也罢了。近来听的他夜夜合老婆同睡，这样光棍到容易打哩。（《禳妒咒》）

　　④撞着了青春一少年，谁保的<u>俺</u>兄弟得团圆，哥哥呀，破衣施给<u>俺</u>一件。（《慈悲曲》）

　　⑤叫爹爹莫愁肠，好歹的出了丧，济<u>俺</u>娘们往前撞。（《翻魇殃》）

（4）咱（复数，包括式）

　　①李氏说："小讷子，<u>咱</u>家去罢。"（《墙头记》）

　　②定了主意来到家，对姜娘子说："<u>咱</u>爹家里大病，说的极重。"（《翻魇殃》）

　　③叫一声俺爹爹，<u>咱</u>今朝这一别，不知几年几个月？（《翻魇殃》）

　　④<u>咱</u>的人家原不大，从新盖了几间房，安上吻兽才展样。（《翻魇殃》）

　　人称代词"俺"是现代山东、河北、河南等地一个很普通的方言词。据吕叔湘先生《释您，俺，咱，喒，附论们字》（见《汉语语法论集》增订本，商务印书馆1984年版）考证，"俺"是由"我"与"每"或"们"合音而成的，本表示复数，但在金元时期表现为既可用于复数，又可用于单数；而用于单数时常充任领格，元曲中有的剧本"俺"只做领格。"且不独金元白话为然，今日方言中，无'你们'、'我们'而只有'您'、'俺'者，方其用如单数，亦多施于领格，盖即此一端固已历数百年而未尝或变。乃至明清方言小说，如《金瓶梅词话》，如《醒世姻缘》，如《警世通言》第二十四卷《玉堂春》，凡以'俺'字入文者，亦莫不以领格居其大半也。"

　　从聊斋俚曲的使用来看，"俺"一般用于单数，用于复数的主要是用在构成同位语的时候，如"俺俩"、"俺两个"、"俺兄弟"、"俺夫妻"、"俺兄弟二人"、"俺众人"、"俺一家"（构成同位语的也有表单数的，如"俺周仲美"、"俺老李"、"俺自己"）。下面是对六种俚曲"俺"字使用情况的统计：

	做主语	做宾语	做定语	做同位语	总计（共405）
表单数	194	60	131	3	388
表复数	1			16	17

　　关于"俺"做定语，有一种情况需要说明：有些被限定成分前今普通话中一般用复数的"我们"来限定，如"我们村"、"我们家"，但有时也用单数的"我"如"我村"、"我家"，俚曲中这种情况下的"俺"都按单数计。

《俚曲》中当面称呼人时，一般用面称，但有时在称谓前面加"俺"，用法与通常不同，此稍做说明。如：

①张诚又说："俺哥哥，你还不吃饭么？"张讷说："我不饥困。"（《慈悲曲》）

②（张大喊）"俺达达！"张老说："你待怎么？"（《墙头记》）

③（张大将其父推到墙头上后说）"达呀，你在这里罢，我待去哩。"张老说："俺达达，你休去了！"（《墙头记》）

④沈大姨说："……倘若是我这媳妇给你，只怕你又嫌哩。"于氏说："俺姐姐，你说起来我就不是乜人！"（《姑妇曲》）

⑤珊瑚待走，安大成叫住房子的老王婆子拿着那休书去送他。一路子不做声一声。老王说："俺大嫂，你也不必恼甚么，一家好人家哩！"（《姑妇曲》）

例①是同父异母弟弟张诚当面招呼其兄张讷吃饭时的话，表示亲切。例②是张大要赶父亲走的时候的称呼，带有无奈、不屑的色彩。例③是张老爬在墙头上着急、哀求的话语，以至于称自己的亲生儿子为"达达"（爹）。例④是悍婆于氏受到教训之后，心生懊悔，被姐姐一激，带有着急的意味称呼的。例⑤中老王婆子的年龄应该比珊瑚要大，称"俺大嫂"有尊敬的意思，又表示不是一般意义上的"大嫂"。可见，称呼前面加"俺"时有较特殊的意味，一般带有"亲切"或更强调是"自己的"的意思。今鲁中方言仍有这种说法。

2．第二人称代词

俚曲中有第二人称代词"你"和"您"（少数地方写作"恁"），没有"你们"，有一例用到了"您们"："姜娘子、慧娘合老太太都哭起来了，老太爷与大爷、探花老爷都下泪。太公止住泪说：'您们都不必悲伤，我已是算计就了。'"（《翻魇殃》）此姑且不论。

"你"和"您"的分工大体是："你"用于单数，"您"用于复数或单数的领格。下面是对"您"的使用统计：

表单数：119（118例用于领格，只有1例用于主语）

表复数：70（其中单独作主语或宾语35次，用于同位语33次，用于定语2次）

其中表单数用于主语的比较特殊，这一例见于《墙头记》：

张大说："诮甚么！俺达好不好，谁着他合你令堂并骨么？"李氏说："呸！放屁！俺庄里多少好汉子，那里找着您达并骨。"张大笑说："出上您拣的那好的并去。"[①]

这是一段张大夫妻二人开玩笑的话。其中出现了一次"你"，两次"您"。"你令堂"即"您达"（你爹），"你"和"您"都用作定语，但"令堂"是书面语词，"达"是口语词，"你"、"您"分用不混，正说明"您"带有口语色彩。需要注意的是后一个"您"字，由于是张大

---

① 据邹宗良注，"并骨"指男女交合。上文李氏贬斥了公公一番，张大尽管不孝，不过也有些不高兴，所以说："谁着他合你令堂并骨哩么？"李氏只顾贬斥公公，顺自己的话头说"俺庄里多少好汉子……"，意在说明其公公不好，却忽略了"并骨"，因为与什么样的"好汉子"并骨也是对"令堂"的侮辱，所以张大拣了个便宜，笑着说："出上您拣的那好的并去。"

对其妻说话，前面又说到"俺庄里多少好汉子"，所以这里的"您"应当是指李氏，即表单数。不过，张大这里的意思也可能是指"你们"，即"拣"的主语是李氏一家人。这样的话，"您"就不是表单数了。

此外还有归在表复数中的一例，表面看也是表单数的：

> 慧娘说："何妨呢。"（唱）慧娘说道也不错，俺是兄弟您是哥，若不然怎么叫做一堆过？这才是一个锅里轮杓，怎么分的这个那个？（《慈悲曲》）

来自富豪之家的弟媳慧娘要动手做饭，出身贫寒的兄妻不依，慧娘毫无恃富矜傲之心，对妯娌说"俺是兄弟您是哥"。这里的"俺"应该是指"我们"（即慧娘夫妇），"您"应该是指"你们"（即大伯子夫妇），因为"俺"（慧娘）与"您"（夫嫂）并不是"兄弟"和"哥"的关系。

下面举几个"您"字使用的例子：

> ①张讷说："俺爹说，你到您姑家里休回来。"（《慈悲曲》）

> ②大姐出来，到了下处，说他那儿子："您二舅来考，你去找他找。"（《翻魇殃》）

上两例都是"你"用于单数主语，"您"用于领格。

> ③大姐吃干了盅，往外就跑，说："您两个吃盅合劝合劝罢。"（《翻魇殃》）

"您两个"为同位词组，复数。

> ④两贤侄您是听：我虽老的无正经，哄杀人从来不偿命。（《墙头记》）

"您"指"两贤侄"，复数。

> ⑤银匠说："只是如今要不的账。您好生去发丧，那该钱的都是体面人，见您兄弟还成个局面，自然不好赖您的。"（《墙头记》）

三处"您"都指复数（张大兄弟二人）。

需要注意的是，"您+亲属称谓"有时是从子称，如：

> ①（大姐）请了仇祜来商量告状。（唱）您大舅你听言：您叔撒下几亩田，着人哄去七八段。种的都是咱的地，并无见他一文钱，咱吃甚么安稳饭！你给我写状一纸，到明日我去见官。（《翻魇殃》）

"您大舅"指仇祜，即"你"，是大姐伯父家的兄弟，大姐的孩子称其为大舅。（"您叔"指大姐之父）

> ②两个走到西院，大姐吆喝说："您大妗子，有客来拜你哩。"姜娘子出来，……（《翻魇殃》）

大姐吆喝的就是姜娘子，是其弟妇，大姐的孩子称其为大妗子。

> ③且说珊瑚到家，合庄里都喜，无论同姓异姓，都拿着礼物来看珊瑚，就是娶个新媳妇来，也不能那么热闹。惟有何大娘不好来。于夫人也算是个好人，敬着人去请他来，自家认罪。（唱）您大娘你休要放在心上，那时节打一顿也是应当。（《慈悲曲》）

"您大娘你休要……"是于夫人对何大娘说的话。两人为同辈，称呼对方为"您大娘"，是从子称。

"您"的这些特点，与今鲁中方言一致。

3．"那"

"那"在现代是北方话中很普通的指示代词，与"这"相对，远指。俚曲中的"那"字用法比较丰富，很有特点。

据我们对俚曲六种的统计，"那"字共出现1471次，其用法可以分为六种。其中，有的是语气词（现代一般写作"哪"），共4次（均出现在－n韵尾之后）：

①天*那*天好可怜，不看吃来看我穿，十根两绺人人见。（《墙头记》）

②哎！我不知前世伤了多少天理，才生下这样儿郎。天*那*天，但仔有一个好的，也还好过。（《墙头记》）

③春香笑出来说："大婶子说，问问周二叔合大姑夫，还敢*那*不敢？"（《襄妒咒》）

④妙呀！我要做嫖客，合你犯个寡婆，不知你肯*那*不肯？（《襄妒咒》）

有的是疑问代词（现代一般写作"哪"），共167次，如：

①邻舍家有个周妈妈，见他跛跷跛跷的，便问："这孩子你*那*里疼呀？"（《慈悲曲》）

②*那*赵大姑一眼看见，流水迎来说："您大妗子，*那*阵风刮了你来了？"（《慈悲曲》）

③张大说："咱去罢。"张老说："*那*里去？"张大说："上二弟家去。"（《墙头记》）

④把一个不见人物的相公，引的魂灵儿不知*那*里去了！（《翻魇殃》）

六种俚曲中也出现过"哪"字（29次），不过都是作语气词用，没有表疑问的，如：

①张老说："咳咳，天*哪*，天*哪*！"（《墙头记》）

②如今这样冷，肚里又饥，我往那里去？可怜*哪*可怜！（《墙头记》）

③只为佳人一个字，魂儿已不在当身，人*哪*哎哟，在当身！（《襄妒咒》）

④江城起来坐着云："官人*哪*！官人*哪*！"公子立云："小生在此。"（《襄妒咒》）

下面讨论"那"字除语气词和疑问代词之外的用法。

以今鲁中方言观之，其余的"那"可分为两大类：一类不读轻声，是表示远指的指示代词，即同于普通话的"那"；一种读轻声，不表远指或没有明显的远指的含义，而是另有作用。下面先举几个不读轻声表远指的例子，然后主要来考察不表远指的"那"的用法。

①张炳之的老子曾在陕西做生意，住了二十多年，生了一女，就在*那*里合人家做了亲。（《慈悲曲》）

②张老说："你不知*那*两个畜生劝化不的，你有甚么妙法？"（《墙头记》）

③令尊*那*二年，三十两、二十两，一年十数回，去敞铺倾销。（《墙头记》）

④张大一人正跑："呀，*那*不是王银匠来了？"（《墙头记》）

⑤正走中间，见一道大河，河上一座桥，桥*那*边一路花草。（《翻魇殃》）

读轻声的"那"又有四种语法功能：

（1）用在做主语或宾语的名词性成分之前，没有明显的指示意义。这些"那"字可以去掉而意义不变，今普通话中一般不用"那"。如：

①我今说一件兄弟贤孝的故事，给那世间的兄弟做个样子，但只是里边挂碍着那做后娘的。（《慈悲曲》）

②本朝就有一个人，可以比那王祥，他兄弟就可以比那王览。（《慈悲曲》）

③人人都说张炳之既没有汉子给那孩子作主，就不该寻后老婆。（《慈悲曲》）

④李氏……进去门往里正走，那赵大姑一眼看见，流水迎来说……（《慈悲曲》）

⑤魏名见他没动静，又对着仇福着实条陈那不分的利害。（《翻魇殃》）

⑥譬如巴豆、信石，用在那好人身上，就是毒药。（《俊夜叉》）

⑦两个折辨了一回，仇福撅着那嘴去了，发恨说："既不分家，我还给别人攒家当！"（《翻魇殃》）

⑧于氏也告诉不出口来，只是鬅松着那头哭骂。（《姑妇曲》）

⑨唠着给俺那假银子，亏了没转出夹棍来！（《姑妇曲》）

⑩给俺老婆做的通红的袄，娇绿的棉裤，扎挂的合那花鹁鸽一样，人人看着齐整。（《禳妒咒》）

这种"那"其实是可有可无的，不是语法上所必需的成分。比如例⑦的"撅着那嘴"在其他地方也可以直接说"撅着嘴"，如《慈悲曲》："张讷一来又弱，二来又饥，撅着嘴，在炕上仰着。"《姑妇曲》："两口子映嘴了半日，光见瓦石，并不见银，气把头兴全没了，撅着嘴去了。"《翻魇殃》："放着籴米不籴米，痴心只望去赢人，如今剩了一条棍。空着身无的可弄，撅着嘴回上家门。"特别是《姑妇曲》一例，同样是在"去了"之前，却没有用"那"字。

今鲁中方言，主语前的"那"已很少出现，但宾语前的"那"仍常用，如说"拿着那书走了"，"手里抱着那孩子"。一般用于陈述过去或现在正在发生的事情，不用于将来时。宾语前用"那"与否在语气上略有差异：用"那"时语气略疏缓，有时略带贬义。

(2) 用在名词性定语和中心语之间，表示领属关系，大略相当于表领属关系的"的"。如：

①妈妈叹了一回，取了他那孩子的一双旧鞋来，给他换上，才叫他去了。（《慈悲曲》）

②赵大姑说这不消，俺那叫驴大又高，您妗子呀，飞颠飞跑岂不妙？（《慈悲曲》）

③张老爷点一点头，说道："哦哦！你那媳母姓嘎呢？"（《慈悲曲》）

④张大说："我那袍子，就许你常穿么？"（《墙头记》）

⑤太公上云："咱那媳妇子才说嘎来？"（《禳妒咒》）

⑥咱每日念佛，毫没效验，听说他媳妇子把他那肉都铰下来了！（《禳妒咒》）

⑦仇禄回来，对他娘合他姐姐，述了述公子那话。（《翻魇殃》）

⑧姜娘子揪开一看，说："我那两件衣裳没了。"（《翻魇殃》）

⑨真正蹊跷，真正蹊跷，又不是行者那猴毛，可怎么到咱手，就变的没人要？（《姑妇曲》）

　　⑩亏了我那面皮混，没似你骂的忒也甚。（《俊夜叉》）

　　有些名词性词语做定语的时候，也用"的"。如"他的结发妻是姓王，娶了二年多，遇着达子放抢，掳了去了。"（《慈悲曲》）"这张炳之娶了这个老婆，实指望给他看着孩子，谁想那李氏的性子极残。"（《慈悲曲》）后例中前面已经用了一个"那"字，这种情况下后面就不再用"那"而用"的"了。

　　（3）用在做定语的"动词＋的"之后。如：

　　　　①俺爹，你化的那锞儿呢？（《墙头记》）

　　　　②仇禄大喜，即时写了手本，拿着道里考的那文章来，合他姐姐说。（《翻魇殃》）

　　　　③连骂又带诮，数瓜又数枣，扎的那横亏，一霎说不了。（《姑妇曲》）

　　　　④这不是你每日夸奖的那媳妇？这不是每日孝敬你的那媳妇？（《姑妇曲》）

　　　　⑤包起你为人的那蓝绢袄，我还有撒脚的鞋一双，尿鳖儿还没处放。（《禳妒咒》）

　　　　⑥就像腌坏了的那螃蟹，久不吃了，膀子都沙了。（《禳妒咒》）

　　　　⑦骂江城好畜生，说的那话缠不清，著你气杀我樊子正！（《禳妒咒》）

　　　　⑧你看他作的那精儿，弄的那鬼儿，做的那事儿，人人眼里看不下。（《禳妒咒》）

　　　　⑨高立拿的那字烧了罢。（《禳妒咒》）

　　动词做定语时也可以只加"的"不再加"那"，如："从那日你去了，做的事儿口难学，说来也被旁人笑。"（《禳妒咒》）"那里拿不了的东西，叫个人去，你看着搬搬的罢。"（《禳妒咒》）

　　（4）用在表喻体的词后面。如：

　　　　①每日穷的合那破八果那似的，他那里的钱？（《墙头记》）

　　　　②割了肉来胡㕛送，终朝每日瞎作蹭，弄的天那大窟窿。（《俊夜叉》）

　　　　③若起的咒誓天那大，娘子不要生气罢。（《俊夜叉》）

　　　　④仇福说："吃了一宿酒，合失了困那是的。"（《翻魇殃》）

　　　　⑤待怎么处治哩？处治了罢！割了头，碗那大小一个疤啦！（《禳妒咒》）

这里的"那"似乎可以看作普通话中最为接近的"那样"，如例②可以理解为"弄的天那样大（的）窟窿"，例③可以理解为"起的咒誓天那样大"，例⑤可以理解为"碗那样大小一个疤啦"。但是，例①和例⑤在后面有"似（是）的"的情况下，"那"再解释为"那样"，就不通了，特别是例①喻词前面已经出现了"那"字。所以，如果没有比喻词"似（是）的"（例②③④），可以认为"那"是"那样"的意思；而如果有了比喻词之后，可以认为"那"只是一个语气助词，约略相当于书面语"……也似的"结构中的"也"。

　　上述四种情况下的"那"，除了用在比喻词后表语气之外，其余都可以认为是从指示代词的用法发展来的。比如，在与上述表示领属关系的"那"同样的情况下，有时候会出现用"那个"而不用"那"的例子，有时还会出现"那"与上文或下文"这"对照的情况。如：

　　　　①他汉子以先合了一个混帐老婆，原说是做妾，待了一年，又娶了一个大婆子，生了一个儿，也有小讷子那大小，他娘就死了，那个混帐科子就占了大。那科子是以前来

的，这孩子不是后窝里么？（《慈悲曲》）

②张大官倒回来泪流腮上，我那个好兄弟比不的寻常，不知是那一个神圣来下降。（《慈悲曲》）

③况且江城我那个俏心肝，变成了一个贤人了，给他买妓收婢，不多大时节，就生了个白胖小厮。（《禳妒咒》）

④拿鞭子打俺那膝盖儿，棒槌敲俺这骨头儿，拳头打这脑袋儿。（《禳妒咒》）

但是，由于这种指示的意味已经非常淡薄，并且从现代口语看这些用法的"那"都读轻声，因此，我们还是将它们与纯粹起指示作用的"那"区分开来。

下面是俚曲六种中"那"字各种用法的使用次数：

起指示作用的：357

用在名词性成分之前没有明显指示作用的：668

用在中心语之前的（包括用在"动词＋的"之后的）：270

用在比喻词之后的：5

4．"乜"

聊斋俚曲中，还有一个"乜"，作用与"那"类似，主要有以下三种用法：

（1）指示代词。

乜是表示远指。从今鲁中方言来看，如果"乜"、"那"并用，"乜"用于指代稍近些的事物，"那"用于指代稍远一点儿的事物，因此可以称为"中指"；但是如果不是与"那"并用，则"乜"只是表示远指而已，与"这"相对。在俚曲中我们还没有发现"乜"与"那"并用分别表示距离说话人远近的例子，还不能确定起指示作用的"乜"与"那"的区别。下面是几个例子：

①乜孩子不够一撗，不为他娘也为他达，那棍子怎忍落的下？（《慈悲曲》）

②我每日待找他没点闲空，他倒反上门来瞎胡寻逗，该把乜科子撕一个罄净！（《慈悲曲》）

③是乜冷么？你忒也虚喝。（《墙头记》）

④我说道你不敢，给你把钢刀也咋不着俺。不是说句啦咀的话，你有那心没乜胆。（《俊夜叉》）（注意："那""乜"并用，所指为同一远近）

⑤乜丫头居然是代把夫人做，他给了俺儿圆下房，如今又产麟儿……（《禳妒咒》）

⑥范栝说："你乜个给我写上罢。"（《翻魇殃》）（"乜个"指二相公的卷子）

⑦仇祜说："你乜女人家，出头露面的怎么告状？"（《翻魇殃》）

例⑦"你"与"女人家"是同位语，都是指大姐，如果用普通话来说，应当说成"你这女人家"。此处用"乜"不能用"那"，似乎说明"乜"比"那"更接近于"这"。

（2）加在主语或宾语前，意义虚泛，指示意味不明显。如：

①虽有巴掌不能扬，从今汉子不受降，俺就许下杀乜羊。待要攘俺折了锥，待要扎

俺折了针，俺就许下杀乜鸡。(《攘妒咒》)

②俺姐姐，你说起来我就不是乜人！(《姑妇曲》)

③你推伴死，又搞那奥鬼！难道乜孩子着虎衔了去，还有活的么？(《慈悲曲》)

④丫环去把角门叫，你叠起乜衣裳卷起那毯条，看不真就把灯儿照一照。(《攘妒咒》)

例④"乜""那"并用，所指没有区别。

(3) 用在表领属关系的定语和中心语之间。如：

①老杂毛，老杂毛，我把你乜小筋抽一条！(《慈悲曲》)

②乌龟头你比那囊包的还赛，自家乜小厮还叫不了来，每日家里装汉子，你还要出外！(《慈悲曲》)

③叫哥哥你休胡吧，怎么咱爹来了家？说的乜是那里话！哥哥乜话我不信，只怕是那眼睛花，银子没曾从天下。(《翻魇殃》)

④要你乜身子往上长，听我把你故事讲。(《俊夜叉》)

今鲁中方言中，"乜"表指示时不轻读，不表指示时读轻声。

5. "的"的特殊用法

"的"在俚曲中的基本用法与现代北方方言一致，主要有两种用法：第一，用在定语和中心语之间，即结构助词；第二，在动词、形容词或名词后构成"的"字词组，相当于一个名词。另外，"的"字还用在状语之后，即相当于"地"；用在补语之前，即相当于"得"。例句兹不赘举。

"的"字还有一个特殊的用法：用在动词性词语后面，表示动作的趋向，相当于一个做趋向补语的趋向动词"去"。如：

①我看你待会子再死了，你上那里逃生的罢。(《慈悲曲》)

②孩子睡着些，我待去找小讷子来的哩。(《慈悲曲》)

③我明日去取那蓝袄来穿的。(《慈悲曲》)

④甚么乜好哥哩！谁知道他那里死的了！(《慈悲曲》)

⑤仇福到了家，姜娘子说："一宿没来家，你做甚么的来？"(《翻魇殃》)

⑥话说那仇家自从那失火之后，处处俱是灰尘，进的看看，一片荒凉。(《翻魇殃》)

⑦(樊子正)忽的声倒了，不省人事。江城转身说："你死就死的。"(《攘妒咒》)

⑧你听听那里铳铳响，你媳妇必然去看和尚的。你且上屋里藏着的吧，俺待念佛去哩。(《攘妒咒》)

⑨老王，你合老孙打上轿抬了他去，给太爷和太太叩头的罢。(《攘妒咒》)

⑩江城云："你上那屋里听的罢，我待睡哩。"(《攘妒咒》)

上举各例中，有些句子"的"前的动词前还有表趋向的"去"或"上"(例①②③⑧⑨⑩)，这里的"的"如果换成"去"，那就变成"去+动词+去"，似乎有些重复(尽管在现代汉语普通话中说"去买菜去"也未尝不可)，在这种情况下把"的"看成一个助词也是可以的。但是，当前面没有表趋向的动词时（如例④⑤⑦，例⑥"的"前有"进"，但没有其他动词），整个句子的趋向义就是由"的"来表现的，是可以换成"去"的，如例⑧上一分句说"上屋里藏着的"，下一分句说"待念佛去"，"的"与"去"恰好构成同义的两种表达形式。因此，我们认为，表趋向的"的"都是补语。

此外，"的"有时还用在比较句中，构成"甲＋形容词＋的＋乙"的格式，下文再讨论。

6.助词"着"的特殊用法

除了做表示动作或状态正在持续的体助词之外，聊斋俚曲中"着"还有一种用法，即不表持续，而是用在动词性或形容词性词语后，有两种语法意义：

（1）表示"等……的时候（再进行下一步活动）"。前面的动词或形容词性词语表示的是未发生的或虚拟的动作或状态。有时候可以用在句末，这时后面尽管没有其他动词性词语，但下面将要采取的动作上文已经交代过了，意思还是很清楚的。如：

①张老说："我酒饭都勾了，您收拾家伙，天色已晚，歇息去罢。"张二说："我等爹睡了<u>着</u>去。"（《墙头记》）

②（公子：）"江城……你支过钱来罢。"江城说："再一盘<u>着</u>。"（《禳妒咒》）

（2）表示假设，相当于"……的话"。后面出现在假定的情况下会出现的结果。如：

①前日他姐夫张石庵说，何家庄那何科道家，他有十三四的个女儿，极待合咱做亲。不就打听打听，若是人物好<u>着</u>，合他就做了也罢了。（《禳妒咒》）

②珊瑚坚执不肯住下。何大娘说："我儿，你待家去<u>着</u>，我也不肯留你。"（《姑妇曲》）

③于氏说："珊瑚虽然强及如今的，只是可不如您那媳妇。不知他嫁了没？"沈大姨说："不知道。你若还待要<u>着</u>，咱打听打听。"（《姑妇曲》）

④大相公，你不弃嫌<u>着</u>，你闷了就来找我。（《翻魇殃》）

⑤他娘说："你吃了饭么？"姜娘子说："吃了。"徐氏说："你没吃<u>着</u>，我剩下的，你吃些罢……"（《翻魇殃》）

⑥却说那仇大姐买下东西，叫了个厨子伺候。他娘说："他不来<u>着</u>，才着人笑哩。"（《翻魇殃》）

⑦大姐说："怎么费你的钱？若是娶你<u>着</u>，待不扎挂哩么？"（《翻魇殃》）

⑧姐姐，你说，我这二年若是嫁了<u>着</u>，你待上那里找我的？（《翻魇殃》）

⑨譬如有一个前窝儿，若是打骂起来，人就说是折磴；若是任欲他做贼当忘八，置之不管，人又说是他亲娘<u>着</u>，他那有不关情的；谓之左右两难。（《慈悲曲》）

还可以构成"不着"，表示"要不的话"、"要没有……的话"。如：

①寻老婆，原是我当初错。把一个小厮瘦成一朵，<u>不着</u>来此怕见了阎罗。（《慈悲曲》）

②<u>不着</u>他前言为证，定治他个不亦乐乎。（《慈悲曲》）

③"在我看来，你不如分开罢，费也费的是他的。<u>不着</u>咱厚，我也不劝你。"仇福说："是呢。<u>不着</u>你说，我还想不到这里哩。"（《翻魇殃》）

④手拉手哭嚎啕，咱家产业已全消，<u>不着</u>你来把气生，不愁不把饭来要。(《翻魇殃》)

⑤若<u>不着</u>兴词告状，他姐将何以为生！(《翻魇殃》)

⑥待要赎身，<u>不着</u>千两银子，也难开口，如何能的？(《翻魇殃》)

⑦<u>不着</u>那两位令郎，也到不了这步田地。(《墙头记》)

⑧<u>不着</u>我合你嫂嫂，如今已完了事了。(《墙头记》)

⑨王婆说："大爷，你真个不合他做亲么？"仲鸿说："你看我这里扯着来么？"王婆说："<u>不着</u>我去罢。"(《禳妒咒》)

⑩若<u>不着</u>我这谨查点，一千石也费不到年终。(《禳妒咒》)

　　太田辰夫《中国语历史文法》(蒋绍愚、徐昌华译，北京大学出版社1987年版)释"着"的此类用法为"表命令的场合用的助词。多用在以持续动词做述语的句子中。"并说"到明代，用于持续动词后面的趋势加强了。在清代的标准语中用得不太多"。明清时代引例如下：

①等我放下这月琴<u>着</u>。(《金瓶梅》27回)

②待我扎上这头发<u>着</u>。(《金瓶梅》31回)

③我也告诉雪雁合柳嫂儿说了，要弄干净<u>着</u>。(《红楼梦》87回)

④使不得，先把你们家这点礼儿完了<u>着</u>。(《儿女英雄传》40回)

　　唐五代的白话作品中，用于句末的"着"确有表示命令的作用(另参吕叔湘《释〈景德传灯录〉中'在'、'著'二助词》，见吕叔湘《汉语语法论文集》修订本，商务印书馆1984年版)，但是上引《金瓶梅》和《儿女英雄传》的例子，与聊斋俚曲中的"着"字一样，都是表示"先……，然后再……"的意思。如例①和例②都是"等我"或"待我"如何，并不是命令别人去做什么。只有《红楼梦》的一例倒确是有命令的意味，其上下文是：

　　紫鹃道："我也怕厨房里弄的不干净，我们各自熬呢。就是那汤，我也告诉雪雁和柳嫂儿说了，要弄干净<u>着</u>。柳嫂儿说了，他打点妥当，拿到他屋里叫他们五儿瞅着炖呢。"

这里的"着"实际上与今普通话的"弄干净着点儿"(或"弄干净点儿")中的"着"相似。

　　由此也可以知道，在《金瓶梅》、《儿女英雄传》中，"着"有着与聊斋俚曲同样的作用。在今淄川等鲁中方言中，"着"的这种用法仍然保留着。

7．助词"呵"

聊斋俚曲中还有与上述"着"字用法相似的一个助词"呵"。

先说一下六种聊斋俚曲中"呵"字的其他用法。

(1)象声词。依今淄川方言，"呵"音"咖"。如：

①张讷只一跳，我看是有天没？仲起头来大叫了一声皇天，<u>呵</u>叱的只一斧！(《慈悲曲》)

(2)"呵呵"(或"呵")，词缀。依今淄川方言，"呵"音xuə。如：

①回了程，回了程，到家一望好伤情。忍着不哭笑<u>呵呵</u>，只怕他娘犯了病。(《翻魇

姎》）

②一家人闹呵呵，端菜碗找家伙，席完已是日头错。（《墙头记》）

③一个裤裆呵呵，纵然成了虱子窝，补丁补了勾一千个。（《墙头记》）

④南北去奔波，家中并无人一个。方且是停丧在地，怎使的合人闹呵？（《墙头记》）

⑤可怜天生命苦也么哥，娶了个夜叉做老婆，没奈何终朝每日吵呵呵。（《襄妒咒》）

⑥终日起来吵呵也么呵，骂的话儿口难学。（《襄妒咒》）

⑦跪在床下，战战呵呵，似上杀场，就著刀剐。（《襄妒咒》）

（3）动词：喝；哈气。依今淄川方言，"呵"音 xa。如：

①珊瑚自从过门，无所不做；且是性情又好，呼气来，呵气去的，就吆喝他两句，他也不使个性子。（《姑妇曲》）

②二成去说了，臧姑说："狗脂，饿极了呢！呵口的糯著哩。"（《姑妇曲》）

③盛上呵了一口，裂著嘴说："冰的牙根这样疼痛，怎处怎处？"（《墙头记》）

④打一个呵欠说："好疲倦人也！待俺睡睡。"（《襄妒咒》）

⑤合他说句话儿，他就打呵；给他点笑脸，他也不觉。（《襄妒咒》）

（4）语气词。依今淄川方言，"呵"音 a 或 ə。如：

①老王唬极了，说："俺娘呵！这是怎么说！"（《姑妇曲》）

②看起来也不是个善良君子也呵！（《襄妒咒》）

下面讨论与"着"相似的"呵"的用法。共有 5 例，1 例见于《姑妇曲》，另 4 例见于《襄妒咒》。先看所有例句：

①珊瑚说："但得娘知道我没有二意，不怪我呵，就死了也甘心！"（《姑妇曲》）

此例释"呵"为语气词也可以，但前面有"但得……"，表示假设的条件，所以也可以释为助词。

②你待等著做驸马呵？你等著罢了！（《襄妒咒》）

此例"呵"后标问号，显然是把"呵"作语气词对待。但"待等著做驸马"的意思明显是假设，而后面"你等著罢了"是与"等著做驸马"相应的一种行为，所以也可以将"呵"解释为助词，问号应改为逗号。

③江城唱："我拿著汗巾儿想，他拿著我的毕竟也思量，……那一时里爱他就糊迷了心肠，把一件擦嘴的东西就换与了情郎。到家才懊悔，没人处心慌。倘幸成了对儿，也亏天爷在行，不是呵，把这件东西那里放？"（《襄妒咒》）

"呵"前的"不是"是虚拟状况，此处"呵"当释为助词。

④你睡著了，我就没敢惊动。我若是通你通呵，你待中恼了哩。（《襄妒咒》）

因为"呵"前有"若是"，明显是表示虚拟状态，所以也可以把这里的"呵"释为助词。

⑤不肖的畜生！你还待受罪呵？也没人禁止，你怎么背着我去走丈人家？（《襄妒咒》）

这段话主要在批评儿子背着父母私自去了因虐妒而被休回家的妻子家。"也没人禁止"

应当与前面"你还待受罪"是假设与结果的关系，即：如果你想受罪（不接受以前的教训），我并不禁止（此为气话），你何必背着我呢？表面上只在怪罪儿子行为不公开，实际上通篇是气话，批评儿子是成心找罪受。将"呵"视为语气词，把"也没人禁止"与下文连在一起，意思便不顺当了。

从上面 5 例来看，例③⑤只能释为助词，而例①②④释语气词也可，但以释为助词更妥。即都是用在动词性词语后面，表示前面的动作或状态是一种假设的、虚拟的情况，后面是在这种假设的、虚拟的状态下产生的结果。

值得注意的是，今淄川方言中不用"呵"而用"着"，而济南等地用"呵"不用"着"。从聊斋俚曲看，主要是《禳妒咒》一剧中用"呵"，其他一般不用；而"着"的使用见于各篇。因此，可以认为在蒲松龄的时代，这种用法的"呵"也不如"着"使用更普遍，或者就是模仿济南等地方言的产物。上海古籍本《聊斋俚曲集》的标注者为淄川人，他之所以把一些应当看成助词的"呵"视为语气词，也是因为今淄川方言不用"呵"而误。国际文化出版社本的校注者也是淄川人，但在济南工作，熟悉济南等地"呵"的用法，所以对此类的"呵"说明为"山东济南一带方言，表示假设关系"。

与俚曲相比，《醒世姻缘传》中主要用"可"（即"呵"），未见用"着"来表示"……的时候"或"……的话"的意思。

二　《聊斋俚曲集》中的几种句式及其与《醒世姻缘传》的比较

1．补语和宾语的位置

一个动词同时带宾语和补语的时候，《醒》书有 VOC（打他不过）和 VCO（打不过他）两种语序，聊斋俚曲则一律采用 VCO 的格式。

（1）补语"不过"的位置

六种聊斋俚曲中，共检得用"不过"做补语的结构 18 例，其中 10 例不带宾语。带宾语的 8 例，全部用 V＋不过＋O 的格式：

①就死你贼徒千个，当不过我那金豆一包。（《慈悲曲》）

②死一百个张讷，敌不过我那儿。（《慈悲曲》）

③到了次日，他娘说："只怕你告不过他。"（《翻魇殃》）

④仇祜说："我怕他怎的！我怕姐姐告不过他。"（《翻魇殃》）

⑤你又不常出门，脱不过抗墙头根，棉衣裳穿着可也笨。（《墙头记》）

⑥脱不过不吃甚么，我劝你暂且从容。（《墙头记》）

⑦没有冬没有夏，说不过来是做嘎。（《禳妒咒》）

⑧应不过自家的心，怎么合人家碰？（《禳妒咒》）

（2）补语"不住"的位置

六种聊斋俚曲中，共检得用"不住"做补语的结构 8 例，其中 5 例不带宾语。带宾语的

3 例，全部用 V+不住+O 的格式：

　　①一字不言，一字不言，<u>止不住行人道路传</u>……（《慈悲曲》）

　　②何大娘见<u>留不住他</u>，就借匹马来，送了他去。（《姑妇曲》）

　　③只等我吃完你才骂完，亏了能捱才<u>积不住饭</u>。（《俊夜叉》）

　（3）补语"不着"的位置

六种聊斋俚曲中，共检得用"不着"做补语的结构 19 例，其中 5 例不带宾语。带宾语的 14 例，全部用 V+不着+O 的格式。如：

　　①人只要脚踏实地，<u>用不着心内刀枪</u>……（《翻魇殃》）

　　②况且是路途遥远，<u>捞不着上门告诵</u>。（《翻魇殃》）

　　③每遭来家，一点<u>合不着他的意思</u>，就使出来……（《翻魇殃》）

　　④不言官府拿人，且说那徐氏<u>找不着仇福</u>，气的一宿没睡着。（《翻魇殃》）

　　⑤徐氏听了，心里疑影好蹊跷，咱又不欠粮，<u>用不着去比较</u>。（《翻魇殃》）

　　⑥今日咱家富且贵，纵有邪人也不敢欺，却也<u>用不着我生气</u>。（《翻魇殃》）

　　⑦虽然<u>嫁不着好丈夫</u>，不少这样破喇货。（《俊夜叉》）

　　⑧我说道你不敢，给你把钢刀也咋<u>不着俺</u>。（《俊夜叉》）

　　⑨有心待往油锅里跳，焦了身子吊了他的头，到底<u>烧不着爷娘肉</u>。（《禳妒咒》）

　　⑩不敢吃不敢穿，挣下了顷多田，老来<u>捞不着吃饱饭</u>。（《墙头记》）

　（4）其他

六种聊斋俚曲中，未发现有"不得"做补语的例子。下面是其他补语的一些例子：

　　①他哥<u>劝不动他</u>，恐怕误了打柴，一行研着，一行念诵他。（《慈悲曲》）

　　②你每日吃俺的饭，这点事就<u>求不动你</u>？（《翻魇殃》）

　　③不着那两位令郎，<u>也到不了这步田地</u>。（《墙头记》）

　　④拜哥嫂，十年不曾错待了，<u>说不尽哥嫂恩</u>，<u>忘不了犬马报</u>。（《慈悲曲》）

　　⑤俺媳妇子急仔睃，<u>睃不上我</u>，不如就给他罢。（《翻魇殃》）

　　⑥我<u>看不上你</u>也脏样！（《姑夫曲》）

　　⑦<u>做不下媳妇来</u>，嘎脸把家门上？（《姑妇曲》）

　　⑧不说张讷翘着脚儿，只等的<u>看不见他老子</u>，才回去了。（《慈悲曲》）

　　⑨你每日极好，也想着你<u>做不出这样事来</u>。（《翻魇殃》）

2．"VOV"结构

聊斋俚曲中也有"VOV"结构。如：

　　①在这里哩。你待<u>看他看</u>么？（《慈悲曲》）

　　②来意何如，这一门儿不曾熟。只当你待<u>瞧他瞧</u>，你可是待叫了他去。（《慈悲曲》）

　　③夫人说："你去<u>瞧他瞧</u>。"（《禳妒咒》）

　　④听说昨天他痒痒了，吃了横亏，你待去<u>瞧他瞧</u>。（《禳妒咒》）

⑤这不是每日孝敬你的那媳妇？你可认他认。（《姑妇曲》）

⑥你看长命儿，三四日不曾吃饭，竟病倒了！咱去看他一看。（《禳妒咒》）

⑦脚夫打发去了。娘儿两个如何还不到？不免迎他迎去。（《禳妒咒》）

⑧你睡着了，我就没敢惊动。我若是通你通呵，你待中恼了哩。（《禳妒咒》）

⑨虽无甚么给爹吃，尽这穷情也心安。不时的你来看俺看。（《墙头记》）

关于 VOV 结构，可以参看孟庆泰《〈金瓶梅词话〉、〈醒世姻缘传〉、〈聊斋俚曲集〉"VOV"比较研究》、罗福腾《山东方言"V 他 V"结构的历史与现状》（见《语言研究》1998 年第 1 期）。

3．差比句

聊斋俚曲中差比句有两种格式，一种是与普通话相同的"甲比乙 A"的格式，一种是带有山东方言特点的"甲 A 起（或"的"、"及"）乙"的格式。这种情况与《醒世姻缘传》基本相同。

(1)"甲比乙 A"式

①乌龟头你比那囊包的还赛……（《慈悲曲》）

②肿的头好似筐，过夜却比头夜强。（《慈悲曲》）

③你还比我大两岁，我也不过来观场，我混的连我做不上。（《翻魇殃》）

④姐夫恼也应该，但是他比驴马呆，怎么当一个人儿待？（《翻魇殃》）

⑤他达达比臧姑无赖的更甚。（《姑妇曲》）

(2)"甲 A 起乙"式

其中"起"也可以说成"的"、"及"。如：

①他的达强及俺达，他那达俊及俺达，他达就比俺达大。（《墙头记》）

②珊瑚虽然强及如今的，只是可不如您那媳妇。（《姑妇曲》）

③你跟着您姑强的您娘，娇儿呀，我近里还来走一趟。（《慈悲曲》）

④就怪些也罢，如今怪强的后日怪。（《翻魇殃》）

⑤骂一声强人胆就大起天，时时对我摔你那春香。（《禳妒咒》）

⑥休愁那亲事难成，情管找一个极俊的媳妇，还强起江城……（《禳妒咒》）

⑦虽不如中一双，还强起没一个。（《磨难曲》）

⑧怎么说王龙家小厮强起我？（《增补幸云曲》）

⑨他还强起你，他中压。（《增补幸云曲》）

⑩那官司大起天，大业到一霎完。（《寒森曲》）

今山东方言中仍有"甲 A 起乙"的句式，如"他高起你"、"你跑得快起他"等。同时，也有与普通话相同的"甲比乙 A"的句式。这种情况与聊斋俚曲相同。

4．反复问句

聊斋俚曲中也有反复问句，但特点与《醒世姻缘传》略有不同。

（1）询问未来或一般的动作行为时有"VP 不 VP"的格式，但主要是在唱词中，对白中的格式是"VP 啊不 VP"。

六种俚曲中，共检得"VP 不 VP"的结构 15 例，其中 14 例是唱词：

①害头痛也不问他<u>甚不甚</u>，脸儿朝墙泪珠儿纷纷，我是那辈子瞎了眼，就嫁你这个强人！（《翻魇殃》）

②我儿呀，咱可看他<u>饿不饿</u>？（《姑妇曲》）

③你可看陈珊瑚，他<u>好不好</u>？（《姑妇曲》）

④东庄有个好大局，咱去创创<u>妙不妙</u>？（《俊夜叉》）

⑤狗一咀，狼一咀，不知此时<u>悔不悔</u>？（《俊夜叉》）

⑥拄拐杖往家行，不知方法<u>灵不灵</u>？（《墙头记》）

⑦着你表里一崭新，看比这个<u>俊不俊</u>？（《墙头记》）

⑧白绫裙绿绌褂，传的影上的画，出的门支的架，扎裹起来爱煞人，好像一尊活菩萨。你说<u>该怕不该怕</u>？（《禳妒咒》）

⑨小的小，大的大，都从他肚里养活下，叫叫唤唤把气呵，他就心焦把我骂。你说<u>该怕不该怕</u>？（《禳妒咒》）

⑩心痒难挠，心痒难挠，魂儿飞上重霄。撒下了汗巾儿，我看他<u>要不要</u>。（《禳妒咒》）

⑪俺在这里活守寡，你在那里度元宵，这个<u>公道不公道</u>？（《禳妒咒》）

⑫捱了打两三朝，我是夜来才知道。他姐姐一夜没睡着。不知他<u>能起不能起</u>，又不知头儿<u>消不消</u>？（《禳妒咒》）

⑬休得胡言，休得胡言，难说三日便成仙？我只管但去捱，休管俺<u>念不念</u>。（《禳妒咒》）

见于人物对白的一例是：

⑭何大娘说："……您这众人们都不要昧心，您说他<u>好不好</u>？（《姑妇曲》）

这是善良泼辣的何大娘与虐待继子的李氏争吵时，向围观者说的话，意思是让大家说个公道。因此，这里把"好"与"不好"并列，可能是特意摆出公平的姿态——因为在其他处的对白中，疑问的格式都是"VP 啊不"，其中的"啊"代表一个语气词，写作"那"、"也"、"呀"等不同形式，即在反复的动词中间添加一个语气词。共有 5 例：

①问问周二叔合大姑夫，还<u>敢那不敢</u>？（《禳妒咒》）

②去那穿衣镜前照照你自家，看看<u>俊也不俊</u>？（《禳妒咒》）

③江城云："你坐下，我问问你，<u>会下棋呀不会</u>？"兰芳云："才学着做。"江城云："<u>你会打双陆呀不会</u>？"兰芳云："才知道成梁。"江城云："妙呀！我要做嫖客，合你犯个嫁娶，不知你<u>肯那不肯</u>？"（《禳妒咒》）

今淄川等鲁中方言中，主要采用"VP 啊不"的形式来询问未来或一般的动作行为。因此，可以认为，聊斋俚曲中的对白反映的是实际的口语形式，而唱词中吸取了通语的成分。

（2）询问过去发生的动作行为时也有"VP 不曾"的形式，但主要是"VP 没"的形式。

"VP 不曾"的形式共有 3 例：

　　①买了两个盒礼，着人去看姜娘子<u>好了不曾</u>。（《翻魇殃》）

　　②咱去看看，开开您那门，<u>少了甚么不曾</u>。（《翻魇殃》）

　　③公子云："上寿酒席<u>完备不曾</u>？"（《禳妒咒》）

"VP 没"的形式有 13 例。另外还有 3 例"VP 没有"的形式。

　　①一日吃了两碗冷糊突，没人问声<u>够了没</u>。（《墙头记》）

　　②天色还乌，天色还乌，又问那活路<u>做了没</u>？（《慈悲曲》）

　　③张讷只一跳，我看是<u>有天没</u>？（《慈悲曲》）

　　④张讷又问："你<u>见俺兄弟来没</u>？"（《慈悲曲》）

　　⑤于氏说："珊瑚……不知他<u>嫁了没</u>？"（《姑妇曲》）

　　⑥问你的病<u>好了没</u>，费钱都凭着针指做。（《姑妇曲》）

　　⑦问声那地<u>卖了没</u>？低着头儿气不喘。（《俊夜叉》）

　　⑧上呀，上呀。拘巴着，拘巴着。<u>上去了没</u>？（《墙头记》）

　　⑨着老王拾掇着，春香先去叫开角门子，问大爷和太太<u>醒了没</u>。（《禳妒咒》）

　　⑩老孙，太爷、太太<u>关了门没</u>？（《禳妒咒》）

　　⑪江城云："王宁，怎么来的这样快？<u>见他来没</u>？"（《禳妒咒》）

　　⑫这倒极好，不过那太太<u>愿意没</u>？（《禳妒咒》）

　　⑬江城云："酒席<u>停当了没</u>？"（《禳妒咒》）

　　⑭你看看江城出产的这样的风流，这样的标致！<u>有了婆婆家没有</u>？（《禳妒咒》）

　　⑮妙妙，俺又得了财了。待俺到丽华家，看他<u>有客没有</u>。（《禳妒咒》）

　　⑯咱已进了城门了，得个相识的问看宗师<u>还在学里没有</u>。（《禳妒咒》）

"不曾"在聊斋俚曲中可以作为状语放在动词前，今淄川等鲁中方言中已经消失，用"VP 不曾"来表示疑问的句式也消失了。询问过去发生的动作行为，今鲁中方言主要是采用"VP ＋ 了/来 ＋ 没"，这种句式与聊斋俚曲是一致的。

此外，询问可否，相当于普通话"VP 不行吗"（或"可以 VP 吗"，如"让他走不行吗/可以让他走吗"）的情况，聊斋俚曲是用"VP 不的么"的形式，如：

　　①不必呀，我雇一个小厮给你<u>支使不的么</u>？（《慈悲曲》）

　　②你既那么好，我去了，你给您兄弟<u>做个老婆不的么</u>？（《慈悲曲》）

　　③今早晨剩的那糊突，<u>给他不的么</u>？（《墙头记》）

　　④他调唆着不吃家常饭。你<u>不给他吃不的么</u>？（《墙头记》）

　　⑤何大娘说："你来家当面<u>说说不的么</u>？"（《姑妇曲》）

今淄川等鲁中方言中，"不的么"三字都念轻声。

《醒》书中也有"VP 不的么"的例子，如：

①娘<u>来看看不的么</u>？我怎么跑呀？(52回)

②你只别要在家，<u>往那头寻我去不的么</u>？(58回)

③难道我的胳膊就整辈子抬不起了！你<u>拉了他来不的么</u>？(60回)

④我这胳膊疼得发昏致命的，怎么去的？你叫薛大哥<u>递不的么</u>？(74回)

⑤你把小船拴在船梢上，你<u>上来自己听不的么</u>？(87回)

5．结语

由以上比较的语法特点来看，聊斋俚曲与《醒世姻缘传》有以下的异同：

（1）一个动词同时带有宾语和补语的时候，《醒》书有 VOC 与 VCO 两种句式，而俚曲只有 VCO 的句式。

（2）两者都有 VOV 的句式。

（3）差比句中都有"甲 A 起乙"的句式。

（4）询问未来或一般的动作行为时，《醒》书常用"VP 不 VP"、"VP 不 V"、"VP 不"的句式，而俚曲中未见"VP 不 (v)"，"VP 不 VP"主要见于唱词，口语中是"VP 啊不 VP"的句式，后者《醒》书少见。询问已发生的动作行为时，两者都有"VP 不曾"的句式。但《醒》书常用"VP 没 VP"、"VP 没 V"、"VP 没"的句式，而俚曲中只用"VP＋了 /来＋没"的句式。

（5）表示时间或假设时，《醒》书常用助词"可"，俚曲也用"呵（可/科）"，但以用"着"为常见，而后者《醒》书未见。

此外，俚曲中的代词"乜"、做趋向补语的"的"，《醒》书中都未发现用例；俚曲中人称代词没有"俺们"、"你们"，而《醒》书中有"俺们"和"你们"。

因此，从这些情况看起来，两书的作者绝不可能是一个人。换言之，《醒世姻缘传》的作者绝不可能是蒲松龄。两书所代表的方言尽管有相同之处，但有相当距离；如果不是时代的距离，就是地域的距离。

附录：山东方言历史鸟瞰[①]

一 山东地区的早期居民与语言文字

山东地区是我国最早有人类活动印迹的地区之一。与"北京人"大致同时的"沂源人"，生活在距今四五十万年前的山东地区。这时人类的语言状况如何，还有待于进一步的研究。

在人类进入新石器时代之后，山东地区是我国古代文明的发祥地之一，并在相当长的时期内处于先进的地位。这段时期，相当于考古学上前后相承的北辛文化、大汶口文化和山东龙山文化（典型龙山文化）。特别是大汶口文化和山东龙山文化，在当时是处于领先地位的（关于古代山东地区的历史请参孙祚民主编的《山东通史》，山东人民出版社1992年版）。近年来对龙山文化城址的进一步挖掘，更加有力地说明了这一点（参张学海《揭开城子崖考古之谜》，《走向世界》1990年第5期）。创造这些光辉灿烂的文化的，就是当时山东地区的居民——以太暤、少暤、虞舜为代表的东夷人。根据历史学家的研究，东夷人是东方的土著居民，与西方的炎黄部落属于不同的集团（参田继周《先秦民族史》，四川人民出版社1998年版；徐旭生《中国古史的传说时代》，科学出版社1960年版）。东夷人的语言与炎黄部落的语言是否一致，目前我们还不能得出明确的结论。从语言环境来看，炎帝部落在西方偏南，与今藏缅语族相接；黄帝部落在西方偏北，与今阿尔泰语系相接；而东夷人北与满一通古斯语族相邻，南与吴越语（今已证明与壮侗语族有关）相接。因此，如果说东夷语言与炎黄语言有些差异，那也是不足为奇的（参本尼迪克特《汉藏语言概要》，剑桥大学出版社1972年版；乐赛月、罗美珍译，中国社会科学院民族研究所语言室，1984年）。据张树铮《试论汉语"人"的来源》（见《山东师大学报》1993年第1期），"夷"是东夷人的自称，意为"人"，与西方周人的"民"（以及藏缅语言的 $*r-mi$〔y〕）不同源。关于东夷的语言还需要进一步的深入研究。

关于远古时代的东夷语言，有一件值得大书特书的事，那就是据目前的材料来看，最早的汉字有可能是在山东地区也就是东夷人的活动区域出现的。我们知道，甲骨文是目前发现的最早的成系统的汉字，但如此成熟的文字必然经历了一个漫长的发展过程。在陕西西安半坡等地的仰韶文化遗址，曾发现在陶器上有刻划符号，但这种刻划符号的系统与甲骨文并不一致（参王宇信《建国以来甲骨文研究》，中国社会科学出版社1981年版）。而在山东莒县、诸城等地发现的大汶口文化时期陶器上的符号则"形体接近商代的青铜器铭文，多数古文字学者认为是文字"。"这种符号迄今所发现的不同形体，已逾十种"（李学勤《古文字学初阶》，中华书局1985年版）。1992年，山东大学历史系又在邹平丁公文化遗址发现了龙山文化时代（公元前2200余年前）的

---

① 本文原分上、下两部分，发表于《古汉语研究》1996年第二、三期。这里做了部分修订。

一件陶器上有文字 11 个，其时代比甲骨文要早八九百年 (见大众日报) 1992 年 12 月 30 日第 1 版)。这些陶文线条流畅，结构稳定，为文字无疑 (见 1993 年 1 月 6 日中央电视台新闻联播)。关于这些陶文的性质还有待于进一步的深入研究。有学者根据其结构特点与彝文相似而以彝文来解读。关于这一点，我们还可以联系古人"仓颉造字"的传说。据传，仓颉墓有三处：一在山西白水县，一在山东东阿县，一在山东寿光县。据郦道元《水经注》所述，以在寿光为可信。据《寿光县志》(中国大百科全书出版社上海分社 1992 年版) 载，周初于北海仓颉墓下得石刻，书二十八字，藏之书府。周时无人识，至李斯辨其八字云："上天作命，皇辟迭王。"或云叔孙通识十一字。不过后人多认为是伪作而不屑一顾。宋太宗淳化三年编印的《淳化秘阁法帖》收录了这件作品。从其结构看，这二十八字也是与彝文相近。今也有学者认为其是彝文而用彝文来解读。仓颉书与邹平陶文的这种相似也许不是偶然的。总之，关于山东地区古文字的性质尽管还需要进一步研究，但我们起码可以这样说，山东地区的居民——远古的东夷人是最早使用文字的人群之一。这正与东夷文化在整个中国早期文化中的先进地位相一致。

二 夏商周时期山东地区的语言

自夏代开始，中国进入文明社会，华夏族先民的活动中心主要在黄河中下游一带。山东地区依然是华夏民族的重要舞台。东夷人与西方来的炎黄部落在长期的生产斗争和政治斗争中不断融合，起于山东西部的夷人后裔商部落后来则击败夏，建立了商朝，成为全国的统治者。商人的语言一定会对全国的语言有重要的影响。商人的语言已经有甲骨文记录下来，由于甲骨文不是拼音文字，所以其语音状况不得其详，但从词汇和语法来看，与后世汉语是基本一致的 (参看管燮初《殷虚甲骨刻辞的语法研究》，中国科学院 1953 年版)。所以，商人的语言一定是当时华夏族的通用语言。

不过，在当时的山东境内，特别是山东东部地区，还存在着一些不同于华夏民族的民族，他们被称为"夷" (在甲骨文中写作"人"或"尸")，实际上是未与华夏族融合的土著居民。直到春秋时期，山东地区仍有一些非华夏族建立的小国家。如莒国 (今莒县)、根牟 (在今莒县东南沂水流域)、牟 (在今莱芜)、郯 (在今郯城)、介 (在今胶州市与诸城之间)、莱 (在今莱州、龙口及其以东地区)。他们的语言状况我们还不清楚，但很可能是与华夏语言不一样的。《礼记·王制》："中国戎夷五方之民，皆有性也，不可推移。东方曰夷……南方曰蛮……西方曰戎……北方曰狄……五方之民，语言不通，嗜欲不同。"不过随着历史的发展，山东境内这些"夷"人后来都融合到华夏民族中去了，他们的语言自然也就与汉语融合了。

到了春秋战国时代，语言材料就比较地丰富了。首先，流传下来的先秦文献中有一些是山东地区的作者写的或是根据山东人的言行写的，如《论语》、《孟子》、《管子》等等。又，相传孔子曾整理过《春秋》、《诗》、《书》等书。据目前研究所得，这些文献与其他同时代的文献在语言上并没有大的差异 (不过对此还需要作进一步的研究)。《诗经》中的"齐风"应该是反映当时齐国方言的第一手资料 (遗憾的是，鲁国当时还算得上是泱泱大国，但《诗经》中却没有"鲁风")，但似乎也反映不出多大的方言特点来，只是在语音上与中原一些地区的民歌一样，与秦晋稍有些不同（参王健庵《〈诗经〉用韵的两大方言韵系》，见《中国语文》1992年第三期）。

如果只根据上述材料，那么当时山东地区的语言与其他地区相比是没有多大特点的。但是，古籍中另一些记载则反映出当时山东地区的语言与其他地区确有一些差异。《论语·述而》："子所雅言：《诗》、《书》、执礼，皆雅言也。"由此可知，孔子平时说的话（当是当时的曲阜话）不是"雅言"，而只有在比较郑重的场合才用"雅言"。尽管关于孔子之时的"雅言"所指究竟为何地之言，还有不同意见，但山东方言与之不一致则是肯定的。孔子之后百余年，《孟子》中则有如下的一段话："孟子谓戴不胜曰：'……有楚大夫于此，欲其子之齐语也，则使齐人傅诸？使楚人傅诸？'曰：'使齐人傅之。'曰：'一齐人傅之，众楚人咻之，虽日挞而求其齐也，不可得也。引而置之庄岳之间，数年，虽日挞而求其楚，亦不可得矣。'"（《孟子·滕文公下》）孟子的话本是为说明环境能影响人而打的一个比方，但却明白地告诉我们，齐语与楚语的差别是很显著的。此外，据传是战国时公羊高所撰的《公羊传》，被后人认为多杂齐语，后汉时何休在注中对此做了不少发明。如《隐公元年》："母欲立之，己杀之，如勿与而已矣。"何休注："如即不如，齐人语也。"《隐公五年》："公曷为远而观鱼？登来之也。"何休注："登读言得来。得来之者，齐人语也。齐人名求得为得来，作登来者，其言大而急，由口授也。"何氏是山东人（东汉任城樊人，在今济宁市东北），他关于"齐人语"的注释当是有实际语言根据的。总之，根据以上材料，我们可以知道，当时的汉语已经有不同的方言差异，而山东方言（齐语）就是当时很有特点的一种方言。《论语》等文献极有可能是用当时的"雅言"写的。

汉高祖六年（公元前201年），刘邦立长子刘肥为齐王，"王七十余城，民能齐言者皆属齐。"（《史记·高祖本纪》）这段史料说明，汉初的"齐言"一定是与周围语言（方言）有明显不同的，并且"齐言"的界限也是比较清楚的，以至可以当作行政区划的界限。当时的齐国大体相当于战国时代齐国故地的大部，有临淄、济北、博阳、城阳、胶东、胶西、琅邪七郡，这也就是"民能齐言"的范围了。汉初的"齐言"一定是前此"齐言"的继承，所以，如果我们把这一区域当作秦代以及战国时代"齐言"的大致区域，大概是与事实不会相去太远的（孟子卒于周赧王二十年，即公元前295年，只早于汉初齐王分封九十余年）。

三　秦汉时代的山东方言

秦始皇统一全国之后，为了加强政治的统治，又进一步在文化上进行了一些统一的工作，如统一文字。不过文字的统一毕竟不等于语言的统一，先秦已有的方言分歧不会随之消失。如上文所举《史记》所载，汉初的齐地就是有着独特语言（方言）面貌的。西汉末年扬雄所著的《輶轩使者绝代语释别国方言》（简称《方言》）以及两汉经学家的传注也都明显地反映出，山东方言仍是一种特点突出、内部具有相当一致性的方言。

扬雄《方言》中，山东地区的方言现象相当突出。《方言》中多次出现"东齐"（27）、

"东齐海岱之间"（19）、"齐"（11）、"齐鲁之间"（5）、"东齐之间"（5）、"中齐"（2）、"齐鲁之郊"（2）等等（括号内为出现次数，据丁启阵《秦汉方言》，东方出版社1991年版）。如卷一第一条："党、晓、哲，知也。……齐宋之间谓之哲。"同卷："凌、怃、矜、悼、怜，哀也。齐鲁之间曰矜……"同卷："郁悠、怀、叔、惟、虑、愿、念、靖、慎，思也。晋宋卫鲁之间谓之郁悠；……东齐海岱之间曰靖……"罗常培、周祖谟《汉魏晋南北朝韵部演变研究》第一分册（科学出版社1958年版）将"齐鲁、东齐、青徐"列为当时七大方言分区之一。丁启阵根据《方言》地名的组合，把山东方言作为当时八个方言区划之一（他称之为"海岱方言"）。其中，"东齐"又常常作为一个独立的方言点出现，或称"东齐海岱之间"，可见山东东部地区的方言特点更为突出。林语堂《西汉方音考》（《贡献》1927年第2期）即分"齐鲁"与"东齐海岱之间淮泗（亦名'青徐'）"为不同"系"的方言，认为"东齐"系语言"杂入夷语"。这不禁使人联想起今日胶东一带方言的独特性。当然，现代胶东方言的独特性是否与古代"东齐"方言有关还是值得研究的问题。

两汉时代经师的传注材料中也有相当数量的关于山东方言的记载。这些材料比较集中的有：东汉时期许慎的《说文解字》，郑玄的注文，高诱的注文，刘熙的《释名》，何休的《公羊传注》。何氏主要是发明公羊传中的"齐言"及"鲁语"，但肯定是以汉时的山东方言的情况为基础的。此外，服虔、杜子春、应劭、如淳、赵岐等人的传注中也有对山东地区方言的少量记录。如《说文解字》卷六"木部""榱"字下云："秦名为屋椽，周谓之榱，齐鲁谓之桷。"卷十三"虫部""虯"字下云："虯子也。一曰齐谓蛭曰虯。"同卷"系部""绫"字下云："东齐谓布帛之细曰绫。"《礼记·丧大记》郑玄注："今齐人谓棺束为缄绳。"《礼记·缁衣》郑玄注："资，当为至，齐鲁之语声误也。"《周礼·考工记·冶氏》郑玄注："今东莱称，或以大半两为钧，十钧为环。"《淮南子·时则训》高诱注："曲，薄也，青徐谓之薄。"《淮南子·时则训》高诱注："俛，伏也，青州谓伏为俛。"《汉书·儒林·王式传》注引如淳："齐俗以不知为丘。"《孟子·滕文公》赵岐注："青州谓泽有草为菹。"《释名》中也有不少关于山东方言的记载。如《释兵》："镝，敌也，可以御敌也，齐人谓之镞。"《释道》："九达曰逵，齐鲁谓道多为逵市。"《释宫室》："篦，……青徐曰梱。梱，居也，居于中也。"《释疾病》："癣，徙也，浸淫移徙处日广也，故青徐谓癣为徙也。"《释亲属》："兄，荒也。荒，大也，故青徐人谓兄为荒也。"《释水》："水泆出所为泽曰掌，水停出如手掌中也，今兖州人谓泽曰掌也。"《释天》："风，……青徐踧口开唇推气言之……"这些关于山东方言的记录，主要反映的是山东地区独特的词汇，其中也有少量是关于山东方言语音特点的，如《释名》关于"风"字青徐地区的发音特点。再如《礼记·中庸》"壹戎衣而有天下"，郑玄注："齐人言殷声如衣。"《吕氏春秋·慎大》"亲郼如夏"，高诱注："郼读如衣，今兖州人谓殷氏皆曰衣。"有些是关于山东方言语法特点的，如何休《公羊传注》。关于汉代山东方音，请参虞万里《文献中的山东古方音》（《古汉语研究》1988年第1期）、张树铮《"齐人言殷声如衣"补释》（《语言研究》1991年增刊）、汪启明《先秦两汉齐语研究》（巴蜀书社1998年版）。

四　魏晋南北朝时期的山东方言

从东汉末年开始，中国进入了一个动荡不安的时期，与语言发展密切相关的是这一时期居民的大批迁徙以及不同民族成分的融合。

东汉末年，军阀连年混战，百姓流离失所。以山东起家的著名政治家、军事家和诗人曹操曾在诗中记录了当时的惨象："白骨露于野，千里无鸡鸣。生民百遗一，念之断人肠。"（《蒿里行》）经过魏和西晋初年的缓和之后，很快又因"八王之乱"而重新陷入混乱。接着便是东晋十六国时期，山东地区成为东晋以及后来的刘宋与北朝各国争夺的重点，鲜卑族慕容德建立的南燕政权后来还迁都广固（今山东青州）。山东地区战乱不已，生灵涂炭，百姓或死伤、或迁徙，人口变动较大。如北魏拓跋焘反攻刘宋至建康后撤时，烧杀房掠，"所过郡县，赤地无余"（《资治通鉴》卷一二六），"自江、淮至于清、济，户口数十万，自免湖泽者，百不一焉"（《宋书》卷九五）。人口迁徙中比较突出的是西晋末年及东晋初年的山东士族南渡，如高平金乡（今金乡）大族郗鉴率乡里千余家流移到广陵（今江苏扬州），东莞姑幕（今诸城）大族徐澄之率子弟并闾里士庶千余家南渡，家于京口（今江苏镇江），琅邪（今临沂）王氏更是曾在东晋多年执掌政要（如王导、王敦、王戎等）。当时也有一些分散流移到南方的。这些山东地区人氏的南迁，自然也把山东的方言带到了南方，与中原方言一起对南方方言产生了重要影响。这已为汉语语言学史界所公认。由于山东地区人口锐减，统治山东地区的各家政权曾几次大规模地从外地向山东境内移民。后赵石勒曾徙秦州 3 万户，分迁于青州和并州（今山西地），石虎又移辽西、北平、渔阳万余户于兖州等地。前秦时，苻坚又徙陈留（今属河南）、东阿万户以实青州。此外，还有不少外地移民由于战乱而迁来山东。这些外地移民，自然也会把他们自己的原有方言带来山东，对山东方言有一定的影响。此外，北魏赶走刘宋军队在山东建立统治之后，还曾"徙青、齐民于平城（今山西大同），置升城、历城民望于桑乾，立平齐郡以居之；自余悉为奴婢，分赐百官"（《资治通鉴》卷一三二）。民众的迁徙是建立在痛苦基础之上的，但却加强了不同地区人民的交融，也促进了不同方言的交融。

这一时期不同民族的融合达到了空前的阶段。东汉以后，分布在西、北边疆的少数民族人民陆续向内地迁徙。魏晋时期，汉族统治者为了加强对少数民族的控制和补充劳动力，经常招引或强迫他们入居内地。少数民族入居的地区主要在晋、陕、甘一带，不过也有少数辗转来到山东。如建立后赵的石勒本是羯人，居上党武乡，后被卖到茌平为奴。匈奴人刘渊起义时，石勒起兵投奔刘渊，后来渐成势力，建立了后赵（都城在今河北邢台）。民族融合对山东地区影响更大的是南燕在山东的立都和北魏及后来的东魏、北周对山东的统治。南燕率数万军民进入山东，其中大部分是汉化较深的鲜卑族人（也有为数不少的河北豪族）。南燕定都广固之后，鲜卑族、河北豪族和青齐土著居民交错生活在南燕政权的管辖区域之内。东晋刘裕北伐，灭南燕（公元 410 年）。此后北魏与宋长期争夺山东，最后北魏占领山东（公元 469 年），从此山东地区先后在鲜卑族建立的北魏、东魏、北齐统治之下（至公元 555 年）。北魏、东魏、北齐都是汉化程度很高的鲜卑人建立的，北魏的孝文帝还严厉推行禁止说"北语"（鲜卑语和其他北方少数民族语言）的政策，鲜卑族也很快与汉族同化了（参徐通锵《历史上汉语和其他语言的融合问题说略》，见《语言学论丛》第七辑，商务印书馆1981年版）。因此，当时山东地区的方言不会受到异族统治的太大影响。

反映这一时期山东地区方言的材料，目前我们所能看到的主要是一些著述中关于山东方言词汇的片断。如三国时吴人陆玑《毛诗草木鸟兽虫鱼疏》中有不少关于山东方言词语的记录，如"黄鸟，黄鹂留也，……齐人谓之抟黍，……"，"隼，鹞属也，齐人谓之击征，或谓之题肩，或谓之雀鹰"，"莱，今兖州人谓之莱芜"，"蒹，水草也，青徐州人谓之蒹，兖州辽东通语也"，等等。西晋人崔豹《古今注》中有"兖州人呼……白鲤为白骐，黄鲤为黄雄"，"兖州人呼赤鲤为赤骥，谓青鲤为青马、黑鲤为玄驹"等记载。东晋人郭璞在古书注中也记录了大量山东方言词语，例如，"蠀，齐人呼蚁蚁蜂"（《尔雅·释虫》注），"今青州呼犊为驹"（《尔雅·释畜》注），"今江东呼病曰瘵，东齐曰瘼"（《尔雅·释诂》注）。又如《穆天子传》注："莞，……或曰莞蒲，齐名耳，关西云莞。"北魏人郦道元的《水经注》中也有关于山东方言的记录，如《济水注》："光里，齐人言广音与光同。"南朝陈人顾野王在《玉篇》中对山东一些方言词语也有记录，如"青州之间相正谓之迪也"（《辵部》），"婺，莫奚、莫移二切，齐人呼母"（《女部》）。有意思的是，今博山一带仍称母为婺。而据清代桂馥《札朴·乡里旧闻》："今济南人呼妈婺。"

不过总的来看，这一时期山东方言的面貌不是很清楚。本时期山东地区出现了一批语言文字学家，著述也比较多。如曹魏乐安（今博兴东北）人孙炎著《尔雅音义》，后人称他"始为反语"（唐陆德明《经典释文·序录》），是最早使用反切的人；西晋任城（今济宁市东南）人吕忱著《字林》七卷；其弟吕静仿魏李登《声类》，作《韵集》五卷，宫、商、角、微、羽各为一篇，一般认为是我国古代韵书的先行者；东晋东莞姑幕（今安丘县东南）人徐邈，对古籍多有注释，其注音为唐陆德明《经典释文》引用很多；南朝梁人刘孝标（原籍平原）为《世说新语》做注，为世所重；北齐琅邪临沂（今临沂）人颜之推更是著名的文字音韵学家，其《颜氏家训·音辞篇》是著名的音韵著作，他对《切韵》的纲要"多所决定"，起了重要的作用。不过，上述山东人士的著作中有多少是反映山东地区方言的，目前还没有系统的研究。只有蒋希文《徐邈反切声类》（《中国语文》1984年第3期）对徐邈的反切做过整理，得出的结论是其声类系统"和《说文》谐声系统所反映的声类比较接近"。吕静《韵集》书早已不传，我们已无从得知其原貌。据本世纪以来所发现的三种唐写本《王仁昫刊谬补缺切韵》的韵目小注，可知其韵类的分合较《切韵》要粗疏一些，但颜之推批评他"成、仍、宏、登，合成两韵；为、奇、益、石，分作四章……皆不可依信"（《颜氏家训·音辞篇》），则其分韵又有比《切韵》细的地方（《切韵》中"为"、"奇"均在支韵，"益"、"石"均在昔韵）。北魏陈留济阳（今河南兰考东北）人江式（？～523年）批评他"音读楚夏，时有不同"（《魏书·江式传》），可见吕氏的分韵与后代有所不同。颜之推《音辞篇》中对各地方言的不同进行了讨论。他认为，"九州之人，言语不同，生民已来，固常然矣"。不过他在讨论各地方音的不同时，只是以"南"、"北"对举，如："南方水土和柔，其音清举而切诣，失在肤浅，其辞多鄙俗；北方山川深厚，其音沉浊而铣钝，得其质直，其辞多古语。……而南染吴越，北杂夷虏，皆有深弊，不可具论。"他在具体举例时也只是笼统地说"北人"或"北俗"或"河北"（指黄河以北）如何，没有特别提到山东地区的情况。如"北人以庶为戍，以如为儒，以紫为姊，以洽为狎"，"北人之音，多以举、莒为矩"，"邪者，未定之辞……而北人即呼为也，亦为误矣"，"河北切攻字为古琮，与工、公、功三字不同，殊为僻也"，等等。这一时期山东地区的存世文献如文学作品（如左思、左芬、颜延之、王襃等人的诗文）、文艺理论著作（如刘勰《文心雕龙》)、政论文和科学著作（如贾思勰《齐民要术》)也不少，其中包含有多少方言的成分，目前也缺乏研究。

五　隋唐五代时期的山东方言

隋唐五代时期山东地区是比较安定的。除了隋末和唐中期"安史之乱"时期以及唐末有战乱之外，山东地区的居民没有太大的迁徙变动。这一时期的山东方言详情如何，目前还没有发现系统反映山东方言的资料，只是有些文献中有一些零星的山东方言词汇的记录。如释玄应《一切经音义》中就有不少关于"山东"词语的记载，如"陂泺，大池也，山东名泺，幽州名淀，淀音殿，今亦通名也"，"捞音力导反，关中名磨，山东名捞，编棘为之，以平块"，"螫，舒赤反，虫行毒也，关西行此音。又呼各反，山东行此音"，"菸，乙馀反；……山东言蔫，蔫音於言反"，等等。唐时所谓的"山东"指太行山以东，范围比今天的山东省要大，不过今天山东地区亦包括在"山东"之内。本时期山东籍的语文学家也较少，无传世作品。像兰陵人萧该曾在隋朝初年与颜之推等人共同讨论《切韵》纲纪，并与颜之推"多所决定"，但其著作却早已亡佚。原籍山东的颜师古（颜之推之孙）是该时期著名的语文学家，但他早就生活在京兆地区，其语言不会有多少山东方言成分了。该时期山东籍的著名文学人士及作品都不多，其中是否反映山东方言尚待研究。

六　北宋金元时期的山东方言

就现有材料来看，唐后期的敦煌变文已经反映出汉语的口语发生了巨大的变化。此后五代的禅宗语录《祖堂集》以及宋代沈括的《乙卯入国奏请》、王绘的《甲寅通和录》、马扩的《茅斋自叙》、赵良嗣的《燕云奉使录》、徐梦莘的《三朝北盟会编》和宋代的话本小说等，都是记录当时口语的重要资料，可惜我们还不知道其中有多少是反映山东方言情况的。反映这时期山东方言特点的第一手资料是词。词兴起于民间，语言自然，比较接近口语。而北宋及南宋初期，山东地区涌现了许多重要的词作家，特别是北宋末、南宋初的山东词人李清照、辛弃疾，在宋词的发展中具有重要的地位。元代兴起的元杂剧，是研究元代语言的重要资料，而其中的山东籍作家也为数不算太少，从中我们可以得到一些当时山东方言的消息。

关于本时期山东籍词人的作品，已经有鲁国尧、姜聿华和李爱平等人分别做过研究，不过他们的研究主要是就其用韵进行考察的。据鲁国尧《宋代辛弃疾等山东词人用韵考》（《南京大学学报》1979 年第 2 期）对辛弃疾 626 首和其他山东籍词人 674 首词押韵的分析，宋代山东的用韵系统可分为十七部，其中阴声韵七部：歌梭部、麻邪部、咍灰部、支微部、豪宵部、侯尤部、鱼模部，阳声韵七部：侵针部、真欣部、庚陵部、谈咸部、寒先部、唐江部、钟雄部，入声韵三部：铎觉部、屋曲部、德业部。"比起《切韵》系统来，大大地归并了，处在向《中原音韵》系统的过渡中。""《中原音韵》的家麻与车遮，支思与齐微，寒山、桓欢、先天，监咸、廉纤在宋代山东词人用韵中尚未分。"而当时的入声韵字极少与阴声韵字相叶，可见当时入声尚存在，不过其韵尾"已比较微弱，故偶尔可与主元音相同的阴声韵字通叶，实为《中原音韵》'入派三声'之滥觞。"姜聿华的《宋代北方籍词人入声韵韵尾考》（《求是学刊》1985 年第 5 期）和《宋代北方籍词人入声韵分部考》（《齐齐哈尔师院学报》1987 年第 3 期）对宋代整个北方籍词人入声韵字的考察，与鲁国尧所得结论相合，不过他把入声韵分为四部：屋烛部、药铎部、职缉部、薛叶部，认为"其中的屋烛、药铎两部收－k 尾，但闭塞程度有所减弱；职缉、薛叶两部的韵尾已变为－ʔ"。李爱平的《金元山东词人用韵考》（《语言研究》1985 年第 2 期）对金元时期山东词人的用韵进行了考察，归纳为十七韵部，与鲁国尧所得结论大致相同，但在某些方面与《中原音韵》更接近，特别是以下两点：（一）金元山东词人词中入声韵与阴声韵相押例增多，"与阴声韵相押之入声韵字的归部与《中原音韵》对这些字的归部基本上是一致的"。（二）"《广韵》灰韵系字及泰韵合口字转入支微韵的情况，金元山东词也比宋代山东词进了一步。"曹正义的《元代山东人剧曲用韵析略》（《山东大学文科论文集刊》1981 年第 2 辑）对元代康进之、高文秀、李好古等七位山东人剧曲用韵进行了分析，认为元代山东人的"剧曲韵类与周德清《中原音韵》十九韵部相当"。

　　上述研究都表明，北宋金元时期的山东方言语音，与当时的北方方言发生着差不多同步的变化，特色还不是十分鲜明。

　　这一时期，在山东方言发展史（以及北方汉语发展史）上具有重要意义的一项史实是金元对山东地区的长达近两个半世纪（1127~1367 年）的异族统治。在金朝统治的北方广大区域中，山东是金人较早设立行政机构的地区之一。女真贵族为了加强对汉族人民的统治，将大批猛安谋克编制的女真人迁入山东地区，与当地汉人杂居。不过女真人在世宗以前已渐趋汉化，金世宗曾采取一些措施来加强女真人语言风俗的保持，但最终女真人还是被汉化了，女真语也与汉语相融合了。我们目前还没有确凿的材料证明这时期女真人对山东的统治对方言有何具体影响，但金元时期北方汉语曾发生了较大的变化则是一个明显的事实。我们注意到，今山东不少地方称膝盖为"波罗盖"（有些地方则经声母换位为"格拉拜"。参张树铮《多音节词语音换位一例》，见《中国语文》1991 年第 3 期）。有人释"波罗盖"为满汉合璧词："波罗"来自满语，"盖"是汉语。但是，早在明人冯惟敏的作品中已经出现了"波罗盖"（参董遵章《元明清白话著作中山东方言例释》，山东教育出版社 1985 年版），所以"波罗盖"不大可能与满语有关。但"波罗"确实与满语有关，所以我们怀疑"波罗"来自满语的前身、更早与汉语发生密切关系的女真语。如果这样的话，这就是女真语在山东方言中留下的一个印迹。

　　继女真人对山东的统治之后，接下来是蒙古人建立的元代。元代的民族矛盾是比较突出的，所以当蒙古人被明朝逐出中原之后，汉语中并没有留下多少蒙古语的印迹。不过，在蒙古人统治的元代，汉语中流行着一些蒙古语词，这也是不争的事实。像元曲中就有不少蒙古语词 (参方龄贵《元明戏曲中的蒙古语》，汉语大词典出版社 1991 年版)，如关汉卿《哭存孝》："若说我姓名，家将不能记，一对忽剌孩，都是狗养的。"其中的"忽剌孩"是蒙古语 hulagai，意为盗贼。高文秀《黑旋风》："若见了你呵，跳上马，牙不约儿赤便走。"其中的"牙不"和"约儿赤"均为蒙古语，"牙不"即 yabuba，意为"走，行"，"约儿赤"即 zorci－，意为"走，去"，"牙不约儿赤"意为"走开，离去"。又如《哭存孝》中还有："撒因答剌孙，见了抢着吃。"其中的"撒因"即是蒙古语 sain，意为"好"，在元曲中又写作"撒银"、"洒银"、"赛音"、"塞音"等，《元史》中写作"赛因"，卷一一五《睿宗传》："太宗大喜，语诸王大臣曰：'昔太祖尝有此举，今拖雷能言之，真赛因也。'赛因，犹华言'大好'云。"小说中又作"赛"，如《古今小说》卷二六《沈小官一鸟害七命》中有"盛着个无比赛的画眉……"蒲松龄《聊斋俚曲集·慈悲曲》中有："乌龟头，你比那囊包的还赛……"至今济南等地仍称"好"为"赛"。这是蒙古人统治山东地区之后在语言中留下来的不多的印迹之一。

七　明清时期的山东方言

明清两代对现代山东方言来说是非常重要的时期。可以说，现代山东方言就是直接在明清山东方言的基础上发展而来的。这是因为，现代山东地区的居民主要是土著与明初大量移民的后代。在元末的大动乱中，山东地区居民大量减少，为了恢复生产，明代多次从河北、山西等地大量向山东移民。如新修《寿光县志》载："今县境内有 990 个自然村，其中，由山西洪洞移民立村 182 个，河北省枣强移民立村 88 个，河南、江苏、湖北、四川等省移民立村 97 个。""按立村年代分：元代以前 161 个，明 544 个，清 172 个，民国 6 个，当代 2 个，无可考者 105 个。"非移民立村的自然村中，也有许多移民。如张家庄原称黄家庄，后来张氏自河北枣强迁入，黄氏衰，村名遂改为张家庄。今当地人士大都称从山西洪洞或河北枣强迁民而来。又如《青州市志》(南开大学出版社 1989 年版) 载："明初，已有外地迁民来青州定居垦田，迁民多来自河北、山西。今市境内 1164 个自然村中，在明洪武二年至永乐二十一年间 (1369～1423 年)，由河北枣强县迁民立村的就有 430 余个，由山西洪洞县迁民立村的近 300 个，亦有河南、江苏、湖北、四川及邻县移民迁入立村的，为数甚少。"外地移民来到山东，必然是带着他们的乡音来的，而移民的众多和相对来说的比较集中，则无疑会使他们带来的原籍方言具有比较大的力量，从而与原有山东方言发生融合。而在此之后，山东境内未再发生大规模的居民迁入，则其后山东方言的发展就是基本上属于自身的内部演进了。经过六百余年的发展，现代山东方言中没有保留下明初移民的方言岛或者是土著所保留的古老的"正宗"的山东方言，只有青州北城满族保留了清雍正年间自北京地区带来的北京官话。(参张树铮《山东青州北城满族保留的北京官话方言岛记略》，见《中国语文》1995 年第 1 期) 也就是说，外来移民与土著方言的融合早已完成。关于明初移民与现代山东方言的关系，尚待做进一步的具体研究。

　　明清时期反映山东方言的材料也比较多了。以明代来说，主要是一些山东人士写的小说和剧曲，以及外省人士所写但反映山东地区生活并运用山东方言的小说或剧曲。如元末明初的长篇巨著《水浒传》，描写梁山好汉的事迹，尽管作者不是山东人，但却运用了一些山东方言词语（参董遵章《元明清白话著作中山东方言例释》，山东教育出版社 1985 年）。著名长篇小说《金瓶梅》以临清为背景，作者为"兰陵笑笑生"，今多数人指"兰陵"为山东峄县（今枣庄市峄城区），则作者即为山东人。也有学者认为该书为吴人所作，然而书中大量运用山东方言词语，特别是其反映的语音特点与今山东方言非常吻合（参张鸿魁《〈金瓶梅〉的方音特点》，见《中国语文》1987 年第二期），恐怕非山东人士难能为之。此外，章丘人李开先的戏剧、临朐人冯惟敏的散曲等，也是研究明代山东方言的重要资料。反映明代山东方言语音的重要资料是明末（崇祯十五年，公元 1642 年）成书的《韵略汇通》，掖县（今莱州）人毕拱辰以云南兰茂的《韵略易通》（书成于正统七年，公元 1442 年）为基础进行"分合删补"而编成。这是一部在汉语语音史上具有重要价值的韵书。此书分韵为十六类：一东洪，二江阳，三真寻，四庚晴，五山寒，六先全，七支辞，八灰微，九居鱼，十呼模，十一皆来，十二萧豪，十三戈何，十四家麻，十五遮蛇，十六幽楼。声母二十，以兰茂的《早梅诗》二十字为代表："东风破早梅，向暖一枝开，冰雪无人见，春从天上来。"声调分为上平（即明平）、下平（即阳平）、上、去、入五声。如此看来，当时的韵母系统及声母系统已经与今山东方言相去不远，但声调还保留入声（参张玉来《韵略汇通音系研究》，山东教育出版社 1995 年版）。不过他把入声分六部归在阳声韵中，颇值得研究。张鸿魁《〈金瓶梅〉的方音特点》认为，《金瓶梅》已明确反映出入声韵尾的消失。此外，《金瓶梅》一书中对声母、韵母以及儿化的情况都有所反映。据张鸿魁《金瓶梅语音研究》（齐鲁书社 1996 年版），《金瓶梅》表现出来的语音特点主要有：（1）入声韵尾消失；（2）－m 尾和－n 尾合并；（3）喉牙音后的二等字产生 i 介音；（4）y 韵母产生；（5）知系字后的 i 已经消失或弱化；（6）齐（i）与微（ei）分韵；（7）歌戈韵有圆唇的趋势；（8）皆来韵有齐齿呼；（9）舌面声母 tɕ tɕʻ ɕ 产生，尖团音相混；（10）疑母微母消失；（11）唇齿擦音只拼合口呼；等等。

　　清代反映山东方言的材料就更多了。比较重要的有以下数种：一，淄川人蒲松龄《聊斋俚曲集》和《日用俗字》等；二，署名为"西周生"的长篇小说《醒世姻缘传》；三，明末清初曲阜人贾凫西《木皮散人鼓词》；四，乾隆年间临朐人马益著《庄农日用杂字》；五，乾隆年间莱州人周云炽所编《韵略新抄便览》；六，乾隆初年历城人刘振统、郑尚信补订刊行的《万韵新书》；七，清中叶历城人所编俗曲集《白雪遗音》；八，嘉庆年间桓台人张象津的《等韵简明指掌图》；九，清代语文学家桂馥《乡里旧闻》中关于山东方言词汇的记录；十，清代其他山东语文学家郝懿行、王筠、孔广森等著述中关于山东方言的记录；十一，外省人士著述中关于山东方言的记录；十二，清末高密人张祥晋所著《七音谱》；十三，清代出版的一些地方志书。

　　上述数种材料中，以前两种反映山东方言特点较为全面、细致。《醒世姻缘传》中的人物对白和《聊斋俚曲集》中的对白及唱词（特别是对白）是用非常地道、纯熟的山东方言写的，大量的山东方言词汇和非常严格而忠实的山东方言语法的运用，使我们今天读来仍觉得那么亲切，由此对作者驾驭方言的能力感到由衷的敬佩，而俚曲的用韵则更是依据口语，因此，它们对于研究清代前期的山东方言词汇、语法以及语音具有非常重要的意义。比如"你"和"您"、"我"和"俺"，在现代山东方言中其用法是有一定区别的，尽管这种区别非常细微，而在《聊斋俚曲集》中作者对此的使用把握得非常准确。又如俚曲《俊夜叉》中有一句歇后语："章丘的话头——好日子(注：'日'读'二'音)"，这正说明了现代章丘话"日"、"二"同音的现象早在清代已然，并且还说明在当时的淄川这两个字是不同音的。第三、四、七种都是押韵的材料，并使用了大量的山东方言俚俗词语，这对研究当时的韵类与词汇也有重要价值。如在《木皮散人鼓词》中，古清声母入声字的押韵情况与今鲁西南方言一致，反映出当时的清入声已经消失，并且归并到阴平中去了。第四种和蒲松龄的《日用俗字》相似，全用五字韵语写成，语言通俗易懂，反映了许多方言词汇及语法现象。马氏另有《庚戌水灾鼓儿词》等，也是口语色彩浓郁的作品。第五种虽然根据明末莱州人毕拱辰的《韵略汇通》"新抄"，实际上两者有了较大的差异，反映出更多的方言的特色，也反映出了一百年间的一些语音变化。第六、八、十二种都反映了一些山东方言语音的特色。如《等韵简明指掌图》中"儿而二"等字归来母，即读 [1] 声母。第十二种书作于清末，而刊行于 1936 年。这是一部音韵学著作。作者对于音韵学的理论并不十分精通，"审音能力不强，音学观点也颇多谬误"(李新魁《汉语等韵学》，中华书局 1983 年版。另参耿振生《明清等韵学通论》，语文出版社 1992 年版。)但他重视口语的实际读音，这使得在他所建构的语音模式中较多地反映了山东方音特别是作者乡音高密附近语音的特点。作者还在不少篇中较多地提到了有关山东方音的情况。如"第八章之下"云："日母所属字'人如汝儒若然膶而柔热惹'等，由吾高密西南莒州、诸城、日照尽南海，北至昌邑抵北海，凡自牟、汶、潍水以东，至成山尽东海、登莱两郡，皆读为此谱牙音三位缨模之音(按：指读 i-)；而自潍县以西，寿光、乐安、青州、临淄，以至武定、济南、东昌、临清、泰安、兖州、济宁各府所属，及沂水以西沂州、蒙、费，皆读为此谱重舌三位隆模之音(按：指读 1-)；惟'耳尔二儿而仍辱蕊芮'，通山东省皆读为重舌隆模。"这段话虽不十分准确，但还是大致符合现代山东方言古日母字的读音情况。第九种是作者《札朴》中的一卷，记录了不少山东方言的词语。第十、十一种主要是山东方言词汇以及语音的零散记录，不过总数不算少。第十三种中如刊于同治十三年(1874 年)的《临邑县志》、光绪四年(1878 年)的《东平县志》都有方言词汇的记录。

　　通观明清时代反映山东地区方言的材料，可以看出，明清时代的山东方言已经与现代山东方言比较接近了，但是也有一定的差异。这种差异，有的是由于方言的发展演变，比如蒲松龄《聊斋俚曲集》以及《日用俗字》中的不少方言词即使在鲁中地区也不使用了；有的恐怕是由于明清时期山东地区方言就存在着内部差异。比如入声的消失问题，《金瓶梅》与《韵略汇通》表现不一致，这便有可能是不同方言特点的反映：临清一带的入声消失得比较早，而东部的入声消失得比较晚，直到现在不是还有章丘、桓台等地的古代清声母入声字单独保留一个独立的调类吗？至于山东各地不同方言特点的形成及其演变，这是有待于我们作仔细的深入的研究的。

关于明清时期的山东方言，还有必要提到两件事。一是明清以来运河区域商品经济的发展对方言的影响。明永乐年间大运河疏浚之后，运河成为漕运和商品流通的重要途径，极大地促进了运河沿岸的商品经济发展，出现了像临清、济宁、德州、张秋等许多工商城镇，外地商人（主要是来自江南的徽商、江浙商、闽广商以及来自辽东的商人）大量涌入。如临清"四方商贾辏集，多于居民十倍"（见乾隆《临清州志·公署志》），济宁"江淮货币，百贾会集"（见万历《兖州府志·风土志》），"其居民之鳞集而托处者，不下数万家，其商贾之踵接而辐辏者，亦不下数万家"（见乾隆《济宁直隶州志·地域·衙衢》）。外地商人不仅带来了他们的商品，而且还带来了他们的方言，这对当地的汉语是发生了一定影响的。现代山东方言中一个突出的事实是：沿运河两岸地区不区分 ts ts' s 和 tʂ tʂ' ʂ 两类声母，这无疑是与运河地区的独特经济环境和居民成分构成有关的，也就是说，是受外地商人所说的南方方言影响的结果。

另一个事实是山东方言对东北方言的影响。这是山东自明末以至清代以来不断而大批地向东北地区移民的结果。明朝末年，清兵数次入关寇掠，山东地区深受荼毒。清兵为了充实军力和获取奴仆，大量掳掠汉民。其中，崇祯十一年冬清军犯山东，次年北归时掠走人口46万余口。崇祯十五年秋，清军又寇掠山东，次年又掠去人口 36.9 万余口。清朝入关之后，又将许多抗清义兵或其他刑事犯及其家属发配东北的蛮荒之地。其后则是冲破封禁闯关东的大批山东"流民"。"山东流民最主要的是进入东北三省。鲁东大都泛海到辽东半岛，然后北进，散居在东三省各地。鲁西大都沿陆路进入山海关，然后进入吉林、黑龙江各地。就其移民过程来讲，开始是定居于辽河流域，之后渐次北进，至嘉庆道光年间，已经大量进入黑龙江地区。"（路遇《清代和民国山东移民东北史略》，上海社会科学院出版社1987年版）人民的进入，自然也伴随着方言的跟进。在山东人占绝大多数的辽南地区，山东方言也自然成了当地的方言，现代辽南地区的方言仍属于胶辽官话，与山东半岛的方言保持着非常大的一致性；而在黑龙江的虎林县和抚远县的二屯等地，则是胶辽官话的方言岛。这些地区的方言，实际上是山东方言的扩展。至于东北其他地区的东北官话是否受到了山东方言的影响，则是还需要深入研究的课题，因为东北地区原先主要是少数民族活动的区域，汉人很少，自元之后进入东北的汉人主要是从毗邻的河北和山东过去的，因此，东北官话的根源应该与河北方言和山东方言密切相关。

订补

序号	页码	行数	条目	原句	改为	备注
1	21	表27行1列		6.蠶止山蠶合口一三等字ü介音的有无	6.蠶止山蠶合口一三等字ü介音的有无	
2	32	1	《山东方言词释》	《山东方言词释》	《现代文学作品山东方言词例释》	
3	32	12	《醒世姻缘传作者和语言考论》	(1~393页)	(1~394页)	
4	32	15	《金瓶梅话音研究》	(1~339页)	(1~340页)	
5	32	16	《威海人学习普通话》	中国社会出版社	中国社会科学出版社	
6	34	4	《山东宁阳音与北京语音对应》	《方言和普通话集刊》	《方言与普通话集刊》	
7	34	5	《鲁西南方言词汇》	《方言和普通话集刊》	《方言与普通话集刊》	
8	34	6	《鲁西南方言词汇》(续)	《方言和普通话集刊》	《方言与普通话集刊》	
9	34	7	《山东方言辩正举例》	《山东方言辩正举例》	《山东方言辩正举例》	
10	34	7	《山东方言辩正举例》	《方言和普通话集刊》	《方言与普通话集刊》	
11	34	8	《莒南方言》	《方言和普通话集刊》	《方言与普通话集刊》	
12	34	10	《山东黄县方言与北京话音的对应》	《方言和普通话集刊》	《方言与普通话集刊》	
13	34	12	《山东安丘方言和北京音》	《山东安丘方言和北京音》	《山东安丘方言北京语音》	
14	34	12	《山东安丘方言和北京音》	《方言和普通话集刊》	《方言与普通话集刊》	
15	34	13	《安丘方言词汇》	《方言和普通话集刊》	《方言与普通话集刊》	
16	34	14	《安丘方言在词汇语法上的一些特点》	《方言和普通话集刊》	《方言与普通话集刊》	
17	34	27	《莒乡话集释》(七)	1981年	1982年	
18	34	32	《对编写山东方言志的认识和初步设想》(摘要)	《对编写山东方言志的认识和初步设想》(摘要)	《对编写山东省方言志的认识和初步设想》(摘要)	
19	34	34	《对编写山东方言志的认识和初步设想》(正文)	《对编写山东方言志的认识和初步设想》(正文)	《对编写山东省方言志的认识和初步设想》(正文)	
20	35	3	《利津方言的阴入调》	1984.1	1983.1	
21	35	4	《山东诸城、五莲方言的声韵特点》	曹志耘	曹志赟	
22	35	8	《文登、荣成方言中古见系部分字的文白异读》		张卫东《语言学论丛》12辑1984.6(36~49页)	新增条目,子《山东金乡话儿化对声母的影响》后。
23	35	16	《山东平度方言内部的语音差别》	《山东平度方言内部的语音差别》	《平度方言内部的语音差别》	
24	35	16	《山东平度方言内部的语音差别》	曹志耘	曹志赟	
25	35	34	《〈金瓶梅〉的方音特点》	1987.3	1987.2	
26	36	2	《曲阜方音记略》	《曲阜方音记略》	《曲阜方音记略》	
27	36	2	《曲阜方音记略》	丁振芳	丁振芳、张志静	
28	36	33	《山东方言声调的声学测算》	《山东方言声调的声学测算》	《山东方言声调的声学测算——济南、青岛、烟台》	
29	37	16	《"矛人言股声如衣"补释》	(109~118页)	(19~26页)	
30	37	25	《菏泽方言辩正》	《菏泽方言辩正》	《菏泽方言辩正》	
31	37	27	《汉语方言调查中的几个问题——从山东方言调查所想到的》	北京语言文化出版社	北京语言学院出版社	

续表

序号	页码	行数	条目	原句	改为	备注
32	38	18	《寒亭语规则试说》	《寒亭呼语规则试说》	《寒亭称呼语规则试说》	
33	38	25	《山东单县方言的亲属称谓系统》	张世芳	张世方	
34	38	25	《山东单县方言的亲属称谓系统》	《开篇》17	《开篇》16	
35	38	29	《山东方言 "V 他 V" 结构的历史和现状》	《山东方言 "V 他 V" 结构的历史和现状》	《山东方言 "V 他 V" 结构的历史与现状》	
36	45	表 7 行 2 列	庄组	开口二等	合口二等	
37	45	表 8 行 2 列	庄组	开口三等	合口三等	
38	48	表 2 3 行 2 列	鱼模 -tʂʻ	○逮○阻○助	○逮○阻○筑烛竹	
39	48	表 2 3 行 3 列	鱼模 -tʂʻ	○初○楚础懒○触束（方言音 su）	○初○雏锄○楚础懒○触束（方言音 su）	
40	48	表 2 3 行 5 列	鱼模 -tʂ	○诸猪朱株铢诛珠侏○主煮拄○注住著柱转旺庐○铢（方言音 ʃu）	○诸猪朱株蛛诛珠侏○主煮拄○注住著柱转旺庐○铢（方言音 ʃ）	
41	49	7	第五组	其余读 ts tsʻ s 一类声母。	其余读 tʂ tʂʻ ʂ 一类声母。	
42	51	2	日照 - 经见	ʨiŋ	ʨiŋ	
43	51	2	日照 - 肩见	ʨiã	ʨiã	
44	51	2	日照 - 曲溪	ʨʻy	tʃʻy	
45	51	2	日照 - 休晓	ʨiou	ʃiou	
46	56	33	第六	分别读 z̩, v 两声母	分别读 z̩, v 两声母	
47	57	2	平邑 - 饶	ʐau	ʒau	
48	57	2	平邑 - 肉	ʐou	ʒou	
49	57	2	平邑 - 人	ʐən	ʒən	
50	57	2	平邑 - 让	ʐaŋ	ʒaŋ	
51	57	2	平邑 - 扔	ʐəŋ	ʒəŋ	
52	70	13	枣庄 - 堆	tsuei	tʨyei	
53	70	13	枣庄 - 催	tsʻuei	tɕʻyei	
54	70	13	枣庄 - 岁	suei	ɕyei	
55	70	13	枣庄 - 村	tsʻuə̃	tɕʻyə̃	
56	72	18	长岛 - 前字	端系字读低元音 a	端系字读低元音 a	
57	108	表十四 19 行 2 列		阴平 31	阴平 313	